管理会计

CORNERSTONES OF MANAGERIAL ACCOUNTING 6E

会计学精选教材译丛

玛丽安娜·M.莫温（Maryanne M. Mowen）
〔美〕唐·R.汉森（Don R. Hansen） 著
丹·L.海特格（Dan L. Heitger）

王满 译

第6版

著作权合同登记号　图字：01-2015-4542

图书在版编目(CIP)数据

管理会计:第6版/(美)玛丽安娜·M.莫温(Maryanne M.Mowen),(美)唐·R.汉森(Don R. Hansen),(美)丹·L.海特格(Dan L. Heitger)著;王满译. —北京:北京大学出版社,2017.8
（会计学精选教材译丛）
ISBN 978-7-301-28667-8

Ⅰ.①管… Ⅱ.①玛… ②唐… ③丹… ④王… Ⅲ.①管理会计—高等学校—教材 Ⅳ.①F234.3

中国版本图书馆 CIP 数据核字（2017）第 197947 号

Cornerstones of Managerial Accounting, sixth edition
Maryanne M. Mowen, Don R. Hansen, Dan L. Heitger
Copyright © 2016 by South Western, a part of Cengage Learning.
Original edition published by Cengage Learning. All rights reserved. 本书原版由圣智学习出版公司出版。版权所有，盗印必究。

Peking University Press is authorized by Cengage Learning to publish, distribute and sell exclusively this simplified Chinese edition. This edition is authorized for sale in the People's Republic of China only (excluding Hong Kong SAR, Macao SAR and Taiwan). No part of this publication may be reproduced or distributed by any means, or stored in a database or retrieval system, without the prior written permission of Cengage Learning.

本书中文简体字翻译版由圣智学习出版公司授权北京大学出版社独家出版发行。此版本仅限在中华人民共和国境内（不包括中国香港、澳门特别行政区及中国台湾地区）销售。未经出版者预先书面许可，不得以任何方式复制或发行本书的任何部分。

本书简体中文版由北京大学出版社和 Cengage Learning 出版公司于 2017 年出版发行。

本书封面贴有 Cengage Learning 防伪标签，无标签者不得销售。

书　　　名	管理会计（第6版） GUANLI KUAIJI
著作责任者	玛丽安娜·M.莫温（Maryanne M. Mowen）　唐·R.汉森（Don R. Hansen） 丹·L.海特格（Dan L. Heitger）著　　王满 译
责任编辑	黄炜婷
标准书号	ISBN 978-7-301-28667-8
出版发行	北京大学出版社
地　　址	北京市海淀区成府路205号　100871
网　　址	http://www.pup.cn　QQ:552063295
电子信箱	em@pup.cn　QQ:552063295
新浪微博	@北京大学出版社　@北京大学出版社经管图书
电　　话	邮购部 62752015　发行部 62750672　编辑部 62752926
印 刷 者	北京大学印刷厂
经 销 者	新华书店
	787 毫米×1092 毫米　16 开本　35.75 印张　901 千字 2017 年 8 月第 1 版　2017 年 8 月第 1 次印刷
印　　数	0001—4000 册
定　　价	79.00 元

未经许可，不得以任何方式复制或抄袭本书之部分或全部内容。
版权所有，侵权必究

举报电话：010-62752024　电子信箱：fd@pup.pku.edu.cn
图书如有印装质量问题，请与出版部联系，电话：010-62756370

出版者序

作为一家致力于出版和传承经典、与国际接轨的大学出版社,北京大学出版社历来重视国际经典教材,尤其是经管类经典教材的引进和出版。自2003年起,我们与圣智、培生、麦格劳-希尔、约翰-威利等国际著名教育出版机构合作,精选并引进了一大批经济管理类的国际优秀教材。其中,很多图书已经改版多次,得到了广大读者的认可和好评,成为国内市面上的经典。例如,我们引进的世界上最流行的经济学教科书——曼昆的《经济学原理》,已经成为国内最受欢迎、使用面最广的经济学经典教材。

呈现在您面前的这套"引进版精选教材",是主要面向国内经济管理类各专业本科生、研究生的教材系列。经过多年的沉淀和累积、吐故和纳新,这套教材在各方面正逐步趋于完善:在学科范围上,扩展为"经济学精选教材""金融学精选教材""国际商务精选教材""管理学精选教材""会计学精选教材""营销学精选教材""人力资源管理精选教材"七个子系列,每个子系列下又分为翻译版、英文影印/改编版和双语注释版。其中,翻译版以"译丛"的形式出版。在课程类型上,基本涵盖了经管类各专业的主修课程,并延伸到不少国内缺乏教材的前沿和分支领域;即便针对同一门课程,也有多本教材入选,或难易程度不同,或理论和实践各有侧重,从而为师生提供了更多的选择。同时,我们在出版形式上也进行了一些探索和创新。例如,为了满足国内双语教学的需要,我们改变了部分影印版图书之前的单纯影印形式,而是在此基础上,由资深授课教师根据该课程的重点,添加重要术语和重要结论的中文注释,使之成为双语注释版。此次,我们更新了丛书的封面和开本,将其以全新的面貌呈现给广大读者。希望这些内容和形式上的改进,能够为教师授课和学生学习提供便利。

在本丛书的出版过程中,我们得到了国际教育出版机构同行们在版权方面的协助和教辅材料方面的支持。国内诸多著名高校的专家学者、一线教师,更是在繁重的教学和科研任务之余,为我们承担了图书的推荐、评审和翻译工作;正是每一位推荐者和评审者的国际化视野和专业眼光,帮助我们书海拾慧,汇集了各学科的前沿和经典;正是每一位译者的全心投入和细致校译,保证了经典内容的准确传达和最佳呈现。此外,来自广大读者的反馈既是对我们莫大的肯定和鼓舞,也总能让我们找到提升的空间。本丛书凝聚了上述各方的心血和智慧,在此,谨对他们的热忱帮助和卓越贡献深表谢意!

"千淘万漉虽辛苦,吹尽狂沙始到金。"在图书市场竞争日趋激烈的今天,北京大学出版社始终秉承"教材优先,学术为本"的宗旨,把精品教材的建设作为一项长期的事业。尽管其中会有探索,有坚持,有舍弃,但我们深信,经典必将长远传承,并历久弥新。我们的事业也需要您的热情参与!在此,诚邀各位专家学者和一线教师为我们推荐优秀的经济管理图书(em@ pup. cn),并期待来自广大读者的批评和建议。您的需要始终是我们为之努力的目标方向,您的支持是激励我们不断前行的动力源泉!让我们共同引进经典,传播智慧,为提升中国经济管理教育的国际化水平做出贡献!

北京大学出版社
经济与管理图书事业部

译者序

本书作者玛丽安娜·M.莫温,唐·R.汉森和丹·L.海特格分别是拥有经济学、数学教育背景及会计实务经验的会计学教授,他们合著的《管理会计》(第6版),注重跨学科知识的融合、理论与实务的融合,是适用于本科生和MBA教学的优秀教材。

本书以企业管理的视角对管理会计课程的内容进行了较为深入和系统的阐述,并设置了众多的栏目以引导读者阅读并激发其学习兴趣。例如,每章以"管理决策"案例引出所要探讨的内容;通过"由你做主"提出需要读者思考和解决的问题;重点和难点内容均配有"案例解析";每章均以大量的"演练"系统地梳理知识点,对管理会计的技术方法进行操作练习;在"道德决策"中将职业道德有机地融入管理会计的决策;特别是"Kicker管理实践"贯穿全书的始终,有助于读者形成并理解完整的管理会计理论和应用体系。

本书在每章后均列示了学习目标、重要公式、关键术语、问题回顾;配有大量的讨论题、多项选择题、基础练习题、问题、案例。这些内容不但使学习者可以巩固已学的知识,增强对管理会计这门应用学科的感性认识,而且可以极大地提高学习者发现问题、分析问题和解决问题的能力。

原书内容设为16章,分别是管理会计概述,管理会计基本概念,成本性态,本量利分析,分批成本法,分步成本法,作业成本法和作业管理,吸收成本法、变动成本法与存货管理,利润规划,标准成本法,弹性预算和制造费用分析,绩效评估和分权制,短期经营决策,资本投资决策,现金流量表以及财务报表分析。在翻译过程中,译者结合我国财经类专业的课程体系,只保留了前14章的内容,以突出管理会计的核心内容。

本书不仅可以作为教材,深化管理会计的理论教学,还可以作为广大会计与经营管理者在实际工作中的参考资料。本书所设计的各栏目,紧密结合国外企业的实际运作情况,可以使读者从国外管理会计的理论和实务中汲取有益的管理思路与方法,并应用到我国企业的管理实践中。

本书第4、5、6、10、11、14章由王满翻译;第1、2、3、7、8、9、12、13章的初稿由马林芳、曲洪策、马影、白鸽、王越、刘璐、王梦环、赵欣然翻译,王满予以修改完善;最后,王满对全书进行总纂。

在翻译过程中,译者力求忠于原文,努力做到信、达、雅,但囿于水平有限,文中难免有不妥和错误之处,敬请读者不吝指正。

王满

2017年2月于东北财经大学师道斋

目录

第 1 章	管理会计概述	1
1.1	管理会计的含义	2
1.2	财务会计和管理会计	5
1.3	管理会计的当前焦点	6
1.4	管理会计师的角色	10
1.5	管理会计和道德行为	13
1.6	证书	17

第 2 章	管理会计基本概念	23
2.1	成本的含义和作用	24
2.2	产品和服务的成本	29
2.3	编制利润表	35

第 3 章	成本性态	58
3.1	成本性态基础	59
3.2	混合成本和阶梯式成本	65
3.3	混合成本的分解	67
3.4	使用回归程序	79

第 4 章	本量利分析：管理规划的工具	96
4.1	保本点的销售量与销售额	97
4.2	实现目标利润的销售量与销售额	105
4.3	本量利关系的图形表示	108
4.4	本量利分析中各变量间的关系	112
4.5	多品种产品分析	113
4.6	本量利分析和风险与不确定性	118

第 5 章	分批成本法	143
5.1	产品分批生产的环境特点	144
5.2	标准成本计算及制造费用的分配	145

5.3 依据原始凭证，记录各批产品成本 …… 154
5.4 账户间的成本流转 …… 157
5.5 分批成本法下的日记账 …… 166
5.6 辅助部门成本分配 …… 168

第6章 分步成本法 …… 196
6.1 分步生产的特征 …… 197
6.2 在产品存货对分步成本法的影响 …… 201
6.3 加权平均成本法 …… 205
6.4 多种投入和多部门生产 …… 211
6.5 生产报告——先进先出法 …… 215

第7章 作业成本法和作业管理 …… 236
7.1 功能成本会计系统的局限 …… 237
7.2 作业成本法 …… 246
7.3 客户作业成本法和供应商作业成本法 …… 251
7.4 流程价值分析 …… 256

第8章 吸收成本法、变动成本法与存货管理 …… 287
8.1 运用变动利润表和吸收利润表衡量利润中心的绩效 …… 288
8.2 变动成本法下分部利润表 …… 294
8.3 存货管理的决策制定 …… 297

第9章 利润规划 …… 320
9.1 预算概述 …… 321
9.2 编制经营预算 …… 324
9.3 编制财务预算 …… 334
9.4 使用预算进行业绩评价 …… 342

第10章 标准成本法：一种管理控制工具 …… 361
10.1 单位标准 …… 362
10.2 标准产品成本 …… 366
10.3 差异分析：总述 …… 368
10.4 差异分析：材料 …… 371
10.5 差异分析：直接人工 …… 376
10.6 差异的会计核算 …… 380

第11章 弹性预算和制造费用分析 …… 397
11.1 使用预算进行绩效评价 …… 398
11.2 变动制造费用分析 …… 404
11.3 固定制造费用分析 …… 409
11.4 作业预算 …… 413

第12章　绩效评估和分权制 ······ 437
12.1　分权制和责任中心 ······ 437
12.2　以投资报酬率衡量投资中心的绩效 ······ 442
12.3　以剩余收益和经济增加值衡量投资中心的绩效 ······ 448
12.4　转移定价 ······ 452
12.5　平衡计分卡：基础概念 ······ 456

第13章　短期经营决策：相关成本 ······ 480
13.1　短期决策 ······ 481
13.2　相关成本的常见应用 ······ 488
13.3　产品组合决策 ······ 501
13.4　成本在定价决策中的使用 ······ 503

第14章　资本投资决策 ······ 522
14.1　资本投资决策的类型 ······ 523
14.2　非折现模型：回收期和会计收益率 ······ 524
14.3　折现模型：净现值 ······ 528
14.4　折现模型：内部收益率 ······ 532
14.5　资本项目的事后审计 ······ 535
14.6　互斥项目 ······ 537
14.7　现值概念 ······ 542

第1章
管理会计概述

管理决策

BuyCostumes.com

管理会计最大的优势同时也是其最大的挑战——提供给管理者有用的信息,以改善管理决策和创造组织价值。管理会计信息有助于管理者了解各种战略和经营决策对关键的非财务绩效指标以及对组织财务绩效的最终影响。对这些信息的编制和分析极具挑战性,因为这需要相关人员充分理解影响组织的价值链上的各个环节,包括研发、生产、营销、配送和客户服务等。

BuyCostumes.com 自 1999 年成立以来,就已经将准确的管理会计信息和创新的商业模式融合到一起,在 50 多个国家为消费者制作节日服装。BuyCostumes.com 依托于互联网和新颖的营销创意,服务于拥有 1.5 亿美国消费者的目标市场,这些消费者每年在戏服上的消费总额达 36 亿美元。

据 BuyCostumes.com 首席执行官 Jalem Getz 透露,BuyCostumes.com 通过计量关键绩效指标来指导其决策的制定。例如,管理会计师分析消费者满意度、每种运送方式下从订单接受至服装送达的平均时间、各种客户类型的盈利性等指标。伴随着消费者偏好的改变、竞争者的出现、技术的不断进步,BuyCostumes.com 的管理会计信息可以有效地洞察公司绩效,并指出应如何完善公司战略以稳固其最大网络戏服零售商的地位。

1.1 管理会计的含义

管理会计意味着什么？简单来讲，**管理会计**（management accounting）就是为公司内部的使用者提供会计信息。它是公司的内部会计系统，主要是为了满足管理者的信息需要。与财务会计不同，管理会计并不受任何正式规章制度如公认会计准则（generally accepted accounting principles，GAAP）的约束。通常来讲，管理会计有三个广义目标：①提供信息以计划组织行为；②提供信息以控制组织行为；③提供信息以制定有效的决策。

本书引用营利性和非营利性公司的最新案例，来解释制造业（如飞机制造商——波音）、商品流通业（如服装零售商——美国鹰）和服务业（如健康保健提供者——克利夫兰诊所、网络零售商——亚马逊）是如何运用管理会计信息和概念的。处于各类岗位的人员，从公司的董事长到平面设计师再到医院主任均可以在扎实地掌握管理会计基本概念和充分运用管理会计信息进行计划、控制和决策的基础上，不断提升自身的管理技能。

目前，很多公司向社会公众（如供应商、政府、雇员、人权组织、环保团体、消费者等）披露大量的管理会计信息，这些信息以前要么不存在，要么仅在内部披露。一般来说，管理会计信息会以选择性报告的形式发布，如星巴克和麦当劳的持续性发展报告、苹果和金吉达的社会责任报告、通用电气的公民报告等。公司之所以会发布这些报告，是因为亲自编制并发布这些信息，而不是由网络博客、报纸、有线电视和新闻网来预测并发布这些信息，能有效地管理公司声誉。行业领导型企业（如百事可乐、诺和诺德、英国电信）甚至将其可持续发展报告和年度报告相结合，最终形成一份整合报告，其既涵盖传统的财务会计信息又涵盖管理会计信息。① 管理会计信息的重要性在全球范围内与日俱增是令人激动的现实。因此，对具备创新、理解、使用和交流管理会计信息的能力的业务人员的需求也在持续增加。

1.1.1 管理者和其他使用者的信息需求

管理会计信息受到各方的广泛需求，尤其是管理者和被授权的员工需要综合、最新的会计信息来进行下列活动：①计划；②控制；③决策。

1.1.2 计划

为了实现某一特定目标而制定详细的行为规划这一管理活动被称之为**计划**（plan-

---

① 如要获得关于持续性会计未来的深入研究，请参见 Robert Eccles and Michael Krzus, *One Report*: *Integrated Reporting for a Sustainable Strategy*（John Wiley & Sons, Inc., Hoboken, NJ: 2010）或 Brian Ballou, Dan Heitger, and Chuck Landes, "Accounting for the Sustainability Cycle", 2013, available from the American Institute of Certified Public Accountants' website: www.aicpa.org/insterestareas/frc/assuranceadvisoryservices/downloadabledocuments/sustainability/whitepaper_accounting_for_the_sustainability_cycle.pdf

ning)。计划要求制定目标并寻找出实现这些目标的方法。例如,一家公司可能制定通过全面提高产品质量来实现其增强短期和长期盈利能力的目标。21 世纪初期,戴姆勒-克莱斯勒极力改善克莱斯勒汽车的质量和盈利能力,而在当时克莱斯勒的质量已经超过了梅赛德斯-奔驰(其也为戴姆勒-克莱斯勒所拥有)的质量。戴姆勒-克莱斯勒拟通过提高产品质量,以降低废品率和返工率,减少消费者诉讼和维修,节省用于检测的资源等,进而提升其盈利能力。管理层为了获取这些益处,必须寻找特定的方法并加以实施,从而实现预期目标。例如,一位工厂经理可能实施供应商评估项目,以便识别和挑选出愿意并且能够提供零缺陷零件的供应商。被授权的员工能够识别出产品缺陷的成因,并创造新的生产方法降低废品率、返工率及检测的需要。因此,有必要在管理会计教材中详细、清楚地介绍这些新方法。

1.1.3 控制

计划只是成功的一半。一旦计划被制订了,就必须加以执行,并由经理和员工监控执行过程,以确保其按原计划执行。对整个计划过程的监督,并在必要时采取正确的措施这一管理活动被称之为**控制**(**controlling**)。通常通过对比实际业绩和预期业绩来完成控制过程,从中得到的信息可以用来评估或纠正执行计划的步骤。根据反馈结果,经理(员工)可以决定让计划继续执行,或是采取某种正确的措施修正行为以保持其与原计划一致,或是在中途修订计划。

服务于计划和控制目的的管理会计信息既可以是财务信息,也可以是非财务信息。例如,Duffy Tool and Stamping 通过重新设计压力机的操作过程,每年节省了 14 300 美元。[①] 在生产车间,完工的零件(由压力机制造的)经过斜槽,最终滑落到零件桶中。当零件桶装满零件之后,压力机的操作员必须停止操作,而仓库人员将零件桶搬走并重新摆放好空桶。工人重新设计了这一操作过程,使得每一个压力机的斜槽有两个分支,每一个分支通向不同的零件桶。当一个桶装满零件时,就改变零件的输出路线,使之流向另一个桶。节省下来的 14 300 美元是对该成功设计的财务计量。此外,这一设计也消除了机器的停工期,并增加了零件的小时产量(经营过程的反馈),这是其带来的非财务业绩。两个角度的计量结果都传达了重要的信息。一般来说,财务与非财务反馈都是通过对比实际数据与预期数据或其他标杆数据的业绩报告形式传达给经理人的。

1.1.4 决策

在相互竞争的可替代性方案中做出选择的过程被称为**决策**(**decision making**)。决策的管理功能与计划和控制相互交织在一起,因为假若没有在可替代的选择中做出决策,经理就无法成功计划或控制组织的活动。例如,假如宝马公司考虑生产依靠汽油和

---

① George F. Hanks, "Excellence Team in Action", *Management Accounting* (February 1995):35.

氢气运行的汽车,若能及时收集可替代性选择(如汽油、氢气,以及这两种汽车燃料的混合)的信息并传达给管理层,其最终的决策效果会有所提高。管理会计信息系统最重要的作用之一在于提供有助于决策的信息。

由你做主

管理会计信息的构成要素有哪些?

你是 Costco 公司的主管,现要决定公司是否继续将卢旺达作为其优质咖啡原料的购进地。

当你考虑如何才能更好地构建和分析这项重要的长期战略决策时,你需要什么类型的信息?在决策的制定过程中,你预期会面临什么样的挑战?

弄清管理会计信息的构成变得日益重要,因为组织必须制定决策,包括其行为的全球后果,以及其对消息灵通并强大的、数量不断增加的利益相关者的影响。利益相关者包括消费者、供应商、雇员、管制者、政府官员、立法者以及当地社区成员。一般来说,管理会计信息本质上可以是财务信息(如销售收入或是销售成本),也可以是非财务信息(如质量缺陷的数量,或者是为了配合人权政策而被调查的制造车间的占比)。管理会计最令人兴奋同时也最艰巨的任务在于其能够对任何事情加以计量,因为假设我们拥有资源、信息技术和创造力可以捕捉到所需要的绩效指标。

作为 Costco 的主管,你可能考虑计量的第一个非财务因素是卢旺达咖啡的质量,以确保 Costco 战略目标的实现——通过向消费者提供最优质的咖啡来创造企业的竞争优势。质量可以通过咖啡豆的口感、保质期或者其他对消费者有价值的因素来定义。其他重要的非财务绩效指标可能包括所需的运输时间(将收割的咖啡豆从卢旺达运送至北美的 Costco 店),以及卢旺达当地农耕劳动力的现状,这对于成功维持从卢旺达农场至 Costco 消费者的长期供应链至关重要。

好市多的消费者购买到优质咖啡的重要性是需要计量的重要财务指标之一,这可以通过消费者愿意为卢旺达咖啡所付出的额外价格(高于普通质量咖啡价格的部分)来计量。其他的财务指标可能包括收割、验收和运送咖啡豆的成本,以及对卢旺达农场的投资(如基础设施和学校),这是为了保证未来能持续这种关系。

最后,你应该考虑重要的利益相关者如何感知将卢旺达继续作为优质咖啡的原料购进地的决策,这些利益相关者包括购买咖啡的消费者、提供咖啡豆的供应商,以及制定美国和卢旺达两国贸易政策的政府官员。准确计量利益相关者对这项决策的感知度是很困难的,因为这需要管理会计发明出新的计量指标,寻找出这些指标的数据来源,并估计收集到的指标的准确度。

管理会计通过提供创新、准确和及时的绩效指标来辅助主管制定决策,这可以改善组织的关键决策,进而创造出重要的竞争优势。

1.2　财务会计和管理会计

会计信息系统可分为两个基本类型：财务会计和管理会计。

1.2.1　财务会计

财务会计（financial accounting）主要是为外部使用者提供生产信息（财务报表）。外部使用者包括投资者、债权人、消费者、供应商、政府机构（美国食品药品监督管理委员会、联邦通信委员会等）以及工会。这些信息是历史导向的，能用来辅助投资决策的制定、评估受托责任的履行情况、监控经济活动并采取监管措施。财务报表必须符合由许多机构制定的准则和惯例，如证券监督委员会（SEC）、财务会计准则委员会（FASB）、国际会计准则委员会（IASB）。这些准则规定了收入的确认原则，费用的确认时点，资产、负债和所有者权益的记录等问题。

1.2.2　管理会计

管理会计信息系统为内部使用者，如管理层、决策层和普通员工等提供信息。因此，管理会计又可以恰当地被称为内部会计（internal accounting）；相应地，财务会计也可以被称为外部会计（external accounting）。具体来说，管理会计能识别、收集、计量、分类和报告财务与非财务信息，这些信息有助于内部使用者的计划、控制和决策。

1.2.3　财务会计和管理会计的比较

财务会计和管理会计之间存在一些差异，图表1-1总结了两者间的主要差异。

图表1-1　财务会计与管理会计的比较

财务会计	管理会计
• 以外部为焦点	• 以内部为焦点
• 必须遵守外部强制性的规则	• 无强制性的规则
• 客观的财务信息	• 财务和非财务信息；可以有主观的信息
• 以历史为导向	• 强调未来
• 关于公司整体的信息	• 基于非常详细的信息进行精细的内部评估和决策
• 更为独立	• 广泛，多种学科相互交叉

- 目标使用者：管理会计致力于为内部使用者提供信息，而财务会计致力于为外部使用者提供信息。
- 信息输入和处理的限制：管理会计不受由SEC和FASB制定的公认会计准则

(GAAP)的约束限制,而财务会计却与之相反。财务会计的输入和处理过程是有明确定义的,经济事项的信息输入和处理必须按照公认的方法进行。不像财务会计,管理会计不存在官方机构来规定其形式、内容、信息输入和处理的规则,以及编制报告的规则。

- 信息类型:财务会计披露的财务信息要求具备客观性和真实性。而管理会计产生的信息既可以是财务信息,也可以是非财务信息,并且在本质上更加主观。
- 时间定位:财务会计是面向历史的(像汽车的后视镜一样),它记录和报告已经发生的事项。虽然管理会计也记录和报告已经发生的事项,但是它更强调提供关于未来事件的信息(像汽车的前挡风玻璃一样)。例如,管理层可能想要知道明年生产某种产品的成本是多少。这种关注未来的导向对计划和决策是十分必要的。
- 整体程度:管理会计提供的指标和内部报告用来评估整体、生产线、部门和管理层的业绩,这本质上需要并提供更为详细的信息。财务会计着眼于全公司的业绩,站在一个较为整体的视角看待问题。
- 范围:管理会计的范围比财务会计要广,它包含了管理经济学、工业工程学、管理科学以及其他领域的学科。

会计信息系统应该既能提供财务会计信息,也能提供管理会计信息。其关键点在于自身的灵活性——系统应根据不同的目的来提供不同类型的信息。

1.3 管理会计的当前焦点

在过去的几十年里,企业的经营环境发生了巨大变化。例如,生产技术的不断提高、互联网的普及、市场在全世界范围内的开放程度不断扩大、竞争压力与日俱增、战略复杂性日益增加(如麦当劳和迪士尼之间为了促销搭售而结成联盟),以及生产经营复杂度的逐步增加,这些结合到一起便构成了全球的商业环境。为了提供能改善企业计划、控制和决策等管理活动的信息,有效的管理会计信息系统也应随之改变。管理会计应用已经给企业的某些方面带来了先进的理念,包括找出估计产品和服务成本及盈利性的新方法、理解客户导向的含义、从跨功能视角评估企业,以及提供有助于完善全面质量管理的信息等。

1.3.1 产品和服务成本计算的新方法

当今企业需要有关它们所生产产品和服务的精确成本信息。过去,企业可能生产大致相似的几种产品,仅仅在产品的原材料和劳动力成本等方面存在不同,所以,能够相对容易地计算出每一种产品的单位成本。现在,随着生产技术的提高和自动化的运用,生成管理层需要的成本信息变得越来越困难。正如在国际上享有盛誉的管理大师彼得·德鲁克(Peter Drucker)所言:

> 制造业中的传统成本会计并没有记录非生产成本,如质量缺陷、机器故障、零件

短缺等方面的成本。然而,在某些工厂中,这些没有记录和控制的成本甚至与传统会计记录的成本一样高。与之形成鲜明对比的是,近十年来,一种新的成本核算方法——作业成本法——则记录了所有成本。并且,作业成本法将成本与价值增加两者有机地结合到一起,这恰恰是传统会计所不能做到的。①

作业成本法(activity-based costing,ABC)能较为详细地确定产品和服务的成本。作业成本法通过强调生产产品和提供服务相关联的一系列作业的成本,来提高成本计算的精确度。联合包裹速递服务公司(UPS)使用作业成本法来挖掘和管理作业成本,这些作业成本与用货车而不是用飞机运送的包裹相关,该公司采用了快速的中距离(最远500英里)连夜运输服务以击败联邦快递的夜间运输服务。② 过程价值分析关注于企业为客户创造价值的方式,其目标在于找到更有效地实施必要作业、消除那些不能创造客户价值的作业的方式。

1.3.2 客户导向

客户价值是一个值得关注的焦点,因为企业若以与竞争对手同样的成本或更低的成本来给客户创造更大的价值,或者是以比竞争对手更低的成本为客户创造同样的价值,则都能帮助企业建立竞争优势。客户价值是客户在购买产品或服务的过程中,所获得与其付出之间的差额。当我们谈论客户价值时,我们要全方位地考虑客户从购买的产品中所获得的有形和无形收益。客户获取了基本和个性化的产品外观、服务、质量、使用说明、信誉、品牌和其他重要因素。同时,客户也付出了一系列的代价,包括产品的购买成本,为学习使用产品所耗费的时间和精力,以及后续使用、保养和处置产品的成本。

1. 战略定位

有效的成本信息能帮助企业识别出那些能够增加客户价值的战略,以此为企业创造出可持续的竞争优势。③ 通常来讲,企业会从以下两种通用战略中选择其一:

- 成本领先:成本领先战略的目标在于以比竞争对手更低的成本为客户创造相同或更大的价值。
- 产品差异化(例如,最优质的性能质量、最符合要求的产品外观、最好的客户服务等):产品差异化战略通过提供给客户一些竞争对手所不能提供的东西来增加客户价值。例如,Best Buy 旗下的极客电脑技工团队通过为客户提供24小时的上门技术服务,为企业确立了竞争优势。精确的成本信息对于衡量极客团队提供的额外服务所带来的收益是否超过成本是非常重要的。

2. 价值链

成本领先战略和产品差异化战略的成功运用建立在理解企业的价值链的基础上。

---

① Peter F. Drucker, "We Need to Measure, Not Count", *The Wall Street Journal* (April 13, 1993): A14.
② Charles Haddad and Jack Ewing, "Ground Wars: UPS's Rapid Ascent Leaves FedEx Scrambling", *BusinessWeek* (May 21, 2001): 64—68.
③ Deloitte Insights, "Cutting Costs to Drive Growth", *CFO Journal* (August 27, 2013). 2014年1月14日摘自 http://deloitte.wsj.com/2013/08/27//cutting-costs-to-drive-growth-trends-among-the-fortune-1000/

价值链(value chain)是产品和服务的设计、研发、生产、营销、运输以及为客户提供辅助服务等一系列作业活动的集合。图表1-2描述了企业的价值链。管理会计信息系统应该围绕价值链的一系列作业活动进行信息的追踪和反馈。例如,苹果公司付出了巨大的努力分析其新一代手机和平板电脑在研发、生产和服务等方面的成本。再者,提高配送和响应速度也能增加客户价值,因为很多消费者认为延迟配送等同于拒绝配送。联邦快递利用价值链中配送这一环节,成功开发出一项UPS所不能提供的服务。

图表1-2 价值链

意识到企业存在内部客户也是十分重要的。例如,采购过程中取得并传送零部件和材料给生产部门,及时地提供高质量的零部件给生产部门经理同公司整体将高质量的产品提供给外部客户一样重要。关注于管理企业内部价值链和服务内部客户已经反映了跨职能视角的重要性。

例如,BuyCostumes.com 的管理层十分注重应用各种管理会计绩效指标以辅助指导客户关系管理。BuyCostumes.com 的记录显示,其超过1.5亿的客户群体每年的网络浏览量通常会超过2 000万次。万圣节是目前为止最大的销售旺季,每年10月会创造1.8亿美元的销售收入(占全年销售收入的一半)。十分有趣的是,自从 BuyCostumes.com 创立以来,管理层根据总统候选人面具收藏品的销售数据,准确地预测出了每一届总统竞选的结果。

1.3.3 跨职能视角

在管理价值链的过程中,管理会计人员必须理解和计量企业的多种职能。当前的成本计算方法可能包含了最初的设计成本,工程费用,制造成本,分配、销售和服务成本。清楚掌握各种成本定义的个人,能够理解短期成本和长期成本之间的界定,在确定什么是决策相关的信息方面发挥着不可估量的作用。例如,战略决策可能要求界定成本,以便在所有价值链作业之间进行成本的分摊。在长期决策的环境下,银行业(如 Chase 银行)每年大约花费5亿美元,在全部职能部门开展客户盈利性分析,以便识别出利润最高和最低的客户。① 然而,诸如确定某一订单盈利性这样的短期决策(年末,Bridgestone Firestone North American Tire 接受提议,要求使用闲置机器为当地的轮胎批发商生产 1 000 件额外轮胎),可能仅仅需要计量某一职能部门生产这一订单产品的增量成本。

为什么要试图把管理会计和营销学、管理学、工程学、金融学和其他领域的学科联系到一起呢?当强调采用价值链视角和客户价值时,我们发现这些学科之间是相互交叉的。例如,年末销售人员可能提供更大幅度的折扣,以实现他们的销售目标。如果客户购买更多的产品,企业的工厂可能实行倒班制,导致加班费的发生,以满足销售需求的突然上涨。跨职能视角开阔了我们的视野,让我们多角度地看待问题——看清在收入增加的同时,也产生了更高的生产成本。广阔的视野有助于管理层提高产品和服务的质量,减少服务客户的时间(内部和外部的客户),改善生产效率。

1.3.4 全面质量管理

持续改进(continous improvement)是通过减少浪费、提高质量和管理企业成本,来持续不断地寻找提高作业整体效率和生产力的方法。对于产品成本、客户、生产流程和管理层关注的其他目标等,管理会计信息是识别问题和寻找可代替解决方案的基础。

持续改进是企业卓越表现的基础。厂商努力创造出能使工人生产零缺陷产品的环境的**全面质量管理**(total quality management)理念已经取代了过去的"可接受质量"的观点。这种强调质量的观点急需管理会计信息系统提供关于质量的信息,包括向制造业和服务业计量并报告质量成本。例如,为了对客户关于笔记本电脑维修过程方面的抱怨增加做出反应,东芝与 UPS 形成联盟,由 UPS 负责回收有问题的电脑,东芝进行修理,最后由 UPS 将修好的电脑返还给客户。为了提高这种联盟的工作效率,东芝和 UPS 均需要相关的管理会计信息,包括现存的低质量产品的成本和改善未来质量所付出的代价。②

越来越多的公司,如戴姆勒-克莱斯勒公司,正在使用六西格玛质量管理方法,并利用各种类型的成本信息设计"六西格玛",以达到改善质量的目的。克莱斯勒公司的目标是满足客户要求并改进汽车和运行系统的可靠性,同时降低研发成本和实现创新。应该注意到,很多公司正试图通过消除价值链上的不增值作业,来提升组织的价值。为了消除不增值作业的浪费,公司通常会发现必须改变现有会计。这种会计的改变,即**精益会计**(lean accounting),是依托价值链来组织企业的成本核算,并收集财务和非财务信息,以达到为管理层提供信息,辅助他们降低不增值作业;同时,利用财务和非财务信息,提供能更好地反映企业整体业绩的财务报告。

最后,管理会计师最新的职责之一就是帮助执行企业风险管理(enterprise risk management,ERM)方案和编制企业可持续发展报告(corporate sustainability reporting,CSR)。

---

① R. Brooks, "Unequal Treatment: Alienating Customers isn't Always a Bad Idea, Many Firms Discover", *The Wall Street Journal* (January 7, 1999): A1.

② T. Friedman, "*The World is Flat: A Brief History of the Twenty-First Century*", Farrar, Straus and Giroux: New York, New York, 2005.

企业风险管理是管理会计师用来识别组织所面临的威胁和机遇并对此做出反应的常规方法。为了取得长期持续的成功,企业风险管理变得越来越重要。例如,众所周知,沃尔玛专业化的风险管理流程和团队对席卷路易斯安那州和密西西比州的卡崔娜飓风做出反应,其速度和效果要远远高于当地或联邦政府机构(如联邦应急管理局)。① 可持续发展报告是用来向内外部重要的利益相关者传达关于企业可持续发展的各种实践活动结果的一种方式。来自很多会计师事务所的调查,以及管理会计师协会(Institute of Management Accountant,IMA)的结论表明,组织越来越重视有效风险管理活动的实施和企业可持续性发展报告的实践。②③

1.3.5 时间作为一种竞争要素

在价值链的所有环节中,时间都是关键要素。世界级的公司通过压缩设计、执行、生产这一循环周期的时间,减少产品送达市场的时间。这些公司通过消除非增值时间,即对客户没有价值的时间(如产品花费在装货码头上的时间),实现产品或服务的快速送达。有趣的是,降低非增值时间与提高产品质量密切相关。

时间和产品生命周期之间的关系是什么呢?很多行业的技术创新速度逐步加快,导致产品的寿命变得相当短。管理层必须能够对变化的市场环境迅速果断地做出反应,并依靠管理会计信息实现这一点。例如,惠普公司发现新产品研发费用超过预算50%比新产品延迟6个月上市要好。

1.3.6 效率

提高效率也是一个关键问题。无论从财务角度还是非财务角度来度量效率都是极其必要的。成本是对效率的关键度量。成本的时间趋势和生产力变化的指标都能提供对持续改进决策的效果度量。为了使这些效率度量方式变得有价值,就必须合理定义、计量和分摊成本。进一步来说,产出必须与投入相关联,并且应该计算出生产力变化所带来的整体财务效果。

1.4 管理会计师的角色

当企业进行决策制定时,管理会计尤为重要。例如,Kicker 是一家制造汽车音响系

---

① A. Zimmerman, and V. Bauerlein, "At Wal-Mart, Emergency Plan Has Big Payoff", *The Wall Street Journal* (September 12, 2005): B1.

② *Enterprise Risk Management: Tools and Techniques for Effective Implementation*, Institute of Management Accountants, Montvale, New Jersey, 2007:1—31.

③ Ernst & Young and Boston College Center for Corporate Citizenship, "Value of Sustainability Reporting", 2013. EYGM Limited.

统的实体企业,我们通过与其高管之间大量的访谈活动,发现 Kicker 高度依赖管理会计信息。下面的内容详细阐述了其在运营过程之中是如何使用管理会计信息的。

Kicker 管理实践

Kicker 作为 Stillwater Designs and Audio Inc. 旗下的子公司,制造汽车音响系统,其标识为"Livin' Loud",以此暗示系统的性能。正如公司网站上所写的,"Livin' Loud 始终沿袭着 Kicker 的风格——走在组件制造业的前列——致力于创造出有助于不断提升全世界对汽车音响设备性能期望的组件。"

40 年前,汽车音响设备是低功率的小型设备,它们的功率仅仅与收音机或 8 轨磁带机相当。但是,音频爱好者所渴望的室内听力体验是汽车市场无法满足的。1980 年, Stillwater Designs 的创始人兼董事长 Steve Irby 开发出第一套专门用于汽车的全频扬声器箱——Original Kicker®。

Stillwater Designs 是 1973 年仅由两个人组建的公司,主要按照订单要求为教堂、礼堂和娱乐场所设计、建造专业的音响与音乐设备扬声器系统。伴随着 Original Kicker 的成功,公司将目标市场定位在汽车音响市场上,成功地运用其制造第一套产品所使用的研发技术,最终开发出可以制造出高性能汽车音响组件的整条生产线。公司由曾经在单个狭小的车库里生产,并只拥有两位雇员,到现如今员工数目已超过 200 名,占地面积 50 万平方英尺以上。

Kicker 品牌涵盖了多种高性能的汽车音响产品,有超低音音箱、中低音驱动程序、高频扬声器、转线路、匹配元件系统、扬声器以及功率放大器。Kicker 曾荣获音频视频国际汽车大赛奖,该奖项每年由《音频视频国际》杂志发起和赞助。获奖者是由零售商根据放声的保真度、工程设计、可靠性、工艺和产品的完整性以及成本性能比等评选出来的。2003 年,七种 Kicker 产品荣获了此奖项。强调公司绩效表现的奖项包括 2000 年获得的由政府颁发的杰出出口企业奖,以及 1996 年俄克拉荷马州国际贸易协会指定 Kicker 为本年度国际企业。

虽然 Stillwater Designs 最初兼顾产品的研发、生产和销售等业务,但是其现在主要业务集中在产品的研发和销售上。虽然大部分产品的生产已经实现了外包(由外部公司按照合同的要求进行生产),公司仍然生产部分产品,并计划在为工厂引进新设施的同时生产更多的产品。工程设计和音响研发是 Kicker 董事长兼首席执行官 Steve Irby 的最爱,因此,他目前仍然是设计团队的负责人。高层管理人员日复一日亲自参与运营活动,加之公司各个运营部门精力充沛、才能出众的员工以及制造音响组件的先天优势,这些都是公司取得巨大成功的关键。

管理会计师在组织中发挥着支持者的作用,他们协助那些负责实现组织基本目标的个体。那些对组织的基本目标负有直接责任的岗位被称为**直接责任**(line position)。而那些本质上属于辅助性的,并对组织基本目标负有间接责任的岗位被称为**岗位责任**(staff position)。对于像 Kicker 这样一家集设计、生产和销售音响设备功能于一身的组织,董事长、总经理以及销售、营销和运营副总裁都是直接责任,而采购经理和成本会计师则属岗位责任。Kicker 的组织框架如图表 1-3 所示。

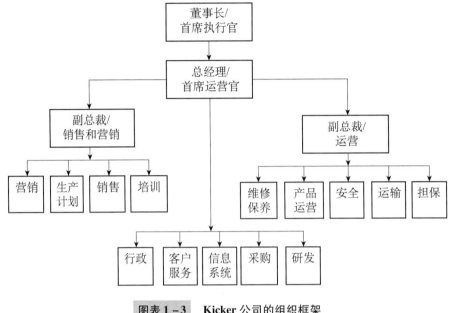

图表 1-3 Kicker 公司的组织框架

Kicker 的**会计主管**(controller)或总会计师(chief accounting officer)隶属于行政部门,负责监督所有会计人员并直接向总经理和首席运营官(chief operating officer, COO)报告。虽然管理会计师,如会计主管和成本会计主管,可能在组织中发挥着巨大的作用,但是他们没有管辖生产部门经理的权利。直接责任制下的管理层制定政策和公司决策,管理会计师通过提供和解释会计信息,为政策和决策的制定提供大量有价值的信息。

由于管理会计师在组织运营中所扮演的关键角色,会计主管经常被视为高管团队中的一员,因此,公司提倡会计主管参与到计划、控制和决策等活动中来。会计主管作为总会计师,有责任满足内外部使用者对会计信息的需求。在大型企业中,对于会计主管的这项要求可能包括其对内部审计、成本会计、财务会计(包括 SEC 报告和财务报表)、会计系统(包括分析、设计和内部控制)以及税收的直接责任。这些职责和主管部门的组织设置因公司而异。例如,在一些公司,内部审计部门可能直接向财务副总裁报告;同样,信息系统部门可能直接向财务副总裁或其他副总裁报告。

大型公司的会计主管通常与财务部门相分离。**财务主管**(treasurer)主要肩负财务职责,特别是承担筹集资金、管理现金和投资等职责。财务主管可能也掌管信贷、托收和保险等业务。

无论管理会计师处在哪一个职位,他们必须在企业制定决策的各个阶段起到支持作用。作为会计方面的专家,他们必须具备聪明才智、丰富的知识储备、与时俱进,并且熟悉各国风俗习惯。此外,他们也应该熟知公司所面临的法律环境,包括重要的金融监管法规,如《多德弗兰克法案》(Dodd-Frank Act)和《萨班斯-奥克斯利法案》(Sarbanes-Oxley Act)。

1.5 管理会计和道德行为

管理会计实践的最终目标是支持管理层实现利润最大化。从传统上看,关于公司经济业绩的活动一直受到极大的关注,但是,管理者和管理会计师本不应该如此重视利润以至于他们将净利润最大化作为公司的唯一目标。利润应当通过合法和道德的方式加以实现,因此利润最大化的目标应受到相应的限制。

1.5.1 道德行为

道德行为(ethical behavior)是指选择正确、合适和公正的行为。行为本身可能是对的,也可能是错的;可能是合适的,也可能是不合适的;我们所做的决策可能是公平的,也可能是不公平的。虽然人们在引用道德条款时持有不同的观点,但是在所有道德系统背后存在一个共同的原则。这个原则认为组织中的所有成员应对其他成员的健康幸福负有责任,为了组织的幸福而愿意牺牲个人利益是道德行为的核心。

自我牺牲的概念引出了某些核心价值——这些价值用一些具体的术语描述了对与错的含义。James W. Brackner 在《管理会计》杂志的"道德专栏"中,做出了如下评论:

> 对于有意义的道德教育,必须在什么是正确的价值观念上达成一致意见。Michael Josephson 在"Teaching Ethical Decision Making and Principled Reasoning"一文中识别和描述了十种价值。对于历史、哲学和宗教的研究揭示了在某些普遍和永恒的价值观念方面的高度一致性,这正是道德生活的本质。
>
> 这十种核心价值产生了一系列原则,这些原则用通用的术语描述了对与错。因此,它们能对行为起到指导作用。①

引文中所提到的十种核心价值如下所示:①诚实;②正直;③守信;④忠诚;⑤公平;⑥关爱他人;⑦尊重他人;⑧公民意识;⑨追求卓越;⑩责任感。

很多著名的财务丑闻,如 Adelphia、WorldCom、HealthSouth、Parmalat 和 McKesson 等的财务丑闻,都证明了高管和会计师面临在短期内产生较大净利润数字的压力。不幸的是,当这些人面临对收入和成本的相关判断时,往往会屈服于当前的压力。例如,WorldCom 所发生的财务丑闻是因为其首席执行官 Bernie Ebbers 与公司的会计高管串通在一起,故意错填公司的日记账,将几百万美元的成本费用资本化,进而记录在资产负债表的资产中而不是利润表的费用中。如果将其作为费用处理,便会极大地降低公司当期的净利润。最终,WorldCom 由于其不合法和不道德的行为,被迫向美国政府和投资者支付了几亿美元的罚款。此外,几名高管也因为他们的行为被判入狱。最近的次贷危机也凸显

---

① James W. Brackner, "Consensus Values Should Be Taught", *Management Accounting* (August 1992): 19. 如想获得关于十种核心价值的深入研究,请参见 Michael Josephson, Teaching Ethical Decision Making and Principled Reasoning, Ethics Easier Said Than Done (The Josephson Institute, Winter Los Angeles, CA: 1988): 29—30。

了道德行为的重要性,因为一些银行通过大量借贷给个人来增加自身的利润,而这些贷款额度已经超过了他们所能承受的合理范围;或是有意地利用不清晰、不透明的贷款期限来增加自身的利润,尽管外部利益相关者仍认为它是清晰和透明的。[1]

美国国会颁布了《萨班斯-奥克斯利法案》,以限制与 Enron、WorldCom、Adelphia、HealthSouth 类似的证券欺诈和会计处理不当等丑闻的发生,例如,《萨班斯-奥克斯利法案》提高了对公司道德的关注度。虽然《萨班斯-奥克斯利法案》在应对上述财务丑闻上取得了成功,但是却未能防止所有后来财务欺诈的发生,Allen Stanford 的证券欺诈和 Bernard Maddoff 策划的"庞氏骗局"就证实了这一点。"庞氏骗局"是当时世界上最大的财务丑闻,诈骗投资者的金额高达 500 亿美元。

虽然为集体利益而牺牲个人利益表面上看似是相互矛盾的,但这种做法不仅可以带来正确的个人价值观,而且也能带来良好的商业价值。具备较高道德规范的企业能够增加客户和雇员的忠诚度。虽然在某些情况下,说谎者和作弊者可能会暂时获得成功,但这通常是短暂的,从长期来看,企业诚实和忠诚地对待一切商业行为将会有丰厚的回报。

1.5.2 公司的道德行为规范

一旦听到"Enron"这个名字,人们就会明白道德行为的重要性。为了改善管理层和员工的道德行为,组织通常会设定行为标准,也可以称为公司的道德行为规范。快速浏览各家公司的道德行为规范,就会发现其中存在某些共同的基础。例如,可口可乐的企业价值观念列表[2],包括了领导力、合作、正直、责任、热情、多样和素质。波音的行为规范[3]指出将"在公平公正地、以道德和合适的方法并完全遵守相关的法律规章的基础上从事商业行为"。所有雇员必须在规范上签字,公司"要求他们理解规范,提出问题,寻求指导,对于可疑的违规行为加以报告,表达关于遵守这项政策和相关步骤的疑虑"。

公司行为规范中较为重要的部分包括正直、履行职责和遵守法律规则。这些公司的规范都严禁接受回扣与不正当礼品、内部交易、滥用公司信息和资产等行为。一些公司,如谷歌[4],列出了雇员相互之间的责任,雇员对客户、供应商、商业伙伴、股东、政府、社区和竞争者的责任,以及当他们存在道德相关问题或担忧时需要沟通的程序和人员。

---

[1] Jane Sasseen, "FBI Widens Net Around Subprime Industry: With 14 Companies Under Investigation, the Bureau's Scope is the Entire Securitization Process", Business Week Online (January 30, 2008). 2014 年 1 月 16 日摘自:http://www.businessweek.com/stories/2008-01-30/fbi-widens-net-around-subprime-industrybusinessweek-business-news-stock-market-and-financial-advice

[2] 摘自可口可乐公司网站,http://www.coca-colacompany.com/our-company/mission-vision-values(accessed January 14, 2014)。

[3] 摘自波音公司网站,http://www.boeing.com/boeing/corp_gov/conduct_employee.page(accessed January 14, 2014)。

[4] 摘自谷歌公司网站,http://investor.google.com/corporate/code-of-conduct.htm(accessed January 15, 2014)。

1.5.3 管理会计师的道德行为标准

除了企业为管理层和员工建立了行为标准之外,职业团体也建立了相应的道德标准。美国注册会计师协会(American Institute of Certified Public Accountants,AICPA)和管理会计师协会(Institute of Management Accountants,IMA)也为会计师建立了道德标准,会计人员都要受到这些行为规范的约束。① AICPA 和 IMA 均强调专业胜任能力、保密、正直、可信度和客观的重要性。

2005 年,IMA 修订了"管理会计师道德行为准则",以此反映《萨班斯-奥克斯利法案》的影响。修正后的准则现在被称为"职业道德实践公告",其考虑了全球问题并吸收了全球职业会计师团体协会——国际会计师联合会规范中的原则。"职业道德实践公告"明确禁止"管理会计师做出违背这些标准的行为,也禁止组织中的其他成员做出这样的行为"。解决道德冲突的标准和可供借鉴的解决办法如图表 1-4 所示。

图表 1-4　职业道德实践公告

> IMA 的成员应践行职业道德。职业道德实践的陈述包括传达价值观念的总体原则和指导行为的标准。
>
> **原则**
>
> IMA 的总体原则包括:诚实、公平、客观和责任。成员的行为应当符合这些原则,并且应该鼓励组织内的其他人遵守这些原则。
>
> **标准**
>
> 如果成员没能遵守以下标准,可能会受到纪律处罚。
>
> Ⅰ.专业胜任能力
>
> 每位成员有责任做到以下几点:
>
> 1. 通过持续不断地更新知识和技能,以保持适当的专业技能水平。
> 2. 根据相关法律、规章和技术标准的要求履行专业职责。
> 3. 提供准确、清晰、具体、简明和及时的信息和建议,以支持决策的制定。
> 4. 识别并沟通那些可能阻碍责任判断或活动成功执行的职业限制或其他约束。
>
> Ⅱ.保密
>
> 每位成员有责任做到以下几点:
>
> 1. 除了信息的披露得到授权或法律上的许可,必须保证信息的绝密性。
> 2. 使用绝密信息需要通知所有的利益相关者,监督下属的行为活动以保证其信守承诺。
> 3. 禁止使用绝密信息获取不道德或非法的利益。
>
> Ⅲ.正直
>
> 每位成员有责任做到以下几点:
>
> 1. 缓解实际利益冲突,与企业定期交流有助于避免明显的利益冲突,向所有各方报告任何潜在的利益冲突。
> 2. 禁止做出任何会导致所履行的职责不符合道德要求的行为。
> 3. 禁止参与或支持可能会有损职业声誉的活动。

---

① AICPA 的职业行业规范可参见:http://www.aicpa.org/research/standards/codeofconduct/page/default.aspx

（续表）

> Ⅳ. 可信性
>
> 每位成员有责任做到以下几点：
>
> 1. 公正并客观地传递信息。
>
> 2. 披露那些可能会影响潜在使用者理解报告、分析或建议的所有相关信息。
>
> 3. 披露在信息本身、信息及时性、信息处理过程以及内部控制等方面与组织政策和相应法律一致性上存在的延迟或缺陷。
>
> **道德冲突的解决办法**
>
> 在"职业道德实践公告"的运用中，你可能在识别不道德行为或解决道德冲突方面遇到问题。但面临道德问题时，你应该按照组织内部关于解决这类冲突的政策来处理，如果这些政策没有解决这一道德冲突，你应该考虑以下做法：
>
> 1. 与你的直接上级讨论这个问题，除非这个问题涉及上级本身。那样的话，就将这个问题传递给再上一级。如果仍不能得到满意的解决办法，把这个问题送交给更上一级管理层。如果你的直接上级是首席执行官或者是同级职位，可接受的咨询机构可能是审计委员会、执行委员会、董事会、理事会或股东大会这样的团体。与你直接上级之上的层级进行沟通时，应在假设他本身并没有参与到该问题中，你的直接上级知晓情况下进行。与未被组织雇用或允许参与的个人和有关机构沟通的做法并不适宜，除非你认为这并不违反法律规定。
>
> 2. 通过与 IMA 道德咨询委员或其他公正无偏的顾问进行开诚布公的讨论，以澄清相关道德问题，进而更好地理解可能采取的一系列做法。
>
> 3. 对于道德冲突产生的法律义务和权利，咨询自己的律师。

资料来源：摘自 IMA 的网站。Copyright © 2006 by Institute of Management Accountants, Inc. Reprint permission granted by Institute of Certified Management Accountants, Inc.

假设一位经理的奖金与报告的利润相关联，即奖金随着利润的增加而增加，那么这名经理就有动机寻找可以增加利润的方法（包括不道德的方法）。经理可能延迟应该得到提职雇员的晋升时点，或者使用较为廉价的零件生产产品。这两种做法中的任何一种，如果其动机仅仅是为了增加奖金，这种行为便会被视为不道德，都不是为了实现公司或者员工最大利益的行为。然而，这要责备谁呢？毕竟，奖励机制的设计极大地驱使经理们增加利润。是奖励机制错了还是选择增加利润的经理错了？抑或两者都错了？

实际上，经理和奖励机制很可能都错了。重要的是评估和奖励机制的设计应尽量减少追求不良动机行为的发生。然而设计出完美的奖励机制并不现实，经理有责任避免奖励机制的滥用。图表 1-4 中第Ⅲ-1 条提醒我们所有的成员有责任"缓解实际利益冲突……向所有各方报告任何潜在的利益冲突"。从根本上来说，增加奖金的预期不应该导致经理不道德行为的发生。

道德可以教化吗？从苏格拉底到现在研究商业道德的哲学家和伦理学家都认为道德是可以用教育的方式来培养的，甚至更重要的是以自行学习的方式加以培养。事实上，IMA 要求在道德方面的持续教育，很多州的会计协会也是这样做的。或许面临道德困境的最大挑战在于当它们出现时，雇员常常没有意识到这样的困境已经出现，或是没有意识到应该采取正确的措施来挽救困境。因此，本书不是试图将大量的道德问题汇聚到一起来研究，而是在每章中包含了一种道德困境或道德情境，目的在于增加对企业中不道德行为类型的认识。

1.6 证书

与法律和医药专业一样,会计专业也需要依赖证书来证明证书持有者已经满足了专业胜任能力的最低标准,同时证书还能帮助其提升道德行为。对于管理会计师来说,会计专业提供了三种重要的证书形式:①管理会计证书;②注册会计师证书;③内部审计师证书。

各类证书均为管理会计师提供了特定的优势。每种情况下,申请者必须满足特定的教育和经验要求,并且通过资格考试,才能被授予证书。因此,这三种证书均能够证明持有者已经满足了专业胜任能力的最低标准,而且这三种证书均要求持有者参加持续的专业性教育,以继续持有该证书。因为证书表明了一种专业胜任能力的保证,大部分组织鼓励管理会计师考取相关证书。此外,越来越多的会计师正考虑成为一名注册舞弊审查师(Certified Fraud Examiner,CFE)①,这会使他们能够在预防、侦查、制止舞弊案件中发挥专业技能。②

1.6.1 注册管理会计师

管理会计师职业资格证是为满足管理会计师的特定需要而设计的。**注册管理会计**(**Certified Management Accountant**,**CMA**)需要通过资格考试,满足一定的工作经验要求,并且参加继续教育。

获取注册管理会计师资格证的关键在于通过资格考试,重点包括以下四部分:①经济学、金融学和管理学;②财务会计和报告;③管理报告、分析和行为决策等问题;④决策分析和信息系统。

这些考试模块反映了管理会计的需要并着重强调前文已有的观点——相比其他会计分支,管理会计是多种学科相互交叉的结果。

注册管理会计师的主要目的之一在于把管理会计打造成为一门公认、专业的学科,独立于注册会计师专业。注册管理会计师自诞生以来,已经取得了巨大的成功。现在许多公司不仅为其管理会计人员上课和准备考试提供资助与支付费用,还提供其他财务奖励以鼓励其取得该资格证书。

1.6.2 注册会计师

注册会计师资格证是历史最悠久和最为人们所熟知的会计资格证。这个证书的目

---

① 如要获得关于 CFE 的更多内容,请参见 http://www.acfe.com/cfe-credential.aspx? gclid = CMm8vKO __rsCFc-sMwodCWcAIQ (accessed January 15, 2014)。

② 想了解关于舞弊会计的更多内容,请参见 Crumbley, Heitger, and Smith, *Forensic and Investigative Accounting* 6th Edition, CCH。

的在于保证外部审计师满足业务能力的最低要求。注册会计师的职责在于为公司财务报表的可信性提供保证。只有具备**注册会计师**(Certified Public Accountant, CPA)资格证的人员才能在法律的允许下,以外部审计师的身份提供服务。注册会计师必须通过全国统一的考试并由他们工作单位所在的州颁发证书。虽然注册会计师资格证并非定位于管理会计的,但是很多管理会计师也持有这一证书。

1.6.3 注册内部审计师

企业会计人员可取得的另一个证书是注册内部审计师。内部审计不同于外部审计和管理会计,很多内部审计师感觉到有对这样一个特定证书的需求。**注册内部审计师**(Certified Internal Auditor, CIA)需要通过一项综合考试,目的在于确保技术能力和具备两年的工作经验。

学习目标

LO1 解释管理会计的含义。
- 管理会计信息用于识别问题、解决问题和评估业绩。
- 管理会计信息帮助管理层进行计划、控制和决策。
- 计划是指为了实现某一特定目标而对行为做出详细的规划。
- 控制是指监控计划的执行过程。
- 决策是指在多种可替代的决策中做出选择。

LO2 解释管理会计和财务会计之间的差异。
- 管理会计是:①为内部使用者服务;②不受外部财务报告规则的限制(如美国 GAAP 和 SEC 规章);③主观的;④能够使用财务和非财务指标来衡量业绩;⑤从更加广泛和跨学科的视角看待问题。
- 财务会计是:①面向外部使用者;②受到外部强制性规则的限制(如美国 GAAP 和 SEC 规章);③能够提供经审计过、客观的财务信息。

LO3 识别并解释管理会计的当前焦点。
- 为管理层关注客户价值、全面质量管理和基于时间的竞争战略提供支持。
- 收集并取得有关价值链上的作业活动以及客户损失(如购买前的成本)等方面的信息。
- 作业成本管理是针对更加准确和相关的管理会计信息需求所做出的主要创新性回应。
- 管理会计信息系统的性质可以取决于公司的战略定位,如:①成本领先战略;②产品差异化战略;③精益会计。

LO4 描述组织中管理会计师的角色。
- 负责识别、收集、计量、分析、编制、解释和沟通信息。
- 必须对管理层的信息需求保持高度的敏感性。
- 既是组织中的职员,也是管理团队中的成员。

LO5 解释管理层和管理会计师道德行为的重要性。
- 需要强烈的道德观念,以抵制通过改变企业的财务信息而呈现不真实公司业绩的行为。
- 很多公司存有书面的道德规范或是行为规范。

- IMA 为管理会计师制定了道德标准。

LO6　辨别管理会计师可以取得的三种证书形式。
- 管理会计证书适用于管理会计人员。
- 注册会计师证书是那些在实践中从事公众会计的人员所要取得的。
- 内部审计师证书适用于内部审计人员。

关键术语

财务会计	财务主管	持续改进	道德行为
岗位责任	管理会计	会计主管	计划
价值链	精益会计	决策	控制
全面质量管理	萨班斯-奥克斯利法案(SOX)	直接责任	注册管理会计师(CMA)
注册会计师(CPA)	注册内部审计师(CIA)		

讨论题

1. 什么是管理会计?
2. 管理会计的三个广义目标是什么?
3. 管理会计信息的使用者有哪些?
4. 管理会计应该同时提供财务与非财务信息吗?请说明原因。
5. 控制的含义是什么?
6. 描述计划、反馈和控制之间的关联。
7. 管理会计和财务会计的区别有哪些?
8. 解释在管理会计的发展过程中财务报告的作用。为什么近些年发生了变化?
9. 解释客户价值的含义。管理会计是如何关注客户价值变化的?
10. 什么是价值链?请说明价值链的重要性。
11. 解释当今的管理会计为什么必须有跨功能的视野。
12. 简要解释企业风险管理的实践和管理会计在其中发挥的作用。
13. 岗位责任和直接责任的区别是什么?
14. 会计主管应该属于高层管理者中的一员,你是否同意?原因是什么?
15. 道德行为是什么?在管理会计课堂上教授道德行为是否可行?
16. 简要描述存在欺诈行为的主管人员所面临的共同问题或压力。
17. 辨别会计证书的三种形式。你认为哪一种证书对管理会计师最为有用?为什么?

多项选择题

1-1 为内部使用者提供会计信息的是(　　)。
A. 会计　　　　B. 财务会计
C. 管理会计　　D. 信息提供者
E. 用于计划和控制的会计

1-2 管理会计信息的使用者包括(　　)。
A. 营利性公司　　B. 非营利性组织
C. 市政府　　　　D. 教育机构
E. 以上所有

1-3 设定目标并寻找出实现这些目标的方法,这被称之为(　　)。
A. 计划　　　B. 决策
C. 控制　　　D. 业绩评估
E. 以上都不是

1-4 在竞争性备选方案中做出选择的过

程,被称为(　　)。
　　A. 计划　　　　B. 决策
　　C. 控制　　　　D. 业绩评估
　　E. 以上都不是

1-5 下列哪些是管理会计的特征?(　　)
　　A. 关注于企业内部　B. 可能使用主观信息
　　C. 强调未来　　　　D. 广泛、跨学科
　　E. 以上都是

1-6 有效的管理会计信息系统应该追踪组织在下列哪些领域的作业信息?(　　)
　　A. 开发　　　　B. 营销
　　C. 生产　　　　D. 设计
　　E. 以上所有

1-7 从战略定位的角度看,公司通常会选择哪两个战略?(　　)
　　A. 提高收入和降低成本
　　B. 作业成本法和价值链
　　C. 增加客户价值和弱化供应商导向
　　D. 成本领先和产品差异化
　　E. 产品差异化和降低成本

1-8 下列哪一个不是管理会计师证书中常见的形式?(　　)
　　A. 内部审计师证书　B. 外部审计师证书
　　C. 注册会计师证书　D. 管理会计师证书

1-9 公司中的总会计师是(　　)。
　　A. 首席执行官　　B. 首席运营官
　　C. 销售副总裁　　D. 生产经理
　　E. 会计主管

1-10 在公司的道德规范中,以下哪些内容必在其中?(　　)
　　A. 遵守法律法规　B. 正直
　　C. 诚实　　　　　D. 胜任能力
　　E. 以上所有

练习题

1-11　管理流程(LO1)

以下的每种情形都需要使用会计信息以实现一个或多个的管理会计目标。

A. 实验室负责人:一家健康维护组织最近找到我,要提供给我们全范围的血液测试。它提供了为每次测试所愿意支付的价款清单,很多情况下,其所提供的价格通常低于我们的正常收费。我需要知道每项单独测试的成本以评估接受这个报价的可行性,或是建议对某些测试的价格做出调整。

B. 营运经理:报告显示我们的废品比最初预计的高出30%。对原因的调查结果表明我们使用比预期质量差的原材料,造成浪费一直高于正常水平。通过把原材料的质量提高到最初计划的水平,我们就能把废品率降到计划的水平。

C. 部门经理:随着产品质量的提高,我们的市场份额也增加了。当期的预测表明我们的销售量将会比去年增加25%。我想知道销售量的增加预计对利润的影响,我还想知道每个月预计的现金收入和现金支出。我感觉有必要借入一些短期借款。

D. 工厂经理:国外的竞争者正以较低的成本生产产品并以比我们快的速度将产品送到我们市场上的消费者手中。我们需要降低整个循环过程的时间,并提高生产过程的效率。现有两个方案能帮助我们实现这些目标,这两个方案都涉及对计算机辅助系统的投资,我需要知道每一个系统的未来现金流量和每一个系统对单位成本与循环时间的影响。

E. 经理:在上次董事会议中,我们设定了25%销售利润率的目标,我需要知道我们要销售多少产品才能实现这一目标。一旦我们估计出了销售量,我们需要大体列出能帮我们实现目标的推广活动。然而,为了计算出目标销售量,我们需要知道预计单价和大量的成本信息。

F. 经理:Harrison医疗诊所或许不应该提供全方位的医疗服务,一些服务看起来好像不能实现任何利润。我尤其担心心理健康这项服务,自从诊所开业以来,这项服务就没有盈利过。我想知道如果取消这项服务,能避免多少成本,我也想知道这会对我们提供的其他服务有多大的影响。有一些病人或许是因为我们能提供全方位的医疗服务才选择我们的。

要求：

为每一种情形选择适用的管理会计目标：计划、控制（包括业绩评估）或决策。

1-12 管理会计与财务会计的区别（LO2）

Jenna Suarez 是 Arben 公司的会计主管，在过去的两周里，其面临下列一系列问题：

A. 生产部经理 Ben Heald 想要知道购买部分组装的零件和购买单个零件后在公司内组装这两个方案，哪个成本更低。

B. 董事长提醒 Jenna 股东大会即将召开，需要她准备幻灯片，用以展示上一年度的利润表和资产负债表中的信息。

C. 销售副总裁 Ellen Johnson 决定在明年扩建销售部，她将明年的租金和折旧信息呈报给 Jenna，用以编制预算。

D. Jenna 的助理 Mike 收到了 Ellen 提供的折旧信息，并将其计入办公设施的折旧费用和累计折旧中。

E. Jenna 比较了生产中所耗费材料的预算和实际支出，材料的实际支出要远远高于预算，她与 Ben Heald 就此结果进行了讨论，并要求其对此做出解释。

要求：

以上哪些是以管理会计为导向的，哪些是以财务会计为导向的？

1-13 客户价值、战略定位（LO3）

Adriana Alvarado 决定购买一台个人电脑，她已经把选择的范围缩小到两个：Drantex 和 Confiar。这两个品牌有同样的处理速度、6.4G 的硬盘容量、两个 USB 接口、一个 DVDRW 驱动，并且配有同样的基本软件支持包。这两台电脑的销售厂家均采用邮件订货的方式，并具备良好的声誉。电脑的销售价格也是相同的。经过一番考虑之后，Adriana 发现 Drantex 在三年里的操作和维护成本大约是 300 美元，而 Confiar 的操作和维护成本大约是 600 美元；Drantex 的销售代理则强调较低的操作和维护成本，而 Confiar 的销售代理则强调产品的服务声誉和较快的送达时间（Confiar 能比 Drantex 提前一周送达）。基于以上所有信息，Adriana 决定购买 Confiar。

要求：

1. Adriana 购买的整体产品是什么？

2. 这两家公司的战略定位有何不同？

3. 当 Adriana 被问及为什么购买 Confiar 时，她回答道"我认为 Confiar 能比 Drantex 创造更大的价值。"这个更大价值的可能来源是什么？这对管理会计信息系统有什么启示？

4. 假定 Adriana 之所以购买 Confiar，主要是因为她想要尽快获得电脑。Drantex 生产厂家的管理层在获知了由于其本身漫长的生产和运送过程，导致其销售量流失之后，决定改善内部生产过程以提高运送速度。这些改善措施降低了次品的数量以及产品的生产时间，最终运送时间和成本均得以下降，从而降低了 Drantex 的销售价格。试解释这些举措是如何增强 Drantex 个人电脑相对于 Confiar 个人电脑的竞争地位的，并讨论其对管理会计信息系统的启示。

1-14 直接责任与岗位责任（LO4）

以下描述了 Barney 制造厂两位员工的工作职责：

成本会计主管 Joan Dennison 负责计量和收集橡胶软管生产线的制造成本，同时也负责定期报告的编制，用以比较实际成本和预算成本。这些报告呈送给生产线经理和工厂经理，并由 Joan 帮助说明和解释这些报告。

生产经理 Steven Swasey 负责高质量橡胶软管的生产，他监督生产线工人，帮助制订生产计划，同时负责满足生产定额的要求。此外，他还负责控制生产成本。

要求：

识别 Joan 和 Steve 属于直接责任还是岗位责任，并解释原因。

1-15 道德行为（LO5）

考虑下列涉及印刷工 Dave 和当地大学体育部门的助理 Steve 对话的情形：

Steve：Dave，我们部门需要 10 000 张印刷的海报，用于明年的篮球队。这是模板，我们需要在一个月之内完成，你们的收费是多少？

Dave：好啊，考虑到墨水和纸张的成本，大概需要 5 000 美元。

Steve：太好了，这正是我想要你做的原因。给我打印一张 7 500 美元的发票，那是我们的预算金额。然后，他们向你付款时，你给我一张 2 500 美元的支票，我将会确保你取得这项业务。

要求：

分析 Steve 的提议是否符合道德？Dave 应该做什么？

1-16　道德行为（LO5）

经理：今年最后一个季度，如果我能把成本降低 40 000 美元，我们部门的利润将会比预计水平高出 10%，并且我将会得到 10 000 美元的奖金。然而，第四季度的预测看上去并不乐观，但我真的迫切需要 10 000 美元的奖金。我知道一种能帮我实现目标的方式，我所要做的就是解雇三位工资最高的销售人员。毕竟第四季度的大部分订单都已签订，并且我可以在下一年年初雇用新的销售人员。

要求：

该经理决策的正确选择是什么？为什么出现了道德困境？有什么办法可以重新设计会计报告系统以防止管理层不道德行为的发生？

1-17　道德问题（LO5）

下列表述摘自报纸期刊的评论：

1. 商学院的学生来自社会的各个阶层，如果他们的家庭、小学和中学没有对其道德行为加以教育，那么商学院对其道德行为的教育几乎无任何作用。

2. 为了集体利益而牺牲个人利益并不会发生，除非大部分美国人都接受这一做法。

3. 有胜任能力的高层管理者从整个社会利益出发来管理员工和配置资源，金钱利益和名誉地位仅仅是做好工作的衍生品。

4. 不道德的公司和个体，像拉斯维加斯的嗜赌者，最终将一贫如洗。

要求：

请对以上每一条表述加以评论。

1-18　道德问题（LO5）

Bedron 公司是一个新成立的投资服务团队，在最近的五年里成绩显著，并能持续为大部分高层管理人员提供 50% 的奖金。此外，首席财务官和首席执行官获取 100% 的奖金。Bedron 希望这一趋势能够持续。

最近，Bedron 的高管团队（持有流通在外普通股股数的 35%）获知一家大型公司有意收购 Bedron。这家公司的出价是比较吸引人的，每股价格要比 Bedron 当前的股价高出几美元。其中一名高管将这一潜在的价格告诉了他的下属员工，并且建议他们以当前股价购买更多的 Bedron 股票，以期获得股票价差。

要求：

假设这一做法违背了 Bedron 的道德准则，你认为员工应该听从老板的建议吗？现在假设这一做法并没有被 Bedron 的道德准则所禁止，那么本例中的做法是否可以被接受？

1-19　公司行为准则（LO5）

利用网络来查找三家不同公司的行为准则。

要求：

简要描述每项行为准则，并说明它们的异同点。

第 2 章
管理会计基本概念

管理决策

Little Guys 家电公司

一台 60 英寸的高清大屏电视能够为体育爱好者营造出紧张激烈的比赛氛围,并且具有无与伦比的清晰度,甚至能使观看者在夜晚的网球公开赛中清晰地看见网球是否触到边界线,或在 Tom Brady 抛出一个旋转触地得分时能够看见橄榄球上的标志。借助有效的成本加成定价法与市场信息,Little Guys 公司多年来为成千上万的消费者带来了无数场精彩的体育赛事。在家庭娱乐市场中,音响产品的利润率仅为 2%~3%,因此,做出正确的定价决策在这个行业中至关重要。

Little Guys 家电公司以全部成本加成为基础进行定价,并确保最终价格落在建议零售价与最低广告价格之间,建议零售价与最低广告价格都会受到制造商和市场的影响。公司的管理会计人员必须掌握成本习性并对成本进行精准的预测,进而做出有效的生产与定价决策。Little Guys 公司计算利润时需要考虑哪些种类的成本?通常应包括产品的购买与运输成本、仓储成本、人工成本(包括雇员的健康保健成本、退休津贴及其他辅助人工成本等)、店铺保险费、广告费、运输用卡车的购买与维修成本、客户服务旅行成本等。此外,Little Guys 公司在为电视和接收器等产品定价时,预期需求量也必须考虑在内,价值链上每一环节的成本都得到补偿后才会实现预期利润。有效的价格战略基于对成本、成本加成百分比和未来市场趋势的判断。Little Guys 公司预期在未来几年能够继续为芝加哥地区的家庭提供优质的家电产品和服务。

2.1 成本的含义和作用

确定产品、服务、客户和管理者关注的其他项目的成本,是管理会计的重要职能之一。因此,我们需要理解成本的含义,明确其在小型创业企业以及大型跨国企业决策中所起到的作用。例如,Courtney 正经营一家小型美食餐厅,她同时也是这家餐厅的主厨。除了熟悉各种复杂食材的配备以外,她还需要懂得将餐厅的各项成本划分归类,以便于进行有效的经营决策。成本分类主要包括:①直接成本(食品和饮料等);②间接成本(餐布的干洗费用)。

从更大规模来看,大学校园里的银行经常会关注为学生提供基本支票账户服务的成本。这些账户多数处于亏损状态,因为这些账户的服务费用要高于其收费和利息等方面的收入。然而,这些银行发现,学生更倾向于在他们开过户的银行办理学生贷款,并且这些贷款业务具有相当可观的利润。所以,当考虑到相关的贷款业务时,银行可能会决定扩大向学生提供服务的范围。

2.1.1 成本

成本(cost)是指为获得商品或服务(预期会为公司带来当前或未来收益的产品或服务)所付出的现金或现金等价物的数额。如果一个家具制造商花费 10 000 美元购买一批木材,那么这批木材的成本就是 10 000 美元。有时,用一项资产与另一项资产进行置换交易,那么新取得资产的成本就用置换出去的资产价值(现金等价物)进行衡量。如果家具制造商用价值 8 000 美元的办公设备置换了一辆叉车,那么这辆叉车的成本即为 8 000 美元(所放弃的办公设备的价值)。成本是取得一项利益所耗用资源的货币计量。管理者总是努力使获得利益的成本最小化,减少实现既定利益所需的成本意味着公司的经营更加有效。

成本是为了产生未来利益而发生的。在一家盈利的公司中,这些利益通常是指收入。随着成本在产生收入的过程中被消耗掉,这个过程被称为耗费,已耗成本叫作**费用**(expenses)。在利润表中,需要将费用从收入中扣除才能确定收益(也叫作利润 profit)。如果一家公司想要持续经营,必须使得收入大于费用。并且,公司的收入必须足够大以满足公司的所有者。

通过关注单位产品的销售,我们可以进一步探知成本与收入之间的关系。每一单位产品的销售收入叫作**价格**(price)。在日常交流中,我们习惯于将成本与价格视为同义词,因为一件物品(如一张光盘)的价格对于我们来说,就是它的购买成本。然而,会计课程是基于公司所有者的视角,因而成本与价格是不同的。反之,对于一家公司来说,收入与价格的意义是相近的。公司为了赚取收益,必须使得产品的价格高于其成本。因此,管理者需要了解成本和成本趋势。例如,消费者购买一件 The North Face 品牌的羊毛夹克需要支付的价格为 200 美元，然而公司在设计、加工、运输以及服务等方面的总成本要远低于出售这件夹克向客户收取的 200 美元。

2.1.2 累计成本和分配成本

累计成本（accumulating costs）是成本计量与记录的方法，会计系统通常会将这项工作做得很好。例如，当公司收到一份电话账单时，记账员会将其计入电话费用账户，同时也计入负债类的应付账款账户，这样就形成了成本的累计，到年末便能够很容易地看出电话费用的总额。累计成本体现了公司的花费。然而，累计成本所提供的信息通常是不够全面的，公司还需要了解这些钱的用途，也就是这些成本是如何在成本对象间分配的。

分配成本（assigning costs）是将成本关联到某些成本对象的方法。成本对象是指企业想要了解的成本的主体。例如，话费总额中，有多少金额是归属于销售部门的，有多少金额是归属于生产部门的？分配成本能够使企业了解资金是怎样花费的。在这个例子中，成本的分配显示了企业产生的话费是用于支持车间生产还是产品销售。正如我们在后面各章将要讨论的，成本分配与成本累计相比会难很多。

Kicker 管理实践

Kicker 对多种成本进行收集与分析，并将成本分为一系列的会计科目用于管理中的预算与决策。以销售职能的成本为例，将其分为三个部分：销售、客户服务与营销。营销部门负责广告、促销和帐篷展销活动。

帐篷展销是一种小规模的营销活动，每年会在美国的中部及中南部进行多次。活动时，Kicker 会出动满载产品与音响设备的半挂车和几台展车，在场地中支起大型的帐篷，进行产品展销、新产品模型展示以及过季商品的大幅度折扣销售。每一次都会对帐篷展销活动的成本进行密切追踪，并与展销收入进行比较，销售收入不高于成本的展销地点在第二年会被取消。

像当今的许多公司一样，Kicker 对成本进行密切的追踪，进而为决策提供有用的信息。本章中所讲述的一般成本分类能够帮助公司组织成本信息，并将其用于决策。

2.1.3 成本对象

管理会计系统的构建是为了计量成本并且将其分配到相应实体，这些实体被称为成本对象。**成本对象**（cost object）可以是对其进行成本计量和分配的任意事物，如产品、客户、部门、项目、地理区域和工厂等。例如，如果 Fifth Third Bank 想要确定白金信用卡业务的成本，那么成本对象便是白金信用卡，应该将所有与白金卡相关的成本包括在内，如向潜在客户邮寄的费用、雇用员工的劳动成本、专门用于接收和解决信用卡客户来电的软件程序的信息技术费用，以及计算机部门处理白金卡交易和账单的成本等。从个人的例子来说，假如你正考虑在暑期参加一门课程，那么你所参加的这门课程便是成本对象，这项成本将包括学费、书本费、报名费、交通费，还可能包括房租等。此外，需要注意，参加这门课程的成本还应将你暑期兼职的工资收入包含在内（假设暑期兼职和参加这项课程不能同时进行），这项成本将成为机会成本。[1]

由你做主

我们需要对哪些经营活动进行成本估测？

假设你是一家大型航空公司的首席财务官。在这个竞争激烈的行业，对公司的巨额成本进行管理尤为重要。因此，你的主要任务之一便是决定为了达到公司的目标利润，需要对哪些成本进行管理。换言之，你必须确认航空公司最重要的成本对象，以便进行成本追踪、计量和控制。

你会选择哪些成本对象作为公司成功的关键因素？

航空公司的成本对象是很明显的，例如，一架航班的运行成本包括喷气燃料费用（达美航空公司每年的喷漆燃料成本超过120亿美元[2]）和飞行员、机组人员以及维修保养人员的劳务成本。然而，对这些较明显的成本对象进行成本确认也不是件容易的事。例如，当一家航空公司同时运营多种机型的飞机时，就会产生培训人员和储存每种机型零部件的额外成本（例如，100架两种不同机型飞机的保养和人员培训总成本要远高于同等数量的单一机型）。航空公司可能会对成本对象进行更加细致的划分。例如，它们会关注每个座位的单位里程成本（行业专家将其称为 the cost per avoilable seat mile, CASM），对于大部分航空公司来说这项成本主要在6—10美分。

对航空公司其他成本对象的确认更加具有挑战性。例如，你可能不会将危机管理的成本作为一项重要的成本对象，然而，根据国际航空运输协会的数据，冰岛 Eyjafjallajokull 火山爆发产生的火山灰云导致的航班停飞或延误，估测给航空业造成 17 亿美元的损失。[3]

最后，你可能还需要将上下飞机的乘客和装卸行李的服务过程作为成本对象。例如，航空公司对使用办理登机手续服务、在飞行中享用软饮料、在航班上使用靠枕和桌板、在起飞前提前选择座位以及办理行李托运等进行收费。Spirit 航空公司因成为首家对乘客的随身行李收费（45 美元）的航空公司而引起了广大新老顾客的不满。[4]

像其他公司一样，航空公司可以识别和管理任何一项他们所关注的成本。有时有效的成本管理中最困难的部分是它的第一步——决定哪一特定对象需要承担某些成本。错误地选择成本对象很可能会导致决策失误或经营效果不佳。

---

[1] 本章后面部分和第13章会对机会成本的概念进行更加全面的阐述。
[2] 数据来自达美航空公司2012年年报。
[3] www.guardian.co.uk/business/2010/apr/21/airline-industry-cost-volcanic-ash（accessed May 8, 2010）.
[4] www.msnbc.msn.com/id/37004725/ns/travel-news/

2.1.4 成本在成本对象间的分配

将成本分配给各成本对象有多种方法。相比较而言,有些方法比较准确,有些方法更简单易行。分配方法的选择取决于多种因素,如对准确性的需求等。准确性是一个相对的概念,并且与所选择成本分配方法的合理性和逻辑性相关。管理目标之一是尽可能地计量和分配成本。例如,假设你和三个朋友一起外出到当地的一家披萨餐厅吃晚餐,结账时所有花费总计 36 美元,那么你应该支付的部分是多少呢?一种简单的方法是你和你的朋友平分餐费,这样你们每人需承担 9 美元(36 美元/4)。但是,假若你们中一人点了一小份沙拉或饮料(共计 5 美元),而另一个人点了一份招牌披萨、开胃菜和啤酒(共计 15 美元)。显然,这样就很容易辨别每个人的花费,进而依此进行成本分配。第二种分配方法更准确也更有效。选择哪种方法,取决于将具体餐费分配给每个人的重要程度,在会计中也是如此。有很多方法可以将成本分配给成本对象,有些方法简便但不精确,另一些方法会更加精确,但是工作量也会大大增加(在商业中,工作量的增加也就意味着成本的增加)。

1. 直接成本

直接成本(**direct costs**)是指能够很容易并精确地追踪到成本对象的成本。当我们说某项成本易于追踪时,是指成本和对象间的关系能够完全观察到并且易于追踪。能够追踪到对象的成本越多,成本的分配便越准确。例如,我们前文中所讨论的主厨 Courtney,如果她想要了解主菜中使用的肉类、应季水果和蔬菜等食材的成本,可能相对来讲水果和蔬菜的购买成本会更容易确定。

2. 间接成本

然而,有些成本是很难追踪的。**间接成本**(**indirect costs**)是指不易于精确追踪到成本对象的成本。例如,Courtney 在寻找偏远地区的农场或农贸市场时还会发生额外费用(与直接从分销商处订购水果和蔬菜相比较),因为她必须花费自己的时间和使用自己的小汽车。如果农贸市场不提供送货服务,那么 Courtney 还需要安排一个同伴开厢式货车将所购买的产品运回。现在市场上的应季蔬菜和水果在几周之后会变成非应季(难以购买到)。季节性的差异意味着 Courtney 需要花费更多的时间来更新菜单,并研发新的适合餐厅条件的菜谱。此外,在 Courtney 和餐厅工作人员知道合适的订购量之前,仍可能出现浪费和食材腐败等情况。这些成本很难分配到已准备和已售出的食物中去,因此,它们都是间接成本。有些企业将间接成本作为辅助成本。图表 2-1 展示了如何将直接成本和间接成本分配给成本对象。

间接成本的分配 尽管间接成本不能够追踪到成本对象,但对间接成本进行分配仍然是十分重要的。**分配**(**allocation**)是指通过合理易行的方法将间接成本分配给成本对象。由于不存在明显的可观察到的因果关系,对间接成本进行分配主要是基于方便可行的目的或某些假设的因果联系。例如,一家工厂生产五种产品,考虑该工厂生产这些产品时产生的供热和照明成本。假设将这些公共事业成本分配给五种产品,但是我们很难找出该项公共事业成本与车间所生产的每单位产品间的因果关系,因此,分配这项成本

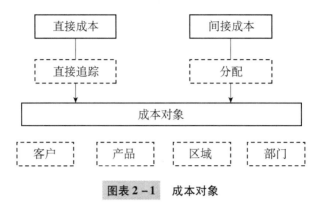

图表 2-1 成本对象

的一种简便方法是依据每个产品所耗费的直接人工工时按比例分配。这种方法相对简单，并且能够达到将所有成本分配到单位产品的目的。从各方面看，间接成本的分配都是十分重要的，例如，确定存货价值和售出商品的成本时，就必须先将间接成本分配到产品。不仅如此，随着企业所生产的产品以及提供服务的数量和种类更加复杂化，对间接成本的了解、分配和有效控制的重要性也与日俱增。此外，在许多企业中，间接成本在总成本中所占的比重正在不断扩大。

下面回到本章开头的 Little Guys 家用电器公司的案例，Little Guys 公司管理层在制定产品价格时，很大程度上依赖于对公司每种产品成本的了解，包括可追踪的直接成本和所分配的间接成本。间接成本更难以估测，而且在制定产品价格时也难以找到恰当的方法合理地分配间接成本。如 David（Little Guys 公司的合伙人之一）所言，产品定价中最难的部分便是如何恰当地将间接成本分配到每个家电产品中去，如存货的仓储成本、辅助员工的劳务成本、库存保险费用、运输卡车的维修保养费用和租金（当自有卡车在修理厂进行检修时）、员工医疗保健费用等。例如，如果管理层认为分配到一组 Klipsch 品牌扬声器的间接成本过少，那么这套扬声器的成本会比管理层认为已为其分配正确比重的间接成本时要低很多。因此，精确地对直接成本进行追踪以及将间接成本分配给产品和服务对于很多管理决策都具有重要意义。

服务组织中也存在着直接成本和间接成本。比如，一家银行每月给客户的对账单的印刷费用和邮寄费用，便是归属于其产品（支票账户）的一项直接成本。然而，银行里的办公家具成本会构成支票账户的一项间接成本。

> **道德决策**
>
> 成本追踪也可以作为未授权活动和企业伦理问题的预警系统。例如，Metropolitan 人寿保险公司惊愕地发现一些经理人在销售退休计划的保单。这种做法是违法的，并且使公司遭受了高达两千多万美元的罚金，并退还给保单持有人五千万美元。[1]

---

[1] Roush, Chris, "Fields of Green—and Disaster Areas", *BusinessWeek* (January 9, 1995): 94.

3. 其他种类的成本

除了上述将成本分为直接成本和间接成本以外，我们还经常根据成本的行为模式或成本随产出的变化方式对其进行分析。

- **变动成本**（variable cost）是指总额随着产出量的增加而增加，随着产出量的减少而减少的成本。例如，制作牛仔裤所使用的牛仔布料的成本就是一项变动成本。随着公司生产的牛仔裤数量增多，对牛仔布料的使用需求也会增加。
- **固定成本**（fixed cost）是指总额不随产出量增减变化而变化的成本。例如，不论企业生产多少条牛仔裤，工程建筑需要缴纳的财产税额是不变的。这项成本支出的变化不是由于产出量的变化，而是因为地方政府决定提高征收的税率。

在第 3 章将会对变动成本、固定成本以及其他类型的成本性态展开更进一步的阐述。

- **机会成本**（opportunity cost）是指为接受一项选择而放弃或牺牲的其他选择的收益。例如，你参加一项暑期国外进修项目的机会成本，可能包括你在此期间留在国内工作所获得的薪酬。从另一方面来讲，你留在国内工作而不是参加进修项目的机会成本，可能包括你未来雇主为你提供的、你选择出国进修所能获得的知识或经验。机会成本区别于会计成本，机会成本永远不会出现在会计记录中，因为机会成本是未发生事项的成本。但是，机会成本对于决策而言十分重要，我们会在第 13 章中对机会成本进行更深入的阐述。

2.2 产品和服务的成本

产出是重要的成本对象之一，主要有两种类型：产品和服务。

- **产品**（products）是指通过劳动力和间接生产资源，如生产厂房、土地和机器设备等将原材料转化为物品。例如，电视机、汉堡、小轿车、电脑、衣物以及家具等都是产品。
- **服务**（service）是指为客户执行任务或活动，或者提供公司的产品或设施给客户使用。投保、医疗护理、教育、牙科护理、代办葬礼以及代理记账等都是为客户提供活动的服务；汽车租赁、音像租赁和滑雪等都属于为客户提供产品或设施的服务。

生产产品的组织被称为**制造业组织**（manufacturing organization），提供服务的组织被称为**服务组织**（service organization）。这两种企业的经理人都需要对每件产品或每项服务的成本有所了解。准确的成本信息对于利润分析以及关于产品设计、产品定价和产品组合的战略决策都至关重要。此外，像 J. Crew 这样的零售企业，从其他企业（如制造型企业）购买产成品，然后将其销售给客户。零售类企业（通常被称为零售商）存货和货物成本的会计核算比制造型企业简单得多，这些将会在财务会计的课程中详细讲解。因此，我们这里的重点放在制造业组织和服务组织上。

服务与产品有诸多不同之处，包括以下方面：

- 服务是抽象的。客户在购买一项服务之前不能够对其有视觉、触觉、听觉或味觉等方面的感受。

- 服务是不能储存的。服务无法储存以备消费者将来使用,它必须在完成时被消耗。存货价值对于产品来说非常重要,但是服务却不具备这一属性。换言之,服务企业在日常经营中并不生产或销售产品,在它们的资产负债表中没有存货资产这一项目。
- 服务需要购买者和提供者之间发生直接接触。例如,视力检查需要患者和验光师同时在场。然而,产品的购买者和生产者之间不需要进行直接的接触。因此,汽车的购买者不需要与工程师和装配线上的工人进行接触。

企业对服务进行成本估算的方法大体和产品成本估算的方法相同,都是将相关的成本分为直接成本或间接成本。二者成本计算的主要不同点在于,产品可以有存货而服务没有。

2.2.1 提供成本信息

管理会计必须确定应为管理者提供哪些种类的管理会计信息,并且如何对这些信息进行计量,以及应该在什么时候与哪些人对这些信息进行沟通。譬如,管理者在制定战略或经营决策时主要依赖于管理会计信息,因为管理者认为管理会计人员能提供最有用的决策分析信息。因此,在本书中我们所阐述的管理会计议题并没有一套正式的外部准则作为参考,而是应考虑既定决策的内容。例如,用于自制或外购决策的相关成本信息或不相关成本信息,用于产品定价决策的全部成本信息或功能成本信息等。

但是,有一个重要的例外,当企业对外提供资产负债表中的期末存货成本和利润表中的销货成本信息时,管理会计师必须遵循特定的外部报告原则(例如,GAAP)。为计算这两项成本,管理会计师必须按功能将成本细分为:生产成本和期间费用(非生产成本)。下面介绍将成本分类为产品成本或期间费用的过程。

2.2.2 确定生产成本

生产(或制造)成本(product or manufacturing costs) 是指制造业企业生产产品或零售业企业加工从供应商处购入的货物以备出售的过程中产生的直接成本和间接成本。因此,只有在价值链中生产环节发生的成本才属于生产成本。生产成本的一个重要特点是其具有可盘存性。生产成本最初记入存货科目,直到存货出售时结转至销货成本(cost of goods sold,COGS)。生产成本可以进一步划分为直接材料、直接人工和制造费用,在编制外部财务报表时可以将这三项成本要素分配到产品中列示(如存货科目或销货成本科目)。图表2-2展示了直接材料、直接人工以及制造费用变成生产成本的过程。

1. 直接材料

直接材料(direct material) 是指构成最终产品的一部分并且能够直接追踪到所生产产品的原料。因为每件产品所耗费的直接材料是可观察的,所以直接材料的成本能够直接归结到产品。能够直接构成产品的原料可以归为直接材料,例如,一辆新保时捷轿车的轮胎、Ethan Allen 餐桌所使用的木材、Gucci 香水中所使用的酒精以及 American Eagle 牛仔裤所使用的牛仔布料等都是制造这些产品的直接材料。

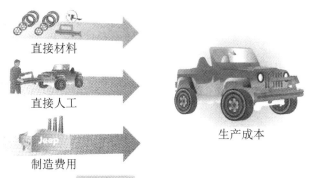

图表 2-2 生产成本的构成

原材料与直接材料这两个术语密切相关。通常,材料的存货记为原材料科目。当材料从原材料科目转出并用于生产时,原材料才会转变为直接材料。原材料科目中可以包括非直接材料和直接材料。非直接材料是在生产过程中使用的,但每一单位产品的用量不易确定,因而这些成本归属于间接成本,后面会对该内容进一步讲解。

2. 直接人工

直接人工(**direct labor**)是指那些能够直接追踪到所生产产品的人工成本。可以通过直接观察的方法确定生产一件产品所耗费的人工成本。可以把那些将直接材料转化成产品的雇员视为直接人工。例如,惠普公司的电脑装配流水线上的工人即可归类为直接人工成本。

由于企业成本里面存在着非直接材料,因此也会有非直接人工。这些人工不直接参与产品的生产过程,但他们对于生产的贡献同样是必不可少的。例如,每周三上午 Georgin Pacific 公司的胶合板制造工厂中对设备进行定期维护的维修人员发生的成本,即可视为非直接人工。非直接人工包含于制造费用之中,因此,它是一项间接成本而非直接成本。

3. 制造费用

除直接材料和直接人工以外的所有生产成本,我们将其归类为**制造费用**(**manufacturing overhead**)。在制造业企业中,制造费用又被称为工厂间接费用或间接生产成本。不能追踪到受益成本对象的成本都会被归类于制造费用。制造费用成本科目中包含的项目范围很广泛,如工厂厂房和设备的折旧费用、保洁及维修的人工成本、生产监督成本、原材料转移成本、工厂内公用电力成本以及厂房需缴纳的财产税等,都属于制造费用。

需要记住的重点是,工厂中的所有成本费用都可以分类为直接材料、直接人工和制造费用。所有的生产成本都可以进行分类,不管你认为这项成本的发生与实际产品生产过程间的关系有多远。前面我们讲过,非直接材料和非直接人工属于制造费用。在生产中,用于家具和玩具的胶水就是一个例子,以及生产饼干过程中涂在其表面的油脂耗费的成本。

总生产成本。总生产成本等于直接材料、直接人工和制造费用之和:

$$总生产成本 = 直接原料 + 直接人工 + 制造费用$$

单位产品成本等于总生产成本除以产品产量:

$$单位产品成本 = \frac{总生产成本}{产品产量}$$

演练 2.1

总生产成本和单位生产成本的计算

知识梳理：

生产成本对于管理控制和决策制定至关重要。管理者借助生产成本编制预算并进行分析。在制造过程中发生的生产成本可以与在制造过程以外发生的期间费用进行对比。

资料：

BlueDenim 是一家生产牛仔裤的公司。上一周，48 000 美元的直接材料（牛仔布料、线、拉链、铆钉等）已投入生产，同时发生了 30 000 美元的直接人工费用（50 人 × 40 小时 × 15 美元/小时），制造费用为 72 000 美元。截至上周末，BlueDenim 公司一共生产了 30 000 条牛仔裤。

要求：

1. 计算上一周的总生产成本。
2. 计算上一周所生产的牛仔裤的单位成本。

答案：

1.

直接材料	48 000 美元
直接人工	30 000 美元
制造费用	72 000 美元
总生产成本	150 000 美元

2. 单位产品成本 = 150 000/30 000 = 5（美元）

生产成本包括直接材料、直接人工和制造费用。当产品加工完成后，便不会再附加其他的成本。换言之，与产品的存储、销售以及运输相关的成本均不属于生产成本，而应归类于期间费用。

主要成本与转换成本。有时可以将包括直接材料、直接人工和制造费用在内的生产成本划分为主要成本和转换成本：

- **主要成本**（prime cost）等于直接材料费用和直接人工费用的总和。

$$主要成本 = 直接材料 + 直接人工$$

- **转换成本**（conversion cost）等于直接人工费用和制造费用的总和。

$$转换成本 = 直接人工 + 制造费用$$

对于制造业企业来说，转换成本可以看作将原材料转化为产成品所耗费的成本。

演练 2.2

主要成本、转换成本和单位产品转换成本的计算

知识梳理：

管理者经常将生产成本按性质分类为主要成本或转换成本，进而将生产投入的相关成本（如直接材料和直接人工）和生产过程中耗费的相关成本（如直接人工和制造费用）相比较。

资料：

参照演练 2.1 中 BlueDenim 公司的信息。

要求：

1. 计算上一周发生的主要成本总额。
2. 计算单位产品主要成本。
3. 计算上一周发生的转换成本总额。
4. 计算单位产品转换成本。

答案：

1.

直接材料	48 000 美元
直接人工	30 000 美元
主要成本总额	78 000 美元

2. 单位产品主要成本 = 78 000/30 000 = 2.60（美元）

3.

直接人工	30 000 美元
制造费用	72 000 美元
转换成本总额	102 000 美元

4. 单位转换成本 = 102 000/30 000 = 3.40（美元）

注意：主要成本与转换成本之和不等于总生产成本，因为主要成本与转换成本中都包含直接人工。

4. 期间费用

商品出售前，产品的成本都属于存货资产。公司运营还会产生其他一些成本，这些成本不存在于存货之中，称为期间费用。因此，**期间费用**（**period costs**）是指除生产成本外的所有成本（即在价值链上除生产环节以外的其他环节的成本）。办公用品成本、研发活动成本、首席执行官的薪酬以及广告费用等都属于期间费用。例如，Jaguar 公司共花费约 800 万美元在超级碗 XLVIII 比赛的广告时间播放了一条 60 秒的广告，其中有 500 万美元为广告的制作费。此外，Jaguar 公司还增加了 500 万美元用于制作后续超级碗的系

列广告。这些体育事件会吸引大批的电视观众,因此,许多企业的管理者瞄准时机,愿意为如此短暂的广告时间投入大量成本。① 除了 M*A*S*H 最后一集以外,Giant 队大败常胜队 Patriots 的这场比赛的电视观众人数(9 750 万人)超过了所有之前的电视节目。② 尽管有如此高的收视率,一些人还是认为 800 万美元的期间费用(广告费)是不值得的。像维多利亚的秘密等公司,从长期来看其高成本的广告战略,是否能够为公司带来足够多的销量增长以实现盈利,管理会计师可以帮助管理者对此进行分析决策。

期间费用不能分配到产品中,也不会作为存货报告价值的一部分出现在资产负债表中。期间费用通常会在所发生的期间内费用化。然而,如果一项期间费用预期会在一年之后为企业带来经济利益(即收入),那么它便可以记为一项资产(即资本化),在使用年限内通过计提折旧费用化。例如,当企业购买一辆运输用卡车时,在发生时对相关成本资本化,并且在卡车的可使用年限内计提费用。图表 2-3 描述了生产成本和期间费用的区别,以及这两种类型的成本最终如何进入利润表中。如图表所示,以存货资产形式存在的生产成本,最终在利润表中以销货成本列示,并与销货收入进行配比。然而,资本化的期间费用,在资产可使用年限内以折旧费用在利润表中列示,并与该项资产每期所取得的收入进行配比。

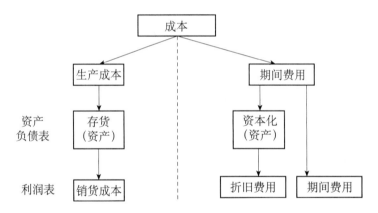

图表 2-3 生产成本与期间费用对于财务报表影响的对比

在制造业组织中,期间费用的水平通常会高于销售收入的 25%,对其进行控制为企业带来的成本节约额会高于在生产成本控制上付出相同努力的效果。例如,耐克公司的期间费用占其销售收入的 34%(8 549 000 000 美元/25 313 000 000 美元)。③ 对于服务组织来说,销售费用和管理费用的重要程度取决于其所提供的服务类型。例如,内科医生和牙医对于营销的需求相对较少,因此销售费用金额也较小。而杂货连锁店则可能会发生大量的营销成本。期间费用通常分为销售费用和管理费用。

---

① "And Now , Ads for the Super Bowl Ads",*Wall Street Jounal*,January 26,2014,Suzanne,Vranica. Accessed January 27, 2014, at http://online. wsj. com/news/article _ email/SB10001424052702304856504579338704254890072-IMyQ-jAxMTA0MDlwNzEyNDcyWj

② Hiestand, Michael, "Game Attracts Biggest Audience",*USA Today*(February 5, 2008): C1.

③ 数据来自耐克公司 2013 年年报。

销售费用。产品或服务的营销、分配及客户服务等环节所发生的必不可少的费用，称为**销售费用**(**selling costs**)。销售费用通常是指订单取得成本和订货供应成本。如销售人员的薪酬和佣金、广告费用、仓储成本、运输成本及客户服务成本等都是销售费用。前两项成本属于订单取得成本，后三项成本属于订货供应成本。

管理费用。所有与研发相关的成本和不能合理计入销售成本或生产成本的日常管理成本，称为**管理费用**(**administrative costs**)。企业通过日常管理确保各项活动有机结合，以实现企业的总体任务。总裁会关注企业的销售效率、生产及研发活动等，这些活动能否有机结合对于企业实现利润最大化至关重要。例如，管理层薪酬、诉讼费、年报印刷费等都属于管理费用；研发成本是与新产品设计与开发相关的成本，必须在发生的期间内费用化。

直接期间费用与间接期间费用。如生产成本一样，将期间费用分为直接期间费用与间接期间费用有助于管理决策。服务企业同样也会作此区分。例如，对于外科中心来说，手术用纱布和麻醉药都属于直接成本，因为每一台手术或每个病人的纱布和麻醉药用量是可以确定的。服务行业直接期间费用的例子还包括餐厅的主厨、参加心脏手术的外科护士以及美国西南航空公司飞行员发生的人工成本。

另外，虽然美发店会使用洗发水和护发喷雾，但每一位客人理发过程中使用的准确数量不易确定。因而洗发水和护发喷雾的成本属于间接期间费用或制造费用，会通过分配而不是直接追踪到每位顾客的理发服务中。医院的手术助理负责清理手术后操作室、处理已用过材料和对可重复使用器材进行消毒所产生的人工成本，便是间接人工成本。间接人工成本属于制造费用。公司每年圣诞派对时租用圣诞老人服装的费用是一项间接成本，并且应在所发生的期间内费用化。虽然这些成本不会影响存货价值或销货成本的计算（因为以上都是服务公司），然而能否对其正确分类仍会对许多决策、计划和控制活动产生影响，这一点我们会在后面章节进行讨论。

2.3 编制利润表

前文对生产成本、销售费用和管理费用的定义进行了概念性阐述。然而，实务中这些成本的实际计算过程是比较复杂的。下面我们进一步了解为了编制外部财务报表应如何进行成本计算，首先我们以制造业企业为例予以说明。

2.3.1 产成品成本

产成品成本(**cost of goods manufacturing**)是指在当期完成生产并转入产成品存货的货物的全部成本。分配给产成品的成本只有直接材料、直接人工和制造费用。那么，我们为什么不直接将当期发生的直接材料、直接人工和制造费用相加以得出销货成本呢？原因在于原材料存货和在产品存货。例如，当期采购的一些材料很可能会投入生产（即在当期由原材料存货转为在产品存货）。而另一些材料可能不会投入生产，在期末仍存在于原材料存货中;并且,当期的一些在产品可能会完工(即在当期由在产品存货转为产成品存货),而另一些在产品在当期可能不会完工,期末仍存在于在产品存货中。在计算销货成本时,需要区分当期的总生产成本和当期完工产品的生产成本(即产成品成本)。

下面我们以直接材料为例。假设一家企业在月初时没有原材料库存,当月购入15 000美元的直接材料并全部投入生产。那么这15 000 美元应该计入直接材料。通常,如果企业在月初时有一些原材料库存,这些原材料称为期初原材料存货。我们假设企业在期初时有2 500 美元的原材料存货,当月有17 500 美元的原材料投入生产(其中2 500 美元的原材料来自期初存货,其余15 000 美元的原材料为当期购入)。一般来说,企业不会将全部的原材料存货投入生产,可能只使用了12 000 美元的原材料。那么,本月用于生产的直接材料成本为12 000 美元,剩余的5 500 美元原材料作为期末原材料存货。这个推理论证可以用公式简单表达为:

$$\text{期初原材料存货} + \text{本期购入原材料} - \text{本期投入生产的直接材料} = \text{期末原材料存货}$$

虽然这个公式合乎逻辑并且简单明了,但它没有表达我们通常希望得到的结果。我们想要得到的是用于生产的直接材料数量——而不是期末原材料存货的数量。演练2.3展示了如何计算用于生产的直接材料数量。

演练 2.3

用于生产的直接材料成本的计算

知识梳理:

计算用于生产的直接材料成本,主要是为产成品成本的计算提供初步数据。管理者还可以借此区分当期购买原材料数量和当期投入生产的原材料数量。

资料:

BlueDenim是一家生产牛仔裤的公司。5月1日,公司有价值68 000 美元的原材料存货。当月购入210 000 美元的原材料。5月31日,原材料存货的账面价值为22 000 美元。

要求:

计算5月用于生产的直接材料成本。

答案:

原材料存货(5月1日)	68 000 美元
购入原材料	210 000 美元
原材料存货(5月31日)	(22 000) 美元
用于生产的直接材料	256 000 美元

计算出直接材料成本后,加上本期的直接人工和制造费用,便可以得出本期的全部生产成本。下面我们考虑第二种存货类型——在产品。**在产品**(work in process,WIP)

是指期末仍在车间、部分完工的产品,即那些已开始生产但尚未完工的产品。在产品有价值,但小于完工后的价值。就像存货分为期初存货与期末存货,在产品也分为期初在产品和期末在产品。我们必须对当期在产品的生产成本进行核算,这样就可以得出当期完工并由在产品转入产成品存货的产品的总生产成本。演练 2.4 展示了特定期间产成品成本的计算方法。

演练 2.4

产成品成本的计算

知识梳理:
对产成品成本进行列示的主要目的是编制外部财务报表。

资料:
BlueDenim 是一家生产牛仔裤的公司。5 月,共购入价值 210 000 美元的原材料,并发生直接人工成本 135 000 美元,以及制造费用 150 000 美元。5 月 31 日,原材料存货的账面价值为 22 000 美元。存货科目信息如下:

	5 月 1 日	5 月 31 日
原材料	68 000 美元	22 000 美元
在产品	50 000 美元	16 000 美元

要求:
计算 5 月的产成品成本。

答案:

用于生产的直接材料*	256 000 美元
直接人工	135 000 美元
制造费用	150 000 美元
5 月总生产成本	541 000 美元
在产品(5 月 1 日)	50 000 美元
在产品(5 月 31 日)	(16 000)美元
产成品成本	575 000 美元

注:* 直接材料 = 68 000 + 210 000 − 22 000 = 256 000 美元。

2.3.2 销货成本

为了达到外部报表要求,必须将成本分为以下三类:生产成本、销货成本、管理成本。

需要记住的是,生产成本最初计入存货中,只有当产品出售时才会转入费用,并与销售收入进行配比。因此,制造费用不是产成品的成本,而是售出产品的成本。**销货成本**(**cost of goods sold**)指本期出售产品的成本,当产品出售时将其成本由资产负债表中的产成品存货转入利润表中的销货成本。演练 2.5 展示了销货成本的计算方法。

演练 2.5

销货成本的计算

知识梳理：

对销货成本进行列示的主要目的是编制外部财务报表，它是利润表的重要组成部分。

资料：

BlueDenim 是一家生产牛仔裤的公司。5 月，共加工完成 115 000 条牛仔裤，总生产成本为 575 000 美元。假设 5 月 1 日，公司有 10 000 件产成品存货，成本为 50 000 美元；5 月 31 日，有 26 000 件产成品存货，成本为 130 000 美元。

要求：

1. 编制 5 月的销货成本报表。
2. 计算 5 月牛仔裤销量。

答案：

1.

BlueDenim 公司 5 月销货成本报表

产成品成本	575 000 美元
产成品存货(5 月 1 日)	50 000 美元
产成品存货(5 月 31 日)	(130 000)美元
销货成本	495 000 美元

2.

产品销量：	
产成品存货量(5 月 1 日)	10 000
5 月完工产品数量	115 000
产成品存货量(5 月 31 日)	(26 000)
5 月产品销售量	99 000

期末原材料存货、在产品存货和产成品存货是十分重要的，它们在资产负债表中作为资产(流动资产)进行列示。销货成本作为一项费用在利润表中列示。销售费用和管理费用作为费用在利润表中进行列示。总的来说，演练 2.3 至演练 2.5 描述了成本在三种存货类型(原材料、在产品和产成品)中的流动，并最终进入销货成本。

图表 2-4 借助演练 2.3 至演练 2.5 的信息，体现了生产成本(直接材料、直接人工和制造费用)在存货(原材料、在产品和产成品)中的流动，并最终转入利润表中的销货成本的过程。并且，图表 2-4 还展示了购买原材料(或发生并计入原材料存货的 210 000 美元)和将原材料投入生产(即计入在产品存货的 256 000 美元)的区别。直接人工和制造费用在发生时和参与生产时没有区别，因为它们在使用之前不能够计入存货(而原材料可以计入存货)。

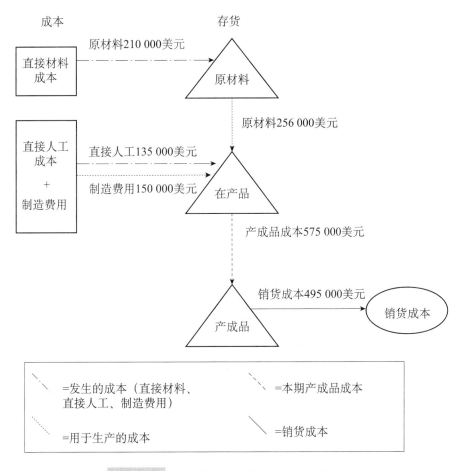

图表 2-4　成本流动、存货和销货成本间的关系

2.3.3　制造业企业的利润表

演练 2.6 中展示了制造业企业的利润表。这个利润表遵循工业企业财务会计课程中讲的传统框架。需要注意的是,利润表展现的是一段时间内的经营状况(如演练 2.6 中利润表为 5 月的经营状况)。利润表中的会计期间可能会变化,重点在于它体现了该期间内的所有销售收入与成本费用。

演练 2.6

制造业企业利润表的编制

知识梳理:

利润表的主要作用是为了编制外部财务报表。投资者和外部的信息使用者借助利润表来判断企业的财务状况。

资料：

以 BlueDenim 公司为例，该公司 5 月共销售牛仔裤 99 000 条，总成本为 495 000 美元。每条牛仔裤的售价为 8 美元。同时，公司发生了两项销售费用：占销售价格 10% 的佣金和 120 000 美元的固定销售费用。管理费用总计 85 000 美元。

要求：

编制 BlueDenim 公司 5 月的利润表

答案：

BlueDenim 公司 5 月利润表

单位：美元

项目		金额
销售收入(99 000×8)		792 000
销货成本		495 000
毛利		297 000
减：		
销售费用		
佣金(792 000×0.10)	79 200	
固定销售费用	120 000	199 200
管理费用		85 000
经营利润		12 800

我们来看演练 2.6 中的利润表。首先，标题告诉了我们它是什么报表，来自哪家公司以及列报的会计期间。其次，利润表中的项目从销售收入开始。销售收入的计算如下：

$$销售收入 = 产品单价 \times 销售量$$

计算出销售收入之后，还需计算出该期间内的开支。注意将开支分为三类：生产成本（销货成本）、销售费用和管理费用。第一种类型的开支是生产已出售的产品的成本。这一成本的计算方法已在演练 2.5 中阐述过。销货成本是当期售出产品的生产成本，包括直接材料、直接人工和制造费用，不包括销售费用和管理费用。以一家零售企业为例（如零售商），销货成本为已出售的产品从外部供应商处购入的成本。因此，对于零售商来说，销货成本等于存货的期末余额与期初余额之差。对 American Eagle Outfitters 和 J. Crew 公司这样的零售商来说，它们只有一个类型的存货账户，因为不需要像制造型企业那样，将购入的货物通过增加直接材料、直接人工和制造费用转化成其他形式的存货。

毛利是销售收入与销货成本之差：

$$毛利 = 销售收入 - 销货成本$$

毛利是指公司超过售出产品成本的利润收入。毛利不等于经营利润，因为未扣除销售费用和管理费用。但毛利仍然提供了有用的信息。如果毛利为正，说明企业的产品定价能够弥补生产成本，那么企业就可以计算其毛利率（毛利/销售收入），如演练 2.7 所示，并将毛利率与同行业的平均水平相比较，进而判断本公司的相对毛利率水平。

演练 2.7

计算利润表中每个项目占销售收入的百分比

知识梳理：

计算各项目占销售收入的百分比，可以使管理层了解利润表中每个项目的金额相对于销售收入的大小。该计算还能够使企业自身各财务期间以及与其他企业之间具有可比性。

资料：

参照演练 2.6 中 BlueDenim 公司的利润表。

要求：

计算利润表中每个项目占销售收入的百分比。

答案：

BlueDenim 公司 5 月利润表

项目	金额(美元)	金额(美元)	占比(%)*
销售收入(99 000 × 8)		792 000	100.0
销货成本		495 000	62.5
毛利		297 000	37.5
减：			
销售费用			
佣金(792 000 × 0.10)	79 200		
固定销售费用	120 000	199 200	25.2
管理费用		85 000	10.7
经营利润		12 800	1.6

注：* 百分比计算步骤：
1. 销售收入百分比 = 792 000/792 000 = 1.00 或 100%（销售收入占本身的比例为100%）
2. 销货成本百分比 = 495 000/792 000 = 0.625 或 62.5%
3. 毛利率 = 297 000/792 000 = 0.375 或 37.5%
4. 销售费用百分比 = 199 200/792 000 = 0.252 或 25.2%
5. 管理费用百分比 = 85 000/792 000 = 0.107 或 10.7%
6. 经营利润百分比 = 12 800/792 000 = 0.016 或 1.6%

不同行业的毛利率水平也会有显著的区别。例如，克罗格(Kroger)公司根据年报中利润表数据计算得到的毛利率为 20.6%（19 893 000 000/96 751 000 000）。[①] 而默克(Merck)公司根据年报中利润表数据计算得出的毛利率为 65.2%（30 821 000 000/47 267 000 000）。[②] 默克公司有如此高的毛利率，原因之一是它的营销成本（如广告）和研究与开发成本（分别为 128 亿美元和 82 亿美元）占总成本的比重很大，并且这两

[①] 数据来自克罗格公司 2012 年年报。
[②] 数据来自默克公司 2012 年年报。

项成本在发生时计入了期间费用。因此，默克公司的销货成本相对较低。

最后，需要将销售费用和管理费用从毛利中扣除，进而得到公司的经营利润：

$$经营利润 = 毛利 - (销售费用 + 管理费用)$$

经营利润是利润表中的重要指标。它是经营取得的利润，并且体现了所有者从公司所赚取的收益。计算经营利润百分比（经营利润/销售收入）并将其与行业平均水平比较，能够为所有者提供公司的相对获利水平等有用信息。

可以通过计算利润表中每一行项目占销售收入的百分比（如演练2.7所示），对利润表进行更加深入的分析。那么管理层如何使用这些信息呢？首先映入眼帘的是经营利润小于销售收入的2%，这是一个非常低的水平。BlueDenim公司应该努力提高这一百分比，除非牛仔裤生产行业的平均水平与此相近。销售费用占销售收入的比重很大，为25.2%。公司真的需要支付那么高的佣金吗？还是产品的价格过低（与竞争对手的定价相比）？销货成本是否有降低的空间？62.5%的销货成本是否合理？这些问题都在演练2.7中反映出来，但并没有做出解释。管理的任务就是对上述问题进行解答。

2.3.4 服务企业的利润表

在服务组织中，不需要像American Eagle Outfitters公司这样的零售商购买产品，也不需要像东芝公司这样的制造商加工制造产品，因此没有期初存货和期末存货。所以，在利润表中也就不存在销货成本和毛利项目。然而，提供服务的成本会随着公司其他经营成本的发生而发生。例如，西南航空公司的利润表中，第一项为经营收入17 699 000 000美元，扣除全部经营成本16 421 000 000美元后，得到经营利润1 278 000 000美元。[①] 演练2.8中展示了一家服务企业的利润表。

演练 2.8

服务组织利润表的编制

知识梳理：

利润表的主要作用是为了外部财务报告。投资者和报表的外部使用者可以借助利润表判断公司的财务健康状况。服务组织的利润表中没有销货成本这一项，因为服务组织通过提供服务而不是销售产品取得收入。

资料：

Komala信息系统公司为小型企业设计并安装人力资源软件。上个月，Komala公司发生软件许可费5 000美元，服务技术人员的成本35 000美元，研发费用55 000美元，销售费用5 000美元，管理费用7 000美元。销售收入总计130 000美元。

要求：

编制Komala公司上个月的利润表。

---

① 数据来自西南航空公司2013年年报。

答案：

Komala 公司上个月的利润表　　　　　　　　　　　单位：美元

项目		
销售收入		130 000
减：经营成本		
软件许可费	5 000	
服务技术人员	35 000	
研发费用	55 000	
销售费用	5 000	
管理费用	7 000	107 000
经营利润		23 000

学习目标

LO1　了解成本的意义以及如何将成本分配给产品和服务。
- 成本是预期能为企业带来当前或未来利益的产品或服务所消耗的现金或现金等价物。
- 管理者借助成本信息确定成本对象，如产品、项目、厂房和客户等。
- 直接成本是指能够基于因果关系直接追踪到成本对象的成本。
- 间接成本是指基于假定的关系和简便的原则分配到成本对象的成本。

LO2　定义生产产品和提供服务的诸多成本，以及销售费用和管理费用。
- 产品是指购买或借助人工和直接生产资源（如厂房、土地和设备等）将原材料转化取得的货物。服务是指为客户执行任务或将公司的产品或设施提供给客户使用。
- 生产成本是指商业企业获得产品和制造业企业生产产品过程中所发生的直接和间接成本。生产成本被归入资产负债表的存货科目，并在存货出售时，计入利润表的销货成本。
- 销售费用是用于营销和分配产品或服务的成本。管理费用是公司组织经营过程中发生的成本。
- 销售费用和管理费用都属于期间费用。

LO3　编制制造业组织和服务组织的利润表。
- 产成品成本科目包含本期完工并转入产成品存货的产品的全部生产成本。销货成本包含本期出售产品的成本，因而在销售发生时该项成本由产成品存货转入销货成本。零售企业没有产成品成本这一科目，并且它的销货成本等于期初存货加本期购入存货，再减去期末存货。
- 制造业企业和商业企业需要将销货成本从销售收入中扣除，进而得到毛利。此外，在计算销货成本之前必须先计算产成品成本。
- 服务业企业不需要计算毛利，因为它们不发生存货的购买或生产活动，因而没有销货成本。
- 最后，所有的企业都需要将销售费用和管理费用在毛利中扣除，进而得出净利润。

重要公式

1. 总生产成本＝直接材料＋直接人工＋制造费用

2. 单位产品成本 = $\dfrac{总生产成本}{产品产量}$

3. 主要成本 = 直接材料 + 直接人工

4. 转换成本 = 直接人工 + 制造费用

5. 期初原材料存货 + 本期购入原材料 − 本期投入生产的直接材料 = 期末原材料存货

6. 毛利 = 销售收入 − 销货成本

7. 经营利润 = 毛利 − (销售费用 + 管理费用)

关键术语

变动成本	服务	累计成本	直接材料
产成品成本	服务组织	毛利	直接成本
产品	固定成本	期间费用	直接人工
成本	管理费用	生产成本	制造费用
成本对象	机会成本	销货成本	制造业组织
费用	价格	销售费用	主要成本
分配	间接成本	在产品	转换成本
分配成本法			

问题回顾

生产成本、产成品成本报表和利润表

Brody 公司生产工业清洗剂,需要将多种化学品、去污剂和水混合在一起,然后装入 10 加仑的圆桶中。Brody 公司提供了上一年度的相关信息如下:

购买原材料	250 000 美元
直接人工	140 000 美元
工厂设备折旧	45 000 美元
厂房折旧	30 000 美元
总部办公楼折旧	50 000 美元
工厂保险费	15 000 美元
财产税:	
工厂厂房	20 000 美元
总部办公楼	18 000 美元
工厂公共设施费	34 000 美元
销售部门公共设施费	1 800 美元
管理人员薪酬	150 000 美元
间接人工薪酬	156 000 美元
销售人员薪酬	90 000 美元
原材料期初余额	124 000 美元
在产品期初余额	124 000 美元
产成品期初余额	84 000 美元
原材料期末余额	102 000 美元
在产品期末余额	130 000 美元
产成品期末余额	82 000 美元

上一年度,Brody 公司共生产 100 000 件产品,销售收入为 1 200 000 美元,销售佣金为销售额的 5%。

要求:

1. 计算上一年度用于生产的直接材料成本。
2. 计算主要成本总额。
3. 计算转换成本总额。
4. 编制上一年度的产成品报表,并计算单位生产成本。
5. 编制上一年度的销货成本报表。
6. 编制上一年度的利润表,并列示每一行项目占销售收入的百分比。

答案：

1. 直接材料 = 124 000 + 250 000 − 102 000 = 272 000（美元）

2. 主要成本 = 272 000 + 140 000 = 412 000（美元）

3. 首先，计算制造费用总额：

设备折旧	45 000 美元
厂房折旧	30 000 美元
工厂保险费	15 000 美元
厂房财产税	20 000 美元
工厂公共设施费	34 000 美元
间接人工薪酬	156 000 美元
制造费用总额	300 000 美元

转换成本 = 140 000 + 300 000 = 440 000（美元）

4.

直接材料	272 000 美元
直接人工	140 000 美元
管理费用	300 000 美元
总生产成本	712 000 美元
＋期初在产品	124 000 美元
−期末在产品	130 000 美元
产成品成本	706 000 美元

单位产品成本 = $\frac{706\ 000}{100\ 000}$ = 7.06（美元）

5.

产成品成本	706 000 美元
＋期初产成品存货	84 000 美元
−期末产成品存货	82 000 美元
销货成本	708 000 美元

6. 首先，计算销售费用和管理费用：

销售部门公共设施费	1 800 美元
销售人员薪酬	90 000 美元
销售佣金（1 200 000 × 0.05）	60 000 美元
销售费用总额	151 800 美元
总部办公楼折旧	50 000 美元
总部办公楼财产税	18 000 美元
管理人员薪酬	150 000 美元
管理费用总额	218 000 美元

Brody 公司上一年度利润表

项目	金额（美元）	占比（%）
销售收入	1 200 000	100.00
销货成本	708 000	59.00
毛利	492 000	41.00
减：		
销售费用	151 800	12.65
管理费用	218 000	18.17*
经营利润	122 200	10.18*

注：*四舍五入。

讨论题

1. 请说明成本与费用的区别。
2. 累计成本法与分配成本法的区别是什么？
3. 什么是成本对象？请举例说明。
4. 什么是直接成本和间接成本？一项成本可以既是直接成本又是间接成本吗？请举例说明。
5. 什么是分配？
6. 产品与服务的区别是什么？请分别举例。
7. 请说明制造费用的定义。
8. 请说明当月购买的直接材料与当月投入生产的直接材料的差异。
9. 请说明主要成本与转换成本的定义。为什么不能用主要成本与转换成本加总来计算总生产成本？
10. 期间费用与生产成本有什么不同之处？
11. 请说明销售费用的定义，并举出五个销售费用的例子。
12. 什么是产成品成本？
13. 产成品成本与销货成本的区别是什么？
14. 制造型企业与服务型企业的利润表有何区别？
15. 为什么企业要在利润表中列示每个项目占销售收入的百分比？

多项选择题

2-1 累积成本是指（　　）。
A. 所有的成本都必须加总并计入利润表
B. 每一项成本都必须与某些成本对象相对应
C. 必须对成本进行量化和追踪
D. 必须将成本分配到各个生产单位
E. 成本已经过期并且必须由资产负债表转入利润表

2-2 生产（或制造业）成本包括（　　）。
A. 直接材料、直接人工、销售费用
B. 直接材料、直接人工、制造费用、经营费用
C. 管理费用、转换成本
D. 主要成本、制造费用
E. 销售费用和管理费用

> 参照以下信息完成多项选择题 2-3 和 2-4：
> Wachman 公司生产一件产品的单位成本如下：
>
> | | |
> |---|---|
> | 直接原料 | 15 美元 |
> | 直接人工 | 6 美元 |
> | 制造费用 | 19 美元 |
>
> 上一年，Wachman 公司生产并销售了 2 000 件该产品，每件价格为 75 美元。销售和管理费用为 30 000 美元。

2-3 参考上面 Wachman 公司的信息，单位转换成本为（　　）。
A. 21 美元　　　　B. 25 美元
C. 34 美元　　　　D. 40 美元
E. 以上都不正确

2-4 参考上面 Wachman 公司的信息，上一年总毛利是（　　）。
A. 40 000 美元　　B. 70 000 美元
C. 80 000 美元　　D. 88 000 美元
E. 100 000 美元

2-5 一家工厂为快餐店生产饼干，该工厂的会计师想将成本分配给每盒饼干。下列哪项成本可以直接计入饼干盒？（　　）
A. 面粉和小苏打的成本
B. 混合人工的工资
C. 包装盒的成本
D. 包装的人工成本
E. 以上都正确

2-6 下列哪个选项是间接成本？（　　）
A. 一个牛仔裤工厂的牛仔布成本
B. 一个生产非处方止痛药工厂的混合人工成本
C. 一个洗发水工厂的包装瓶的成本
D. 在一个香水工厂新建停车场的成本
E. 以上都正确

2-7 Bobby Dee's 是一家个体经营公司，主营汽车由内到外的彻底清洁。Bobby Dee's 属于以下哪一种？（　　）
A. 批发商　　　　B. 零售商
C. 服务企业　　　D. 制造企业
E. 以上都不正确

2-8 Kellogg's 生产各式各样的早餐麦片。Kellogg's 属于以下哪一种？（　　）
A. 批发商　　　　B. 零售商
C. 服务企业　　　D. 制造企业
E. 以上都不正确

2-9 塔吉特是以下哪一种？（　　）
A. 批发商　　　　B. 零售商
C. 服务企业　　　D. 制造企业
E. 以上都不正确

2-10 Stone Inc. 从海外购买象棋、陶器等商品并将它们转卖给美国的礼品商店。Stone Inc. 属于以下哪一种？（　　）
A. 批发商　　　　B. 零售商
C. 服务企业　　　D. 制造企业
E. 以上都不正确

2-11 JackMan 为玩具商店生产金属铸模推土机，估计每台推土机的平均成本如下：

直接材料	8.65 美元
直接人工	1.10 美元
制造费用	0.95 美元

每单位的主要成本是（　　）。
A. 8.65 美元　　　B. 1.10 美元
C. 0.95 美元　　　D. 2.05 美元

E. 9.75 美元

2-12 下列哪一项是期间费用？（　　）

A. 工厂保险

B. 首席执行官的工资

C. 直接人工

D. 企业设备维护

E. 以上都正确

参照以下信息完成多项选择题 2-13 至 2-18：

上一年度，Barnard 公司产生了以下成本：

直接材料	50 000 美元
直接人工	20 000 美元
制造费用	130 000 美元
销售费用	40 000 美元
管理费用	36 000 美元

Barnard 生产并以 31 美元的价格销售了 10 000 件商品。

2-13 参考 Barnard 公司的信息，每件商品的主要成本是（　　）。

A. 7.00 美元　　B. 20.00 美元

C. 15.00 美元　　D. 5.00 美元

E. 27.60 美元

2-14 参考 Barnard 公司的信息，单位转换成本为（　　）。

A. 7.00 美元　　B. 20.00 美元

C. 15.00 美元　　D. 5.00 美元

E. 27.60 美元

2-15 参考 Barnard 公司的信息，每件产品的销货成本为（　　）。

A. 7.00 美元　　B. 20.00 美元

C. 15.00 美元　　D. 5.00 美元

E. 27.60 美元

2-16 参考 Barnard 公司的信息，每件产品的毛利为（　　）。

A. 24.00 美元　　B. 11.00 美元

C. 16.00 美元　　D. 26.00 美元

E. 3.40 美元

2-17 参考 Barnard 公司的信息，期间费用总额为（　　）。

A. 276 000 美元　　B. 200 000 美元

C. 76 000 美元　　D. 40 000 美元

E. 36 000 美元

2-18 参考 Barnard 公司的信息，经营利润为（　　）。

A. 34 000 美元　　B. 110 000 美元

C. 234 000 美元　　D. 270 000 美元

E. 74 000 美元

基础练习题

参照以下资料回答基础练习题 2-19 和 2-20：

Slapshot 公司生产冰球球杆。上一周，有价值 32 000 美元的直接材料（木材、喷漆、合成纤维和树脂）投入生产，发生直接人工 28 000 美元（10 人 × 200 小时 × 14 美元/小时），制造费用为 60 000 美元。截至周末，Slapshot 公司共生产 500 件冰球球杆。

2-19 总生产成本与单位生产成本（LO2）

参照 Slapshot 公司的上述资料。

要求：

1. 计算上一周的总生产成本。

2. 计算上一周生产的冰球球杆的单位生产成本。

2-20 主要成本与转换成本（LO2）

参照 Slapshot 公司的上述资料。

要求：

1. 计算上一周发生的主要成本总额。

2. 计算单位产品主要成本。

3. 计算上一周发生的转换成本总额。

4. 计算单位产品转换成本。

2-21 用于生产的直接材料（LO3）

Slapshot 公司生产冰球球杆。6 月 1 日，原材料存货的账面价值为 48 000 美元。6 月，共购入 132 000 美元的原材料。6 月 30 日，原材料存货的账面价值为 45 000 美元。

要求：

计算 6 月用于生产的直接材料成本。

2-22 产成品成本(LO3)

Slapshot 公司生产冰球球杆。6月,共发生原材料采购成本 132 000 美元,发生直接人工成本 113 000 美元,发生制造费用 187 000 美元。存货信息如下:

	6月1日	6月30日
原材料	48 000 美元	45 000 美元
在产品	65 000 美元	63 000 美元

要求:

1. 计算6月的产成品成本。
2. 假设6月共有1 900 支冰球球杆完工,计算每支冰球球杆的成本。

2-23 销货成本(LO3)

Slapshot 公司生产冰球球杆。6月,共有1 900 支球杆完工,产成品成本为 437 000 美元。假设6月1日,Slapshot 公司有 350 件产成品存货,账面价值为 80 000 美元;6月30日,有 370 件产成品存货,账面价值为 84 000 美元。

要求:

1. 编制6月的销货成本报表。
2. 计算6月冰球球杆的销售量。

> 参照以下资料回答基础练习题 2-24 和 2-25:
> Slapshot 公司生产冰球球杆。6月,共销售球杆 1 880 支,成本总计 433 000 美元。每支球杆的价格为 400 美元。Slapshot 公司发生了两项销售费用:占销售额 10% 的佣金,及其他销售费用 65 000 美元。发生的管理费用总计 53 800 美元。

2-24 制造型企业利润表(LO3)

参照 Slapshot 公司的上述资料。

要求:

编制 Slapshot 公司6月的利润表。

2-25 利润表中的百分比计算(LO3)

参照 Slapshot 公司的上述资料。

要求:

编制 Slapshot 公司6月的利润表,并计算利润表中每行项目占销售收入的百分比(计算结果保留一位小数)。

2-26 服务组织的利润表(LO3)

Allstar Exposure 公司为小型企业和非知名企业提供广告设计服务。上个月,Allstar 发生了佣金成本 50 000 美元,技术成本 75 000 美元,研发成本 200 000 美元。此外,还发生了 10 000 美元的销售费用和 35 000 美元的管理费用。销售收入共计 410 000 美元。

要求:

1. 编制 Allstar 上个月的利润表。
2. 简述为什么 Allstar 的利润表中没有销货成本项目。

练习题

2-27 成本分配(LO1)

Central Media 公司(一家地方广播和有线电视台)有两名销售人员——Derek 和 Lawanna。3月支付的佣金和薪酬信息如下:

	Derek	Lawanna
薪酬	25 000 美元	30 000 美元
佣金	6 000 美元	1 500 美元

Derek 的工作时间全部用来广告营销。Lawanna 2/3 的工作时间用来广告营销,剩余 1/3 时间用于日常管理工作。佣金只支付销售工作的部分。

要求:

1. 填写下表,对成本进行累计:

成本	薪酬	佣金
Derek		
Lawanna		
总计		

2. 填写下表,将薪酬与佣金成本分配到销售费用和管理费用中。

成本	销售费用	管理费用
Derek 的薪酬		
Lawanna 的薪酬		
Derek 的佣金		
Lawanna 的佣金		
总计		

2-28 产品与服务的成本分配（LO1）

Holmes 公司生产木质玩具屋。当有客户订购一套玩具屋时，货物将以零件形式送达，并内附详细的组装说明。一些顾客希望 Holmes 公司能将玩具屋组装好。因此，这些顾客除了支付玩具屋的费用外，还需为 Holmes 公司的安装服务支付额外的费用。这样，Holmes 公司就从生产线上调配了两名工人去提供上门安装服务。

要求：

1. Holmes 公司销售的两种产品是什么？区分哪种应作为产品，哪种应作为服务。
2. 你认为 Holmes 公司是否将成本分别分配到了每项产品或服务？为什么？
3. 简述安装过程的机会成本。

2-29 将成本直接或间接地分配给成本对象（LO1）

Hummer 公司用生产单元来生产其产品（单元是指专门用于生产某一零配件或产品的生产单位）。一个生产单元生产用于割草机的小型发动机。假定发动机的生产单元为成本对象，以及下面的成本的全部或一部分要分配给这一生产单元。

a. 生产单元监管人员的薪酬
b. 为生产单元所在厂房供暖或制冷的电力成本
c. 用于生产发动机的原材料
d. 生产单元机器设备的维修费用（由维修部门提供）
e. 用于生产发动机的人工
f. 供工厂员工使用的咖啡厅成本
g. 厂房的折旧费用
h. 用于生产发动机的设备的折旧费用
i. 生产发动机的原材料的订货成本
j. 技术支持（由工程部门提供）
k. 厂房和场地的维护费用
l. 工厂人事科人员成本
m. 厂房和土地需缴纳的财产税

要求：

以发动机生产单元为成本对象，将上述成本分类为直接成本和间接成本。

2-30 总生产成本和单位生产成本（LO2）

Martinez 制造公司上个月发生了如下成本：

直接材料	7 000 美元
直接人工	3 000 美元
制造费用	2 000 美元
销售费用	8 000 美元

上个月，共计生产并销售 4 000 件产品。

要求：

1. 将每项成本分类为生产成本或期间费用。
2. 计算上个月的总生产成本。
3. 计算上个月的单位生产成本。

2-31 成本分类（LO2）

Loring 公司上一年度发生了如下成本：

直接材料	216 000 美元
厂房租金	24 000 美元
直接人工	120 000 美元
工厂公用设施费用	6 300 美元
工厂监管费用	50 000 美元
工厂间接人工	30 000 美元
设备折旧	9 000 美元
销售佣金	27 000 美元
销售人员薪酬	65 000 美元
广告费	37 000 美元
总部办公大楼折旧	10 000 美元
公司接待人员薪酬	30 000 美元
其他管理费用	175 000 美元
工厂接待人员薪酬	28 000 美元

要求：

1. 使用如下表格对成本进行分类。最后计算所有成本项目的总金额。例如，直接材料，216 000 美元。

成本	生产成本			期间费用	
	直接材料	直接人工	制造费用	销售费用	管理费用
直接材料	216 000 美元				

2. 上一年度的总生产成本是多少？
3. 上一年度的期间费用总额是多少？
4. 如果上一年度生产产品 30 000 件，单位生产成本是多少？

2-32 对生产成本进行分类(LO2)

一家工厂生产果冻。每6个果冻包装成一盒，然后卖给杂货店。该工厂发生了如下类型的成本：

包装杯
糖
水果
食用胶(用于果冻和果酱中的增稠剂)
包装盒
厂房折旧
果冻制作设备操作员的工资
灌装设备操作员的工资
包装人员工资
保洁人员工资
接待人员的工资
电话费
公用设施费
圣诞老人服装租金(用于为员工子女举办的圣诞晚会)
监管人员薪酬
厂房保险费
工厂设备折旧
灌装设备润滑油成本

要求：

使用下面的表格，将上述成本分类为直接材料、直接人工和制造费用。包装杯一栏作为示例已填写完成。

成本	直接材料	直接人工	制造费用
包装杯	X		

参照以下资料回答练习题 2-33 和 2-34：

Grin 公司生产数码相机。1月，Grin 公司共生产 4 000 件产品，成本列示如下：

直接材料	400 000 美元
直接人工	80 000 美元
制造费用	320 000 美元

期初和期末没有产品存货。

2-33 总生产成本和单位生产成本(LO2)

参照 Grin 公司的上述资料。

要求：
1. 计算1月的总生产成本。
2. 计算1月的单位生产成本。

2-34 主要成本和转换成本(LO2)

参照 Grin 公司的上述资料。

要求：
1. 计算1月发生的主要成本总额。
2. 计算1月单位产品主要成本。
3. 计算1月发生的转换成本总额。
4. 计算1月单位产品转换成本。

2-35 投入生产的直接材料(LO3)

Hannah Banana 面包坊为咖啡厅制作巧克力饼干。6月，Hannah Banana 购入价值 15 500 美元的原材料。6月1日，原材料存货的账面价值为 3 700 美元。6月30日，原材料存货的账面价值为 1 600 美元。

要求：
1. 计算6月用于加工饼干的直接材料成本。
2. 简述当月购入原材料成本与当月投入生产的原材料成本的区别。

2-36 销货成本(LO3)

Allyson Ashley 公司生产摩托艇。本年中，Allyson 公司共生产了 94 000 台摩托艇。产成品存货的数量如下：

1月1日	6 800
12月31日	7 200

要求：
1. 计算本年 Allyson 公司摩托艇的销售量。
2. 如果每台摩托艇的生产成本为 2 200 美元，计算上年度公司的销货成本。

参照以下资料回答练习题 2-37 和 2-38：

3月份，Chilton 公司购入价值 25 000 美元的原材料，并发生直接人工成本 10 000 美元。制造费用总额为 42 000 美元。存货信息如下：

	3月1日	3月31日
原材料	14 000 美元	6 500 美元
在产品	8 000 美元	4 000 美元
产成品	9 000 美元	7 000 美元

2-37 用于生产的直接材料、产成品成本(LO3)

参照 Chilton 公司的上述资料。

要求：
1. 计算3月用于生产的直接材料成本。
2. 计算3月的总生产成本。
3. 计算3月的产成品成本。

2-38 销货成本(LO3)

参照 Chilton 公司的上述资料。

要求：
计算3月的销货成本。

参照以下资料回答练习题 2-39 至 2-41：
Jasper 公司提供了上一年度的如下信息：

产品销量	280 000 件
销售价格	12 美元
直接材料	180 000 美元
直接人工	505 000 美元
制造费用	110 000 美元
销售费用	437 000 美元
管理费用	854 000 美元

上一年度，在产品和产成品的期初及期末存货余额均为零。

2-39 销货成本、销售收入、利润表（LO3）

参照 Jasper 公司的上述资料。

要求：

计算公司上一年度的销货成本。

2-40 利润表（LO3）

参照 Jasper 公司的上述资料。

要求：

1. 计算上一年度的销售收入。
2. 编制 Jasper 公司上年度的利润表。

2-41 利润表（LO3）

参照 Jasper 公司的上述资料。

要求：

1. 编制 Jasper 公司上一年度的利润表，并计算每一行项目占销售收入的百分比（计算结果保留一位小数）。
2. 简述管理者应该如何借助要求 1 中编制的利润表更加有效地进行成本控制。

2-42 理解现金流、存货及销货成本间的关系（LO3）

Ivano 公司收集了以下两年关于成本的会计信息：

	第 1 年	第 2 年
成本项目：		
用于生产的直接材料	a	50 000 美元
直接材料期初存货	10 000 美元	c
本期购入的直接材料	45 000 美元	d
直接材料期末存货	15 000 美元	17 000 美元
用于生产的直接人工	b	53 000 美元
生产中发生的制造费用	80 000 美元	76 000 美元
在产品期初存货	17 000 美元	14 000 美元
在产品期末存货	14 000 美元	19 000 美元
产成品期初存货	8 000 美元	7 000 美元
产成品期末存货	7 000 美元	11 000 美元
销货成本	169 000 美元	e

要求：

计算上述表格中 a—e 代表的数据。

问题

2-43 制造业成本分类，服务企业的产品成本、销售费用和管理费用，利润表（LO2、LO3）

Pop 汽车餐厅加工制作 quarter-pound 汉堡。每个汉堡包装后装入"汉堡袋"中，"汉堡袋"内还装有薯条和软饮料。"汉堡袋"的销售价格为 3.50 美元。12 月，"汉堡袋"的销售量为 10 000 件。餐厅雇用大学生兼职进行汉堡的制作与包装。同时，餐厅还有一名监督管理人员（餐厅所有者 John Peterson）。因为每个月甚至每一周的需求量都会有变化，所以 Pop 餐厅雇用大量兼职人员，以便根据需求随时调整雇员的数量。

餐厅雇用了一名清洁工在每天早晨打扫。清洁工具供餐厅员工和清洁工共同使用，以打扫餐厅桌椅及清洗烹饪设备等。餐厅店面是从当地的一家房地产公司租用的。餐厅不提供就餐座位，所有的订单都在汽车通过餐厅的过程中完成。

餐厅的监督管理人员负责安排工作、店面开门、盘点现金、广告及雇用与解雇员工等。12 月发生的费用列示如下：

汉堡肉料	4 500 美元
面包、生菜、黄瓜及洋葱	800 美元
速冻薯条	1 250 美元
包装、食品袋及调料包	600 美元

其他调料	660 美元
兼职员工工资	7 250 美元
John Peterson 的薪酬	3 000 美元
公共设施费用	1 500 美元
租金	1 800 美元
烹饪设备等的折旧	600 美元
广告费用	500 美元
清洁工工资	520 美元
清洁工具	150 美元
会计师费用	1 500 美元
应交税费	4 250 美元

Pop 餐厅的会计人员 Elena DeMarco 负责记账、处理工资单和所有必要的税收项目。她说餐厅的原材料存货没有期初和期末余额。为了简化成本的会计核算，Elena 假设所有兼职员工都从事生产，John Peterson 的薪酬归为销售和管理费用。她还进一步假设所有建筑物与设备的租金和折旧费用归入生产成本。最后，她决定将所有的税收项目放入同一个科目——应交税费，并将其视为管理费用。

要求：

1. 用下面的表格为 Pop 12 月发生的经营成本进行分类。最后计算所有成本项目的总金额。例如汉堡肉料，4 500 美元。

成本	直接材料	直接人工	制造费用	销售和管理费用
汉堡肉料	4 500 美元			
总计				

2. 编制 12 月的利润表。

3. Elena 为了简化工作过程做了一系列的假设。这些假设合理吗？假设员工销售汉堡时的工时应作为销售业务处理，这样将员工的工作时间在销售和生产之间分配是否合理？John Peterson 的工时是否应分为营销和管理两部分？上述不同(如果存在)会对利润表产生什么影响？

2-44 成本分配、直接成本(LO1)

Harry Whipple 有一台喷墨打印机，他允许他正在攻读硕士学位的两个朋友 Mary 和 Natelie 使用他的打印机打印几篇论文。但是有两个条件：第一，他们必须自己准备打印纸；第二，他们必须为所使用的墨盒付费。Harry 的打印机可用两种墨盒，即黑色墨盒和彩色墨盒。黑色墨盒替换装的单价为 25.50 美元，每盒能打印 850 页左右。彩色墨盒替换装的单价为 31 美元，每盒能够彩色打印 310 页左右。一令打印纸有 500 页，成本为 2.50 美元。Mary 需要打印 500 页，Natelie 需要打印 1 000 页。

要求：

1. 假设 Mary 和 Natelie 的论文都只有文字内容(即只使用黑色墨盒)，那么他们分别需要支付给 Harry 多少钱？

2. Mary 和 Natelie 的打印总成本(包括打印纸和墨盒)分别是多少？

3. 假设 Natelie 的论文中有大量的彩色图表，而且总页数的 20% 是需要彩色打印的。Mary 不需要彩色打印。那么，他们两人分别需要支付给 Harry 多少钱？Natelie 的打印总成本(包括打印纸和墨盒)为多少？

2-45 直接材料成本、产成品成本、销货成本(LO3)

Bisby 公司生产钓鱼竿。7 月初，公司的会计部门提供了以下信息：

原材料存货	40 000 美元
在产品存货	21 000 美元
产成品存货	23 200 美元

7 月，公司发生直接人工成本 43 500 美元，原材料购买成本 64 000 美元，制造费用总额 108 750 美元。7 月末存货信息如下：

原材料存货	19 800 美元
在产品存货	32 500 美元
产成品存货	22 100 美元

要求：

1. 计算 7 月投入生产的直接材料成本。
2. 计算 7 月的产成品成本。
3. 计算 7 月的销货成本。

2-46 编制制造型企业的利润表(LO3)

Laworld 公司生产小型露营帐篷。上一年度，共生产并出售帐篷 200 000 顶，单价为 60 美元。每件帐篷的成本信息如下：

直接材料	18 美元
直接人工	12 美元
制造费用	16 美元

要求：

1. 计算每项帐篷的生产成本，并计算上一年度的总生产成本。

2. 为外部信息使用者编制利润表。是否需要编制产成品成本报表作为辅助材料？请解释原因。

3. 假设公司生产了 200 000 顶帐篷（并全部售出），产成品存货期初账面余额为 10 000 美元，单位生产成本为 40 美元。公司采用先进先出法对存货计价（先生产的产品优先出售）。上述做法对利润表会产生什么影响？编制新的利润表。

2－47　产成品成本、销货成本（LO3）

Hayward 公司是一家制造业企业。公司 5 月的会计信息如下：

直接人工成本	10 500 美元
原材料购买成本	15 000 美元
日用耗材成本	675 美元
工厂保险费	350 美元
支付佣金	2 500 美元
工厂监管费用	2 225 美元
广告费	800 美元
材料处理费用	3 750 美元
原材料存货（5 月 1 日）	3 475 美元
在产品存货（5 月 1 日）	12 500 美元
产成品存货（5 月 1 日）	6 685 美元
原材料存货（5 月 31 日）	9 500 美元
在产品存货（5 月 31 日）	14 250 美元
产成品存货（5 月 31 日）	4 250 美元

要求：

1. 编制产成品成本报表。
2. 编制销货成本报表。

2－48　成本识别（LO1、LO2）

下面是成本项目列表及简短的业务背景描述：

成本项目：

a. 机会成本　　　f. 转换成本
b. 期间费用　　　g. 主要成本
c. 生产成本　　　h. 直接材料成本
d. 直接人工成本　i. 制造费用
e. 销售费用　　　j. 管理费用

1. Timmins Optical 公司的经理 Marcus Armstrong 估算，生产一副眼镜需要的塑料、生产技术人员工资及管理费用等成本共计 30 美元。

2. Linda 正在考虑是否回学校继续深造。她如果回学校读书，将会放弃未来 4 年的薪酬。

3. Randy Harris 是一家中型制造企业的产成品库存管理人员。他每年的薪酬为 90 000 美元。在研究由会计师事务所编制的财务报表后，他想知道他的薪酬应怎样处理。

4. Jamie Young 是公司总部法务部门的负责人。她的年薪为 95 000 美元。她需要向公司的首席执行官进行工作汇报。

5. 不归入直接材料和直接人工的工厂发生的所有成本。

6. 新的产品需要加工、装配和喷漆。设计工程师要求会计部门分别估算三项业务流程的人工成本，工程师提供了每项流程的估算工时。

7. 得到直接人工成本的估算值后，工程师估算了生产新产品需要的原材料成本。

8. 工程师计算了生产新产品的原材料成本和直接人工成本总和。

9. 工程师还估算了将原材料转换为最终完工状态所需的成本。

10. 一家软饮料灌装工厂的审计人员指出，运输用卡车的折旧费用被错误地分配到产品成本中（通过制造费用科目）。因此，这项折旧费用需要重新在利润表中进行归类。

要求：

将成本项目与业务背景相匹配。每一项业务背景可能与多项成本有关，选择最恰当合理的一项。每项成本只能选择一次。

2－49　利润表、提供的服务成本、服务属性（LO2、LO3）

Berry 公司是一家位于密歇根州底特律的建筑公司。它与中小型施工企业合作，根据客户的合同制订施工计划。下面是该公司提供的上一年度相关数据：

完成并出售的设计数量	700 美元
直接材料期初存货	20 000 美元
在产设计作品期初存货	60 000 美元
直接材料期末存货	10 000 美元

在产设计作品期末存货	100 000 美元
直接材料购买成本	40 000 美元
直接人工	800 000 美元
制造费用	100 000 美元
管理费用	150 000 美元
销售费用	60 000 美元
完工设计期初存货	300 000 美元
完工设计期末存货	280 000 美元

要求：

1. 计算产成品成本。

2. 计算销货成本。

3. 假设每项设计的平均收费为 2 100 美元，编制 Berry 公司的利润表。

4. 根据要求 2 中计算的销货成本，说明该公司的首要成本是什么，并简述原因。

2-50 产成品成本、利润表（LO3）

W. W. Phillips 公司本年度生产了 4 000 个皮质躺椅，每个价格为 400 美元。躺椅的期初产成品存货为 500 件，期末产成品存货为 700 件。W. W. Phillips 公司的会计记录提供了如下信息：

原材料购买成本	320 000 美元
原材料期初存货	46 800 美元
原材料期末存货	66 800 美元
直接人工	200 000 美元
间接人工	40 000 美元
厂房租金	42 000 美元
工厂设备折旧	60 000 美元
工厂公用设施费	11 900 美元
销售监管人员薪酬	90 000 美元
销售人员佣金	180 000 美元
管理费用	300 000 美元
在产品期初存货	13 040 美元
在产品期末存货	14 940 美元
产成品期初存货	80 000 美元
产成品期末存货	114 100 美元

要求：

1. 编制产成品成本报表。

2. 计算本年度平均单位生产成本。

3. 为外部使用者编制利润表。

2-51 成本定义（LO1）

Luisa Giovanni 是 New York 大学的一名学生。为了赚取生活费，她开始提供遛狗服务。Luisa 需要为顾客遛 12 条狗——有 6 条安排在第一时段（上午 6:30 和下午 5:00），另外 6 条安排在第二时段（上午 7:30 和下午 6:00）。

上个月，Luisa 有如下的记录：

1. 购买 3 条遛狗用皮带，每条 10 美元（她每天携带三条，以防皮带在途中断裂）。

2. 每个月需要支付 40 美元的网络服务费，这是为了便于与狗的主人保持联系，通过邮件等收取费用。

3. 购买狗粮的成本 50 美元，用于遛狗服务结束时给狗的奖励。

4. 一件厚的雨衣和帽子，花费 100 美元。

5. 月中时，Luisa 的朋友 Jason 推荐给她一个在纽约拍外景的电影中做群众演员的机会。这个工作将会提供 100 美元的酬劳，并且需要 Luisa 在拍摄场地从上午六点开始坚守 12 个小时。很遗憾，Luisa 放弃了这个机会。

6. 狗的主人按每条狗每月 250 美元支付给 Luisa 酬劳。

要求：

1. 在每个月末，Luisa 应该将她发生的 40 美元的网络服务费归为哪类——作为一项成本计入资产负债表，还是作为一项费用计入利润表？

2. 上面记录中的哪一项属于机会成本？为什么？

3. Luisa 这项服务的价格是多少？她每个月的总收入是多少？

2-52 成本识别与分析、成本分配、利润表（LO1、LO2、LO3）

Melissa Vassar 决定开办一家打印店。她已经取得了两份合同，一份是为一本著名区域杂志印刷的 5 年期合同，合同要求每个月印刷 5 000 份。另一份是为州旅游局印刷旅游宣传册的 3 年期合同，每个月需要印刷 10 000 份。

Melissa 租了一个店面，租金为每个月 1 400 美元。印刷设备的购买成本为 40 000 美元，预计使用寿命为 20 000 小时，无残值。折旧费用是根据使用时长分配到各个会计期间。Melissa 规划了产品的印刷投递时间，将生产划分为两个部分：首先，将设备用于杂志印刷；然后，重新调试设备用于宣传册印刷。调试设备用于杂志印刷的时间是调试设备用于宣传册印刷所需时间的2倍,每个月发生的总调试成本为600美元。

店面和设备的保险费用为每月140美元。印刷设备的耗电量与使用时间紧密相关,并且店内几乎全部的电力成本都是印刷设备产生的。每个月的电力成本为350美元。杂志和宣传册的印刷材料成本单位耗用分别为0.40美元和0.08美元。Melissa会按需要雇用工作人员经营印刷店(兼职员工很容易招聘)。她必须给员工支付每小时10美元的工资。每个工人每小时可印刷20份杂志或100份宣传册。每月发生配送成本500美元。Melissa负责人事、会计、销售以及生产工作——实际上,她负责管理全部的业务流程。Melissa每月的薪酬为1 500美元。

要求:

1. 计算每个月的总生产成本。

2. 计算每个月的主要成本总额,并分别计算杂志和宣传册每月的主要成本总额。

3. 计算每个月的转换成本总额。如果Melissa想要计算产品的每月转换成本,转换成本通过直接追踪或动因分配到产品。对于那些通过追踪法不能进行分配的成本,可以按照发生的直接工时进行分配。

4. Melissa每份杂志收入1.80美元,每份宣传册收入0.45美元。编制经营第一个月的利润表。

2-53 成本分析、利润表(LO1、LO2)

Kicker公司会在俄克拉荷马州及周围各州设立帐篷展销点,每年会有五六次这样的活动。帐篷展销的目的是向顾客展示Kicker公司的新产品,使他们对新产品产生兴趣与热情,还会将过时的产品以大幅度折扣进行销售。每次帐篷展销会持续一天,需要有停车场停放Kicker公司的半挂车、宣传车,还有DJ播放音乐,销售Kicker公司的帐篷以及派发宣传册等。

去年,Austin帐篷展销活动在距离市展览大厅外的停车场较远的位置举行,在展览大厅内同时进行汽车展销活动。因为与翻新自己的旧汽车相比,大多数顾客对新的车型更感兴趣,所以客流量较低,并且顾客不愿意一路搬着音响和扩音器等回到停车场。这次帐篷展销发生的直接成本总额为14 300美元。直接成本包括运输卡车和半挂车的汽油及燃料成本,参加展销的5位雇员的工资和日补贴,停车场租金,半挂车、卡车、帐篷、租用的展台及音效设备的折旧费用等。本次的销售收入为20 000美元。音响的销货成本为7 000美元。

要求:

1. 你认为Kicker公司应对本次帐篷展销的成本做出怎样的会计处理?这会对利润表产生什么影响?

2. Austin帐篷展销活动的利润额(亏损额)是多少?你认为Kicker公司应该怎样做才能提高未来的盈利水平?

案例

2-54 成本分类、利润表(LO1、LO2、LO3)

由Jack Gateway经营的Gateway建筑公司,拥有20—30名雇员,是铺设天然气管道、水管、污水管道的分包商。Gateway公司的大部分合同都来自内布拉斯加州政府。公司的年平均销售收入为300万美元,利润在销售收入0—10%的范围内变化。

由于经济萧条和激烈的竞争,公司近三年的销售收入和利润都低于平均水平。由于如此激烈的竞争,Jack经常参照其他竞争公司的价格投标。当竞标失败时,他会分析自己与其他竞争对手间的差别,并借助这些信息使自己的公司在未来的竞标中更有竞争力。

Jack认为Gateway公司现行的会计系统是存在缺陷的。现在是将所有的成本费用从收入中扣除来得到经营利润,而没有对铺设管道、取得合同和管理公司的成本进行区分。然而,所有的投标都应该是以管道铺设成本为基础的。

带着这些疑虑,Jack更加仔细地阅读了前几年的利润表(如下面所示)。首先,他注意到承包工程的造价是以设备工时为基础的,平均定价为每设备工时165美元。但当进行成本分类与分配时,他则需要某些帮助。十分困扰他的一件事就是如何将他自己的114 000美元薪酬进行分类。他的工作时间大约一半用于竞标与获取合同,其余的一半用于日常管理活动。

Gateway公司2013年度利润表　　　　　　　　单位:美元

项目	金额
销售收入(18 200设备工时,165美元/设备工时)	3 003 000
减:	
公用设施成本	(24 000)
设备运营成本	(218 000)
办公楼租金	(24 000)
注册会计师费	(20 000)
其他直接人工成本	(265 000)
管理人员薪酬	(114 000)
监管人员薪酬	(70 000)
管道成本	(1 401 340)
轮胎和燃料成本	(418 600)
设备折旧费	(198 000)
机械师薪酬	(50 000)
广告费	(15 000)
成本费用总额	2 818 640
经营利润	184 360

要求:

1. 将利润表中的成本分类为管道铺设成本(生产成本)、合同取得成本(销售费用)和日常管理成本,并识别生产成本中的直接材料、直接人工和制造费用。公司没有在产品(大部分工程都在当年完工)。

2. 假设设备工时为一项重要的成本驱动因素,识别可能会通过这一因素追踪到施工工程的成本。请阐述原因,并计算这些可追踪成本的单位设备工时成本。

案例2-55　服务组织的成本信息与伦理道德行为(LO1、LO2)

Jean Erickson是位于北加利福尼亚州夏洛特市的一家广告公司的经理,她安排了与来自当地的一家竞争对手公司的总会计师Leroy Gee的一次会面。他们两人是多年的朋友,在同一个小镇一起长大并考入了同一所大学。Leroy是一位很有能力的优秀会计师,但最近由于投资失败导致了一些个人的财务困难,有15 000美元的私人贷款需要偿还,并且这正是他的大儿子刚要上大学的时候。

Jean正在努力创办一家广告公司。她最近刚刚获得开设一家大型区域公告公司的分公司的权限,公司的总部在亚特兰大州的佐治亚。在最初的两年,她经营了一个小规模的业务并且盈利了。有一场代表北加利福尼亚州参加一项重要活动来引进新的工业和旅游业的竞标会,如果能成功中标,那么将会是在夏洛特市落脚的重要机会。Jean与Leroy的这次会面中,她就提到了她打算投标的计划。

Jean:Leroy,我正处于事业的重要时期,如果能赢得这次的广告竞标,那么就万事俱备了。赢得这次竞标会为公司带来600 000—700 000美元的收入。除此之外,据我估算,这次宣传还会为公司带来200 000—300 000美元的新业务。

Leroy:我了解,我的老板也十分想赢得这次竞标,这将意味着公司会有巨大的利润增长。这是一项竞争很激烈的竞标,我认为你能赢的可能性不大。

Jean：你忽略了两项非常重要的条件。首先，我有大型区域公司的人才和资源作为后盾。其次，我与政府有些关系。去年，我受聘在州长选举中负责宣传，并且他对我的表现印象深刻，希望我赢得这单生意。我有信心我的投标提案将非常具有竞争力。我唯一担心的是能否击败你们公司。如果我能够以更低的价格提供一个好的方案，州长会关照并让我赢得这次机会。

Leroy：听起来不错。如果你赢得了这次竞标，会有很多人感到失望的。他们会认为这单生意应该交给当地的广告公司来做而不是给其他州的广告公司来做，并且你的公司规模不够，需要得到亚特兰大州总部公司的支持，你将会遭到很多的争议。

Jean：确实是这样。但是我是分公司的所有者。这一事实能够驳回大部分的批评。谁能说我们不是本地公司呢。如果有了你的帮助，我想我能够赢得这次竞标，并且，如果我赢得了这次竞标，你也将获得一部分直接收益。取得了这单生意，我就可以雇用一名会计人员，我会让这份工作对于你来说有足够的价值与吸引力。我可以预先付给你 15 000 美元的奖金，此外，每年薪酬会以 20% 的幅度增长。这样能在很大程度上解决你的财务困难。毕竟我们是这么多年的朋友，不然的话，朋友有什么用呢？

Leroy：Jean，如果借助这次机会我的财务状况有所改善，我的妻子会非常高兴的。我当然会希望你赢得这次竞标。那么，我能为你提供怎样的帮助呢？

Jean：很简单。为了赢得这次竞标，我所需要做的就是击败你们公司。在我提交标价前，我想让你帮我把关，以你的财务技能，应该很容易找出我的方案中包含的不必要的过量成本或错误的成本类型。通过减少过量成本或去掉与项目无关的成本，我的出价一定会具有足够的竞争力打败你们公司。

要求：

1. 如果你是 Leroy，你会怎么做？请详述你做出这种选择的原因。你认为 Leroy 公司的行为规范中针对这种情况会有怎样的规定？

2. 如果 Leroy 同意了 Jean 的要求，结果会怎样？对于 Leroy 个人来说会有很大的风险吗？Leroy 的决定会与他承受风险的程度有关吗？

第3章
成本性态

> **管理决策**
>
> ## Zingerman 美食店
>
> 当你走过面包店的柜台或妈妈的厨房时,是否有被新出炉的面包或自制饼干的香味吸引而停下脚步的经历?如果有的话,恐怕成本性态是你此刻最不可能想起的概念,但是对于成立于1982年密歇根州安阿伯市的 Zingerman 美食店的所有者而言,成本性态是提高企业利润率决策中的关键。
>
> 总的来说,Zingerman 追踪并管理超过3 000种成本!Zingerman 十分关注各种变动成本,比如其在制作热可可蛋糕时所用的可可粉中的全天然和非碱化成分,还有随季节而变化的小时工的规模。Zingerman 也密切关注大量固定成本,如贯穿于不同生产和销售水平的食谱研发和烤箱等固定成本,以免做出成本增加至大于收入的错误决策。有一些成本是混合成本,必须将其划分为变动部分和固定部分,以便于 Zingerman 的所有者编制未来期间预算、定价和计划未来增长目标。所以,下次当你在吃巧克力蛋糕时,想一想(哪怕只是短暂的一刻)在美味食品的生产、包装、销售、分发过程中出现的全部成本性态。

第2章讨论了不同形式的成本,并且重点关注了生产成本和服务成本。第2章主要是将成本划分为生产成本、销售费用和管理费用,并建立关于产成品成本、销货成本的相关列表和利润表。现在,让我们聚焦于成本性态——成本随相关业务活动变动而变动的方式。

成本性态是管理会计建立的基础。在财务会计中,理论金字塔包括重要的假设(如经济主体假设)和原则(如配比原则),这些对财务会计人员合理记录交易活动和编制财务报表是非常必要的。同样,管理者必须正确理解成本性态以做出合理决策。例如,世界大型企业联合会的首席执行官年度调查报告显示管理者对不同种类成本的理解对实现经营目标至关重要,这些经营目标包括持续增长、留住顶级员工和盈利性顾客,以及保护组织声誉等。①

成本可以是变动的、固定的、混合的,或者在更复杂的经营环境中表现为半变动或半固定状态。了解成本性态与业务量变动之间的联系对企业计划、控制和决策都至关重要。例如,假设 BlueDenim 公司预计下一年度市场对其牛仔裤的需求会增加 10%,这会对其工厂的总成本预算产生什么影响呢?显然,BlueDenim 公司将需要多出 10% 的原材料(牛仔布、线、拉链等),同时由于需求量的增加,它也会需要更多的人力来完成裁剪和缝纫,这些成本都是变动成本。但是很可能不必扩建工厂大楼,工厂也不需要增加接待员和车间管理人员,这些都是固定成本。只要 BlueDenim 公司的会计人员正确理解固定成本和变动成本的性态,他们就能编制出合理准确的下一年度预算。

成本性态的知识有助于企业编制预算、做出生产线的保留或弃置决策(例如,耐克公司关于"Kobe 9 Elite"鞋继续生产、停产或更改的决策),以及评价各部门的业绩(例如,达美航空公司不再保留低价航线业务的决策)。事实上,不了解、不理解成本性态会导致不良甚至灾难性的决策。本章将详细讨论成本性态,以便为今后成本管理专题的学习打下良好的基础。

3.1 成本性态基础

成本性态(cost behavior)是描述成本变动与业务量(产量)变动之间联系的总称。不受业务量变动影响而保持总额不变的成本即为固定成本。随产量变动而总额呈正比例变动的成本为变动成本。让我们首先回顾一下成本和业务量的计量基础,再认识固定成本和变动成本。

3.1.1 产量计量及其相关范围

为了判断成本性态,我们要好好审视成本并计量和业务活动相关的产量。固定成本和变动成本并不凭空存在,只有当其与产量计量联系时,它们才有意义。换言之,一项成本是固定的还是变动的,与产量计量或成本动因有关。为了了解成本性态,我们必须首先确定潜在业务活动,并且询问"什么引起了这种特定活动的成本上升(或下降)?"**成本动因**(cost driver)是计量引起成本变动的业务量的原因,确认并管理这些成本动因能够帮助管理者更好地预测和控制成本。例如,天气是影响航空业的一个重要因素,尤其是当暴风雨集中在像美国东北部和中西部这样的全国航线最密集的走廊里。分析师预测一周的极地旋风引起的恶劣天气会导致全国 20 000 次航班被取消,造成美国航空业 100 万美元的损失,该损失包括减少的收入和航班恢复后轮

---

① 世界大型企业联合会 2014 年 CEO 挑战:http://www.conference-board.org/publications/publicationlisting.cfm?topicid=10&subtopicid=30

换飞行员所增加的成本。

假设 BlueDenim 公司想要根据牛仔裤的生产数量将产品成本划分为变动成本和固定成本。在这种情况下，生产牛仔裤的数量就是驱动因素。很显然，原材料（牛仔布、线、拉链和纽扣）的使用随生产牛仔裤的数量变动而变动，所以材料成本与产量有关。缝纫机消耗的电力也随牛仔裤的产量变动而变动，因为牛仔裤生产得越多，就需要越多的缝纫时间，也就需要消耗越多的电力。最后，缝纫车间的监管费用如何呢？不管公司生产的牛仔裤数量是多是少，监管费用都是不变的，因此监管费用对于牛仔裤产量是固定的。

适用于成本关系中的相关范围是怎么样的呢？**相关范围**(relevant range)是指一定的产量范围，假定在该范围内正常生产经营的企业存在这种成本关系。相关范围将企业的成本关系限定在企业正常的经营范围内。让我们更加细致地考虑 BlueDenim 公司的成本关系。我们说监管者的薪酬是固定的，但这是真的吗？如果公司每年仅生产极少的牛仔裤，它甚至不需要一个监管者，公司所有者当然会接管这项工作（而且很可能还有其他工作）。同时，假设 BlueDenim 公司将产量增加两三倍，此时一个监管者就不够了。所以当我们讨论监管费用时，我们是在讨论企业处于正常生产范围时的监管费用。我们现在进一步仔细研究固定成本、变动成本和混合成本。在每一种情况下，成本只有一个驱动因素并且处于相关范围内。

Kicker 管理实践

Kicker 使用成本性态的信息来指导新项目，例如，生产扬声器的变动成本推动 Kicker 与其生产商合作以共同提高质量、降低成本。在 Stillwater 区域的固定成本也得到了关注。几年前安全总监 Terry Williams 面临员工安全的问题，与问题相关、基于一些指标的成本信息如下：

- 员工的赔偿保险费用很高；
- 员工的赔偿评级很高；
- 工伤数量增加；
- 工伤休息的时间增加；
- 背损伤（工伤中最严重的形式）的数量增加；
- 每起工伤的平均成本上升。

Terry 调查发生安全问题的根源，发现不正当的举物方式导致了最为严重的背损伤。为此，他制订了一个全面安全计划，强调每天做 20 分钟的拉伸运动（工作前 5 分钟、每次休息后 5 分钟和午饭后 5 分钟）。

这个计划成功了吗？最初，员工们抵制做伸展运动，Terry 就给他们负重腰带，员工更讨厌这个，因此接受了每天的拉伸运动。但是这次，那些拒绝做拉伸运动的员工要穿 30 天的负重腰带，这是对不支持这项运动的较高惩罚。此外，Kicker 的总裁是这项安全计划的积极支持者，他解释了增加的保险费用和失去的工作时间对利润共享项目的影响。这个利润共享项目是 Kicker 对员工的重要额外福利，每位员工无论何时都在为基准福利做着贡献。

几个月内,员工们陆续加入这个计划,各项指标戏剧性地降低了。相比于计划实施前,员工的保险赔偿费用降低了近50%,每起工伤的平均成本比安全计划的成本低5%,而且没有工作时间的损失。

3.1.2 固定成本

固定成本(fixed cost)是指在相关范围内总额保持恒定,不随业务量的变动而变动的成本。例如,美国西南航空公司运行波音737大型客机,客机成本对公司来说就是固定成本,因为在相关范围内客机成本不受航班次数和顾客数量的影响。同样,零售商租用仓库的成本在租赁期间也是固定的。

为了解释固定成本性态,我们来研究 Colley 电脑公司经营的工厂,这些工厂为中西部的小型电脑商生产未贴标牌的个人电脑,工厂的组装车间负责电脑组装。假设 Colley 电脑公司想查看监管费用和电脑产量之间的成本关系,并且拥有以下资料:

- 组装车间每年能生产出 50 000 台电脑;
- 组装工人由一位年薪为 32 000 美元的生产线主管监管;
- 该工厂于 5 年前成立;
- 现在该工厂每年生产 40 000—50 000 台电脑;
- 产量从未降低到每年 20 000 台以下。

不同产量水平的监管费用如下:

Colley 电脑公司的监管费用

电脑生产数量	总监管费用	单位监管费用
20 000	32 000 美元	1.60 美元
30 000	32 000 美元	1.07 美元
40 000	32 000 美元	0.80 美元
50 000	32 000 美元	0.64 美元

下面考察监管费用与电脑产量之间的成本关系。电脑生产产量被称为产量计量或驱动因素。由于 Colley 电脑公司每年生产 20 000—50 000 台电脑,这个相关范围就是 20 000—50 000 台。在此范围内,总的监管费用是不变的,无论 Colley 电脑公司生产 20 000 台、40 000 台还是 50 000 台电脑,它都要支付 32 000 美元的监管费用。

要特别关注在固定成本定义中的"总额"一词。随着电脑产量的增加,监管费用总额保持不变,但单位监管费用在持续下降。如同上表展示的,在相关范围内,单位监管费用从 1.60 美元降到 0.64 美元。由于单位固定成本的性态,很容易认为固定成本受业务量水平的影响,但这是不对的。相反,较高的产量意味着固定成本可以被稀释成较少的单位固定成本,单位固定成本经常会误导管理者的决策,把握总体的固定成本比较安全。

让我们来看图表 3-1 的固定成本。在相关范围内,水平线表示固定成本。当电脑产量为40 000台时，监管费用是32 000美元；当产量为50 000台时，监管费用还是32 000美元。这条线表明随着作业动因量水平的变化，固定成本保持不变。在相关范围内，固定成本总额只是简单的一个数字。对Colley电脑公司来说，如果产量是20 000至50 000台电脑之间的任何数量，监管费用都是一定的。因此，监管费用是固定成本并且能被表述为：

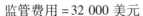

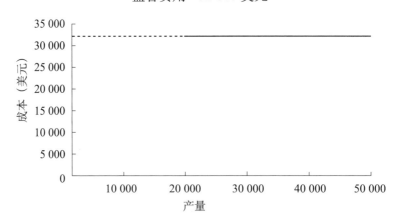

图表3-1 Colley电脑公司的固定监管费用

严格地说，该等式假设任何产量水平下的固定成本都是32 000美元（好像图表3-1中的线能够像虚线部分一样向纵轴延伸），但是这种假设不是真实的，如果经营决策被定义在相关范围内这种假设才存在。

固定成本能变动吗？当然，但这种概率不能使其变成可变成本。它在更高（或更低）的等级里仍是固定的。回到Colley电脑公司的案例，如果公司将监管者的年薪从32 000美元提高到34 000美元，那么在相关范围内监管费用就是每年34 000美元，但是相对于电脑产量，监管费用仍然是固定的。

由于其本性使然，固定成本很难快速变动，这也是其被视为固定成本的原因。固定成本通常可进一步划分为两种：酌量性固定成本与约束性固定成本。**酌量性固定成本（discretionary fixed costs）**是根据管理者的决策可以被改变或避免的固定成本。例如，广告费用就是酌量性固定成本。广告费用取决于管理者通过宣传页、广播或视频做广告的决策，费用大小取决于广告时长和播放次数，但不受产量和销量的影响，管理者可以轻松地对增加或减少广告费用做出决策。

另一个例子中，一个季度之前，美国国家橄榄球联盟（National Football League，NFL）发现Wilson体育用品公司已经生产了500 000个带有即将离任的联盟专员Paul Taglibue而非即将到任的Roger Goodell签名的橄榄球，而整季将需要900 000个橄榄球。NFL必须决定是否整季都使用带有即将离任专员签名的橄榄球还是只使用半季。最终，NFL将这500 000个已生产的橄榄球赠与了高中学校。在这个例子中，为再生产500 000个带有新签名的橄榄球而花费的250 000美元额外费用是一个酌量性成本，因为其可以很容易发生变动(或者避免)。① 无论比赛次数(橄榄球成本的动因)如何,NFL 都需要增加这项费用,因此这 250 000 美元的酌量性成本是固定的。

另一方面,**约束性固定成本**(**committed fixed costs**)是不能轻易变动的固定成本。约束性固定成本经常出现在长期合约(如租赁机器或仓库)或者购买不动产、厂房和设备中。例如,一家建筑企业可能租赁重型土方设备三年,租赁费用就是约束性固定成本。

3.1.3 变动成本

变动成本(**variable costs**)是指在相关范围内,总额随着业务量的变动而正比例变动的成本。对制造业企业 Boston Whaler 公司来说,每艘船螺旋桨的生产和组装费用就是变动成本。在牙医那里,一次性围兜、牙线和 X 射线胶片等特定用品的使用随所看病人数量的变动而变动。Crayla 蜡笔的生产者 Binney & Smith 公司发现蜡和颜料成本随蜡笔产量的变动而变动。

为了说明,我们进一步研究 Colley 电脑公司生产电脑中 DVD-ROM 驱动器的成本。每台电脑需要一个价值 40 美元的 DVD-ROM 驱动器,产量计量单位是电脑的生产数量,DVD-ROM 驱动器的成本为直接材料成本,不同产量下的 DVD-ROM 驱动器成本如下:

Colley 电脑公司 DVD-ROM 驱动器成本

电脑生产数量	DVD-ROM 驱动器总成本	单位驱动器成本
20 000	800 000 美元	40 美元
30 000	1 200 000 美元	40 美元
40 000	1 600 000 美元	40 美元
50 000	2 000 000 美元	40 美元

随着电脑产量的增加,DVD-ROM 驱动器的总成本呈正比例增长。例如,当产量从 20 000 台增至 40 000 台时,DVD-ROM 驱动器的总成本也从 800 000 美元增至 1 600 000 美元,单位直接材料成本不变。

变动成本也可以用线性方程表示。这里,总变动成本依赖于产量水平,可以表示成下面等式:

$$总变动成本 = 变动比率 \times 产量$$

光盘驱动器成本关系的描述如下:

$$总变动成本 = 40 美元 \times 电脑产量$$

延伸至 Colley 电脑公司已经生产的 50 000 台电脑,总光盘驱动器成本如下:

$$40 \times 50\ 000 = 2\ 000\ 000(美元)$$

如果电脑产量为 30 000 台,则总成本为 1 200 000 美元。

图表 3-2 中一条通过原点的直线代表变动成本的性态。产量为零时,总变动成本

---

① T. Lowry, "Two-Minute Warning", *BusinessWeek* (September 4, 2006):12.

为零。但当产量增加时,总变动成本也随之增加,而且是正比例变动,直线的斜率代表单位变动成本。

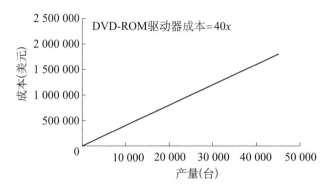

图表 3-2 Colley 电脑公司 DVD-ROM 驱动器的成本

3.1.4 线性成本关系的合理性

图表显示固定成本和变动成本的图形都是直线,但是真实世界里的成本关系是线性的吗?

对 Colley 电脑公司而言,无论其电脑销量如何,DVD-ROM 驱动器的单位成本都是 40 美元。但如果仅有极少量的驱动器销售出去,那单位成本就会非常高,所以产量较大时存在规模效应。例如,在极低的产量水平下,工人们会消耗比高产量水平时更多的单位原材料或更多单位工作时间,当产量上升时工人们会更有效率地使用原材料和时间,进而降低单位变动成本、提高产量。因此,当考虑规模效应时,真实总成本是按递减比率增长的,如图表 3-3 所示。一些管理者将这种成本称为**半变动成本**(**semi-variable costs**)。

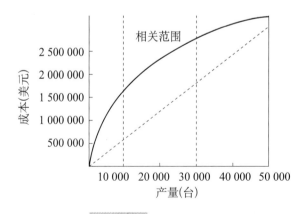

图表 3-3 半变动成本

当单位成本按这种方式变动时,我们如何选择正确的变动比率呢?幸运的是,相关范围可以派上用场了。在一定的业务量范围内,假设的成本关系存在,这个范围就是相关范围。图表 3-3 可以用来观察在相关范围内近似表达变动成本的直线,当横轴的产量在 10 000 台以下时,变动成本急剧下降(产量过低时半变动成本曲线相距预期直线较远)。所以,当产量落在公司经营的相关范围外时,管理者应该更加注意在决策中运用成本性态分析。

3.2 混合成本和阶梯式成本

完全的固定成本和变动成本比较容易把握,但是大部分成本并非只有这两种形式。很多成本是固定成本和变动成本的混合体(混合成本),或者在特定区间发生固定成本的增加(阶梯式成本)。

3.2.1 混合成本

混合成本(mixed costs)包含固定和变动两个部分,例如,销售代表的薪酬就是基础工资加销售佣金。混合成本的公式如下:

总成本 = 总固定成本 + 总变动成本

假设 Colley 电脑公司有 10 个销售代表,每个人的工资为每年 30 000 美元基础工资加每台电脑 25 美元的佣金,这里的业务活动就是销售电脑,业务量计量的是销售量。如果销量为 50 000 台电脑,则与销售代表相关的总成本为 = 10 人 × 30 000 美元/人 + 25 美元/台 × 50 000 台销售量 = 300 000 美元 + 1 250 000 美元 = 1 550 000 美元

Colley 的销售代表的成本公式为:

总成本 = 300 000 美元 + 25 美元/台 × 电脑销量

下表显示了不同销售量下的销售费用:

Colley 电脑公司销售费用

销售固定成本	销售变动成本	总成本	售出电脑	单位销售费用
300 000 美元	500 000 美元	800 000 美元	20 000	40.00 美元
300 000 美元	750 000 美元	1 050 000 美元	30 000	35.00 美元
300 000 美元	1 000 000 美元	1 300 000 美元	40 000	32.50 美元
300 000 美元	1 250 000 美元	1 550 000 美元	50 000	31.00 美元

混合成本的图形如图表 3-4 所示(假设相关范围为 0—50 000 台),具体解读如下:
- 混合成本可以表示为有截距的直线(本例中截距为 300 000 美元);
- 纵截距表示固定成本;
- 斜率表示作业动因的单位变动成本(本例中斜率为 25 美元)。

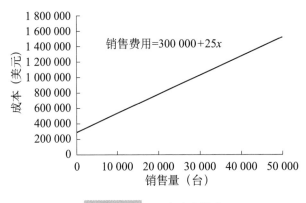

图表 3-4　混合成本性态

3.2.2　阶梯式成本性态

到目前为止,我们都假设成本函数是连续的,但在实践中,一些成本函数却是不连续的,被称为阶梯式成本(或半固定成本)。**阶梯式成本(step costs)** 指业务量在一定范围内时,其总成本不变;而业务量超出一定限度时,总成本会突然上升,但在一定增长限度内又保持不变。阶梯宽度代表特定数量资源投入的产量范围。

回到本章开头的"管理决策",Zingerman 熟食店在圣诞节假期期间销量会大增,但这只是一种暂时性的增加。销量增加,就需要更多的冰箱,而购入新冰箱会形成永久的固定成本的增加,所以,管理者选择租入必要数量的冷藏车以应对短暂需求。租入所需的冷藏车是 Zingerman 管理固定成本的一项创新性决策,同时这造成在假日期间固定成本的阶梯式上升。

图表 3-5 为阶梯式成本图,图 A 代表窄阶梯式成本,狭窄的阶梯表明产量的较小变动会引发成本的变动。如果阶梯极度狭窄,我们就能将其近似为完全变动成本。例如,Copy-2-Go 复印社买入大包装箱的复印纸,每周平均使用 3 大箱。由于箱子太沉,老板要增加一项成本,即移动箱子到指定地点以供使用,这个搬运成本就是阶梯较窄的阶梯式

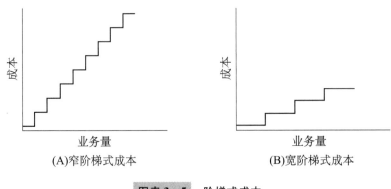

图表 3-5　阶梯式成本

成本。只有当Copy-2-Go复印社购买一箱新的复印纸时，才会增加搬运成本。图B表示的是宽阶梯式成本，工厂租赁机器设备就属于这种形式的成本。假设每台机器的每月产能为1 000件，当产量在0—1 000件的范围时，只需要一台机器。如果产量在1 001—2 000件，就需要增加一台新的机器。许多所谓的固定成本其实都是阶梯式成本。

3.2.3 会计记录与成本分解需求

有时将混合成本划分为变动部分和固定部分很简单，就像Colley电脑公司销售代表的例子一样。许多时候，我们所获得的有效信息只有总成本和产量。例如，会计系统会记录给定期间内的总维护成本和维护工时，但是总维护成本中多少是固定成本，多少是变动成本，这些都无从得知。

因此，有必要从总成本里分离出固定部分和变动部分。只有经过分解，成本才能被划分在合适的成本性态下进行分析。

如果混合成本占总成本的比重很小，那么采用常规的成本分解方法就不太划算，在这种情况下，将混合成本归类为固定成本或变动成本对成本分类和决策都不会产生太大影响。或者，还可以将混合成本在两者之间任意划分，但是这种情况很少出现，因为现实中混合成本一般都很大，需要公司认真地加以分解。

3.3 混合成本的分解

有三种常用的方法将混合成本分解为固定部分和变动部分：①高低点法；②散布图法；③最小二乘回归法。每种方法都假设存在线性成本关系，线性成本关系的等式表达为：

$$总成本 = 总固定成本 + 变动比率 \times 产量$$

因变量（dependent variable）是依赖于其他变量的值的变量。在上面的等式里，总成本就是因变量，这是我们努力预测的变量。**自变量**（independent variable）是产量计量和解释成本变化或其他因变量的变量。一个好的自变量是与因变量有因果关系或紧密联系的，因此，许多管理者将自变量归为成本动因。**截距**（intercept）表示固定成本，在图形上横坐标为0对应的纵坐标上的点就是截距。**斜率**（slope）代表变动比率（每单位产量的变动成本），即成本线的斜率。演练3.1展示了如何创造并使用成本公式。

演练3.1

创建并使用成本公式

知识梳理：

目的是为管理者提供成本动因的固定成本总额和单位变动成本的定量估计，当这些成本公式的要素确定之后，管理者就可以预测不同业务量水平的总成本。

资料：

州立大学的艺术学院办公室要安装彩色喷墨打印机（电脑已经有了）。彩色打印机每个月的折旧为 250 美元；该学院购买的纸是成箱包装的，每箱 35 美元，有 10 000 张纸（20 令，每令 500 张）；每个墨盒 30 美元，平均打印 300 张纸。

要求：

1. 写出该学院每月使用彩色打印机所花费成本的公式。
2. 如果该学院下个月预计消耗 4 400 张纸，则预计总固定成本是多少？总变动成本是多少？总打印成本是多少？

答案：

1. 成本公式为：总成本 = 固定成本 + 变动比率 × 纸张数

每月的固定成本为 250 美元（打印机折旧），因为其不随用纸量的变动而变动。变动成本是纸张和墨，两者都随用纸量变动而变动。

每张纸的成本 = 35/10 000 = 0.0035（美元）

每张纸的用墨成本 = 30/300 = 0.10（美元）

每张纸的变动比率 = 0.0035 + 0.10 = 0.1035（美元）

成本公式为：总打印成本 = 250 美元 + 0.1035 美元 × 纸张数

2. 下个月预计固定成本为 250 美元。

下个月预计变动成本为：0.1035 × 4 400 = 455.40（美元）

下个月预计总打印成本为：250 + 455.40 = 705.40（美元）

由于会计记录只记录总成本和产量，需要用这些数值估算固定成本和变动比率，为此，我们下面用案例讲解高低点法、散点图法和最小二乘回归法的应用。在不同的方法中使用相同数据有利于对各种方法进行比较。案例分析了家用清洁产品生产商 Anderson 公司的材料搬运成本，该成本涉及将材料从原材料储存仓库搬到 6 号工作台的成本。大型复杂的组织里搬运成本较高，了解这一成本的性态对降低成本是非常重要的。

Anderson 公司的管理者收集了以下的成本数据。车间管理者认为材料搬运次数是一个很好的成本动因。假设 Anderson 公司的会计记录显示过去 10 个月的成本数据如下：

月份	材料搬运成本	搬运次数
1 月	2 000 美元	100
2 月	3 090 美元	125
3 月	2 780 美元	175
4 月	1 990 美元	200
5 月	7 500 美元	500
6 月	5 300 美元	300
7 月	3 800 美元	250
8 月	6 300 美元	400
9 月	5 600 美元	475
10 月	6 240 美元	425

3.3.1 高低点法

基本几何学告诉我们两点确定一线,如果我们知道线上的两个点,就能确定这条线的等式。前面讲过固定成本是总成本线的截距,变动比率是总成本线的斜率,给定两个点,则能够确定斜率和截距。**高低点法**(hige-low method)就是运用高点和低点的数据来分解混合成本的方法。高低点法有四个步骤:

步骤1,在给定的数据里找到高点和低点。高点就是业务量或产量最高的点,低点是业务量或产量最低的点。需要注意的是,找高点和低点是看业务量而不是看成本。一些例子里,业务量最高的点对应的成本也最高,但在其他例子中却不然。因此,管理会计师应该用业务量大小来找高点和低点,而不看其成本大小。在搬运成本中,最高的业务量在5月,有500次搬运,总成本为7 500美元;最低的业务量在1月,有100次搬运,总成本为2 000美元。

步骤2,用高点和低点计算变动比率。总成本变化量除以业务量变化量就等于变动比率,即斜率。

$$变动比率 = \frac{高点成本 - 低点成本}{高点业务量 - 低点业务量}$$

在本例中使用高低点法,变动比率为:

$$变动比率 = \frac{7\ 500 - 2\ 000}{500 - 100} = \frac{5\ 500}{400} = 13.75(美元)$$

步骤3,用变动比率(步骤2计算所得)和高点或低点计算固定成本。

$$固定成本 = 高点成本 - 变动比率 \times 高点业务量$$

或

$$固定成本 = 低点成本 - 变动比率 \times 低点业务量$$

用最高点来计算固定成本:

$$固定成本 = 7\ 500 - (13.75 \times 500) = 625(美元)$$

步骤4,形成基于高低点法的材料搬运成本公式。

$$总成本 = 625\ 美元 + 13.75\ 美元 \times 搬运次数$$

演练3.2展示了如何运用高低点法建立成本公式。

演练 3.2

用高低点法计算固定成本和变动比率并建立成本公式

知识梳理:

高低点法为管理者提供了一个快速分解混合成本的方法。该方法只需要两个点(最高业务量点和最低业务量点),简单易操作。

资料:

BlueDenim公司生产牛仔裤。公司会计主管想计算与工厂用电相关的固定成本和变动成本。过去 8 个月的数据如下：

月份	电力成本	机器工时
1月	3 255 美元	460
2月	3 485 美元	500
3月	4 100 美元	600
4月	3 300 美元	470
5月	3 312 美元	470
6月	2 575 美元	350
7月	3 910 美元	570
8月	4 200 美元	590

要求：

运用高低点法计算固定电力成本、每机器工时的单位成本，并建立总电力成本的成本公式。

答案：

步骤1，找高点和低点。机器工时的最高值在3月，最低值在6月。（提示：最高成本是8月的4 200美元，但是8月并不是高点，因为其机器工时并非最高的。高点一定是业务量最大的点，低点一定是业务量最小的点。）

步骤2，计算变动比率。

变动比率 = (高点成本 − 低点成本)/(高点机器工时 − 低点机器工时)

= (4 100 − 2 575)/(600 − 350) = 1 525/250

= 6.10(美元/机器工时)

步骤3，计算固定成本。

固定成本 = 总成本 − 变动比率 × 机器工时

选择高点成本 4 100 美元和机器工时 600 小时。

固定成本 = 4 100 − 6.10 × 600 = 4 100 − 3 660 = 440(美元)

（提示：用低点检验固定成本值。）

步骤4，建立成本公式。如果变动比率为每机器工时 6.10 美元，固定成本为每月 440 美元，则每月电力成本的公式为：

总电力成本 = 440 美元 + 6.10 美元 × 机器工时

一旦计算出成本公式，就可以将其运用在预算和绩效控制上了。前面用高低点法计算的材料搬运成本公式为：

总成本 = 625 美元 + 13.75 美元 × 搬运次数

假设 11 月的搬运次数为 350 次，材料搬运成本预算为：

625 + 13.75 × 350 = 5 437.50(美元)

另外，如果管理者想知道 10 月 6 240 美元的搬运成本是否接近公式预测的成本，可以这样计算 10 月的预测成本：

$$625 + 13.75 \times 425 \approx 6\ 469(美元)$$

真实值与预测值仅相差 229 美元,可以被认为是接近预测值。演练 3.3 展示了如何运用高低点法预测总变动成本和预算业务量的总成本。

演练 3.3

运用高低点法预测总变动成本和预算业务量的总成本

知识梳理：

成本公式建立后,可以用来预测总变动成本、总固定成本或总成本(变动和固定两者)。

资料：

BlueDenim 公司的每月电力成本公式(回顾演练 3.2 每月固定成本和变动比率的计算过程)为：

$$总电力成本 = 440\ 美元 + 6.10\ 美元 \times 机器工时$$

要求：

假设 10 月的预算为 550 机器工时,运用成本公式来计算:①10 月的总电力变动成本;②10 月的总电力成本。

答案：

1. 总电力变动成本 = 变动比率 × 机器工时 = 6.10 × 550 = 3 355(美元)
2. 总电力成本 = 固定成本 + 变动比率 × 机器工时
   = 440 + 6.10 × 550
   = 440 + 3 355
   = 3 795(美元)

从月份数据中找出高点和低点,进而计算固定成本和变动比率,这意味着每个月的固定成本都是一样的。如果公司想用公式预测一年的成本,只需将变动比率乘以一年的预算自变量,而截距(即固定成本)也要随之调整成一年的固定成本。每月固定成本乘以 12(一年 12 个月)就得到年度固定成本了。如果使用的是每周的数据,则需要将固定成本乘以 52,就得到年度固定成本了。演练 3.4 展示了在不同期限下如何运用高低点法计算预算业务量的总变动成本和总成本。

演练 3.4

在不同期限下运用高低点法计算预计总变动成本和总成本

知识梳理：

成本公式可以帮助管理者预测不同期限内的总成本,这种灵活性十分必要,因为管理者经常需要计算每周、每月、每季度或者每年的成本。

资料:

BlueDenim公司建立了计算月度电力成本的公式(参见演练3.2的计算过程)。

总电力成本 = 440美元 + 6.10美元 × 机器工时

要求:

假设下一年度的预算机器工时为6 500小时,使用之前的成本公式计算:①下一年度的总电力变动成本;②下一年度的总电力固定成本;③下一年度的总电力成本。

答案:

1. 总电力变动成本 = 变动比率 × 机器工时 = 6.10 × 6 500 = 39 650(美元)

2. 注:上述成本公式是针对月度而言的,我们要算的是年度成本,因此需要将固定成本乘以12(每年12个月)。

  总电力固定成本 = 固定成本 × 12 = 440 × 12 = 5 280(美元)

3. 总电力成本 = 440 × 12 + 6.10 × 6 500
  = 5 280 + 39 650
  = 44 930(美元)

高低点法有以下优点:

- **客观性**:任何人在同一数据下使用高低点法都会得到相同的结果。
- **快速概括**:高低点法使得管理者只用两个点就能快速判断成本关系。例如,管理者可能只有两个月的成本数据,借助高低点法就能很快大致确定出成本关系。
- **易于使用**:高低点法简单方便,即使是对那些不喜欢进行数字分析的人,也容易理解和使用。

由于以上这些原因,管理会计师会使用高低点法。但是,高低点法也有一些缺陷,使得一些管理者认为它不如其他的混合成本分解方法。

- **异常值的出现**:高点和低点很可能是数据中的异常值,它们代表的是非典型的成本—业务量关系。例如,Anderson公司因为当月的一些非常规因素导致搬运次数达到1 000次(而非500次),那么该例中的高点就会落在公司经营的相关范围之外,这是一个异常值。如果使用该点作为高点,计算的成本公式就代表不经常发生的成本关系,散点图法可以避免这种异常值干扰的情况而回归到总体的成本—业务量关系。
- **歪曲数据的可能**:即使高点和低点不是异常值,相比而言其他的点可能更具有代表性。高低点法在分析50周的数据时,会忽略96%的数据(即50周中48个周的数据)。同样,散点图法能够选择使用更有代表性的点。

3.3.2 散点图法

散点图法(scattergraph method)是将数据点绘制在坐标图中,然后观察成本关系的一种方法。第一步就是绘制散点图,这样才能观察材料搬运成本和搬运次数之间的关系。数据点作为散点散落在坐标图中,如图表3-6所示,纵坐标是成本(材料搬运成本),横坐标是动因或业务量(搬运次数)。

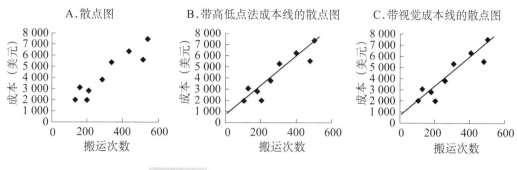

图表 3-6 Anderson 公司的材料搬运成本

图 A 展示了产量搬运成本与搬运次数之间的线性关系,成本与搬运次数呈正比例变动。

图 B 检验了高低点法是否有代表性,图中有 3 个点在线上 5 个点在线下,如此看来高低点法并不是十分可靠,本例中实际的变动成本(斜率)可能更大一些,固定成本可能比图中更小一些。

因此,画散点图的一个重要目的就是验证直线是否合理地描述了成本关系。而且,散点图中会有一些点与整体的分布情况不同,仔细检查后会发现这些点(异常值)的出现是由一些非常规事件的发生(预期不会再发生)造成的,对这些情况的掌握会帮助我们消除异常值并更好地利用成本公式进行估测。

在散点图上目测画出一条表示成本变动趋势的直线,使尽可能多的点落在线上。当然,管理者或成本分析师可能会考虑以前的经验和成本性态,选择一条最适合的直线。经验数据会显示材料搬运成本的变化趋势,散点图是量化这种趋势的有用工具。散点图和其他统计数据能够帮助管理者改进判断,而不会限制管理者基于判断改革常规方法得出的估计结果。

认真观察图 A,在图中已给出的信息下,如何将其中的点拟合成一条直线呢?当然结果会有无数条直线,但是让我们选择经过 1 月的点(100,2 000 美元)和纵截距为 800 美元的直线,从而得出图 C。固定成本即截距,为 800 美元。我们可以使用高低点法来确定变动比率。

首先,记住我们选择的两个点为(100,2 000 美元)和(0,800 美元)。然后,使用这两点计算变动比率(斜率):

$$\text{变动比率} = \frac{\text{高点成本} - \text{低点成本}}{\text{高点搬运次数} - \text{低点搬运次数}}$$

$$= \frac{2\,000 - 800}{100 - 0}$$

$$= 1\,200/100$$

$$= 12(\text{美元})$$

因此,变动比率就是每次 12 美元。

固定成本和材料搬运成本的变动比率已经确定,材料搬运成本公式可以表述为:

总成本 = 800 美元 + 12 美元 × 搬运次数

上述成本公式可以计算 100—500 次搬运的总成本,并将其分解为固定部分和变动部分。假设 11 月预计的搬运次数为 350 次,使用成本公式计算成本:

$$800 + 12 \times 350 = 5\ 000(美元)$$

在总成本中,固定部分为 800 美元,变动部分为 4 200 美元。

散点图法的一个主要优点是能让成本分析师直观地观察数据。图表 3-7 展示了几种不适用高低点法的情况。图 A 的成本与产量是非线性关系,这样的例子有直接材料的数量折扣或者员工的学习经验(即随着员工工作时间的积累,工作效率提高,总成本会以递减的比率增加)。图 B 表示当产量大于 X_1 时成本上移的情形,可能此时需要雇用更多的监管者或者增加一个班次。图 C 表示异常值不能代表总体的成本关系。

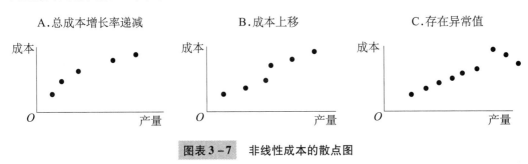

图表 3-7 非线性成本的散点图

通过选择合适的两点拟合直线,最终得到了材料搬运成本公式,这个过程需要专业判断,不同的人会选择不同的点来拟合直线,进而得出不同的结果。散点图法的缺点是缺乏选择最佳拟合直线的客观标准,成本公式的质量取决于分析师个人的主观判断。相比之下,高低点法能够排除直线选择中的主观性,无论谁分析都会得出相同的结果。

回顾图表 3-6 给出的图 B 和图 C,对比高低点法和散点图法,两者得出的固定成本和变动比率不同。对于预计的 350 次搬运,散点图法得出的总成本为 5 000 美元,而高低点法的结果为 5 438 美元。那么,哪个结果正确呢?不同的方法可能会产生差别很大的结果,而在理想状态下,一个客观且能提供最佳拟合直线的方法才是最好的方法。

3.3.3 最小二乘回归法

最小二乘回归法(method of least squares regression)是通过将所有的点进行统计回归而得出拟合直线的方法。此方法的一个优点就是对给定的一个数据集进行回归分析,总能得出相同的结果。回归得出的直线能使所有数据点到该直线的距离最近。什么是最近呢?图表 3-8 有一系列的数据点和一条直线,假设该直线是通过回归分析得到的直线,数据点并不是都在直线上,但是回归线却能最佳地描述数据点的整体趋势。这是因为所有数据点到该直线距离的平方和最小,换句话说,预计成本(回归线)与实际成本(实际数据点)之间的估计误差最小。由于最小二乘回归法能提供最小估计误差的拟合直线,因此很多管理者认为其是最准确的方法。

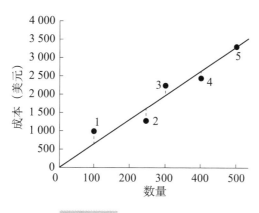

图表 3-8　点与线的偏差

以前使用最小二乘回归法需要手工进行数据处理,十分复杂和麻烦。但现在个人电脑里的电子表格已经能够提供回归分析功能了,只需输入数据,就能通过运算得出结果。图表 3-9 展示了电子表格运算 Anderson 公司数据的结果,截距代表固定成本,大约为 789 美元,第一自变量代表变动比率,约为 12.38 美元。我们可以将最小二乘回归法的结果与散点图法和高低点法对比。假设 Anderson 公司预计 11 月的搬运次数为 350 次,预计的材料搬运成本为:

总成本 = 固定成本 + 变动比率 × 业务量
　　　= 789 + 12.38 × 350
　　　= 789 + 4 333
　　　= 5 122(美元)

	A	B	C	D
1	系数:			
2	截距	788.780 6		
3	第一自变量	12.380 58		
4				
5				
6				
7				
8				
9				

图表 3-9　运用 Excel 对 Anderson 公司的数据进行回归分析

另外,假设会计主管想知道 10 月实际的 6 240 美元材料搬运成本与预计的是否接近,根据成本公式得出的预计总成本为:

789 + 12.38 × 425 = 6 051(美元)

两者之间的差别仅为 189 美元,因此,可以认为比较接近。演练 3.5 展示了如何使用最小二乘回归法建立成本公式。

演练 3.5

运用回归法计算固定成本和变动比率并建立成本公式,以及确定预算成本

知识梳理:

相比于高低点法,最小二乘回归法能够提供更为精确的成本公式,更好地估计固定成本和变动比率,但同时也会花费更多成本来演算和解释给其他管理者。

资料:

BlueDenim 公司生产牛仔裤。公司的会计主管想计算工厂用电的固定成本和变动成本,过去 8 个月的数据如下:

月份	电力成本	机器工时
1 月	3 255 美元	460
2 月	3 485 美元	500
3 月	4 100 美元	600
4 月	3 300 美元	470
5 月	3 312 美元	470
6 月	2 575 美元	350
7 月	3 910 美元	570
8 月	4 200 美元	590

回归分析得出的系数为:

截距	321
第一自变量	6.38

要求:

使用回归分析的结果回答以下问题:
1. 计算电力固定成本和每机器工时的变动成本。
2. 建立总电力成本的成本公式。
3. 假设下个月的机器工时为 550 个小时,计算下个月的预算总成本。

答案:
1. 根据回归分析得出固定成本和变动比率为:

$$固定成本 = 321(美元)$$
$$变动比率 = 6.38(美元)$$

2. 成本公式为:

$$总电力成本 = 321 \text{ 美元} + 6.10 \text{ 美元} \times 机器工时$$

3. 预算电力成本 = 321 + 6.10 × 550 = 3 830(美元)

3.3.4 方法的比较

了解成本变化与业务量变化之间的联系是计划、控制和决策中的重要一步,每种混合成本的分解方法都能帮助管理者理解成本性态以及做出决策。图表 3 – 10 全面地比较了各种方法的优点和缺点。

图表 3 – 10　混合成本分解方法概览

方法	概述	优点	缺点
高低点法	通过使用数据的高点和低点将混合成本分解为固定成本和变动成本	● 客观性 ● 快速 ● 简单 ● 便宜 ● 易于沟通	● 异常值的出现 ● 可能使用不具代表性的数据点
散点图法	通过拟合数据点选择合适的两个点构成直线,将混合成本分解为固定成本和变动成本	● 简单 ● 数据的视觉表现	● 主观性(选择最佳拟合线)
最小二乘回归法	通过统计计算得出最佳拟合直线,将混合成本分解为固定成本和变动成本	● 客观性 ● 回归软件包能够快速地计算出固定成本和变动比率	● 相对复杂,较难向回归结果的使用者说明

3.3.5 管理人员判断法

管理人员判断法在判断成本性态中十分重要并被广泛使用,许多管理者依赖过去的经验及其对成本关系的观察来划分固定成本和变动成本。这种做法会表现出许多不同的形式,一些管理者只是简单地将一部分成本归为固定成本,另一部分归为变动成本,而不考虑对混合成本的分解。例如,化工企业将材料和器械成本归类为完全变动成本,其他成本都归为固定成本。即使是教科书上经常视为完全变动成本的人工成本,也可能是固定成本,使用管理人员判断法会简化问题,但在使用前,管理者需要首先确认成本主要是固定的还是变动的,而且决策对成本性态的划分错误并不十分敏感。

为了解释成本性态分析中的人为判断,我们来考察本田公司在中国雇用大量生产工人的案例。一些公司认为生产人工成本是完全变动成本,不值得分析,但是随着中国工人要求更多的工资和更合理的劳动合同,人工成本在数量上逐渐上升,其行为模式逐渐与其他国家趋同,在这些国家里工会保护劳工即使在制造业水平大幅下降的情况下还有一定工资(即人工成本变成混合成本、半混合成本甚至固定成本)。电动道路清扫车制造商 Elgin Sweeper 公司将产品数量作为对作业业务量的计量,Elgin Sweeper 公司的会计师依据经验分配成本:如果一项费用75%的时间里是固定的,就将其划分为固定成本;如果

75%的时间里是变动的,就将其划分为变动成本。

管理者可能依据经验直接确认固定成本或变动成本,从而将混合成本进行分解。例如,一家小公司有一个每年固定成本为3 000美元的复印机,变动成本可以通过使用成本和数量的数据计算得出。这种方法有混合成本核算的优点,但是受制于对固定或变动的主观判断,管理者可能在其成本分配中出错。

最后,管理者可以使用经验和判断改善统计估计结果。经验丰富的管理者可能仔细研究数据并否决一些不寻常的数据点,或者修改估计结果并对成本结构和工艺提出改进。例如,Tecnol医疗产品有限公司彻底改变了医用口罩的生产方法,传统的口罩生产需要大量人工手工缝制,Tecnol发明了高度自动化的机器生产口罩,使其成本降到行业最低,打败了强生公司和3M公司。Tecnol新生产线的投产和对欧洲市场的扩张使得成本收入的历史数据不再适用于现在的需要。为了预测利润变化,管理者需要向前看而不是向后看,统计技术在描述过去时很准确,但不能预测未来,而对未来的预测才是管理者最想要的。[1]

用管理人员判断法来划分固定成本和变动成本,其优势在于简单易行。在管理者对公司及其成本模式较为了解的机构里采用这种方法可能会有较好的结果,但如果管理者没有合理判断,就会导致错误。因此,详细考察管理者的经验、犯错误的可能性和出错对决策的影响等十分必要。

道德决策

在使用管理人员判断法时涉及伦理问题。管理者依据其对成本性态的知识做出诸如替换供应商、扩大或缩减生产以及解雇员工等决策,这些决策会影响员工、供应商和顾客的生活。有道德的管理者会确保其在做出决策之前获得足够的信息,而不是让个人因素影响决策。例如,采购部经理的一位好朋友希望向公司提供材料,价格比公司现在的供应商略低一点,但是不能保证100%的产品质量控制,而不合格的产品将需要增加返工成本和保修成本。有职业道德的管理者会将增加的这部分成本加入采购价格中,然后计算从朋友的公司采购的总成本。

由你做主

选择成本估计方法

假设你是皇家加勒比游轮公司的一名财务分析师。该公司经营着一些世界上最大的游轮,比如,目前世界上最大的游轮——海洋魅力号,能载重222 000吨、运送5 400名顾客,有1 650名工作人员。作为一名内部财务分析师,你最重要的工作就是合理估计公司每年游轮运行的成本,预测的准确性会影响许多战略和管理者做出经营决策。你熟悉一些成本估计方法,如高低点法、散点图法和最小二乘回归法,而且你也了解每种方法的优缺点。

---

[1] Stephanie Anderson Forest, "Who's Afraid of J&J and 3M", *BusinessWeek* (December 5, 1994): 66,68.

你会采用哪种估计方法？

如果使用散点图法，利用 Excel 不同人会得出许多不同的结果，但是不涉及定量分析是该方法最大的缺点。如果使用高低点法，虽然是客观的定量分析且容易实施和向管理者解释，但是受到异常值的影响很大。最终，最小二乘回归法克服了高低点法的许多缺点，因为在分析时用到了全部数据，比高低点法更具有代表性，但是该方法需要花费更多的时间来完成数据收集、数据准确性的确认以及将结果解释给最终使用者。

为了确定估计方法的选择，你最好与管理者沟通，了解管理者的需求。例如，管理者需要的是大概的估计还是十分准确的估计。你的估计结果和公司面临的竞争压力会极大地影响公司决策，比如，应该付多少工资给游轮工作人员来保证高质量的顾客体验，应该向顾客要价多少以保证其可负担以及自身的利润最大化，游轮上供应的食物、饮料和商品的种类、数量等。

在选择估计方法上，没有简单的标准化的答案。无论选择哪一种估计方法，最终你都必须运用自己的管理经验帮助管理者做出最佳决策。

3.4 使用回归程序

即使是很少的数据点，使用回归分析的计算工作还是很繁复，随着数据的增加，手工计算变得不切实际。幸好像 Microsoft Excel® 这样的电子表格软件包有回归分析功能，你所需要做的就是输入数据。电子表格回归程序不仅能够估算系数，还能展示成本公式的可靠程度，这是散点图法和高低点法不能实现的。

运用电脑进行回归分析的第一步就是数据输入。图表 3-11 是 Anderson 公司的数据输入情况。在第一行标出变量名称，A 列表示月份，B 列表示搬运成本，C 列表示搬运

	A	B	C	D
1	月份	成本	搬运次数	
2	1月	2 000	100	
3	2月	3 090	125	
4	3月	2 780	175	
5	4月	1 990	200	
6	5月	7 500	500	
7	6月	5 300	300	
8	7月	3 800	250	
9	8月	6 300	400	
10	9月	5 600	475	
11				
12				
13				
14				

图表 3-11 Anderson 公司的数据表

次数。下一步就是回归运算，在Excel中需要安装回归功能。首先启动Excel，依次点击文件—选项—加载项—分析数据库，点击"确定"安装分析数据库，安装完成后在数据选项下会出现"数据分析"项，在"数据分析"对话框中选择"回归"。

在弹出的"回归"对话框中，"Y值输入区域"输入因变量即B2—B10，在"X值输入区域"输入自变量即C2—C10。最后在"输出区域"中指定结果输出区域，例如，A13—F20，点击"确定"，然后回归结果就生成了，如图表3-12所示。

	A	B	C	D
1		SUMMARY OUTPUT		
2				
3		回归统计		
4	Multiple R	0.924 36		
5	R Square	0.854 42		
6	标准误差	810.196 9		
7	观察值	9		
8				
9				
10		Coefficients		
11	Intercept	788.780 6		
12	X Variable 1	12.380 58		

图表3-12　Anderson公司的回归结果

图表3-12下方显示的"Intercept"和"X Variable 1"，即固定成本和变动比率，分别约为789和12.38，因此，材料搬运成本的公式可以写成：

材料搬运成本 = 789美元 + 12.38美元 × 搬运次数

我们可以用此公式预计未来月份的材料搬运成本，由于回归分析得出的成本线相对于其他方法得出的直线拟合最佳，其预计的值也应该更为精确。假设搬运次数为350次，则总材料搬运成本为：

789 + 12.38 × 350 = 5 122（美元）

其中，789美元是固定成本，4333美元是变动成本。比较预测结果发现，散点图法得出的结果最接近最小二乘回归法的结果。图表3-12不仅显示了回归系数，还提供了关于估计结果的可靠性信息，即表中"回归统计"内的数据，这是散点图法和高低点法所不具备的。

拟合优度

回归结果一般还包括拟合程度的信息。**拟合优度**（**goodness of fit**）是指自变量对因变量的解释程度，可以用来评估估计的成本公式的可靠性。图表3-12提供了**判定系数**（**coefficient of determination**）R^2。Anderson公司的案例显示搬运次数能够解释材料搬运成本的变化，图表3-6的图A也验证了这一点，因为散点图显示材料搬运成本和搬运次数同时变动。而判定搬运次数对搬运成本的解释程度需要看判定系数,判定系数又称拟合优度,表示了自变量对因变量的解释程度。R^2的大小介于 0 和 1 之间,R^2越接近于 1,表明拟合优度越大,自变量对因变量的解释程度越高,自变量引起的变动占总变动的百分比就越高。图表 3-12 中的 R Square 即 R^2,约为 0.85,表示材料搬运成本变化的 85% 能够由搬运次数解释。

这个结果如何呢?实际上并没有一个统一的明确界限值。当然,R^2越接近 1 就越好,那么 85% 够大吗? 73% 呢? 46% 呢?这要视情况而定。如果你得到的成本公式的判定系数为 75%,说明有 3/4 的成本变化可以被自变量解释,其他 1/4 由其他因素解释。根据你对误差的容忍程度,你可以通过替换自变量(如用材料搬运工时替代搬运次数)或者采用多元回归的方法(多元回归使用两个或两个以上的自变量)来提升解释程度。

图表 3-12 中,R^2为 0.85 代表自变量的解释程度为 85%,这个结果并不坏,但是 Anderson 公司需要在做决策时记住还有 15% 需要其他因素来解释。

学习目标

LO1 说明成本性态的含义,定义并描述固定成本和变动成本。
- 成本性态是与作业量变化相关的成本变化方式。
- 时间范围对于成本性态很重要,因为成本可能会从固定成本转变成变动成本,这取决于决策是短期的还是长期的。
- 变动成本是指总体上随动因或业务量变动而变动的成本。通常我们假设变动成本的变动与作业量的变动成正比关系。
- 固定成本是指作业量变动而总额保持不变的成本。

LO2 定义并描述混合成本和阶梯式成本。
- 混合成本中既有固定部分,又有变动部分。
- 阶梯式成本在一定业务量的范围内保持不变,然后在某一点跳到一个高的成本水平,并且在新的业务量范围内保持不变。
- 适用阶梯式成本的成本对象一般是成批购买的。
- 阶梯的宽度代表一定资源的产出范围。

LO3 用高低点法、散点图法和最小二乘回归法将混合成本分解为固定成本和变动成本。
- 高低点法就是在对应作业水平上只选择两个点——高点和低点,然后用这两个点计算它们所确定的直线的截距和斜率。
- 高低点法简单且客观,但是,如果有一个点不具有代表性,这种成本关系的推算就会产生错误。
- 散点图法包括观察不同作业量和对应的混合总成本形成的散点图,以及选择最能体现成本与作业之间关系的两个点。由于两点能确定一条直线,所以根据所选定的两个点就能计算出这两点所确定的直线的截距和斜率。截距代表固定成本,斜率代表单位作业的变动成本。
- 散点图法是识别非线性、体现异常值的情况和呈现成本关系变动的好方法,但它的缺点是具有主观性。
- 最小二乘回归法用到了散点图上的所有数据点(除异常值外),并能得出与所有点最匹配的直线。
- 最小二乘回归法能够得出合理的成本公式。

● 管理者根据经验、成本知识和作业量关系来确定异常值,理解结构的变动并根据预期变化的环境调整参数。

LO4 使用个人电脑的电子表格演示最小二乘回归法。

重要公式

1. 总变动成本 = 变动比率 × 业务量
2. 总成本 = 固定成本 + 变动成本
3. 总成本 = 固定成本 + 变动比率 × 业务量
4. 变动比率 = $\dfrac{\text{高点成本} - \text{低点成本}}{\text{高点业务量} - \text{低点业务量}}$
5. 固定成本 = 高点总成本 − 变动比率 × 高点业务量
6. 固定成本 = 低点总成本 − 变动比率 × 低点业务量

关键术语

半变动成本	固定成本	散点图法	约束性固定成本
变动成本	混合成本	相关范围	酌量性固定成本
成本动因	阶梯成本	斜率	自变量
成本性态	截距	因变量	最小二乘回归法
高低点法	判定系数(R^2)		

问题回顾

Max 公司的管理者 Kim Wilson 决定估计企业运输活动中的固定成本和变动成本,她收集了公司过去 6 个月的数据,具体如下:

包裹运送量	总运送成本(美元)
10	800
20	1 100
15	900
12	900
18	1 050
25	1 250

要求:

1. 用高低点法估计运输成本中的固定部分和变动部分。使用成本公式计算运送 14 个包裹的总运输成本。
2. 用最小二乘回归法估计固定成本和变动成本。用成本公式计算运送 14 个包裹的总运输成本。
3. 说明最小二乘回归法下判定系数的含义。

答案:

1. 高低点法的估计结果如下:

$$\text{变动比率} = \dfrac{1\,250 - 800}{25 - 10}$$

$$= \dfrac{450}{15}$$

$$= 30(\text{美元}/\text{个})$$

$$\text{固定成本} = 1\,250 - 30 \times 25$$

$$= 500(\text{美元})$$

$$\text{总成本} = 500 + 30X$$

$$= 500 + 30 \times 14$$

$$= 920(\text{美元})$$

2. 电子表格的回归分析结果如下:

常数	509.911 894 273 125 00
Y估计值的标准差	32.196 567 250 737 80
判定系数	0.969 285 364 659 81
观测值个数	6
自由度	4
X的系数	29.405 286 343 612 50

Y的系数的标准差　　2.617 232 299 188 58

$Y = 509.91 + 29.41 \times 14 = 921.65$（美元）

3. 本题的判断系数 R^2 为96.9%，表明总运输成本的96.9%能够由自变量（包裹运送数量）解释。

问题讨论

1. 为什么成本性态在管理决策中很重要？请举例说明。

2. 什么是动因？举例说明成本与相应的业务量或动因之间的关系。

3. 假设公司的运输成本为每月3 560美元加上每运送一个包裹6.70美元，写出月度的运输成本公式，指出自变量、因变量、固定成本和变动比率。

4. 一些公司将混合成本直接归类为固定成本或变动成本，而没有采用常规的方法将其分解，请解释这种做法的合理性。

5. 解释约束性固定成本和酌量性固定成本的区别，并举例说明。

6. 解释在处理阶梯式成本时相关范围的重要性。

7. 解释在将成本分为固定的和变动的时，为什么混合成本会面临问题。

8. 解释成本公式中完全固定成本的含义，如每年15 000美元的折旧。

9. 解释成本公式中完全变动成本的含义，如每机器工时的电力成本为1.15美元。

10. 解释散点图法及其应用。为什么画散点图是分解混合成本的第一步。

11. 说明散点图法如何分解混合成本，描述高低点法的使用方法，讨论这两种方法之间的区别。

12. 说明散点图法相对于高低点法有什么优点，以及高低点法相对于散点图法有什么优点。

13. 解释最小二乘回归法。为什么它比高低点法和散点图法更好？

14. 什么是最佳拟合直线？

15. 解释判定系数的含义。

多项选择题

3-1 引起成本或作业量变动的因素是（　　）。
A. 斜率　　　　B. 截距
C. 动因　　　　D. 变量
E. 成本对象

3-2 以下哪个可能是汽水瓶装厂的变动成本？（　　）
A. 直接人工　　B. 汽水瓶
C. 苏打水　　　D. 装瓶机器耗费的电力
E. 以上所有

3-3 以下哪项可能是汽车保险公司的固定成本？（　　）
A. 投保表格
B. 客服人员的工资
C. 调解人评估事故所用的时间
D. 全部都是

E. 全都不是

参照以下资料回答多项选择题3-4至3-7：
医院的月度成本公式如下：
总成本 = 128 000 000美元 + 12 000美元×病人住院日数

3-4 在此成本公式中，128 000 000美元为（　　）。
A. 总变动成本　　B. 因变量
C. 变动比率　　　D. 总固定成本
E. 无法确定

3-5 在此成本公式中，12 000美元为（　　）。
A. 变动比率　　B. 因变量
C. 自变量　　　D. 截距
E. 无法确定

3-6 在此成本公式中,病人住院日数为(　　)。
A. 变动比率　　B. 截距
C. 因变量　　　D. 自变量
E. 无法确定

3-7 在此成本公式中,总成本是指(　　)。
A. 变动比率　　B. 截距
C. 因变量　　　D. 自变量
E. 无法确定

3-8 工厂的月度采购成本公式为:
总采购成本 = 235 000 美元 + 75 美元 × 采购订单数量

预计下个月会有8 000个采购订单,采购部门下个月的总采购预算为(　　)。
A. 8 000 美元　　B. 235 000 美元
C. 600 000 美元　D. 835 000 美元
E. 无法确定

3-9 高低点法的优点是(　　)。
A. 主观性　　　B. 客观性
C. 最精确　　　D. 排除异常值
E. 描述非线性数据

参照以下资料回答多项选择题3-10和3-11:
工厂收集的6个月维修成本和机器工时信息如下:

月份	维修成本(美元)	机器工时
1月	16 900	5 600
2月	13 900	4 500
3月	10 900	3 800
4月	11 450	3 700
5月	13 050	4 215
6月	16 990	3 980

3-10 自变量和因变量为(　　)。

	因变量	自变量
A.	维修成本	机器工时
B.	机器工时	维修成本
C.	维修成本	月份
D.	机器工时	月份
E.	月份	维修成本

3-11 正确的高点和低点月份为(　　)。

	高点	低点
A.	1月	4月
B.	1月	3月
C.	6月	3月
D.	6月	4月

3-12 散点图法的优点是(　　)。
A. 客观性　　　B. 比高低点法使用简单
C. 最精确　　　D. 排除异常值
E. 描述非线性数据

3-13 无论工厂的监管者工作多长时间或者产量如何,每月的监管成本都是4 500美元,这个成本是(　　)。
A. 完全变动成本　B. 完全固定成本
C. 混合成本　　　D. 阶梯式成本
E. 无法确定

3-14 在最小二乘回归法中,表示自变量对因变量的解释程度的系数是(　　)。
A. 截距项　　　B. X系数
C. 相关系数　　D. 判定系数
E. 全都不是

基础练习题

3-15 建立和使用成本公式(LO3)

Big Thumbs公司生产电脑的便携式闪存驱动器,其车间设备每月折旧为15 000美元,每个驱动器还需要材料和制造费用。公司每月平均生产5 000个闪存驱动器,消耗10 000盎司材料。每盎司材料成本为3.00美元。制造费用的成本动因是机器工时,生产5 000个闪存驱动器大约产生22 500美元的变动性制造费用。

要求:

1. 写出Big Thumbs公司生产闪存驱动器的月度成本公式。

2. 如果预计公司下个月会生产6 000个闪存驱动器,计算预计的固定成本(假设6 000个闪存驱动器处于公司当前的相关范围内)、总变动成本和总生产成本。

参照以下资料回答基础练习题 3-16 至 3-19：

Vesuvo 披萨店生产风味披萨，过去 8 个月的数据如下：

月份	人工成本（美元）	人工工时
1月	7 000	360
2月	8 140	550
3月	9 899	630
4月	9 787	610
5月	8 490	480
6月	7 450	350
7月	9 490	570
8月	7 531	310

3-16　使用高低点法计算固定成本、变动比率和创建成本公式（LO3）

根据上述 Vesuvo 披萨店的数据，其会计主管想计算与餐厅人工相关的固定成本和变动成本。

要求：

使用高低点法计算固定人工成本和每员工工时的变动比率，并建立总人工成本公式。

3-17　使用高低点法计算在预算业务量下的总变动成本和总成本（LO3）

根据上述 Vesuvo 披萨店的数据，假设月度人工成本的公式为：

总人工成本 = 5 237 美元 + 7.40 美元 × 人工小时

要求：

假设 9 月的人工工时为 675 小时，利用成本公式计算 9 月的总变动人工成本和总人工成本。

3-18　使用高低点法计算未来不同期间的总变动成本和总成本（LO3）

根据上述 Vesuvo 披萨店的数据，假设月度人工成本的公式为：

总人工成本 = 5 237 美元 + 7.40 美元 × 人工工时

要求：

假设下一年度预算的人工工时为 4 000 小时，利用成本公式计算下一年度的总变动人工成本、总固定人工成本和总人工成本。

3-19　使用最小二乘回归法计算固定成本、变动比率，创建成本公式，确定预算成本（LO3）

根据上述 Vesuvo 披萨店的数据，其回归公式中的系数为：

截距	4 517
X 变量	8.20

要求：

使用回归结果完成下列计算：

1. 计算固定人工成本和单位人工工时的变动比率。
2. 建立总人工成本的成本公式。
3. 假设下个月预算的人工工时为 675 小时，计算下个月的人工成本。

练习题

3-20　变动成本和固定成本（LO1）

以下是一家生产床垫的企业使用的各种资源。假设其业务量或成本动因是床垫产量，所有的直接人工都是按小时支付的，而且人工工时很容易由管理者改变。所有其他工厂员工都以工资支付。

A. 运行钻机所需的电力（在放置床垫的木框上打洞）；

B. 覆盖床垫的布料；

C. 工厂接待员的工资；

D. 每年 7 月 4 号为员工聚会提供的食物和装饰成本；

E. 工厂搬运材料的叉车消耗的燃油；

F. 厂房的折旧；

G. 搬运半成品的叉车的折旧；

H. 组装床垫框架的员工工资；

I. 维护工厂设备的员工工资；

J. 擦拭木框上的过量染料的抹布。

要求：

将上述成本分为固定成本和变动成本。

3-21　成本性态、分类（LO1）

Smith 混凝土公司拥有足够的预拌混凝土车，每年的运送量达到 100 000 立方码混凝土（考虑到每辆车的承载能力、运送天气和运送距离等）。

车辆每年的总折旧为200 000美元,原材料(水泥、碎石等)成本为每立方码25美元。

要求:

1. 画出车辆折旧图,纵坐标为成本,横坐标为混凝土的立方码数。

2. 画出原材料成本图,纵坐标为成本,横坐标为混凝土的立方码数。

3. 假设公司每年正常的经营范围为90 000—96 000立方码,请将车辆折旧和原材料划分为固定成本或变动成本。

4. 简述Smith的管理者应该采取怎样的措施降低每年的车辆折旧成本。

5. 简述Smith的管理者应该采取怎样的措施降低每年的原材料成本。

3-22 在服务组织中划分成本性态(LO1)

Alva社区医院有5个化验员做标准血液检测,每个化验员的工资为30 000美元,最近添置的实验设备价值300 000美元,预计将运行至少20年;检测设备的成本为10 000美元,寿命为5年。此外,每做200 000次血液检测,Alva预计要花费200 000美元的药物、表格、电力等成本。

要求:

假设每种成本的动因(业务量)是血液检测次数,完成下面的表格,将成本分类。

成本类别	变动成本	酌量性固定成本	约束性固定成本
化验员工资			
实验设备			
检测设备			
药物及其他供应			

参照以下资料完成练习题3-23和3-24:

Alisha股份公司生产心脏搭桥手术中的医疗支架。基于过去的经验,Alisha公司发现总维护成本可以表述为:维护成本=1 750 000美元+125x美元,x=心脏支架数量。去年,Alisha生产了50 000个支架,实际的维护成本如预期。(注意:结果保留两位小数。)

3-23 成本性态(LO1)

参照Alisha公司的上述资料。

要求:

1. Alisha公司去年的总维护成本是多少?

2. Alisha公司去年的总固定维护成本是多少?

3. Alisha公司去年的总变动维护成本是多少?

4. 单位维护成本是多少?

5. 单位固定维护成本是多少?

6. 单位变动维护成本是多少?

7. 简述Alisha公司应采取什么措施来提高成本公式质量,从而更好地了解过去的维护成本并预测未来的维护成本。

3-24 成本性态(LO1)

参照Alisha公司的上述资料,假设Alisha公司去年生产了25 000个(而不是50 000个)医疗支架。(注意:结果保留两位小数。)

要求:

1. Alisha公司去年的总维护成本是多少?

2. Alisha公司去年的总固定维护成本是多少?

3. Alisha公司去年的总变动维护成本是多少?

4. 单位维护成本是多少?

5. 单位固定维护成本是多少?

6. 单位变动维护成本是多少?

7. 本题假设的的产量(25 000)只有练习题3-23(50 000)的一半,但是单位维护成本(要求4)却比练习题3-23的要大,请解释原因。Alisha公司应该依据单位维护成本做决策吗?

3-25 阶梯式成本、相关范围(LO2)

Bellati公司生产大型工业机械,其加工部门有一组机械师,每个人每年可以加工500件产品。公司负责机器规格计划和监督加工的监管人员每人最多监督3个机械师。Bellati公司的会计和生产历史数据显示产量、监管成本和材料加工成本(直接人工)的关系如下:

产量	直接人工(美元)	监管成本(美元)
0—500	36 000	40 000
501—1 000	72 000	40 000
1 001—1 500	108 000	40 000
1 501—2 000	144 000	80 000
2 001—2 500	180 000	80 000
2 501—3 000	216 000	80 000

| 3 001—3 500 | 252 000 | 120 000 |
| 3 501—4 000 | 288 000 | 120 000 |

要求：

1. 画图描绘直接人工成本与产量之间的关系（纵轴是成本，横轴是产量）。你会将这个成本划分为完全变动成本、固定成本还是阶梯式成本？

2. 画图描绘监管成本与产量之间的关系（纵轴是成本，横轴是产量）。你会将这个成本划分为完全变动成本、固定成本还是阶梯式成本？

3. 假设正常的产量范围是 1 400—1 500 件，并有足够的机械师进行生产，如果下一年度产量增加 500 件，那么直接人工成本会增加多少？监管成本会增加多少？

3-26 成本性态类型与成本性态图结合（LO1、LO2）

为 1—6 描述的成本性态选择 A—K 适合的图形，每个图的纵轴都代表成本，横轴都代表业务量。每个图形可以被多次使用。

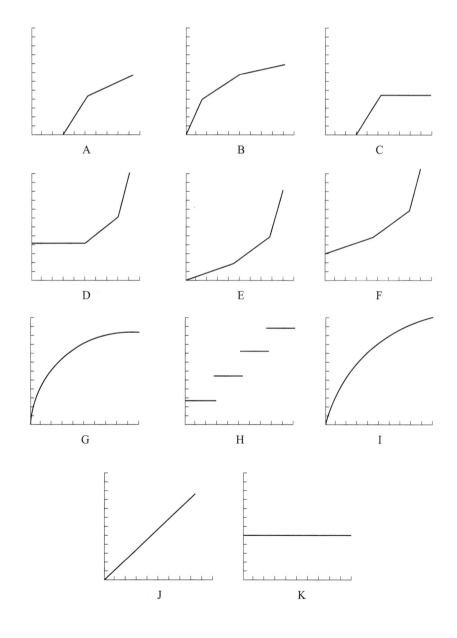

1. 大型生产机械设备按直线法计提的折旧成本。（　　）

2. 在工厂内叉车的运行成本，叉车按每次100件成批搬运在产品。（　　）

3. 直接材料使用的前2 000磅是当地政府免费捐助的，此后当材料使用量达到2 500磅之后，单位直接材料成本递减。（　　）

4. 完工产品存货的质检成本，对质检员按检查产品的件数付酬。（　　）

5. 当期所有产品的运送成本，单位运送成本保持不变，当运送量达到一定水平后，单位运送成本递减。（　　）

6. 电动汽车生产厂生产汽车电池，在部分生产环节会产生有毒的化学物质，这些物质排放到环境中需要按环保部规定缴纳排污费。排污费按电池生产数量计征，每增加5个电池，单位排污费递增。（　　）

3-27　解释成本性态图（LO1、LO2）

回顾基础练习题3-26中的图形。

要求：

练习题3-26中的图A—J，归类为：①完全变动成本；②完全固定成本；③混合成本。

> 参照以下资料完成练习题3-28和3-29：
>
> Ben Palman 拥有一个艺术画廊，接受画家的销售委托，每幅作品卖价的20%作为他的佣金。由于空间有限，他需要认真挑选画家。当他接受委托后，通常会举办一个开幕展（通常在周末晚上持续3个小时），并且向他的客户发出邀请。在开幕展上，为了给顾客营造出舒适的氛围供其欣赏和讨论画作，他会提供酒、软饮料和开胃菜等。每场开幕展的平均成本为500美元。一年共开了20场开幕展，画廊的总经营成本包括租金、家具和固定装置、公用设施和兼职助理工资等，每年80 000美元。

3-28　混合成本（LO2）

参照 Ben Palman 的艺术画廊的资料回答下列问题。

要求：

1. 画图描绘开幕展成本与举办次数之间的关系（纵轴表示开幕展成本，横轴表示举办次数）。该成本是完全变动成本、固定成本还是混合成本？

2. 画图描绘画廊运营成本与开幕展举办次数之间的关系（纵轴表示运营成本，横轴表示举办次数）。该成本是完全变动成本、固定成本还是混合成本？

3. 画图描绘Ben的总成本（开幕展成本与画廊运营成本之和）与开幕展举办次数之间的关系（纵轴表示总成本，横轴表示举办次数）。该成本是完全变动成本、固定成本还是混合成本？

3-29　混合成本与成本公式（LO3）

参照 Ben Palman 的艺术画廊的资料回答下列问题。

要求：

1. 假设开幕展举办次数是成本动因，写出画廊年度成本的成本公式。

2. 运用要求1得出的成本公式，假如Ben一年内举办了12次开幕展，计算总成本为多少？如果举办次数为14次，总成本是多少？

> 参照以下资料回答练习题3-30至3-32：
>
> Luisa Crimini 在大学城经营一家美容店已经10年了，最近，她租下隔壁店面开了一个日光浴沙龙。她原本预计日光浴服务成本主要是固定成本，但却发现日光浴沙龙的成本随预约次数增加而增加。过去8个月的成本数据如下：
>
> | 月份 | 日光浴预约次数 | 总成本（美元） |
> | --- | --- | --- |
> | 1月 | 1 600 | 1 754 |
> | 2月 | 2 000 | 2 140 |
> | 3月 | 3 500 | 2 790 |
> | 4月 | 2 500 | 2 400 |
> | 5月 | 1 500 | 1 790 |
> | 6月 | 2 300 | 2 275 |
> | 7月 | 2 150 | 2 200 |
> | 8月 | 3 000 | 2 640 |

3-30　高低点法（LO3）

参照 Luisa Crimini 的上述资料回答下列问题。

要求：

1. 哪个月代表高点，哪个月代表低点？

2. 使用高低点法计算日光浴成本的变动比率和每月固定成本。

3. 基于要求2的答案写出日光浴服务的成本公式。

4. 假设 9 月有 2 500 个日光浴服务预约，则该月的总成本是多少？其中有多少是固定成本，多少是变动成本？

5. 识别并简述 Luisa 在使用高低点法估计日光浴服务成本时还需要考虑什么问题。

3－31 散点图法（LO3）

参照 Luisa Crimini 的上述资料回答下列问题。

要求：

画出基于 Luisa 经营数据的散点图，将日光浴服务成本作为纵轴，日光浴预约次数作为横轴。在散点图上是否存在一条描绘日光浴服务成本与预约次数之间关系的直线？

3－32 最小二乘回归法（LO3）

参照 Luisa Crimini 的上述资料回答下列问题。

要求：

1. 使用 Excel 对数据进行回归分析，基于回归结果写出日光浴服务的成本公式。（注意：固定成本保留至美元，变动比率保留至美分。）

2. 基于要求 1 得出的结果，计算当 9 月的预约次数为 2 500 次时的日光浴服务总成本。

参照以下资料回答练习题 3－33 和 3－34：

过去一年的 7 月和 4 月里 Fly High 航空公司有三项资源消耗，分别为飞机折旧、燃油和飞机维护，动因是飞机飞行时间。三种资源成本和飞行时间的数据如下：

资源消耗	飞行时间 （小时）	总成本 （美元）
飞机折旧：		
高点	44 000	18 000 000
低点	28 000	18 000 000
燃油：		
高点	44 000	445 896 000
低点	28 000	283 752 000
飞机维护：		
高点	44 000	15 792 000
低点	28 000	11 504 000

3－33 高低点法与成本公式（LO3）

参照 Fly High 航空公司的上述资料回答下列问题。

要求：

使用高低点法回答下列问题：

1. 飞机折旧的变动比率是多少？固定成本是多少？
2. 飞机折旧的成本公式是什么？
3. 燃油的变动比率是多少？固定成本是多少？
4. 燃油的成本公式是什么？
5. 飞机维护的变动比率是多少？固定成本是多少？
6. 飞机维护的成本公式是什么？
7. 假设一个月有 36 000 小时的飞行时间，预计每种资源消耗的成本。

3－34 将成本公式从月度变为年度（LO3）

参照 Fly High 航空公司的上述资料回答下列问题。

要求：

1. 写出飞机折旧、燃油和飞机维护的年度成本公式。

2. 假设一年有 480 000 个小时的飞行时间，预计每种资源消耗的成本。

3－35 最小二乘回归法与成本公式的建立和使用（LO3）

电子游戏生产商用最小二乘回归法计算检查外购零件的成本。对 96 个月度数据点的回归分析结果如下：

截距	147 400
斜率	210

成本动因是检查零件的数量。

要求：

1. 请写出成本公式。

2. 基于要求 1 的答案，每月自变量、因变量、变动比率和固定成本分别是多少？

3. 假设一个月有 6 800 件外购零件被检查，计算总成本。

3－36 最小二乘回归法与计算期间的转换（LO3）

参照练习题 3－35 的资料回答下列问题。

要求：

1. 请写出年度的成本公式。

2. 假设一年有 13 200 件外购零件被检查，计算总成本。

3－37 成本公式与计算期间的转换（LO3）

Gordon 公司的会计主管 Eric Junior 根据月度

数据建立了制造费用的成本公式：

制造费用 = 150 000 美元 + 52 美元 × 直接人工工时

要求：

1. 用直线连接 A 列和 B 列的项目。

A 列	B 列
制造费用	固定成本（截距）
150 000 美元	因变量
52 美元	自变量
直接人工工时	变动比率（斜率）

2. 假设下个月预算的直接人工工时为 8 000 小时，计算预算的制造费用。

3. 假设下一季度预算的直接人工工时为 23 000 小时，计算预算的制造费用。

4. 假设下一年预算的直接人工工时为 99 000 小时，计算预算的制造费用。

3-38 借助电子表格运用最小二乘回归法（LO4）

Beckham 公司的会计主管相信直接人工工时与制造费用相关，他收集了 1—8 月的成本数据如下：

月份	直接人工工时	制造费用（美元）
1 月	689	5 550
2 月	700	5 590
3 月	720	5 650
4 月	690	5 570
5 月	680	5 570
6 月	590	5 410
7 月	750	5 720
8 月	675	5 608

要求：

1. 使用 Excel 对上述数据进行回归分析，写出回归结果。

2. 利用要求 1 的结果，写出制造费用的成本公式。（注意：固定成本保留至美元，变动比率保留至美分。）

3. 回归结果中的 R^2 是多少？据此你认为直接人工工时能否很好地解释制造费用？

4. 假设 9 月的直接人工工时为 700 小时，利用要求 2 中的成本公式计算制造费用。

3-39 借助电子表格运用最小二乘回归法（LO4）

花店老板 Susan Lewis 想估计花的运送成本，她收集了去年运送次数与运送成本（包括货车的折旧、司机的工资和燃油）的月度数据如下：

月份	运送次数	运送成本（美元）
1 月	100	1 200
2 月	550	1 800
3 月	85	1 100
4 月	115	1 050
5 月	160	1 190
6 月	590	1 980
7 月	500	1 800
8 月	520	1 700
9 月	100	1 100
10 月	200	1 275
11 月	260	1 400
12 月	450	2 200

要求：

1. 使用 Excel 对上述数据进行回归分析，写出回归结果。

2. 利用要求 1 的结果，写出运送成本公式。（注：固定成本保留至美元，变动比率保留至美分。）

3. 回归结果中的 R^2 是多少？据此你认为运送次数能否很好地解释运送成本？

4. 假设一个月的运送次数为 300 次，计算运送成本。

问题

3-40 确认固定成本、变动成本、混合成本和阶梯式成本（LO1、LO2）

考虑以下各种独立的情形：

A. 电脑服务协议中，公司需要每月支付 150 美元，技术性服务每小时 15 美元；

B. 公司机动车辆的燃油成本；

C. 酒吧的啤酒成本；
D. 学院打印机和复印机的成本；
E. 牙医诊所的租金；
F. 律师事务所接待员的薪酬；
G. 快餐店收银员的工资；
H. 有三名牙医的诊所的护理员的薪酬，一名护理员每月清洁120次；
I. 电力成本，包括每月15美元的开单费和依据所用千瓦小时计算收取的费用。

要求：

1. 将每种情形下的成本划分为固定成本、变动成本、混合成本或阶梯式成本。（注：先考虑动因或业务量的计量，如果需要额外假设支持分类决策，请写下来。）例如，生产中的原材料——变动成本。

2. 改变每种情形的假设进而改变成本性态的划分，写出新假设下的新成本性态划分。例如，生产中的原材料，改变假设——材料很难获取，一年的材料采购必须提前签订合同，这样该成本就变成了固定成本。

3-41 识别高低点法、散点图法和最小二乘回归法的使用（LO3）

考虑以下各种独立的情形：

A. Shaniqua Boyer最近当上了St. Matthias总医院的会计主管，她想要了解医院不同部门的成本性态。她研究了放射科过去15年的总成本与放射次数的关系，发现两年前放射科更新了主要的检测设备并扩大了检测范围，因此她决定只用过去两年的成本数据。

B. Francis Hidalgo是一家制造企业会计部门的暑期实习生，老板安排他测定某一特殊订单的生产成本。他收集了过去60个月的变动和固定制造费用以及机器工时，并将它们输入电脑里。几个按键之后，他拥有了固定和变动制造费用的信息。

C. Ron Wickstead看着电脑打印出来的成本数据叹气，这些数字对他来说没有意义，于是他拿起笔决定制作一个图表让数据更加直观。

D. Lois March希望找到新产品的推广费用信息，但是只找到了过去3年销售部门总成本的月度数据，她能找出与之相符月份的新产品发行数量。现在距离员工会议只有15分钟了，她要向销售副总裁报告新产品发行的预期平均成本数据。她突发奇想，抓起纸笔和计算器开始工作。

要求：

确定以上各种情况下应使用哪一种成本分解方法：高低点法、散点图法或最小二乘回归法。

3-42 区分变动成本、酌量性固定成本和约束性固定成本（LO1）

要求：

将一家牛仔裤生产企业的下列成本划分为变动成本、酌量性固定成本或约束性固定成本：

A. 纽扣成本；
B. 完工牛仔裤库房的租赁成本，租赁合同为2年，每年5 000美元；
C. 暑期实习生工资；
D. 绿化和草地修剪成本，草地修剪合同按月签订；
E. 在全国性杂志上刊登针对青少年女孩的广告费用；
F. 缝纫机消耗的电力；
G. 缝纫机消耗的油和织补针；
H. 员工质量培训成本，每6个月举办一次，每次4个小时；
I. 公司7月4日举办野餐会时提供的食物和饮料；
J. 工厂冬天取暖消耗的天然气。

参照以下资料回答问题3-43和3-44：

Farnsworth公司收集了过去10个月的间接活动及其成本的数据，会计部门的Tracy Heppler告诉管理层，将制造费用进行分解能够有效预测和管理制造费用。接收原材料入库（卸货、盘点和检查）就是一项间接活动，其受接收订单数量的影响。过去10个月的数据如下：

月份	接收订单	接收成本（美元）
1	1 000	18 000
2	700	15 000
3	1 500	28 000
4	1 200	17 000
5	1 300	25 000
6	1 100	21 000
7	1 600	29 000
8	1 400	24 000
9	1 700	27 000
10	900	16 000

3-43 散点图法、高低点法,预测不同期间的成本(LO3)

参照 Farnsworth 公司的上述信息。

要求:

1. 画出过去10个月数据的散点图。图中是否显示出线性的成本关系?

2. 使用高低点法求出接收作业的成本公式,计算一个月接收1 450个订单时的接收成本。

3. 写出季度接收作业的成本公式,假设一个季度接收4 650个订单,计算接收成本;写出年度接收作业的成本公式,假设一年接收18 000个订单,计算接收成本。

3-44 散点图法、高低点法,预测不同期间的成本(LO3)

参照以上信息,假设 Tracy 使用最小二乘回归法得出以下结果:

截距	3 212
斜率	15.15

要求:

1. 根据最小二乘回归法得出的结果建立接收作业的成本公式。

2. 基于要求1得出的成本公式,计算一个月接收1 450个订单时的接收成本。(注意:结果保留至美元。)

3. 写出季度接收作业的成本公式,假设一个季度接收4 650个订单,计算接收成本;写出年度接收作业的成本公式,假设一年接收18 000个订单,计算接收成本。

3-45 成本性态、高低点法、定价策略(LO1、LO2、LO3)

Carlos Ruiz 是 Fonseca, Ruiz and Dunn 会计师事务所的合伙人之一,有感于公司取得的成功,他决定回馈公司所在的社区。他想向当地的小企业提供低廉的会计服务,并将价格定在服务成本水平上。由于业务部门是新的,没有经营经验,Carlos Ruiz 决定让业务部门试运行2个月,进而确定经营成本。试运行期间按每小时25美元收费(是事务所提供专业服务价格的一半)。该业务部门于1月1日开业,1月的服务时间为120个小时,2月为150个小时。成本数据如下:

项目	120小时	150小时
工资:		
高级会计师	2 500美元	2 500美元
办公室助理	1 200美元	1 200美元
网络和软件的订购	700美元	850美元
资深合伙人咨询	1 200美元	1 500美元
设备折旧	2 400美元	2 400美元
日常用品	905美元	1 100美元
管理费用	500美元	500美元
办公室租金	2 000美元	2 000美元
公用设施	332美元	365美元

要求:

1. 把服务时间当作成本动因,将上述成本分为固定成本、变动成本或混合成本。

2. 使用高低点法将混合成本分解为固定部分和变动部分。(注意:变动比率保留两位小数,固定部分保留至美元。)

3. 业务部门的高级助理 Luz Mondragon 预计每月服务时间为140个小时,如果业务部门要无盈利运行,则每小时服务应收费多少?其中多少是变动的?多少是固定的?(注意:结果保留两位小数。)

4. 假设业务部门平均每月提供170小时的服务,每小时需要收取多少钱才能覆盖全部成本?解释为何单位小时的收费与业务量成反比。(注意:结果保留两位小数。)

3-46 弹性和约束性资源,服务能力的使用(LO1、LO2、LO3)

Jana Morgan 想订购手机电话服务。她最关心手机使用安全,于是希望预备一部手机作为应急之需。她将选择限定在以下两者之间:

项目	方案1	方案2
每月费用	20美元	30美元
本地免费通话时间(分钟)	60	120
每分钟附加费:		
本地通话	0.40美元	0.30美元
长途通话	0.15美元	—
地区漫游	0.60美元	—
全国漫游	0.60美元	0.60美元

每个方案都包含25美元的激活费和120美元的一年内退订费。Jana 的哥哥给了她一部手机,两个方案在该手机上都可以使用。

要求：

1. 将上述手机服务收费划分为约束性资源或弹性资源。

2. 假设 Jana 平均每月的本地通话时间为 45 分钟，划分每个方案中她使用和未使用的通话时间，哪个方案的成本更优？请说明原因。

3. 假设 Jana 很喜欢用手机与朋友聊天，平均每月本地通话时间为 60 分钟，地区漫游 30 分钟，划分每个方案中她使用和未使用的通话时间，哪个方案成本更优？请说明原因。

4. 分析你的手机服务方案，并与其他方案进行比较。

3-47 变动成本和固定成本、成本公式、高低点法（LO1、LO3）

李明和 Tiffany Shaden 分别是一家大型纺织企业会计部门和人力资源部门的主管，他们刚开完一个会议，会议要求削减成本、提高效率。李明在同 Tiffany 及其同事沟通后，发现索赔处理活动中有很多成本，包括两个全职参与索赔处理的律师助理的工资，开具支票的会计师的工资，索赔文件、支票、信封和邮票费用，办公室设备折旧分配到索赔处理的部分。律师助理的一部分时间花在无争议索赔的常规流程中，但大部分时间消耗在准备文件和有争议的索赔中。会计师的工作时间受索赔处理次数的影响。

李明能够把索赔处理成本从相应的会计和人力资源部门中分离出来，他收集了过去 6 个月的索赔处理成本和索赔处理次数的数据，结果如下：

月份	索赔处理成本（美元）	索赔处理次数
2月	34 907	5 700
3月	31 260	4 900
4月	37 950	6 100
5月	38 250	6 500
6月	44 895	7 930
7月	44 055	7 514

要求：

1. 将索赔处理成本划分为变动成本和固定成本。

2. 什么是自变量？什么是因变量？

3. 使用高低点法计算每月固定成本和变动比率，并写出成本公式。

4. 假设外部一家公司竞标该公司的索赔处理业务，竞标价是每项索赔 4.60 美元。Tiffany 预计下一年度公司会有 75 600 项索赔业务发生，她是否应该将此业务外包出去？

3-48 成本分解（LO1、LO2）

8 年前，Kicker 面临工作场所事故频发引起成本急剧攀升的窘境，这些成本包括：

国家失业保险费	100 000 美元
每起工伤平均成本	1 500 美元
每年工伤发生数	15 美元
严重工伤数	4 美元
工作日损失	30 美元

随后公司建立了一个安全项目，包括：雇用一名安全主管，进行新员工培训，每天做 4 次拉伸运动，主管和监管者对该项目的持续追踪。一年之后，各项指标如下：

国家失业保险费	50 000 美元
每起工伤平均成本	50 美元
每年工伤发生数	10 美元
严重工伤数	0 美元
工作日损失数	0 美元
安全主管的初始工资	60 000 美元

要求：

1. 讨论安全项目的成本，它们相对于扬声器销售数量是变动的还是固定的？相对于其他因变量呢？

2. 安全项目的花费值得吗？请解释你的理由。

3-49 最小二乘回归法（LO4）

参照 Farnsworth 公司过去 10 个月关于接收订单数和接收成本的数据，现在假设 Tracy 多收集了两个月的数据：

月份	接收订单	接收成本（美元）
11	1 200	28 000
12	950	17 500

注：回答下列问题时，截距项保留至美元，变动比率保留至美分，R^2 保留两位小数。

要求：

1. 运用 Excel 做两次回归分析，第一次使用过去 10 个月的数据，第二次使用 12 个月的数据，写出回归结果（包括截距、斜率和 R^2），比较两个结果。

2. 使用12个月的数据画出散点图,观察是否有异常值。假设 Tracy 观察到工厂在11月遭受了一次暴雪袭击,需要对包括铲车等设备进行维修,这些费用没有被预测到,Tracy 应该怎样修正回归分析的结果呢?

3. 使用除11月数据外的数据进行回归分析,写出成本公式。假设一个月内接收订单1 450次,请计算接收成本,并将该结果与使用12个月数据得到的成本公式计算结果进行比较。

3-50 散点图法、高低点法、最小二乘回归法、判断法(LO3、LO4)

Wheeler 公司的管理者决定对主要的间接活动建立成本公式。公司使用高度自动化的生产设施,电力成本是一项重要的生产成本,成本分析师将其划分为混合成本,需要将电力成本分解。选定机器工时作为电力成本的作业动因,过去8个季度的数据如下:

季度	机器工时	电力成本(美元)
1	20 000	26 000
2	25 000	38 000
3	30 000	42 000
4	22 000	37 000
5	21 000	34 000
6	18 000	29 000
7	24 000	36 000
8	28 000	40 000

注:回答下列问题时,截距项保留至美元,变动比率保留至美分,R^2 保留两位小数。

要求:

1. 画出电力成本和机器工时的散点图,观察图中是否显示两者存在线性关系。

2. 使用高低点法求解成本公式。(注:结果保留三位小数。)

3. 使用最小二乘回归法求解成本公式,估计判定系数。

4. 将(20 000,26 000美元)这一点作为异常值剔除,再进行回归分析,比较这次回归结果与要求3的回归结果,哪一个更好?

3-51 分解固定成本和变动成本,服务环境(LO3、LO4)

生产车间主管 Louise McDermott 想确认车间内材料搬运的成本性态。她收集了包括搬运次数和总搬运成本的数据,具体如下:

搬运次数	总成本(美元)
100	3 000
200	4 650
300	3 400
400	8 500
500	10 000
600	12 600
700	13 600
800	14 560

要求:

1. 基于上述数据画出散点图,将成本作为纵轴,搬运次数作为横轴。散点图是否显示两者存在线性关系?

2. 使用高低点法建立成本公式。假设一个月内搬运550次,计算预计的搬运成本。(注:变动比率保留三位小数,固定成本和总成本保留至美元。)

3. 使用最小二乘回归法建立成本公式。(注:变动比率保留两位小数,固定成本和总成本保留至美元。)假设一个月内搬运550次,计算预计的搬运成本。回归结果中判定系数的含义是什么?

4. 使用最小二乘法系数评价成本公式,能否有进一步的提高?试着剔除(300,3 400美元)这一点,重新做回归。

案例

3-52 成本公式,单个和多个成本动因(LO1、LO2、LO3、LO4)

过去5年,Garner 公司采取按顾客需求生产的政策,导致产成品存货极少,产品生产大致等于销售数量。近期公司所在的行业陷入衰退,公司的生产一直处于实际产能之下,而且预计明年也会如此。管理者愿意接受价格仅能弥补变动成本的订单来避免裁员,同时还能盈利。因此,公司管理者采取新政策接受任何能够覆盖成本的特殊订单。

为了帮助实施这个政策，公司的会计主管提供了以下的成本资料：

直接材料 $= 94X, R^2 = 0.90$

直接人工 $= 16X, R^2 = 0.92$

制造费用 $= 350\,000 + 80X, R^2 = 0.56$

销售费用 $= 50\,000 + 7X, R^2 = 0.86$

其中，X 表示直接人工工时。

要求：

1. 计算总单位变动成本。假设 Garner 有机会接受单价为 12 美元、20 000 件的订单，每件产品消耗一小时直接人工工时，Garner 是否应该接受该订单（该订单不会影响 Garner 的常规订单）？

2. 解释成本公式中判定系数的重要性。判定系数对要求 1 的结果有影响吗？它们是否应该有影响？为什么？

3. 假设关于制造费用的多元回归公式为：$Y = 100\,000 + 85X_1 + 5\,000X_2 + 300X_3$，其中，$X_1$ 表示直接人工工时，X_2 表示调试次数，X_3 表示机器工时。判定系数为 0.89。假设一个 20 000 件产品的订单需要 12 次调试和 600 个机器工时。在新信息下，公司是否应该接受要求 1 中的订单？你还需要什么成本性态的信息？请加以解释。

3-53 可疑的信息收集、道德问题（LO1）

Bill Lewis 是 Thomas 电子事业部的主管，正在与他的会计主管 Brindon Peterson 和营销经理 Patty Fritz 开会，会议记录如下：

Bill：Brindon，你建立的变动成本计量模型对我们事业部是一个很大的帮助，提高了我们的中标率，最终收入将增加 25%。但是如果我们想实现今年的利润目标，还需要采取其他新的措施。对吗，Patty？

Patty：当然啦！虽然我们的中标率提高了，但相对于我们的主要竞争者 Kilborn 电子来说，我们还差得很多。如果我们知道他们的竞标策略，我们就能在竞争中击败他们了。

Brindon：了解他们的变动成本有用吗？

Patty：肯定有用。这样我就能知道他们的最低价了。利用这一信息，我们就能在效率相差不多的部分打败他们。这一信息还能帮助我们了解自身的成本劣势，进而提高我们的效率。

Brindon：好的，我有一个好消息。Kilborn 的会计主管助理 Carl Penobscot 想换份工作，我已经跟他谈过了，并认为他能顺利融入我们的团队。他还复制了部分 Kilborn 的会计记录和文件，而且已经给了我一部分 Kilborn 的竞标数据。如果我们提供给他满意的工作待遇，他会将余下的信息交给我们，并且愉快地加入我们团队的。这样我们就能轻易地获知 Kilborn 的竞标策略，并且打败他们了，而且我还能得到一个优秀的会计师。Bill，你能授权我以最优的条件立即雇用 Carl 吗？

Bill：我知道你需要更多的助手，Brindon，但是这样做对吗？听起来 Carl 是在偷公司的机密文件，我认为这牵扯到道德和法律问题，我们还是先跟我们的律师 Laurie 谈过之后再做决定吧。

要求：

1. Carl 的行为符合道德吗？Kilborn 公司会怎样认定这种行为？

2. Bill 认为雇用 Carl 牵扯到道德和法律问题，这是对的吗？（回忆第 1 章中有关公司行为规范的内容。）如果你是 Bill，你会怎样做？解释你的理由。

第4章
本量利分析：管理规划的工具

管理决策

美国 Boyne 度假村

美国 Boyne 度假村在 British Columbia、华盛顿、蒙大拿和密歇根等城市经营滑雪场。冬天滑雪场的收入占 Boyne 度假村总收入的比重很大。然而，冬天滑雪的客流量很大程度上取决于自然降雪量，每年的自然降雪量都显著不同。因此，Boyne 度假村借助本量利分析积极探索，开发了许多其他的项目，创造了更多的利润。高地滑雪缆车是度假村的一项重要收入来源，围绕滑雪缆车还可以开展什么项目来取得收入呢？这些项目会发生哪些变动成本和固定成本？利润的含义是什么？

Boyne 度假村设计了多种缆车乘降套餐，尽可能满足前来滑雪的顾客的需求。缆车套票在 Boyne 度假村的各个场地都是通用的，并且在一些区域还可以在夜间滑雪时使用。像许多滑雪度假村一样，Boyne 也瞄准了春夏秋三个季节的市场。例如，许多滑雪度假村开展山地自行车和爬山等项目，许多游客会购买称为"gondola"的封闭式电梯乘降票，将他们和携带的装备运送到山顶，然后开始向下骑行。像 Aspen 等其他的度假村，在山顶精心修建了儿童游乐场和蹦极等娱乐设施，为滑雪区创造了更多的夏季业务量，否则滑雪区在淡季时就可能被闲置。还有些度假村修建山顶餐厅和娱乐区，只有乘坐滑雪缆车或封闭式电梯才能到达这里，这样便可创造更多的收入和利润。利用本量利方程和贡献毛益公式，以及本量利关系图和业务量—利润图，Boyne 度假村花费大量精力对这些不同项目的收入、成本、业务量和利润等进行分析。经过严谨的本量利分析和合理的判断，Boyne 度假村努力制定最好的决策以维持它的盈利性和行业声誉。

# 4.1 保本点的销售量与销售额

本量利分析（cost-volume-profit analysis，**CVP**）用以估测成本（包括变动成本和固定成本）、销售量和价格的变动对公司利润产生的影响。本量利分析是公司进行经营预测和决策的有力工具。在实践中，本量利分析是管理会计使用范围最广的工具之一，借助它可以帮助管理者做出更好的决策。

企业通过本量利分析的方法来达到重要的标准，如保本点。**保本点**（**break-even point**）是指总收入与总成本相等的业务量（即零利润点）。公司成立之初，常常会处于亏损状态（经营利润为负），并且将它们的第一个收支平衡期视为重要的里程碑。例如，网络零售先锋亚马逊公司成立于1994年，但是直到2001年第四季度才实现收支平衡。此外，当遇到经济问题时，管理者也越来越倾向于使用本量利分析。例如，天狼星卫星广播公司（SiriusXM Radio）以五年5亿美元的佣金签约杂谈节目主持人Howard Stern，使其加入这家年轻的公司，曾使得公司的股东感到非常沮丧。经一些分析家估测，由于Stern的巨额签约成本，天狼星公司需要实现240万的用户增长量才能达到收支平衡。由此可见，本量利分析是帮助管理者发现问题、分析问题和解决问题的重要方法。

本量利分析还可以解决其他一些问题，诸如：
- 必须达到保本点的销售量；
- 固定成本的降低对于保本点的影响；
- 单价的上升对于利润的影响。

此外，管理者还可以应用本量利分析的方法对企业经营进行敏感性分析，测试价格的变动或成本水平的变动对利润的影响。

本量利分析体现了收入、支出和利润三者在产量变化时的表现，因而应从销售量入手确定公司的保本点。

Kicker 管理实践

Kicker公司通过一定的判断，将成本分为固定成本和变动成本两类。因为公司大部分的生产是外包的，一套扬声器的成本以从制造商处购入的价格为基础构成，这项购入成本的性质是完全可变的。此外，变动成本还包括税费（税率范围为9%—30%，电子产品依据最高税率征收）和运费（所有产品都通过水路运输到俄克拉荷马州的Stillwater市进行分销）。Kicker公司在Stillwater市的生产设备可能还需要公司内部的劳动力，这一劳动力成本也由固定成本（公司正式员工）和变动成本（公司临时工）两部分组成。

在Stillwater市的正式员工，包括负责研发、不动产折旧、厂房及设备、公共设施等的人员，均为固定性质。

这些固定成本和变动成本将应用于每个月的本量利分析和管理者决策中。例如，通过每个月的本量利指标可以监测销售量变化对利润的影响以及固定成本和变动成本的变化。如果成本上升，管理层可以较早地发现问题并进行调整。

4.1.1 使用经营利润进行本量利分析

在本量利分析中,成本和费用这两个词语经常替换使用。这是因为本量利分析的概念基础是短期收支平衡的经济分析。为此,假设生产的所有产品都已售出。因此,所有的生产成本与期间费用最终都会作为费用在利润表中列示。在本章的后面,我们会对本量利分析的假设有进一步的了解。在第 2 章中我们已经学习过,经营利润等于总收入减去总成本:

经营利润 = 总收入 – 总成本

在利润表中,根据功能对费用进行分类,即分为生产(或服务)功能、销售功能和管理功能。然而,对于本量利分析而言,将成本分为固定成本和变动成本更合适,这是站在企业全局的角度进行分析。因此,这里的成本是指公司发生的全部成本——生产成本、销售费用和管理费用。所以,变动成本是指随产品销量增加而增加的成本,包括:①直接材料;②直接人工;③ 变动制造费用;④ 变动销售费用和变动管理费用。同样,固定成本包括:①固定制造费用;② 固定销售费用和固定管理费用。

在将成本分为固定成本和变动成本基础上编制的利润表,叫作**贡献式利润表**(contribution margin income statement)。图表 4–1 展示了贡献式利润表的格式框架。

图表 4–1 贡献式利润表 单位:美元

销售收入	XXX
变动成本总额	(XXX)
贡献毛益总额	XXX
固定成本总额	(XXX)
经营利润	XXX

贡献毛益(contribution margin)是指销售收入与变动成本总额之间的差额。它是扣除变动成本后的销售收入剩余,可以用于补偿固定成本和形成经营利润。贡献毛益可以用总量(如图表 4–1 所示)或单位量来计算。

单位贡献毛益 = 价格 – 单位变动成本

贡献毛益总额 = 销售收入 – 变动成本总额

下面我们以一家生产除草机的 Whittier 公司为例。演练 4.1 展示了变动成本与固定成本的计算方法以及如何编制贡献式利润表。

演练 4.1

编制贡献式利润表

知识梳理:

管理者可以借助贡献式利润表了解销售量的增长(或减少)对销售收入的影响。分离出固定成本将有助于管理者计算不同销售量下收益的变化。

资料：

Whittier 公司计划明年销售 1 000 台除草机，每台单价为 400 美元。生产成本包括：

每台除草机直接材料成本	180 美元
每台除草机直接人工成本	100 美元
每台除草机的变动制造费用	25 美元
固定制造费用总额	15 000 美元

变动销售费用为每台除草机 20 美元的销售佣金，固定销售费用与管理费用总计 30 000 美元。

要求：

1. 计算除草机的单位变动成本。
2. 计算这一年的固定成本总额。
3. 计算单位贡献毛益。
4. 编制 Whittier 公司明年的贡献式利润表。

答案：

1. 单位变动成本 = 直接材料 + 直接人工 + 变动制造费用 + 变动销售费用
   = 180 + 100 + 25 + 20
   = 325（美元）
2. 固定成本总额 = 固定制造费用 + 固定销售费用和固定管理费用
   = 15 000 + 30 000 = 45 000（美元）
3. 单位贡献毛益 = 价格 – 单位变动成本 = 400 – 325 = 75（美元）
4.

Whittier 公司明年的贡献式利润表

单位：美元

项目	总额	单位金额
销售收入	400 000	400
变动成本总额	325 000	325
贡献毛益总额	75 000	75
固定成本总额	45 000	
经营利润	30 000	

需要注意，演练 4.1 中的贡献式利润表体现了 75 000 美元的贡献毛益总额。单位贡献毛益为 75 美元（400 – 325），也就是说，每台除草机贡献了 75 美元以弥补固定成本和形成经营利润。

Whittier 公司的贡献式利润表说明了什么？首先，Whittier 公司在销售量为 1 000 时是盈利的，因为经营利润为 30 000 美元。很明显，如果贡献毛益总额等于固定成本总额，那么 Whittier 公司刚实现收支平衡。下面我们了解如何计算保本点。

4.1.2 保本点销售量

如果将贡献式利润表改为一个等式,将会对解决本量利分析问题有很大的帮助。经营利润等式为:

$$经营利润 = 销售收入 - 变动成本总额 - 固定成本总额$$

注意,我们所做的只是将贡献毛益总额一行从图表4-1中去掉,因为它等同于销售收入减去变动成本总额。这一等式将是接下来所有本量利分析工作的基础。我们可以将其作为本量利分析的基本公式。

我们可以用价格与销售量的乘积代替销售收入,以单位变动成本与销售量的乘积代替变动成本总额,这样就可以对经营利润公式进行扩展,扩展等式如下:

$$经营利润 = 价格 \times 销售量 - 单位变动成本 \times 销售量 - 固定成本总额$$

在保本点,经营利润等于零。演练4.2展示了如何应用经营利润等式计算Whittier公司的保本点销售量。

演练 4.2

计算保本点销售量

知识梳理:

管理者可以通过保本点销售量精确了解需要多少销售量才能补偿全部成本。保本点以上的销售量会产生利润。

资料:

参照演练4.1中Whittier公司的资料。假设每台除草机的价格为400美元,单位变动成本325美元,固定成本总额为45 000美元。

要求:

1. 计算Whittier公司达到收支平衡所需的销售量。
2. 基于保本点编制贡献式利润表,以检验上面计算出的销售量。

答案:

1. 除草机保本点销售量 $= \dfrac{固定成本总额}{单位贡献毛益} = \dfrac{45\,000}{75} = 600(台)$

2. 以600台除草机的销售量为基础编制贡献式利润表。

销售收入(400美元×600台)	240 000 美元
变动成本总额(325美元×600)	195 000 美元
贡献毛益总额	45 000 美元
固定成本总额	45 000 美元
经营利润	0 美元

经检验,当利润为零时销售量确实为600台。

当 Whittier 公司达到收支平衡时,贡献毛益总额等于固定成本总额。图表 4-2 展示了这一重要关系。

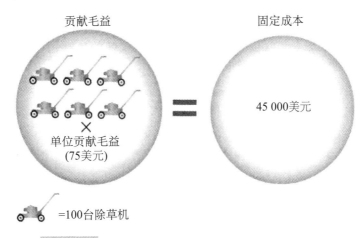

图表 4-2 Whittier 公司保本点的贡献毛益和固定成本

经营利润等式可以进行变形以体现保本点的销售量,公式如下:

$$\text{保本点销售量} = \frac{\text{固定成本总额}}{\text{单位贡献毛益}}$$

换言之,保本点销售量等于固定成本总额除以单位贡献毛益。所以,如果销售量能够使得贡献毛益恰好补偿固定成本,那么公司的经营利润将为零,即收支平衡。使用这个形式的经营利润等式能够比使用原始等式更加快速地解决收支平衡问题。

4.1.3 保本点销售额

有时,管理者在进行本量利分析时可能会更倾向于用销售收入作为销售活动的衡量标准,而不是销售量。可以用产品单价乘以销售量得到销售收入:

$$\text{销售收入} = \text{价格} \times \text{销售量}$$

例如,Whittier 公司的保本点销售量为 600 台。每台除草机的价格为 400 美元,那么保本点销售额为 240 000 美元(400×600)。

所有以销售量形式得出的答案都能很容易地转化为销售额的形式,但是建立一个独立的销售额公式能够更加直接地计算有关销售额的问题。这里,重要的变量是销售额,因而收入和变动成本都要以货币的形式表达而不是单位量。由于销售额总是以货币计量,衡量这一变量是没有问题的。下面我们进一步了解变动成本,它将如何以销售额的形式表现。

1. 变动成本率

为了计算保本点销售额,变动成本总额以其占销售收入百分比的形式体现,而不是以单位变动成本的形式体现。假设一家公司的产品单价为 10 美元,每件产品的变动成本为 6 美元,那么单位贡献毛益等于 4 美元:

$$价格 - 单位变动成本 = 10 - 6 = 4(美元)$$

如果销售量为 10 件,那么变动成本总额为 60 美元:

$$单位变动成本 \times 销售量 = 6 \times 10 = 60(美元)$$

每件产品能够取得 10 美元的销售收入,同时包含变动成本 6 美元,因而我们可以说每 1 美元的销售收入中需要 60% 对变动成本进行补偿。

$$\frac{单位变动成本}{价格} = \frac{6}{10} = 60\%$$

因此,如果取得了 100 美元的销售收入,那么变动成本总额应为 60 美元(0.60 × 100)。这里的 60% 即为变动成本率。

变动成本率(variable cost ratio)是指每 1 美元的销售收入中用于补偿变动成本的百分比。变动成本率可以用总额或单位额计算:

$$变动成本率 = \frac{变动成本总额}{销售收入}$$

或

$$变动成本率 = \frac{单位变动成本}{价格}$$

2. 贡献毛益率

销售额扣除对变动成本的补偿后,剩余的百分比为贡献毛益率。**贡献毛益率**(contribution margin ratio)是指销售额中用于补偿固定成本和形成利润的百分比。以 Whittier 公司为例,如果变动成本率为 60%,那么剩余的 40% 为贡献毛益率。变动成本率与贡献毛益率之和为 1,变动成本总额与贡献毛益总额之和等于销售收入。

$$贡献毛益率 = \frac{贡献毛益总额}{销售收入}$$

或

$$贡献毛益率 = \frac{单位贡献毛益}{价格}$$

因为变动成本率可以用总额或单位额计算,所以,这个例子中 40% 的贡献毛益率也可以有两种计算方法。一种计算方法是用贡献毛益总额除以销售收入:

$$\frac{贡献毛益总额}{销售收入} = \frac{40}{100} = 40\%$$

同样,也可以用单位贡献毛益除以产品价格进行计算:

$$\frac{单位贡献毛益}{价格} = \frac{4}{10} = 40\%$$

显然,如果变动成本率已知,可以用 1 减去变动成本率得到贡献毛益率:

$$1 - 变动成本率 = 贡献毛益率$$
$$1 - 0.60 = 0.40$$

演练 4.3 展示了贡献式利润表的扩展,加入了变动成本率和贡献毛益率。

演练 4.3

变动成本率与贡献毛益率的计算

知识梳理：

管理者可以通过变动成本率了解每一美元的销售收入中需要多大比例来补偿变动成本。贡献毛益率是销售收入扣除对变动成本的补偿后剩余的百分比，这一剩余比例用于对固定成本进行补偿和形成利润。

资料：

Whittier 公司计划明年销售 1 000 台除草机，每台除草机售价为 400 美元，单位变动成本为 325 美元，固定成本总额为 45 000 美元。

要求：

1. 计算变动成本率。
2. 使用单位额计算贡献毛益率。
3. 以明年的预算指标为基础，编制贡献式利润表，并在利润表最后一列列出销售收入、变动成本总额及贡献毛益总额三者占销售收入的百分比。

答案：

1. 变动成本率 = $\dfrac{\text{单位变动成本}}{\text{价格}}$ = $\dfrac{325}{400}$ = 0.8125 或 81.25%

2. 单位贡献毛益 = 价格 − 单位变动成本 = 400 − 325 = 75（美元）

   贡献毛益率 = $\dfrac{\text{单位贡献毛益}}{\text{价格}}$ = $\dfrac{75}{400}$ = 0.1875 或 18.75%

3. 根据预算指标编制贡献式利润表：

项目	金额（美元）	百分比（%）
销售收入（400×1 000）	400 000	100.00
变动成本总额（0.8125×400 000）	325 000	81.25
贡献毛益总额	75 000	18.75
固定成本总额	45 000	
经营利润	30 000	

注意，在演练 4.3 的要求 3 中，销售收入、变动成本总额和贡献毛益总额都以其占销售收入的百分比表示。变动成本率为 0.8125（325 000/400 000），贡献毛益率为 0.1875（可以用 1 − 0.8125 或 75 000/400 000 计算）。

固定成本和变动成本率与贡献毛益率有何关系？由于贡献毛益总额是销售收入扣除变动成本总额后的剩余部分，是用来补偿固定成本与产生利润的，所以，固定成本总额与贡献毛益总额的关系会对经营利润产生以下三种可能的影响：

- 当固定成本总额等于贡献毛益总额时，经营利润为零，企业实现收支平衡。

- 当固定成本总额小于贡献毛益总额时,经营利润大于零,企业实现盈利。
- 当固定成本总额大于贡献毛益总额时,经营利润小于零,企业产生亏损。

3. 保本点销售额的计算

下面我们来看保本点销售额的计算等式。保本点销售额的计算方法之一是用保本点销售量乘以产品价格。然而,大多数公司都会有很多品种产品,要找到每种在售产品的保本点较为困难。可以利用经营利润等式计算 Whittier 公司的保本点销售额,计算方法如下:

$$经营利润 = 销售收入 - 变动成本总额 - 固定成本总额$$
$$0\ 美元 = 保本点销售额 - 0.8125 \times 保本点销售量 - 45\ 000$$
$$0\ 美元 = 保本点销售额 \times (1 - 0.8125) - 45\ 000$$
$$保本点销售额 = \frac{45\ 000}{1 - 0.8125} = 240\ 000(美元)$$

所以,Whittier 公司保本点销售收入为 240 000 美元。

因为使用一个公式直接计算保本点销售额更快,所以给出直接计算保本点销售额的公式也很有帮助,即:

$$保本点销售额 = \frac{固定成本总额}{贡献毛益率}$$

演练 4.4 展示了 Whittier 公司保本点销售额的计算过程。

演练 4.4

保本点销售额的计算

知识梳理:

利用保本点销售额,管理者能以销售额指标为对象,分析公司经营状况与收支平衡间的差距。因为销售额能够在记录中即时得到,所以管理者不需要等到利润表编制完成,就可以分析企业的收支状况。

资料:

Whittier 公司计划明年销售 1 000 台除草机,每台除草机售价为 400 美元,单位变动成本为 325 美元,固定成本总额为 45 000 美元。

要求:

1. 计算贡献毛益率。
2. 利用保本点销售额等式,计算 Whittier 公司为达到收支平衡需要取得的销售收入。
3. 基于保本点销售额编制贡献式利润表,检验你的计算结果。

答案:

1. 单位贡献毛益 = 价格 - 单位变动成本 = 400 - 325 = 75(美元)

$$贡献毛益率 = \frac{单位贡献毛益}{价格} = \frac{75\ 美元}{400\ 美元} = 0.1875\ 或\ 18.75\%$$

[提示:贡献毛益率的计算结果为四位小数,不要近似约等,这样算出来的保本点销售额

的经营利润为零(如果将贡献毛益率的计算结果近似约等,则经营利润不等于零)。]

注意,变动成本率等于0.8125,或者1.0000与贡献毛益率之差。

2. 保本点销售额 = $\dfrac{\text{固定成本总额}}{\text{贡献毛益率}}$ = $\dfrac{45\,000}{0.1875}$ = 240 000(美元)

3. 当销售额为240 000美元时的贡献式利润表如下:

销售收入	240 000 美元
变动成本总额(0.8125 × 240 000)	195 000 美元
贡献毛益总额	45 000 美元
固定成本总额	45 000 美元
经营利润	0 美元

确实,当销售额为240 000美元时,经营利润等于零。

美国Boyne度假村滑雪部门的会计人员,在每个月预测其保本点及潜在经营利润时,会对固定成本和变动成本进行分析,贡献式利润表是他们进行此项工作的有力工具。他们会密切关注圣诞节与新年之间的这一周,因为这一周可能是他们迎来收入高峰的最佳时机。其他季节的成本管理与定价可能会根据这一黄金期的收入情况进行调整。

4.2 实现目标利润的销售量与销售额

虽然保本点是很有用的信息,也是经营时间相对较短的企业的重要标尺,但大多数企业所希望实现的是经营利润大于零。本量利分析提供了计算为实现目标利润需要完成的销售量和销售额的方法。首先,我们来看为保证目标经营利润需要实现的销售量。

4.2.1 目标利润销售量

在保本点,经营利润为零。对我们前面所讲的收支平衡等式做怎样的调整,才能用于计算目标利润销售量呢?需要做的是将目标利润金额加到固定成本项目上。下面我们用两种方式进行尝试——分别使用经营利润等式和收支平衡基本等式。

经营利润等式为:

经营利润 = 价格 × 销售量 − (单位变动成本 × 销售量 − 固定成本)

当经营利润大于零时,用目标利润代替经营利润。我们回顾一下前面的例子,Whittier公司每台除草机的售价为400美元,单位变动成本为325美元,固定成本总额为45 000美元。假设Whittier公司想要实现37 500美元的目标经营利润,那么为实现该目标需要达到的销售量计算如下:

37 500 美元 = 400 美元 × 销售量 − 325 美元 × 销售量 − 45 000 美元

目标利润销售量 = $\dfrac{37\,500 + 45\,000}{400 - 325}$ = 1 100(台)

那么 1 100 台的销售量能否真的实现 37 500 美元的经营利润呢？贡献式利润表能够对此进行检验。

销售收入(400×1 100)	440 000 美元
变动成本总额(325×1 100)	357 500 美元
贡献毛益总额	82 500 美元
固定成本总额	45 000 美元
经营利润	37 500 美元

经验证，1 100 台的销售量确实会实现经营利润 37 500 美元。

可以使用经营利润等式确定为实现目标利润所需达到的销售量。然而，对保本点等式进行调整，即将目标利润加入固定成本，则调整后的等式能够更快地计算出实现目标利润所需达到的销售量。对等式的调整如下：

$$目标利润销售量 = \frac{固定成本总额 + 目标利润}{单位贡献毛益}$$

这个等式可用于计算实现 37 500 美元的经营利润所需的销售量，为 1 100 台。演练 4.5 中以 Whittier 公司为例，展示了该等式的应用。

演练 4.5

目标利润销售量的计算

知识梳理：

目标利润销售量使企业管理者的关注点离开了保本点，从而转向特定的利润。

资料：

Whittier 公司每台除草机的售价为 400 美元，单位变动成本为 325 美元，固定成本总额为 45 000 美元。

要求：

1. 计算若 Whittier 公司要实现经营利润 37 500 美元，需要达到的销售量。
2. 以你所计算出的销售量为基础，编制贡献式利润表，对计算结果进行检验。

答案：

1. $目标利润销售量 = \dfrac{目标利润 + 固定成本总额}{单位贡献毛益} = \dfrac{37\,500 + 45\,000}{75} = 1\,100(台)$

2. 以 1 100 台销售量为基础的贡献式利润表如下：

销售收入(400×1 100)	440 000 美元
变动成本总额(325×1 100)	357 500 美元
贡献毛益总额	82 500 美元
固定成本总额	45 000 美元
经营利润	37 500 美元

经检验，1 100 台的销售量确实会实现经营利润 37 500 美元。

另一种检验目标利润销售量的方法是借助保本点。如演练 4.5 所示,为实现 37 500 美元的利润,Whittier 公司必须销售 1 100 台除草机,或在保本点销售量 600 台的基础上多销售 500 台。用 75 美元(单位贡献毛益)乘以超出保本点销售量的 500 台,便可得出经营利润为 37 500 美元(75×500)。这一结果显示,超出保本点销售量的那部分销售量,其单位贡献毛益等于单位经营利润。因为保本点已经确定,实现 37 500 美元目标利润的销售量可以用目标利润除以单位贡献毛益,再加上保本点销售量来计算:

$$目标利润销售量 = \frac{目标利润}{单位贡献毛益} + 保本点销售量$$

一般来讲,假设固定成本不变,销售量变动对经营利润的影响可以用单位贡献毛益乘以销售量变动量来估算。

$$经营利润变动额 = 单位贡献毛益 \times 销售量变动量$$

例如,如果除草机的销售量为 1 400 台而不是 1 100 台,那么经营利润会增加多少?销售量的增加量为 300 台,单位贡献毛益为 75 美元,因此经营利润增加额应为 22 500 美元 (75×300),加上原始的经营利润 37 500 美元,经营利润总额应为 60 000 美元。

4.2.2 目标利润销售额

考虑下面的问题:Whittier 公司为实现 37 500 美元的经营利润,需要取得多少销售额?这个问题和我们之前提出的销售量的问题相似,但这里需要直接计算出销售额。为了回答这个问题,我们将 37 500 美元的目标经营利润加到 45 000 美元的固定成本上,然后用两者之和除以贡献毛益率,等式如下:

$$目标利润销售额 = \frac{固定成本总额 + 目标利润}{贡献毛益率}$$

演练 4.6 展示了为实现 37 500 美元目标利润所需取得销售额的计算过程。

演练 4.6

目标利润销售额的计算

知识梳理:

当计算为实现目标经营利润而需要取得的销售额时,企业管理者不再只关注企业收支平衡的状态,而更加注重目标利润的实现。管理者发现,在任何时点用实际销售额判断公司经营状况与收支平衡间的距离更加方便有效。

资料:

Whittier 公司每台除草机的售价为 400 美元,单位变动成本为 325 美元,固定成本总额为 45 000 美元。

要求:

1. 计算贡献毛益率。
2. 计算 Whittier 公司为实现 37 500 美元的经营利润,需要取得的销售额。
3. 以计算出的销售额为基础,编制贡献式利润表,对计算结果进行检验。

答案：

1. 贡献毛益率 $= \dfrac{400 - 325}{400} = 0.1875$

2. 目标利润销售额 $= \dfrac{\text{目标利润} + \text{固定成本总额}}{\text{贡献毛益率}}$

   $= \dfrac{37\,500 + 45\,000}{0.1875} = 440\,000\,(\text{美元})$

3. 以440 000美元的销售额为基础，编制贡献式利润表：

销售收入	440 000 美元
变动成本总额(0.8125×440 000)	357 500 美元
贡献毛益总额	82 500 美元
固定成本总额	45 000 美元
经营利润	37 500 美元

经检验，当销售额为440 000美元时，经营利润确实为375 00美元。

Whittier公司为实现目标利润375 000美元，必须取得440 000美元的销售额。因为保本点销售额为240 000美元，所以必须取得额外的200 000美元(440 000 − 240 000)，才能实现目标利润。用贡献毛益率乘以超出保本点的销售额，可以得到利润为37 500美元(0.1875×200 000)。在保本点以上时，贡献毛益率即为销售利润率。因此，它代表了每1美元的销售收入对于利润的贡献。对于Whittier公司来说，当超出保本点后，每取得1美元的销售收入，将实现0.1875美元的利润。

一般来说，假设固定成本不变，可以通过贡献毛益率来确定销售额的变化对利润的影响。用贡献毛益率乘以超出保本点的销售额，便可以得到利润总额受销售额变动的影响：

利润变动额 = 贡献毛益率 × 销售额变动额

例如，如果销售额为400 000美元而不是440 000美元，那么预计利润会受到怎样的影响？销售额减少40 000美元，将会导致利润减少7 500美元(0.1875×40 000)。

4.3 本量利关系的图形表示

本量利的图形表示能够帮助管理者清晰地看出销售收入与变动成本间的差额，并且有利于管理者快速了解销售收入变动对保本点的影响。两个基本的关系图为利润—业务量关系图和本量利关系图。

4.3.1 利润—业务量关系图

利润—业务量关系图(**profit-volume graph**)直观地描绘了利润(经营利润)和销售

量之间的关系,它是经营利润等式的图表形式。

经营利润 = 价格 × 销售量 – 单位变动成本 × 销售量 – 固定成本总额

在这个关系图中,经营利润是因变量,销售量是自变量。通常,自变量的值用横坐标表示,因变量的值用纵坐标表示。

假设 Tyson 公司只生产一种产品,成本与价格的信息如下:

固定成本总额	100 美元
单位变动成本	5 美元
产品单价	10 美元

使用上述信息,经营利润可以表示为:

经营利润 = 10 美元 × 销售量 – 5 美元 × 销售量 – 100 美元 = 5 美元 × 销售量 – 100 美元

可以在图中用横坐标表示销售量,纵坐标表示经营利润(或损失)来体现这种关系。需要用两点确定一个线性方程。虽然这两点可以任意选取,但通常会是利润等于零和销售量等于零这两点。当销售量等于零时,Tyson 公司将会产生 100 美元的损失(或经营利润为 –100 美元)。销售量为零的点的坐标为(0,–100 美元)。当销售额为零时,公司产生的损失等于固定成本总额。当经营利润为零时,销售量为 20,因而所对应的点的坐标为(20,0 美元)。根据这两个点,可以确定利润—业务量关系图,如图表 4 – 3 所示。

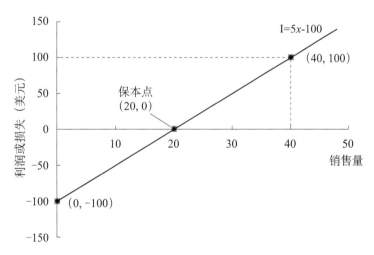

图表 4 – 3 利润—业务量关系图

图表 4 – 3 中的关系图可以用来估算 Tyson 公司在任一销售情况下的利润(或损失)。例如,销售量为 40 时的利润可以从关系图中按下面方法读出:①在销售量等于 40 处画一条垂直于横坐标的直线,与利润线交于一点;②过上述交点画一条垂直于纵坐标的直线。

如图表 4 – 3 所示,当销售量为 40 时,利润为 100 美元。业务量—利润关系图虽然易于理解,但是它不能揭示成本随业务量变化而变动的情况。另一种关系图可以体现出这一变动关系。

4.3.2 本量利关系图

本量利关系图(cost – volume – profit graph)通过绘制总收入线和总成本线描述了成本、业务量和利润(经营利润)之间的关系。为了进一步了解三者间的关系,需要绘制两条线——总收入线和总成本线。这两条线所代表的等式如下:

收入 = 价格 × 销售量

总成本 = 单位变动成本 × 销售量 + 固定成本

以 Tyson 公司为例,收入和成本等式如下:

收入 = 10 美元 × 销售量

总成本 = 5 美元 × 销售量 + 100 美元

将代表两个等式的直线绘制在同一个图中,纵轴表示以美元为单位,横轴表示销售量。

同样地,分别需要选取两个点来确定两条直线。对于收入等式,当销售量等于 0 时销售收入为 0 美元,当销售量为 20 时销售收入为 200 美元。因此,绘制收入等式的直线选取的两个点为(0,0 美元)和(20,200 美元)。对于成本等式,销售量等于 0 时成本为 100 美元,当销售量等于 20 时成本为 200 美元,因而选取(0,100 美元)和(20,200 美元)这两点。由此绘制出的两条直线如图表 4 – 4 所示。

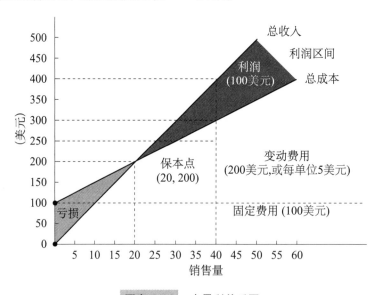

图表 4 – 4　本量利关系图

总收入线起于坐标原点,斜率等于单位价格(斜率为 10)。总成本曲线在纵轴上的截距等于固定成本总额,斜率等于单位变动成本(斜率为 5)。当总收入线位于总成本线下方时会产生亏损;当总收入线位于总成本线上方时会产生利润。总收入线与总成本线的交叉处即为保本点。例如,Tyson 公司为实现收支平衡,需实现 20 的销售量,因而会取得 200 美元的总收入。

下面我们对从本量利关系图和利润—业务量关系图中获得的信息进行比较。当销售量为 40 时，从利润—业务量关系图中可以得出利润为 100 美元，从本量利关系图中可以得出总成本和总收入分别为 300 美元和 400 美元。本量利关系图能够提供收入和成本信息，这是从利润—业务量关系图中不能得到的。本量利关系图与利润—业务量关系图的区别还在于，需要通过一定的计算才能得出特定销售量下的利润。然而，鉴于本量利关系图提供的信息量较大，它更有助于管理者进行分析和决策。

4.3.3 本量利分析假设

利润—业务量关系图和本量利关系图都是以一些重要假设为基础的。这些重要假设如下：
- 存在可辨别的线性收入函数和线性成本函数，并在相关范围内保持不变。
- 销售价格和成本都能够确定。
- 所有的产品都会售出，即没有产成品存货。
- 销售组合中各产品的保本点都能够确定（本意后面将进行讲解）。

1. 线性成本函数与线性收入函数

本量利分析假设成本和收入函数都为线性函数，即它们都是一条直线。但是，根据我们在第 3 章所讨论的成本习性，这些函数通常不是线性函数，可能是曲线函数或阶梯函数。不过我们不需要讨论企业所有的生产和销售范围。本量利分析是短期决策的工具。（我们知道本量利分析的定位为短期，因为一些成本是固定不变的。）我们只需确定当前线性成本函数和线性收入函数有效的的经营区间或相关区间。一旦相关区间确定，成本与价格的关系就能够确定并保持不变。

2. 确定已知的价格与成本

在实务中，企业很难确定产品的价格、变动成本和固定成本。一项变量的变动通常会对其他几项产生影响。一般来说，需要考虑概率分布。有一些特定的方法能够将不确定性植入 CVP 模型之中。这些问题将在讲述 CVP 模型的风险和不确定性的一节中做进一步的探讨。

3. 产量与销量相等

在本量利分析中，假设生产的所有产品都会售出，每期的存货不会发生变化，存货不会对保本点分析产生影响。保本点分析是一种短期的决策方法，所以我们需要将当期发生的所有成本考虑在内。存货所体现的是以前期间的成本，因而在本量利分析中不予考虑。

4. 恒定的销售组合

在单一产品分析中，显然销售组合是固定不变的，所有的销售收入均来自一种产品。对多种产品的组合进行保本点分析要求销售组合恒定。然而，准确地预测销售组合几乎是不可能的。在实务中，通常这种限制可以借助敏感性分析处理。使用电子数据表能够很快地对各种销售组合的变量进行敏感性分析。

4.4 本量利分析中各变量间的关系

理解本量利分析中价格、单位变动成本和固定成本总额这三个变量的关系是十分重要的。以 Lott 公司为例,其生产和销售涉及的成本如下:

单位销售价格	10.00 美元
单位变动成本	5.00 美元
固定成本总额	10 000 美元

单位贡献毛益 = 10 − 5 = 5(美元)
保本点销售量 = 10 000/(10 − 5) = 2 000(件)

如图表 4 − 5 中图 A 所示,总收入线的斜率为 10,总成本线的斜率为 5,两者的交点处为保本点,销售量为 2 000 件。保本点以上的销售量会带来利润,保本点以下的销售量会造成亏损。如果价格、单位变动成本和固定成本总额发生变化,将会出现怎样的影响?

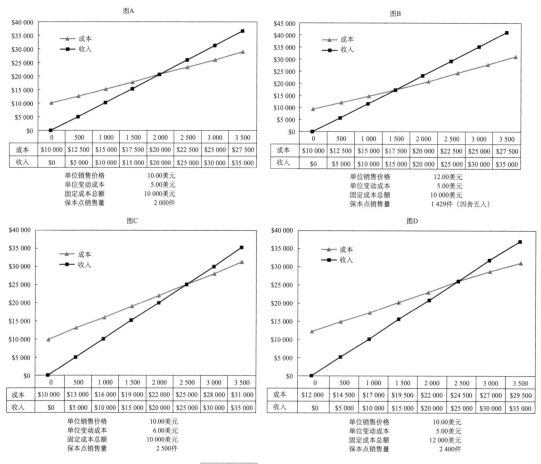

图表 4 − 5　本量利关系图

1. 价格变化对保本点的影响

在图 B 中,价格增长为 12 美元,单位变动成本和固定成本总额保持不变,则单位贡献毛益增长为 7 美元(12 - 5)。总收入线的斜率变为 12,较图 A 中原始的收入线更为陡峭,总成本线保持不变,总收入线与总成本线的交点向左移动,保本点销售量下降为 1 429 件(四舍五入)。

$$保本点销售量 = \frac{10\ 000}{12 - 5} \approx 1\ 429(件)$$

价格的增长会导致单位贡献毛益的增长,因而保本点销售量会降低。

2. 单位变动成本变化对保本点的影响

在图 C 中,单位变动成本增长为 6 美元,价格和固定成本总额保持不变,则单位贡献毛益下降为 4 美元(10 - 6)。总收入线与图 A 中相同,总成本线的斜率变为 6,总收入线与总成本线的交点向右移动,保本点销售量增加。

$$保本点销售量 = \frac{12\ 000}{10 - 5} = 2\ 400(件)$$

因此,单位变动成本的增长会导致单位贡献毛益的减少和保本点销售量的增长。

3. 固定成本总额变化对保本点的影响

最后,在图 D 中,固定成本总额增长为 12 000 美元,价格和单位变动成本保持不变。新的总成本线与纵轴交于 12 000 美元处,而不是最初的 10 000 美元。由于价格和单位变动成本都没有发生变化,单位贡献毛益仍为 5 美元,总收入线也与图 A 中相同。然而,总成本曲线向上移动了 2 000 美元,反映了固定成本的增长。保本点向右大幅度移动,保本点销售量变为 2 400 件。

$$保本点销售量 = \frac{12\ 000}{10 - 5} = 2\ 400(件)$$

因此,固定成本的增长会导致保本点销售量的增长。

当然,可以对 Lott 公司的这一组简单的数据进行各种调整,来揭示这些变化会对单位贡献毛益和保本点销售量产生怎样的影响。

4.5 多品种产品分析

对单一品种产品进行本量利分析相对简单。然而,大多数企业生产和销售的产品或服务通常种类繁多。尽管多品种产品的本量利分析较为复杂,但操作却是非常简单的。下面我们通过扩展 Whittier 公司的案例,了解如何将单一品种产品本量利分析的公式应用于多品种产品分析。

Whittier 公司决定生产两种除草机:手推式除草机的价格为 400 美元/台,乘驾式除草机的价格为 800 美元/台。市场部门预计明年将销售 1 200 台手推式除草机和 800 台乘驾式除草机。会计主管根据销售预测编制了如下利润表:

项目	手推式除草机(美元)	乘驾式除草机(美元)	总计(美元)
销售收入	480 000	640 000	1 120 000
变动成本总额	390 000	480 000	870 000
贡献毛益	90 000	160 000	250 000
直接固定成本	30 000	40 000	70 000
产品毛益	60 000	120 000	180 000
共同固定成本			26 250
经营利润			153 750

需要注意的是,会计主管把直接固定成本从共同固定成本中分离了出来。**直接固定成本**(direct fixed expense)是指可以直接追踪到特定对象,并且如果特定对象不存在则不会发生的成本。**共同固定成本**(common fixed expense)是指不能够追踪到特定对象,并且如果特定对象不存在则仍会发生的成本。

4.5.1 多品种的保本点销售量

Whittier 公司的所有者比较关心并且想要知道,如果新增加一条生产线,那么需要达到多少业务量才能实现保本?如果你负责解答这个问题,你会怎样回答呢?可行的方法是,利用前面我们所建立的等式,即用固定成本总额除以单位贡献毛益。但是,这个等式用于对单一品种产品进行分析。对于两种产品,存在两个单位变动成本和两个单位贡献毛益,计算如下:

项目	手推式除草机(美元)	乘驾式除草机(美元)
单位变动成本	$\dfrac{390\ 000}{1\ 200}=325$	$\dfrac{480\ 000}{800}=600$
单位贡献毛益	$400-325=75$	$800-600=200$

一种可能的解决方案是,分别对每条生产线进行分析。当收益等于产品毛益时,能够分别计算两种产品的保本点。手推式除草机的保本点销售量计算如下:

$$\text{手推式除草机保本点销售量}=\frac{\text{固定成本总额}}{\text{价格}-\text{单位变动成本}}=\frac{30\ 000}{75}=400(台)$$

乘驾式除草机的保本点销售量计算如下:

$$\text{乘驾式除草机保本点销售量}=\frac{\text{固定成本总额}}{\text{价格}-\text{单位变动成本}}=\frac{40\ 000}{200}=200(台)$$

因此,若想达到保本产品毛益,需要销售 400 台手推式除草机和 200 台乘驾式除草机。但是计算保本产品毛益只对直接固定成本进行了补偿,而公共固定成本部分还没有得到补偿。按照上述计算得出的销售量,将会导致亏损,亏损的金额等于共同固定成本。这一销售量水平并没有达到公司整体的保本点,因此进行分析时必须通过某种方法将共同固定成本考虑在内。

在计算保本点之前,可以将共同固定成本分配到每条生产线。然而,共同固定成本的分配是主观决定的。因此,有实际价值的保本点业务量不会简单地得到。

另一种可能的解决方案是,将多品种产品问题转化为单一品种的问题。如果这种方法可行,那么所有单一品种产品本量利分析的方法都可以直接应用。转化的关键在于确定预期的销售组合,即所营销产品的销量比。**销售组合**(sales mix)是指一家公司所出售产品的相关组合。

1. 销售组合的确定

销售组合可以通过销售量衡量。例如,Whittier 公司如果计划销售 1 200 台手推式除草机和 800 台乘驾式除草机,那么销售组合销量比即为 1 200∶800 。通常,会将销售组合化为最简形式。因此,1 200∶800 这一销售组合应简化为 12∶8 ,然后简化为 3∶2 。也就是说,Whittier 公司预测每出售 3 台手推式除草机,同时便会有 2 台乘驾式除草机售出。

可以用销售组合确定多品种产品组合的保本点销售量。例如,2∶1 的销售组合能够确定:如果出售 550 台手推式除草机和 275 台乘驾式除草机将实现收支平衡。这一销售组合的贡献毛益总额为 96 250 美元:

手推式除草机价格 × 保本点销售量 + 乘驾式除草机价格 × 保本点销售量
$$75 \times 550 + 200 \times 275$$

同样地,如果售出 350 台手推式除草机和 350 台乘驾式除草机(以 1∶1 的销售组合),贡献毛益总额也为 96 250 美元:

$$75 \times 350 + 200 \times 350$$

因为固定成本总额为 96 250 美元,以上两种销售组合都可以视为保本点。根据 Whittier 公司的市场调研,预期销售组合为 3∶2。这一比率应当用于产品组合的分析,其他的可以不予考虑。我们应该利用预期的销售组合进行本量利分析。

2. 销售组合与本量利分析

销售组合的确定,可以将多品种产品的本量利分析问题转化为单一产品的形式。Whittier 公司预期每售出 3 台手推式除草机的同时有 2 台乘驾式除草机售出,那么可以将 3 台手推式除草机和 2 台乘驾式除草机的组合视为公司销售的单一产品。通过把多种产品定义为一个组合,可以将多品种产品问题转化为单一品种产品问题。为了使用保本点销售量的方法,我们必须明确产品组合的销售价格及每个组合的单位变动成本。计算组合的这些数据,需要了解销售组合、各产品价格和各产品的单位变动成本。演练 4.7 展示了如何确定每种产品的整体保本点销售量。

演练 4.7

销售多品种产品的公司保本点销售量的计算

知识梳理:

许多公司都生产并销售多种产品。由此,它们需要了解每种产品的销售量为多少时,公司才能实现保本。

资料:

回顾 Whittier 公司销售的两种产品:单价为 400 美元的手推式除草机和单价为 800 美元的乘驾式除草机。手推式和乘驾式除草机的单位变动成本分别为 325 美元和 600 美元。固定成本总额为 96 250 美元。Whittier 公司预测销售组合为 3∶2(手推式除草机∶乘驾式除草机)。

要求：
1. 基于销售组合，确定两种除草机的组合，并计算该组合的贡献毛益。
2. 分别计算保本点处两种除草机的销售量。
3. 编制贡献式利润表，以检验你的计算结果。

答案：
1. 每个组合包含 3 台手推式除草机和 2 台乘驾式除草机：

除草机	价格（美元）	单位变动成本（美元）	单位贡献毛益（美元）	销售组合	组合贡献毛益（美元）
手推式	400	325	75	3	225
乘驾式	800	600	200	2	400
产品组合					625

组合中的 3 台手推式除草机取得了 225 美元（3×75）的贡献毛益。
组合中的 2 台乘驾式除草机取得了 400 美元（2×200）的贡献毛益。
因此，5 台除草机的组合（3 台手推式、2 台乘驾式）的贡献毛益为 625 美元。

2. 保本组合销售量 = $\dfrac{\text{固定成本总额}}{\text{组合的贡献边际}} = \dfrac{96\,250}{625} = 154$

手推式除草机保本点销售量 = 154 × 3 = 462
乘驾式除草机保本点销售量 = 154 × 2 = 308

3. 贡献式利润表（保本点处）：

项目	手推式除草机（美元）	乘驾式除草机（美元）	总计（美元）
销售收入	184 800	246 400	431 200
变动成本总额	150 150	184 800	334 950
贡献毛益总额	34 650	61 600	96 250
固定成本总额			96 250
经营利润			0

随着产品种类的增加，计算保本点销售量的复杂性也大大增加。如果为一家有几百种产品的公司进行保本点分析，可以借助电脑快速准确地处理如此大量的数据。很多公司通过计算产品组而非单种类产品的保本点销售量来简化这个问题。利用这一方法，只需要参照利润表中的总计数据即可完成多品种产品的本量利分析。

4.5.2 多品种保本点销售额

我们用同样的例子来说明保本点销售额，需要的信息为 Whittier 公司的计划利润表。

销售收入	1 120 000 美元
变动成本总额	870 000 美元
贡献毛益总额	250 000 美元
固定成本总额	96 250 美元
经营利润	153 750 美元

这个利润表等同于我们前面检验过的更加详细的利润表中的总计一列。上述计划利润表中假设有1 200台手推式除草机和800台乘驾式除草机售出(销售组合为3∶2),保本点销售额同样基于该假设。(因为按照保本点销售量的计算方法,不同的销售组合会得到不同的结果。)

利用这个利润表,本量利分析的一般问题就能够得以解决。例如,需要取得多少销售额才能实现收支平衡。演练4.8中展示了如何计算生产并销售多品种产品公司的保本点销售额。

演练 4.8

销售多品种产品的公司保本点销售额的计算

知识梳理:

销售多品种产品的公司也许不需知道每种产品的保本点销售量,但必须了解取得多少销售收入总额才能实现收支平衡。此外,使用这种方法时不要求得到每种产品的信息,仅需使用公司整体的贡献毛益率。

资料:

回顾Whittier公司销售两种除草机的例子,计划明年取得销售收入总额1 120 000美元,发生的变动成本总额为870 000美元,固定成本总额为96 250美元。

要求:

1. 计算Whittier公司的保本点销售额。
2. 编制贡献式利润表以检验你的计算结果。

答案:

1. 贡献毛益率 $= \dfrac{250\ 000}{1\ 120\ 000} = 0.2232$

保本点销售额 $= \dfrac{\text{固定成本总额}}{\text{贡献毛益率}} = \dfrac{96\ 250}{0.2232} = 431\ 228(\text{美元})$

[注:演练4.7和演练4.8中计算的保本点销售额稍有差距(431 200美元和432 228美元),是由于贡献毛益率仅精确到小数点后四位。]

2. 贡献式利润表(保本点处):

销售收入	431 228 美元
变动成本总额	334 978 美元
贡献毛益总额	96 250 美元
固定成本总额	96 250 美元
经营利润	0 美元

保本点销售额的计算使用了销售组合的假设,但避免了建立产品组合并计算其贡献毛益的过程,因而不需要各产品的信息,计算过程与单一品种的情况相似。不同于保本点销售量的计算,用销售额来进行本量利分析是通过总量进行衡量的。销售额的方法不需要每种产品销售情况的信息。

> **由你做主**
>
> **为一家新创办的公司找到保本点**
>
> 你是私人事务所的一名会计师。你的朋友 Linda 最近刚创办了一家小型贺卡公司。顾客能够在 Linda 所设计的贺卡上面写下自己的留言。Linda 使用厚卡纸裁剪出贺卡形状,并用小块布、花边和缎带等按季节主题装饰贺卡的封面(例如,情人节主题用心形装饰,圣诞节主题用松树装饰)。Linda 雇用一些朋友来帮助她制作贺卡,在 Linda 的指导下计件付酬。员工可以在家制作,这样就不需要工厂设备等。Linda 负责设计贺卡,并且到她的四个州的销售区域内将贺卡销售给代售点。开业的这几个月以来,Linda 的贺卡很畅销,但公司的经营仍处于亏损状态。
>
> **计算保本点销售量需要哪些信息?公司所有者如何借助这些信息进行决策?**
>
> 为了确定保本点销售量,需要知道贺卡的价格和变动成本。因为多品种产品的分析较为复杂,但贺卡的平均价格和平均变动成本是很容易确定的,再核算出固定成本总额,这样就能够告诉 Linda 需要销售多少张贺卡才能实现收支平衡。
>
> 假设保本点销售量为每月 250 张贺卡,则贺卡的平均单位贡献毛益为 0.80 美元。当 Linda 售出 250 张贺卡后便开始盈利,之后每售出一张贺卡能够为她带来 0.80 美元的利润。这对于 Linda 来说是非常重要的信息,她的公司终于由亏损转为了盈利,为家庭账户带来了资金流入。Linda 不仅制定了每个月的销售目标,还能及时知道公司的盈利状况。
>
> 小型公司的所有者发现本量利分析及相关概念是非常有用的。例如,他们可以通过贡献毛益了解到公司当前的经营状况。

4.6 本量利分析和风险与不确定性

公司所处的经营环境是动态的,因而必须时刻关注价格、变动成本和固定成本的变动情况,以及可能存在的风险及不确定性。价格、单位贡献毛益和固定成本的变化都会影响保本点的确定。管理者可以利用本量利分析的方法来解决风险和不确定性的问题。

例如,2006 年法国空中客车公司被报道其遭受了空前的年度亏损,导致亏损的原因是销售量的降低,以及在与波音 787 梦幻客机的竞争中因高额生产成本导致宽体客机二次设计的延误。为了应对这一损失,空中客车公司利用本量利分析估算一年降低 26 亿美元的变动成本与固定成本,以及降低 1 440 亿美元的客机售价会对本年利润产生怎样的影响。[①]航运巨头马士基公司在 2008 年金融危机前扩大了航运产能。然而,过低的运费导致马士基公司在 2009 年遭受了超过 20 亿美元的损失。经初步预测,由于经济环境

---

① "Planemaker Airbus to Report Its First Annual Loss", *USA Today*(January 18, 2007):3B.

回暖和业务需求量的上升,公司声称其将于2010年实现收支平衡。[1]

若销售组合确定,则可以使用单一品种产品本量利分析的方法。然而,当某一产品的价格发生变化,则销售组合也会受到影响,因为消费者可能会相应增加或减少产品的购买量。新的销售组合会使得为达到既定目标利润所需的各产品销售量发生变化。如果未来期间的销售组合不能确定,则有必要对多种组合进行分析。这样,管理者就能掌握公司可能面临的各种情况。

假设 Whittier 公司最近做了手推式除草机的市场调查,发现了三种可替代方案:

● 方案1:如果广告投入增加8 000美元,销售量将由1 600台增加至1 725台。

● 方案2:如果除草机的单价由400美元降至375美元,销售量将由1 600台增加至1 900台。

● 方案3:如果单价降至375美元,并且增加8 000美元的广告投入,则销量将由1 600台增加至2 600台。

Whittier 公司应该保持现有的产品价格和广告政策,还是选择上述市场调查得出的三种可替代方案之一?

在方案1中,增加8 000美元的广告投入会带来125台的销售量增长,如图表4-6所示。可以用75美元的单位贡献毛益对该方案进行分析。销售量增加125台,则贡献毛益总额会增加9 375美元(75×125)。然而,固定成本也同时增加了8 000美元,因此,利润只增加了1 375美元(9 375 - 8 000)。需要注意的是,我们只需了解贡献毛益总额与固定成本总额的增长额便可计算出利润的增长额。

图表4-6 方案1的影响

	增加广告投入前	增加广告投入后
销售量	1 600	1 725
单位贡献毛益	×75 美元	×75 美元
贡献毛益总额	120 000 美元	129 375 美元
减:固定成本	45 000 美元	53 000 美元
经营利润	75 000 美元	76 375 美元
		利润变动
销售量变化		125
单位贡献毛益		×75 美元
贡献毛益变化		9 375 美元
减:固定成本变化		8 000 美元
经营利润增加额		1 375 美元

方案2中,产品价格由400美元降至375美元,使得销售量由1 600台增长至1 900

---

[1] Peter T. Leach. ,"Maersk Line Close to Break Even, CEO Say", *The Journal of Commerce Online* (March 29, 2010). www.joc.com/maritime/maersk-line-close-break-even-says-ceo

台,如图表4-7所示。该方案中,固定成本未发生变化,因而只有贡献毛益总额的变化会对利润产生影响。当产品价格为400美元时,单位贡献毛益为75美元(400-325),贡献毛益总额为120 000美元(75×1 600)。若价格变为375美元,单位贡献毛益降至50美元(375-325)。如果降价后销售量为1 900台,则贡献毛益总额变为95 000美元(50×19 000)。降价导致利润降低了25 000美元(120 000-95 000)。

图表4-7　方案2的影响

	价格降低前	价格降低后
销售量	1 600	1 900
单位贡献毛益	×75 美元	×50 美元
贡献毛益总额	120 000 美元	95 000 美元
减:固定成本	45 000 美元	45 000 美元
经营利润	75 000 美元	50 000 美元
		利润变动
贡献毛益变化(95 000 - 120 000)		(25 000 美元)
减:固定成本变化		—
经营利润降低额		(25 000 美元)

方案3中,降低产品价格的同时增加了广告投入。在方案1的分析中,需要通过贡献毛益总额和固定成本总额的变化计算对利润产生的影响。利润变化的计算步骤如下:①计算贡献毛益总额的变化;②计算固定成本总额的变化;③将上述两个计算结果相加。

如图表4-8中所示,当前的贡献毛益总额(销售量为1 600时)为120 000美元。变化后的单位贡献毛益为50美元,因而变化后的贡献毛益总额为130 000美元(50×2 600)。因此,贡献毛益总额的增加额为10 000美元(130 000-120 000)。然而,为了实现这一贡献毛益总额的增长,需要增加广告投入8 000美元。最终,经营利润增长2 000美元。

图表4-8　方案3的影响

	价格降低与广告投入前	价格降低与广告投入后
销售量	1 600	2 600
单位贡献毛益	×75 美元	×50 美元
贡献毛益总额	120 000 美元	130 000 美元
减:固定成本	45 000 美元	53 000 美元
经营利润	75 000 美元	76 000 美元
		利润变动
贡献毛益变化(130 000 - 120 000)		10 000 美元
减:固定成本变化(53 000 - 45 000)		8 000 美元
经营利润增加额		2 000 美元

在通过市场调查得到的三种方案中,方案3预期带来的利润增加额最高,将会使经营利润增加2 000美元。方案1只会使经营利润增加1 375美元,而方案2则会使经营利润降低25 000美元。

4.6.1 风险与不确定性

本量利分析的重要假设之一是价格和成本不变。这样的假设在现实中几乎是不存在的。风险与不确定性是公司决策的组成部分,必须采用一定的方法来应对。一般而言,风险与不确定性的区别在于,风险条件下变量的概率分布是能够确定的,而不确定性条件下这些因素是不可知的。然而,在本量利分析时将风险与不确定性视为等同的。

管理者应如何应对风险与不确定性呢?主要方法如下:
- 首先,管理者必须意识到价格、成本和业务量的不确定性本质。
- 其次,管理者应将保本点的概念转化为收支平衡区间。换言之,基于数据的不确定性,公司可能在销售量为 1 800—2 000 台内实现收支平衡,而不是恰好在估算出的 1 900 台处。
- 最后,管理者应注重敏感性分析与假设分析。此时,管理者可以借助电子表格来建立收支平衡(或目标利润)关系,探究成本与价格的变动对销售量的影响。

在此引入两个有助于管理分析的概念——安全边际和经营杠杆。这两个指标可以视为对风险的衡量指标,两者都需要借助固定成本与变动成本信息。

1. 安全边际

安全边际(margin of safety) 是指超过保本点的销售量或销售额。计算公式如下:

$$安全边际 = 销售收入(销售量) - 保本点销售额(销售量)$$

例如,如果一家公司的保本点销售量为 200 件,当前的实际销售量为 500 件,则安全边际为 300 件:

$$销售量 - 保本点销售量 = 500 - 200$$

安全边际也可以用销售额表示。如果保本点销售额为 200 000 美元,当前实际销售额为 500 000 美元,则安全边际为 300 000 美元:

$$销售收入 - 保本点销售额 = 500\ 000 - 200\ 000$$

此外,安全边际还可以用占销售收入的百分比表示,管理者称之为安全边际率。在本例中,安全边际率为 60%:

$$\frac{安全边际}{销售收入} = \frac{300\ 000}{500\ 000}$$

图表 4-9 为我们描绘了安全边际。

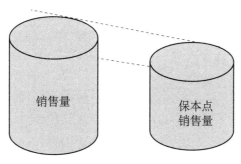

图表 4-9 安全边际示意

演练 4.9 展示了 Whitter 公司的安全边际。

演练 4.9

安全边际的计算

知识梳理：

管理者可以通过安全边际了解公司与收支平衡间的距离。安全边际越大，公司与收支平衡的距离越远，因而遭受亏损的风险也就越低。

资料：

回顾 Whittier 公司的案例，公司计划明年销售 1 000 台除草机，每台价格为 400 美元。单位变动成本为 325 美元，固定成本总额为 45 000 美元。前面我们已计算出，保本点销售量为 600。

要求：

1. 计算 Whittier 公司的安全边际销售量。
2. 计算 Whittier 公司的安全边际销售额。

答案：

1. 安全边际销售量 = 1 000 − 600 = 400
2. 安全边际销售额 = 400 × 1 000 − 400 × 600 = 160 000（美元）

安全边际可以视为对风险的粗略计量。当制订计划时，总会存在可能使收入低于原始预测水平的未知事件。如果公司销售业绩下降，具有较大的安全边际会比具有较小的安全边际遭受损失的风险要小。当公司的安全边际较小时，管理者会考虑采取行动来提高销售收入或降低成本，这些做法会提高公司的安全边际，降低发生亏损的风险。

2. 经营杠杆

在物理学中，杠杆是一种简单的机器，它可以用于增加力的作用效果从而做出更多的功。输出同样的作用力，能够移动的物体越重，则机器的性能越优越。在财务术语中，经营杠杆可以视为相关的固定成本与变动成本的组合。有时，固定成本可能会与变动成本进行权衡。当变动成本降低时，单位贡献毛益会增加，售出的每件产品贡献的利润会更大。在这种情况下，销售量的波动对利润的影响力会增加。因而，通过提高固定成本比重来降低变动成本的公司，当销售增长时会比那些固定成本比重较小的公司取得更多的利润。固定成本可以视为提高利润的杠杆。相反，经营杠杆高的公司销售下降时，利润也会随之大幅度下降。**经营杠杆(operating leverage)** 是指利用固定成本使得利润随销售作业变化而变化的比率增加。

经营杠杆系数(degree of operating leverage, DOL) 可以通过贡献毛益与经营利润的比率计算如下：

$$\text{经营杠杆系数} = \frac{\text{贡献毛益总额}}{\text{经营利润}}$$

如果借助固定成本降低变动成本，进而使贡献毛益增加而经营利润降低，则经营杠杆系数也会增加,意味着风险的增加。演练 4.10 展示了 Whittier 公司经营杠杆系数的计算方法。

演练 4.10

经营杠杆系数的计算

知识梳理:

经营杠杆系数越大,销售变动对经营利润的影响也会越大。

资料:

回顾 Whittier 公司的案例,计划明年销售 1 000 台除草机,每台售价为 400 美元。单位变动成本为 325 美元,固定成本总额为 45 000 美元。基于上述销售水平,经营利润为 30 000 美元。

要求:

计算 Whittier 公司的经营杠杆系数。

答案:

$$\text{经营杠杆系数} = \frac{\text{贡献毛益总额}}{\text{经营利润}} = \frac{(400 - 325) \times 1\,000}{30\,000} = 2.5$$

经营杠杆系数越大,销售变动对经营利润的影响也会越大。由于这种现象的存在,公司对于成本组合的选择会影响其经营风险和盈利水平。公司固定成本与可变成本的组合称为**成本结构**(**cost structure**)。通常,公司会通过增加某一类型成本同时降低另一类型成本的方法来改变其成本结构。例如,由于国外的竞争公司有着低廉的人工成本(变动成本),美国公司为了提升自己的竞争力,通过提高工厂机器自动化(固定成本)来降低人工成本。

为了说明这三个概念对管理决策的影响,我们以一家准备新建一条生产线的工厂为例。工厂可以选择大部分使用自动化设备或者使用人工来运作这条生产线。如果选择使用自动化设备,则会使得固定成本较高,单位变动成本较低。假设 10 000 件销售水平的相关数据如下:

项目	自动系统(美元)	人工系统(美元)
销售收入(美元)	1 000 000	1 000 000
变动成本总额	500 000	800 000
贡献毛益总额	500 000	200 000
固定成本总额	375 000	100 000
经营利润	125 000	100 000
单位销售价格	100	100
单位变动成本	50	80
单位贡献毛益	50	20

自动系统的经营杠杆系数为 4.0(500 000/125 000);人工系统的经营杠杆系数为 2.0(200 000/100 000)。如果销售收入增长 40%,那么对于两个系统的利润会产生什

影响？我们可以编制如下利润表进行比较：

项目	自动系统(美元)	人工系统(美元)
销售收入	1 400 000	1 400 000
变动成本总额	700 000	1 120 000
贡献毛益总额	700 000	280 000
固定成本总额	375 000	100 000
经营利润	325 000	180 000

自动系统的利润增长了 200 000 美元(325 000 – 125 000)，增长幅度为 160%。人工系统的利润只增长了 80 000 美元(180 000 – 100 000)，增长幅度为 80%。自动系统的经营杠杆系数较大，因而利润的增长率较高。

可以直接使用经营杠杆系数计算销售收入变动对于经营利润的影响：

利润变动百分比 = 经营杠杆系数 × 销售收入变动百分比

预测销售收入增长率为 40%，自动系统的经营杠杆系数为 4.0，则经营利润增长率为 160%。变动前销售水平下的经营利润为 125 000 美元，销售收入增长后的经营利润为 325 000 美元。

经营利润 + 经营利润 × 销售收入变动百分比 = 125 000 + 125 000 × 1.6

同样地，在人工系统中，预测销售收入增长 40%，经营杠杆系数为 2.0，则经营利润增长率为 80%。因此，增长后的经营利润应为 180 000 美元。

100 000 + 100 000 × 80%

演练 4.11 展示了如何使用经营杠杆系数判断销售收入变动对经营利润的影响。

演练 4.11

借助经营杠杆系数计算销售收入增长对经营利润的影响

知识梳理：

下述计算过程体现了经营杠杆系数和销售收入变动百分比对于经营利润的影响。管理者可以对多种方案进行敏感性分析，并得出风险和不确定性对利润的影响。

资料：

仍然以 Whittier 公司为例，公司预计明年销售 1 000 台除草机，取得经营利润 30 000 美元。经营杠杆系数为 2.5，公司计划明年实现销售收入增长 20%。

要求：

1. 使用经营杠杆系数，计算 Whittier 公司预期明年经营利润的变动百分比。
2. 使用要求 1 中得出的经营利润变动百分比，计算 Whittier 公司明年的预期经营利润。

答案：

1. 经营利润变动百分比 = 经营杠杆条数 × 销售收入变动百分比 = 2.5 × 20% = 50%
2. 预期经营利润 = 30 000 + 30 000 × 50% = 45 000(美元)

在对这两种系统进行选择时,经营杠杆的影响是一条有价值的信息。较高的经营杠杆系数会放大销售收入变动对收益的影响。然而,这种影响是把双刃剑。当销售收入下降时,自动系统收益的下降幅度也会更大。对于自动系统,由于固定成本的占比增加了,因而经营杠杆系数也会增加。自动系统的保本点销售量为 7 500 件(325 000/50),而人工系统的保本点销售量为 5 000 件(100 000/20)。因此,自动系统的经营风险更高。当然,当销售量超过 9 167 件时,风险的增长可能会带来潜在的利润增长。那么为什么需要销售量超过 9 167 件呢?因为当销售量等于 9 167 件时,自动系统与人工系统的经营利润相等。两个系统取得相同经营利润时的销售量,称为**无差别点**(**difference point**)。可以将两个系统的经营利润公式列为等式两端,进而计算出无差别点销售量:

$$50 \times 销售量 - 375\ 000 = 20 \times 销售量 - 100\ 000$$

$$销售量 = 9\ 167$$

在自动系统与人工系统之间做出选择时,管理者必须考虑销售量超过 9 167 件的可能性。如果有可靠信息表明,销售量很可能超过这一水平,则应毫无疑问地选择自动系统;反之,如果销售量超过 9 167 件的可能性较低,则人工系统为较优的选择。图表 4 - 10 总结了自动系统与人工系统中,本量利分析相关概念的差别情况。

图表 4 - 10　自动系统与人工系统的区别

	自动系统	人工系统
价格	相同	相同
变动成本	▼较小	▲较大
固定成本	▲较大	▼较小
贡献毛益	▲较大	▼较小
保本点	▲较高	▼较小
安全边际	▼较小	▲较大
经营杠杆系数	▲较大	▼较小
下降风险	▲较大	▼较小
上升潜力	▲较大	▼较小

4.6.2　本量利敏感性分析

随着个人电脑和电子表格的普及,敏感性分析对于管理者来说变得切实可行。**敏感性分析**(**sensitivity analysis**)是一项重要的工具,它是检验基本假设的变化对结果的影响的一种假设分析技术。它的分析过程非常简单,只需输入价格、变动成本、固定成本和销售组合的数据,建立公式模型进而计算保本点和预期利润。

在计算经营杠杆的例子中,公司需要分析在自动系统和人工系统中利润所受到的影响,计算过程主要依靠手工,由于变量众多而使得计算过程非常烦琐。利用电脑设置好销售量相关假设,则很容易计算出价格从 75 美元到 125 美元之间每增加 1 美元的影响。同时,也可以对变动成本和固定成本进行调整。例如,假设自动系统发生 375 000 美元的固定成本,然而这项成本在第一年可能会加倍,然后在第二年和第三年随着问题的解决和工人对设备的操作日益熟练,固定成本又回到正常水平。同样,借助电子表格能够轻而易举地解决大量的计算问题。

电子表格虽然能够出色地完成对数据的分析与计算,但却无法解决本量利分析中最困难的部分,即确定初始数据的录入。管理会计人员必须了解公司成本与价格的分配,以及经济环境变动对这些变量的影响。但是,变量无法确切知道这种实际情况不能成为忽略本量利分析中不确定性的借口。幸运的是,管理者可以通过敏感性分析了解不准确的变量预测会对结果造成的影响程度。

> **道德决策**
>
> 需要注意的是,本量利分析的结果只是企业决策所需信息的一部分,还有许多影响决策的其他因素,如选择一个方案而放弃另一个方案或是否删除某项成本。公司和非营利机构经常会面对涉及安全问题的交易。道德观念在本量利分析中同样处于重要地位。当一家公司收购另一家公司时,收购方的决策会在一定程度上依赖于目标公司所提供的信息。例如,中国吉利汽车公司于 2010 年收购了福特公司的子公司沃尔沃公司。如吉特公司总裁所言,"据我所知,沃尔沃公司目前经营状况良好,并预期会在本年第四季度实现收支平衡"[①]。然而,成本及其发生的概率通常是不能有效确定的。因此,在进行重要决策时应将这些因素都考虑在内。在第 13 章短期决策制定中,将会对这一部分内容有详尽的阐述。

尽管未来环境不能确定,仍然可以通过多种方法将风险和不确定性包含到分析之中。可行方法之一是对潜在问题的成本进行计算,并计入本量利分析结果中。另一种方法是对多种可能性进行考察,运用敏感性分析得出不同成本和价格可能产生的影响。

由你做主

借助贡献式利润表,考虑不同的可能性

假设你是 Boyne 度假村冬季项目的总会计师。年初时,你对销售价格(升降梯票价及餐厅价格)、成本和预期销售量进行了预算。然而,当冬季来临时你将会对每周的实际天气情况有更多的了解。

你会怎样利用当前天气状况的信息为 Boyne 度假村做出更精确的预算?

你可以根据天气对滑雪项目的影响,重新对预算表进行调整。如果降雪质量较好,则成本会降低。例如,你可以降低造雪机的预期运行成本。然而,良好的天气状况及游客的增加,会需要在当季雇用更多的员工,因为升降机运行、滑雪设备租用商店以及餐厅等对直接人工的需求都会增加。当天气好时,度假村的滑雪业务量增加;反之,则业务量减少。你可以将上述不同情况下的贡献式利润表放在一起进行分析比较。

[①] Drew Johnson, "Geely: Volvo Could Breakeven by Year's End", *Left Lane News* (March 13, 2010). www.leftlanenews.com/geely-volvo-could-break-even-by-years-end.html

通过对预算表的调整,当经营环境变化时,管理者能够快速应对并根据需要对价格进行调整。

学习目标

LO1 保本点销售量和保本点销售额的确定。
- 在保本点处,总成本(变动成本与固定成本)等于总收入。
- 保本点销售量等于固定成本总额除以单位贡献毛益(价格减去单位变动成本)。
- 保本点销售额等于固定成本总额除以贡献毛益率。

LO2 目标利润销售量和目标利润销售额的确定。
- 为实现目标(期望)利润,总成本(变动成本与固定成本)与目标利润之和应与销售收入相等。
- 目标利润销售量等于固定成本总额与目标利润的和除以单位贡献毛益。
- 目标利润销售额等于固定成本总额与目标利润的和除以贡献毛益率。

LO3 绘制利润—业务量关系图与本量利关系图,并解释其含义。
- 本量利分析中假设收入和成本都为线性函数,产成品存货期末无余额,销售组合恒定不变,价格及变动成本和固定成本都可确定。
- 利润—业务量关系图描绘了利润(经营利润)与销售量之间的关系。利润线与坐标横轴的交点处的销售量为保本点销售量。
- 本量利关系图中绘制了一条总成本线和一条总收入线。这两条线的交点处的销售量为保本点销售量。

LO4 多品种产品情况下的本量利分析。
- 对多品种产品进行分析时,需要预测出销售组合。
- 当销售组合发生变化时,各产品的保本点销售量也会发生变化。
- 贡献毛益较高产品销售量的增加,会使保本点降低。
- 贡献毛益较低产品销售量的增加,会使保本点上升。

LO5 解释风险、不确定性及变量的变动对本量利分析的影响。
- 成本、价格和销售组合的不确定性会对保本点产生影响。
- 管理者可以运用敏感性分析,了解不同成本、价格和销售组合情况下的保本点。
- 安全边际体现了公司实际销售收入或销售量与保本点间的距离。
- 经营杠杆是指利用固定成本提高利润随销售变动的百分比。

重要公式

1. 经营利润 = 价格 × 销售量 − 单位变动成本 × 销售量 − 固定成本总额
2. 单位贡献毛益 = 价格 − 单位变动成本
   贡献毛益总额 = 销售收入 − 变动成本总额
3. 保本点销售量 = $\dfrac{\text{固定成本总额}}{\text{单位贡献毛益}}$
4. 销售收入 = 价格 × 销售量

5. 变动成本率 = $\dfrac{\text{变动成本总额}}{\text{销售收入}}$

6. 变动成本率 = $\dfrac{\text{单位变动成本}}{\text{价格}}$

7. 贡献毛益率 = $\dfrac{\text{贡献毛益总额}}{\text{销售收入}}$

8. 贡献毛益率 = $\dfrac{\text{单位贡献毛益}}{\text{价格}}$

9. 保本点销售额 = $\dfrac{\text{固定成本总额}}{\text{贡献毛益率}}$

10. 安全边际 = 销售收入 – 保本销售额

11. 经营杠杆系数 = $\dfrac{\text{贡献毛益总额}}{\text{经营利润}}$

12. 利润变动百分比 = 经营杠杆系数 × 销售变动百分比

关键术语

安全边际　　　　　成本结构　　　　　贡献式利润表　　　　无差别点
保本点　　　　　　共同固定成本　　　经营杠杆(DOL)　　　销售组合
本量利(CVP)分析　贡献毛益　　　　　经营杠杆系数　　　　利润—业务量关系图
本量利关系图　　　贡献毛益率　　　　敏感性分析　　　　　直接固定成本
变动成本率

问题回顾

I. 单一品种产品本量利分析

Cutlass 公司预计明年的利润如下：

	总计(美元)	单位产品(美元)
销售收入	200 000	20
变动成本总额	120 000	12
贡献毛益总额	80 000	8
固定成本总额	64 000	
经营利润	16 000	

要求：

1. 计算变动成本率与贡献毛益率。
2. 计算保本点销售量。
3. 计算保本点销售额。
4. 为实现目标利润 30 000 美元，需要达到的销售量为多少？
5. 利用要求 1 中得出的贡献毛益率，计算如果销售收入比预期增加 25 000 美元，则利润会增长多少？
6. 基于预计销售水平，计算安全边际销售量和安全边际销售额。
7. 计算经营杠杆系数。假设 Cutlass 公司对预测进行了调整，在原始预测基础上预期会有 30% 的销售收入增长，则调整后预期经营利润变动百分比为多少？调整后 Cutlass 公司预期经营利润总额为多少？

答案：

1. 变动成本率 = $\dfrac{\text{变动成本总额}}{\text{销售收入}}$

   $= \dfrac{120\,000}{200\,000}$

   $= 0.60$ 或 60%

   贡献毛益率 = $\dfrac{\text{贡献毛益总额}}{\text{销售收入}} = \dfrac{80\,000}{200\,000}$

   $= 0.40$ 或 40%

2. 保本点销售量 = $\dfrac{\text{固定成本总额}}{\text{价格} - \text{单位变动成本}}$

$= \dfrac{64\,000}{20-12}$

$= \dfrac{64\,000}{8}$

$= 8\,000$

3. 保本点销售额 = $\dfrac{\text{固定成本总额}}{\text{贡献毛益率}}$

$= \dfrac{64\,000}{0.40}$

$= 160\,000$（美元）

4. 为实现目标利润 30 000 美元，需要达到的销售量计算如下：

目标利润销售量 = $\dfrac{64\,000 + 30\,000}{8}$

$= \dfrac{94\,000}{8} = 11\,750$

5. 预期利润增长额 $= 0.40 \times 25\,000$

$= 10\,000$（美元）

6. 安全边际销售量 = 预测销售量 − 保本点销售量 $= 10\,000 - 8\,000 = 2\,000$

7. 经营杠杆系数 = $\dfrac{\text{贡献毛益总额}}{\text{经营利润}}$

$= \dfrac{80\,000}{16\,000} = 5.0$

经营利润变动百分比 = 经营杠杆系数 × 销售收入变动百分比 $= 5.0 \times 30\% = 150\%$

预期经营利润 $= 16\,000 + 1.5 \times 16\,000 = 40\,000$（美元）

II. 多品种产品本量利分析

Alpha 公司生产并销售两种产品：Alpha-Basic 和 Alpha-Deluxe。公司预期明年将售出 3 000 件 Alpha-Basic 和 1 500 件 Alpha-Deluxe。两种产品的信息如下：

项目	Alpha-Basic（美元）	Alpha-Deluxe（美元）
价格	120	200
单位变动成本	40	80

固定成本为 140 000 美元。

要求：

1. Alpha-Basic 与 Alpha-Deluxe 的销售组合是什么？
2. 计算每种产品的保本点销售量。

答案：

1. Alpha-Basic 与 Alpha-Deluxe 的销售组合为 3 000∶1 500 或 2∶1。
2. 每一组合中包含 2 件 Alpha-Basic 和 1 件 Alpha-Deluxe：

产品	价格（美元）	单位变动成本（美元）
Alpha-Basic	120	40
Alpha-Deluxe	200	80
单位贡献毛益	销售组合	组合单位贡献毛益
80 美元	2	160 美元
120 美元	1	120 美元
组合总计		280 美元

组合保本点销售量 = $\dfrac{\text{固定成本总额}}{\text{组合单位贡献毛益}}$

$= \dfrac{140\,000}{280} = 500$

Alpah-Basic 保本点销售量 $= 500 \times 2 = 1\,000$

Alpha-Deluxe 保本点销售量 $= 500 \times 1 = 500$

讨论题

1. 说明本量利分析如何用于管理计划工作。
2. 描述本量利分析的销售量方法与销售额方法之间的区别。
3. 解释保本点的定义。
4. 说明为什么在高于保本点时单位贡献毛益变成了单位利润。
5. 什么是变动成本率？什么是贡献毛益率？这两个比率之间有什么关系？
6. 假设一家公司的贡献毛益率是 0.3，增加了 10 000 美元的广告费之后发现销售额增长了 30 000 美元。增加广告费是正确的决定吗？假设贡献毛益率是 0.4，增加广告费是正确的决定吗？
7. 给出销售组合的定义，并举例支持你的定义。
8. 说明针对单一产品开发的本量利分析方法如何用于多产品环境。

9. 由于保本点分析着眼于零利润，因此，确定一家公司要销售多少产品才能赚取目标利润是没有价值的。你是否同意这一说法？为什么？

10. 目标利润是如何成为保本点销售量等式的一部分的？

11. 解释销售组合的改变为何能改变保本点。

12. 给出安全边际的定义，并说明它为何可以成为经营风险的粗略衡量指标。

13. 解释经营杠杆的含义，说明提高经营杠杆对风险有何影响。

14. 如何将敏感性分析与本量利分析结合使用？

15. 为什么一段时间内的安全边际下滑会引起管理者的关注？

多项选择题

4-1 如果单位变动成本下降，则贡献毛益和保本点分别为（　　）。

	贡献毛益	保本点
A.	增加	上升
B.	增加	下降
C.	减少	下降
D.	减少	上升
E.	减少	不变

4-2 获得目标利润所需达到的收入总额等于（　　）。
A. 固定成本总额除以贡献毛益
B. 固定成本总额除以贡献毛益率
C. 目标利润除以贡献毛益率
D. 固定成本总额加上目标利润除以贡献毛益率
E. 目标利润除以变动成本率

4-3 多产品公司的保本收益可以（　　）。
A. 用固定成本总额除以整体贡献毛益率计算
B. 用部分固定成本除以整体贡献毛益率计算
C. 用固定成本总额除以整体变动成本比率计算
D. 用固定成本总额乘以贡献毛益率计算
E. 不能计算，只有单一产品公司的保本收益可以计算

4-4 在本量利关系图中，（　　）。
A. 保本点是总收入曲线和 X 轴的交点
B. 利润的面积在保本点的左侧
C. 损失的面积不能确定
D. 总收入曲线和总成本曲线同时存在
E. 既没有总收入曲线，也没有总成本曲线

4-5 本量利分析的一个重要假设是（　　）。
A. 成本和收入都是线性函数
B. 所有成本和收入的关系都在相关范围内进行分析
C. 存货没有变化
D. 销售组合不变
E. 以上都正确

4-6 在销售变化时利用固定成本带来更高比例利润变化的包括（　　）。
A. 安全边际　　　　B. 经营杠杆
C. 经营杠杆系数　　D. 敏感性分析
E. 变动成本减少

4-7 如果安全边际是零，那么（　　）。
A. 公司恰好收支平衡
B. 公司亏损经营
C. 公司小额盈利
D. 安全边际不能小于或等于零，它必须是正值
E. 以上都不正确

4-8 贡献毛益是（　　）。
A. 销售额超出固定成本的总额
B. 销售额和总成本之间的差额
C. 销售额和经营利润之间的差额
D. 销售额和变动成本总额之间的差额
E. 变动成本和固定成本之间的差额

> 参照以下资料完成多项选择题 4-9 和 4-10：
> Dartmouth 公司生产的产品单价为 12 美元，单位变动成本为 3 美元，固定成本总额为 7 200 美元。

4-9 参考上面所提供的 Dartmouth 公司的信息，Dartmouth 公司的保本点销售量为（　　）。
A. 600　　　　　　　B. 480
C. 1 000　　　　　　D. 800
E. 不能确定

4-10 参考上面所提供的 Dartmouth 公司的信息，变动成本率和贡献毛益率分别是（　　）。

	变动成本比率	贡献毛益率
A.	80%	80%
B.	20%	80%
C.	25%	75%
D.	75%	25%
E.	贡献毛益率基于以上信息不能确定	

4-11 如果一家公司的固定成本总额减少10 000美元，下列哪一项是正确的？（　　）
A. 保本点提高　　　B. 变动成本率提高
C. 保本点不变　　　D. 变动成本率不变
E. 贡献毛益率提高

4-12 Solemon 公司的固定成本总额为15 000美元，单位变动成本为6美元，单价为8美元。如果 Solemon 公司想实现3 600美元的目标利润，要售出多少产品？（　　）
A. 2 500　　　　　　B. 7 500
C. 9 300　　　　　　D. 18 600
E. 18 750

基础练习题

4-13 变动成本、固定成本、贡献式利润表（LO1）

Head-First 公司计划在未来的一年以75美元的单价销售5 000顶自行车头盔，产品成本包括：

单位直接材料	30 美元
单位直接人工	8 美元
单位变动制造费用	4 美元
固定制造费用总额	20 000 美元

每顶头盔还会发生3美元的佣金（单位变动销售费用），固定销售和管理费用的总额为29 500美元。

要求：
1. 计算单位变动成本总额。
2. 计算下一年度的固定成本总额。
3. 编制 Head-First 公司下一年度的贡献式利润表。

4-14 保本点销售量（LO1）

Head-First 公司计划在未来的一年以75美元的单价销售5 000顶自行车头盔。单位变动成本为45美元（包括直接材料、直接人工和变动制造费用、变动销售费用）。固定成本总额为49 500美元（包括固定制造费用、固定销售和管理费用）。

要求：
1. 计算头盔的保本点销售量。
2. 以计算得出的保本点销售量为基础，编制贡献式利润表并检验你的结果。

4-15 变动成本率、贡献毛益率（LO1）

Head-First 公司计划在未来的一年以75美元的单价销售5 000顶自行车头盔。单位变动成本为45美元（包括直接材料、直接人工、变动制造费用和变动销售费用）。固定制造费用总额为20 000美元，固定销售和管理费用为29 500美元。

要求：
1. 计算变动成本率。
2. 计算贡献毛益率。
3. 以下一年度的预算数据为基础，编制贡献式利润表。在利润表的最后追加一列，计算销售收入、变动成本总额、贡献毛益总额占销售收入的百分比。

4-16 保本点销售额（LO1）

Head-First 公司计划在未来的一年以75美元的单价销售5 000顶自行车头盔。单位变动成本为售价的60%，单位贡献毛益为售价的40%。固定成本总额为49 500美元（包括固定制造费用、固定销售和管理费用）。

要求：
1. 利用保本点等式，计算 Head-First 公司为实现收支平衡需要取得的销售收入。
2. 以保本点销售额为基础，编制贡献式利润表并检验你的计算结果。

4-17 目标利润销售量(LO2)

Head-First 公司计划在未来的一年以 75 美元的单价销售 5 000 顶自行车头盔,单位变动成本为 45 美元(包括直接材料、直接人工和变动制造费用、变动销售费用)。固定成本总额为 49 500 美元(包括固定制造费用、固定销售和管理费用)。

要求:

1. 计算 Head-First 公司为实现 81 900 美元的经营利润,需达到的头盔销售量。

2. 以计算出的销售量为基础,编制贡献式利润表并检验你的计算结果。

4-18 目标利润销售额(LO2)

Head-First 公司计划在未来的一年以 75 美元的单价销售 5 000 顶自行车头盔。单位变动成本为售价的 60%,单位贡献毛益为售价的 40%。固定成本总额为 49 500 美元(包括固定制造费用、固定销售和管理费用)。

要求:

1. 计算 Head-First 公司为实现 81 900 美元的经营利润,需达到的销售收入。

2. 以要求 1 中计算出的销售收入为基础,编制贡献式利润表并检验你的计算结果。

4-19 销售多品种产品公司的保本点销售量(LO4)

假设 Head-First 公司现出售自行车头盔和摩托车头盔。每顶自行车头盔的售价为 75 美元,单位变动成本为 45 美元。每顶摩托车头盔的售价为 220 美元,单位变动成本为 140 美元。Head-First 公司的固定成本总额为 58 900 美元(包括全部的固定制造费用、固定销售和管理费用)。Head-First 公司预测明年将销售 5 000 顶自行车头盔和 2 000 顶摩托车头盔。

要求:

1. 根据明年预测的销售组合,建立自行车头盔和摩托车头盔的产品组合。

2. 分别计算自行车头盔和摩托车头盔的保本点销售量。

3. 编制贡献式利润表,并检验你的计算结果。

4-20 销售多品种产品公司的保本点销售量(LO4)

Head-First 公司现出售自行车头盔和摩托车头盔。预期明年公司会取得销售收入 570 000 美元,预测将发生的变动成本总额为 388 000 美元,固定成本总额为 58 900 美元。

要求:

1. 计算 Head-First 公司的保本点销售额。(贡献毛益率精确到小数点后四位,销售额精确到美元。)

2. 编制贡献式利润表,并检验你的计算结果。

4-21 安全边际(LO5)

Head-First 公司计划在未来的一年以 75 美元的单价销售 5 000 顶自行车头盔,单位变动成本为 45 美元(包括直接材料、直接人工、变动制造费用和变动销售费用)。固定成本总额为 49 500 美元(包括固定制造费用、固定销售和管理费用)。公司的保本点销售量为 1 650 顶。

要求:

1. 计算公司的安全边际销售量。

2. 计算公司的安全边际销售额。

4-22 经营杠杆系数(LO5)

Head-First 公司计划在未来的一年以 75 美元的单价销售 5 000 顶自行车头盔,单位变动成本为 45 美元(包括直接材料、直接人工、变动制造费用和变动销售费用)。固定成本总额为 49 500 美元(包括固定制造费用、固定销售和管理费用)。当销售量为 5 000 顶时,取得经营利润 100 500 美元。

要求:

计算公司的经营杠杆系数(计算结果精确到小数点后一位)。

4-23 利用经营杠杆系数分析销售收入增长对经营利润的影响(LO5)

Head-First 公司计划在未来的一年以 75 美元的单价销售 5 000 顶自行车头盔,单位变动成本为 45 美元(包括直接材料、直接人工、变动制造费用和变动销售费用)。固定成本总额为 49 500 美元(包括固定制造费用、固定销售和管理费用)。当销售量为 5 000 顶时,取得经营利润为 100 500 美元。经营杠杆系数为 1.5。公司现在预测明年销售收入将增长 10%。

要求:

1. 计算预期经营利润变动百分比。

2. 利用要求 1 中得出的百分比,计算公司明年的预期经营利益。

练习题

4-24　收支平衡基础计算（LO1）

假设 Adams 公司出售一种产品，单位价格为 20 美元，单位成本信息如下：

直接材料	1.90 美元
直接人工	1.40 美元
变动制造费用	2.10 美元
变动销售与管理费用	1.60 美元

每年发生的固定制造费用总额为 54 420 美元，固定销售与管理费用为 38 530 美元。

要求：

1. 计算单位变动成本和单位贡献毛益。
2. 计算贡献毛益率和变动成本率。
3. 计算保本点销售量。
4. 基于保本点销售量，编制贡献式利润表。

4-25　价格、单位变动成本、贡献毛益、贡献毛益率、固定费用（LO1）

针对下面每种独立的情况，按要求进行计算。

要求：

1. Jefferson 公司在达到保本点时，共销售了 115 000 件产品，发生固定成本 349 600 美元。单位变动成本为 4.56 美元。那么 Jefferson 公司每件产品的价格为多少？

2. Sooner 工厂的产品单价为 120 美元，固定成本总额为 458 000 美元。明年，Sooner 工厂预测将销售 15 600 件产品，预计取得经营利润 166 000 美元。则产品的单位变动成本为多少？贡献毛益率为多少？（计算结果精确到小数点后四位。）

3. 去年，Jasper 公司取得经营利润 22 500 美元，贡献毛益率为 0.25，实际销售收入为 235 000 美元。计算公司的固定成本总额。

4. Laramie 公司的变动成本率为 0.56，固定成本总额为 103 840 美元，保本点销售量为 23 600 件。则公司产品的价格为多少？单位变动成本为多少？单位贡献毛益为多少？

4-26　贡献毛益率、变动成本率、保本点销售额（LO1）

Pelley 公司的会计主管编制了如下的预计利润表：

销售收入	95 000 美元
变动成本总额	68 400 美元
贡献毛益总额	26 600 美元
固定成本总额	14 000 美元
经营利润	12 600 美元

要求：

1. 计算贡献毛益率。
2. 计算变动成本率。
3. 计算 Pelley 公司的保本点销售额。
4. 在销售收入不增加的情况下，Pelley 公司如何才能提高其项目的经营利润？

4-27　利润表、保本点销售量、目标利润销售额（LO2）

Melford 公司去年共售出 26 800 件产品，产品单价为 16.00 美元。单位变动成本为 11.50 美元，固定成本总额为 126 000 美元。

要求：

1. 编制 Melford 公司去年的利润表。
2. 计算保本点销售量。
3. 计算 Melford 公司今年为取得经营利润 12 150 美元，需实现销售量多少件？

4-28　保本点销售量、单位变动成本、单位生产成本、目标利润销售量（LO1）

Werner 公司生产并销售一次性铝箔烤盘，出售给零售商的单价为 2.75 美元。每件产品的变动成本信息如下：

直接材料	0.37 美元
直接人工	0.63 美元
变动制造费用	0.53 美元
变动销售费用	0.12 美元

固定生产成本总额为 111 425 美元，管理费用（全部为固定成本）总额为 48 350 美元。

要求：

1. 计算 Werner 公司为实现收支平衡需售出的烤盘数量。
2. 什么是单位变动成本？什么是单位变动

生产成本？哪一种应该用于本量利分析中？请说明原因。

3. Werner 公司为实现经营利润 13 530 美元，需要售出的烤盘数量为多少？

4. Werner 公司为实现经营利润 13 530 美元，需要取得多少销售收入？

4-29　安全边际（LO5）

Comer 公司生产并出售节日用室内外彩色灯带，出售给零售商的单价为 8.12 美元。每个灯带的变动成本信息如下：

直接材料	1.87 美元
直接人工	1.70 美元
变动制造费用	0.57 美元
变动销售费用	0.42 美元

每年固定生产成本总额为 245 650 美元，管理费用（全部为固定成本）总额为 297 606 美元。Comer 公司预测明年将会售出 225 000 个灯带。

要求：

1. 计算保本点销售量。
2. 计算安全边际销售量。
3. 计算安全边际销售额。
4. 假设 Comer 公司明年的实际单价降低，其他成本与销售量等保持不变。请问这种情况会使公司的风险上升还是下降？（提示：考虑保本点销售量与安全边际的变化。）

4-30　贡献毛益、销售量、保本点销售量（LO1）

四家相互独立的公司的信息如下，计算下表中的空缺信息。（注意：单位金额与百分比精确到小数点后两位，保本点销售量精确到整数位。）

项目	Laertes	Ophelia	Fortinbras	Claudius
销售收入	15 000 美元	?	?	10 600 美元
变动成本总额	5 000 美元	11 700 美元	9 750 美元	?
贡献毛益总额	10 000 美元	3 900 美元	?	?
固定成本总额	?	4 000 美元	?	4 452 美元
经营利润（亏损）	500 美元	?	364 美元	848 美元
销售量	?	1 300	125	1 000
产品单价	5.00 美元	?	130.00 美元	?
单位变动成本	?	9.00 美元	?	?
单位贡献毛益	?	3.00 美元	?	?
贡献毛益率	?	?	40%	?
保本点销售量	?	?	?	?

4-31　销售收入、变动成本率、贡献毛益率（LO1、LO2、LO5）

Arberg 公司的会计主管编制的下一年度预计利润表如下：

销售收入	415 000 美元
变动成本总额	302 950 美元
贡献毛益总额	112 050 美元
固定成本总额	64 800 美元
经营利润	47 250 美元

要求：

1. Arberg 公司的变动成本率为多少？贡献毛益率为多少？
2. 假设 Arberg 公司的实际收入比预测收入多 30 000 美元，则公司的经营利润会增加多少？（不需编制贡献式利润表，请直接给出答案。）
3. Arberg 公司为实现盈亏平衡需取得多少销售收入？编制贡献式利润表检验计算结果的准确性。
4. Arberg 公司的预期安全边际为多少？
5. 当销售收入为 38 000 美元时，Arberg 公司的安全边际为多少？

参照以下资料完成练习题 4-32 与 4-33：

Cherry Blossom 公司生产并出售瑜伽用品：教学光盘和基本器材套装（瑜伽砖、瑜伽垫和瑜伽枕）。去年，Cherry Blossom 公司售出了 13 500 张教学光盘和 4 500 件器材套装。两种产品的信息如下：

项目	教学光盘（美元）	器材套装（美元）
价格	8	25
单位变动成本	4	15

固定成本总额为 84 920 美元。

4-32 多品种产品的保本点销售量(LO4)

参照 Cherry Blossom 公司的上述资料。

要求:

1. 光盘和器材套装的销售组合为多少?
2. 分别计算每种产品的保本点销售量。

4-33 多品种产品的保本点销售量、保本点销售额(LO1、LO5)

参照 Cherry Blossom 公司的上述资料。假设下一年度公司计划生产加厚型瑜伽垫,并向健身俱乐部销售。预计销售量为 9 000 件,每件售价为 15 美元,单位变动成本为 9 美元。固定成本总额会增加 28 980 美元(增加后固定成本总额为 113 900 美元)。假设其他产品的预期销售量、价格和变动成本保持不变。

要求:

1. 光盘、器材套装和瑜伽垫的销售组合为多少?
2. 计算每种产品的保本点销售量。
3. 编制 Cherry Blossom 公司下一年度的利润表。公司整体的贡献毛益率为多少?利用贡献毛益率计算公司整体的保本点销售额。(贡献毛益率精确到小数点后四位,保本点销售额精确到整数位。)
4. 计算公司下一年度的安全边际销售额。

4-34 贡献毛益率、保本点销售额、多产品公司的安全边际(LO1、LO4、LO5)

Texas-Q 公司生产并出售烧烤炉,共有三个产品类型:小型便携式燃气烤炉、大型固定式燃气烧烤炉和无烟烤炉。公司预计下一年度将售出 20 000 台小型便携式燃气烤炉、50 000 台大型固定式燃气烧烤炉和 5 000 台无烟烤炉。三种产品的信息如下:

项目	便携式(美元)	固定式(美元)	无烟(美元)
价格	90	200	250
单位变动成本	45	130	140

固定成本总额为 2 128 500 美元。

要求:

1. 计算三种产品的销售组合。
2. 分别计算每种产品的保本点销售量。
3. 编制 Texas-Q 公司下一年度的利润表。计算公司整体的贡献毛益率,并利用贡献毛益率计算公司整体的保本点销售额。
4. 计算公司下一年度的安全边际。

4-35 本量利关系图(LO3)

Lotts 公司加工出售单一品种产品,销售价格为 10 美元,单位变动成本为 6 美元,固定成本总额为 10 000 美元。

要求:

1. 以销售量为横轴,销售额为纵轴,绘制本量利关系图,并在横轴上标出保本点销售量。
2. 分别按下列独立情况绘制本量利关系图:(a)固定成本增加 5 000 美元;(b)单位变动成本增加至 7 美元;(c)单位产品价格增长至 12 美元;(d)固定成本增加 5 000 美元,单位变动成本等于 7 美元。

4-36 本量利分析的基本概念(LO1)

Klamath 加工出售单一品种产品,下一年度的预计利润表如下:

销售收入(34×54 600)	1 856 400 美元
变动成本总额	1 064 700 美元
贡献毛益总额	791 700 美元
固定成本总额	801 850 美元
经营利润	(10 150) 美元

要求:

1. 计算单位贡献毛益和保本点销售量。
2. 假设超过保本点销售量 10 000 件,则经营利润为多少?
3. 计算贡献毛益率,然后使用贡献毛益率计算保本点销售额。(注意:贡献毛益率精确到小数点后四位,销售额精确到整数位。)假设销售收入比预测高 200 000 美元,则经营利润为多少?

4-37 安全边际与经营杠杆(LO1、LO5)

Melina 公司生产单一品种产品,下一年度的预计利润表如下:

销售收入(34×40 000)	1 800 000 美元
变动成本总额	1 044 000 美元
贡献毛益总额	756 000 美元
固定成本总额	733 320 美元
经营利润	22 680 美元

(注意:金额精确到整数位,贡献毛益率与经营杠杆系数精确到小数点后两位。)

要求:

1. 计算保本点销售额。

2. 计算安全边际销售额。

3. 计算经营杠杆系数。

4. 当销售收入比预期水平上升20%时,计算新的经营利润。

4-38 多品种产品的保本点(LO1、LO4)

Parker Pottery公司有两条生产线,分别生产花瓶和陶瓷雕像。两条生产线共用生产设备与人工。因此,不存在可追踪的固定成本。共同固定成本为30 000美元,Parker Pottery公司的会计人员对两条生产线的盈利水平进行估算,收集了去年的数据,具体如下:

项目	花瓶	雕塑
价格	40美元	70美元
变动成本	30美元	42美元
贡献毛益	10美元	28美元
销售量	1 000	500

要求:

1. 若公司要实现盈亏平衡,两种产品的销售量各为多少?

2. Parker Pottery公司正在考虑更新厂房设备来提高产品质量。厂房设备的更新会使每年的固定成本增加5 260美元。如果更新成功,花瓶和雕塑的预期销售量分别为1 500件和1 000件。分别计算更新后两种产品的保本点销售量。

4-39 保本点销售量、贡献毛益率、多种类产品的收支平衡、安全边际、经营杠杆系数(LO1、LO2、LO4、LO5)

Jellico公司下一年度的预计利润表(以450 000件销售量为基础)如下:

项目	总计(美元)
销售收入	11 700 000
变动成本总额	8 190 000
贡献毛益总额	3 510 000
固定成本总额	2 254 200
经营利润	1 255 800

要求:

1. 计算:(a)单位变动成本;(b)单位贡献毛益;(c)贡献毛益率;(d)保本点销售量;(e)保本点销售额。

2. 为实现经营利润296 400美元,需售出多少件产品?

3. 如果销售收入比预期高出50 000美元,则Jellico公司的经营利润会增加多少?

4. 基于预测的销售水平,计算安全边际销售量和安全边际销售额。

5. 计算经营杠杆系数(计算结果精确到小数点后两位)。

6. 当销售收入比预期水平增长10%时,计算变动后的经营利润。

问题

4-40 保本点销售量、贡献毛益率,安全边际(LO1、LO2、LO5)

Khumbu公司下一年度的预计利润表如下:

项目	总计(美元)	单位产品(美元)
销售收入	2 040 000	24
变动成本总额	1 530 000	18
贡献毛益总额	510 000	6
固定成本总额	380 400	
经营利润	129 600	

要求:

1. 计算保本点销售量。

2. 为实现利润240 000美元,需要售出多少件产品?

3. 计算贡献毛益率。如果Khumbu的销售收入比预期高出160 000美元,利用贡献毛益率计算经营利润的变动。

4. 以预期销售水平为基础,计算安全边际销售量。

4-41 保本点销售量、经营利润、安全边际(LO1、LO5)

Kallard公司生产印有各种体育队标志的T恤。每件T恤的价格为13.50美元,单位变动成本为9.85美元。固定成本总额为197 600美元。

要求:

1. 计算保本点销售量(计算结果精确到整数位)。

2. 假设Kallard公司通过减少调试和施工用时使固定成本降低23 500美元,则需要售出多少件产品才能实现收支平衡(计算结果精确到整数位)?

3. 固定成本的降低将会对保本点、经营利润和安全边际分别产生怎样的影响?

4-42 贡献毛益、保本点销售量、保本点销售额、安全边际、经营杠杆系数(LO1、LO2、LO5)

Aldovar公司生产多种化学品,其中一个部门为实验室生产试剂,该部门下一年度的预计利润表如下:

销售收入(70×203 000)	14 210 000 美元
变动成本总额	8 120 000 美元
贡献毛益总额	6 090 000 美元
固定成本总额	4 945 500 美元
经营利润	1 144 500 美元

要求:

1. 计算单位贡献毛益和保本点销售量(计算结果精确到整数位)。计算贡献毛益率,并利用贡献毛益率计算保本点销售额(贡献毛益率精确到四位数字,保本点销售额精确到整数位)。

2. 部门经理决定增加广告预算250 000美元,这会使销售收入增长1 000 000美元。这一做法将会使经营利润增加或降低多少?

3. 假设销售收入超出预测1 500 000美元,在不编制利润表的情况下,请回答利润被低估了多少。

4. 以原始的预计利润表为基础,计算安全边际。

5. 以原始的预计利润表为基础,计算经营杠杆系数。如果销售收入比预测增长8%,则经营利润的增长率为多少(经营杠杆系数精确到小数点后两位)?

4-43 多品种产品分析、销售组合的变化、目标利润销售额(LO2、LO4)

Basu公司生产两种类型的雪橇:基础型雪橇和滑行雪橇。两种产品下一年度的预计利润表如下:

项目	基础雪橇(美元)	滑行雪橇(美元)	总计(美元)
销售收入	3 000 000	2 400 000	5 400 000
变动成本总额	1 000 000	1 000 000	2 000 000
贡献毛益总额	2 000 000	1 400 000	3 400 000
直接固定成本	778 000	650 000	1 428 000
产品毛益	1 222 000	750 000	1 972 000
经营利润			198 900
			1 773 100

基础雪橇的售价为30美元,滑行雪橇的售价为60美元(组合的保本点销售量和销售额精确到整数位)。

要求:

1. 若Basu公司实现收支平衡,计算每种产品的销售量应为多少。

2. 假设市场总监改变了两种产品的销售组合,销售组合变为5:3(基础雪橇:滑行雪橇)。按照改变后的数据回答要求1中的问题。

3. 参照原始的预测数据,假设Basu公司可以通过增加广告投入提高滑行雪橇的销售量。增加的广告投入为195 000美元,并且一些基础雪橇的潜在购买者会转而购买滑行雪橇。滑行雪橇的销售量将会增加12 000件,基础雪橇的销售量将会下降5 000件。则该战略决策是否有益于Basu公司?

4-44 本量利等式、基本概念、不确定性的应对(LO1、LO2、LO3、LO5)

Legrand公司生产塑料罐包装的护手霜。每罐的售价为3.4美元,单位变动成本(原材料、人工和制造费用)为2.55美元。固定成本总额为58 140美元。在最近一年,共售出81 600罐护手霜。

要求:

1. 计算Legrand公司的保本点销售量。最近一年的安全边际销售量为多少?

2. 编制Legrand公司最近一年的利润表。

3. 若想实现利润25 500美元,Legrand公司需要售出多少产品?

4. 若使经营利润为销售收入的10%,需要达到的销售收入水平为多少?

4－45 贡献毛益率、保本点销售量、经营杠杆（LO1、LO5）

Elgart 公司生产塑料信箱。下一年度的预计利润表如下：

销售收入	460 300 美元
变动成本总额	165 708 美元
贡献毛益总额	294 592 美元
固定成本总额	150 000 美元
经营利润	144 592 美元

要求：

1. 计算信箱的贡献毛益率。

2. Elgart 需要获得多少销售收入才能实现收支平衡？

3. 如果销售价格和单位变动成本都增长 15%，则贡献毛益率会怎样变化？

4. 假设管理者决定对所有的销售支付 4% 的佣金，预计利润表中没有体现这一佣金。假设佣金已支付，重新计算贡献毛益率。这种情况会对保本点销售量有何影响？

5. 如果佣金已如要求 4 中支付，管理者预测销售收入将增长 80 000 美元，这会对经营杠杆产生怎样的影响？支付佣金是否为正确的决策？通过计算支持你的答案。

4－46 多品种产品、收支平衡分析、经营杠杆（LO4、LO5）

Carlyle 公司生产两种类型的灯具：落地式和台式。落地灯售价为 30 美元，台灯售价为 20 美元，下一年度的预计利润表如下：

销售收入	600 000 美元
变动成本总额	400 000 美元
贡献毛益总额	200 000 美元
固定成本总额	150 000 美元
经营利润	50 000 美元

公司所有者估测落地灯的销售收入占销售收入总额的 60%，其余 40% 则来自台灯。同样地，变动成本总额中有 60% 是落地灯发生的。固定成本的 1/3 为共同固定成本，1/2 可以直接追踪到落地灯产品线。

要求：

1. 计算 Carlyle 公司为实现收支平衡需要取得的销售收入（贡献毛益率精确到 6 位数字，销售收入精确到整数位）。

2. 计算 Carlyle 公司为实现收支平衡，需要售出落地灯与台灯各多少台。

3. 计算 Carlyle 公司的经营杠杆系数。假设实际销售收入超出预测 40%，则利润的增长率将为多少？

4－47 多品种保本点（LO1、LO4）

Polaris 公司生产两种汽车用金属配件：门把手和装饰配件。固定成本总额为 146 000 美元；门把手的单价为 12 美元，单位变动成本为 9 美元；装饰配件的单价为 8 美元，单位变动成本为 5 美元。

要求：

1. 分别计算两种产品的单位贡献毛益和贡献毛益率。

2. 如果 Polaris 公司售出 20 000 个门把手和 40 000 个装饰配件，则经营利润为多少？

3. 为实现收支平衡，Polaris 公司需售出多少个门把手和多少个装饰配件？

4. 假设 Polaris 公司能够对车间进行重新安排，只生产装饰配件，这样固定成本会降低 35 000 美元，装饰配件的产销售量为 70 000 个。这样安排是否合理？请给出你的解释。

4－48 本量利分析、安全边际（LO1、LO5）

Victoria 公司生产单一产品。去年的利润表如下：

销售收入（29 000 件）	1 218 000 美元
变动成本总额	812 000 美元
贡献毛益总额	406 000 美元
固定成本总额	300 000 美元
经营利润	106 000 美元

要求：

1. 计算保本点销售量，并利用保本点销售量计算保本点销售额。

2. Victoria 公司去年的安全边际销售额为多少？

3. 假设 Victoria 公司正在考虑投资一项新技术，这样每年固定成本会增加 250 000 美元，但变动成本会降低到销售收入的 40%。销售量保持不变。假设进行这项投资，请编制 Victoria 公司的预计利润表。新的保本点销售额为多少？

4-49 本量利分析、安全边际（LO1、LO5）

Abraham 公司去年取得销售收入 830 000 美元，变动成本总额为 647 000 美元，固定成本总额为 110 000 美元。

要求：

1. 计算 Abraham 公司的变动成本率和贡献毛益率。
2. 计算保本点销售额。
3. 计算公司去年的安全边际。
4. Abraham 公司正在考虑举办一项多媒体广告活动，预期会使每年的销售收入增加 12 000 美元。这项活动成本为 4 500 美元。该广告活动是否应举办？请阐明你的观点。

4-50 利用保本点等式解决价格与单位变动成本问题（LO1）

解决下列相互独立的问题：

要求：

1. Andromeda 公司的保本点销售量为 2 400 件，单位变动成本为 43 美元，每年固定成本总额为 67 200 美元。则 Andromeda 公司的产品价格为多少？
2. Immelt 公司的产品售价为 6.5 美元，每年固定成本总额为 314 400 美元，保本点销售量为 131 000 件，则每件产品的单位变动成本为多少？

4-51 贡献毛益、本量利分析、安全边际（LO1、LO2、LO5）

Candyland 公司生产果仁巧克力，10 盎司的一盒巧克力售价为 5.60 美元。单位变动成本信息如下：

山核桃	0.70 美元
糖	0.35 美元
黄油	1.85 美元
其他原料	0.34 美元
盒子、包装物	0.76 美元
销售佣金	0.2 美元

固定制造费用为每年 32 300 美元。固定销售费用和管理费用共计每年 12 500 美元。Candyland 公司去年共售出了 35 000 盒巧克力。

要求：

1. 每盒果仁巧克力的单位贡献毛益为多少？贡献毛益率为多少？
2. 为实现收支平衡，需售出多少盒巧克力？保本点销售额为多少？
3. Candyland 公司去年的经营利润为多少？
4. 安全边际销售额为多少？
5. 假设 Candyland 公司将每盒巧克力的价格提高到 6.20 美元，则销售量会下降到 31 500 盒。新的保本点销售量为多少？Candyland 是否应该提价？请阐明原因。

4-52 保本点销售额、经营杠杆、收益变动（LO1、LO5）

同行业中两家不同公司的利润表如下：

项目	Duncan（美元）	Macduff（美元）
销售收入	375 000	375 000
变动成本总额	300 000	150 000
贡献毛益总额	75 000	225 000
固定成本总额	50 000	200 000
经营利润	25 000	25 000

要求：

1. 分别计算两家公司的经营杠杆系数。
2. 计算两家公司的保本点销售额，并解释 Macduff 公司的保本点销售额更高的原因。
3. 假设两家公司的销售收入均增长 30%，分别计算其利润变动的百分比。解释 Macduff 公司的利润增长幅度大于 Duncan 公司的原因。

4-53 贡献毛益、保本点销售额、安全边际（LO1、LO5）

假设 Kicker 公司今年 5 月与去年 5 月的销售收入和成本信息如下（单位：千美元）：

项目	今年 5 月	去年 5 月
收入总额	43 560	41 700
原材料	(17 000)	(16 000)
人工和设备	(1 400)	(1 200)
佣金	(1 250)	(1 100)
贡献毛益总额	23 910	23 400
固定仓储成本	(680)	(500)
固定管理费用	(4 300)	(4 300)
固定销售费用	(5 600)	(5 000)
研发成本	(9 750)	(4 000)
经营利润	3 580	9 600

去年 5 月，Kicker 公司开启了一个高质量项目，为一家大型汽车公司代工生产车载音箱。该项目归属于研发部门。今年年初，Kicker 公司的

会计部门对销售佣金实施了更严格的控制,确保不会出现可疑的佣金支付情况(如二次支付)。随着今年销售量的增长,对在市区租用存储空间的需求也有所增加。(注意:百分比精确到四位数字,销售额精确到整数位。)

要求:
1. 计算去年5月和今年5月的贡献毛益率。
2. 计算两年的保本点销售额。
3. 计算两年的安全边际销售额。
4. 对要求1、2、3中计算结果的差异进行分析。

案例

4-54 多品种产品的本量利分析、销售组合的变化、固定成本与变动成本的变化(LO1、LO4)

Artistic 木材加工公司是一家橱柜加工企业,随着生意的扩张雇员人数有所增长。去年取得销售收入总额850 000美元。今年前5个月的收入为600 000美元,预期全年将实现销售收入1 600 000美元。Artistic 公司所在区域内,橱柜生意的竞争很激烈,有200多家橱柜店会为同一单生意竞争。

Artistic 公司现有两种不同质量的橱柜:一级橱柜和二级橱柜。一级橱柜的质量更好。平均单价、单位变动成本及直接固定成本的信息如下:

项目	单价(美元)	单位变动成本(美元)	直接固定成本(美元)
一级橱柜	3 400	2 686	95 000
二级橱柜	1 600	1 328	95 000

共同固定成本(不能追踪到任一种橱柜的固定成本)为35 000美元。当前,每售出3件一级橱柜,同时会有7件二级橱柜售出。

要求:
1. 计算两种橱柜今年的预测销售量。
2. 计算 Artistic 公司为实现收支平衡需要售出的两种橱柜的数量。
3. Artistic 公司可购入电脑控制的设备,用来生产柜门、抽屉和框架。如果购买这种设备,每件橱柜的单位变动成本会下降9%,但是共同固定成本会增加44 000美元。计算该做法对经营利润的影响,并计算出新的保本点销售量。假设设备于6月初购买,公司的固定成本在本年内均匀分配。
4. 参照原始数据。Artistic 公司正在考虑增加一间零售店,这样会使每年的共同固定成本增加70 000美元。开设这间零售店后预期公司的销售组合会变为1:1,销售量预期增长30%。计算该做法对本年利润的影响,并计算新的保本点销售量。假设公司的固定成本在本年内均匀分配。

4-55 道德与本量利分析的应用(LO1)

Danna Lumus 是一家生产多种纸质产品的分公司的营销经理。她应分公司经理的要求,对新上线的纸巾产品进行销售预测。经理收集了各种信息,以便在两种不同生产过程间进行选择。第一种生产过程中,每件产品的变动成本为10美元,固定成本总额为100 000美元。第二种生产过程中,每件产品的变动成本为6美元,固定成本总额为200 000美元。预期每件产品的售价为30美元。Danna 进行了市场调查,并预测年销售量为30 000件。

Danna 正在犹豫是否应该把30 000件的预测销售量汇报给经理。她知道第一种生产过程需要大量的人工,而第二种生产过程会更加自动化,对人工的需求量很小并且不需要额外的生产监管人员。如果选择第一种生产方式,Jerry 和生产线上全部的工人将会被解雇。经过考虑,Danna 将预测销售量调低至22 000件。

Danna 认为将预测销售量调低的做法是合理的。因为这样经理就会选择第一种生产过程,并需要现有雇员参与生产。经理在他的决策中过多关注产量而通常忽略了产品的质量。

要求:
1. 分别计算每种生产过程的保本点销售量。
2. 计算当两种生产过程利润相等时的销售量。找出人工生产过程利润高于自动生产过程的销售量区间,及自动生产过程利润高于人工生产过程的销售量区间。请说明为什么部门经理想要知道预测销售量。

3. 讨论 Danna 调整预测销售量的做法,你是否认同该做法？她这样做合乎职业道德吗？尽管帮助许多员工保住了工作,Danna 的这种做法合理吗？是否应将员工因素考虑到决策中？实际中,在制定决策时不考虑员工因素合乎职业道德吗？

第1章至第4章综合练习

Many Glacier 酒店的成本习性与本量利分析

章节	学习目标	演练
2-4	2-2	3-2
	3-3	4-2
	4-1	4-5
	4-2	4-7
	4-4	4-9
	4-5	

综合练习的目的是体现各种成本计算方法与成本信息间的内在关系。该练习展示了通过高低点法计算得到的变动成本和固定成本信息如何应用到单一品种和多品种的产品分析中。

应用高低点法计算变动成本和固定成本

Many Glacier 酒店坐落在 Glacier 国家公园的 Swiftcurrent 湖边,是 Great Northern 铁路公司于 1915 年修建的。为了增加收入,Many Glacier 酒店在 2003 年开始加工并出售小木舟,小木舟上画有住在附近的美洲土著人手工绘制的图案。由于小木舟生意取得了巨大成功,2006 酒店开始加工并出售船桨。许多酒店的客人会购买木舟和船桨,用于在 Swiftcurrent 湖上自助游玩。因为这两种产品在不同年份开始生产,所以木舟和船桨使用不同的生产设备和雇用不同的员工。每条木舟售价为 500 美元,每只船桨售价为 50 美元。2006 年的一场大火烧毁了酒店的会计记录。然而,2007 年前投入使用的新系统提供了关于木舟和船桨生产销售的汇总数据,具体如下:

生产数据:

年份	木舟生产数量	木舟总生产成本（美元）	年份	船桨生产数量	船桨总生产成本（美元）
2012	250	106 000	2012	900	38 500
2011	275	115 000	2011	1 200	49 000
2010	240	108 000	2010	1 000	42 000
2009	310	122 000	2009	1 100	45 500
2008	350	130 000	2008	1 400	56 000
2007	400	140 000	2007	1 700	66 500

销售数据:

年份	木舟销售量	木舟总销售成本（美元）	年份	船桨销售量	船桨总销售成本（美元）
2012	250	45 000	2012	900	7 500
2011	275	47 500	2011	1 200	9 000
2010	240	44 000	2010	1 000	8 000
2009	310	51 000	2009	1 100	8 500
2008	350	55 000	2008	1 400	10 000
2007	400	60 000	2007	1 700	11 500

要求：

1. 高低点法

   a. 利用高低点法计算木舟的单位变动成本和固定成本总额。

   b. 利用高低点法计算船桨的单位变动成本和固定成本总额。

2. 本量利分析，单一品种产品情况

   运用本量利分析计算产品的保本点销售量：木舟产品（即单一品种产品）；船桨产品（即单一品种产品）。

3. 本量利分析，多品种产品情况

   酒店的会计系统数据显示平均销售组合约为每个季度售出 300 条木舟和 1 200 个船桨。船桨比木舟的销售量高出很多，因为一些没有经验的顾客经常会损坏船桨，还有一些顾客购买船桨作为礼物送给亲友等。此外，在多品种产品的本量利分析中，假设存在 30 000 美元作为木舟和船桨客户服务热线的额外共同固定成本。运用本量利分析计算木舟与船桨产品组合的保本点销售量（即多品种产品）。

4. 成本分类

   a. 对生产成本、销售成本和客户服务热线成本进行分类（作为生产成本或期间费用）。

   b. 对于期间费用，进一步将其确认为销售费用或一般管理费用。

5. 本量利敏感性分析，生产成本与期间费用，多品种产品分析

   如果分配给木舟产品线的变动成本和固定成本（参照要求 1 的计算结果）均增长 5%（在高低点法计算结果的基础上），那么为实现目标利润如 96 000 美元，需分别售出多少木舟和船桨？假设销售组合和额外的固定成本如要求 3 中所示。

6. 安全边际

   假设信息资料如要求 3 中所示，并预测下一年将售出 700 条木舟和 2 500 个船桨，计算公司的安全边际销售量和安全边际销售额。

第 5 章
分批成本法

> **管理决策**
>
> ### Washburn Guitars
>
> 自 1883 年以来，Washburn Guitars 开始生产高质量的木吉他和电吉他。Washburn 的吉他购买者涵盖了来自车库乐队至世界著名乐队的音乐人。
>
> Washburn 生产多种吉他系列。每个系列又包括多种型号，因此需要使用不同种类的资源。[①] 例如，2006 年 Washburn 开始生产 Damen Idol，零售价为 2 249 美元。这款是根据芝加哥 Wicker 公园的 Damen 街道而命名的，对另类、流行以及朋克音乐人来说，Wicker 公园是一个著名且火爆的地点。Damen 充分诠释了专业吉他的复杂性和个性化，具备如下特征：红木色的共鸣箱、如同枫叶一样红的面板、缠绕着米黄色琴弦的红木色琴颈，以及琴马上的 Seymour Duncan 定制拾音器等。Fall Out Boy 乐队的 Joe Trohman、All American Rejects 乐队的 Mike Kennerty、Soil 乐队的 Shaun Glass、Lovehammers 乐队的 Marty Casey 以及 INXS 乐队在当时均使用 Damen Idol 进行表演。
>
> 很多吉他购买者，包括大部分的专业人士，均有各种各样的产品个性化定制要求。例如，Washburn 定制商店的 Pilsen 是专门为 Billy Sawilchik 乐队制作的吉他，使其在 2005 年芝加哥白袜队和北欧西日耳曼队的美国联盟冠军赛中演奏国歌。虽然定制吉他为 Washburn 打响了知名度，但是也带来了对设计的要求，实现产品差异化，甚至是同一系列相同型号的吉他间也要实现产品差异化。产品差异化导致了所耗用材料和人工的差别，这就要求 Washburn 根据定制程度来估计每个吉他的成本。Washburn 的管理者高度依赖其有效的分批成本系统来帮助其理解与产品相关的成本。这有助于其确保每一定制批次在扣除所有成本之后，仍能实现一定的利润水平。

---

① 2009 年，Washburn 不再为顶级摇滚乐手定制吉他。它现在主要生产面向普通大众的吉他。虽然 Damen Idol 已不再生产，但它仍是分批生产产品的典型例子。

5.1 产品分批生产的环境特点

公司大体分为两种主要类型,这主要取决于其产品或服务是否独一无二。提供独特产品或服务的制造业和服务业需要采用分批成本系统。当 Washburn Guitars 生产定制吉他时,它便隶属于这一分类。另外,那些生产相似产品或服务的公司可以采用分步成本系统。Ben & Jerry's Homemade 公司生产具有各种奇特口味的优质冰淇淋,隶属于后一种分类,因为每一品脱独特口味的冰淇淋或焦糖块与其他口味是无法区分的。每家公司实际生产过程的特点决定了其应采用分批成本系统还是分步成本系统。

Kicker 管理实践

20 世纪 70 年代,Kicker 公司在 Steve Irby 的车库开始运营。Steve 是美国俄克拉荷马州立大学工程学专业的学生,同时也是当地乐队的键盘手。这个乐队需要扬声器但是却买不起新的。Steve 和他的父亲建造了木制箱子,并为其匹配上二手组件,以此制造出乐队的扬声器。后来听说其他乐队也需要扬声器,Steve 与他的朋友合伙来完成这些订单。之后,一位油田工人询问 Steve 是否能为他的货车装配音响。有了音乐的陪伴,在广袤田野上的长时间旅途变得相对顺利,但是那时组装的音响系统是比较简陋的。Steve 将设计和制造出的音响安装在驾驶员座位的后面,由此 Kicker 诞生了。

起初,Kicker 公司制造的各批产品是用以满足某个特定的货车或轿车的。Steve 收取的价款高度依赖于每批产品的成本。因为每批产品的成本是不同的,各种成本必须单独计算。显然,木头、布料、胶水和组件的成本是可追溯给各批产品的,Steve 也能够追溯人工工时。而设计时间、耗用的电动工具和空间等其他成本一同构成了制造费用。各批产品的价格在某种程度上要大于其成本,Steve 便赚取了相应的利润。

5.1.1 分批生产和成本计算

属于分批生产行业的公司提供多种产品或服务,这些产品或服务之间很容易区分,可以按客户定制或按单定制对产品进行分类,也可按提供给不同客户进行分类,例如,提供飞机租用服务的 Sky limo 公司。**一批(a job)** 是指一个能够区分的单位或组合。例如,一批可能是为 Ruiz 家庭提供一套厨房改造服务,或是为当地图书馆的儿童阅览室提供 12 套桌椅。常见的分批业务包括:①印刷;②建筑;③家具制造;④医药和牙医服务;⑤汽车修理;⑥美容服务。一批通常与某一特定的客户订单相联系。分批成本法的关键特征是不同批次的成本不同,并且必须单独记录。

对于分批生产系统,成本是按批次累计的,并且将分配成本的方法称为**分批成本法(job-order costing system)**。在分批生产的公司,按批次归集成本的做法为管理层提供了关键的信息。例如,在分批生产的环境下,价格通常是依据成本制定的。

5.1.2 分步生产和成本计算

属于分步生产行业的公司批量生产大量相似或相同的产品。分步生产的例子包括：①食品加工与制造；②水泥；③石油；④药品和化学试剂的制造。一加仑的油漆与另一加仑的油漆是完全一样的，一瓶阿司匹林与另一瓶阿司匹林也不存在区别。关键在于每一单位产品的成本与另一单位是相同的。服务公司也能使用分步成本法。例如，无论支票票面金额的大小是多少以及收款人的名字是什么，银行的支票结算部门每结算一次会发生相同的支票结算成本。

分步型公司按步骤或部门定期累计成本，计量某一特定时期、每一个步骤的产量。用某一时期、某一步骤的总成本除以该时期该步骤的产量，得出单位成本：

单位成本 = 该步骤总成本 ÷ 该步骤产量

这种成本累计方法被称为**分步成本法**（process-costing system），第 6 章会对此加以详细介绍。图表 5-1 比较了分批成本法和分步成本法。

图表 5-1　分批成本法和分步成本法的比较

分批成本法	分步成本法
● 很多种可以相互区分的产品	● 同类产品
● 成本按批次累计	● 成本按步骤或部门累计
● 单位成本 = 该批次成本/该批次产量	● 单位成本 = 该步骤总成本/该步骤产量

5.1.3 分批成本法下的生产成本

虽然在第 2 章讨论的各种生产成本定义都可以运用于分批成本法和分步成本法，但我们将会使用传统定义来阐述分批成本法的步骤，也就是生产成本包括直接材料、直接人工和制造费用。直接材料和直接人工可以十分容易地追踪到各批次产品，而制造费用包含除直接材料和直接人工以外的所有生产成本，并不能像直接材料和直接人工那样容易地追踪到各批次产品。

5.2　标准成本计算及制造费用的分配

单位成本很重要，因为管理层在制定决策时需要关于材料成本、人工成本、制造费用等方面精确的信息。例如，Bechtel 建筑公司的工程项目包括连接英国、法国的英吉利海峡隧道，以及波士顿的"Big Dig"隧道工程，通常在项目的设定点向客户开具发票。因此，及时地计算出单位成本至关重要。标准成本制度下的分批成本计算法将会为公司提供所需要的单位成本信息。

5.2.1 实际成本法和标准成本法

实际成本法和标准成本法是经常用于计量生产成本的两种方法。

1. 实际成本法

在**实际成本系统**(actual cost system)下,只有直接材料、直接人工的实际成本以及实际的制造费用才能用来确定单位成本。但是,在使用实际成本法的过程中涉及下面几个问题:

(1)制造费用的确定。单位直接材料和单位直接人工的计算相对容易。然而,确定制造费用却相当困难。制造费用项目不像直接材料和直接人工那样与产品存在直接联系。例如,保安工资的多大比例应该分配到单位产品或服务的成本中去?虽然公司可以用特定期间的制造费用总额除以生产产量计算出平均的制造费用,但是这通常会扭曲成本,因为制造费用和生产产量并不是随着时间均匀发生的。

(2)不均匀的制造费用。很多制造费用并不是在全年内均匀发生的。例如,实际修理费用只有当机器出现故障时才发生。所以机器发生故障那个月的制造费用通常会高于其他月。

(3)不均匀的产量。不均匀的产量水平意味着产量较低的那个月将会发生较高的单位制造费用,产量较高的那个月将会发生较低的单位制造费用,即使整个生产过程和制造费用总额可能保持不变。解决办法之一就是等到年末,用实际制造费用总额除以实际总产量,但这对于大部分公司来讲并不现实。

严格意义上的实际成本系统是很少被使用的,因为它们不能及时提供准确的单位产品成本信息。公司整个会计年度都需要单位成本信息,以此编制中期财务报表,并帮助管理层做出经营决策,如定价。管理层必须对市场的日常状况及时做出反应,从而保持企业的竞争地位。因此,他们需要及时的信息。

2. 标准成本法

标准成本法解决了实际成本法所面临的一系列问题。**标准成本系统**(normal cost system)通过加总实际直接材料、实际直接人工和预计制造费用来确定单位成本。年初通过估计本年制造费用并且在整个会计年度采用统一的预定分配率,来获取所需要的单位成本信息。实际上所有的企业都使用标准成本法。

5.2.2 制造型企业单位成本的重要性

单位成本对于制造业企业来讲是一项非常重要的信息。单位成本对于确定存货的价值、收入以及其他很多重要决策都至关重要。

披露存货成本和确定收入是财务报表的要求,是公司每一期期末必须着手解决的问题。为了报告存货成本,企业必须知道现有的产品数量和单位成本。为了计算用以确定收入的销货成本,企业也必须知道产品的销售量和单位成本。

注意,完全成本信息不仅对财务报告有用,对很多重要的内部决策也至关重要。从长远的角度考虑,任何产品都会发生变化,它的价格必须覆盖其所有的成本。企业的许多重要内部决策依赖于单位成本信息,如引进新产品、保持现有产品、分析长期价格趋势等。

5.2.3　服务企业单位成本的重要性

如同制造业企业一样,服务企业和非营利企业也需要单位成本信息。从概念上来讲,无论公司是否为制造业企业,累计和分配成本的方式是相同的。服务企业首先必须识别所提供的服务"单位"。医院会按照病人、护理日和检查类型(如 X 光、全血液检测)来累计成本。政府机构也必须识别提供服务的成本。例如,市政府提供家用垃圾回收服务,可能按照卡车运行次数或服务的家庭数目来计算成本。

服务企业使用成本数据的方式与制造业企业大体相似,它们使用成本来确定盈利能力和引进新服务的可行性等。然而,由于服务企业不提供实体产品,它们不需要计算在产品和产成品存货的价值(日常用品简单地按照历史成本计量)。

> **道德决策**
>
> 非营利公司必须追踪成本以确保它们用成本—效率的方式提供服务。政府机构对纳税人承担着合理有效使用资金的受托责任,这要求其准确地计算成本。没有这样的责任,就会产生令人质疑的结果,例如,据称有几家制药公司对医疗救助的病人使用的常见处方药收费过高。根据医疗救助的相关规定,政府按照所使用药品的平均批发价给予公司补贴。据说 Sandoz 制药公司将药价抬高到 60 000%(具体参见第 13 章关于成本加成定价中对道德问题的讨论)。[①]

成本会计系统计量和分配成本以便确定每种产品或服务的单位成本。单位成本对于服务业和制造业来讲都是一种关键的信息。投标是市场上获取专用产品和服务等的常见方式(如为专用的工具、审计服务、法律服务、医疗检测和程序投标)。例如,毕马威在事前不知道服务单位成本的情况下,是不可能向大型的审计客户呈送出一份有价值的招标书的。

5.2.4　标准成本法和制造费用估计

在标准成本法下,要估计制造费用并将其分配给产品。制造费用分配的基本过程分为三个步骤:步骤 1,计算预计制造费用分配率;步骤 2,把制造费用分配给整个会计年度生产的产品;步骤 3,调整本年实际发生的制造费用与已分配的制造费用之间的差异。

---

① Jim Edwards, "Sandoz Overcharged Medicaid by 60 000% in $13B Pricing Scam, Says Judge", *BNET*. (January 28, 2010): http://industry.bnet.com/pharma/10006357/sandoz-overcharged-medicaid-by-60000-in-13b-pricing-scam-says-judge/

1. 步骤 1,计算预计制造费用分配率

预计制造费用分配率(**predetermined overhead rate**)在年初计算,是用预计年度制造费用除以相关作业或成本动因的预计总水平。

预计制造费用分配率 = 预计年度制造费用 ÷ 预计年度作业总量

注意,预计制造费用分配率中的分子和分母采用的都是估计值。这一估计是十分必要的,因为制造费用分配率通常是在年初提前计算的,那时公司还不知道实际水平将会怎样,所以不太可能使用实际制造费用和实际作业总量。

预计制造费用是对企业下一年制造费用(水电费、间接人工、折旧等)的最优估计。这一估计值往往是在上一年数据的基础上,考虑下一年的预期变化加以调整后得来的。

相关的作业量取决于哪一项作业与制造费用的关系最密切。通常,被选择的作业是直接人工工时或是直接人工成本,当大部分制造费用与直接人工相联系时(如额外福利、工人安全教育项目、人事部的营运成本),这种选择才有意义。对于自动化生产的公司来讲,机器工时是一个较好的选择。大部分制造费用由设备维护费、机器折旧、机器用电费等组成。预计作业量是下一年预期的直接人工工时或是机器工时。Washburn Guitars 发现其大部分制造费用与直接人工相关联(如琴身和琴颈的打磨,指板的组装,琴颈连接处的打磨、穿孔、喷漆、架线和组装),或者与机器相关联(琴身和琴颈的初步加工,指板的嵌入过程和切削)。因此,直接人工工时和机器工时是分配制造费用的相关作业。

2. 步骤 2,分配制造费用给产品

一旦计算出制造费用分配率,公司就可以开始将制造费用分配给产品。通过预计制造费用分配率与特定期间的实际相关作业量相乘,便可以得出**已分配制造费用**(**applied overhead**)。

已分配制造费用 = 预计制造费用分配率 × 实际作业量

假定一家公司的制造费用分配率是 5 美元/机器工时。1 月的第 1 周,公司耗用的机器工时为 9 000 小时。那么这一周的产品应分配的制造费用为 45 000 美元(5 × 9 000)。任何期间的算法都是一样的。所以,如果这家公司在 1 月耗用的机器工时数为 50 000 小时,那么 1 月应分配的制造费用为 250 000 美元(5 × 50 000)。

这一时期的产品总成本为实际的直接材料成本、实际的直接人工成本加上分配的制造费用:

标准生产成本总额 = 实际直接材料成本 + 实际直接人工成本 + 已分配制造费用

演练 5.1 展示了如何计算预计制造费用分配率,并使用这一比率来分配制造费用。

演练 5.1

计算预计制造费用分配率并分配制造费用

知识梳理:

预计制造费用分配率使公司整个会计年度的制造费用分配维持在固定的水平,并使单位产品成本不受季节性和生产过程差异性的影响。

资料：

Argus 公司在年初对下列成本做出了估计：

制造费用	360 000 美元
直接人工成本	720 000 美元

Argus 使用标准成本法并且依据直接人工成本分配制造费用（直接人工成本等于直接人工总工时乘以工资率）。2 月的直接人工成本为 56 000 美元。

要求：

1. 计算本年的预计制造费用分配率。
2. 计算 2 月应分配的制造费用。

答案：

1. 预计制造费用分配率 = 360 000/720 000 = 0.50，或直接人工成本的 50%
2. 2 月分配的制造费用 = 0.50 × 56 000 = 28 000（美元）

---

3. 步骤 3，调整实际制造费用与已分配制造费用之间的差异

回顾制造费用的两种类型：

- 实际制造费用：全年在制造费用账户中追踪记录的费用。
- 已分配制造费用：计算出的全年制造费用，与实际的直接人工成本和直接材料成本加总可以得出产品成本总额。

年末，必须要确认实际制造费用与已分配制造费用之间的差异，并结转到销货成本账户，以反映实际制造费用的耗费。

假设 Proto 公司今年的实际制造费用为 400 000 美元，但是已分配制造费用为 390 000 美元。Proto 公司低估了 10 000 美元的制造费用。如果已分配制造费用是 410 000 美元，则分配给产品的制造费用就过多了，Proto 公司高估了 10 000 美元的制造费用。实际制造费用与已分配制造费用之间的差异被称为**制造费用差异**（overhead variance）：

$$制造费用差异 = 实际制造费用 - 已分配制造费用$$

如果实际制造费用比已分配制造费用大，那么这一差异为**制造费用分配不足**（underapplied overhead）。如果实际制造费用比已分配制造费用小，那么这一差异为**制造费用分配过度**（overapplied overhead）。如果制造费用被低估了，那么产品成本也相应地被低估了。在这种情形下，制造费用要低于其真实值。反之，如果制造费用被高估了，那么产品成本也相应地被高估了。在这种情形下，制造费用要高于其真实值。图表 5 - 2 阐述了制造费用分配不足和分配过度的概念。

因为准确估计未来的制造费用和生产活动是不可能的，制造费用差异实际上是不可避免的。然而，在期末财务报表中的成本必须是实际数额，所以，必须采取相应的措施来处理制造费用差异。通常，将全部的制造费用差异分配给销货成本，这一会计实务是依据重要性原则而做出的调整。例如，在订书机的成本分配上，将订书机的成本在取得的期间费用化，而不是在订书机的整个寿命周期加以折旧分摊，这也体现了重要性原则。

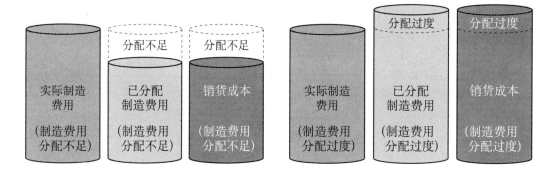

图表 5 – 2 实际制造费用和已分配制造费用

因为制造费用差异相对较小,而且所有产品成本最终都会演变成销货成本的,所以处理方法并不是十分关键的问题。因此,制造费用被低估的部分要加到销货成本中去,制造费用被高估的部分要从销货成本中减去。

$$调整后的销货成本 = 未调整的销货成本 \pm 制造费用差异$$

假设 Proto 公司销货成本账户的期末余额为 607 000 美元。被低估的 10 000 美元的制造费用差异将会被加到销货成本中去,调整后的账户余额为 617 000 美元(因为已分配的制造费用为 390 000 美元,实际制造费用为 400 000 美元,生产成本被低估了 10 000 美元,必须增加销货成本以修正这一问题)。如果制造费用被高估了,将会从销货成本中减去 10 000 美元,调整后的账户余额为 597 000 美元。演练 5.2 展示了 Argus 公司是如何调整实际制造费用与已分配制造费用之间的差异的。

演练 5.2

调整实际制造费用与已分配制造费用之间的差异

知识梳理:

已分配制造费用和实际制造费用很少是完全相同的。因为销货成本和存货成本是按历史成本记录的,已分配制造费用和实际制造费用两者的差异必须要加以确认,总成本也必须加以调整。

资料:

回顾 Argus 的预计制造费用分配率为 0.50 或是直接人工成本的 50%。年末,实际数据如下:

制造费用	375 400 美元
直接人工成本	750 000 美元

销货成本(在调整制造费用差异之前)为 632 000 美元。

要求:

1. 计算本年的制造费用差异。
2. 通过调整销货成本来处理制造费用差异。

答案：

1. 本年已分配制造费用 = 0.50 × 750 000 = 375 000（美元）

实际制造费用	375 400 美元
已分配制造费用	375 000 美元
制造费用差异——低估	400 美元

2.

未调整的销货成本	632 000 美元
加：制造费用差异——低估	400 美元
调整后的销货成本	632 400 美元

如果制造费用差异的金额很大，则要采取其他的解决措施，即在在产品、产成品的期末余额和销货成本之间分配差异，这将在以后的会计课程中加以详细讨论。

5.2.5 部门制造费用分配率

目前为止，制造费用的分配仍然强调全厂范围内采用统一的分配率。**全厂制造费用分配率**（**plantwide overhead rate**）是通过全厂的预计制造费用总额除以全厂的预计作业量得出的单一制造费用分配率。然而，一些公司认为多种制造费用分配率能够提供更准确的成本信息。服务企业或者制造业企业的服务部门可以使用不同的制造费用分配率来为服务定价。

部门制造费用分配率是多种制造费用分配率中被广泛使用的一种类型。**部门制造费用分配率**（**departmental overhead rate**）由部门预计制造费用除以该部门预计作业量得出：

部门制造费用分配率 = 预计部门制造费用/预计部门作业量

采用部门制造费用分配率来计算和分配制造费用的步骤与全厂制造费用分配率是一致的。公司制造费用分配率的数目与部门的数目一样多。演练5.3展示了如何计算和应用部门制造费用分配率。

演练 5.3

计算预定部门制造费用分配率并分配制造费用

知识梳理：

部门制造费用分配率允许公司为不同的生产部门确定不同的制造费用。当产品经过一个或多个部门时，这些分配率能使制造费用的分配更加精确。

资料：

年初，Sorrel公司做出了如下估计：

项目	加工部门(美元)	组装部门(美元)	总计(美元)
制造费用	240 000	360 000	600 000
直接人工工时	135 000	240 000	375 000
机器工时	200 000	—	200 000

Sorrel 公司使用部门制造费用分配率,其中,加工部门的制造费用按照机器工时分配,组装部门的制造费用按照直接人工工时分配。6月的实际数据如下:

项目	加工部门(美元)	组装部门(美元)	总计(美元)
制造费用	22 500	30 750	53 250
直接人工工时	11 000	20 000	31 000
机器工时	17 000	—	17 000

要求:

1. 计算加工部门和组装部门的预定制造费用分配率。
2. 计算6月应分配给各部门的制造费用。
3. 每一部门的制造费用高估或低估了多少?

答案:

1. 加工部门的制造费用分配率 = 240 000/200 000 = 1.20(美元/机器工时)
   组装部门的制造费用分配率 = 360 000/240 000 = 1.5(美元/人工工时)
2. 6月加工部门的制造费用 = 1.2 × 17 000 = 20 400(美元)
   6月组装部门的制造费用 = 1.5 × 20 000 = 30 000(美元)

项目	加工部门(美元)	组装部门(美元)
实际制造费用	22 500	30 750
已分配制造费用	20 400	30 000
低估的制造费用	2 100	750

认识到部门制造费用分配率仅仅是把总制造费用分给两个或者更多的部门这一点很重要。把所有部门的制造费用加总,就可以得到全厂的制造费用。演练5.4对此进行了阐述。

演练 5.4

把部门数据转化为全厂数据来计算制造费用分配率,并分配制造费用

知识梳理:

这一过程能帮助管理层认识到制造费用分配率仅仅是分配制造费用的一种方式。制造费用并不因为所选的方法增加或减少,只是分配给产品的方式不同,而分配方式取决于部门的成本驱动因素。

资料：

年初，Sorrel 公司做出了如下估计：

项目	加工部门（美元）	组装部门（美元）	总计（美元）
制造费用	240 000	360 000	600 000
直接人工工时	135 000	240 000	375 000
机器工时	200 000	—	200 000

Sorrel 公司决定依据直接人工工时，使用全厂统一的制造费用分配率。6 月的实际数据如下：

项目	加工部门（美元）	组装部门（美元）	总计（美元）
制造费用	22 500	30 750	53 250
直接人工工时	11 000	20 000	31 000
机器工时	17 000	—	17 000

要求：

1. 计算预计全厂制造费用分配率。
2. 计算 6 月的已分配制造费用。
3. 计算 6 月的制造费用差异。

答案：

1. 预计全厂制造费用分配率 = 600 000/375 000 = 1.6（美元/人工工时）
2. 6 月的已分配制造费用 = 1.6 × 31 000 = 49 600（美元）
3. 制造费用差异 = 实际制造费用 − 已分配制造费用 = 53 250 − 49 600
   = 3 650（美元）（低估）

如何处理制造费用通常被给予了很大的关注，因为这是标准成本法的关键。下面介绍在分批成本系统下如何使用标准成本法计算单位产品成本。

5.2.6 分批成本系统下的单位成本

在分批成本法下，总是要采用预计制造费用分配率，因为各批产品的完工很少与会计年度相吻合。因此，在本章的剩余部分，将会使用到标准成本法。

各批产品的单位成本是该批的总成本（耗用的材料、人工和分配的制造费用）除以该批的产量：

$$单位生产成本 = 总生产成本 \div 产量$$

尽管从概念上来说是简单的，但是由于实际计算中涉及账务处理，可能会有些复杂。

例如，假定 Stan Johnson 成立了一家新公司——Johnson 皮具公司，生产定制的皮制品。Stan 认为市场对独款独件的钱包、公文包和背包存在着需求。1 月是公司生产经营的第一个月，他取得了两笔订单，第一笔订单是为当地的体育用品商店生产 20 个皮质背包。第二笔订单是为当地大学的教练制作 10 个不同的用特殊工具加工而成的公文包。每一笔订单的价格是在成本基础上另加 50%。第一笔订单要耗费直接材料（皮革、线、扣子)、直接人工(剪裁、缝制、组装)和制造费用。假定制造费用依据直接人工工时分配。假设直接材料成本是 1 000 美元,直接人工成本是 1 080 美元(共 60 小时,每小时 18 美元)。如果预计制造费用分配率为 4 美元/人工工时,那么该批分配的制造费用为 240 美元(共 60 小时,每小时 4 美元)。这批背包的总成本为 2 320 美元,单位成本为 116 美元。计算过程如下:

直接材料	1 000 美元
直接人工	1 080 美元
制造费用	240 美元
总成本	2 320 美元
÷产量	÷20
单位成本	116 美元

因为本例中价格与成本密切关联,所以很容易计算出 Stan 将会向体育用品商店收取 3 480 美元的价款(成本为 2 320 美元,再加上 50% 的成本),每个背包的价格为 174 美元。

5.3 依据原始凭证,记录各批产品成本

通过编制原始凭证来记录分批生产情况,并以此跟踪各批产品成本。在采用分批成本法的公司中,价格通常是依据成本制定的,所以密切关注各批产品的成本至关重要。

> **道德决策**
> 当公司将一批产品的部分成本加到另一批产品的成本计算单中时,道德问题由此产生。第一批产品的成本和价格均被低估了,而另一批产品的成本和价格均被高估了。顾客相信公司在采用分批法进行账务处理时具备专业性并诚实守信。

5.3.1 分批成本单

Stan 是如何知晓该批次产品的实际材料成本是 1 000 美元或实际直接人工成本是 1 080 美元的?为了确定这些数字,Stan 需要跟踪这些成本。一种方式是每一批新产品开始生产时,编制分批成本单。Stan 生产背包的初期计算单中,列出了单批产品的材料成本、人工成本和制造费用的总和,是分批成本单中最简单的例子。对于每批产品,都要编制**分批成本单**(**job-order cost sheet**)。分批成本单既是在产品账户的明细分类账,又是累计与某一特定批次产品相关成本的主要凭证。图表 5-3 呈现了一张简化的分批成本单。

图表 5-3　Johnson 皮具公司的分批成本单

批次:背包	开始日期:20××年1月3日	完成日期:20××年1月29日
	直接材料	1 000 美元
	直接人工	1 080 美元
	已分配制造费用	240 美元
	总成本	2 320 美元
	÷产量	÷20
	单位成本	116 美元

分批成本单包括了与某批产品相关的所有信息。对于简单的产品批次,分批成本单是相当简洁的,仅仅包含批次名称(背包)、直接材料、直接人工成本及制造费用。

Johnson 皮具公司在1月仅有两个产品批次,通过将其分别命名为"背包"和"公文包"就能容易地区分开来。某些公司可能发现用顾客的名称来识别产品批次更容易。例如,建筑公司可能采用"Kumar 住宅"或"Malkovich 房屋"来识别定制的房屋。

随着产品批次的增多,公司发现将批次加以编号会更方便区分各个产品批次。例如,公司很可能将产品批次编号为批次13、批次5776,或者批次 ALM67。或者每一年重新编制产品批次号,那么2016年的第一批产品编号为2016—001,第二批产品编号为2016—002,等等。关键的一点是每批产品都是独一无二的,并必须具备独特的可辨认的名称。名称或是批次编号即为分批成本单的标题。

在产品包含了所有未完工产品。在分批成本系统下,会存在很多未完工产品批次。月末的在产品余额将会是所有未完工批次的分批成本单的加总。

分批成本系统必须有能力识别各批产品耗用的直接材料、直接人工的数量及制造费用。也就是说,需要凭证和程序将各批产品的生产投入与这一批次紧密联系起来,因而需要使用直接材料领料单、直接人工计时卡以及分配制造费用所使用的作业动因的原始凭证。

5.3.2　领料单

可以通过**领料单**(**materials requisition form**)这一原始凭证(如图表 5-4)将直接材料成本分配给各批产品。注意,领料单需要填写直接材料的类型、数量、单价,更重要的是填写产品批次。通过使用领料单,成本会计部门可以将直接材料成本正确地填写到分批成本单中。

如果采用自动化会计系统,在利用领料单这一原始凭证的基础上,可能在电脑终端直接填写数字即可。电脑程序将直接材料成本记录到各批产品中去。领料单不仅为分配直接材料提供了必要的信息,也包含了其他的数据项目,如领料单编号、日期和签名,这些信息有助于公司合理控制直接材料的库存。例如,签名将掌管材料的责任从仓库人员转移到领料人的手中,领料人通常是生产主管。

图表 5-4　领料单

领料单编号:012 日期:20××年1月11日 部门:组装部门 批次:公文包			
摘要	数量(单位)	单位成本(美元)	总成本(美元)
扣子	10	3	30
签名 **Jim Lawsan**			

特定批次的日常用品、润滑油等其他材料均不用追踪记录成本,这些间接材料成本通过预计制造费用分配率分配给各批产品。

5.3.3　计时卡

直接人工必须与特定的产品批次相关联。将直接人工成本分配给各批产品利用的是计时卡这一原始凭证(图表 5-5)。工人每天都要填写**计时卡**(**time ticket**),上面记录着姓名、工资率和每一批次的工时。收集整理这些计时卡,并将其传送给成本会计部门,从而将直接人工成本过账给各批产品。此外,在自动化的会计系统中,过账还涉及将数据录入电脑中。

计时卡仅仅是为直接人工服务的,因为间接人工对于所有批次都是一样的,这些成本属于制造费用,并采用一种或多种预计制造费用分配率加以分摊。

图表 5-5　计时卡

计时卡编号#:008 员工姓名:Ed Wilson 日期:20××年1月12日					
开始时间	结束时间	总工时(小时)	小时工资(美元)	金额(美元)	产品批次
8:00	10:00	2	18	36	背包
10:00	11:00	1	18	18	公文包
11:00	12:00	1	18	18	背包
1:00	5:00	4	18	72	背包
审批:Jim Lawsan(部门主管)					

所有完工产品的分批成本单可以看作存货的明细分类账,那么在产品账户包括了所有未完工产品的分批成本单。存货账户由所有已经完工但未出售的产品的分批成本单组成,当完工产品已经出售并运送出去时,便会将其从存货记录中移除,并将出售产品的成本记录下来,作为计算这一期间销货成本的基础。接下来,我们将会检查成本在这些账户间的流转。

由你做主

为其他作业创建原始凭证

你是一家公司的成本会计主管,该公司为特殊事件,如婚礼、成年礼、纪念晚会、公司开业典礼等提供摄影服务。服务成本根据服务批次的不同而不同。各服务批次摄影师的工作时间利用计时卡来加以记录。然而,你们公司现在想要给摄影师提供额外的交通补贴,并且可能为此向客户收取额外的费用。

什么类型的原始凭证可以起到累计行驶里数的作用?

在本例中,你们公司不仅需要知道每一位摄影师的行驶里数,也需要知道摄影师属于哪一个服务批次。一个相对简单的里数登记表,列出了日期、开始的里数、结束的里数、旅行的目的等。这将会有助于你计算行驶里数(结束的里数减去开始的里数),并将其分配给某一特定的服务批次。另外,每一位摄影师的总行驶里数可以按月计算,然后乘以公司的交通补贴率,这就可以对每一位摄影师驾驶汽车的成本加以补贴。

某些公司可能有其他特定的需要。例如,公司可能有不同的汽车,并且想要针对不同的汽车计算出不同的补贴率,如使用货车的补贴率可能要比使用小轿车的高。在这种情形下,需要加入额外一栏来记录汽车的类型或汽车的车牌号。

另外,一些公司可能选用直接人工工时以外的制造费用分配基础,如使用机器工时来分配制造费用。那么,必须开发新的原始凭证。这种用以记录每一服务批次所使用机器工时的原始凭证可以以计时卡为模板。

因此,不同的公司可能有不同的原始凭证来满足特定的会计信息需要。

5.4 账户间的成本流转

成本流转描述了成本从发生到最终确认为利润表中费用的过程。分批成本系统尤其关注制造业的成本流转。我们首先描述生产成本的三要素——直接材料、直接人工和制造费用是如何从在产品流入产成品中,最后流入销货成本中的。图表5.6描述了采用分批成本法的公司的成本在各账户间的流转过程。

我们仍以Johnson皮具公司简化的加工车间环境为例。为了创办公司,Stan租用了一间小型办公楼,并购买了必要的生产设备。回顾他在1月取得的两笔订单:一笔是当地体育用品商店的20个背包,另一笔是当地大学教练的10个公文包。两笔订单的销售价格均是在生产成本的基础上加价50%。Stan期望在经营的第一年,每月平均取得两笔订单。

Stan创建了两张分批成本单,一张用以记录背包成本,另一张用以记录公文包成本。

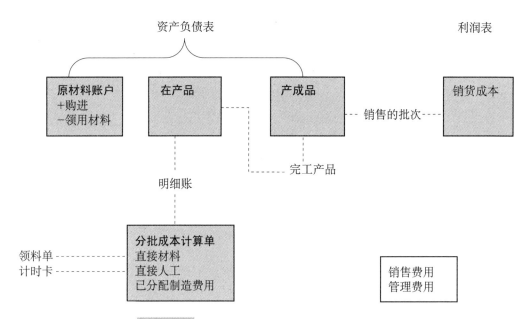

图表 5-6　分批成本法下成本在各账户间的流转

5.4.1 核算材料成本

公司是刚刚成立的,所以不存在期初存货。为了在 1 月能够生产背包和公文包并且保证 2 月有充足的材料,Stan 以赊销的方式购进了 2 500 美元的原材料(皮革、背包肩带、粗线、扣子)。这些有形的材料被存放在仓库中。在会计记录中,原材料和应付账款均增加 2 500 美元。原材料属于存货账户(它出现在资产负债表中的流动资产项目下),也是所有原材料的统驭账户。任何采购均增加原材料账户。

当生产主管为某批产品领用材料时,材料便离开了仓库。材料成本从原材料账户移除,并加到在产品账户中去。当然,在分批生产的环境下,从仓库转移到生产地点的材料必须以合适的产品批次作为标记。假设 Stan 生产背包需要 1 000 美元的材料,生产公文包需要 500 美元的材料,那么背包的分批成本单将会显示 1 000 美元的直接材料,公文包的分批成本单将会显示 500 美元的直接材料。图表 5-7 总结了原材料成本流转到两批产品的过程。

原材料账户因为购进而增加 2 500 美元,因为生产领用材料而减少 1 500 美元。所以,在这两笔交易后原材料账户的余额为:

原材料期初余额 + 购进 - 材料领用 = 原材料期末余额

0 美元 + 2 500 美元 - 1 500 美元 = 1 000 美元

图表 5-7　材料成本流转过程汇总

	A	B	C	D	E	F	G	H
1			原材料账户					
2	期初余额		0美元					
3	加：购进		2 500美元					
4	减：领用的直接材料		1 500美元					
5	期末余额		1 000美元					
6								
7				在产品账户				
8		批次：背包			批次：公文包			
9	直接材料		1 000美元		直接材料		500美元	
10	直接人工				直接人工			
11	已分配制造费用				已分配制造费用			
12	总成本				总成本			
13	产量		÷20		产量		÷10	
14	单位成本				单位成本			
15								

5.4.2　核算直接人工成本

由于这两批产品在1月处于生产过程中，Stan不仅需要确认直接人工的总工时，还要分别确认两批产品的工时。生产背包需要60小时，平均工资率为每小时18美元，总直接人工成本1 080美元。生产公文包的总直接人工成本则为450美元，工时为25小时，平均工资率为每小时18美元。这些金额被过账到各批产品的成本计算单中。图表5-8总结了直接人工成本的流转过程。注意，分配给两批产品的直接人工成本恰好等于分配给在产品的总人工成本。要记住，人工成本流转仅仅反映的是直接人工成本，间接人工成本作为制造费用分配给产品。

图表 5-8　直接人工成本流转过程汇总

	A	B	C	D	E	F	G	H
1			应付工资账户					
2	背包的直接人工工时		60小时					
3	公文包的直接人工工时		25小时					
4	总直接人工工时		85小时					
5	工资率（美元/小时）		×18					
6	总直接人工成本		1 530美元					
7								
8				在产品账户				
9		批次：背包			批次：公文包			
10	直接材料		1 000美元		直接材料		500美元	
11	直接人工		1 080美元		直接人工		450美元	
12	已分配制造费用				已分配制造费用			
13	总成本				总成本			
14	产量		÷20		产量		÷10	
15	单位成本				单位成本			
16								

在这个交易中涉及的账户要多于图表5-8所呈现出来的，记录人工成本是一个复杂的过程，因为公司还必须记录联邦社会保险税（FICA）、医疗保险、联邦和州失业税、休假等，我们将只关注把直接人工成本加到产品或服务成本中这一过程，而不关注与人工相关联的各种账户的细节。

5.4.3 核算制造费用

使用标准成本法意味着采用预计分配率来分配制造费用。实际发生的制造费用也要被记录,但是应站在公司整体层面(不是某一特定产品批次)上加以记录。

制造费用可以采用全厂单一分配率或部门多种分配率进行分配。通常,直接人工工时是计算全厂单一分配率所使用的指标,部门分配率则依据成本动因,如直接人工工时、机器工时或直接材料成本。全厂单一的制造费用分配率具备简便和数据收集要求少等优点。为了阐释这两个特征,假定 Johnson 皮具公司预计总制造费用为 9 600 美元,预计直接人工工时为 2 400 小时。于是,预计制造费用分配率为:

$$预计制造费用分配率 = \frac{9\ 600}{2\ 400} = 4(美元/人工工时)$$

生产背包的直接人工工时为 60 小时,记入分批成本单的已分配制造费用金额应为 240 美元(4×60),公文包的已分配制造费用金额应为 100 美元(4×25)。注意,分配制造费用仅仅需要分配率和各批产品所耗用的直接人工工时,因为为了分配各批产品的直接人工成本,早已收集了直接人工工时,所以分配制造费用将不需要额外的数据收集。

5.4.4 核算实际制造费用

制造费用已经分配给各批产品,但是实际发生的制造费用呢?为了阐述实际制造费用是如何记录的,假设 Johnson 皮具公司 1 月发生了以下间接成本:

租赁费	200 美元
水电费	50 美元
机器折旧	100 美元
间接人工	65 美元
制造费用总额	415 美元

理解实际制造费用从不记入在产品账户这一点尤其重要。常见的流程是将实际制造费用记录到制造费用统驭账户中。期末(通常是年末),需要调整实际制造费用与已分配制造费用间的差异,并且如果差异不重要,则将差异结转到销货成本中去。

1 月末,Johnson 皮具公司发生的实际制造费用为 415 美元,而已分配制造费用为 340 美元。因此,制造费用差异为 75 美元(415 - 340),这意味着低估了 1 月的制造费用。

图表 5-9 总结了制造费用的流转过程。注意,应用于所有批次产品的制造费用记录到在产品账户中。

让我们花费一点时间做一下简单的梳理:一批产品的成本包括直接材料、直接人工和已分配制造费用,这些成本记录在分批成本单中。任何时候的在产品都是所有未完工产品的分批成本单中成本的加总,但某批产品完工时,它必须从在产品账户中移除,记录到产成品账户或是销货成本中去。

图表 5-9 制造费用流转过程汇总

	A	B	C	D	E	F	G	H
1	应付工资账户				已分配制造费用账户			
2	租赁费		200美元		直接人工工时		85小时	
3	水电费		50美元		分配率（美元/小时）		×4	
4	机器折旧		100美元		总已分配制造费用		340美元	
5	间接人工		65美元					
6	总实际制造费用		415美元					
7								
8					在产品账户			
9	批次：背包				批次：公文包			
10	直接材料		1 000美元		直接材料		500美元	
11	直接人工		1 080美元		直接人工		450美元	
12	已分配制造费用		240美元		已分配制造费用		100美元	
13	总成本				总成本			
14	产量		÷20		产量		÷10	
15	单位成本				单位成本			
16								

5.4.5 核算产成品

当某批产品完工时，直接材料成本、直接人工成本和已分配制造费用加总得出该批产品的生产成本。同时，完工产品的成本由在产品账户转移到产成品账户中去。

例如，假设背包在1月完工，完工的成本计算单如图表 5-9 所示。因为背包已经完工，生产成本总额 2 320 美元必须由在产品账户转移到产成品账户中去。图表 5-10 总结了某批产品完工时，所发生的成本流转过程。

图表 5-10 由在产品到产成品的成本流转过程汇总

	A	B	C	D	E	F	G	H
1					背包结转到产成品前的在产品账户			
2	批次：背包				批次：公文包			
3	直接材料		1 000美元		直接材料		500美元	
4	直接人工		1 080美元		直接人工		450美元	
5	已分配制造费用		240美元		已分配制造费用		100美元	
6	总成本		2 320美元		总成本		1 050美元	
7	产量		÷20		产量			
8	单位成本		116美元		单位成本			
9								
10					背包结转到产成品后的在产品账户			
11	批次：公文包							
12	直接材料		500美元					
13	直接人工		450美元					
14	已分配制造费用		100美元					
15	总成本		1 050美元					
16	产量							
17	单位成本							
18								
19			产成品账户					
20	期初余额		0美元					
21	加：完工的背包		2 320美元					
22	减：出售产品		0美元					
23	期末余额		2 320美元					
24								

注：表格中包含了背包的单位成本信息，因为背包已经完工，而公文包仍然处于生产过程中，所以仍不能计算单位成本。

一批产品的完工是生产成本流转中的重要步骤。产成品成本从在产品账户中移除，加入产成品账户中去，最终加入利润表的销货成本中去。为了确保成本计算的准确性，要编制产品生产成本表。图表 5-11 展示了 Johnson 皮具公司 1 月产品生产成本表。注意，使用已分配制造费用来获取产品生产成本信息。在产品和产成品均以标准成本衡量而不是实际成本。

图表 5-11　Johnson 皮具公司 1 月的产品生产成本表　　　单位：美元

项目	金额
直接材料：	
期初原材料	0
购进的原材料	2 500
可用原材料总计	2500
期末原材料	1 000
耗用原材料总计	1 500
直接人工	1 530
制造费用：	
租赁费	200
水电费	50
折旧	100
间接人工	65
	415
减：低估的制造费用	75
已分配的制造费用	340
当前生产成本	3 370
加：期初在产品	0
生产成本总额	3 370
减：期末在产品	1 050
生产成本	2 320

在产品期末余额是 1 050 美元。这个数字是从哪里来的？对于这两批产品，背包完工了，并结转到产成品账户中去了。公文包仍处于生产过程中，目前为止其生产成本包括 500 美元的直接材料、450 美元的直接人工和 100 美元的已分配制造费用。这些成本的总额构成了期末在产品的成本。用图表 5-10 中公文包所显示的数据对此加以验证。

5.4.6　核算销货成本

采用分批生产的公司，可能为某一特定客户生产产品，也可能将产品生产出来以待日后销售。如果某批产品是专门为某一客户生产的(如背包)并且将其送达客户,那么产成品成本就会迅速变为销货成本。当背包完工时,销货成本增加了 2 320 美元,而在产品减少了同等金额(因为这批产品已经完工,所以生产成本不能保留在在产品中)。那么,通过增加 3 480 美元(成本加成 50%,即 2 320 + 1 160)的销售收入和应收账款来确认销售。

销货成本表通常在报告期期末编制(如月末和季末),图表 5 - 12 展示了 Johnson 皮具公司 1 月的销货成本表。通常,制造费用差异并不大,所以直接结转到销货成本账户中去。调整制造费用差异之前的销货成本称为**标准销货成本**(normal cost of goods sold),调整了某期间的制造费用差异后的销货成本称为**调整后的销货成本**(adjusted cost of goods sold)。后一数字作为费用项目出现在利润表中。

图表 5 - 12　销货成本表　　　　　　　　　　　　　　　　　单位:美元

项目	金额
期初产成品	0
生产成本	2 320
可供出售的产品	2 320
减:期末产成品	0
标准销货成本	2 320
加:低估的制造费用	75
调整后的销货成本	2 395

通常来讲,制造费用差异在年末结转到销货成本账户中去。每月都会发生差异,因为实际产量和实际制造费用与预计的并不一致。随着会计年度的继续,制造费用各月间的差异应该可以相互抵消,因此年末的差异额会比较小。然而,为了阐释如何处理年末制造费用差异,我们将会结清 Johnson 皮具公司 1 月的制造费用差异。

注意图表 5 - 12 呈现了两项销货成本数据。第一项是标准销货成本,等于出售产品批次的实际直接材料成本、实际直接人工成本和已分配的制造费用的加总。第二项是调整后的销货成本,等于标准销货成本加/减制造费用差异。在本例中,制造费用被低估了(实际制造费用为 415 美元,比已分配制造费用 340 美元高 75 美元),所以该数额被加到标准销货成本中去。如果制造费用被高估了,那么该数额应当从标准销货成本中减去。

假设背包不是为客户定制而生产的,而是生产出来以期望日后在市场上加以销售,那么 20 个背包可能不会在生产的同时就销售出去。假设在 1 月 31 日,有 15 个背包被出售。在这种情形下,销货成本 1 740 美元等于单位成本×销售量(116×15)。单位成本的数据可以在图表 5 - 10 成本计算单中找到。

有时使用简化版的分批成本单来计算在产品、产成品的期末余额和销货成本更为简便(尤其是在做课后作业和测试时)。演练 5.5 展示了如何创建简化版的分批成本单来计算账户余额。

演练 5.5

编制简化版的分批成本单

知识梳理：

分批成本单是组织中的关键工具，也是公司追踪记录各批产品成本的方法。

资料：

6 月初，Galway 公司有两批在产品——批次 78 和批次 79，累计的成本信息如下：

单位：美元

项目	批次 78	批次 79
直接材料	1 000	800
直接人工	600	1 000
已分配制造费用	750	1 250
6 月 1 日余额	2 350	3 050

6 月，另外两批产品（批次 80 和批次 81）也开始生产。下表给出了 6 月这四批产品的直接材料和直接人工成本：

单位：美元

项目	批次 78	批次 79	批次 80	批次 81
直接材料	500	1 110	900	100
直接人工	400	1 400	2 000	320

6 月末，批次 78、79 和 80 已完工。只有批次 79 被出售。6 月 1 日产成品的余额为 0 美元。

要求：

1. 依据直接人工成本，计算制造费用分配率。
2. 为四批产品编制简化版的分批成本单，并显示出 6 月 1 日的余额以及 6 月增加的直接材料和直接人工。为这四批产品分配 6 月发生的制造费用，得出期末余额。
3. 计算 6 月 30 日在产品和产成品的期末余额。
4. 计算 6 月的销货成本。

答案：

1. 预计制造费用分配率的计算需要使用预计制造费用和预计直接人工成本，但是这些数据却未给出。我们可以根据给出的 6 月 1 日批次 78 的已分配制造费用和直接人工成本倒推出预计制造费用分配率。

已分配制造费用 = 预计制造费用分配率 × 批次 78 实际作业量

750 美元 = 预计制造费用分配率 × 600 美元

预计制造费用分配率 = 750/600 = 1.25，或是直接人工成本的 125%。（注意：使用批次 79 计算出来的预计制造费用分配率是完全一样的。）

2. 单位：美元

项目	批次 78	批次 79	批次 80	批次 81
6月1日余额	2 350	3 050	0	0
直接材料	500	1 110	900	100
直接人工	400	1 400	2 000	320
已分配制造费用	500*	1 750*	2 500*	400*
6月30日总计	3 750	7 310	5 400	820

注：* 500 = 400×1.25；1 750 = 1 400×1.25；2 500 = 2 000×1.25；400 = 320×1.25。

3. 6月末，批次 78、79 和 80 已从在产品中转移出去。因此，在产品的期末余额仅仅包含了批次 80。

6月30日在产品	820 美元

虽然三批产品（批次 78、79 和 80）从在产品中转移出去，进入 6月产成品的账户中，但只有两批产品（批次 78 和 80）留在产成品账户中。

6月1日产成品	0 美元
批次 78	3 750 美元
批次 80	5 400 美元
6月30日产成品	9 150 美元

4. 只有一批产品，批次 79 在 6月销售出去。

销货成本	7 310 美元

5.4.7 核算非生产成本

生产成本并非公司发生的唯一成本，同时也会发生非生产成本或期间费用。这包括了销售费用和管理费用，并且从不将其分配给产品，它们并不属于生产成本中的一部分。

为了阐释非生产成本是如何核算的，假设 Johnson 皮具公司 1 月发生了下列额外交易事项：

广告宣传	75 美元
销售佣金	125 美元
管理人员薪酬	500 美元
办公设备折旧	50 美元

前两笔交易是销售费用,后两笔交易是管理费用。因此,销售费用账户增加 200 美元(75 + 125),管理费用账户增加 550 美元(500 + 50)。

统驭账户累计一段时期的所有销售和管理费用。期末,所有这些费用归到利润表中。Johnson 皮具公司的利润表如图表 5 – 13 所示。

图表 5 – 13 Johnson 皮具公司 20 × × 年 1 月 31 日利润表

单位:美元

项目		金额
销售收入		3 480
减:销货成本		2 395
毛利润		1 085
减:销售费用和管理费用		
销售费用	200	
管理费用	550	750
净经营利润		335

随着利润表编制的完成,成本在生产账户、销售费用账户和管理费用账户间的流转也已完成。附录 5A 详细描述了成本流转的实际核算过程。

5.5　分批成本法下的日记账

分批成本法下在各账户间流转的交易是通过编制日记账并将其记录在相应账户中,记录到会计信息系统中。以 Johnson 皮具公司 1 月发生的多笔交易为例,对这一过程加以说明。

(1)以赊销的方式购进原材料,成本为 2 500 美元。

　借:原材料　　　　　　　　　　　　　　　　　　　　　　　　　　　2 500
　　贷:应付账款　　　　　　　　　　　　　　　　　　　　　　　　　　2 500

这一日记账分录表明购进原材料使原材料账户和应付账款账户同时增加。换言之,公司同时增加了资产(手中的原材料)和负债(应付账款)。

(2)生产时领用原材料,成本为 1 500 美元。

　借:在产品　　　　　　　　　　　　　　　　　　　　　　　　　　　1 500
　　贷:原材料　　　　　　　　　　　　　　　　　　　　　　　　　　　1 500

这笔分录表明原材料从仓库转移至生产车间,也就是说原材料不再处于等待被领用的状态,而是正在被使用。所以,在产品账户增加,原材料账户减少。

(3)确认直接人工成本 1 530 美元(人工成本不是以现金支付的,而是作为一笔负债记录在应付职工薪酬账户中)。

　借:在产品　　　　　　　　　　　　　　　　　　　　　　　　　　　1 530
　　贷:应付职工薪酬　　　　　　　　　　　　　　　　　　　　　　　　1 530

这笔分录确认了直接人工成本。直接人工工资同时加到在产品账户和负债账户——应付职工薪酬中。

(4) 按照 4 美元/人工工时的分配率来分配制造费用,一共耗用了 85 人工工时。

借:在产品　　　　　　　　　　　　　　　　　　　　　340
　　贷:制造费用统驭账户　　　　　　　　　　　　　　　　340

这笔分录对制造费用的分配过程加以确认。因为总共耗用了 85 人工工时,制造费用分配率为 4 美元/每人工工时,那么分配的制造费用为 340 美元。制造费用的分配使在产品账户增加,并相应地贷记制造费用统驭账户。

(5) 发生的实际制造费用为 415 美元。

借:制造费用统驭账户　　　　　　　　　　　　　　　　415
　　贷:应付租金　　　　　　　　　　　　　　　　　　　200
　　　　应付水电费　　　　　　　　　　　　　　　　　　50
　　　　累计折旧　　　　　　　　　　　　　　　　　　100
　　　　应付职工薪酬　　　　　　　　　　　　　　　　　65

这笔分录表明实际发生的制造费用应借记制造费用统驭账户,贷记各种应付账户。

(6) 背包完工并转移到产成品中去。

借:产成品　　　　　　　　　　　　　　　　　　　　2 320
　　贷:在产品　　　　　　　　　　　　　　　　　　　2 320

这笔分录表明背包从在产品转移到产成品中去。我们在图表 5-10 分批成本单中找到了相应的成本数据。

(7) 按照成本加成 50% 的价格销售背包。

借:销货成本　　　　　　　　　　　　　　　　　　　2 320
　　贷:产成品　　　　　　　　　　　　　　　　　　　2 320
借:应收账款　　　　　　　　　　　　　　　　　　　3 480
　　贷:销售收入　　　　　　　　　　　　　　　　　　3 480

首先,我们通过借记销货成本、贷记产成品来确认背包的成本。这笔分录反映了背包物理位置的移动——从仓库到客户手中。其次,这笔分录表明背包的销售价格。把产品的成本和销售区分开来尤为重要,这通常需要编制两笔会计分录。

(8) 把低估的制造费用结转到销货成本中去。

借:销货成本　　　　　　　　　　　　　　　　　　　　75
　　贷:制造费用统驭账户　　　　　　　　　　　　　　　75

最后,我们检查制造费用统驭账户,其存在借方余额 75 美元,暗示着制造费用被低估了 75 美元。为了将该账户结平,使期末账户余额为零,必须贷记制造费用统驭账户 75 美元,借记销货成本账户 75 美元。

图表 5-14 总结了这些日记账,以及将其过账到适宜账户中的过程。

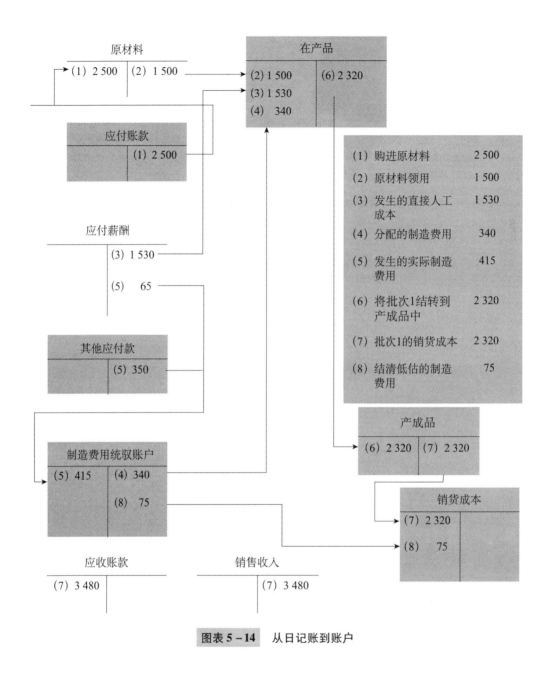

图表 5-14 从日记账到账户

5.6 辅助部门成本分配

由两个或两个以上的产品或服务共享的资源成本称为**共同成本**（common cost）。例如，维修部门的成本被使用维修服务的生产部门共享。如何为各生产部门分配这一共同的成本是本附录关注的焦点。

5.6.1 部门类型

几乎每一家公司或工厂都有生产部门和辅助部门。

- **生产部门**(producing department)直接负责生产、制造产品或对外提供服务。例如，会计师事务所可能有生产部门，提供审计、税务和管理咨询服务。在工厂里，生产部门是直接制造产品的部门，如磨削车间和组装部门。
- **辅助部门**(support department)为生产部门提供必要的服务，但是它们不直接制造产品或对外提供服务。例如，维修部、工程部、客房部、人事部、影印部等。

一旦生产部门和辅助部门被识别出来，单独属于每一部门的制造费用——直接制造费用也由此辨别出来。例如，工厂食堂的直接成本包括食物、厨师和服务员的工资、洗碗机和炉具的折旧及日常用品(如清洁剂、纸巾、塑料餐具)。生产部门的直接制造费用包括日常用品、车间主管工资和该部门机器设备的折旧。不能轻易分配给生产部门或辅助部门的制造费用可以分配给综合部门，如工厂总部。

一旦确定了每个部门的直接制造费用，接下来的步骤就是向生产部门分配辅助部门的成本。一般利用**因果关系**(causal factors)向各个生产部门分配成本，因果关系可以用来衡量服务的耗费量。每个生产部门分得的辅助部门成本加到生产部门的直接制造费用中去。然后，预计制造费用总额除以成本驱动因素的预计总量，进而得到生产部门的预计制造费用分配率。只有生产部门计算制造费用分配率，因为产品仅仅在生产部门间流转。图表 5-15 总结了所涉及的各个步骤。步骤 1—4 在本附录中加以解释；步骤 5 和步骤 6 在演练 5.3 中进行了解释。

图表 5-15 使用预计制造费用分配率确定产品成本的步骤

1. 公司分为各个部门。
2. 把所有部门分类为辅助部门和生产部门。
3. 把公司所有的制造费用分配给辅助部门和生产部门。
4. 使用可以衡量辅助部门服务耗用量的成本动因，将辅助部门的成本分配给生产部门。
5. 计算生产部门的预计制造费用分配率。
6. 使用预计制造费用分配率将制造费用分配给产品。

道德决策

关于将要终止某个辅助部门的决策需要对外保密，这是职业道德的要求。这往往会诱使内部人利用终止某个辅助部门这一保密信息，来为那些拥有外部服务公司并基本可以取代辅助部门的亲友谋取个人私利。

5.6.2 辅助部门成本分配方法

为了计算部门制造费用分配率(与全厂制造费用分配率相对比),将辅助部门的成本分配给生产部门很有必要。将多个辅助部门的成本分配给生产部门的三种方法分别是直接分配法、顺序分配法和交互分配法。为了确定辅助部门使用哪一种成本分配法,公司必须确定辅助部门间相互影响的程度,并衡量每种方法的成本与效益。下面将分别讨论直接分配法、顺序分配法和交互分配法。

1. 直接分配法

直接分配法是分配辅助部门成本最简单且最直接的方法。**直接分配法**(**direct method**)忽视了辅助部门之间的相互影响,仅仅将辅助部门的成本分配给生产部门,任一辅助部门的成本都不会分配给另一辅助部门。因此,未确认辅助部门间的相互影响。图表 5-16 阐释了使用直接分配法将辅助部门的成本分配给生产部门的方式。

假设存在两个辅助部门——能源部门和维修部门,两个生产部门——磨削部门和组装部门。每个小桶代表着直接可追溯给各部门的制造费用。

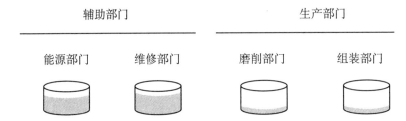

目标:使用直接分配法将能源部门和维修部门的所有成本分配给磨削部门和组装部门。
直接分配法:将能源部门和维修部门的成本仅仅分配给磨削部门和组装部门。

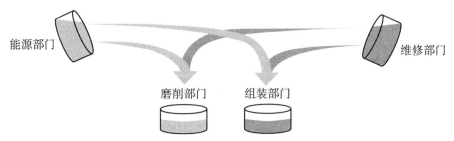

分配完成后,维修部门和能源部门的成本为零,全部制造费用分配给了磨削部门和组装部门。

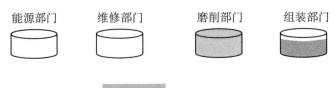

图表 5-16　直接分配法

演练5.6 展示了如何使用直接分配法将两个辅助部门的成本分配给两个生产部门。

演练 5.6

使用直接分配法分配辅助部门成本

知识梳理：

工厂的所有成本必须包含在产品成本中。因为辅助部门不生产对外销售的产品，假如它们的成本不包含在生产部门的成本中，就不会被加到产品成本中去。直接分配法是完成这项工作最简单、快捷的方法。

资料：

部门数据：

项目	辅助部门		生产部门	
	能源部门	维修部门	磨削部门	组装部门
直接生产成本*（美元）	250 000	160 000	100 000	60 000
预计作业量：				
千瓦时（小时）	—	200 000	600 000	200 000
维修工时（小时）	1 000	—	4 500	4 500

*制造费用是直接可追溯给各部门的费用。

要求：

使用直接分配法，将辅助部门成本分配给生产部门。

答案：

计算使用率或分配率：

	磨削部门	组装部门
能源部门：600 000/(600 000 + 200 000)	0.75	—
200 000/(600 000 + 200 000)	—	0.25
维修部门：4 500/(4 500 + 4 500)	0.50	—
4 500/(4 500 + 4 500)	—	0.50

单位：美元

项目	辅助部门		生产部门	
	能源部门	维修部门	磨削部门	组装部门
直接成本	250 000	160 000	100 000	60 000
能源费[a]	(250 000)	—	187 500	62 500
维修费[b]		(160 000)	80 000	80 000
总计	0	0	367 500	202 500

a. 使用能源分配率：0.75×250 000 美元；0.25×250 000 美元。
b. 使用维修分配率：0.50×160 000 美元；0.50×160 000 美元。

忽视了辅助部门间的相互影响并将服务成本直接分配给生产部门，可能会导致成本分配的不公平与不准确。例如，能源部门虽然是辅助部门，但可能耗用维修部门 30% 的

服务量。若不将维修部门的成本分配给能源部门,那么能源部门的成本就会被低估。因此,在直接分配法下,耗用较多能源但维修服务量低于平均水平的生产部门分摊到的成本可能会低于实际值。

2. 顺序分配法

顺序分配法(sequential or step method)虽然考虑了辅助部门间的相互影响,但是却未给予充分的考虑。成本分配是按事先确定的顺序进行的,这个顺序通常是按照辅助部门对外提供的服务量从大到小确定,用辅助部门的直接成本来衡量服务等级。

图表 5-17 描述了顺序分配法。首先,通常根据直接成本对辅助部门加以排序。本例中,能源部门排在第一位,维修部门排在第二位。接下来,将能源部门的成本分配给维修部门和两个生产部门。最后,将维修部门的成本仅分配给两个生产部门。

假设存在两个辅助部门——能源部门和维修部门,两个生产部门——磨削部门和组装部门,每个小桶代表着直接可追溯给各部门的制造费用。

目标:使用顺序分配法将能源部门和维修部门的成本分配给磨削部门和组装部门。
顺序分配法:步骤1,确定辅助部门的顺序——第一是能源部门,第二是维修部门;步骤2,将能源部门成本分配给维修部门、磨削部门和组装部门。

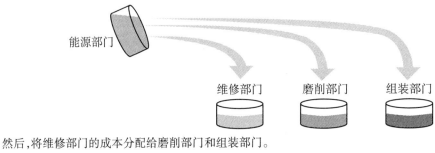

然后,将维修部门的成本分配给磨削部门和组装部门。

分配完成后,维修部门和能源部门的成本为零,全部的制造费用分配给了磨削部门和组装部门。

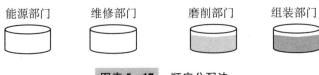

图表 5-17 顺序分配法

将提供最大服务量的辅助部门的成本分给排在其后面的所有辅助部门和所有生产部门。排在下一位的辅助部门的成本也采用同样的方式加以分配。在顺序分配法中,一旦辅助部门的成本被分配了,就不会再收到来自其他辅助部门分配的成本。换言之,辅助部门的成本从不会分配给排在其前面的辅助部门。注意,辅助部门的成本是其直接成本加上其他辅助部门分配给该部门的成本。

演练 5.7 展示了如何使用顺序分配法将辅助部门的成本分配给生产部门。能源部门的成本应首先分配,因为其直接成本要高于维修部门,然后再进行维修部门成本的分配。注意,维修部门的成本分配率忽略了能源部门对维修服务的耗用,因为能源部门的分配排序位于维修部门之前。与直接分配法不同,顺序分配法在一定程度上确认了辅助部门间的相互影响。

演练 5.7

使用顺序分配法分配辅助部门成本

知识梳理:

顺序分配法部分考虑了辅助部门间的相互影响,因此,顺序分配法比直接分配法更准确。

资料:

部门数据:

项目	辅助部门		生产部门	
	能源部门	维修部门	磨削部门	组装部门
生产成本*(美元)	250 000	160 000	100 000	60 000
预计作业量:				
千瓦时(小时)	—	200 000	600 000	200 000
维修工时(小时)	1000	—	4 500	4 500

*制造费用是直接可追溯给各部门的费用。

要求:

使用顺序分配法,将辅助部门成本分配给生产部门。

答案:

计算使用率:

	维修部门	磨削部门	组装部门
能源部门:200 000/(200 000+600 000+200 000)	0.20	—	—
600 000/(200 000+600 000+200 000)	—	0.60	—
200 000/(200 000+600 000+200 000)	—	—	0.20
维修部门:4 500/(4 500+4 500)		0.50	—
4 500/(4 500+4 500)		—	0.50

单位：美元

项目	辅助部门		生产部门	
	能源部门	维修部门	磨削部门	组装部门
直接成本	250 000	160 000	100 000	60 000
能源费[a]	(250 000)	50 000	150 000	50 000
维修费[b]	—	(210 000)	105 000	105 000
	0	0	355 000	215 000

a. 使用能源使用率：0.20×250 000 美元；0.60×250 000 美元；0.20×250 000 美元。
b. 使用维修使用率：0.50×210 000 美元；0.50×210 000 美元。

3. 交互分配法

交互分配法（reciprocal method of allocation）完全考虑了辅助部门间的相互影响。在交互分配法下，一个辅助部门需要利用所有辅助部门的数据以确定该辅助部门的总成本，总成本反映了辅助部门间的相互影响。然后，将新的辅助部门成本总额分配给生产部门。这种方法通过联立线性方程来充分反映辅助部门间的相互影响。交互分配法由于本身的复杂性，应用范围并不广泛。因此，本书并不对这一方法加以阐述，而是留待更高级的课程加以介绍。

4. 管理技术和辅助部门成本分配

影响辅助部门成本分配的另一个因素是管理技术的快速变革。当前很多公司认识到辅助部门的成本分配对公司来讲很有用。然而，诸如作业成本法和即时生产的应用实际上降低了对辅助部门成本分配的需求。

学习目标

LO1 阐述分批成本法和分步成本法的区别，寻找出使用每种方法的公司类型。
- 采用分批成本法的公司按照产品批次收集成本。
- 采用分批成本法的公司生产多样化的产品或服务——每一单位或批次的总成本不同。
- 采用分批成本法的公司有建筑公司、定制家具公司、牙科诊所、医疗服务公司和汽车修理公司等。
- 采用分步成本法的公司生产同种产品。
- 在采用分步成本法的公司中，每一批或单位的成本与另一批或单位完全相同。
- 采用分步成本法的公司有油漆制造企业、支票结算企业和玩具制造企业。

LO2 计算预计制造费用分配率，并使用该分配率分配产品或服务的制造费用。
- 很多公司使用标准成本法，总生产成本等于实际直接材料成本、直接人工成本和已分配制造费用之和。
- 预计制造费用分配率等于预计的制造费用总额除以预计的作业总量。
- 制造费用分配率与实际作业量相乘得出已分配制造费用。
- 将已分配制造费用与实际直接材料成本和实际直接人工成本加总，除以总产量，得出单位成本。

LO3 确定并创建分批成本法所使用的原始凭证。
- 分批成本单总结了与产品批次相关联的所有成本。
- 使用领料单是为某批次产品领用直接材料。
- 计时卡显示了某批次产品耗用的人工工时。

LO4 描述分批成本法下的成本流转。
- 分批成本单是在产品账户的明细账。
- 在产品账户的余额包含了所有未完工批次的余额。
- 完工批次的成本从在产品账户中移出并记入产成品账户中。
- 售出批次的成本从产成品账户中移出并记入销货成本账户中。

LO5 编制与分批成本法相关的日记账。
- 将直接材料和直接人工记录到在产品中。
- 将已分配制造费用记录到在产品中,将实际制造费用记录到制造费用统驭账户中。
- 当产品完工时,将其总成本借记产成品,贷记在产品。
- 当产品出售时,将其总成本借记销货成本,贷记产成品。

LO6 将辅助部门成本分配给生产部门。
- 生产部门实际上制造产品或提供服务,辅助部门为生产部门提供服务。
- 当使用部门制造费用分配率时,必须将辅助部门的成本分配给生产部门。
- 辅助部门成本分配的三种方法是直接分配法、顺序分配法和交互分配法。

重要公式

1. 预计制造费用分配率 = 预计年度制造费用 ÷ 预计年度作业总量
2. 已分配制造费用 = 预计制造费用分配率 × 实际作业量
3. 总标准生产成本 = 实际直接材料成本 + 实际直接人工成本 + 已分配制造费用
4. 制造费用差异 = 实际制造费用 − 已分配制造费用
5. 调整后的销货成本 = 未调整销货成本 ± 制造费用差异

注意:已分配制造费用 > 实际制造费用,这意味着制造费用被高估,应从销货成本中减去;已分配制造费用 < 实际制造费用,这意味着制造费用被低估,应加到销货成本中。

6. 部门制造费用分配率 = 预计部门制造费用 ÷ 预计部门作业量

关键术语

标准成本系统	分批成本系统	批次	因果关系
标准销货成本	辅助部门	全厂制造费用分配率	预计制造费用分配率
部门制造费用分配率	共同成本	生产部门	直接分配法
调整后的销货成本	计时卡	实际成本系统	制造费用差异
分步成本系统	交互分配法	顺序分配法	制造费用分配不足
分批成本单	领料单	已分配制造费用	

问题回顾

I. 使用全厂制造费用分配率和部门制造费用分配率来计算各批产品成本

Lindberg 公司采用标准分批成本系统。公司有两个部门——组装部门和整理部门,大部分产品批次都要经过这两个部门。去年的预算和实际数据如下:

项目	组装部门	整理部门
预计制造费用	330 000 美元	1 000 000 美元
实际制造费用	110 000 美元	520 000 美元
预计作业量(直接人工工时)	150 000	25 000
预计机器工时	25 000	125 000

本会计年度有几批产品完工。批次 330 的数据如下:

直接材料成本	730 000 美元
直接人工成本:	
组装部门(5 000×12)	60 000 美元
整理部门(400×12)	4 800 美元
耗用的机器工时:	
组装部门	100 小时
整理部门	1 200 小时
产量	10 000

Lindberg 在依据直接人工工时的基础上,采用全厂制造费用分配率来分配制造费用。

要求:

1. 计算预计制造费用分配率。
2. 使用预定分配率计算批次 330 的单位生产成本。(注意:单位成本的计算结果精确到美分。)
3. 使用部门制造费用分配率,重新计算批次 330 的单位生产成本。组装部门以直接人工工时为计算依据,整理部门以机器工时为依据。

答案:

1. 预计制造费用分配率 = 1 330 000/175 000 = 7.60 美元/人工工时。将两个部门的预计制造费用相加,并除以预计的总直接人工工时(直接人工工时 = 150 000 + 25 000)。

2.

直接材料成本	730 000 美元
直接人工成本(12×5 400)	64 800 美元
制造费用(7.6×5 400)	41 040
总生产成本	835 840
单位成本(835 840/10 000)	83.58 美元

3. 组装部门的预计制造费用分配率 = 330 000/150 000 = 2.20(美元/人工工时)

整理部门的预计制造费用分配率 = 1 000 000/125 000 = 8(美元/机器工时)

直接材料成本	730 000 美元
直接人工成本	64 800 美元
制造费用:	
组装部门(2.20×5 000)	11 000 美元
整理部门(8×1 200)	9 600 美元
总生产成本	815 400 美元
单位成本(815 400/10 000)	81.54 美元

II. 计算多批产品的在产品成本和销货成本

Kennedy 厨卫公司设计和安装高级厨房和浴室。5 月 1 日,公司有三批产品处于生产过程中,即批次 77、78 和 79。并且有另外两批产品——批次 80 和 81 在 5 月开始生产。5 月 31 日,批次 77、78 和 80 完工。收集到了如下数据:

项目	批次77(美元)	批次78(美元)	批次79(美元)	批次80(美元)	批次81(美元)
5月1日余额	875	1 140	410	0	0
直接材料	690	320	500	3 500	2 750
直接人工	450	420	80	1 800	1 300

制造费用的分配率是直接人工成本的150%。每批产品按照成本加成30%的价格出售。5月营业费用总额为2 700美元。

要求：

1. 5月31日，为每批产品编制分批成本单。

2. 计算5月31日在产品的期末余额，以及5月的销货成本。

3. 编制Kennedy厨卫公司5月的利润表。

答案：

1.

项目	批次77(美元)	批次78(美元)	批次79(美元)	批次80(美元)	批次81(美元)
5月1日余额	875	1 140	410	0	0
直接材料	690	320	500	3 500	2 750
直接人工	450	420	80	1 800	1 300
已分配制造费用	675	630	120	2 700	1 950
总计	2 690	2 510	1 110	8 000	6 000

2. 在产品期末余额 = 批次79 + 批次81 = 1 110 + 6 000 = 7 110（美元）

5月的销货成本 = 批次77 + 批次78 + 批次80 = 2 690 + 2 510 + 8 000 = 13 200（美元）

Kennedy厨卫公司20××年5月31日利润表	
销售收入*	17 160美元
销货成本	13 200美元
毛利	3 960美元
减：营业费用	2 700美元
经营利润	1 260美元

*销售收入 = 13 200 + 0.30 × 13 200 = 17 160（美元）

Ⅲ. 直接分配法和顺序分配法

Barok制造厂采用分批法生产机器零件，并多通过投标的方式取得公司业务。与Barok竞争的大部分企业的投标价格为完全成本加上20%的利润。Barok近期为了提高销售收入，将其利润由25%降到20%。Barok有两个辅助部门和两个生产部门。每个部门的预算成本和标准作业量如下：

项目	辅助部门		生产部门	
	A	B	C	D
直接制造费用(美元)	100 000	200 000	100 000	50 000
员工数	8	7	30	30
维修时间	2 000	200	6 400	1 600
机器工时	—	—	10 000	1 000
人工工时	—	—	1 000	10 000

A部门的直接成本按照员工数来分配，B部门的直接成本按照维修时间来分配。并且，公司使用部门制造费用分配率将制造费用分配给产品。C部门使用的是机器工时，D部门使用的是人工工时。

公司准备为批次K投标，批次K的单位产品需要耗用C部门3个小时的机器工时，不需要在D部门生产加工，预计每单位的主要成本为67美元。

要求：

1. 使用直接分配法将辅助部门的成本分配给生产部门。

2. 如果采用直接分配法，那么批次K的投标价格会是多少？

3. 使用顺序分配法将辅助部门的成本分配给生产部门。

4. 如果采用顺序分配法，那么批次K的投标价格会是多少？

答案:

1.

单位:美元

项目	辅助部门		生产部门	
	A	B	C	D
直接制造费用	100 000	200 000	100 000	50 000
A 部门[a]	(100 000)	—	50 000	50 000
B 部门[b]	—	(200 000)	160 000	40 000
总计	0	0	310 000	140 000

a. A 部门是根据生产部门 C 和 D 的员工数来分配成本的。A 部门的成本分配给 C 部门的比例为 30/(30+30) = 0.50,那么 A 部门分配给 C 部门的成本为 0.50×100 000 = 50 000(美元)。A 部门的成本分配给 D 部门的比例为 30/(30+30) = 0.50,那么 A 部门分配给 D 部门的成本为 0.50×100 000 = 50 000(美元)。

b. B 部门是根据生产部门 C 和 D 所耗用的维修时间来分配成本的。B 部门的成本分配给 C 部门的比例为 6 400/(6 400+1 600) = 0.80,那么 B 部门分配给 C 部门的成本为 0.80×200 000 = 160 000(美元)。B 部门的成本分配给 D 部门的比例为 1 600/(6 400+1 600) = 0.20,那么 B 部门分配给 D 部门的成本为 0.20×200 000 = 40 000(美元)。

2. C 部门的制造费用分配率 = 310 000/10 000 = 31(美元/机器工时)。生产成本和投标价格如下:

主要成本	67 美元
制造费用(3×31 美元)	93 美元
总单位成本	160 美元

投标价格 = 160×1.20 = 192(美元)

3.

单位:美元

项目	辅助部门		生产部门	
	A	B	C	D
直接制造费用	100 000	200 000	100 000	50 000
B 部门[a]	40 000	(200 000)	128 000	32 000
A 部门[b]	(140 000)	—	70 000	70 000
总计	0	0	298 000	152 000

a. B 部门排在第一位,因为其直接成本要高于 A 部门。B 部门根据 A 部门和生产部门 C、D 所耗用的维修时间来分配成本。B 部门的成本分配给 A 部门的比例为 2 000/(2 000+6 400+1 600) = 0.20,那么 B 部门分配给 A 部门的成本为 0.20×200 000 = 40 000(美元)。B 部门的成本分配给 C 部门的比例为 6 400/(2 000+6 400+1 600) = 0.64,那么 B 部门分配给 C 部门的成本为 0.64×200 000 = 128 000(美元)。B 部门的成本分配给 D 部门的比例为 1 600/(2 000+6 400+1 600) = 0.16,那么 B 部门分配给 D 部门的成本为 0.16×200 000 = 32 000(美元)。

b. A 部门是根据生产部门 C 和 D 的员工数来分配成本的。A 部门的成本分配给 C 部门的比例为 30/(30+30) = 0.50,那么 A 部门分配给 C 部门的成本为 0.50×140 000 = 70 000(美元)。A 部门的成本分配给 D 部门的比例为 30/(30+30) = 0.50,那么 A 部门分配给 D 部门的成本为 0.50×140 000 = 70 000(美元)。(注意:A 部门的成本不再是 100 000 美元,而是 140 000 美元,其中 40 000 美元是 B 部门分配给 A 部门的。)

4. C 部门的制造费用分配率 = 298 000/10 000 = 29.80(美元/机器工时)。生产成本和投标价格如下:

主要成本	67.00 美元
制造费用(3×29.80)	89.40 美元
总单位成本	156.40 美元

投标价格 = 156.40×1.20 = 187.68(美元)

讨论题

1. 分批成本法和分步成本法的含义分别是什么？什么类型的公司使用分批成本法？什么类型的公司使用分步成本法？

2. 举例说明使用分批成本法的服务公司，并解释为什么这些公司会使用分批成本法。

3. 什么是标准成本法？与实际成本法有何不同？

4. 为什么实际制造费用分配率很少在实践中使用？

5. 解释当使用预计制造费用分配率时，如何将制造费用分配给产品。

6. 制造费用分配不足的含义是什么？当因为制造费用分配不足而调整销货成本时，成本是增加还是减少？为什么？

7. 制造费用分配过度的含义是什么？当因为制造费用分配过度而调整销货成本时，成本是增加还是减少？为什么？

8. 假设你和你的朋友决定在明年夏天成立除草服务公司，简述你需要用以核算业务的原始凭证。

9. 为什么公司决定使用部门制造费用分配率而不是全厂制造费用分配率？

10. 在分批成本系统下，领料单的作用是什么？计时卡的作用是什么？预计制造费用分配率的作用是什么？

11. Carver 公司使用直接人工成本来计算全厂制造费用分配率。假设在本年度，Carrer 提高了直接人工的工资率。这将会如何影响已分配制造费用和各批产品的总成本？

12. 制造费用差异是什么？通常如何核算？

13. 每批产品的成本是否与价格相关联？请解释原因。

14. 如果公司决定增加 25 000 美元的广告费，这将会如何影响预计制造费用分配率，以及最终的销货成本？

15. 怎样将部门制造费用转化成全厂制造费用？

16. 描述生产部门和辅助部门之间的差异。

17. 假设公司决定不将辅助部门的成本分配给生产部门。描述生产部门经理可能出现的行为，是好还是坏？解释为什么分配辅助部门成本会纠正这一行为类型。

18. 解释为什么识别和使用因果关系来分配辅助部门的成本很重要。

19. 利用因果关系为下列辅助部门找出成本动因。
   a. 餐厅
   b. 保管部
   c. 洗衣房
   d. 收发和仓储室
   e. 维修部
   f. 人事部
   g. 财务部

20. 解释直接分配法和顺序分配法两者间的差异。

多项选择题

5-1 下列哪一个表述是正确的？（　　）
  A. 分批成本法仅在制造型企业中使用
  B. 分步成本法仅仅在服务企业中使用
  C. 分批成本法比分步成本法更容易使用，因为记账要求相对较少
  D. 分批成本单是在产品账户的明细账
  E. 以上均正确

5-2 下列哪些账户的期末余额是通过加总未完工产品的分批产品成本单而计算出来的？（　　）

A. 原材料　　　　B. 制造费用统驭账户
C. 在产品　　　　D. 产成品
E. 销货成本

5-3 在标准成本法系统下,每批产品的成本包括(　　)。

A. 实际直接材料成本、实际直接人工成本和预计已分配制造费用
B. 预计直接材料成本、预计直接人工成本和预计制造费用
C. 实际直接材料成本、实际直接人工成本、实际制造费用和实际销售成本
D. 实际直接材料成本、实际直接人工成本和实际制造费用
E. 以上均不正确,分批成本法使用实际成本而不是标准成本。

5-4 预计制造费用分配率等于(　　)。

A. 一段时间的实际制造费用除以实际作业量
B. 一段时间的预计制造费用除以预计作业量
C. 实际制造费用减去预计制造费用
D. 一段时间的实际制造费用乘以实际作业量
E. 预计制造费用的1/12

5-5 分批成本单是(　　)账户的明细账。

A. 原材料　　　　B. 在产品
C. 产成品　　　　D. 销货成本
E. 生产批次

5-6 已分配制造费用是(　　)。

A. 标准成本法的一个重要部分
B. 在标准成本法中从不使用
C. 实际成本法的一个重要部分
D. 预计制造费用分配率乘以预计作业量
E. 预计制造费用分配率乘以本月预计作业量

5-7 (　　)情况下制造费用被高估了。

A. 实际制造费用低于已分配制造费用
B. 实际制造费用高于已分配制造费用
C. 已分配制造费用低于实际制造费用
D. 预计制造费用低于已分配制造费用
E. 预计制造费用高于已分配制造费用

5-8 (　　)公司通常采用分批成本法。

A. 油漆生产商　　B. 药品生产商
C. 清洁用品生产商　D. 水泥生产商
E. 大型区域医疗中心

5-9 (　　)公司通常采用分步成本法。

A. 油漆生产商　　B. 定制厨具生产商
C. 大型区域医疗中心　D. 律师事务所
E. 定制家具商店

5-10 当采用分批成本法的公司为生产产品领用原材料时,材料成本应加记入(　　)。

A. 原材料账户　　B. 在产品账户
C. 产成品账户　　D. 应付账款账户
E. 销货成本账户

5-11 当某批产品完工时,该批产品的总成本(　　)。

A. 从原材料账户中减去
B. 加记到在产品账户中
C. 加记到产成品账户中
D. 加记到应付账款账户中
E. 从销货成本账户中减去

5-12 每批产品成本的核算依据是(　　)。

A. 领料单　　　　B. 计时卡
C. 制造费用分配表　D. 销售发票
E. 分批成本单

5-13 Wilson公司的预计制造费用分配率是5美元/直接人工工时。批次145的分批成本单中显示了该批产品耗用了500小时的直接人工,总人工成本为10 000美元,材料成本为17 500美元。并且,批次145的1 000件产品已经完工,结转到产成品账户中。那么批次145的单位成本是多少?(　　)

A. 20美元　　　　B. 17.50美元
C. 25美元　　　　D. 30美元
E. 22 500美元

5-14 一批产品成本为2 000美元,已经完工但未对外出售,则其日记账应为(　　)。

A. 借:销货成本　　　　　　　　2 000

　　　　贷：产成品　　　　　　　2 000
　B. 借：产成品　　　　　　　2 000
　　　　贷：销货成本　　　　　 2 000
　C. 借：产成品　　　　　　　2 000
　　　　贷：在产品　　　　　　 2 000
　D. 借：在产品　　　　　　　2 000
　　　　贷：产成品　　　　　　 2 000
　E. 借：销货成本　　　　　　2 000
　　　　贷：销售收入　　　　　 2 000

5-15　负责生产对外销售的产品和对外提供服务的部门被称为(　　)。
　A. 盈利部门　　　B. 生产部门
　C. 成本中心　　　D. 辅助部门
　E. 以上都不是

5-16　给生产部门提供必要服务的部门被称为(　　)。
　A. 创收部门　　　B. 辅助部门
　C. 利润中心　　　D. 生产部门
　E. 以上都不是

5-17　以下属于生产部门的是(　　)。
　A. 材料仓库　　　B. 维修部门
　C. 工程设计部门　D. 组装部门
　E. 以上都是

5-18　以下属于辅助部门的是(　　)。
　A. 数据处理中心　B. 人事部
　C. 材料仓库　　　D. 工资部
　E. 以上都是

5-19　按照耗用辅助部门服务的比例,将辅助部门的成本仅分配给生产部门的方法被称为(　　)。
　A. 顺序分配法　　B. 比例分配法
　C. 交互分配法　　D. 直接分配法
　E. 以上都不是

5-20　部分考虑了辅助部门间相互影响的辅助部门成本分配方法,被称为(　　)。
　A. 顺序分配法　　B. 比例分配法
　C. 交互分配法　　D. 直接分配法
　E. 以上都不是

5-21　完全考虑了辅助部门间相互影响的辅助部门成本分配方法,被称为(　　)。
　A. 顺序分配法　　B. 比例分配法
　C. 交互分配法　　D. 直接分配法
　E. 以上都不是

基础练习题

5-22　预计制造费用分配率、制造费用分配(LO2)

年初,Ilberg 公司预计的成本如下:

制造费用	416 000 美元
直接人工成本	520 000 美元

Ilberg 使用标准成本法并以直接人工成本为依据分配制造费用(直接人工成本等于总直接人工工时乘以工资率)。12 月的直接人工成本为 43 700 美元。

要求:
1. 计算本年的预计制造费用分配率。
2. 计算 12 月分配给产品的制造费用。

5-23　制造费用差异(分配过度或不足),结转到销货成本中(LO2)

年末,Ilberg 公司提供的实际数据如下:

制造费用	423 600 美元
直接人工成本	532 000 美元

Ilberg 使用标准成本法,制造费用分配率为直接人工成本的 80%。年末,销货成本(在调整制造费用差异前)是 1 890 000 美元。

要求:
1. 计算本年的制造费用差异。
2. 处理制造费用差异,调整销货成本。

参照以下资料完成基础练习题 5-24 和 5-25：

年初，Hallett 公司预估的资料如下：

项目	切割部门	缝纫部门	总计
制造费用（美元）	240 000	350 000	590 000
直接人工工时	31 200	100 000	131 200
机器工时	150 000	—	150 000

5-24 预计部门制造费用分配率，分配制造费用(LO2)

参照上述关于 Hallett 公司的资料。Hallett 公司使用部门制造费用分配率。切割部门按照机器工时来分配制造费用。缝纫部门按照直接人工工时来分配制造费用。6 月的实际数据如下：

项目	切割部门	缝纫部门	总计
制造费用（美元）	20 610	35 750	56 360
直接人工工时	2 800	8 600	11 400
机器工时	13 640	—	13 640

要求：

1. 计算切割部门和缝纫部门的预计制造费用分配率。

2. 计算 6 月每个部门分配给产品的制造费用。

3. 各部门的制造费用是高估了还是低估了？数额是多少？

5-25 将部门数据转化为全厂数据，全厂制造费用分配率，分配制造费用(LO2)

参照基础练习题 5-24 的资料。现假设 Hallett 公司以直接人工成本为基础计算全厂制造费用分配率，并进行制造费用的分配。

要求：

1. 计算全厂预计制造费用分配率。（注意：计算结果精确到美分。）

2. 计算 6 月应分配给产品的制造费用。

3. 计算 6 月的制造费用差异。

5-26 编制分批成本单，预计制造费用分配率，在产品和产成品的期末余额及销货成本(LO3)

6 月初，Rhone 公司的批次 44 和批次 45 处在生产过程中，累计的成本信息如下：

项目	批次 44（美元）	批次 45（美元）
直接材料	5 100	1 500
直接人工	1 200	3 000
已分配制造费用	780	1 950
6 月 1 日余额	7 080	6 450

6 月，另外两批产品（批次 46 和 47）开始生产。下列给出了 6 月记入四批产品成本中的直接材料成本和直接人工成本：

项目	批次 44（美元）	批次 45（美元）	批次 46（美元）	批次 47（美元）
直接材料	2 500	7 110	1 800	1 700
直接人工	800	6 400	900	560

6 月末，批次 44、45 和 47 完工，仅批次 45 被销售出去。6 月 1 日，产成品的余额为零。

要求：

1. 以直接人工成本为依据计算制造费用分配率。（注意：计算结果精确到小数点后三位。）

2. 为四批产品编制简化的分批成本单，列示 6 月 1 日的期初余额和 6 月增加的直接材料和直接人工。将制造费用分配给这四批产品，并列示期末余额。

3. 计算 6 月 30 日在产品和产成品的期末余额。

4. 计算 6 月的销货成本。

参照以下资料完成基础练习题 5-27 和 5-28：

Quillen 公司属于制造业，该公司存在两个生产部门——切割部门和缝纫部门，以及两个辅助部门——S1 和 S2。S1 的作业动因是员工数，S2 的作业动因是维修时间。Quillen 的数据资料如下：

项目	辅助部门		生产部门	
	S1	S2	切割部门	缝纫部门
直接成本	180 000 美元	150 000 美元	122 000 美元	90 500 美元
标准作业量：				
员工数	—	30	63	147
维修时间	1 200 小时	—	16 000 小时	4 000 小时

5-27 采用直接分配法来分配辅助部门成本（LO6）

参照上述关于 Quillen 公司的资料。

要求：

1. 采用直接分配法计算部门 S1 和 S2 的成本分配率。（注意：每一个辅助部门将会分别针对切割部门和缝纫部门计算出两个成本比率。）

2. 采用直接分配法将辅助部门的成本分配给生产部门。

5-28 顺序分配法（LO6）

参照上述关于 Quillen 公司的资料。现假设 Quillen 公司使用顺序分配法来分配辅助部门成本。S1 部门优于 S2 部门进行分配。

要求：

1. 采用顺序分配法计算 S2 部门、切割部门和缝纫部门的成本分配率。计算结果精确到小数点后四位。

2. 采用顺序分配法将辅助部门的成本分配给生产部门。

练习题

5-29 分批成本法与分步成本法（LO1）

a. 医疗服务
b. 定制厨具制造
c. 玩具制造
d. 饮料瓶制造
e. 飞机制造
f. 个人电脑组装
g. 个人电脑组装
h. 定制家具制造
i. 牙医服务
j. 造纸
k. 螺母和螺栓制造
l. 汽车修理
m. 建筑服务
n. 园林设计
o. 手电筒制造

要求：

判断每项业务的生产类型是分批生产还是分步生产。

5-30 分批成本法与分步成本法（LO1）

a. 汽车制造
b. 牙医服务
c. 汽车修理
d. 服装制造

要求：

对于某一特定行业类型，举例说明采用分批成本法的公司和采用分步成本法的公司。

5-31 计算预计制造费用分配率，分配制造费用（LO2）

年初，Debion 公司预估的资料如下：

制造费用	522 900 美元
直接人工工时	83 000 小时

Debion 采用标准成本法,并依据直接人工工时分配制造费用,5 月的直接人工工时为 7 600 小时。

要求:

1. 计算 Debion 的预计制造费用分配率。

2. 计算 5 月分配给产品的制造费用。

5-32 计算预计制造费用分配率,分配制造费用,年末调节制造费用,根据制造费用的高估或低估调整销货成本(LO2)

年初,Horvath 公司预估的资料如下:

制造费用	486 400 美元
直接人工工时	95 000 小时

Horvath 使用标准成本法并依据直接人工工时分配制造费用。1 月的直接人工工时为 7 830 小时。年末,Horvath 的实际数据如下:

制造费用	476 100 美元
直接人工工时	93 500 小时

假设 Horvath 未调整的销货成本为 707 000 美元。

要求:

1. 计算 Horvath 的预计制造费用分配率。

2. 计算 1 月分配给产品的制造费用。(注意:计算结果精确到美元)

3. 计算全年已分配的制造费用,制造费用是分配过度还是分配不足?数额是多少?

4. 调整制造费用差异后的销货成本是多少?

5-33 计算部门制造费用分配率并分配制造费用(LO2)

年初,Glaser 公司预估的资料如下:

项目	组装部门	检测部门	总计
制造费用	338 000 美元	630 000 美元	968 000 美元
直接人工工时	130 000 小时	40 000 小时	170 000 小时
机器工时	45 000 小时	120 000 小时	165 000 小时

Glaser 采用部门制造费用分配率。组装部门制造费用分配的依据是直接人工工时,检测部门制造费用分配的依据是机器工时。3 月的实际数据如下:

项目	组装部门	检测部门	总计
制造费用	29 850 美元	58 000 美元	87 850 美元
直接人工工时	11 700 小时	3 450 小时	15 150 小时
机器工时	4 100 小时	10 900 小时	15 000 小时

要求:

1. 计算组装部门和检测部门的预计制造费用分配率。

2. 计算 3 月各部门分配给产品的制造费用。

3. 各部门的制造费用高估了多少?或是低估了多少?

5-34 分批成本法的影响因素(LO3)

7 月 1 日,批次 46 的期初余额为 1 235 美元。7 月份加记到该批次产品上的主要成本为 560 美元,其中直接材料成本是直接人工成本的 3 倍。该批产品的期末余额为 1 921 美元。

要求:

1. 7 月分配给该批产品的制造费用是多少?

2. 批次 46 的直接材料成本和直接人工成本分别是多少?

3. 假设以直接人工成本为依据分配制造费用,那么公司的制造费用分配率是多少?(注意:计算结果精确到小数点后两位)。

5-35 原始凭证(LO3)

对于下列每一独立的情形,给出相应的原始凭证以提供必要的信息。

要求:

1. 成本为 460 美元的直接材料被领用,用于某批次产品的生产。

2. Greiner 车库采用分批成本法,制造费用根据直接人工工时分配。哪种原始凭证能表明批次 2005-276 所耗用的直接人工工时?

3. Pasilla 调查服务公司每月根据截至目前的累计成本向客户开具发票。批次 3-48 涉及一项跟踪客户商业伙伴的调查活动,该调查的时间持续一周,并利用汽车这一工具开展调查行动。开具发票的金额为行使的英里数乘以 0.75 美元。

4. 负责生产批次 Jackson 的领班想要知道该

批次产品的实际直接材料成本。

5-36 分配制造费用,计算各批产品成本（LO4）

Jagjit 公司为客户设计和建造防护墙。8月1日,有两批产品处于生产过程中:批次93的期初余额为8 750美元,批次94的期初余额为7 300美元。Jagjit按照每直接人工工时8美元的分配率来分配制造费用。直接人工工资率为平均每小时18美元。

所有批次8月的成本数据如下:

项目	批次93(美元)	批次94(美元)	批次95(美元)	批次96(美元)
直接材料	950	4 500	2 300	1 300
直接人工	2 160	5 400	2 610	900

8月,批次95和96开始生产。批次93在8月17日完工,向客户开具发票的价款为成本加成40%。所有其余批次产品仍处于生产过程中。

要求:
1. 计算8月每批产品耗用的直接人工工时。
2. 计算8月分配给每批产品的制造费用。
3. 8月末,编制每批产品的分批成本单。
4. 计算8月31日在产品的期末余额。
5. 批次93的价格是多少?
6. 在年中,Jagjit购进一台推土机用以处理大型业务。该推土机的购进成本为38 000美元,对于应对商业业务很有必要。小型住宅业务仍然用小型拖拉机来处理。如何将推土机的成本只分配给使用该设备的业务?

5-37 分配制造费用,计算各批产品的成本(LO4)

Gorman公司根据客户的具体要求建造内部传输设备。10月1日,批次877仍处于生产过程中,截至目前的累计成本为18 640美元。

10月,批次878、879和880开始生产。10月所有批次产品的成本数据如下:

项目	批次877(美元)	批次878(美元)	批次879(美元)	批次880(美元)
直接材料	14 460	6 000	3 500	1 800
直接人工	14 800	8 500	1 750	2 150

制造费用按照直接人工成本的80%的比率加以分配。批次877在10月28日完工,向客户开具发票的价格为成本加成50%。所有其他批次产品仍处于生产过程中。

要求:
1. 编制简化的分批成本单,列示10月1日四批产品的余额,以及10月的直接材料成本和直接人工成本。(注意:此时不需要计算已分配制造费用和总成本。)
2. 计算10月每批产品的已分配制造费用。
3. 计算10月31日在产品的期末余额。
4. 批次877的价格是多少?

5-38 在产品和产成品的余额,销货成本(LO4)

Derry公司采用分批成本法。月末,收集到的资料如下:

批次	总成本(美元)	是否完工	是否出售
301	1 600	是	否
302	1 240	是	是
303	780	否	否
304	2 300	是	否
305	4 150	是	否
306	350	否	否
307	710	是	是
308	620	否	否
309	1 200	否	否
310	515	否	否

产成品的期初余额为300美元,其中包含批次300,因为该批产品本月末仍未对外出售。

要求:
1. 计算月末在产品的期末余额。

2. 计算月末产成品的期末余额。
3. 计算本月的销货成本。

5-39 分批成本单,在产品和产成品的余额(LO4)

项目	批次106	批次107	批次108
7月1日余额	23 310 美元	6 250 美元	0 美元
直接材料	10 450 美元	12 300 美元	16 150 美元
直接人工	16 000 美元	12 200 美元	24 000 美元
机器工时	500 小时	300 小时	1 000 小时

制造费用的分配率是每机器工时16美元。7月31日,批次106和108完工。批次102和106被出售。批次107仍处于生产过程中。7月1日,产成品的余额为49 000美元(包括了25 600美元的批次102和23 400美元的批次104)。

Golding公司产品的价格为成本加成30%。7月变动销售费用是销售收入的5%,固定销售费用是2 000美元。管理费用是4 800美元。(注意:计算结果精确到美元。)

要求:

1. 为7月所有处于生产过程中的产品批次编制分批成本单,列示截至7月31日的所有成本。
2. 计算7月31日在产品的期末余额。
3. 计算7月31日产成品的期末余额。
4. 计算7月的销货成本。
5. 计算Golding公司7月的经营利润。

5-40 成本流转(LO4)

考虑下列独立的产品批次。部门1的制造费用分配率为6美元/直接人工工时,部门2的制造费用分配率为8美元/机器工时。各部门的直接人工工资率平均为10美元/小时。

项目	批次213	批次214	批次217	批次225
总销售收入(美元)	?	4 375	5 600	1 150
单价(美元)	12	?	14	5
生产耗用的材料(美元)	365	?	488	207
部门1的直接人工成本(美元)	?	700	2 000	230
部门1的机器工时(小时)	15	35	50	12
部门2的直接人工成本(美元)	50	100	?	0
部门2的机器工时(小时)	25	50	?	?
部门1的已分配制造费用(美元)	90	?	1 200	138
部门2的已分配制造费用(美元)	?	400	160	0
总生产成本(美元)	855	3 073	?	575
产量(件)	?	350	400	?
单位成本(美元)	8.55	?	9.87	?

要求:

补充每一批次缺失的数据。

5-41 各批产品成本流转(LO4)

Roseler公司使用标准分批成本计算系统。公司有两个部门,大部分产品的生产加工都需要经过这两个部门。公司采用全厂制造费用分配率(18美元/人工工时)进行制造费用的分配。本年,有几批产品完工。批次9-601的数据资料如下:

直接材料成本	12 000 美元
直接人工成本:	
部门A(450×18)	8 100 美元
部门B(120×18)	2 160 美元
耗用的机器工时:	
部门A	200 小时
部门B	800 小时
产量	1 000

要求：
1. 计算批次 9-601 的总成本。
2. 计算批次 9-601 的单位生产成本。

> 对于要求 3 和 4，假设 Roseler 公司使用部门制造费用分配率。部门 A 的制造费用分配率是每直接人工工时 3 美元，部门 B 的制造费用分配率是每机器工时 7 美元。

3. 计算批次 9-601 的总成本。
4. 计算批次 9-601 的单位生产成本。

5-42 计算多批次产品的在产品和销货成本(LO4)

Ensign 园林设计为客户提供园林设计方案并栽种植物。4 月 1 日，批次 39、40 和 41 仍处于生产过程中。4 月，另外两批产品——批次 42 和 43 开始生产。4 月 30 日，批次 40、41 和 43 完工并出售。收集到的资料如下：

项目	批次 39(美元)	批次 40(美元)	批次 41(美元)	批次 42(美元)	批次 43(美元)
4 月 1 日余额	540	3 400	2 990	—	—
直接材料成本	700	560	375	3 500	6 900
直接人工成本	500	600	490	2 500	3 000

制造费用分配率是直接人工成本的 110%。每批产品的销售价格是成本加成 30%。4 月的销售和管理费用为 4 575 美元。（所有结果精确到美元。）

要求：
1. 4 月 30 日为每批产品编制分批成本单。
2. 计算 4 月 30 日在产品的期末余额和 4 月的销货成本。
3. 编制 4 月的利润表。

5-43 日记账(LO5)

Yurman 公司采用分批成本系统。5 月发生了如下交易：

a. 以赊购的方式购进原材料，成本为 29 670 美元。

b. 生产领用的原材料为 24 500 美元，其中批次 58 领用的材料为 9 200 美元，批次 59 领用的材料为 8 900 美元，剩余的材料被批次 60 领用。

c. 本月发生的直接人工成本为 32 400 美元，平均工资率为 18 美元/小时，其中批次 58 耗用 800 小时，批次 59 耗用 600 小时，批次 60 耗用 400 小时。

d. 本月已经发生并结清的实际制造费用为 17 880 美元(贷记各种应付项目)。

e. 制造费用分配率是每直接人工工时 4.80 美元。

f. 批次 58 和 59 已经完工并转移到产成品中。

g. 以赊销的方式将批次 57(见下面产成品的期初余额)和批次 58 分别销售给不同的客户，销售价格为成本加成 40%。

5 月 1 日的期初余额如下：

原材料	2 300 美元
在产品	0
产成品(批次 57)	25 600 美元

要求：
1. 为上述 a—g 交易编制日记账。
2. 为批次 58、59 和 60 编制简化的分批成本单。
3. 计算原材料的期末余额。
4. 计算在产品的期末余额。
5. 计算产成品的期末余额。

5-44 采用直接分配法分配辅助部门成本(LO6)

Stevenson 公司分为两个营运部门：电池部门和小型发动机部门。公司使用直接分配法将能源部门和工厂总部的成本分配给两个营运部门。能源成本以机器工时为分配基础，工厂总部成本以占地面积为分配基础。使用直接分配法的辅助部门成本分配主要依据以下数据：

项目	辅助部门		营运部门	
	能源部门	工厂总部	电池部门	小型发动机部门
制造费用(美元)	160 000	430 000	163 000	84 600
机器工时(小时)	2 000	2 000	7 000	1 000
占地面积(平方英尺)	1 000	1 500	5 000	15 000
直接人工工时(小时)			18 000	60 000

要求：

1. 计算能源部门和工厂总部的成本分配率。（注意：计算结果精确到小数点后四位。）

2. 将辅助部门成本分配给营运部门。（注意：计算结果精确到美元。）

3. 假设生产部门制造费用分配率的计算依据是直接人工工时。计算电池部门和小型发动机部门的制造费用分配率。（注意：计算结果精确到美分。）

5-45 采用顺序分配法分配辅助部门成本（LO6）

参考练习题 5-44 的数据资料。现假设 Stevenson 公司采用顺序分配法来分配辅助部门成本到生产部门。工厂总部成本在顺序分配法中首先被分配。

要求：

1. 计算能源部门和工厂总部的成本分配率。（注意：计算结果精确到小数点后四位。）

2. 将辅助部门成本分配给生产部门。（注意：计算结果精确到美元。）

3. 假设生产部门制造费用分配率的计算依据是直接人工工时。计算电池部门和小型发动机部门的制造费用分配率。（注意：计算结果精确到美分。）

问题

5-46 制造费用分配和分批成本计算法（LO2、LO4）

Heurion 公司采用分批成本计算法，并以直接人工工时为依据计算全厂制造费用分配率。本年预估的资料如下：

制造费用	789 000 美元
直接人工工时	100 000 小时

Heurion 公司 7 月共生产 5 批产品，资料如下：

项目	批次 741	批次 742	批次 743	批次 744	批次 745
7月1日余额(美元)	29 870	55 215	27 880	0	0
直接材料成本(美元)	25 500	39 800	14 450	13 600	8 420
直接人工成本(美元)	61 300	48 500	28 700	24 500	21 300
直接人工工时(小时)	4 000	3 400	1 980	1 600	1 400

7月31日，批次 741 和批次 743 完工并出售，其余批次产品仍处于生产过程中。

要求：

1. 计算 Heurion 公司的全厂制造费用分配率。（注意：计算结果精确到美分。）

2. 为各批产品编制分批成本单，以列示截至 7月31日的所有成本。（注意：计算结果精确到美元。）

3. 计算 7月31日在产品的期末余额。

4. 计算 7 月的销货成本。

5-47 各批成本、原始凭证（LO1、LO3）

Spade 调查机构为不同的客户提供调查服务。最近，Alban 保险公司委托 Spade 调查一系列可疑的投诉案件，投诉者声称自己的颈部因为事故扭伤。在每个案件中，投诉者声称自己在高速公路上行驶，突然被 Alban 的投保客户追尾。投诉者驾驶的汽车都是老式且未投保的车辆。Alban 的客户声称投诉者突然改变了行驶的路线，因此事故的发生是不可避免的。Alban 怀疑这些事故是骗保案件。一般说来，投诉者在高速公路上驾驶实际上并无价值的汽车，企图降低新型汽车昂贵的费用，该新型汽车显然购买了保险。Alban 认为这些案件是虚构的。

Spade 花费 37 个小时跟踪投诉者并采集必要的照片。Spade 的监测方法能够查找出所有投诉者看诊的医生办公室，并且将投诉者的行为活动以照片的形式记录下来，这些行为活动是投诉者声明其由于颈部扭伤而不能进行的活动。为了查找出投诉者和医生的名字，Spade 花费 48 小时用互联网来调查法庭记录。最后其发现了每位投诉者相似的投诉模式。

Spade 向客户收取的价款为 120 美元/小时。驾驶的里程数按照每英里 0.50 美元计算，对于 Alban，该项调查活动总共行驶的里数为 510 英里。胶卷和冲洗花费的金额为 120 美元。

要求：

1. 编制该调查活动的分批成本单。

2. 为什么在价款中不包含制造费用？Spade 如何依据制造费用的耗用（如办公室的持续成本——日常用品、纸张、电话费、水电费）向客户收取价款？

3. 英里数要依据原始凭证计算。为这一用途设计原始凭证并填写数据，列明 Alban 这项调查活动行驶的英里数总计为 510 英里。

5-48 计算在产品的期末余额, 利润表(LO4)

Pavlovich 人造器官公司为个人生产假肢。每个人造器官的生产过程都是不同的。1月1日，三个以人造器官客户的名字命名的产品批次仍处在生产过程中，有关成本数据如下：

项目	Carter(美元)	Pelham(美元)	Tillson(美元)
直接材料	210	615	1 290
直接人工	440	700	1 260
已分配制造费用	374	595	1 071
总计	1 024	1 910	3 621

1 月，另外两个批次开始生产，即 Jasper 和 Dashell。各批次 1 月发生的材料和人工成本如下：

项目	材料(美元)	直接人工(小时)
Carter	600	300
Pelham	550	200
Tillson	770	240
Jasper	2 310	2 100
Dashell	190	240

1 月 31 日, Tillson 和 Jasper 的人造器官完工并出售。

要求：

1. 如果制造费用分配率以直接人工成本为计算依据，那么制造费用分配率是多少？（注意：计算结果精确到小数点后四位。）

2. 为 1 月这五批产品编制简化的分批成本单。（注意：计算结果精确到美元。）

3. 1 月 31 日在产品的期末余额是多少？1 月的销货成本是多少？

4. 假设 Pavlovich 人造器官公司各批产品的销售价格是成本加成 30%。此外，1 月发生了 2 635 美元的销售和管理费用。编制 1 月的利润表。

5-49 分配制造费用, 部门制造费用分配率(LO2)

Xania 公司使用标准分批成本系统。目前，该公司以机器工时为依据，使用全厂制造费用分配率。Xania 公司的厂长听说部门制造费用分配率的成本分配结果比全厂制造费用分配率的结果更准确。Xania 公司明年两个部门的数据资料如下：

项目	A 部门	B 部门
预计制造费用	75 000 美元	33 000 美元
标准作业量(机器工时)	10 000 小时	8 000 小时

要求：

1. 依据机器工时，计算全厂预计制造费用分配率。

2. 依据机器工时，计算各部门预计制造费用分配率。（注意：计算结果精确到小数点后

3. 批次73耗用A部门20小时机器工时,B部门50小时机器工时。批次74耗用A部门50小时机器工时,B部门20小时机器工时。使用要求1中计算出来的全厂制造费用分配率向各批产品分配制造费用。使用要求2中的部门制造费用分配率重复上述计算。两种方法中哪一个成本分配较为公平?为什么?(注意:计算结果精确到美分。)

4. 假设B部门的预计制造费用为60 000美元(不是33 000美元),重新计算要求3中的内容。对于这家公司,你推荐使用部门分配率还是全厂分配率?(注意:计算结果精确到美分。)

5-50 制造费用分配率,单位成本(LO2)

Folsom公司根据客户的订单要求生产制造专用工具。该公司有三个生产部门。关于明年各部门预算的制造费用和各种作业指标的资料如下:

项目	焊接	组装	整理
预计制造费用(美元)	220 000	62 000	150 000
直接人工工时(小时)	4 500	10 000	6 000
直接人工成本(美元)	90 000	150 000	120 000
机器工时(小时)	5 000	1 000	2 000

目前,公司以机器工时为依据,使用全厂制造费用分配率。然而,会计主管Janine想要知道使用部门制造费用分配率是否有价值。她分析了各部门的制造费用和成本动因,决定焊接部门和整理部门应根据机器工时来计算制造费用分配率,组装部门应根据直接人工成本来计算制造费用分配率。

Janine为两批产品编制了价目表,列明了下列信息:

项目	批次1	批次2
直接材料成本(美元)	6 725	9 340
直接人工成本(美元)	1 800	3 100
直接人工工时(小时):		
焊接	20	10
组装	60	20
整理	20	70
机器工时(小时):		
焊接	50	50
组装	60	25
整理	90	125

通常的竞标价格包括了全部生产成本和35%的利润。将制造费用分配率的结果精确到美分,将竞标价格的结果精确到美元。

要求:

1. 以机器工时为依据计算全厂制造费用分配率。采用该分配率计算的各批产品的竞标价格是多少?

2. 计算各生产部门的部门制造费用分配率。采用该分配率计算的各批产品的竞标价格是多少?

5-51 计算各批次产品成本并利用成本计价格(LO2、LO4)

假设1970年,Steve为两位朋友制造扬声器。第一位朋友Jan的乐队需要扬声器。第二位朋友Ed的汽车后箱需要安装一个扬声器。Steve计算出了如下数据:

项目	Jan	Ed
材料(美元)	50	75
人工工时(小时)	10	20

Steve知道Jan这一生产批次相对较为容易,因为他具有制造这种类型扬声器的经验,且不需要任何专用设备和特殊的装置。而Ed这一生产批次需要专门的设计和精准的装置。Steve认为他可能需要事先建造一个实体模型以满足汽车的空间要求。此外,他可能必须增加工具以完成此项任务。通常来讲,Steve的工资率为每小时6美元,制造费用分配率为人工和材料的20%。

要求:

1. 为两批产品编制分批成本单,并列示总成本。

2. 哪一批次产品的成本计算可能更准确?Steve是如何将Ed批次的不确定因素加记到预算成本中去的?

5-52 单位成本、在产品期末余额、日记账(LO4、LO5)

8月,Leming公司生产两批产品的资料如下:

项目	批次64	批次65
产量	50	80
销售量	50	—
领用的材料(美元)	3 560	785
直接人工工时(小时)	410	583
直接人工成本(美元)	6 720	9 382

制造费用是依据直接人工工时分配的，分配率为11美元/工时。8月，批次64完工并转移到产成品中。批次65是月末唯一未完工的批次。

要求：

1. 计算批次64的单位成本。
2. 计算在产品账户的期末余额。
3. 编制日记账以反映批次64的完工和出售过程。销售价格是成本的175%。（注意：日记账中的所有金额精确到美元。）

5—53 日记账、各批产品成本(LO4、LO5)

Nelson公司在4月发生了如下交易：

a. 以赊购的方式购进原材料，成本为4 610美元。

b. 生产领用的原材料为4 800美元，其中批次518领用的原材料为3 170美元，剩余的原材料被批次519领用。

c. 本月批次518耗用的直接人工工时为65小时，批次519耗用的直接人工工时为90小时，直接人工的工资率为14美元/小时。

d. 使用全厂制造费用分配率分配制造费用，分配率为每直接人工工时6.20美元。

e. 本月发生和结清的实际制造费用为973美元。

f. 批次518完工并转移到产成品中。

g. 批次517在3月完工并转移到产成品中，本月以赊销的方式销售出去，价款为成本(2 770美元)加成25%。

要求：

1. 为a—e交易编制日记账。
2. 为批次518和519编制分批成本单，为f—g交易编制日记账。（注意：计算结果精确到美元。）
3. 编制4月产品成本计算表。假设原材料的期初余额为1 025美元，在产品的期初余额为0美元。

5—54 预计制造费用分配率、制造费用差异、成本流转(LO2、LO4、LO5)

Barrymore服装公司位于纽约市，为戏剧和音乐剧缝制服装。Barrymore公司认为自己属于服务行业，因为在事先没有订单的情况下，Barrymore公司从不会开始生产服装，而仅仅是购进原材料以满足特定服装批次的需要。任何产成品的期末存货均是暂时的，一旦表演者为这笔订单结清了款项，期末存货就迅速清零。制造费用按照直接人工成本进行分配。本年第一季度发生了下列作业，并列入相应账户中：

在产品

余额	17 000	完工	245 000
直接人工	80 000		
制造费用	140 000		
直接材料	40 000		
余额	32 000		

产成品

余额	40 000	销售	210 000
完工	245 000		
余额	75 000		

制造费用

138 500	140 000
	余额　1 500

销货成本

210 000	

第一季度末，仅仅批次32处于生产过程中。批次32耗用的直接人工工时为1 000小时，每小时10美元。

要求：

1. 假设制造费用按照直接人工成本分配，第一季度耗用的制造费用是多少？
2. 第一季度已分配制造费用是多少？实际制造费用是多少？是过度分配还是分配不足？
3. 第一季度生产成本是多少？
4. 假设制造费用结转到销货成本中，编制日记账结清制造费用统驭账户。调整后的销货成本是多少？
5. 识别出批次32发生的直接材料成本、直接人工成本和制造费用。

5-55 制造费用分配、日记账、各批产品成本(LO2、LO4、LO5)

年初,Smith 公司预计制造费用为 129 600 美元,直接人工工时为 13 500 小时。本年批次 K456 完工,数据资料如下:直接材料成本为 2 750 美元;直接人工成本为 5 355 美元;平均工资率为 17 美元/小时。

年末,实际发生的直接人工工时为 18 100 小时,Smith 公司本年发生的实际制造费用如下:

设备租赁费	6 800 美元
办公楼折旧	19 340 美元
间接人工	90 400 美元
水电费	14 560 美元
其他制造费用	41 400 美元

要求:

1. 计算本年的制造费用分配率。
2. 计算批次 K456 的成本总额。
3. 编制日记账以记录实际发生的制造费用,并记录本年分配给产品的制造费用。
4. 制造费用是分配过度还是分配不足? 金额是多少?
5. 假设本年的标准销货成本是 635 600 美元,调整后的销货成本是多少?

5-56 日记账、T 形账户(LO1、LO4、LO5)

Lowder 公司为仓库和配送中心建造定制的传输系统。7 月,公司发生了如下交易:

a. 以赊购的方式购进原材料,成本为 42 630 美元。

b. 生产领用的原材料为 27 000 美元。其中,批次 703 领用的原材料为 12 500 美元,其余的原材料被批次 704 领用。

c. 本月直接人工工资单上的记录为 26 320 美元,平均工资率为 14 美元/小时。批次 703 耗用的直接人工工时为 780 小时;批次 704 耗用的直接人工工时为 1 100 小时。

d. 本月发生并已结清的制造费用为 19 950 美元。

e. 按照每直接人工工时 10 美元的分配率将制造费用分配给产品。

f. 批次 703 完工并转移到产成品中。

g. 5 月,批次 704 开始生产,月末仍处于生产过程中。

h. 5 月,批次 700 完工,并以赊销的方式对外出售,价款为成本加成 30%。

7 月 1 日的期初余额为:

原材料	6 070 美元
在产品(批次 703)	10 000 美元
产成品(批次 700)	6 240 美元

要求:

1. 为 a—e 交易编制日记账。
2. 为批次 703 和 704 编制简化的分批成本单。
3. 为 f—h 交易编制日记账。
4. 计算下列账户的期初余额:(a)原材料;(b)在产品;(c)产成品。

5-57 辅助部门成本分配(LO6)

Med Service 公司分为两个营运部门:实验室和组织病理室。公司将运输部门和会计部门的成本分配给每个营运部门。运输成本包括一组货车和驾驶员的成本,驾驶员每天驾驶货车去诊所和医生办公室获取样本,并将其运输到位于州中心的实验室和组织病理室。运输成本依据样本的数量进行分配。假设会计成本按照处理的交易量来分配。也不必区分固定成本和变动成本,而且仅仅分配预算成本。明年的成本分配要依据以下数据:

项目	辅助部门		营运部门	
	运输部门	会计部门	实验室	组织病理室
制造费用(美元)	240 000	270 000	345 000	456 000
样本量	—	—	70 200	46 800
交易处理量	2 000	—	24 700	13 300

要求:

1. 使用直接分配法分配辅助部门成本。(注意:分配率精确到小数点后四位。)

2. 使用顺序分配法分配辅助部门成本,首先分配会计部门成本。(注意:分配率精确到小数点后四位。)

5-58 辅助部门成本分配方法的对比(LO6)

Bender 汽车公司制造各种汽车前端配置。前端配置包括前照灯、挡泥板和周围的金属或塑料。Bender 公司有两个生产部门:电钻部门和组装部门。通常汽车前端配置是按批定制的,一批为 100 件。

Bender 公司的两个辅助部门为生产部门提供服务:维修部门和能源部门。下个季度的预算数据如下,公司并不对固定成本和变动成本加以区分。

项目	辅助部门		营运部门	
	维修部门	能源部门	电钻部门	组装部门
制造费用(美元)	320 000	400 000	163 000	90 000
机器工时(小时)	—	22 500	30 000	7 500
千瓦时	40 000	—	36 000	324 000
直接人工工时(小时)	—	—	5 000	40 000

电钻部门的预计制造费用分配率根据机器工时计算,组装部门使用直接人工工时。

最近,货车制造商为一个三年期限的合同招标,该合同要求向附近的工厂提供前端配置。一批 100 件前端配置的主要成本为 1 817 美元。生产一批配置需要耗用电钻部门 2 小时的机器工时,耗用组装部门 50 小时的直接人工工时。

Bender 公司的政策是按照生产成本加成 50% 制定投标价格。(注意:成本分配率精确到小数点后四位,分配的辅助部门成本精确到美元,各批产品成本的组成部分精确到美分。)

要求:

1. 使用下列成本分配方案为 Bender 公司编制投标方案:(a)直接分配法;(b)顺序分配法,首先分配能源成本。(注意:成本分配率精确到小数点后四位,分配的辅助部门成本精确到美元,各批产品成本的组成部分精确到美分。)

2. 哪一种分配方法能更准确地反映生产前端配置的成本?为什么?

案例

5-59 制造费用的分配:实际和标准作业间的比较(LO1、LO2)

Reynolds 印刷公司的专长为印刷婚礼通告。公司采用实际分批成本系统。月末依据实际直接人工工时和本月的制造费用来计算实际制造费用分配率。一旦某批产品的实际成本被确定了,按照实际成本加成 50% 的价格向消费者开具发票。

4 月,公司所有者 Jane Reynolds 的好朋友 Lucky 夫人定制了三批婚礼通告,分别要在 5 月 10 日、6 月 10 日和 7 月 10 日送达。公司计划分别在 5 月 7 日、6 月 7 日和 7 月 7 日开始生产。这三个订单的批次编号分别是 115、116 和 117。

Reynolds 向 Lucky 夫人保证她将会出席她所有女儿的婚礼。出于关心和友谊,她决定索要较低的价格。她并没有按照成本加成 50% 的价格定价,而是提供了成本加成 25% 这一特殊的价格。另外,Reynolds 同意直到最后一场婚礼办完之后,再为三批产品开具发票。

8 月 15 日,Reynolds 让会计把批次 115、116 和 117 完成的分批成本单拿给她。她也告诉会计按照事先同意的较低的价格收取价款。成本计算单提供了如下信息:

项目	批次 115	批次 116	批次 117
直接材料成本(美元)	250.00	250.00	250.00
直接人工成本(5 小时)(美元)	25.00	25.00	25.00
制造费用(美元)	200.00	400.00	400.00
总成本(美元)	475.00	675.00	675.00
总价款(美元)	593.75	843.75	843.75
通告数量	500	500	500

Reynolds 不理解为什么分配给批次 116 和 117 的制造费用要高于批次 115。她要来了 5 月、6 月和 7 月的制造费用总结表，该表显示每月的实际制造费用均为 20 000 美元。她也发现 5 月所有产品批次耗用的直接人工工时为 500 小时，6 月和 7 月均为 250 小时。

要求：

1. 你认为当 Lucky 夫人收到这三批产品的发票时，将会有何感受？

2. 请解释如何将制造费用分配给每批产品。

3. 假设 Reynolds 的平均作业量是每月 500 小时，且公司的制造费用通常是每年 240 000 美元。你能推荐一个更好的方法将制造费用分配给各批产品吗？用你的制造费用分配方法重新计算各批产品的成本和相应的价款。你认为哪一种方法更好？为什么？

5-60 分配制造费用——道德问题（LO2、LO5）

注册管理会计师 Tonya Martin 是 Gunderson 公司零件部门的会计主管，其正在与该部门的经理 Dong Adams 开会讨论。讨论的主题是制造费用的分配问题及其对该部门定价决策的影响。他们的对话内容如下：

Tonya：Dong，正如你所知，我们 25% 的业务来源于政府合同，另外 75% 的业务是私人业务，是我们以竞标的方式赢得的。最近几年，我们的私人业务下降了。我们未中标的情况比以往更多了。经过仔细的调查，我发现由于采用了不适当的制造费用分配方法，导致我们某些批次产品的定价过高，也有一些产品批次的定价过低了。不幸的是，那些定价过高的产品批次正是那些产量较高、劳动力较密集的产品，所以我们的业绩下滑了。

Dong：我知道，产量较高的产品批次分配到的制造费用通常要高于其实际应该分得的。然后，当我们在成本的基础上，再加入 40% 的利润时，就会导致我们的价格高于竞争对手，而竞争对手的成本分配比我们要准确。

Tonya：正是如此。我们有两个生产部门，一个是劳动密集型的，另一个是机器密集型的。劳动密集型部门的制造费用要远低于机器密集型部门。并且，我们产量较大的产品批次均是劳动密集型的。目前，我们依据直接人工工时来计算全厂制造费用分配率，进而将制造费用分配给各批产品。因此，产量高且劳动密集型的产品批次分配到的机器密集部门的制造费用要高于其实际应该分得的。采用部门分配率可以极大地缓解这一问题。例如，使用全厂制造费用分配率，产量高的产品批次平均分得的制造费用为 100 000 美元，而采用部门制造费用分配率，平均分得的仅为 70 000 美元。这会使产量高的产品批次的竞标价格平均降低 42 000 美元。通过增加我们产品成本计算的精确性，我们能更好地做出定价决策，进而赢得更多的私人业务。

Dong：听起来好极了。你什么时候可以在制造费用分配率上做出一些改变？

Tonya：这不会花费太久的时间。我可以在 4—6 周内执行新制度——当然必须等到新的会计年度开始。

Dong：等等，我刚刚想起了这可能引发的混乱。我们大部分的政府合同是在劳动密集部门生产的。新的制造费用分配计划将会降低政府产品批次的成本，因此我们的收入将会下降。政府按照全部生产成本加上我们的标准利润来付款。政府业务并不受到我们当前成本计算方法的威胁，但是我们不能仅转换私人业务的制造费用分配率。政府审计员将会对我们成本计算方法的不一致性产生质疑。

Tonya：你说得很有道理。我也想过这个问题。据我估计，我们私人业务增加的收入要大于政府合同降低的收入。此外，我们政府产品批次的成本也被扭曲了。实际上，我们向政府收取的价款过高。

Dong：政府并不知道我们收取的价款过高，如果我们不转变制造费用分配方法，政府就不会知道这件事。我认为我现在有解决方案了。从官方看，我们继续使用全厂制造费用分配率。所有正式的记录将会反映我们的政府业务和私人业务都采用这一分配率。私下里，我想要你单独设立另外一本账簿，用以生成编制有竞争力的私人业务投标方案所需要的信息。

要求：

1. 你认为 Dong 提出的解决方案是否符合道德要求？请解释。

2. 假设 Tonya 认为 Dong 的解决方案不正确，并且强烈地反对。进一步假设，尽管 Tonya 强烈反对，Dong 仍坚持采取这一做法。Tonya 应该怎样做？

第6章
分步成本法

管理决策

BP公司

大多数人对汽油的唯一关注是当地加油站的价格,但是对世界能源巨头BP公司来说却是需要思索良久的重大议题。BP公司是由William D'Arcy于1901年取得波斯王国(现在的伊朗沙漠)的石油开采权后创立的,之后公司获得了快速发展,到21世纪初时已经在全球22个国家进行开采和生产活动。BP公司采用每年365天、每天24小时无间断生产,产量达到每天260万桶,即每秒约30桶。如此巨大的产量令人难以置信,这显示了BP公司作业处理系统的高效,该系统能够处理多种产品(包括汽油、供热燃料、润滑油和沥青)的成本问题。

为了确定特定过程的成本,BP公司需要知道产品的总成本和特定时间段内的产量。总成本包括原油、人工和管理成本,其中原油成本从西得克萨斯油田到加拿大油田变化很大。其他成本还包括分解石油中使用的催化剂和化学品。BP公司在处理分步成本系统的产出、当前市场价格和采用线性规划模型计算混合原油材料中利润最高的产品组合时遇到很多麻烦。确定持续生产过程的成本十分复杂,但是通过计算加工过程成本并合理安排产出水平和产品组合,BP公司有能力在遍布全球的生产厂管理这个复杂的生产过程,同时为日后开发能源、物流配送以及意外的高成本事件(如2010年的墨西哥湾石油泄漏事件)提供足够的利润。

2010年墨西哥湾的石油钻井平台爆炸及后续的石油泄漏事件对BP公司造成了很大的政治和财务压力,阻止石油泄漏、后续清理和最终补偿产生的成本十分巨大并且在持续增加,BP公司的形象和商誉也受到很大打击。该事件对BP公司的最终影响不得而知,但BP公司处理该事件的能力将直接影响公司的盈利能力。

6.1 分步生产的特征

正如 BP 公司展示的那样,生产流程是帮助进行成本核算的最佳方法。例如,BP 公司在印第安纳州怀廷市的炼油厂每天可以处理 400 000 桶原油,每桶原油提炼成不同的产品,如汽油、供热燃料、润滑油和沥青等。这表明大量类似产品都要经历一组完全相同的程序,既然在同一产品线上的每种产品经过处理流程时都使用类似"剂量"的原材料、人工和间接费用,那就没必要按批次(即使用分批成本系统)计算成本。成本是随生产流程累计的,无论何时,只要相对同质的产品经过一系列处理过程消耗了相似的制造成本,就适合使用分步成本法。

Healthblend 营养品公司生产矿物质产品、草药和维生素产品等,考虑其分步成本计算环境,主要有以下三个过程:

(1)挑拣原料:在挑拣原料时,需要为特定产品挑选特定量的草药、维生素、矿物质和一些惰性材料(如玉米淀粉之类的粘合剂),然后将材料混合搅拌,等到彻底混合后送到胶囊部门。

(2)装入胶囊:在胶囊包装过程,把维生素、矿物质和草药的混合物压入机器中,机器将这些混合物装满一个胶囊的一半,然后将这一半同另一半组合并密封,这个过程是全机械化的。该部门的制造费用包括机器折旧、机器维修费用、监管费用、额外福利和电费。最后,装满的胶囊被送往装瓶部门。

(3)装瓶:在装瓶部门,胶囊被装入一个漏斗状容器,自动计数后装入瓶中,用机器盖上瓶盖,工人按一定的数量装箱并运送到各个零售点。

6.1.1 分步的类型

Healthblend 营养品公司的生产是顺序分步的,**顺序分步**(sequential processing)生产要求产品必须经过一道工序后才能进入下一道工序。图表 6 – 1 显示了公司生产矿物质、草药和维生素的过程。

图表 6 – 1 顺序分步生产示例

因此,在一家分步生产型公司,单位产品通常会经过若干个生产部门从而逐步接近完工。各个部门都需要原材料、人工和制造费用的投入。一道工序完成后,部分完成的产品会被送到下一个部门,当经过最后一道工序时,产品就完工了并被送到仓库。

平行分步(parallel processing)生产是另一种生产模式,该生产模式要求有两种或两种以上的顺序分步生产工序才能完成产品。部分完工产品(如两个部件)可以同时在不同的工序里加工,然后再集中到最后一道工序进行加工。例如,下面是个人电脑的硬盘驱动器的生产过程。其中,一种生产工序生产写入磁头和磁盘驱动器,并且进行组装和测试。另一个生产工序生产并检测印刷电路板。最后将两个部件集中到最后一道工序进行组装。图表6-2展示了这一生产过程。注意,其中写入磁头和磁盘驱动器的生产可以独立于(或平行于)电路板的生产和检测流程。

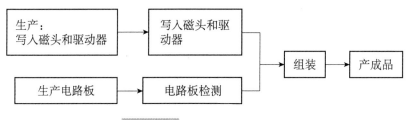

图表6-2　平行分步生产示例

实际上,是存在其他形式的平行分步生产方式,但是无论一家公司里存在怎样的分步模式,所有的产品都有一种共同特征。由于产品是相同的并且经过了某一特定的工序,所以一段期间内生产的产品应该消耗相同的单位成本。要了解单位成本的计算方法,就要弄清楚分步生产型公司的制造成本的流转情况。

6.1.2　分步成本法中账户内的成本流转

分步成本法中的制造成本流转与分批成本法中的基本相同,当购入原材料时,原材料的成本流入原材料存货账户。同样地,原材料、直接人工和已分配制造费用流入在产品账户。当产品完工时,产成品的成本从在产品账户结转到产成品账户。最终,当产品销售出去时,产成品成本会被转移到销货成本账户。这些会计分录与分批成本法中的会计分录基本平行。

尽管分批成本流转和分步成本流转很相似,但仍存在一些差别。在分步成本法中,每个生产部门拥有自己的在产品账户,当产品在一个部门的加工完成后,会被送入下一个部门继续加工,成本随之也被转入下个部门。图表6-3描述了Healthblend营养品公司的流程。在流程的末尾,所有的生产成本都在最后一个部门(这里指装瓶部门)集中到最终产品上。

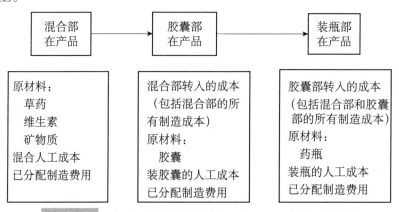

图表6-3　分步生产型公司中生产成本在各个账户内的流转

演练6.1展示了不同部门的成本以及成本的流转过程。

演练 6.1

计算在产品存货的成本流转

知识梳理：

分步成本法中，每个部门在在产品账户中归集本部门的生产成本。当本部门的工序完成时，将在产品及其成本一起转入下一个部门。结转成本时，借记接收部门的在产品账户，贷记转移部门的在产品账户。

资料：

假设 Healthblend 营养品公司决定生产 2 000 瓶复合维生素，产生了以下成本（每个部门都不是分步生产的开始或结尾）：

单位：美元

项目	混合部	胶囊部	装瓶部
直接材料	1 700	1 000	800
直接人工	50	60	300
已分配制造费用	450	500	600

要求：

1. 计算每个部门转出的成本。
2. 编制每项成本结转的合计分录。

答案：

1.

单位：美元

项目	混合部	胶囊部	装瓶部
直接材料	1 700	1 000	800
直接人工	50	60	300
已分配制造费用	450	500	600
总成本	2 200	1 560	1 700
成本转入	0	2 200	3 760
成本转出	2 200	3 760	5 460

2.

借：在产品（胶囊制作）	2 200
贷：在产品（混合）	2 200
借：在产品（装瓶）	3 760
贷：在产品（胶囊制作）	3 760
借：产成品	5 460
贷：在产品（装瓶）	5 460

演练 6.1 显示了当复合维生素的混合物从混合部转移到胶囊部时,结转了 2 200 美元的成本。从前一个工序转入下一个工序的成本被称为**转入成本**(Transferred-in costs)。对下一个工序来说,转入成本是一种原材料成本。胶囊部和装瓶部也存在这种关系,最终产成品复合维生素的总成本为 5 460 美元(即转入产成品库房的成本)。

6.1.3　生产报告中的成本累计

在分步成本法中,某一期间的成本由各个部门累计。**生产报告**(production report)是总结一定时期内发生在各个分步生产部门内的制造活动的文件,其信息包括从前一个部门转入的成本以及本部门发生的成本,如直接材料、直接人工和制造费用。与分批成本法相似的是这些成本都计入产品账户。

生产报告提供的信息包括各部门加工的实物产品及其相关生产成本,因此,生产报告的信息分为以下两个部分:

(1)产品信息部分,包括待计量的产量数和已计量的产量数。

(2)成本信息部分,包括待计量的产品成本和已计量的产品成本。

生产报告追踪经过一个部门的产品流转,确定应分配给该部门的成本,说明单位成本的计算,并揭示报告期内该部门的成本处置。

6.1.4　服务型和制造型公司

任何基本同质且重复生产的产品或服务都可以使用分步成本法计算成本。我们来考虑三种类型的公司:服务型公司、以 JIT(just-in-time,适时制生产)为导向的制造型公司和传统的制造型公司。

(1)服务型公司。银行处理支票、牙医清洁牙齿、从得克萨斯州的达拉斯到洛杉矶的航空运输、按邮政编码分拣邮件等,这些过程生产的都是同质且重复的服务。服务型公司也可能拥有在产品存货,例如,期末的退税可能只完成了一部分。但是,大多数服务都是即时提供的,不会产生在产品存货。洗牙、葬礼、外科手术、超声波扫描以及清理地毯等都不存在在产品存货。因此,分步成本法对服务型公司来说是相对简单的,总成本除以提供的服务数量就得到了单位成本。

$$单位成本 = \frac{期间总成本}{提供的服务数量}$$

(2)以 JIT 为导向的制造型公司。制造型公司也可能不存在大量的在产品存货,特别是一些采用 JIT 生产的公司尽力将在产品存货压缩到很低的水平,而且大部分 JIT 生产的公司依据其生产结构,可以使用分步成本法进行成本核算。

在许多 JIT 生产公司里,设立了大量从头到尾只生产一种产品或部件的基层生产单元。一个时期的成本都是按基层生产单元归集的,生产的数量也是这样计量的。单位成本的计算公式如下:

$$单位成本 = \frac{期间总成本}{期间产量}$$

成本归集和产量计算之间没有模棱两可的选择，JIT 制造的目标之一就是简化。

(3) 传统的制造型公司。传统的制造型公司可能在期初和期末有很多在产品存货，正是这些存货的存在使得分步成本法变得复杂，这些复杂的计算与几个因素有关：期初和期末在产品存货的存在、处理期初成本的方法不同以及制造成本分配方法的不一致。这些问题都将在下面展开讨论。

6.2 在产品存货对分步成本法的影响

计算某个时期内的单位成本是生产报告的关键部分。在计算从一个部门转移出的产品成本以及对**期末在产品**(ending work-in-process, **EWIP**)估价时都需要用到单位成本。理论上，只要将总成本除以产量就得到了单位成本，但是在产品存货的存在引发了两个问题：

(1) 定义单位产品比较困难，因为在某一期间生产的一些产品完工了，而期末存货中的在产品还没有完工，这个问题可以通过引入约当产量的概念加以处理。

(2) **期初在产品**(beginning work-in-process, **BWIP**)的成本如何处理：应该与当期成本归集在一起，还是将其分离并转出？有两种方法来解决这个问题：加权平均法和先进先出法。

6.2.1 约当产量

按照定义，期末在产品并未完工。所以，当期转出的产成品和期末在产品存货中的产品是不一样的(或者说不对等)，每件产品上附加的成本也不一样。在计算单位成本时，应该明确当期的产量，这是分步成本法的关键问题。

为了近一步说明，假设部门 A 在 10 月的数据如下：

期初在产品数量	—
完工数量	1 000
期末在产品数量(25% 完工)	600
总生产成本(美元)	11 500

该部门 10 月的产量是多少？1 000 个？1 600 个？如果答案是 1 000 个，那我们在期末在产品上做的努力就被忽视了。10 月的生产成本一部分归入产成品，一部分归入部分完工的期末在产品。如果答案是 1 600 个，我们就忽视了期末在产品中有 600 个产品还未完工的事实。无论用什么方法，都需要计算出产量，以反映我们在完工产品和部分完工产品上的努力。

解决方案就是计算约当产量。**约当产量**(equivalent units of output)是指在某一期间内给定全部生产努力的情况下,本来能够生产的完工产品的数量。确定已转出产品的约当产量很简单,因为一个未完工的产品是不会被转出并进入下一工序的。因此,每个已转出产品都是一个约当单位。对期末在产品存货来说,它们是未完工的,在生产过程中需要有人"盯着"期末在产品以便对其完工程度做出准确估计。演练6.2展示了约当产量的计算过程。

演练 6.2

计算约当产量:没有期初在产品

知识梳理:

某一期间内的总产量用约当产量来计算,约当产量是在给定生产投入的情况下完成的产量,用以下图示说明:

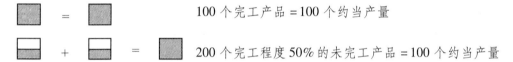

100个完工产品＝100个约当产量

200个完工程度50%的未完工产品＝100个约当产量

注意:约当产量＝完成产品数量＋期末在产品数量×完工程度

资料:

10月数据:1 000个完工产品,600个完工程度为25%的未完工产品。

要求:

计算10月的约当产量。

答案:

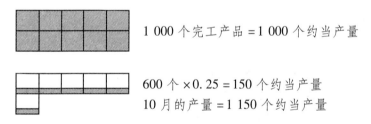

1 000个完工产品＝1 000个约当产量

600个×0.25＝150个约当产量

10月的产量＝1 150个约当产量

道德决策

估计产品的完工程度是一项需要主观判断和道德选择的工作。高估完工程度会增加约当产量,降低单位成本,最终会导致高估利润(产品成本会降低)和资产(在产品成本会增加)。故意高估产品的完工程度是一种违反职业道德的行为。

已知一个部门某一期间的产量和生产成本,就可以计算出单位成本:

$$单位成本 = \frac{总成本}{约当产量}$$

单位成本可以被用来计算转出产品的成本和期末在产品成本。演练6.3展示了没有期初在产品时的成本计算。

演练 6.3

计算产量和分配成本：没有期初在产品

知识梳理：

将某一期间内的总成本除以该期间的产量就得到了产品的单位成本。转出产品(服务)的成本等于完工产品数量乘以单位成本,期末在产品成本等于单位成本乘以其约当产量。

资料：

某一期间的制造成本为 11 500 美元,转出 1 000 个产品,期末在产品有 600 个(25% 的完工程度)。

要求：

1. 计算单位成本。
2. 计算转出产品成本和期末在产品成本。

答案：

1.

完工产品	1 000
期末在产品 ×25%(600×25%)	150
约当产量	1 150

$$每约当产量的成本 = \frac{总成本}{约当产量} = \frac{11\ 500}{1\ 150} = 10(美元)$$

2. 转出产品成本 = 10 × 1 000 = 10 000(美元)

期末在产品成本 = 10 × 150 = 1 500(美元)

在演练 6.3 中,用单位成本 10 美元将成本在转出产品和期末在产品之间进行了分配。注意,期末在产品成本是用单位成本乘以约当产量而非实际未完工产品数量计算的。

6.2.2 处理期初在产品存货的两种方法

如果存在期初在产品存货,演练 6.2 和演练 6.3 中的计算会更加复杂。这些部分完工的产品所消耗的工作是上一期的工作,分配给这些部分完工产品的成本也是上一期的成本。为计算部门本期的单位成本,有两种方法可以处理期初在产品的上期产出和上期成本：

(1)加权平均成本法(weighted average costing method)将期初存货成本和本期成本结合起来计算单位成本。从本质上来说,把上期分配的成本当作本期产生的成本,然后将期初存货成本与本期成本合在一起,计算出一个平均单位成本,再用这个平均单位成本将成本分配给转出产品和期末在产品。

（2）先进先出成本法（FIFO costing method）将期初存货和本期生产的产品分离，只用本期成本和产量计算单位成本。假设期初存货最先完工并先被转出，全部的上期成本也随这些产品被转出。本期才开始的生产被分为两个部分：本期开始生产并完成的产品和本期开始生产但未完工的产品。两部分的产品成本都是用本期的约当产量单位成本计算的。

如果前后期间的产品成本不变或者没有期初在产品，则先进先出法和加权平均法计算的结果相同。加权平均法会在下一节详细讨论，本章的附录 6A 会对先进先出法做进一步介绍。

由你做主

估计完工程度

你是一家生产割草机的工厂的成本会计师，如果工厂的季度收入达到或超过预算收入，该工厂的经理会在季度末得到奖金。工厂在本季度之初没有期初在产品，但是在本季度末有 2 500 个部分完工的在产品。本季度共有 4 000 个产品完工并被售出，总生产成本为 2 750 000 美元。生产线主管估计期末在产品的完工程度为 40%。根据这一估计，则本季度的收入为 190 000 美元，低于预算收入。看过这个结果后，工厂经理找到了你并且提出期末在产品的完工程度被低估了，应当为 60% 而不是 40%。他解释说这是他个人估计的数据，并且坚信 60% 较为合理，希望采用新的估计数据。

完工程度的估计对本季度的收入有什么影响？你是否应当采用新的估计？

这两种估计会产生显著不同的单位成本，如下所示：

测量	等式	完工程度 40%	完工程度 60%
总约当产量	约当产量 = 完工产品数量 + (期末在产品数量 × 完工程度)	4 000 + (0.40 × 2 500) = 5 000（约当产量）	4 000 + (0.60 × 2 500) = 5 500（约当产量）
单位成本	单位成本 = 总成本 ÷ 约当产量	2 750 000/5 000 = 550（美元）	2 750 000/5 500 = 500（美元）
销货成本	销货成本 = 单位成本 × 销售量	4 000 × 550 = 2 200 000（美元）	4 000 × 500 = 2 000 000（美元）

对比 40% 的完工程度估计，60% 的估计增加了 200 000 美元的收入。

无论如何，作为成本会计师，你是否倾向于采用 60% 的估计取决于对以下几点的考虑：首先，60% 的估计比 40% 的估计好吗？（假设生产线主管坚持他们的估计是正确的呢？）其次，工厂经理是否经常参加完工程度的估计呢？如果不是，那么他这次参与估计的动机是什么？回答这些问题是非常重要的。工厂经理的估计使得收入增长足够的数额以使其获得奖金。如果有证据表明 40% 的估计较为合理，而且工厂经理的动机就是获得奖金，这样就造成了道德困境。这种情况下，你需要遵循公司关于这种冲突的解决政策。

估计产品的完工程度是分步成本法的重要一环，需要认真、诚实地对待。

6.3 加权平均成本法

加权平均成本法将期初存货成本和相应的约当产量都当作本期项目对待,把期初在产品成本加入本期生产成本,这样计算的总成本被视为当期总生产成本。与此类似,在计算约当产量时也考虑期初存货和当期产出。在加权平均成本法下,约当产量是通过计算产成品和在产品的期末约当产量之和得到的。注意,期初在产品的约当产量也包括在计算中,因此,这些约当产量也被作为本期产出的约当产量的一部分。

6.3.1 加权平均成本法概述

加权平均成本法的关键概念和计算将在演练 6.4 中展示,该案例用到 Healthblend 营养品公司 7 月的生产数据,目的是计算 7 月的单位成本,进而将成本在转出产品和期末在产品之间分配。

演练 6.4

计算产量和分配成本:加权平均成本法

知识梳理:

加权平均成本法将上期的工作和期初在产品的成本视为本期发生的,因此,约当产量等于本期完工产品数量加上期末在产品的约当产量。单位成本等于期初在产品成本与本期发生成本之和除以加权平均约当产量,得到的单位成本是上期单位成本和本期单位成本的混合。加权平均法计算的转出产品成本和期末在产品成本在演练 6.3 中已做出说明。

资料:

生产:	
在产品数量(7 月 1 日,完工程度 75%)	20 000 加仑
完工并转出的产品数量	50 000 加仑
在产品数量(7 月 31 日,完工程度 25%)	10 000 加仑
成本:	
在产品(7 月 1 日)	3 525 美元
7 月加上的成本	10 125 美元

要求:

1. 计算 7 月的产量。
2. 用加权平均法在转出产品和期末在产品之间分配成本。

答案：

1. 假设： = 10 000 个完工产品　　□ = 10 000 个未完工产品（完工程度 25%）

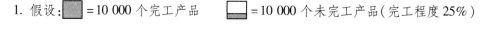

7 月的产出：60 000 个产品 ⟶ 换算成 52 500 个约当产量

完工部分：

期初在产品：

　■■　　　　　　　　　　= 　　　　　20 000

本期开始生产并完工：

　■■■　　　　　　　　　= 　　　　　30 000　　　50 000

+ 期末在产品（完工程度 25%）：

　□　　　　　　　　　　　=　　　　　　　　　　　2 500

约当产量　　　　　　　　　　　　　　　　　　　　52 500

2.

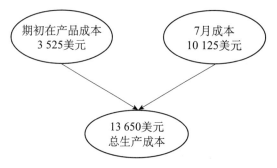

成本/约当产量 = 13 650/52 500 = 0.26（美元/约当产量）

转出产品成本（0.26 × 50 000）	13 000 美元
期末在产品成本（0.26 × 2 500）	650 美元
总分配成本	13 650 美元

演练 6.4 显示期初在产品成本被归集到 7 月的生产中。整个成本集合（13 650 美元）利用单位成本被分配到转出产品和期末在产品中。从产量的角度看，我们主要关注期末所有产品的完工程度，而不关心期初在产品存货的完工程度，只关心这些产品在 7 月能否完工。所以，约当产量的计算集合了 6 月和 7 月的成果。

6.3.2　编制生产报告的 5 个步骤

演练 6.4 的基本原理可用于编制生产报告。生产报告是对某个生产部门在给定期间内的成本和生产活动情况的总结。对部门来说,生产报告是对在产品账户的补充。以下五个步骤描述了分步成本法生产报告的一般模式:

步骤1,实物流转分析;步骤2,约当产量的计算;步骤3,单位成本的计算;步骤4,对存货的估计(转出产品和期末在产品);步骤5,成本调节。这五个步骤提供了分步成本法的计算结构。

步骤1:实物流转分析

步骤1的目的是追踪实物的生产。实物产品不是约当产量,而是处于各种完工程度的产品。**实物流转一览表**(**physical flow schedule**),如演练6.5中列示的Healthblend营养品公司混合部的资料,提供了关于实物流转的分析。为了利用给定的信息编制一览表,需要进行两项计算:

本期开工并完成的产品数量 = 完工产品总量 − 期初在产品数量
本期开工的产品数量 = 本期开工并完成的产品数量 + 期末在产品数量

演练 6.5

编制实物流转一览表

知识梳理:

实物流转一览表追踪的是无论处于何种完工程度中的实物的生产。它有两个部分:待计量的产品数量和已计量的产品数量。第一部分包括本期开工和期初在产品,第二部分通过列示完工并转出的产品数量和本期开工但部分完成的产品数量来计量。

资料:

生产:	
在产品数量(7月1日,完工程度75%)	20 000 加仑
完工并转出的产品数量	50 000 加仑
在产品数量(7月31日,完工程度25%)	10 000 加仑

要求:

编制实物流转一览表。

答案:

本期开工并完成的产品数量 = 完工产品总量 − 期初在产品数量
         = 50 000 − 20 000
         = 30 000
本期开工的产品数量 = 本期开工并完成的产品数量 + 期末在产品数量
       = 30 000 + 10 000
       = 40 000

实物流转一览表

待计量的产品：		
期初在产品（完工程度75%）	20 000	
本期开工的产品	40 000	
待计量的产品总数	60 000	
已计量的产品：		
完工并转出的产品		
本期开工并完成的产品	30 000	
来自期初在产品	20 000	50 000
期末在产品（完工程度25%）		10 000
已计量的产品总数		60 000

注意，在演练6.5中，"待计量的产品总数"和"已计量的产品总数"必须相等，实物流转一览表非常重要，因为其包含了计算约当产量（步骤2）的信息。

步骤2：约当产量的计算

利用实物流转一览表给出的信息，就可以计算出7月的加权平均约当产量了，计算过程如下：

注意，7月的产量为52 500个，其中有50 000个完工并转出的产品和约当产量为2 500个（10 000×25%）的期末存货。那么期初存货呢？期初存货有20 000个、完工程度为75%的产品，这些产品被包括在本月完工并转出的50 000个产品中了。因此，加权平均法将期初存货当作本期开工并完成的产品来处理。步骤2的约当产量一览表显示的是总完成产品数，因此演练6.4中没必要区分转出产品是本月开工的还是期初存货。

步骤3：单位成本的计算

除了7月的产出外，还需要该月的生产成本才能计算出单位成本，加权平均成本法追溯并将期初存货的成本包含在内。因此，正如演练6.4显示的那样，这些成本被归集并组成了7月的总生产成本：

7月总生产成本 = 7月的期初在产品成本 + 7月增加的成本

13 650美元 = 3 525美元 + 10 125美元

期初在产品的成本（3 525美元）被视为当期成本进行处理，7月的单位成本为：

$$单位成本 = \frac{总成本}{7月约当产量}$$

$$= \frac{13\ 650}{52\ 500} = 0.26（美元／个）$$

步骤4：对存货的估计

演练6.4描述了如何对转出产品和期末在产品进行成本计算，使用单位成本0.26美元,我们来计算两种存货的成本:转入胶囊部的产品成本为 13 000 美元(50 000×0.26);期末在产品成本为 650 美元(2 500×0.26)。

完工产品数量(来自步骤1)、期末在产品的约当产量(来自步骤2)和单位成本(来自步骤3)都是计量转出产品和期末在产品的必要数据。

步骤5:成本调节

分配给存货的总制造成本如下:

转出产品	13 000 美元
期末在产品	650 美元
已计量的总成本	13 650 美元

待计量的成本同样也是 13 650 美元。

期初在产品	3 525 美元
本期发生成本	10 125 美元
待计量的总成本	13 650 美元

因此,**成本调节**(cost reconciliation)检验了待计量的成本是否被精确地分配给了存货。记住,分配给已转出产品和期末在产品的总成本必须与期初在产品成本和本期发生的成本之和相等。

6.3.3 生产报告

步骤1到步骤5提供了混合部7月生产报告的全部信息,编制生产报告的方法如演练6.6所示。

演练 6.6

编制生产报告:加权平均法

知识梳理:

生产报告包括两部分:产量信息部分和成本信息部分。产量信息部分包括实物流转一览表和约当产量表。成本信息部分也包括两个主要内容:待计量产品成本和已计量产品成本。第一部分包含单位成本的计算,第二部分包含对转出产品成本和期末在产品成本的计算。

资料:

根据 Healthblend 营养品公司步骤1到步骤5的资料。

要求:

编制生产报告。

答案：

Healthblend 营养品公司混合部 2015 年 7 月的生产报告
（加权平均法）

产量信息			
实物流转			
待计量的产品数量：		已计量的产品数量：	
期初在产品	20 000	完工产品	50 000
本期开工产品	40 000	期末在产品	10 000
待计量的产品总数	60 000	已计量的产品	60 000
约当产量			
完工产品	50 000		
期末在产品	2 500		
总约当产量	52 500		

成本信息			
待计量成本：			
期初在产品	3 525 美元		
本期发生	10 125 美元		
待计量总成本	13 650 美元		
约当产量单位成本	0.26 美元		
	已转出	期末在产品	总和
已计量成本：			
转出产品（0.26×50 000）	13 000 美元	—	13 000 美元
期末在产品（0.26×2 500）	—	650 美元	650 美元
已计量总成本	13 000 美元	650 美元	13 650 美元

6.3.4 对加权平均法的评价

　　加权平均法的主要优点是简单易行，该方法将期初在产品当作本期发生的产品处理，在计算单位成本时，所有约当产量都归为同一类。因此，单位成本的计算被大大简化了。该方法的主要缺点是降低了本期产出和期初在产品的单位成本的准确性。如果处于流程各阶段的单位成本相对稳定，加权平均法就较为准确。但如果生产投入成本从一个阶段到另一个阶段大幅提高，当期产出的单位成本就被低估了，同时期初在产品的单位成本会被高估。如果公司想要更精确的单位成本，应该使用先进先出法。

Kicker 管理实践

　　Stillwater 设计公司现场建立了一些项目，这些生产作业包括设计、建立原型和保修与返回重建。保修与返回重建遵守分步生产流程，所有的产品都经历相同的生产过程。

- 将低音喇叭从机盒中移出，拆除并清理机盒。
- 拆除扬声器并清理上面的化学物质和胶水。

- 将扬声器进行消磁,进而清除所有的金属片和碎屑。
- 使用工具包来恢复扬声器上已损坏的部件。

一旦机盒和扬声器处理完毕,就能将其组装、检测以及包装。组装包括将扬声器放入机盒并连接线束。一共有两种检测:

- 同步检测:检验线束是否连接正确。
- 漏气检测:产品需要适度密封,否则会损坏低音喇叭。

注意,重建和组装流程是顺序排列的,当完成扬声器和机盒的重建后,它们会被转入组装流程。因此,最终产品的成本等于从重建流程转入产品的材料成本加上其他部件和材料成本,再加上组装的加工成本。例如,在最终的组装阶段,组装好的产品会被打包发出。在这个简单的流程中,可以看到很多材料(机盒和部件)在组装之初被投入,而其他的(包装材料)在期末投入。Kicker 的案例展示了分步成本法如何处理多部门的情况。

6.4 多种投入和多部门生产

生产投入的不均匀和多个生产部门的存在使得分步成本法对生产进行的成本计算更为复杂,分步成本法如何处理这些问题将在下面进行讨论。

6.4.1 生产投入的不均匀

到目前为止,我们一直假设产品的完工程度为 60% 代表产品消耗了完工所需材料、人工和制造费用的 60%,并且再加上剩余的 40% 就能完工。换言之,我们假设生产投入是随生产流程的展开而均匀发生的。

假定加工成本(直接人工和制造费用)是均匀投入的,这还比较合理。在整个流程中通常都要投入直接人工,制造费用通常根据直接人工来进行分配。但是直接材料的投入却不可能是均匀的,很多情况下,原材料要么在期初投入,要么在期末投入。

例如,看一下 Healthblend 营养品公司三个部门的差异。在混合部和胶囊部,所有原材料都是在期初投入的,而装瓶部的材料是在期初(装好的胶囊和瓶子)和期末(瓶盖和箱子)投入的。

就加工投入而言,混合部的在产品只完工了 50%,而对原材料投入来说,却完成了 100%。在装瓶部,就加工投入来说,在产品的完工程度为 50%;而对药瓶和转入的胶囊而言,在产品的完工程度为 100%;但是对瓶盖和箱子来说,完工程度为 0。

不同的生产投入完成比率导致约当产量、单位成本和期末在产品成本的计算(步骤 2 至步骤 4)更加复杂。在这种情况下,每种生产投入都要计算约当产量,即每种原材料和加工成本分别计算约当产量。然后对每种投入计算单位成本,每个单位成本会在步骤 4 中被用来计算期末在产品的成本。将总单位成本视作只有一种投入时的单位成本来计算转出产品成本。演练 6.7 描述了如何在非均匀投入状态下使用加权平均法计算步骤 2 到步骤 4 的过程。

演练 6.7

在非均匀投入状态下计算约当产量、单位成本和存货成本

知识梳理：

如果原材料在流程的期初或期末投入，则对原材料投入和加工成本而言，在产品的完工程度是不同的。一般情况下，加工成本是均匀投入的，而原材料的投入是在流程中离散的时间节点投入的。假设加工成本在给定的时间点低于100%，而原材料在期初100%投入，在期末的投入为0。据此，约当产量的单位成本是根据不同的投入分别计算的，计算单位成本需要每种投入的成本和产出的数据，总单位成本等于每种产出的单位成本之和。转出产品成本的计算用总单位成本，而期末在产品成本用每种投入的单位成本计算。

资料：

Healthblend 营养品公司混合部 9 月的数据如下：

生产：	
在产品(9月1日，完工程度50%)*	10 000
完工并转出的产品	60 000
在产品(9月30日，完工程度40%)*	20 000
成本：	
在产品(9月1日)：	
材料	1 600 美元
加工成本	200 美元
总额	1 800 美元
本期成本：	
材料	12 000 美元
加工成本	3 200 美元
总额	15 200 美元

注：* 相对于加工成本而言，所有的材料都是在生产流程之初投入的。

要求：

使用加权平均法完成从步骤2到步骤4的计算。

答案：

1. 步骤2：计算约当产量

项目	材料	加工
产出品	60 000	60 000
加：期末在产品 × 完工程度		
20 000 × 100%	20 000	—
20 000 × 40%	—	8 000
约当产量	80 000	68 000

2. 步骤3:计算单位成本

单位材料成本 = (1 600 + 12 000)/80 000 = 0.17(美元)
单位加工成本 = (200 + 3 200)/68 000 = 0.05(美元)
总单位成本 = 单位材料成本 + 单位加工成本 = 0.17 + 0.05 = 0.22(美元)

3. 步骤4:计算期末在产品成本和转出产品成本

期末在产品成本为:

材料:0.17 × 20 000		3 400
加工:0.05 × 8 000		400
总成本		3 800

转出产品成本 = 0.22 × 60 000 = 13 200(美元)

基于演练6.7信息编制的生产报告如图表6-4所示。如本例所示,在某一生产流程的不同阶段投入生产成本并没有引起太大问题,只是增加了计算量。

图表6-4　Healthblend营养品公司混合部2015年7月的生产报告
（加权平均法）

产量信息			
	已计量的产品数量:		待计量的产品数量:
期初在产品	10 000	完工产品	60 000
本期开工产品	70 000	期末在产品	20 000
待计量的产品总数	80 000	已计量的产品总数	80 000
	约当产量		
	材料	加工	
完工产品	60 000	60 000	
期末在产品	20 000	8 000	
总约当产量	80 000	68 000	

成本信息			
待计量成本:	材料	加工	总和
期初在产品	1 600 美元	200 美元	1 800 美元
本期发生	12 000 美元	3 200 美元	15 200 美元
待计量总成本	13 600 美元	3 400 美元	17 000 美元
约当产量单位成本	0.17 美元	0.05 美元	0.22 美元
	已转出	期末在产品	总和
已计量成本:			
转出产品(0.22 × 60 000)	13 200 美元	—	13 200 美元
期末在产品:			
材料(0.17 × 20 000)	—	3 400 美元	3 400 美元
加工(0.05 × 8 000)	—	400 美元	400 美元
已计量总成本	13 200	3 800 美元	17 000 美元

6.4.2 多个部门

在分步生产中,一些部门从上游部门接收半成品。一般的处理方法是在计算约当产量时把转入产品当作单独的一个材料种类来对待。如此,接收部门接收的转入产品就有三个投入类型:①一个是转入材料;②一个是材料添加;③一个是加工成本。

在处理转入产品时,要记住两点:

(1) 这里的材料成本是上一个部门计算的转出产品的成本。

(2) 在随后的部门开始生产的产品数量与上一个部门转出的产品数量相等(假设两个部门的产出计算之间有一对一的数量关系)。

演练6.8展示了转入产品存在的情况下对分步成本法的前三个步骤的计算,其中步骤2和步骤3的计算限定为转入类别。

演练 6.8

在转入产品存在的情况下计算实物流转一览表、约当产量和单位成本

知识梳理:

从上一个部门转入的产品代表接收部门在期初的材料投入,接收的产品数量变成期初在产品数量(对下一个部门来说),转入材料的成本就是上一个部门的转出产品成本。最终,在计算约当产量时把转入产品当作单独的一个材料种类来对待。

资料:

Healthblend营养品公司胶囊部在9月有15 000个期初存货(相应的转入成本为3 000美元),本月完工70 000个产品。而混合部在9月完工并转出60 000个产品,成本为13 200美元。

要求:

1. 编制转入产品的实物流转一览表。
2. 计算转入产品类别的约当产量。
3. 计算转入产品类别的单位成本。

答案:

1. 由于胶囊部依赖于混合部的工作,所以胶囊部的实物流转一览表应为:

待计量的产品数量:	
期初在产品	15 000
9月转入的产品	60 000
待计量的产品总数	75 000
已计量的产品数量:	
完工并转出的产品:	
本期开工并完成的产品	55 000
来自期初在产品	15 000
期末在产品	5 000
已计量的产品总数	75 000

2. 转入产品类别的约当产量为：

转入：	
完工产品	70 000
加：期末在产品×完工程度(5 000×100%)*	5 000
约当产量	75 000

*记住,对转入成本而言,期末在产品的完工程度为100%,并不是胶囊部的所有成本都是这样的。

3. 为了计算转入产品类别的单位成本,我们将9月从混合部转入的产品成本加上期初在产品的转入成本,再除以转入约当产量：

单位成本(转入类别) = (13 200 + 3 000)/75 000 = 0.216(美元)

唯一一个导致下一个部门计算复杂的因素就是转入类别的出现。如上所示,处理这一问题的方法与处理其他类别的方法相似。但是,需要谨记,这种特殊类别材料的本期成本是从上一个流程转入的产品成本,转入的产品即开工的产品。

6.5　生产报告——先进先出法

在先进先出法下,约当产量和期初在产品成本被从当期单位成本的计算中剔除。这种方法将来自上一期的产出和成本归属于上一期。

6.5.1　先进先出法与加权平均法的不同

如果不同期间的生产投入的价格有所变化,先进先出法得出的单位成本就比加权平均法更精确(更接近实际情况)。而更精确的单位成本意味着更好的成本控制、更好的价格决策等。谨记如果期间很短,比如1周或1个月,那么先进先出法和加权平均法计算出来的结果不会相差太大。在这种情况下,先进先出法提供的信息基本上不多于加权平均法。也许正是由于这个原因,很多公司都采用加权平均法。

既然先进先出法排除了上期的产出和成本,我们就需要将产成品分为两类：
(1) 期初在产品(先进先出法假定期初在产品先于本期开工的产品被完工)；
(2) 本期开工并完成的产品。

例如,假设某部门的期初在产品为20 000个,本期完工并转出50 000个产品。在这50 000个产品中,有20 000个来自期初在产品,剩下的30 000个是本期新开工并完成的。

先进先出法需要对产成品做这样的分类,进而计算每个类别的成本。对本期开工并完成的产品,可以用当期生产成本除以本期的约当产量得出单位成本。但对于期初在产品,相关的生产成本是上一期成本与本期发生成本之和。

6.5.2 先进先出法示例

演练 6.9 展示了先进先出法如何使用同加权平均法(演练 6.4)一样的 Healthblend 营养品公司的数据计算成本与产出的。演练 6.9 显示约当产量的计算仅针对本期产出。

演练 6.9

计算产出和成本分配：先进先出法

知识梳理：

在先进先出法下,从上一期转入的期初在产品不计入本期的约当产量,而且期初在产品的成本也被排除在单位成本的计算之外。单位成本等于本期成本除以本期产出。转出产品成本等于以下三个项目之和：①上一期发生的成本即期初在产品成本；②完成期初在产品发生的成本；③本期开工并完成的产品成本。期末在产品成本等于单位成本乘以期末在产品的约当产量。

资料：

生产：	
在产品数量(7月1日,完工程度75%)	20 000 加仑
完工并转出产品数量	50 000 加仑
在产品数量(7月31日,完工程度25%)	10 000 加仑
成本：	
在产品(7月1日)	3 525 美元
7月加上的成本	10 125 美元

要求：

1. 计算7月的产出。
2. 用先进先出法将成本在期末在产品和转出产品之间进行分配。

答案：

1. 假设：▨ = 10 000 个完工产品   ▭ = 10 000 个在产品,且完工程度为25%

7月的产出：

60 000 个产品 ⟶ 换算成 37 500 个约当产量

期初在产品：待完工(20 000 × 25%)

▭▭ = 5 000

+本期开工并完成：

▨▨▨ = 30 000

+期末在产品：开工未完成(10 000 × 0.25)

▭ = 2 500

= 37 500

2. 7月的成本：

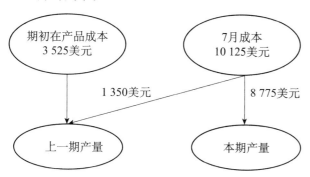

成本/约当产量 = 10 125/37 500 = 0.27(美元/个)

转出：	
来自期初在产品(上一期转入)	3 525 美元
期初在产品完工并转出(0.27×5 000)	1 350 美元
本月开工并完成(0.27×30 000)	8 100 美元
总计	12 975 美元
期末在产品	675 美元
总成本分配	13 650 美元

演练6.9表明本期成本与从6月转入的成本(期初存货成本)并未归集到一起以计算7月的单位成本，单位成本的计算只用7月的成本。计算生产成本的五个步骤如下：

步骤1：实物流转分析

步骤1的目的是追踪生产的实物产品。与加权平均法一样，先进先出法中也需要编制实物流转一览表，并且两种方法的一览表是相同的，如图表6-5所示(详细编制方法见演练6.5)。

图表6-5　实物流转一览表

待计量的产品：		
期初在产品(完工程度75%)	20 000	
本期开工的产品	40 000	
待计量的产品总数	60 000	
已计量的产品：		
完工并转出的产品		
本期开工并完成的产品	30 000	
来自期初在产品	20 000	50 000
期末在产品(完工程度25%)		10 000
已计量的产品总数		60 000

步骤2：约当产量的计算

从约当产量的计算可以看出，先进先出法和加权平均法的区别显而易见。在先进先出法下，期初在产品的约当产量（上一期的工作量）不包括在总约当产量中，只计算本期要完成的约当产量。来自上一期的要完成的约当产量是通过期初在产品数量乘以待完成的工作量得到的。本例中期初在产品的完工程度为75%，则本期需要完成的工作量为25%，或者说本期增加了5 000个约当产量。

剔除上一期工作量的目的是计算本期的约当产量。在加权平均法下，本月计算的约当产量为52 500个，而在先进先出法下，约当产量为37 500个，这37 500个代表本期产出。造成这种差别的原因是加权平均法把上一期的工作量计入了本期，多计算了15 000个的约当产量（20 000个期初在产品×75%）。

步骤3：单位成本的计算

本期增加的生产成本为10 125美元，因此本期的单位成本等于10 125美元除以37 500个，即0.27美元/个。注意，期初存货的成本不包括在这个计算里，只用到了本期的生产成本。

步骤4：存货的估计

演练6.9描述了先进先出法对期末在产品成本和转出产品成本的计算。由于期末存货的约当产量是本期产量，所以期末在产品的成本可以简单地计算为0.27美元/个×2 500个，即675美元，计算结果与加权平均法相同。但是对转出产品进行计算时，先进先出法与加权平均法又有很大的不同。

在加权平均法下，转出产品成本是单位成本与完成品数量的乘积。而在先进先出法下，有两类完成品：①本期开工并完成的产品（30 000）；②来自期初的在产品（20 000）。

每类完成品都要单独计算成本，然后将两者求和，即为转出产品的总成本。第一类完成品的成本为：

$$\text{本期开工并完成产品的成本} = \text{单位成本} \times \text{本期开工并完成的产品数量}$$
$$= 0.27 \times 30\,000 = 8\,100\,(\text{美元})$$

对于这些产品，采用本期单位成本是完全合理的，但对于被转出的期初在产品来说，又有另外的问题。这些产品中，3 525美元是上一期发生的，15 000个约当产量已经完成。为了完成这些产品，需要提供5 000个约当产量的工作量。因此，从期初在产品转来的完工产品的成本为：

$$\text{期初在产品成本} = \text{上一期成本} + \text{单位成本} \times \text{待完成的约当产量}$$
$$= 3\,525 + 0.27 \times 5\,000 = 4\,875\,(\text{美元})$$

这20 000个产品的单位成本约为0.244美元/个（4 875/20 000），该单位成本是上一期成本与本期生产成本的混合。

步骤5：成本调节

总成本的分配如下：

转出产品：	
期初在产品	4 875 美元
本期开工并完成产品	8 100 美元
期末在产品：	675 美元
已计量的总成本	13 650 美元

本期待计量的生产成本总额：

期初在产品	3 525 美元
本期发生成本	10 125 美元
待计量的总成本	13 650 美元

已计量成本等于待计量成本。完成步骤 5 之后，就能够编制生产报告了，演练 6.10 展示了如何在先进先出法下编制生产报告。

演练 6.10

编制生产报告：先进先出法

知识梳理：

生产报告包括两部分：①产量信息部分；②成本信息部分。产量信息部分包括实物流转一览表和约当产量表。成本信息部分也包括两部分内容：①待计量产品成本；②已计量产品成本。第一部分包含单位成本的计算，第二部分包含对转出产品成本和期末在产品成本的计算。

资料：

参照 Healthblend 营养品公司从步骤 1 到步骤 5 的资料。

要求：

编制 2015 年 7 月的生产报告（先进先出法）。

答案：

Healthblend 营养品公司混合部 2015 年 7 月的生产报告
（先进先出法）

产量信息		
待计量的产品数量：		
期初在产品	20 000	
本期开工产品	40 000	
待计量的产品总数	60 000	
	实物流转	约当产量
已计量的产品数量：		
本期开工并完成	30 000	30 000
来自期初在产品并完工	20 000	5 000
期末在产品	10 000	2 500
已计量的产品总数	60 000	37 500

成本信息			
待计量成本：			
期初在产品	3 525 美元		
本期发生	10 125 美元		
待计量总成本	13 650 美元		
约当产量单位成本	0.27 美元		
	已转出	期末在产品	总和
已计量成本：			
期初在产品：			
来自上一期	3 525 美元	—	3 525 美元
来自本期(0.27×5 000)	1 350 美元	—	1 350 美元
本期开工并完成(0.27×30 000)	8 100 美元	—	8 100 美元
期末在产品(0.27×2 500)	—	675 美元	675 美元
已计量总成本	12 975 美元	675 美元	13 650 美元

学习目标

LO1 描述分步成本法的基本特征和成本流转。
- 分步成本法下的成本流转与分批成本法相似。
- 购买原材料时借记原材料账户。
- 生产过程中消耗的直接材料、直接人工和已分配制造费用都计入在产品账户中。
- 在存在多个流程生产时，每个部门或流程都设有在产品账户，本部门加工完成后的产品会被转入下一个部门。
- 当产品在最终的部门或流程完工后，产品成本从在产品账户结转至产成品账户。

LO2 定义约当产量并解释其在分步成本法中的角色，解释加权平均法和先进先出法的区别。
- 约当产量是在某一特定时期、给定总生产投入的情况下，能够完工产品的生产数量。
- 实物产品数量与产品的完工程度的乘积等于约当产量。
- 加权平均成本法将期初存货成本归集以计算单位成本。
- 先进先出成本法将期初存货成本与当期产出相分离。

LO3 使用加权平均法编制部门生产报告。
- 生产报告是对某生产部门在特定时期的生产活动的总结。
- 它揭示的信息包括实物流转一览表、约当产量、单位成本和对期间内的生产成本的处置。

LO4 解释分步成本法如何处理非平均投入和多个加工部门的生产。
- 分步成本法很容易处理非平均投入和多部门的问题。
- 如果投入是非均匀的，要分别对每个投入类别计算约当产量和单位成本。
- 对多部门的调整也相对简单。
- 从上游部门转入下游部门的产品被当作一种特殊的材料类别，因此，有一个特殊的转入材料类别对其进行约当产量和单位成本的计算。

LO5 使用先进先出法编制生产报告。
- 使用先进先出法编制生产报告时,将期初在产品成本与本期产品成本分离。
- 假设期初在产品先被完成并转出。
- 在计算单位成本时,并不将期初在产品成本归集到本期总成本中,而且约当产量的计算也排除上期的工作量。
- 当计算转出产品的成本时,上期成本被加到完成期初在产品的成本上,该成本再加入本期开始并完工产品的成本中。

重要公式

1. 单位成本 = $\dfrac{总成本}{约当产量}$

2. 本期开始并完工的产品数量 = 总完工产品数量 − 期初在产品数量
   本期开工产品数量 = 本期开始并完工的产品数量 + 期末在产品数量

关键术语

成本调节	期初在产品(BWIP)	实物流转一览表	约当产量
加权平均成本法	期末在产品(EWIP)	顺序分步生产	转入成本
平行分步生产	生产报告	先进先出成本法	

问题回顾

Ⅰ. 分步成本法

Springville 公司使用加权平均法,该公司生产一种产品需要经过两个部门——搅拌部和烹调部。在搅拌部,所有材料均在流程开始时加入,其他的生产投入都是均匀加入的。以下是搅拌部 2 月的信息:

a. 2 月 1 日,期初在产品为 100 000 磅,就加工成本而言完工程度为 40%,分配给该项工作的成本如下:

材料	20 000 美元
人工	10 000 美元
制造费用	30 000 美元

b. 2 月 28 日,期末在产品为 50 000 磅,就加工成本而言完工程度为 60%。

c. 完工并转出的产品为 370 000 磅。本月加入的成本如下:

材料	211 000 美元
人工	100 000 美元
制造费用	270 000 美元

要求:
1. 编制实物流转一览表。
2. 编制约当产量一览表。

3. 计算约当产量的单位成本。
4. 计算转出产品成本和期末在产品成本。
5. 编制成本调节表。

要求：

1. 实物流转一览表：

待计量的产品：
 期初在产品   100 000
 本期开工的产品   320 000
  待计量的产品总数   420 000
已计量的产品：
 完工并转出的产品
  本期开工并完成的产品   270 000
  来自期初在产品   100 000   370 000
 期末在产品数量   50 000
  已计量的产品总数   420 000

2. 约当产量一览表：

项目	材料	加工
产成品	370 000	370 000
期末在产品×完工程度：		
材料(50 000×100%)	50 000	—
加工(50 000×60%)	—	30 000
约当产量	420 000	400 000

3. 约当产量的单位成本：
 材料单位成本 = (20 000 + 211 000)/420 000
    = 0.550(美元)
 加工单位成本 = (40 000 + 370 000)/40 0000
    = 1.025(美元)
 总单位成本 = 1.575(美元/约当产量)

4. 转出产品成本和期末在产品成本：
 转出产品成本 = 1.575 × 370 000
    = 582 750(美元)
 期末在产品成本 = (0.550 × 50 000) +
    (1.025 × 30 000)
    = 58 250(美元)

5. 成本调节表：

待计量成本：
 期初在产品   60 000 美元
 本期发生成本   581 000 美元
 待计量总成本   641 000 美元
已计量成本：
 转出产品成本   582 750 美元
 在产品   58 250 美元
 已计量总成本   641 000 美元

Ⅱ. 分步成本法

现在假设 Springville 公司采用先进先出法计算存货成本。该公司生产一种产品需要经过两个部门——搅拌部和烹调部。在搅拌部，所有材料均在流程开始时加入，其他的生产投入都是均匀加入的。以下是搅拌部 2 月的信息：

a. 2 月 1 日，期初在产品为 100 000 磅，就加工成本而言完工程度为 40%，分配给该项工作的成本如下：

材料	20 000 美元
人工	10 000 美元
制造费用	30 000 美元

b. 2 月 28 日，期末在产品为 50 000 磅，就加工成本而言完工程度为 60%。

c. 完工并转出的产品为 370 000 磅。本月加入的成本如下：

材料	211 000 美元
人工	100 000 美元
制造费用	270 000 美元

要求：

1. 编制实物流转一览表。
2. 编制约当产量一览表。
3. 计算约当产量的单位成本。
4. 计算转出产品成本和期末在产品成本。

答案：

1. 实物流转一览表：

待计量的产品：
 期初在产品   100 000
 本期开工的产品   320 000
  待计量的产品总数   420 000
已计量的产品：
 完工并转出的产品

本期开工并完成的产品	270 000	
来自期初在产品	100 000	370 000
期末在产品数量		50 000
已计量的产品总数		420 000

2. 约当产量一览表的单位成本：

项目	材料	加工
产成品	270 000	270 000
期初在产品×完工程度	—	60 000
材料(50 000×100%)	50 000	—
加工(50 000×60%)	—	30 000
约当产量	320 000	360 000

3. 约当产量的单位成本：

直接材料单位成本 (211 000/320 000)	0.659 美元*
加工成本的单位成本 (370 000/360 000)	1.028 美元*
约当产量单位成本	1.687 美元

注：*四舍五入。

4. 转出产品成本和期末在产品成本：

转出产品成本 = 1.687×270 000 +
1.028×60 000 + 60 000
= 577 170(美元)

期末在产品成本 = 0.659×50 000 +
1.028×30 000
= 63 790(美元)

讨论题

1. 描述分步成本法和分批成本法的不同。

2. 区分顺序分步生产和平行分步生产。

3. 分批生产公司和分步生产公司的生产成本流转的相同点和不同点是什么？

4. 当产品从一个部门转移到另一个部门时，应该做什么会计分录？从最后一个部门转移到仓库呢？

5. 服务型公司的分步成本法与制造型公司的有什么区别？

6. 采用JIT方法会对分步成本法产生什么影响？

7. 什么是约当产量？它们在分步成本法中有什么作用？

8. 在加权平均法下，上期的成本和产出如何处理？在先进先出法下又如何处理？

9. 在什么情况下加权平均法与先进先出法的结果基本相同？

10. 描述一个加工部门计录生产活动的五个步骤，并且解释它们是如何相互联系的。

11. 什么是生产报告？这个报告的作用是什么？

12. 如果材料投入是不均匀的，而是在流程的开始或末尾投入，这会对约当产量的计算产生什么影响？

13. 解释为什么对接收部门来说转入成本是一种特殊的原材料。

14. 在分配成本给转出产品时，加权平均法与先进先出法有什么不同？

多项选择题

6-1 分步成本法在什么情况下最有效？（   ）

A. 异质的产品经过一系列工序并消耗不同量的材料、人工和制造费用

B. 同质的产品经过一系列工序并消耗相近量的材料、人工和制造费用

C. 同质的产品经过一系列工序并消耗相近量的加工投入和不同量的材料投入

D. 材料成本按批累计,加工成本按步累计
E. 以上都不对

6-2 分批成本法在什么情况下最有效?( )

A. 同质的产品经过一系列工序并消耗相近量的加工投入和不同量的材料投入
B. 同质的产品经过一系列工序并消耗相近量的材料、人工和制造费用
C. 异质的产品经过一系列工序并消耗不同量的材料、人工和制造费用
D. 材料成本按批累计,加工成本按步累计

6-3 顺序分步生产的特征有( )。

A. 一种同时加工半成品的模式
B. 一种半成品在进入下一工序前必须先通过上一个工序的模式
C. 一种各种不同的半成品必须在汇集到最后工序之前通过平行工序的模式
D. 一种半成品必须从外部供应商处购买并按时间顺序送到最终工序的模式
E. 以上都不对

6-4 为了记录从上一工序转移到下一工序的成本,应该做出的会计分录为( )。

A. 借记产成品,贷记在产品
B. 借记在产品(下一部门),贷记转入原材料
C. 借记在产品(上一部门),贷记在产品(下一部门)
D. 借记在产品(下一部门),贷记在产品(上一部门)
E. 以上都不对

6-5 从上一流程转移到下一流程的成本( )。

A. 被当作另一种材料成本处理
B. 被称为转入成本(对接收部门而言)
C. 被称为转出成本(对转出部门而言)
D. 以上都对
E. 以上都不对

6-6 5月,研磨部门生产并转出了2 300个产品,期末在产品有500个,完工程度为40%,没有期初在产品。则5月的约当产量为( )。

A. 2 000   B. 2 500
C. 2 300   D. 2 800

E. 以上都不对

> 参照以下资料完成多项选择题6-7至6-9:
> 9月,混合部门发生了46 000美元的生产成本,该部门共转出2 300个产品,有500个期末在产品,完工程度为40%,没有期初在产品。

6-7 9月的单位成本是( )。

A. 20美元   B. 18.40美元
C. 16.43美元   D. 200美元

E. 184美元

6-8 转出产品成本为( )。

A. 42 320美元   B. 46 000美元
C. 37 789美元   D. 460 000美元

E. 以上都不对

6-9 期末在产品成本为( )。

A. 9 200美元   B. 10 000美元
C. 3 680美元   D. 3 286美元

E. 以上都不对

6-10 Kimbrell公司5月共生产并转出100 000个产品,期末在产品有25 000个,完工程度为40%。使用加权平均法计算约当产量为( )。

A. 100 000个   B. 125 000个
C. 105 000个   D. 110 000个

E. 120 000个

6-11 Kimbrell公司6月共生产并转出100 000个产品,期末在产品有25 000个,完工程度为80%。使用加权平均法计算约当产量为( )。

A. 100 000个   B. 125 000个
C. 105 000个   D. 110 000个

E. 120 000个

6-12 Kimbrell公司8月期初在产品成本为11 2500美元,本月发生的成本为450 000美元。使用加权平均法计算出8月的约当产量为125 000个,本月转出100 000个产品。则转出产品的成本为( )。

A. 500 000美元   B. 400 000美元
C. 450 000美元   D. 360 000美元

E. 50 000美元

6-13 9月,Murphy公司期初在产品成本为100 000美元,本月发生的生产成本为550 000美元。使用加权平均法计算出9月的约当产量为100 000个。9月约当产量的单位成本为( )。

A. 1.00 美元　　　B. 7.50 美元
C. 6.50 美元　　　D. 6.00 美元
E. 6.62 美元

6-14 Faust 公司 6 月开工并完成 80 000 个产品。期初在产品有 25 000 个，完工程度为 60%。使用先进先出法计算约当产量为（　　）。

A. 80 000 个　　　B. 95 000 个
C. 85 000 个　　　D. 115 000 个
E. 100 000 个

6-15 7 月，Faust 公司开工并完成 80 000 个产品。期初在产品有 25 000 个，完工程度为 20%。期末在产品有 25 000 个，完成程度为 80%。使用先进先出法计算约当产量为（　　）。

A. 80 000 个　　　B. 120 000 个
C. 65 000 个　　　D. 85 000 个
E. 100 000 个

6-16 假设 Faust 公司 8 月期初在产品的生产成本为 80 000 美元，本月发生的成本为 720 000 美元。使用先进先出法计算出本月的约当产量为 120 000 个，则约当产量的单位成本为（　　）。

A. 6.12 美元　　　B. 6.50 美元
C. 5.60 美元　　　D. 6.00 美元
E. 6.67 美元

6-17 8 月，Lanny 公司的期初在产品有 25 000 个，完工程度为 40%，其成本为 36 000 美元。本月发生成本 450 000 美元，使用先进先出法计算出本月的约当产量为 125 000 个，有 100 000 个产品转出。转出产品成本为（　　）。

A. 500 000 美元　　B. 360 000 美元
C. 450 000 美元　　D. 400 000 美元
E. 50 000 美元

6-18 当材料投入发生在流程开始或结束时，应该计算的单位成本是（　　）。

A. 材料类别和加工类别
B. 只有材料类别
C. 材料类别和人工类别
D. 只有加工类别
E. 只有人工类别

6-19 如果投入是非均匀的，期末在产品成本的计算为（　　）。

A. 材料成本加上加工成本
B. 总材料成本减去转出产品成本
C. 期末在产品中每种类别的投入的单位成本乘以每种投入的约当产量
D. 期末在产品数量乘以单位成本
E. 以上都不对

6-20 接收部门将转入产品视为（　　）。

A. 本期开工产品
B. 流程开始的材料添加
C. 区别于加工成本的特殊的材料类别
D. 以上都对
E. 以上都不对

基础练习题 >>>

6-21 基本成本流转（LO1）

Pleni 公司用三个部门生产 18 盎司一盒的麦片：混合部、烹饪部和包装部。8 月，Pleni 公司生产了 125 000 盒产品，成本如下（单位：美元）：

项目	混合部	烹饪部	包装部
直接材料	412 500	187 500	165 000
直接人工	60 000	37 500	90 000
已分配制造费用	75 000	41 250	116 250

要求：

1. 计算每个部门的转出产品的成本。

2. 写出反映这些成本转移的会计分录。

6-22 约当产量，没有期初在产品（LO2）

Fried 制造公司生产内燃机的汽缸，6 月 Fried 公司焊接部的数据如下：

期初在产品数量	—
完成品数量	70 000
期末在产品数量（完成程度40%）	10 500

要求：

计算焊接部 6 月的约当产量。

6－23 单位成本,估计转出产品成本和期末在产品成本(LO2)

Moriba 公司的研磨部 4 月完工并转出 105 000 个产品。4 月末有 37 500 个完工程度 60% 的在产品,本月发生的生产成本为 1 530 000 美元。

要求:

1. 计算单位成本。
2. 计算转出产品成本和期末在产品成本。

6－24 加权平均法,单位成本,估计存货成本(LO3)

Manzer 公司生产覆盆子果酱,产量以品脱计量。采用加权平均法。1 月,公司的生产数据如下:

在产品(1 月 1 日,完工程度 60%)	36 000 品脱
完工并转出的产品	240 000 品脱
在产品(1 月 31 日,完工程度 40%)	75 000 品脱
成本:	
在产品(1 月 1 日)	54 000 美元
1 月增加的成本	351 000 美元

要求:

1. 使用加权平均法计算 1 月的约当产量。
2. 计算 1 月的单位成本。
3. 将成本分配给期末在产品和转出产品。

6－25 实物流转一览表(LO3)

Buckner 公司刚刚完成第二个月的经营,它生产了大量的集成电路。12 月的生产信息如下:

在产品(12 月 1 日,完工程度 80%)	100 000
完工并转出的产品	475 000
在产品(12 月 31 日,完工程度 60%)	75 000

要求:

编制实物流转一览表。

6－26 生产报告,加权平均法(LO3)

Murray 公司由两个部门生产自行车车架:切割部和焊接部。公司采用加权平均法。生产成本的投入在整个流程是均匀的。10 月切割部的生产数据如下:

生产:	
在产品	
(10 月 1 日,完工程度 40%)	10 000
完工并转出的产品	68 000
在产品	
(10 月 31 日,完工程度 60%)	20 000
成本:	
在产品(10 月 1 日)	80 000 美元
10 月增加的成本	1 520 000 美元

要求:

编制切割部的生产报告。

6－27 非均匀投入,加权平均法(LO4)

4 月,Integer 公司制作部门的生产数据如下(材料在制作流程之初投入):

生产:	
在产品(4 月 1 日,完工程度 50%)	5 000
完成并转出的产品	32 600
在产品(4 月 30 日,完工程度 60%)	6 000
成本:	
在产品(4 月 1 日):	
材料	20 000 美元
加工成本	15 000 美元
总额	35 000 美元
当期成本:	
材料	62 500 美元
加工成本	105 000 美元
总额	167 000 美元

Integer 使用加权平均法。

要求:

1. 编制约当产量一览表。
2. 计算单位成本。
3. 计算转出产品成本和期末在产品成本。

6－28 转入成本(LO4)

Fuerza 公司生产蛋白质饮料,产品以加仑为单位出售。公司有两个部门:混合部和装瓶部。8 月,装瓶部有 60 000 加仑的期初存货(转入成本为 213 000 美元),本月,完工 262 500 加仑产品。本月,混合部完工并转出 240 000 加仑、成本为 687 000 美元的产品。

要求:

1. 编制装瓶部的实物流转一览表。
2. 计算转入类别的约当产量。
3. 计算转入类别的单位成本。

参照以下资料完成基础练习题6-29和6-30：

Inca公司生产软饮料，混合部是第一个部门，其产出按加仑计量，公司采用先进先出法。所有生产成本的投入都是均匀的。7月，混合部的生产数据如下：

生产：	
在产品	
(7月1日，完工程度80%)	24 000 加仑
完工并转出的产品	138 000 加仑
在产品	
(7月31日，完工程度75%)	16 000 加仑
成本：	
在产品(7月1日)	24 000 美元
7月增加的成本	301 000 美元

6-29 先进先出法，约当产量(LO5)

参照以上关于Inca公司的资料。

要求：

1. 计算8月的约当产量。

2. 计算单位成本。（注意：计算结果精确到两位小数。）

3. 使用先进先出法计算转出产品成本和期末在产品成本。

6-30 先进先出法，生产报告(LO5)

参照以上关于Inca公司的资料。

要求：

编制生产报告。

练习题

6-31 基本成本流转(LO1)

Davis公司用三个部门为工业设备生产一般机器部件：铸模部、研磨部和精加工部。11月的数据如下（单位：美元）：

项目	铸模部	研磨部	精加工部
直接材料	143 200	15 200	9 800
直接人工	13 800	33 600	22 800
已分配制造费用	17 500	136 000	19 000

11月完工了9 000个产品，任何部门都没有期初在产品或期末在产品。

要求：

1. 编制一览表展示每个部门从上一个部门转入的直接材料成本、直接人工成本、已分配制造费用和转入产品成本以及总生产成本。

2. 计算单位成本。（注意：计算结果精确到两位小数。）

6-32 会计分录，基本成本流转(LO1)

12月，Davis公司有以下成本流转（单位：美元）：

	铸模部	研磨部	精加工部
直接材料	111 600	30 000	17 200
直接人工	8 000	13 600	11 600
已分配制造费用	8 400	60 400	11 200
转入成本：			
来自铸模部		128 000	
来自研磨部			232 000
总成本	128 000	232 000	272 000

要求：

1. 为以下成本转移编制会计分录：(a)铸模到研磨；(b)研磨到精加工；(c)精加工到产成品。

2. 解释分步成本法与分批成本法相比，会计分录有什么不同。

6-33 约当产量，单位成本，估计转出产品成本和期末在产品成本(LO2)

混合部3月的数据如下：

期初在产品	—
完成品	7 200

期末在产品(完工程度40%)	750
总生产成本	27 000 美元

要求：
1. 3月的约当产量是多少？
2. 3月的单位生产成本是多少？
3. 计算3月的转出产品成本。
4. 计算3月的期末在产品成本。

6-34 加权平均法，约当产量(LO3)

Goforth 公司生产一种产品，所有的生产投入都是均匀进行的。公司4月的实物流转一览表如下：

待计量的产品：	
期初在产品(完工程度40%)	180 000
本期开工的产品	420 000
待计量的产品总数	600 000
已计量的产品：	
完工并转出的产品：	
来自期初在产品	180 000
本期开工并完成的产品	324 000
	504 000
期末在产品(完工程度75%)	96 000
	600 000

要求：
使用加权平均法编制约当产量一览表。

6-35 加权平均法，单位成本，存货估价(LO3)

Cassien 公司生产的产品需要经过两个或更多的流程，6月使用加权平均法计算的约当产量为：

产成品	53 400
期末在产品数量×完工程度(36 000×60%)	21 600
约当产量	75 000
6月待计量的成本：	
期初在产品 (10 000个，完工程度80%)	50 000 美元
材料	90 000 美元
加工成本	34 000 美元
总计	174 000 美元

要求：
1. 使用加权平均法计算6月的单位成本。
2. 使用加权平均法确定期末在产品成本和转出产品成本。
3. Cassien 公司刚刚实施了一些措施以使单位成本降至2.00美元，并且相信6月的单位成本能够达到这一目标。但是公司管理层看到6月的数据很失望。为什么成本削减措施在6月没有完全奏效？如何解决这一问题？

6-36 加权平均法，单位成本，存货估价(LO3)

Byford 公司生产的产品需要经过两道流程。11月使用加权平均法计算的约当产量为：

产成品	196 000
加：期末在产品数量×完工 程度(60 000×40%)	24 000
约当产量(加权平均法)	220 000
减：期初在产品数量× 完工程度(50 000×70%)	35 000
约当产量(先进先出法)	185 000

Byford 公司11月记录的成本数据如下：

期初在产品	107 000 美元
成本增加	993 000 美元
总计	1 100 000 美元

要求：
1. 使用加权平均法计算单位成本。
2. 使用加权平均法计算转出产品成本和期末在产品成本。
3. Bill Johnson 是 Byford 公司的经理，他正在考虑将计算方法改为先进先出法。解释两种方法的关键区别，并向 Bill 建议最佳的计算方法。

6-37 实物流转一览表(LO3)

5月，Harlan 公司研磨部的数据如下：

a. 期初在产品有91 500个，就生产成本而言完工程度为30%。
b. 期末在产品有25 200个，就生产成本而言完工程度为25%。
c. 5月开工99 000个产品。

要求：

编制实物流转一览表。

6-38 实物流转一览表（LO3）

Nelrok 公司生产化肥，部门 1 混合所需的化学物质。本年度的数据如下：

期初在产品（完工程度 40%）	25 000
本期开工产品	142 500
期末在产品（完工程度 60%）	35 000

要求：

编制实物流转一览表。

6-39 生产报告，加权平均法（LO3）

Mino 公司用三个部门生产巧克力糖浆：烹饪部、混合部和装瓶部。公司使用加权平均法。以下是烹饪部 4 月的产出和成本数据：

生产：	
在产品（4月1日，完工程度 60%）	20 000 加仑
完工并转出的产品	50 000 加仑
在产品（4月30日，完工程度 20%）	10 000 加仑
成本：	
在产品（4月1日）	93 600 美元
4 月增加的成本	314 600 美元

要求：

编制烹饪部的生产报告。

6-40 非均匀投入，约当产量（LO4）

Terry Linens 公司生产床和浴巾。浴巾部将毛巾布缝制成不同尺寸的浴巾，公司使用加权平均法，所有的材料都是在流程之初投入的。浴巾部 8 月的数据如下：

生产：	
在产品（8月1日，完工程度 25%）*	10 000
完工并转出的产品	60 000
在产品（8月31日，完工程度 60%）*	20 000

注：* 就加工成本而言。

要求：

计算浴巾部 8 月的约当产量。

6-41 单位成本和成本分配，非均匀投入（LO4）

9 月，Loran 公司制作部约当产量一览表如下：

项目	材料	加工
完成品	180 000	180 000
加：期末在产品		
数量 × 完工程度	60 000	36 000
（60 000×60%）		
约当产量	240 000	216 000
成本		
在产品（9月1日）：		
材料	147 000 美元	
加工成本	7 875 美元	
总计	154 875 美元	
当期成本：		
材料	1 053 000 美元	
加工成本	236 205 美元	
总计	1 289 205 美元	

要求：

1. 计算制造部 9 月的材料、加工的单位成本以及总单位成本。
2. 计算转出产品成本和期末在产品成本。

6-42 非均匀投入，转入成本（LO4）

Drysdale 公司生产多种乳制品。在部门 12 中，奶油（从部门 6 转入）和其他材料（糖和其他调味料）在流程之初混合搅拌来制作冰淇淋。部门 12 在 8 月的数据如下：

生产：	
在产品（8月1日，完工程度 25%）*	40 000
完工并转出的产品	120 000
在产品（8月31日，完工程度 60%）*	30 000

注：* 就加工成本而言。

要求：

1. 编制 8 月的实物流转一览表。
2. 使用加权平均法计算以下类别的约当产量：转入产品、材料和加工。

6-43 转入成本（LO4）

Golding 公司精加工部在 7 月的数据如下：

项目	转入产品	材料	加工
转出产品	60 000	60 000	60 000
期末在产品	15 000	15 000	9 000
约当产量	75 000	75 000	69 000

成本：
在产品(7月1日)：
从制作部转入 2 100 美元
材料 1 500 美元
加工成本 3 000 美元
总额 6 600 美元
当期成本：
从制作部转入 30 900 美元
材料 22 500 美元
加工成本 45 300 美元
总额 98 700 美元

要求：

1. 计算以下类别的单位成本：转入产品、材料和加工。

2. 计算总单位成本。

6-44 先进先出法，约当产量(LO5)

Lawson公司生产一种产品，所有的生产投入都是均匀的。3月的实物流转一览表如下：

待计量的产品：
期初在产品(完工程度40%) 15 000
本期开工的产品 35 000
待计量的产品总数 50 000
已计量的产品：
完成品：
来自期初在产品 15 000

本期开工并完成的产品 27 000
42 000
期末在产品数量(完工程度75%) 8 000
已计量的产品总数 50 000

要求：

使用先进先出法编制约当产量一览表。

6-45 先进先出法，单位成本，存货估价(LO5)

Loren公司生产的产品需要经过两个或更多的流程。4月，使用先进先出法计算的约当产量为：

本期开工并完成的产品 4 600
期初在产品数量×待完工程度(60%) 840
期末在产品数量×完工程度(4 000×60%) 2 400
约当产量(先进先出法) 7 840
4月待计量的成本：
期初在产品(完工程度40%) 1 120 美元
材料 10 000 美元
加工成本 4 000 美元
总计 15 120 美元

要求：

1. 使用先进先出法计算4月的单位成本。(注意：计算结果精确到两位小数。)

2. 使用先进先出法确定期末在产品成本和转出产品成本。

问题

6-46 基本流转，约当产量(LO1、LO2)

Thayn公司生产的关节炎药物需要经过两个部门：混合部和压片部。公司使用加权平均法。混合部2月的数据为：期初在产品为零，期末在产品有36 000个，完工程度为50%；本期开工420 000个。压片部2月的数据为：期初在产品有24 000个，完工程度为20%；期末在产品有12 000个，完成程度为40%。

要求：

1. 对混合部，计算(a)转移至压片部的产品数量；(b)约当产量。

2. 对压片部，计算转移至产成品库的产品数量。

3. 假设混合部的计量单位是盎司，而压片部按每瓶100片、共8盎司计量(而非按瓶数)。如何处理部门间计量单位的不同，然后重新完成要求2。

6-47 编制生产报告的步骤(LO1、LO2、LO3、LO4)

最近，Stillwater Design公司成了Jeep Wrangler公司的原始设备供应商，主要为其生产工厂用升级版的扬声器。Kicker组件和扬声器的生产都外包出去了，而自己进行最后的组装。Stillwater Design公司将升级音频包的扬声器和其他部件放入机盒，生产出工厂安装的外观。扬声器机盒和kicker组件在组装之初投入。

假设 Stillwater Design 使用加权平均法计算产品成本。下面是 4 月的产出和成本：

生产：
在产品(4 月 1 日,完工程度 60%)　　　60 000
完工并转出的产品　　　　　　　　　150 000
在产品(4 月 30 日,完工程度 20%)　　 30 000
成本：
在产品(4 月 1 日)：
　机盒　　　　　　　　　　　1 200 000 美元
　Kicker 铁组件　　　　　　 12 600 000 美元
　加工成本　　　　　　　　　5 400 000 美元
4 月增加的成本：
　机盒　　　　　　　　　　　2 400 000 美元
　磁铁组件　　　　　　　　 25 200 000 美元
　加工成本　　　　　　　　　8 640 000 美元

要求：
1. 编制 4 月组装部的实物流转一览表。
2. 计算 4 月组装部的约当产量。
3. 计算 4 月组装部的单位成本。
4. 计算转出产品成本和期末在产品存货成本。
5. 编制 4 月组装部的成本调节表。

6-48 编制生产报告的步骤(LO1、LO3)

参照问题 6-47 的信息。

要求：
1. 编制 4 月组装部的生产报告。
2. 写一页报告,比较分步成本法的生产报告与分批成本的成本表在目的和内容上的区别。

参照以下资料完成问题 6-49 和 6-50：

　　Alfombra 公司生产地毯,其地毯部将布和纱编织成不同型号的地毯,公司采用加权平均法,整个编织过程材料均匀投入。8 月,Alfombra 公司将计算方法从先进先出法变更为加权平均法。8 月,地毯部的数据如下：

生产：
在产品(8 月 1 日,完工程度 60%)　　 40 000
完工并转出的产品　　　　　　　　　120 000
在产品(8 月 31 日,完工程度 60%)　　40 000
成本：
在产品(8 月 1 日)　　　　　 144 000 美元
当期成本　　　　　　　　　 604 800 美元
总计　　　　　　　　　　　 748 800 美元

6-49 约当产量,单位成本,加权平均法(LO1、LO2、LO3、LO4)

参照以上关于 Alfombra 公司的资料。

要求：
1. 编制地毯部 8 月的实物流转一览表。
2. 计算地毯部 8 月的约当产量。
3. 计算地毯部 8 月的单位成本。
4. 展示使用先进先出法计算的期初在产品的约当产量单位成本和 8 月的约当产量单位成本,两者的加权平均数等于要求 3 计算的单位成本。(提示:权重是每个来源的数量占比。)

6-50 生产报告(LO3)

参照以上关于 Alfombra 公司的资料。Alfombra 公司的所有者坚持要一个包含加权平均法所有细节的正式报告。在生产流程中,所有材料都是均匀投入的。

要求：
编制地毯部 8 月使用加权平均法的生产报告。

6-51 加权平均法,实物流转,约当产量,单位成本,成本分配(LO1、LO2、LO3)

Mimasca 公司生产节日面具,每个面具在铸模部用橡胶模具塑形,然后转入精加工部上色并装上松紧带。Mimasca 使用加权平均法。铸模部 5 月的数据如下：

a. 期初在产品有 15 000 个,完工程度为 20%,成本为 1 656 美元。

b. 本月发生的成本为 26 094 美元。

c. 月末,转出 45 000 个产品,有 5 000 个期末在产品,完工程度为 25%。

要求：
1. 编制实物流转一览表。
2. 计算约当产量。
3. 计算单位成本。
4. 计算月末转入精加工部的产品成本和期末存货的成本。
5. 假设在铸模过程的最后要对面具进行检测。在被检测的 45 000 个产品中,有 2 500 个因有缺陷被剔除,因此只有 42 500 个产品被转入精加工部。公司经理认为这些报废的产品是不正常的费用,不愿意将其成本分配给 42 500 个完好产品。你的任务是计算报废的 2 500 个产品的成本,并说明你对该成本的处理。现在假设经理认为该成本是生产中的正常费用,要将其摊到完好产品上并转入精加工部,请解释如何处理这一业务。(提示:报废产品是一种类型的产出,可以计算出其约当产量。)

参照以下资料完成问题6-52和6-53:

Millie 公司生产的产品需要经过组装和精加工流程,所有生产成本都是均匀投入的。下面是组装部6月的数据:

a. 6月1日,在产品有24 000个(完工程度60%),成本为:

直接材料	186 256 美元
直接人工	64 864 美元
已分配制造费用	34 400 美元

b. 6月共有70 000个产品完工并被转入精加工部,其成本为:

直接材料	267 880 美元
直接人工	253 000 美元
已分配制造费用	117 600 美元

c. 6月30日有10 000个部分完工产品,完工程度为70%。

6-52 加权平均法,单一部门分析(LO1、LO2、LO3)

参照以上 Millie 公司的资料。

要求:

使用加权平均法编制组装部6月的生产报告,该报告需要包含实物流转数量、约当产量和单位成本并追踪生产成本的处置。

6-53 先进先出法,单一部门分析,一个成本类别(LO1、LO2、LO3)

参照以上 Millie 公司的资料。

要求:

使用先进先出法编制组装部6月的生产报告,该报告需要包含实物流转数量、约当产量和单位成本并追踪生产成本的处置。(注意:单位成本精确到四位小数)

6-54 加权平均法,分离材料成本(LO1、LO2、LO3)

Janbo 公司生产文具产品,其中一个产品——密封蜡棒需要经过两个流程:混合部和铸模部。公司使用加权平均法。在经过混合部的加工后,产品被转入铸模部进行铸模和冷却。混合部8月的数据如下:

a. 8月1日,在产品有30 000磅,完工程度为20%,其成本为:

直接材料	220 000 美元
直接人工	30 000 美元
已分配制造费用	20 000 美元

b. 8月31日,在产品有50 000磅,完工程度为40%。

c. 8月共有480 000磅产品完工并转出,其成本为(所有投入都是均匀的):

直接材料	5 800 000 美元
直接人工	4 250 000 美元
已分配制造费用	1 292 500 美元

要求:

1. 编制(a)实物流转一览表;(b)约当产量一览表。

2. 计算单位成本。(注意:计算结果保留三位小数)。

3. 计算期末在产品成本和转出产品成本。

4. 编制成本调节表。

5. 假设混合部的材料投入不均匀,有两种材料:石蜡和颜料。公司经理想知道每种材料的约当产量单位成本。期初在产品中的材料成本为:

| 石蜡 | 120 000 美元 |
| 颜料 | 100 000 美元 |

本月发生的材料成本为:

| 石蜡 | 3 250 000 美元 |
| 颜料 | 2 550 000 美元 |

编制每种材料类别的约当产量一览表,计算每种材料的单位成本。

6-55 加权平均法,会计分录(LO1、LO2、LO3、LO4)

Seacrest 公司使用分步成本法,公司生产的产品需要经过两个部门:部门A和部门B。下面是

公司11月的生产活动和成本统计:

项目	部门A	部门B
期初存货:		
实物数量	5 000	8 000
成本:		
转入产品	—	45 320美元
直接材料	10 000美元	—
加工成本	6 900美元	16 800美元
当期生产:		
开工数量	25 000	?
转出数量	28 000	33 000
成本:		
转入产品	—	?
直接材料	57 800美元	37 950美元
加工成本	95 220美元	128 100美元
完工程度:		
期初存货	40%	50%
期末存货	80%	50%

要求:

1. 使用加权平均法完成部门A的相关问题:(a)编制实物流转一览表;(b)计算约当产量;(c)计算单位成本(精确到两位小数);(d)计算期末在产品成本和转出产品成本;(e)成本调节。

2. 写出部门A生产成本流转的会计分录,使用加工成本控制账户记录加工成本。很多公司将直接人工和制造费用归为同一类,并不单独追踪直接人工,说明这样做的理由。

6-56 先进先出法,会计分录(LO1、LO2、LO3、LO4)

参照问题6-55提供的资料。

要求:

1. 使用先进先出法完成部门A的相关问题:(a)编制实物流转一览表;(b)计算约当产量;(c)计算单位成本(精确到两位小数);(d)计算期末在产品成本和转出产品成本;(e)成本调节。

2. 写出部门A生产成本流转的会计分录,使用加工成本控制账户记录加工成本。很多公司将直接人工和制造费用归为同一类,并不单独追踪直接人工,说明这样做的理由。

6-57 加权平均法,非均匀投入,多个部门(LO1、LO2、LO4、LO5)

Benson制药公司使用分步成本法计算其生产的非处方感冒药的单位成本。它有三个部门:混合部、胶囊部和装瓶部。在混合部,制作感冒药的各种成分被称重、筛选和混合(假设材料投入是均匀的)。混合物按加仑计量并转出,胶囊部将混合好的产品装入胶囊中(胶囊壳在流程之初投入),每加仑混合物能生产出1 500个胶囊。经过胶囊部的加工后,产品被转入装瓶部,进行装瓶、密封、盖上瓶盖和贴标签,每瓶有50个胶囊。

3月,前两个部门的数据如下:

项目	混合部	胶囊部
期初存货:		
实物数量	10加仑	4 000个
成本:		
材料	252美元	32美元
人工	282美元	20美元
制造费用	?	?
转入		140美元
当期生产:		
转出	140加仑	208 000个
期末存货	20加仑	6 000个
成本:		
材料	3 636美元	1 573美元
转入	—	?
人工	4 618美元	1 944美元
制造费用	?	?
完工程度:		
期初存货	40%	50%
期末存货	50%	40%

制造费用按直接人工成本来分配。在混合部,制造费用是直接人工成本的200%;在胶囊部,制造费用是直接人工成本的150%。

要求:

1. 遵循本章列出的五个步骤,使用加权平均法编制混合部的生产报告。(注意:单位成本精确到两位小数。)

2. 遵循本章列出的五个步骤,使用加权平均法编制胶囊部的生产报告。(注意:单位成本精确到四位小数。)

3. 解释加权平均法比先进先出法简单易行的原因。解释什么情况下加权平均法与先进先出法会得出相同的结果。

6-58 先进先出法(LO5)

参照问题 6-57 提供的资料。

要求：

用先进先出法编制混合部和胶囊部的生产报告。（注意：单位成本精确到四位小数。）（提示：对第二个部门需要将加仑转换成胶囊。）

案例

6-59 分步成本法与其他成本法，对资源分配决策的影响（LO1、LO2、LO3、LO4）

Golding 制造公司是 Farnsworth 体育用品公司的一个分部。该分部生产两种型号的弓和八种型号的刀。弓的制造过程需要用到两个主要部件：弓脊和弓柄。在最终组装之前，弓脊需要经过四个顺序加工工序：扭绞、制模、制作和上漆。在扭绞部，把若干层木片压成弓脊。在制模部，一定的压力下经过热处理使弓脊变得坚韧而有弹性。在制作部，要把露在外面的胶水和其他加工过程中产生的杂物去除。最后，在上漆部用丙酮清洁弓脊，进行干燥，喷上最后一道漆。

在最终组装前弓柄要经过两道工序：造型和上漆部。在造型部，将一块块的木头填入机器，然后加工成形。机器的设置不同，会制作出不同形状的弓柄。弓柄从机器里出来后被清洁和磨光。然后把这些弓柄送到上漆部喷上最后一道漆。在最终组装时，安上外购部件，如滑轮组、调重螺钉、侧板和弓弦等，组装成不同型号的产品。

Golding 公司从组建之日起就采用分步成本法来分配生产成本。预计的制造费用分配率是基于直接人工成本的（为直接人工成本的 80%）。最近，Golding 公司雇用了一位新的会计主管 Karen Jenkins。Karen 在复查了生产成本计算过程后，召集部门经理 Aaron Suhr 开了一个会。下面是他们的谈话记录。

Karen：Aaron，我有点担心我们的成本会计系统。我们有两种型号的弓，并把这两种弓当作相同的产品来处理。我知道这两种型号真正的区别在于使用不同的弓柄。弓柄的加工流程是相同的，但它们在木料的用量和材质上有很大区别。我们现有的成本计算没能把材料投入方面的区别反映出来。

Aaron：你的前任应当对此负责。他认为不值得追溯材料成本的差异。他就是不相信这会对两种型号的单位成本造成影响。

Karen：噢，也许他是对的。不过我有我的担心。万一有重大的不同，这将会影响到我们对这两种产品的看法，也就是，到底哪种型号对我们公司更为重要。增加簿记任务并不是很高的要求。我们担心的只是造型部。其他部门都使用了符合要求的分步成本法模式。

Aaron：你为什么不调查一下呢？如果有重大不同，就调整一下成本计算系统。

会议结束后，Karen 决定收集豪华型和经济型这两个型号的成本数据。她决定用一周的时间追溯成本。周末，她已从造型部收集到下面的数据：

a. 共完成 2 500 张弓的制作，即 1 000 张豪华型和 1 500 张经济型。

b. 没有期初存货，但是期末在产品存货有 300 件：豪华型 200 件，经济型 100 件。两种型号的加工成本完工程度都是 80%，材料完工程度都是 100%。

c. 造型部的成本如下：

| 直接材料 | 114 000 美元 |
| 直接人工 | 45 667 美元 |

d. 对材料领料单进行了尝试性的修改以反映经济型和豪华型的材料价值：

| 豪华型 | 30 000 美元 |
| 经济型 | 84 000 美元 |

要求：

1. 假设分步成本法是完全合适的，计算造型部生产的弓柄的单位成本。(注意:计算结果精确到两位小数。)

2. 利用各自的材料成本信息计算每种弓柄的单位成本。(注意:计算结果精确到两位小数。)

3. 比较要求1和要求2计算的单位成本。Karen认为纯分步成本计算关系是不恰当的,她的这种看法合理吗?描述一下你愿意推荐的成本计算系统。

4. 过去,市场经理要求用更多的钱为经济型弓做广告。Aaron总是一再拒绝增加这种产品的广告预算,因为它的单位利润(售价减生产成本)太低了。按照要求1—3的计算结果,Aaron的观点正确吗?

6-60 生产报告,道德行为(LO3)

思考下面的对话。该对话发生在工业机械企业的一位部门经理Gary Means和他的会计主管、注册管理会计师和注册会计师Donna Simpson之间。

Gary:Donna,我们真的发生了问题,我们的流动现金太少了,急需贷款。你知道,我们只是勉强维持现在的财务状况。我们需要看到尽可能多的收益,我们的资产也需要增加。

Donna:我明白问题所在,但我不知道现在该做些什么。现在是本财务年度的最后一周,而且看上去我们要报告的收益仅略高于盈亏平衡点。

Gary:这些我都知道。我们需要的是创造性的会计核算。我想到一个办法,可能有用。我想知道你是不是愿意那样做。我们有200台半成品的机器,完工程度约为20%。这一年完工并售出的机器是1 000台。当你计算单位成本时,你用的约当产量是1 040台,这样算出的单位生产成本是1 500美元。这个单位成本使我们的销货成本达到150万美元,期末在产品成本为60 000美元。期末在产品的存在给了我们改善财务状况的机会。如果我们把还在加工的在产品的完工程度报告为80%,约当产量就能提高到1 160台。这样,我们就可以把单位成本降至1 345美元左右,销货成本降至134.5万美元。我们的在产品价值将会增加到215 200美元。有了这些财务数据,贷款就是小菜一碟。

Donna:Gary,我不知道怎么办。你说的太冒险了,稍微审计一下就可以发现这个花招。

Gary:这你不用担心。审计人员最快也要6—8周之后才会来我们这儿。到那时,我们就能把这些半成品制造完成并卖掉。我可以发奖金让一些受信任的员工加班,这样就能掩盖人工成本。加班时间永远不会有人举报。而且你知道,奖金出自公司预算并会被分配给制造费用——下年的制造费用。Donna,这样才行。如果我们看起来没问题,并且又能得到贷款,公司总部不会对我们怎样的。如果我们不这样做,就会丢掉饭碗。

要求:

1. Donna应该同意Gary的提议吗?为什么?为了帮助你进行判断,你可以回顾一下第1章中描述的管理会计的道德行为标准。有什么标准可以用上吗?

2. 假设Donna拒绝合作,Gary也同意放弃这个想法,Donna有责任把Gary的行为向上级汇报吗?请解释。

3. 假设Donna拒绝合作,但Gary坚持自己的建议,Donna应该怎么办?你会怎么办?

4. 如果Donna已经63岁了,很难在别处再找工作,而且Gary坚持要按自己的想法行事。Donna也知道Gary的上司,即公司老板就是Gary的岳父。这种情况下,你给Donna的建议会改变吗?

第 7 章
作业成本法和作业管理

管理决策

Cold Stone Creamery 公司

专家们认为,冰淇淋在 17 世纪时出现,之后便在英国国王查尔斯一世在位期间风靡,成为皇室宴会上一道主要的甜品。现在,冰淇淋仍深受大家的喜爱,但冰激凌生产却发生了巨大的变化。

1988 年成立于亚利桑那州坦佩市的 Cold Stone Creamery 公司引领了这一变化。它发明了一种创新的经营模式,使得品尝冰淇淋对整个家庭来说是一个有趣的经历。Cold Stone Creamery 公司在全球拥有近 1 500 家零售店。为实现对其冰激凌帝国的盈利能力管理,其管理人员需要懂得并控制公司中复杂的成本结构。例如,公司最受欢迎的一款冰淇淋——混合搭配冰淇淋——以 16 种基础口味、可搭配 30 种不同的馅料、提供大中小三种尺寸、可形成上千种组合搭配而闻名。这些选择满足了不同口味的消费者的需求,但却因不同订单会产生截然不同的作业活动而更难管理。因此,Cold Stone Creamery 公司采用了作业成本法来分辨不同订单的作业动因,并以此预测作业成本。

Cold Stone Creamery 公司最重要的两个作业动因就是馅料和时间,而不同订单对两者的要求千差万别。通过对公司内部作业成本法应用的深刻剖析,Cold Stone Creamery 公司发现了不同订单准备时间的成本是以秒为基础计算的。除了直接人工,Cold Stone Creamery 公司的作业成本法系统还考虑了培训、制服和员工福利等因素,以预测制作产品时每一秒的成本。当与其他成本相结合时,作业成本分析法能够提供不同种类产品的预期利润率。如果一种产品没有实现其预期利润率,Cold Stone Creamery 公司的管理者会查看并调整产品生产作业。这使 Cold Stone Creamery 公司拥有了极大的竞争优势,成为美国盈利水平最高、增长最快的特许经营产业之一。

7.1 功能成本会计系统的局限

数十年来,许多组织都采用基于直接人工工时、机器工时和其他基于作业量的全厂和部门制造费用分配率成功地分配了制造费用,并将在未来继续采用这些费用率。然而,这种成本核算方法计算的是各产品制造费用的平均值,在很多情况下可能会导致产品成本失真或产品成本计算错误等问题。例如,Lisa 和 Jessie 一起去 Cold Stone Creamery 吃甜品。Lisa 花 3 美元点了一个小杯巧克力冰淇淋,没有加其他馅料。而 Jessie 花 10 美元点了一个中杯草莓、香蕉混合口味冰淇淋,并加了四种馅料(全麦饼干外壳、白巧克力碎、草莓和香蕉)。如果两个人平均分摊总费用,每人 6.5 美元,就不能真实地反映每一份甜品的价值。Lisa 多花了 3.5 美元,Jessie 少花了 3.5 美元。如果每份甜品的成本很重要,那么平均法则不适用。

同理,使用全厂和部门制造费用分配率计算会得到一个平均的产品成本,可能会高估或低估某一项产品的成本。Cold Stone Creamery 公司可能很想知道旗下各种产品的成本,并且很可能不满足于只求出一个平均成本。如果不知道产品的准确成本,Cold Stone Creamery 公司可能无法对不同的产品进行合理定价。产品成本失真造成的结果可能是破坏性的。尤其是对拥有以下商业环境特征的公司:①竞争压力加剧(通常是全球性的);②利润率低;③持续改进;④全面质量管理;⑤全面客户满意度;⑥尖端技术。

在以上商业环境特征中经营的公司尤其需要根据准确的成本来进行合理决策。

只有公司的成本系统准确地反映公司的基本活动或经济现实,才能算出准确的成本信息。因此,管理会计人员必须不停地问:"成本系统体现的公司活动在多大程度上与经济现实相符?"如果答案是不相符,那么成本系统必须调整。因此,就如同财务报告必须对外部使用者披露一样,成本系统的设计也必须对内部使用者透明。

对更准确的产品成本的需求迫使许多公司审视它们的成本计算流程。可能削弱单位层次全厂和部门制造费用分配率准确性的两个主要因素为:①非单位相关制造费用在总制造费用中占比很大;②产品多样性程度高。

7.1.1 非单位相关制造费用

全厂制造费用分配率和部门制造费用分配率都假设一个产品所使用的间接资源与单位产品严格相关。只有对**单位层次作业**(**unit-level activities**)——每生产一个单位产品执行的作业,这种假设才是成立的。传统的观点认为,在产量成本系统中,与这些作业相关的成本实质上是可变的,因为它们的变动会使单位层次作业以一定比例同向变动。其他非单位层次的成本被认为是固定成本。

如果是非单位层次作业呢?这时,每生产一单位产品并不会消耗作业,即这些非单位层次作业的成本不随产量的变动而变动,而是随除产量之外的其他因素变动而变动,辨明这些因素对于预测和管理成本很有帮助。作业成本法的支持者提出了一个作业成本等级体系，认为成本可被分为单位层次（例如，随产成品的数量而变动）、分批层次（例如，随批次的数量而变动）、产品维护（例如，随产品或服务的多样性而变动）或设施维护（例如，不随任何因素而变动，但在工厂运营中是必需的）。① 图表7-1给出了作业成本法的等级体系图。

图表7-1　作业成本法的等级体系

成本类型	对成本动因的描述	举例
单位层次	随产成品的数量而变动	为Victoria's Secret的香水贴标签时产生的间接材料成本
分批层次	随批次的数量而变动	为生产每批Epilog钥匙链而调试激光雕刻设备的成本
产品维护	随产品或服务的多样性而变动	Best Buy电子产品商店处理不同品牌的存货和保修服务产生的成本
设施维护	不随任何因素而变动，但在车间运营中是必需的	通用汽车工厂管理人员的工资费用

下面分析非单位层次作业动因。调试机器设备是一种非单位层次作业。因为通常情况下，同一台设备会用来生产不同的产品。调试机器设备意味着调整某种机器设备以生产特定种类的产品。例如，染料桶是用来染制T恤衫的。在染过1 000件红色T恤后，再染3 000件绿色T恤前必须将染料桶仔细清洗。因此，调试成本在每一批产品生产前都会发生。一批产品可能需要生产1 000—3 000个单位的产品，而调试成本却不会随产品产量而变化。但随着调试作业次数的增加，调试成本会逐渐增加。衡量调试作业更好的方法是调试作业的次数（分批层次成本），而非产品的数量（单位层次成本）。

另一个非单位层次作业的例子是产品再造。有时，企业需根据顾客的反馈重新设计产品。应在接收到工程工作单（engineering word order）后进行这种产品再造作业。例如，Multibras S. A. Electrodomesticos（一家巴西制造商）可能会发出工程工作单来修正冰箱、制冷机和洗衣机的设计。产品再造成本可能取决于不同工程工作单的数量（产品维护成本）而非生产产品的数量。

同样，JetBlue决定在空客A320s的基础上增产第二种喷气式飞机Embraer 190，产生了巨大的额外产品维护费用，这些额外的产品维护费用包括订购双倍零部件存货、项目维护和建设不同飞行员培训轨道的费用。②

因此，**单位层次作业动因**（**unit-level avtivity drivers**）衡量单位层次作业的耗用，而**非单位层次作业动因**（**nonunit-level avtivity drivers**）衡量产品或其他成本目标的非单位层次作业，如批次、产品维护、设施维护等。作业动因（**activity drivers**）是指用来衡量产

---

① R. Cooper, "Cost Classification in Unit-Based and Activity-Based Manufacturing Cost System", *Journal of Cost Management for the Manufacturing Industry* (Fall 1990): 4-14.

② S. Carey, "Balancing Act: Amid JetBlue's Rapid Ascent, CEO Adopts Big Rivals' Trait", *The Wall Street Journal* (August 25, 2005).

品或其他成本对象等作业耗用的因素,并可分类为单位层次和非单位层次。

仅仅用单位层次作业动因来分配非单位层次作业相关制造费用会造成产品成本失真。失真的程度取决于非单位成本在全部制造费用中所占的比重。对许多企业来说,这一比重可能会很高,所以分配非单位层次作业制造费用时应注意。反之,若非单位成本在全部制造费用中所占的比重较小,则失真程度较低。在这种情况下,可以用单位层次作业动因分配制造费用。

7.1.2 产品多样性

并非所有重大的非单位层次作业制造费用都会导致全厂或部门费用分配率无法使用(即成本失真)。比如,当产品消耗相同比例的非单位层次间接作业和单位层次间接作业时,(在传统的制造费用分配法下)成本失真就不会发生。产品多样性也会导致成本失真。**产品多样性**(product diversity)是指产品生产消耗不同比重的间接作业,可能由以下几点差异引起:①产品尺寸;②产品生产的复杂性;③调试时间;④ 批次的规模。

7.1.3 单位层次制造费用分配率失效的原因

以图表7-2中的数据为例来阐明单位层次制造费用分配率会导致产品成本失真的原因(假设预测值与实际值相等)。Porto Behlo 工厂生产两种型号的洗衣机:豪华型号和普通型号。由于普通型号的产量比豪华型号的产量多10倍,因此,普通型号是高产量的产品,而豪华型号是低产量的产品。两种型号的洗衣机都按批次生产。

主要成本由直接材料成本和直接人工成本组成。假设这些成本是直接成本,它们可以直接追溯到每一个单位产品。而非直接成本(也就是制造费用)会因采用不同的成本核算系统而得到不同的处理。通常来说,由于作业成本系统采用了更合理的方法来处理制造费用,因此会得出比单位成本系统更准确的成本数据。为了简化,假设只存在四种间接作业,由四个不同的辅助部门执行:①为每批生产对设备进行的调试;②批次运送;③加工;④装配(在每一个部门运营后进行)。

图表7-2 Rio Novo 公司 Porto Behlo 工厂的产品成本

	作业用量			作业成本数据(间接作业)	
	豪华型号	普通型号	合计	作业	作业成本
产量	10	100	110	调试设备	1 000 美元
主要成本(美元)	800	8 000	8 800	运送产品	1 000 美元
直接人工工时(小时)	20	80	100	加工	1 500 美元
机器工时(小时)	10	40	50	装配	500 美元
调试工时(小时)	3	1	4	合计	4000 美元
运送次数	6	4	10		

1. 影响成本准确性的问题

图表7-2中的数据揭示出在用全厂或部门制造费用分配率分配制造费用时存在的严重问题,主要表现在两种分配方法都假设单位层次动因,如机器工时或直接人工工时,是全部制造费用产生的原因。

从图表7-2中可见,高产量的普通型号所用的直接人工工时是低产量的豪华型号的4倍。若使用全厂制造费用分配率,普通型号的洗衣机分配到的制造费用会是豪华型号的4倍。这合理吗?能用单位层次作业动因来合理解释全部的间接作业吗?尤其是,能假设每一个产品消耗的制造费用与直接人工工时是同比例增加的吗?现在,我们分别分析四种间接作业,看看单位层次作业动因是否准确地反映了普通型号和豪华型号的消耗量。

图表7-2表明,制造费用中很大一部分并非由直接人工工时驱动或引起。每一型号对设备调试和材料运送作业的需求与调试工时和运送次数更相关。这些非单位层次作业构成了全部制造费用的50%(2 000美元/4 000美元)。值得注意的是,生产低产量的豪华型号洗衣机消耗的调试工时是高产量的普通型号的3倍(3/1),其运送次数是普通型号的1.5倍(6/4)。然而,若使用基于直接人工工时的全厂制造费用分配率,那么普通型号分担的调试成本和材料运送成本会是豪华型号的4倍。因此,若产品多样性存在,我们就可以预测产品成本失真可能会发生,因为每单位产品所消耗的单位层次制造费用并不与非单位层次制造费用同比例变化。

除了产品多样性之外,只要每单位产品所消耗的单位层次制造费用并不与非单位层次制造费用同比例变化,就会使产品成本失真。每一单位产品消耗的作业即为**消耗率**(**consumption ratio**),其公式如下:

$$消耗率 = \frac{每一种产品的作业动因消耗量}{作业动因消耗总量}$$

演练7.1展示了如何计算两种产品的消耗率。

演练 7.1

计算两种产品的消耗率

知识梳理:

逻辑上,共享资源的成本应该按照资源被消耗的比例来分配。由于作业代表产品消耗资源的集合,因此,也应按照作业消耗数量的比例来分配作业成本。作业动因衡量了作业产出,也可被用来衡量作业消耗。消耗率也应由作业动因来计算。

资料:

参照图表7-2所示的Rio Novo公司Porto Behlo工厂的作业使用信息。

要求:

计算每一种产品的消耗率。

答案:

步骤1:找出每一个作业的作业动因。

步骤2：用每一种产品的作业动因消耗量除以作业动因的总消耗量。

间接作业	消耗率		作业动因
	豪华型号	普通型号	
调试设备	0.75[a]	0.25[a]	调试工时
运送产品	0.60[b]	0.40[b]	运送次数
加工	0.20[c]	0.80[c]	机器工时
装配	0.20[d]	0.80[d]	直接人工工时

a. 3/4（豪华型号）和1/4（普通型号）。
b. 6/10（豪华型号）和4/10（普通型号）。
c. 10/50（豪华型号）和40/50（普通型号）。
d. 20/100（豪华型号）和80/100（普通型号）。

演练7.1中计算的消耗率表明基于直接人工工时的全厂制造费用分配率会高估普通型号洗衣机的成本，同时低估豪华型号洗衣机的成本。

2. 解决成本失真问题的方法

这种成本失真可以用作业率来解决。可以计算间接作业率，取代单一的全厂费用分配率来分配成本。演练7.2展示了作业率的计算方法。

演练 7.2

计算作业率

知识梳理：

作业率是将作业成本分配给产品的一种方法。计算公式是用作业成本除以作业动因。在选择作业动因时应考虑到因果关系。

资料：

Rio Novo公司Porto Behlo工厂的作业成本和作业动因如下：

作业	作业成本（美元）	动因	动因量
调试设备	1 000	调试工时	4
运送次数	1 000	运送次数	10
加工	1 500	机器工时	50
装配	500	直接人工工时	100

要求：

计算作业率。

答案：

用作业成本除以作业动因总量：

调试率：	1 000/4 = 250（美元/小时）
材料处理率：	1 000/10 = 100（美元/次）

加工率：		1 500/50 = 30(美元/小时)
装配率：		500/100 = 5(美元/小时)

为了分配制造费用，需知道每种产品所消耗的作业数量和作业率。演练7.3展示了用作业率计算每一种产品单位成本的过程。

演练 7.3

作业成本法下单位成本的计算

知识梳理：

为了提高制造费用分配的准确性，我们选取作业动因作为衡量产品消耗作业量的标准。分配给某一特定产品的作业成本等于作业率乘以作业量，所有作业成本之和是这一产品的制造费用。制造费用与主要成本之和再除以产量，则可以得出单位成本。

资料：

Rio Novo 公司 Porto Behlo 工厂生产豪华型号洗衣机和普通型号洗衣机的全厂作业率如下：

	豪华型号	普通型号	作业率
年产量	10	100	
主要成本	800 美元	8 000 美元	
调试工时	3 小时	1 小时	250 美元/小时
运送次数	6 次	4 次	100 美元/次
机器工时	10 小时	40 小时	30 美元/小时
直接人工工时	20 小时	80 小时	5 美元/小时

要求：

计算豪华型号洗衣机和普通型号洗衣机的单位成本。

答案：

	豪华型号	普通型号
主要成本	800 美元	8 000 美元
制造费用：		
调试：		
250 美元/小时×3 小时	750 美元	
250 美元/小时×1 小时		250 美元
运送材料：		
100 美元/次×6 次	600 美元	
100 美元/次×4 次		400 美元
加工：		

30 美元/小时×10 小时	300 美元	
30 美元/小时×40 小时		1 200 美元
装配：		
5 美元/小时×20 小时	100 美元	
5 美元/小时×80 小时		400 美元
总生产成本	2 550 美元	10 250 美元
产量	÷10	÷100
单位成本(总生产成本/产量)	255 美元	102.50 美元

图表 7-3 将演练 7.2 和 7.3 的计算结果汇总并绘出图表。

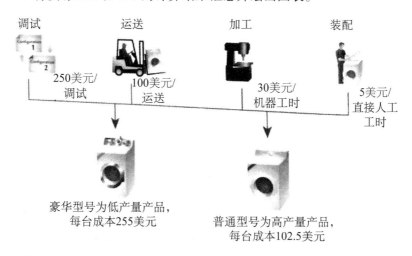

图表 7-3 Rio Novo 公司 Porto Behlo 工厂的作业率和单位作业成本法

3. 功能成本法和作业成本法的区别

基于直接人工工时的全厂费用分配率计算公式如下：

$$全厂费用分配率 = \frac{总制造费用}{直接人工总工时} = \frac{4\ 000}{100} = 40(美元/小时)$$

用单一的单位层次制造费用率计算的产品成本如下：

	豪华型号	普通型号
主要成本	800 美元	8 000 美元
制造费用：		
40×20	800 美元	
40×80		3 200 美元
总成本	1 600 美元	11 200 美元
产量	÷10	÷100
单位成本	160 美元	112 美元

现在将上述成本与演练 7.3 中作业成本法下的产品成本相比较,可以清晰地说明使用单一的单位层次作业动因分配制造费用的弊端。作业成本法反映了各产品消耗制造费用的比重,因此更为准确,解决了由功能成本法核算引起的豪华型号洗衣机成本被低估和普通型号洗衣机成本被高估的问题。事实上,采取作业成本法时,豪华型号洗衣机的单位成本增加了 95 美元,而普通型号洗衣机的单位成本降低了 9.5 美元,这与制造费用消耗的变化方向相吻合。

7.1.4 产品多样性和产品成本准确性的关系

若单位层次制造费用分配率失效,则产品所消耗的非单位层次的作业比重一定与单位层次的作业比重有很大差异。这种差异越大,潜在的产品成本失真的风险越高。以 Rio Novo 公司为例,普通型号洗衣机消耗的作业比例如下:①调试时间的 25%;②运送次数的 40%;③机器工时的 80%;④直接人工工时的 80%。

因为全厂制造费用分配率使用直接人工工时(单位层次作业动因),所以 80% 的总制造费用会被分配给普通型号洗衣机。但平均而言,普通型号洗衣机只消耗了 32.5% 的非单位层次制造费用[(0.25+0.40)/2],因此会发生成本失真。直观来看,如果非单位层次作业的平均消耗量比率与单位层次作业的相差较大,就像此例中 32.5% 与 80%,表明存在较大的产品多样性,并会导致产品成本失真。与想象中一样,失真程度很高,因为全厂制造费用分配率下的制造费用为 3 200 美元,而作业成本法下的为 2 250 美元。相反,如果产品多样性很小或没有,则产品生产消耗的单位层次作业和非单位层次作业比重相同或相近,那么全厂制造费用分配率也适用。

通过改变非单位层次作业消耗率,演练 7.2 和 7.3 中 Rio Novo 公司的例子说明了多样性和准确性之间的关系。下面,我们来看一个特殊的例子:

(1)豪华型号洗衣机和普通型号洗衣机的单位层次作业(加工和装配)有着相同的消耗率,分别为 0.2 和 0.8。

(2)非单位层次作业,即设备调试和机器运送的成本相同,均为 1 000 美元。

(3)单位层次作业(非单位层次作业)的全部成本为 2 000 美元。

这一特殊的结构意味着两种单位层次(非单位层次)作业的平均消耗率可以被用来分配每一种产品的作业成本。这与分配单一作业的成本结果相同。计算过程如下:

$$制造费用 = 平均消耗率 \times 该作业的总成本$$

普通型号洗衣机的平均消耗率为:

$$单位层次作业 = \frac{0.80 + 0.80}{2} = 0.80$$

$$非单位层次作业 = \frac{0.25 + 0.40}{2} = 0.325$$

因此,

普通型号洗衣机的制造费用 =（0.80×2 000）+（0.325×2 000）= 2 250（美元）
这与用单一作业和其作业率的计算结果相同。

为了探求产品多样性对准确性的影响,使单位层次作业消耗率保持不变,非单位层次作业的平均值变动,这会使普通型号洗衣机制造费用的计算公式变为:

制造费用 = 1 600 美元 + 非单位层次作业消耗率的平均值 × 2 000 美元

运用这个公式,图表7-4给出了普通型号洗衣机的制造费用随非单位层次作业消耗率平均值变动的趋势。图中斜线代表非单位层次作业消耗率平均值的变动趋势,水平线则是用全厂费用分配率计算的制造费用。值得注意的是,当非单位层次作业消耗率的平均值和全厂制造费用分配率同为0.80时,作业成本法下的制造费用和全厂制造费用分配率下的制造费用同为3 200美元。随着非单位层次作业消耗率的平均值逐渐下降,作业成本法和全厂费用分配率下的制造费用差异越来越大。图表7-4中,垂直线段可以用来表明两者之间的差异。可以清楚地看到,在一些情况下,作业成本法和全厂费用分配率之间的差异很小,这时用单一比率成本系统则更便宜、更简便。举例来说,在0.70和1.00之间的垂直线段很短,表明当非单位层次作业消耗率在这一区间时,用全厂费用分配率分配制造费用准确性也很强。

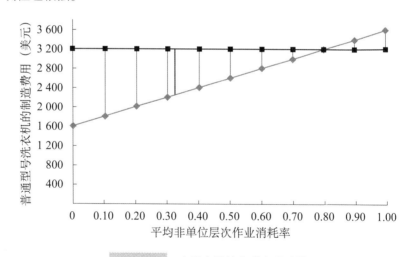

图表7-4 产品多样性和成本准确性

通过分析两者之间的关系,说明当产品具有多样性时,作业成本法更为准确。由于准确的事实对决策起着重要影响,作业成本法值得我们仔细研究。

道德决策

管理会计师协会(IMA)制定的道德标准之一要求其注册成员应通过不断学习知识及技能来保持专业水平。非常有意思的是,会计专家们是否持续学习不同的成本管理方法也是展现道德行为的要求之一。至少,成本会计专家们应该学习不同的方法,并且评估它们的使用是否符合成本效益原则。

7.2 作业成本法

功能成本法主要包括两个阶段：①将制造费用分配到组织单位中（无论是全厂的还是部门的）。②再将制造费用分配到成本对象上。

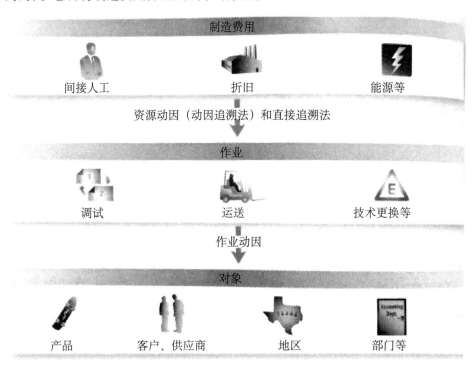

图表 7-5 作业成本法：分配制造费用

如图表 7-5 所示，作业成本系统[activity-based cosating（ABC）system]也包括两个阶段：①追溯成本到作业上；②再追溯作业成本到成本对象上。

一个潜在的假设是作业消耗资源，并且成本对象消耗作业。但是一个作业成本系统强调直接追溯法和动因追溯法（利用因果关系），而单位成本系统倾向于集中分配成本（很大程度上忽视因果关系）。由于作业成本法关注作业，因此识别作业是设计作业成本系统的第一步。

7.2.1 识别作业及其属性

一项作业（activity）是由机器或工人为其他人采取的行动或完成的工作。识别作业通常通过采访管理层或功能工作区域（部门）的代表来实现。在建立作业成本系统时，将会问这些人一些关键问题，而问题的答案将会构成建立作业成本法的数据。

1. 关键问题

采访中提到的问题可以用来识别核算成本时所需的作业及其属性。从这些问题中获取的信息提供了将资源成本分配给每一项作业的数据。为了防止作业的数量多到无法管理,采访者采用的一个普遍接受的经验法则是告诉被采访者:忽略掉占用员工工时低于5%的作业。采访者可以问以下问题来整合信息:

(1)在您的部门中一共有多少名员工?(作业消耗人工。)
(2)他们负责什么工作(详细描述)?(作业是员工为其他人所做的工作。)
(3)外部客户需要使用机器设备吗?(作业也可以是机器为其他人完成的工作。换句话说,机器设备能为他人提供服务。)
(4)每项作业会用到什么资源(机器设备、原材料、能源)?(除了人工,作业还消耗资源。)
(5)每项作业的产出是什么?(帮助识别作业动因。)
(6)作业输出被谁或什么活动使用?(识别成本对象:产品、其他作业、客户等。)
(7)每项作业需花费多少人工工时?多少加工工时?(分配人工成本和加工成本到作业的信息。)

海明威银行案例

假设海明威银行信用卡中心的管理人员正在接受采访,并需回答以上七个问题。请依次分析每个问题和回答的设计目的。

Q1(人工资源):五位员工。

Q2(作业识别):三大主要作业是办理信用卡业务、发送客户对账单和回答客户问题。

Q3(作业识别):银行自助取款机可供客户提现使用。

Q4(资源识别):每位员工配有一台电脑、一台打印机和一张办公桌。打印需用到纸张和其他设备。每位员工还有一部电话。

Q5(潜在作业动因):办理业务会在电脑系统上形成一条记录,并为月报做准备。这一作业的输出一定是客户月结对账单的数量,而回答问题这一作业的输出是被服务的客户,并用取现的次数来衡量自助取款机的产出,尽管自助取款机还提供很多其他服务,如查询账户余额等,但或许自助取款的次数才是真正的输出。

Q6(潜在成本对象识别):我们提供三种信用卡,分别是经典卡、金卡和铂金卡。依据三种卡来记录业务过程,并向持卡人发送客户对账单。同样地,回答问题也都与这些持卡人相关。

Q7(识别资源动因):我刚刚完成一项工作调查,并且计算了每位员工的工时百分比。每一个部门的作业都有五名员工。他们花费大概40%的时间办理业务,剩下的时间在发送客户对账单和回答客户问题之间平均分配。电话时间只用于回答客户问题;70%的电脑使用时间用于办理业务,20%用于发送客户对账单,10%用于回答问题。

2. 作业目录

这些通过采访得到的数据将被用于编制**作业目录**(activity dictionary)。作业目录列出了一个组织中所有的作业和一些重要的属性。作业属性描述的是某一作业的财务或非财务信息。使用何种属性取决于目的。成本对象的作业属性包括以下几点：①消耗资源的种类；②员工完成某一作业花费时间的数量或百分比；③消耗作业输出的成本对象（执行作业的原因）；④作业产出的测量（作业动因）；⑤作业名称。

海明威银行案例

图表 7-6 列出了海明威银行信用卡中心的作业目录。经典卡、金卡和铂金卡三种产品消耗着各项作业。通常，一个典型组织的作业目录包含 200—300 项作业。

图表 7-6　海明威银行信用卡中心的作业目录

作业名称	作业描述	成本对象	作业动因
处理	分类、录入并区别交易	信用卡	交易次数
准备对账单	检查、打印和发邮件	信用卡	对账单次数
回答问题	回答、登入、检查数据库和回拨电话	信用卡	信用卡数量
提供自助服务	访问账户、提取存款	信用卡、支票和存款账户	交易次数

7.2.2　将成本分配到作业

对作业进行识别并描述后，下一步就是决定每项作业耗费多少成本，这时需要识别每项作业消耗的资源。一些成本系统专家认为这是建立准确的成本系统最难的一步。

作业需要消耗资源，如人工、材料、能源和资本等。这些资源的成本被记录在总分类账中，但是单项作业花费的金额并没有被记录在内。因此，就需要用直接追溯和动因追溯的方法将资源成本分配到作业上。对于人工资源来说，经常会用到工作分配矩阵。**工作分配矩阵**（work distribution matrix）从采访（或书面调查）中获取，用于识别每项作业消耗的资源数量。

海明威银行案例

图表 7-7 中给出了由海明威银行信用卡中心管理人员提供的每一项作业的工作分配矩阵（见 Q7）。

图表 7-7　海明威银行信用卡中心的工作分配矩阵

作业	每项作业所用时间占比
处理交易	40%
准备对账单	30%
回答问题	30%

从图表 7-5 中我们可以知道,直接追溯法和动因追溯法都被用于将资源成本分配到作业上。在此例中,每一项作业所花费的时间是分配的基础。如果工时占 100%,那么全部人工成本都会被分配到作业中,这就是直接追溯法。如果该资源被几项作业共享(如办公用品等),则采用动因追溯法,这里的动因被称为资源动因。**资源动因**(**resourse drivers**)是用于衡量作业消耗资源的因素。一旦资源动因被识别,那么就可以将成本分配到作业上。演练 7.4 展示了如何运用资源动因和直接追溯法将人工成本分配给信用卡中心。

演练 7.4

利用直接追溯法和资源动因将资源成本分配给作业

知识梳理:

作业消耗资源,而其他成本目标消耗作业。因此,分配成本的第一步是决定作业成本。这里运用直接追溯法和动因追溯法来分配资源成本。当一种资源全部用于一种作业时,则使用直接追溯法。如果资源被共享,则采用资源动因。

资料:

参照图表 7-7 中海明威银行信用卡中心的工作分配矩阵。假设每位员工的工资为 30 000 美元(五名员工的总人工成本则是 150 000 美元)。

要求:

将人工成本分配给信用卡中心的各项作业。应该使用直接追溯法还是动因追溯法?

答案:

分配给作业的人工成本如下所示(注意:这里的百分比均来自工作分配矩阵):

处理交易	60 000 美元(0.40 × 150 000)
准备对账单	45 000 美元(0.30 × 150 000)
回答问题	45 000 美元(0.30 × 150 000)

人工是一种共享资源,所以采用资源动因(利用人工消耗率)。

当然,人工并不是唯一被消耗的资源。作业还消耗材料、资本和能源。比如,从采访中可知信用卡中心的作业会使用到电脑(资本)、电话(资本)、办公桌(资本)和纸张(材料)。自助取款机会使用到自助系统(资本)和能源。这些资源的成本也必须分配给各种各样的作业。它们的分配方式同人工成本相同(使用直接追溯法和资源动因)。电脑的成本应该使用以用时为资源动因的动因追溯法。从采访中可知每一项作业的相关电脑使用量。总分类账中列示出每台电脑每年的成本是 1 200 美元。因此,还应将 6 000 美元(5 × 1 200 美元)分配给三项作业,分配率如下:①处理交易 70%(4 200 美元) ②准备对账单 20%(1 200 美元);③回答问题 10%(600 美元)。

所有的资源都按同一比例分配,就可以算出每一项作业的总成本。图表 7-8 给出了海明威银行信用卡中心每一种资源都被分配后每一项作业的成本(由于信息不全,这些数字是虚构的)。

图表 7-8　海明威银行信用卡中心的作业成本

处理交易	130 000 美元
准备对账单	102 000 美元
回答问题	92 400 美元
提供自助服务	250 000 美元

7.2.3　将成本分配到产品

从演练 7.3 中,我们可以得知作业成本是通过由作业动因计量的、作业量乘以预计作业率将成本分配给产品。图表 7-6 给出了信用卡中心四种作业的作业动因:①处理交易的数量;②准备客户对账单的数量;③回答客户问题的电话量;④自助取款机提供自助服务的次数。为了算出作业率,需要确定每项作业的实际生产能力。为了分配成本,必须知道每种产品消耗的作业量。

海明威银行案例

假设每项作业的实际生产能力等于所有产品的总作业量,以下表格给出了海明威银行信用卡中心计算后的实际数据:

	经典卡	金卡	铂金卡	合计
信用卡数量	5 000	3 000	2 000	10 000
交易数	600 000	300 000	100 000	1 000 000
对账单的数量	60 000	36 000	24 000	120 000
电话数	10 000	12 000	8 000	30 000
自助服务的次数	15 000	3 000	2 000	20 000

*自助取款机的交易次数占总次数的10%,因此交易次数为 20 000(0.10×200 000)。

将图表 7-8 中的数据和成本应用到演练 7.2 中,作业率的计算如下:

处理交易:130 000/1 000 000 = 0.13(美元/次)

准备对账单:102 000/120 000 = 0.85(美元/次)

回答问题:92 400/30 000 = 3.08(美元/次)

提供自助服务:250 000/200 000 = 1.25(美元/次)

用这些作业率可以计算出每项作业的成本。利用这些作业率,成本将会像图表 7-9 所示那样分配到产品上。我们现在知道了隐藏在作业率和用量测量后的所有真相。此外,海明威银行的案例也强调了作业成本法在服务组织中的应用。

图表 7-9　分配海明威银行信用卡中心的成本

	经典卡	金卡	铂金卡
处理交易:			
0.13×600 000	78 000 美元		

(续表)

	经典卡	金卡	铂金卡
0.13×300 000		39 000 美元	
0.13×100 000			13 000 美元
准备对账单:			
0.85×60 000	51 000 美元		
0.85×36 000		30 600 美元	
0.85×24 000			20 400 美元
回答问题:			
3.08×10 000	30 800 美元		
3.08×12 000		36 960 美元	
3.08×8 000			24 640 美元
提供自助服务:			
1.25×10 000	18 750 美元		
1.25×12 000		3 750 美元	
1.25×8 000			2 500 美元
总成本	178 550 美元	110 310 美元	60 540 美元
产量	÷5 000	÷3 000	÷2 000
单位成本	35.71 美元	36.77 美元	30.27 美元

7.3 客户作业成本法和供应商作业成本法

作业成本法最初流行起来的原因是它能够通过追溯作业成本到产品上这一方式,提高产品成本的准确性。然而,从 21 世纪初开始,作业成本法的应用分别向生产的上游(即价值链中处于产品生产之前的环节,如研发环节和样机研究环节等)和下游(即价值链中处于产品生产之后的环节,如市场营销、分销代理、客户服务等环节)发展。特别的是,作业成本法经常用于准确地确定上游供应商的成本和下游客户的成本。在提高企业利润的过程中,知道这两者的成本是至关重要的。

LSI Logic 是一家生产半导体的企业,其运用客户作业成本法,发现企业 10% 的客户为企业带来了 90% 的利润。LSI 还发现,企业 50% 的客户会导致企业亏损。使用作业成本法能成功地帮助企业将不盈利的客户转变为盈利的客户,并且请那些无法提供合理回报的客户取消业务。虽然这样导致 LSI 的销售量有所下降,但利润却翻了三倍。[1] 图表 7-10 描绘了客户和其对企业利润的贡献之间一个有趣却很常见的现象。因为其形状与鲸鱼露出水面的脊背很相像,因此一些管理者将其称为"鲸鱼曲线"。

---

[1] Gray Cokins, "Are All of Your Customers Profitable (To You)?" (June 14, 2001): www.bettermanagement.com/Library (accessed May 2010).

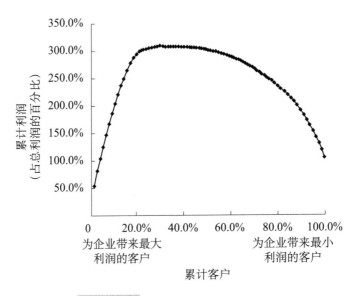

图表 7-10 累计客户利润的鲸鱼曲线

这个曲线揭示了一个重要的现象,即位于峰值左侧的客户为企业带来正利润,而位于峰值右侧的客户为企业带来负利润。因此,客户作业成本法能够帮助企业识别客户落在曲线的哪一侧,而后企业就能根据客户在曲线中的位置来对待客户。那些落在曲线最右侧的客户会为企业带来极大的负利润,企业需要将其划分为差到不能接受的客户或者采取措施将其转变为带来正利润的客户。

7.3.1 客户作业成本法

客户是企业根本利益的成本对象。正如 LSI Logic 的例子中所说的那样,客户管理可能会为企业带来极大的利润增长。与产品生产具有多样性一样,客户也会产生多样性。客户可能会以不同比例消耗客户驱动作业。客户多样性包括订单频率、送货频率、地理距离、销售和促销支持以及工程支持等。知道为不同客户提供服务的成本可能对以下目标来说至关重要:①制定价格;②决定客户组合;③提高获利能力。

此外,因为具有客户多样性,需要用混合动因来准确追溯成本。这一结果意味着作业成本法可以被用于生产一种产品、同质产品和当使用直接追溯法会缩小作业成本法效果而采用适时制结构的组织。

将客户服务成本分配给客户的方法与分配产品成本的方法相同。下订单、订单拣选、装运、拨打销售电话和评估客户的信用状况等客户驱动作业都会在作业目录中被识别和列示出来。资源所消耗的成本都会被分配给作业,而作业的成本都会被分配给每一位客户。分配产品成本的模型和程序同样适用于客户成本。演练 7.5 说明了作业成本法是如何将成本分配给客户的。

演练 7.5

计算客户作业成本

知识梳理：

利用作业动因将客户作业成本分配给客户或客户类型。知道每一个客户的成本有利于制定价格、决定最佳的客户组合和提高获利能力。

资料：

Milan 公司为 11 个主要客户生产精密零件。在 11 个客户中，其中对一个客户的销售额占全部的 50%，其他 10 个客户完成了剩余的销售额。这 10 个客户所购买的零部件数量相差无几，并且每一订单的规模也大体相同。Milan 公司客户作业的资料如下：

	大客户	10 个小客户
购买数量	500 000	500 000
订单数量	2	200
销售电话数量	10	210
生产成本	3 000 000 美元	3 000 000 美元
分配的完成订单成本*	202 000 美元	202 000 美元
分配的销售人力成本*	110 000 美元	110 000 美元

* 根据销售数量分配的。

当前，企业以单位层次的作业动因——销售量分配客户驱动成本。

要求：

用作业成本法将成本分配给客户。

答案：

订单数和销售电话的数量是比较合适的作业动因。作业率分别是：

$$404\ 000/202 = 2\ 000(美元/单)$$
$$220\ 000/220 = 1\ 000(美元/次)$$

如下表所示，利用这个信息，客户驱动成本可以被分配给每一组客户。

	大客户	10 个小客户
完成订单成本：		
2 000 × 2	4 000 美元	
2 000 × 200		400 000 美元
销售人力成本：		
1 000 × 10	10 000 美元	
1 000 × 210		210 000 美元
	14 000 美元	610 000 美元

作业成本法的分配结果体现出一个完全不同的客户服务成本。较小客户的成本大多源于客户较小的、较频繁的订单，而销售人员则经常会花更多的时间来完成交易。

这个分析为管理人员带来了哪些有用的信息呢？第一，服务大客户通常比小客户花费少，并要价低。第二，与小客户交易会产生很大的问题。例如，企业可以鼓励客户下更大并且不那么频繁的订单吗？为更多数量的订单提供一个折扣是一个合适的选择。为什么卖产品给小客户更加困难？为什么需要拨打更多的电话？他们是否比大客户知道的关于产品的信息少？我们能够通过改变客户的购买习惯来提高利润吗？

7.3.2 供应商作业成本法

作业成本法还可以帮助管理人员识别供应商的真实成本。供应商的成本比购买零部件和原材料的价格高很多。与客户类似，供应商可以影响一家企业很多的内部作业，并大大提高购买成本。一个更正确的观点是与质量、可靠性和延迟发货相关的成本会增加购买成本。这就要求管理人员根据总成本而非购买价格来评估供应商。作业成本法是将成本追溯到这些因素的关键。

将供应商相关作业的成本分配给供应商的方法与作业成本法下分配产品成本和客户成本的方法一致。在作业目录中识别并列示供应商驱动的作业。下面为供应商驱动作业的举例：①采购；②接收；③检查来货质量；④重新订购产品（由于质量缺陷）；⑤催货（由于供应商延迟发货）；⑥担保工作（由于供应商出现质量问题）。

消耗资源的成本被分配给作业，作业成本又被分配给每一个供应商。演练 7.6 给出了使用作业成本法计算供应商成本的过程。

演练 7.6

计算供应商作业成本

知识梳理：

作业动因被用来将与供应商的可靠性、质量和延迟发货有关的作业成本追溯到供应商。这些成本会被加到直接购买成本中。这一结果会使管理人员为了降低供应商总费用而提高评估和选择供应商的能力。

资料：

假设采购经理分别从 Murray Inc. 和 Plata Associates 两家供应商处购买 A1 和 B2 两种机器零部件。在这里考虑维修产品（在担保下）和催货两个作业。在（从供应商那里购买的）零部件损坏时需要维修，供应商延迟发送所需零部件时需要进行催货。供应商成本计算所需的作业成本信息和其他数据如下表所示：

Ⅰ. 由供应商引起的作业成本（如零部件损坏或发货延迟等）

作业	成本
维修产品	800 000 美元
催货	200 000 美元

Ⅱ. 供应商数据

	Murry Inc.		Plata Associates	
	A1	B2	A1	B2
单价(美元)	20	52	24	56
购买数量	80 000	40 000	10 000	10 000
残次品数量	1 600	380	10	10
延迟送货	60	40	0	0

要求：

用作业成本法计算每一个供应商的成本。

答案：

利用表中数据，将成本分配给供应商的作业率计算如下：

维修率 = 800 000/2 000* = 400(美元/件)

*2 000 = 1 600 + 380 + 10 + 10

催货率 = 200 000/100** = 2 000(美元/次)

**100 = 60 + 40

利用这些作业率和作业数据，每单位产品的总购买成本计算如下：

	Murry Inc.		Plata Associates	
	A1	B2	A1	B2
采购成本：				
20 × 80 000	1 600 000 美元			
52 × 40 000		2 080 000 美元		
24 × 10 000			240 000 美元	
56 × 10 000				560 000 美元
维修产品：				
400 × 1 600	640 000 美元			
400 × 380		152 000 美元		
400 × 10			4 000 美元	
400 × 10				4 000 美元
催货：				
2 000 × 60	120 000 美元			
2 000 × 40		80 000 美元		
总成本	2 360 000 美元	2 312 000 美元	244 000 美元	564 000 美元
数量	÷ 80 000	÷ 40 000	÷ 10 000	÷ 10 000
单位成本	29.50 美元	57.80 美元	24.40 美元	56.40 美元

演练 7.6 表明被认为是低成本(依据两种零件的单价)供应商的 Murray，在考虑了与供应商相关的维修费用和催货成本之后，采用作业成本法计算的实际成本较高。如果将所有的成本都考虑在内，那么如何进行决策就变得很清楚了：Plata Association 是有着更高产品质量、更准时送货且单位成本更低的供应商。

> **由你做主**
>
> **管理客户的盈利能力**
>
> 作为一个咨询师,你最近实施了一项客户盈利能力作业成本系统。在你写给管理人员的报告中,你按照现在的盈利能力和未来的利润前景将企业的客户分为四类[1]:
>
> (1)高盈利能力,有较大的盈利潜能;
>
> (2)低盈利能力,有较大的盈利潜能;
>
> (3)高盈利能力,盈利潜能有限;
>
> (4)低盈利能力,盈利潜能有限。
>
> 在与 CEO 讨论了该报告之后,他请你回答以下问题:
>
> **你会如何管理以上四个不同类别的客户?**
>
> 对于有着高盈利能力,尤其是还具有长期盈利潜能的客户,企业需要付出额外的努力来留住该类客户,因为吸引新客户会花费更多。企业通过为这类客户提供特别折扣、新产品和服务等方式来将服务成本降到更低的水平,并改进交易流程来增加客户的满意度,同时还可以保持或提高盈利能力。对那些有着低盈利能力却较大盈利潜能的客户,企业应该致力于将其提升到高盈利能力的那一类别中。价格政策或获取与订单和交易相关的主动权(如作业成本定价法是基于服务成本的,而这一成本在客户作业成本模型中可以清楚地知道)是提高利润的一种方法。另一种方法是通过提高作业效率并消除不增值的作业来降低成本。对待最后一类客户,如果不能在短期内将其利润提升,那么就应该将他们踢出企业客户群。
>
> 了解客户的盈利能力很重要,因为并不是每一笔收入都等同于盈利能力。所以一个管理人员必须知道每一个客户为企业带来的净利润贡献值,知道每一个客户的盈利能力和其相关的动因,使得管理人员能够采取行动维持并保持使企业盈利的客户,并将不盈利的客户转变为盈利的客户。[2]

7.4 流程价值分析

流程价值分析是作业成本管理的基础。**作业成本管理(activity-based management)** 是一个全面的、综合的管理系统,它使管理人员的注意力集中在那些能够为客户提升价

---

[1] Cokins, Gary, *Performance Management: Finding the Missing Pieces (to Close the Intelligence Gap)*. Wiley and SAS Business Series, March 29, 2004.

[2] Kaplan, Robert S. and V. G. Narayanan, "Measuring and Managing Customer Profitability", *Journal of Cost Management* (September/October 2001), 5–15.

值并因此产生利润的作业上。**流程价值分析**(process value analysis)关注降低成本而非分配成本,并强调整个系统的绩效最大化。如图表7-11所示,流程价值分析关注如下方面:①动因分析;②作业分析;③绩效分析。

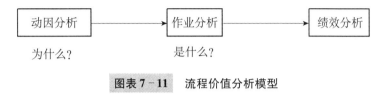

图表7-11 流程价值分析模型

7.4.1 动因分析:寻找最根本的原因

想要管理作业就需要知道是什么产生了作业成本。每一个作业都有输入和输出。**作业输入**(activity inputs)是指作业中为了生产出产品而消耗的资源。而**作业输出**(activity output)是指一个作业的结果或者产出。例如,如果需要完成的作业是运送原材料,那么输入则是铲车、铲车司机、铲车燃油和板条箱,输出则是被运送后的商品和原材料。产出是可以定量计量的,例如,运送的次数和距离可以用来衡量该项作业的输出。

有效率的输出衡量是对引起作业的需求的衡量,也就是我们所说的作业动因。当对作业的需求变化时,作业成本也会变化。例如,随着项目书面材料的增加,会消耗更多的输入(人工、光盘和纸张等)。然而,对输出的衡量,如项目的数量等,可能(或通常情况下)与产生作业成本的根本原因并不相符。它们是作业完成后的结果,动因分析的目的是发现根本原因,因此,**动因分析**(driver analysis)是为了识别这些根本原因所做的额外工作。例如,动因分析中可能会发现产生运送原材料作业成本的根本原因是车间布置。一旦这个根本原因被识别,那么就可以采取行动来改进作业。特别的是,重新进行车间布置可以降低运送原材料的成本。

通常来说,产生作业成本的根本原因也是产生其他相关作业的根本原因。例如,检查购买的零部件和重新订货的成本都是由低质量的供货所导致的。通过与供应商协商来减少次品的数量(或者选择有较低次品率的供应商)可以同时减少这两项作业的需求,帮助企业节省成本。

7.4.2 作业分析:识别并评估价值内容

流程价值分析的核心是作业分析。**作业分析**(activity analysis)是识别、描述和评价组织执行作业的过程。作业分析会产生四项结果:①完成的作业是什么?②多少人参与作业?③完成作业所需的时间和资源;④组织的作业价值的评价,包括选择和保留增值作业的建议。前三项在之前已经讨论过,并且是常见的决定和分配作业成本所需的信息。很显然,作业成本是作业成本管理很重要的一部分。第四项决定了作业的增值内容,更关注成本节约而非成本分配。因此,一些管理会计人员认为这一项是作业分析最重要的部分。作业中既包括增值作业,还包括非增值作业。

1. 增值作业

那些需要被保留的作业被称为**增值作业**(value-added activity)。一些必要的作业需要遵守法律授权。比如,作业需要与美国**证券交易委员会**(Securities and Exchange Commission, SEC)颁布的报告要求相符,并且与美国**国税局**(Internal Revenue Service, IRS)的文件要求相符。这些作业通过授权达到增值效果。企业可以自由决定其他作业。一个自由决定的作业在同时满足以下所有条件时可以被定义为增值作业:①该作业使情况发生变化;②情况变化并不是由前面的作业所引起的;③该项作业使得其他作业得以执行。

例如,考虑液压油缸中使用的燃料棒的生产。第一步,将燃料棒剪短到可以放入液压油缸的长度。接下来,将燃料棒焊接到板材上。剪短燃料棒这一作业是增值作业,这是因为:①该作业使情况发生变化——燃料棒的长短发生变化;②之前没有作业可以使情况发生变化;③该项作业使焊接作业得以执行。

尽管在类似剪短燃料棒的经营作业中,增值属性可以很容易辨别,但在类似监督车间工人这样更加一般的作业中是这样吗?管理作业是用来管理其他增值作业的,以确保它们省时高效的完成。监督作业很显然满足使得其他作业得以执行这一条件。那么它使情况发生变化了吗?答案是肯定的。第一,可以将监督作业视为经营作业所消耗的资源,而经营作业会使情况发生变化,因此监督作业可以视为帮助主要增值作业发生变化的次要作业;第二,可以认为是监督作业将不协调的作业变为协调的作业,从而改变了情况。

一旦增值作业被识别,我们就可以计算增值成本。**增值作业成本**(value-added costs)是指高效地完成增值作业的成本。

2. 非增值作业

除了企业经营必须保留的作业,其余都是非必需作业,即**非增值作业**(non-value added activities)。非增值作业并不能够同时符合增值作业的三项条件,且通常不满足其中的前两条。比如,检查剪短燃料棒这一项作业就是非增值作业。检查是一项状态识别的作业,而不是改变状态的作业(它告诉我们剪短燃料棒的状态——是否被剪到合适的长度)。因此,不满足第一个条件(使情况发生变化)。想象一下返工商品或零件这一作业。返工是将商品从不相容状态调整到相容状态的作业,因此使情况发生了变化。但它却不是增值作业,因为它重复了之前环节的作业,不满足第二个条件:之前没有作业可以使情况发生变化。

非增值作业成本(non-value added costs)是指由非增值作业或增值作业中的无效业绩所引起的成本。对非增值作业来说,其成本就是作业本身产生的全部成本。对于无效业绩的增值作业来说,作业成本必须被拆分成增值和非增值两个部分。比如,接收作业需要用到1 000张接收单,实际却用了2 000张,那么接收作业成本的一半是增值的,另一半是非增值的。增值零部件是指增值作业产出的无废料零部件,因此是增值基准。由于竞争日益激烈,许多企业都致力于消除非增值作业,因为非增值作业带来了不必要的成本并影响了绩效。同时,企业应努力优化它们的增值作业。由此可知,作业分析能够识别并最终消除所有不必要的作业,同时还会提高必要作业的效率。

作业分析的宗旨在于消除废损。当废损消除时,成本就可以大大降低。注意,管理的价值在于管理成本形成的原因而不是成本本身。尽管成本管理可以提高作业的效率,但如果作业是不必要的,那么再高效也是没有用的作业。不必要的作业是一种浪费,应该被消除。比如,一般认为运送原材料和在产品是非增值作业。安装全自动原材料管理系统可以提高这一作业的效率,但是更改为在线单元制造制和原材料运送适时制则几乎可以消除这项作业。很容易就可以知道哪一种办法更好。

重新下订单、催货和返工都是非增值作业的典型例子。非增值作业还包括保修工作、解决客户投诉和报告缺陷。非增值作业可能会出现在组织的任何环节。在制造业中,通常认为以下作业是浪费资源且不必要的:

- 制订计划:花费时间和资源来决定不同产品生产的流程和产量的作业。
- 运送:花费时间和资源来将原材料、在产品和产成品运送到另一个部门的作业。
- 等待:原材料和在产品花费时间和资源并等待进入下一个生产环节的作业。
- 检查:花费时间和资源来确保产品符合规格的作业。
- 储存:花费时间和资源来储存商品或原材料等存货的作业。

这些作业都不会为客户带来价值。(注意:如果产品在第一次生产时就被正确生产,就不需要检查,因此这项作业不会为客户带来价值。)作业分析的挑战在于要寻找一种不利用以上任何一种作业来生产的方法。

Kicker 管理实践

对 Stillwater Designs 来说,保修工作会产生很大一部分成本。为次品保修是一个典型的非增值作业。Stillwater Designs 意识到了这个作业的非增值性,并采取措施来消除次品产生的原因。公司会追溯被退回的次品,并将信息反馈给研发部门。然后,研发部门再利用这些信息改进现有的模型设计,同时修改未来的模型设计。修改设计的目标是减少对售后保修作业的需求,以此来减少保修成本。

但并不是所有的保修成本都是非增值的。当产品被退回时,客户服务部决定这个问题是否属于保修范围。有时,尽管有些产品不属于次品,这些问题也被包含在内了。当企业决定换货时,它是在有意识地提升客户满意度和对品牌的忠诚度。售后成本中这一部分可以被视为"市场营销保修成本",并且可以被划分为增值成本。比如,有时客户会购买远超过低音器所能承受功率的扩音器,使音圈被烧坏。通过换货(尽管是客户自己的问题),客户会更倾向于再次消费,并且会口口相传,为 Kicker 产品做宣传。

3. 成本降低

作业管理是为了实现成本降低这一目标。竞争环境使得企业必须生产客户需要的产品并且尽可能压低成本。这意味着组织必须持续地进行成本改进。作业管理可以在以下四个方面降低成本[1]:

---

[1] Peter B. B. Turney, "How Activity-Based Costing Helps Reduce Cost", *Journey of Cost Management* (Winter 1991):29-35.

（1）作业消除。**作业消除**（activity elimination）关注非增值作业。一旦识别出一项作业不能增值，必须采取措施使组织清除该类作业。比如，检查来货零部件这一作业看起来是为了保证产品所使用的零部件符合规格要求。使用质量差的零部件会生产出次品。但这项作业只是当供应商提供了低质量的零部件时才必须执行。选择一家能够提供高质量零部件，或者愿意将零部件质量提升到高水平的供应商会使得来货检查这一作业最终被消除，成本也就相应降低了。

（2）作业选择。**作业选择**（activity selection）指在由竞争战略所引起的不同作业组合中进行选择。比如，不同的产品设计战略需要全然不同的作业，而作业会产生成本。每一个产品设计战略都有它自己的作业组合和相关成本。在其他条件相同的情况下，应该选择设计成本最低的战略。在一个持续提升的环境中，对现有产品和流程的重新设计会产生一个完全不同的、更低成本的作业组合。因此，作业选择会对降低成本产生重大影响。

（3）作业缩减。**作业缩减**（activity reduction）会减少一项作业所需的时间和资源。这种降低成本的方法主要致力于提升必需作业的效率或者改进非增值作业直到它们被消除的一个短期战略。调试作业是一项必要作业，经常被用来说明作业需要使用更少的时间和资源。找到一种减少调试时间的方法——以此来降低调试成本——是逐渐降低作业成本的另一个例子。

（4）作业分享。**作业分享**（activity shareing）通过规模经济来提高必要作业的效率。特别的是，即使在作业总成本不变的情况下，成本动因的数量也会增加。这使得成本动因的单位成本和追溯到产品上的成本降低。比如，一项新产品可能会使用到一种其他产品已经在使用的零部件。这时，与使用这些零部件相关的作业已经存在，企业则无须再创造一组全新的作业。

4. 评估非增值作业成本

演练 7.7 给出了计算非增值作业成本的方法。成本计算发生在对废损的根本原因分析和减少废损路径的选择分析之后。比如，次品会引起保修工作，而次品又是由有缺陷的内部流程、低水平的产品设计和不合格的供应商零部件所造成的。解决这些问题将会消除保修作业。低效率的采购可以归咎于低水平的产品设计（包含太多的零部件）、不正确的订单填写或不合格的供应商零部件（再次购货）等根本原因。纠正这些问题可以降低对于采购作业的需求，而采购作业减少后，采购成本也随之降低。

演练 7.7

评估非增值作业成本

知识梳理：

非增值作业成本是由非增值作业或者增值作业的非有效部分所引起的。计算非增值作业成本使得管理人员能够发现废损的数量、评估废损的重要性，并识别改进的机会。

资料：

假设以下两种作业：①保修工作，成本为 120 000 美元，而最高效的竞争对手的保修成本是20 000美元,②购买零部件,成本为200 000美元(10 000笔订单)。一项基准研究发现,最高效的水平是下5 000笔订单并承担100 000美元的成本。

要求:
计算每一项作业的非增值作业成本。

答案:
决定每项作业的增值情况:是非增值作业,还是增值作业。

1. 保修作业是非增值作业,它是为了将第一次没做好的工作做好而进行的作业。因此,保修作业的非增值作业成本是120 000美元。竞争对手的成本与这一分析无关。产生保修作业的根本原因是次品。

2. 购买零部件是十分必要的,它使生产得以进行,因此是增值作业。然而,由基准研究可知,这项作业并不是高效率的,每一笔订单的成本是20美元(100 000/5 000)。非增值作业成本的计算过程如下:

(实际数量 – 增值数量) × 每一笔订单成本
= (10 000 – 5 000) × 20
= 100 000(美元)

或只是简单的200 000美元 – 100 000美元。

7.4.3 作业绩效衡量

评价作业(和流程)完成的好坏对管理人员提高盈利能力来说至关重要。作业绩效衡量既有财务形式,也有非财务形式。这些衡量用于评价作业完成的好坏和结果,还可以用来揭示是否实现了持续改进。作业绩效衡量以三个主要方面为核心:①效率;②时间;③质量。

(1)效率。效率关注作业输入与作业输出之间的关系。比如,提高作业效率的途径之一就是使用更少的输入成本产生同水平的作业输出。因此,成本和成本趋势是衡量效率很重要的方法。

(2)时间。时间对于完成作业来说同样至关重要。更长的作业时间通常意味着消耗更多的资源和对客户需求的反应能力更低。时间的衡量是非财务的,而效率和质量的衡量既是财务的也是非财务的。

循环周期和周转率是时间绩效的两个可操作指标。循环周期可以应用于产生输出的任何作业或流程,并且它衡量了生产一种产品从开始到结束所花费的时间。在生产流程中,**循环周期**(**cycle time**)是指生产单位产品时从收到原材料(循环周期的起点)到商品被运送到完工产品存货地(循环周期的终点)所花费的时间。因此,循环周期就是生产单位产品所需的时间(时间/产量)。**周转率**(**velocity**)是在给定的一段时间内可以生产的单位产品数量(产量/时间)。注意,周转率是循环周期的倒数。演练7.8展示了如何计算循环周期和周转率。

演练 7.8

计算循环周期和周转率

知识梳理：

循环周期（时间/产量）和周转率（产量/时间）衡量了企业在客户订单、客户投诉和新产品开发等作业上花费的时间。企业的目标是减少循环周期（增加周转率）来改善响应时间，使企业更具竞争力。

资料：

假设 Frost 公司花费 10 000 小时生产了 20 000 件产品。

要求：

周转率是多少？循环周期是多少？

答案：

周转率 = 20 000/10 000 = 2（件/小时）

循环周期 = 10 000/20 000 = 1/2（小时）= 30（分钟）

（3）质量。质量是指在作业第一次进行时就达到要求。如果作业输出是有缺陷的，那么作业就需要重复，造成不必要的成本并降低效率。质量成本管理是一个重要的话题，并将在下面详细讨论。

7.4.4 质量成本管理

作业成本管理对理解如何进行质量成本管理也很有帮助。改进质量能够极大地节省资源，使盈利能力和总效率得到极大的提升。质量改进可以在两个方面提高盈利能力：①通过增加客户需求进而增加销售收入；②通过降低成本。

例如，在 2007 年丰田汽车第一次比通用汽车售出更多的小型汽车和卡车时，一些汽车行业的专家们将这一至高成就归功于丰田汽车长期以来严格遵循相关质量要求，如质量成本管理。[①]

1. 质量相关作业

质量相关作业是指那些由于低水平质量可能或的确存在而引发的作业。完成这些作业的成本被称为**质量成本**（**cost of quality**）。质量相关作业的定义涉及质量成本的四种类别：①预防成本；②评估成本；③内部损失成本；④外部损失成本。

因此，质量成本与质量相关作业下的两个子类有关，分别是可控作业和损失作业。

2. 可控作业

可控作业（**control activity**）由组织完成，用来预防或发现低水平质量这一问题（当低水平质量的问题可能存在时）。**可控成本**（**control costs**）是在完成可控作业时发生的成

---

① D. Jones, "Toyota's Success Pleases Proponents of 'Lean'", *USA Today* (May 3, 2007): 2B.

本。可控作业包括预防作业和评估作业。

预防成本（**prevention costs**）是为了防止产品或服务产生低水平质量问题时产生的成本。当预防成本增加时，我们可以预测损失成本会降低。属于预防成本的例子有质量工程、质量训练项目、质量计划、质量报告、供应商评估和选择、质量审计、质量圈、现场试验和设计考核等。

评估成本（**appraisal costs**）是决定产品或服务是否符合要求或客户需求时产生的成本。属于评估成本的例子有检查并测试原材料、包装检查、监督评估作业、产品接收、流程接收、测试（检查并测试）设备和外部认可等。评估成本的主要目标是防止不合格的产品被运送到客户手中。

3. 损失作业

损失作业（**failure activities**）由组织或客户完成，用来回应低水平质量这一问题（当低水平质量的问题的确存在时）。**损失成本**（**failure costs**）是当损失作业发生时组织产生的成本。值得注意的是，损失作业和损失成本的定义中暗示着客户对低水平质量的反应会增加组织成本。

内部损失成本（**internal failure activities**）是产品或服务不满足规格或客户需求时产生的成本。这种不合格在不好的产品或服务（不合格、不可靠、不耐用等）被运送到客户手里之前被察觉。这是由评估作业所发现的损失。内部损失成本包括废弃品、重做、（由于质量缺陷导致的）停工、复查、重新检测和设计更改等。如果缺陷不存在，则这些成本都不会发生。

外部损失成本（**external failure activities**）是产品或服务被运送到客户手里之后未满足规格或客户需求时产生的成本。在所有质量成本中，这一类是最具毁灭性的。比如，召回成本可能高达数亿美元。其他的例子还有由于产品性能不佳导致的滞销，由于质量较差所产生的折让和退回、售后、维修、产品责任、客户不满、丢掉市场份额和投诉处理。美国联合航空公司总是处于客户满意度排名的最底端，一些分析师认为这对其出售机票产生了持续的不好的影响。和内部损失成本一样，外部损失成本也会随着缺陷的消失而消失。

7.4.5 环境成本管理

对于许多组织来说，环境成本管理逐步成为一个极具优先权和竞争力的话题。一些高管认为提高环境质量很可能会降低而非增加环境成本。例如，Baxter International Inc.（一家制药商），在2005—2012年减少了排放到空气、水和土壤里的有毒废品，增加了回收作业，并因此报告其7年间环境收入、节约和成本节省超过5 630万美元。[①]

在环境成本信息提供给管理人员之前，必须识别出环境成本。多种可能性同时存在，然而，一个更有效的方法是采纳一种与总环境质量模型相一致的概念。相应地，环境成本就可以被称为环境质量成本。与环境质量相似，环境相关作业是那些由于环境质量

---

① Baxter Environmental Financial Statement, 2012, at www. sustainability. baxter. com(accessed January 2014).

较差可能或的确存在而引发的作业。完成这些作业的成本是环境成本。**环境成本**(environmental costs)与环境退化的创造、监测、补救和预防有关。这样定义的话,环境成本与质量成本类似,可分为四类:①预防成本;②监测成本;③内部损失成本;④外部损失成本。外部损失成本又可以被分为已实现的和未实现的两种类别。与质量成本相似,环境成本又与环境相关作业的两个子类有关:可控作业和损失作业。

1. 可控作业

环境预防成本(environmental prevention costs)是为了防止可能损害环境的污染物和废物产生而实施的作业成本。属于预防作业的有评估和选择供应商、评估并选择控制污染的机器、设计流程和产品来降低或消除污染物、培训员工、研究环境影响、审计环境风险、进行环境调查、建立环境管理系统和回收产品等。

环境监测成本(environmental detection costs)是完成为了判定企业内的产品、流程和其他作业是否与适当的环境标准相一致的作业而产生的成本。企业要遵守的环境标准和程序包括以下三个方面:①政府制定的管制法律;②由私人组织制定的自愿标准;③管理人员提出的环境政策。监测作业包括审计环境作业、检查(与环境相关的)产品和流程、建立环境绩效测试、执行污染物检测、核实供应商的环境表现和测试污染物水平等。

2. 损失作业

环境内部损失成本(environmental internal failure)是因为污染物和废物被生产出来却未排入环境而引发的作业成本。因此,内部损失成本在消除并管理污染物或废物时产生。内部损失作业的目标为:①确保产生的污染物和废物不被排放到环境中;②将排放的污染物水平降到环境标准以内。属于内部损失作业的例子有操作设备以实现污染最小化或消除污染、处理并安置有毒材料、保存污染设备、批准生产污染物的设备和回收废品。

环境外部损失成本(environmental external failure)是在排放污染物和废物后所做作业的成本。**已实现外部损失成本**(realized external failure costs),或者说私人成本,是企业导致并偿付的成本。已实现外部损失作业的例子包括净化被污染的湖泊、清理石油泄漏、净化被污染的土壤、低效率地使用材料和能源、通过破坏环境解决人身伤害问题、解决财产损失问题、恢复土地和由于环境声誉不好而使销售收入下降等。**未实现外部损失成本**(unrealized external failure costs)或**社会成本**(societal costs),是由企业引起,但由企业外部的团体所偿付的成本。社会成本的例子包括由于空气污染而就医(个人福利)、由于污染而损失一片提供娱乐消遣的湖泊(退化)、由于污染而损失员工(个人福利)和由于固体废物处置而损害生态环境(退化)。

学习目标

LO1 解释功能(或数量)成本法可能会产生成本失真的原因。
- 制造费用随着时间的推移迅速增长,并在许多企业中超过直接人工,在产品成本中占据很大比重。
- 许多间接作业与产品产量无关。

- 功能成本法系统不能合理地分配以非单位基础计量的间接作业的成本。
- 非单位基础计量的间接作业通常是由不同比重的产品所消耗,采用单位动因分配制造费用会使产品成本失真。
- 如果非单位制造费用在总制造费用中占据很大一部分,不准确的成本分配将会是一个大问题。

LO2　解释作业成本系统是如何分配产品成本的。
- 通过采访和调查来识别和定义作业,这使得作业目录可以被编制。
- 作业目录列示了作业和潜在的作业动因,分清了主要作业和次要作业,并且提供了其他比较重要的属性。
- 利用直接追溯法和资源动因将资源成本分配给作业。
- 利用作业动因将次要作业成本最终分配给主要作业。
- 最终,主要作业成本被分配给产品、客户和其他成本目标。
- 成本分配的过程通常有以下几步:①识别主要作业并编制作业目录;②决定每项作业的成本;③识别作业成本(作业动因)消耗的衡量方法;④计算作业率;⑤衡量每一种产品对于作业的需求;⑥计算产品成本。

LO3　描述客户作业成本法和供应商作业成本法。
- 将客户引起的成本追溯到客户将会为管理人员提供重要信息。
- 准确的客户成本使管理人员能更好地进行价格决策、客户组合决策和其他与客户相关的能够提高利润的决策。
- 将由供应商引起的成本追溯到供应商将会使管理人员选择真正低成本的供应商,从而创造更有利的竞争位置,并提高盈利能力。

LO4　解释如何使用作业成本管理降低成本。
- 准确地分配成本对商品决策至关重要。
- 准确地分配作业成本并不关注作业是否应该执行或者是否被高效率地执行。
- 作业成本管理关注流程价值分析。
- 流程价值分析包括三个部分:动因分析、作业分析和绩效评估。这三个部分决定了作业是什么、为什么执行该作业和执行的情况如何。
- 了解作业的根本原因为管理作业提供了机会,因此成本可以被降低。
- 质量和环境作业尤其容易进行作业成本管理。
- 质量成本是当质量低下存在或可能存在时产生的成本。
- 环境成本是当环境恶化存在或可能存在时产生的成本。

重要公式

1. 消耗率 = $\dfrac{\text{每一种产品的作业动因消耗量}}{\text{作业动因消耗总量}}$

2. 全厂制造费用分配率 = $\dfrac{\text{总制造费用}}{\text{直接人工总工时}}$

关键术语

| 产品多样性 | 单位层次作业 | 单位层次作业动因 | 动因分析 |

非单位层次作业动因	流程价值分析	已实现外部损失成本	作业分析
非增值成本	内部损失成本	预防成本	作业共享
非增值作业	评估成本	增值成本	作业管理
分配矩阵环境成本	社会成本	增值作业	作业目录
环境监测成本	损失成本	质量成本	作业输出
环境内部损失成本	损失作业	周转率	作业输出计量
环境外部损失成本	外部损失成本	资源动因	作业输入
环境预防成本	未实现外部损失成本	作业	作业缩减
可控成本	消耗率	作业成本法系统	作业消除
可控作业	循环周期	作业动因	作业选择

问题回顾

Ⅰ. 全厂制造费用分配率

Gee 公司生产两种立体音响:普通型号和豪华型号。近年来,Gee 报告了以下数据:

预算制造费用	180 000 美元
预期作业(直接人工工时)	50 000 小时
实际作业(直接人工工时)	51 000 小时
实际制造费用	200 000 美元

	豪华型号	普通型号
产量	5 000	50 000
主要成本	40 000 美元	300 000 美元
直接人工工时	5 000	46 000 小时

要求:

1. 基于直接人工工时计算预期制造费用分配率。
2. 已分配的制造费用是多少?
3. 制造费用被高估还是被低估了?
4. 计算每一个立体音响的单位成本。

答案:

1. 分配率 = 180 000/50 000 = 3.60(美元/小时)
2. 已分配制造费用 = 3.60 × 51 000 = 183 600(美元)
3. 制造费用差异 = 200 000 - 183 600 = 16 400(美元)(被低估)
4. 单位成本:

项目	豪华型号	普通型号
主要成本	40 000 美元	300 000 美元
制造费用:		
3.60 × 5 000	18 000 美元	
3.60 × 46 000		165 600 美元
总生产成本	58 000 美元	465 600 美元
产量	÷ 5 000	÷ 5 000
单位成本		
(总成本/产量)	11.60 美元	9.31 美元*

注:*四舍五入。

Ⅱ. 部门制造费用分配率

Gee 公司整理了第二年的部门数据,如下所示。该公司生产两种立体音响:普通型号和豪华型号。

项目	制造部	装配部
预计制造费用	120 000 美元	60 000 美元
预测和实际用量		
(直接人工工时):		
豪华型号	3 000	2 000
普通型号	3 000	43 000
	6 000	45 000
预测和实际用量		
(机器工时):		
豪华型号	2 000	5 000
普通型号	18 000	5 000
	20 000	10 000

除了部门数据以外,还有如下信息:

	豪华型号	普通型号
产量	5 000	50 000
主要成本	40 000 美元	300 000 美元

要求:

1. 用机器工时计算制造部的部门制造费用分配率,用直接人工工时计算装配部的部门制造费用分配率。
2. 计算部门的已分配制造费用。
3. 计算产品的已分配制造费用。
4. 计算单位成本。

答案:

1. 制造部制造费用分配率:120 000/20 000 = 6.00(美元/小时)

装配部:60 000/45 000 ≈ 1.33(美元/小时)

2. 制造部的已分配制造费用:6.00×20 000 = 120 000(美元)

装配部:1.33×45 000 = 59 850(美元)

3. 豪华型号的已分配制造费用:6.00×2 000 + 1.33×2 000 = 14 660(美元)

普通型号的已分配制造费用:6.00×18 000 + 1.33×43 000 = 165 190(美元)

4. 豪华型号的单位成本:(40 000 + 14 660)/5 000 ≈ 10.93(美元)

普通型号的单位成本:(300 000 + 165 190)/50 000 ≈ 9.30(美元)

Ⅲ. 作业成本率

Gee公司生产两种立体音响:普通型号和豪华型号。作业数据如下:

产品成本数据			
作业量计量	豪华型号	普通型号	合计
年产量	5 000	50 000	55 000
主要成本(美元)	39 000	369 000	408 000
直接人工工时	5 000	45 000	50 000
机器工时	10 000	90 000	100 000
生产次数	10	5	15
运送次数	120	60	180

作业成本数据(间接作业)	
作业	成本
调试	60 000 美元
处理材料	30 000 美元
能源	50 000 美元
测试	40 000 美元
合计	180 000 美元

要求:

1. 计算每一项作业的消耗率。
2. 根据消耗率对作业分组。
3. 计算每组的作业率。
4. 根据每组的作业率计算单位产品成本。

答案:

1. 消耗率:

间接作业	豪华型号	普通型号	作业动因
调试	0.67^a	0.33^a	生产过程次数
处理材料	0.67^b	0.33^b	运送次数
能源	0.10^c	0.90^c	机器工时
测试	0.10^d	0.90^d	直接人工工时

a. 10/15(豪华型号)和 5/15(普通型号)
b. 120/180(豪华型号)和 60/180(普通型号)
c. 10 000/100 000(豪华型号)和 90 000/100 000(普通型号)
d. 5 000/50 000(豪华型号)和 45 000/50 000(普通型号)

2. 分批层次作业:调试和处理材料;单位层次作业:能源和测试。

3.

分批层次作业库	
调试	60 000 美元
处理材料	30 000 美元
合计	90 000 美元
生产次数	÷15 次
作业率	6 000 美元/次

单位层次作业库	
能源	50 000 美元
测试	40 000 美元
合计	90 000 美元
机器工时	÷100 000 小时
作业率	0.90 美元/小时

4. 单位成本:作业成本法

项目	豪华型号	普通型号
主要成本	39 000 美元	369 000 美元
制造费用:		
分批层次作业库		
(6 000×10)	60 000 美元	
(6 000×5)		30 000 美元
单位层次作业库		
(0.90×10 000)	9 000 美元	
(0.90×90 000)		81 000 美元
总生产成本	108 000 美元	480 000 美元
产量	÷5 000	÷50 000
单位成本	21.60 美元	9.60 美元

Ⅳ. 环境成本

2016 年年初，Kleaner 公司开始了一项环境改善项目，其致力于减少污染气体、固体和液体的生产和排放。在年末的常务会议上，环境管理人员指出公司已经在环境方面做出了巨大改善，减少了各种污染物的排放。公司董事对这一结果很满意，但还想知道环境改善的财务评估结果。为了满足这一要求，收集了以下 2015—2016 年的财务数据(假设所有成本变动都由环境改善引起):

单位:美元

项目	2015 年	2016 年
销售收入	20 000 000	20 000 000
评价并选择供应商	0	600 000
处置有毒材料	1 200 000	800 000
检查流程(出于环境目的)	200 000	300 000
土地恢复(年度资金贡献)	1 600 000	1 200 000
维护污染设备	400 000	300 000
检查污染物	150 000	100 000

要求:

将成本分类为预防、监测、内部损失和外部损失。

答案:

预防成本:评价并选择供应商;监测成本:检查污染物和检查流程;内部损失成本:处置有毒材料和维护污染设备;外部损失成本:土地恢复。

讨论题

1. 说明全厂制造费用分配率计算的两个步骤。
2. 说明部门制造费用分配率计算的两个步骤。
3. 什么是非单位层次间接作业？其动因是什么？请举例说明。
4. 产品多样性的含义是什么？
5. 什么是制造费用消耗率？
6. 什么是作业成本法？
7. 什么是作业目录？
8. 解释成本是如何被分配到作业上的。
9. 说明客户作业成本法的价值。
10. 解释作业成本法是如何帮助企业识别真正的低成本供应商的。
11. 什么是动因分析？它在流程价值分析中起到了什么作用？
12. 什么是增值作业？什么是增值成本？
13. 什么是非增值作业？什么是非增值成本？各举一例说明。
14. 列出四种可以降低成本的管理作业，并给出定义。
15. 什么是循环周期？什么是周转率？

多项选择题

7-1 分批层次动因是由产品批次和每次下面的情况定义的？(　　)

A. 生产一批产品　　B. 生产单位产品
C. 下订单　　D. 客户投诉

E. 以上都不是

7-2 以下哪一项是非单位层次动因？（　　）
A. 直接人工工时　　B. 机器工时
C. 直接材料　　　　D. 调试时间
E. 装配时间

参照以下材料完成多项选择题7-3和7-4：
以下为两种产品作业用量的信息：

	激光打印机	喷墨打印机
产量	1 000	4 000
调试时间	800	400
检查时间	500	500
机器工时	200	1 000

7-3 参照以上信息，每种产品检查作业的消耗率是（　　）。
A. 0.167；0.833　　B. 0.333；0.667
C. 0.500；0.500　　D. 0.667；0.333
E. 以上都不是

7-4 参照以上信息，假设用机器工时分配两种产品的所有制造费用。以下各项中最正确的是（　　）。
A. 激光打印机的成本被高估，喷墨打印机的成本被低估
B. 激光和喷墨打印机的成本都是准确的
C. 激光打印机的成本被低估，喷墨打印机的成本被高估
D. 用检查时间分配制造费用才是最准确的
E. 以上都不是

7-5 作业成本法的第一步是（　　）。
A. 将资源成本分配给部门
B. 将作业成本分配给产品或客户
C. 将资源成本分配给全厂作业库
D. 将资源成本分配给分销渠道
E. 将资源成本分配给每一项作业

7-6 作业成本法的第二步是（　　）。
A. 将作业成本分配给产品或客户
B. 将资源成本分配给部门
C. 将资源成本分配给全厂作业库
D. 将资源成本分配给每一项作业
E. 将资源成本分配给分销渠道

7-7 提出访谈问题是为了确定（　　）。
A. 执行了何种作业
B. 谁执行了作业
C. 每一位员工花费在每一项作业上的时间
D. 用于分配成本的作业动因
E. 以上所有

7-8 有一位接收部门的员工，他花费25%的时间接收产品，75%的时间检查产品。他的工资是40 000美元。那么应该分配给接收作业的成本是（　　）。
A. 34 000美元　　B. 40 000美元
C. 10 000美元　　D. 30 000美元
E. 以上都不是

7-9 假设运送作业的预期成本是80 000美元。预计的直接人工工时是20 000小时，预计的运送次数是40 000次。那么最佳的运送作业率是（　　）。
A. 4美元/次　　　B. 1.33美元/小时
C. 4美元/小时　　D. 2美元/次
E. 以上都不是

7-10 以下哪一项关于客户作业成本法的描述是正确的？（　　）
A. 由于具有客户多样性，因此需要用混合动因来准确跟踪成本到客户
B. 客户消耗同比例的客户驱动作业
C. 企业的客户组合很少变化
D. 不能提高盈利能力
E. 以上都不正确

7-11 以下哪一项关于供应商作业成本法的描述是正确的？（　　）
A. 供应商成本是指零部件或材料的购买价格
B. 鼓励管理者增加供应商的数量
C. 鼓励管理者根据购买成本评估供应商
D. 供应商可能会影响到企业内部的许多作业，并大大增加购买成本
E. 以上都正确

7-12 Lambert公司会将价值1 200 000美元、重1 500 000磅的商品运送到客户手中。如果一位客户订购了10 000磅的商品，并且带来200 000美元的收入（总收入是2 000万美元），那么在作业成本法下，应分配给这位客户的运送成本是（　　）。

A. 无法计算

B. 8 000 美元(0.80 美元/磅)

C. 24 000 美元(运送成本的2%)

D. 12 000 美元(运送成本的1%)

E. 以上都不是

7-13 Lambert 公司有两个供应商:Deming 和 Leming。残次零部件的保修成本是 2 000 000 美元。保修零部件平均有 100 000 件,其中 90 000 件来自 Deming,10 000 件来自 Leming。以下哪项是正确的?( )

A. 从 Leming 购买的零部件成本比购买价格高出 200 000 美元

B. 从 Deming 购买的零部件成本比购买价格高出 1 800 000 美元

C. 从 Leming 购买的零部件似乎质量更好

D. 以上都正确

E. 以上都不正确

7-14 用来运送材料的铲车和铲车司机属于( )。

A. 作业输入　　　B. 作业输出计量

C. 资源动因　　　D. 作业输出

E. 根本原因

7-15 以下哪项是非增值作业?( )

A. 运送商品　　　B. 储存商品

C. 检查产成品　　D. 修复残次品

E. 以上都是

7-16 假设一家公司每年在检查上花费 60 000 美元,在采购上花费 30 000 美元,在返工产品上花费 40 000 美元。非增值成本的最佳预测值是( )。

A. 70 000 美元　　B. 130 000 美元

C. 40 000 美元　　D. 90 000 美元

E. 100 000 美元

7-17 检查来货的成本可以由下面哪一项来降低?( )

A. 作业共享　　　B. 作业消除

C. 作业减少　　　D. 作业选择

E. 以上都不是

7-18 Thom 公司在 10 小时内生产了 60 件产品。Thom 公司的循环周期是( )。

A. 6 件/小时　　　B. 10 小时/件

C. 10 分钟/件　　　D. 6 分钟/件

E. 无法计算

7-19 Thom 公司在 10 小时内生产了 60 件产品。Thom 公司的周转率是( )。

A. 6 件/小时　　　B. 10 小时/件

C. 10 分钟/件　　　D. 6 分钟/件

E. 无法计算

7-20 试图用更低的输入成本来生产同样的作业输出涉及作业绩效的哪一方面?( )

A. 质量　　　　　B. 时间

C. 作业共享　　　D. 效果

E. 效率

7-21 以下哪一项是质量预防成本?( )

A. 质量计划

B. 供应商评价和选择

C. 质量审计

D. 现场试验

E. 以上都是

7-22 以下哪一项是(质量)评估成本?( )

A. 管理一个检查团队　B. 质量报告

C. 设计检查　　　D. 保修

E. 重新测试

7-23 以下哪一项是(质量)内部损失成本?( )

A. 供应商评价和选择

B. 包装检查

C. 重新测试

D. 产品责任

E. 投诉调整

7-24 以下( )是(质量)外部损失成本。

A. 设计检查　　　B. 重新测试

C. 返工　　　　　D. 销售损失

E. 以上都是

7-25 以下( )代表环境监测成本。

A. 洗涤器折旧　　B. 产品回收

C. 处置有毒材料　D. 进行污染物测试

E. 以上都不是

7-26 属于环境内部损失成本的是( )。

A. 清理石油泄露

B. 固体废物处置造成的生态环境破坏

C. 操作洗涤器的成本
D. 测试污染物水平
E. 以上都不是

E. 以上都是

7-27 属于社会成本的是( )。
A. 空气污染造成的医疗护理
B. 回收废物
C. 处置有毒材料
D. 维护污染设备

7-28 属于环境预防成本的是( )。
A. 将土地恢复到原有状态
B. 审计环境作业
C. 向生产污物的设备发放许可证
D. 建立环境管理系统
E. 处理有毒材料

基础练习题

参照以下资料完成基础练习题 7-29 和 7-30：

Botas 公司生产两种靴子：Vaquero 和 Vaquera。有四种作业与这两种产品有关，作业动因如下：

	Vaquero	Vaquera
裁剪时间	2 400	3 600
装配时间	1 425	2 325
检查时间	630	1 620
重做时间	75	225

7-29 消耗率（LO1）

参照上述 Botas 公司的资料。
要求：
1. 计算四种作业的消耗率。
2. 有迹象表明存在产品多样性吗？请举例说明。

7-30 作业率（LO1）

参照上述 Botas 公司的资料及以下作业数据：

裁剪	150 000 美元
装配	187 500 美元
检查	45 000 美元
重做	22 500 美元

要求：
计算分配成本到每种产品的作业率。

7-31 计算作业成本法下的单位成本（LO1）

Perry National 银行为四项作业和两款信用卡收集的信息如下：

作业	动因	经典卡	金卡	作业率
处理交易	交易量	8 000	4 800	0.15 美元
准备对账单	账单数	8 000	4 800	0.90 美元
回答问题	电话量	16 000	24 000	3.00 美元
ATM 服务	ATM 交易	32 000	9 600	1.20 美元

经典卡持有人共有 5 000 位，金卡持有人共有 20 000 位。
要求：
计算经典卡和金卡的单位成本。（注意：计算结果精确到美分。）

7-32 将成本分配到作业（LO2）

Baker 公司为除草机生产商生产小型发动机。Baker 公司的应付账款部门有六名处理和支付供应商发票的员工，他们的工资总额为 320 000 美元。他们执行每一项作业的工作比例如下：

作业	每一项作业的时间比重
比较原始记录	15%
解决不符情况	65%
处理付款	20%

要求：
将应付账款部门的人工成本分配给每项作业。

7-33 客户作业成本法（LO3）

Dormirbien 公司为 20 家零售直营店生产床垫。在 20 家零售直营店中，有 19 家是小型私有家具店，而另一家是零售连锁店。零售连锁店购

买了公司60%的床垫,其他小零售商平分了其他床垫,并且订单规模大体相当。其客户作业的信息如下:

	大零售商	小零售商
购买数量	36 000	24 000
订单数	12	1 200
销售电话数量	6	294
生产成本	14 400 000 美元	9 600 000 美元
分配的订单完成成本*	484 800 美元	323 200 美元
分配的销售人力成本*	240 000 美元	160 000 美元

注:* 根据销售水平(销售产量)分配的最新成本。

客户驱动成本根据销售量(一个单位层次动因)来分配。

要求:

用作业成本法将成本分配到客户。(注意:作业率和作业成本精确到美元。)

7-34 供应商作业成本法(LO3)

LissenPhones 使用从 Alpha Electronics 和 La Paz 公司购买的两个电子零部件——125X 和 30Y 来生产移动电话。考虑两项作业:测试和重新下订单。在零部件被嵌入后,需要进行测试来确保零部件在电话内能够正常运行。在一个或两个零部件测试失败后需要重下订单,并补充零部件存货。作业成本信息和其他数据如下:

Ⅰ. 由供应商引起的作业成本(测试失败并重新下订单)

作业	成本
测试零部件	1 500 000 美元
重新下订单	375 000 美元

Ⅱ. 供应商的数据

	Alpha Electronics		La Paz	
	125X	30Y	125X	30Y
采购单价(美元)	10	26	12	28
采购数量	150 000	75 000	18 750	18 750
测试失败	1 500	975	13	12
重下订单数	75	50	0	0

要求:

用作业成本法计算每家供应商的成本。(注意:单位成本精确到两位小数。)

7-35 非增值成本(LO4)

Boothe 公司共有两项作业:①重新测试重做的产品,成本是 480 000 美元。最高效的竞争者的重新测试成本是 150 000 美元。②焊接装备,成本是 900 000 美元(45 000 个焊接小时)。标准研究表明对于 Boothe 公司来说,最高效的水平是 36 000 个焊接小时,花费 720 000 美元。

要求:

确定每项作业的非增值成本。

7-36 周转率和循环周期(LO4)

Karsen 公司耗时 7 200 小时生产了 28 800 件产品。

要求:

周转率是多少?循环周期是多少?

练习题

7-37 消耗率、作业率(LO1)

Bienestar 公司生产两种贺卡:香味卡和普通卡。作业动因的信息如下:

项目	香味卡	普通卡
检查时间	180	120
调试时间	70	30
机器工时	160	480
运送次数	480	120

作业数据如下:

检查产品	7 500 美元
调试机器	4 750 美元
机器生产	5 120 美元
运送材料	2 700 美元

要求:

1. 计算四个动因的消耗率。(注意:计算结果精确到两位小数。)

2. 有迹象表明存在产品多样性吗？如果企业选用加工时来分配所有的制造费用,请解释产品多样性在制定决策时的重要性。

3. 计算将成本配给每种产品的作业率。(注意:计算结果精确到两位小数。)

4. 假设检查产品的作业率是 20 美元/小时。那么明年的预计检查时间是多少？

7-38 作业率(LO2)

Patten 公司采用作业成本法。该公司生产玩具汽车时会发生两项作业:塑料注模和贴纸。Patten 公司 2015 年的总预计制造费用是 675 000 美元(其中,塑料注模占 80%,贴纸占 20%)。注模制造费用是由塑料的重量来决定的。贴纸制造费用是由贴纸的使用量决定的。2015 年预计的作业数据如下:

注模塑料的磅数	3 000 000
贴纸使用的数量	375 000

要求:

1. 计算塑料注模的作业率。(注意:计算结果精确到两位小数。)

2. 计算贴纸的作业率。(注意:计算结果精确到两位小数。)

7-39 比较作业成本法和全厂制造费用分配率法(LO2)

Sabroso 巧克力公司采用作业成本法。会计主管确认了两项作业,它们的预算成本如下:

调试设备	270 000 美元
其他制造费用	900 000 美元

调试设备由调试工时来决定,其他制造费用由烘焙时间决定。

Oscuro 生产两种产品:软糖和饼干。相关信息如下:

	软糖	饼干
产量	5 000	25 000
调试工时	4 000	1 000
烘焙时间	1 000	5 000

要求:(注意:计算结果精确到两位小数。)

1. 计算调试设备和其他制造费用的作业率。

2. 作业成本法下,分配给软糖的总制造费用是多少？

3. 作业成本法下,分配给软糖的单位制造费用是多少？

4. 忽略作业成本法的结果,根据烘焙时间计算全厂制造费用分配率。

5. 利用全厂制造费用分配率,分配给软糖的总制造费用是多少？

6. 解释作业成本法下与利用全厂制造费用分配率分配给软糖的总制造费用不同的原因。

7-40 产品作业成本法(LO1、LO2)

假设一个外科病房收集到如下有关四项护理作业和两类病人的数据:

		病人类型		
	动因	普通病人	重病病人	作业率
治疗病人	治疗次数	6 400	8 000	4.00 美元
提供卫生保健	保健时间	4 800	17 600	5.00 美元
回应请求	请求次数	32 000	80 000	2.00 美元
监测病人	监测时间	6 000	72 000	3.00 美元

要求:

1. 计算分配给每类病人的总护理成本。

2. 输出用住院天数来衡量。假设普通病人共住院 8 000 天,重病病人共住院 6 400 天,计算每类病人每天的护理成本。(注意:计算结果精确到两位小数。)

3. 外科病房的管理人员认为住院天数是分配护理成本的唯一动因。用这一种方法计算每一天的成本(精确到美分),并解释为什么这是一种糟糕的决定。

7-41 将成本分配给作业,资源动因(LO2)

接收部有三项作业:卸货、计量和检查。卸货时会用到一辆每年花费 15 000 美元租来的铲车。铲车仅用来卸货,每年消耗 3 600 美元的燃料,其他成本(维护等)为每年 1 500 美元。检查需要用到一种特殊的设备,每年折旧 1 200 美元,运营成本是 750 美元。接收部有三名员工,平均每年工资为 50 000 美元。工作分配矩阵如下:

作业	时间占比
卸货	40%
计量	25%
检查	35%

此外,这些作业没有使用其他资源。

要求:

1. 计算每项作业的成本。
2. 解释将成本分配给作业的两种方法。

7-42 客户作业成本法(LO2)

假设 Stillwater Designs 有两种经销商:采用适时制的经销商和采用非适时制的经销商。采用适时制的经销商发送小型订单并且很频繁,采用非适时制的经销商发送大型订单并且不频繁;两者都购买同一种产品。Stillwater Designs 提供的最新一季度有关客户作业和成本的信息如下:

	采用适时制的经销商	采用非适时制的经销商
销售订单	700	70
销售电话	70	70
服务电话	350	175
平均订货数量	750	7 500
单位生产成本	125 美元	125 美元
客户成本:		
处理销售订单	3 080 000 美元	
销售商品	1 120 000 美元	
产品服务	1 050 000 美元	
合计	5 250 000 美元	

要求:

1. 计算每种经销商的总收入,并用收入值分配客户成本。产品单价为 150 美元。
2. 计算作业成本法下每种经销商的客户成本。若为采用非适时制的经销商每件产品优惠 2 美元(假设他们会被价格让步所鼓动),讨论这一做法的优点。
3. 假设采用适时制的经销商只是单方面将频繁的订单强加于 Stillwater Designs 身上,他们之间并未就采用适时制提供货物进行过正式讨论,并且这种销售格局是逐步形成的。作为一个独立咨询师,你将会如何向 Stillwater Designs 的管理人员提出建议?

7-43 供应商作业成本法(LO3)

Bowman 公司生产制冷系统。该公司除了一种电子零部件,需要向两个本地供应商购买自行生产其他所有必要的零部件外,该电子零部件的供应商 Manzer 公司和 Buckner 公司都很可靠并且准时发货。但是 Manzer 公司的售价为 89 美元,而 Buckner 公司的售价为 86 美元。因为价格更低,所以 Bowman 公司 80% 的零部件都是从 Buckner 公司购买的。该零部件每年的总需求是 4 000 000 件。

与供应商相关的作业数据及供应商的信息如下:

Ⅰ. 作业数据

项目	作业成本
检查零部件(抽样检查)	480 000 美元
重做产品(由于零部件损坏)	6 084 000 美元
保修工作(由于零部件损坏)	9 600 000 美元

Ⅱ. 供应商数据

项目	Manzer 公司	Buckner 公司
采购单价	89 美元	86 美元
采购数量	800 000	3 200 000
抽样时间*	80	3 920
重做时间	360	5 640
保修时间	800	15 200

注:* 由于产品拒绝率很低,Manzer 公司产品的抽样检查时间就被减少了。

要求:

1. 结合与供应商相关的作业成本,用采购单价和采购数量计算每个供应商的单位零部件成本。(注意:单位成本精确到两位小数。)
2. 假设 Bowman 公司因为次品率较高导致声誉不好,每年都会因此损失 4 000 000 美元。用保修时间将这一损失分配给每一个供应商。这将对供应商提供的每一个零部件成本产生多大的影响?(注意:计算结果精确到两位小数。)
3. 根据前两问,讨论供应商作业成本法对内部决策的重要作用。

参照以下资料完成练习题 7-44 至 7-46：

下面给出了 Diviney 制造公司的六个独立场景。

a. 一项手工嵌入流程需花费 30 分钟、消耗 8 磅材料，可生产出一个单位产品。而自动化流程则需要 15 分钟、消耗 7.5 磅材料。人工成本是每小时 12 美元，机器成本是每小时 8 美元，每磅材料的成本是 10 美元。

b. 一个传动装置的初始调试时间是 8 小时。通过重新设计这个传动装置，传动槽的数量减少了 50%，并且调试时间减少了 75%。调试成本是每小时 50 美元。

c. 目前，一单位产品需要运送 6 次。通过重新设计生产布局，运送次数可以降为 0。每次运送的成本是 20 美元。

d. 每年需花费 16 000 个小时检查一个车间。检查成本包括 8 个检查员的工资，合计为 320 000 美元。检查同时还会用到一种物资，每小时的成本是 5 美元。公司通过淘汰低质量的供应商来消除大部分的次品。通过调整统计流程控制系统，生产的错误率被大大降低。通过重新设计产品，使得它们更容易生产，公司提升了产品的质量。采用这些做法是为了使次品率降为 0，从而消除检查作业。

e. 生产一单位产品需要 6 个零部件。由于零部件损失，平均需要 6.5 个零部件来生产一单位产品。通过与高信誉的供应商建立关系并提高采购零部件的质量，可以使所需零部件平均值降到 6 个。每个零部件的成本是 500 美元。

f. 一个车间内可以生产 100 种不同的电子产品。平均每种产品需要 8 种外购零部件，每一部分的零部件各不相同。通过重新设计产品，可能使所生产的 100 种产品同时需要 4 种相同的零部件。这将会减少采购、接收和支付成本，预计每年将减少 900 000 美元。

7-44 非增值成本（LO4）

参照上述 Diviney 制造公司的资料。

要求：

估计每一种场景的非增值成本。

7-45 动因分析（LO4）

参照上述 Diviney 制造公司的资料。

要求：

识别每一种场景作业成本（如车间布局、流程设计和产品设计等）的根本原因。

7-46 作业管理的类型（LO4）

参照上述 Diviney 制造公司的资料。

要求：

识别每一种场景的四种成本降低衡量方法：作业消除、作业减少、作业分享和作业选择。

7-47 循环周期和周转率（LO1、LO2、LO3）

在生产的第一季度里，一个制造车间生产出了 80 000 台立体音响，共用时 20 000 小时。在第二季度里，生产用时仍为 20 000 小时，而循环周期是每件产品 10 分钟。

要求：

1. 计算第一季度的周转率（每小时）。
2. 计算第一季度的循环周期（分钟/台）。
3. 第二季度生产了多少台音响？

7-48 产品成本准确度和消耗率（LO4）

Plata 公司生产两种产品：Maletin Elegant（全手工软皮公文包）和 Maletin Fina（机器生产的皮革公文包）。两种产品经过两种间接作业，资料如下：

| 调试设备 | 3 000 美元 |
| 生产加工 | 18 000 美元 |

会计主管收集两种产品的预期主要成本、机器工时、调试工时和预期产量等资料，具体如下：

	Elegant	Fina
直接人工	9 000 美元	3 000 美元
直接材料	3 000 美元	3 000 美元
产量	3 000	3 000
机器工时	500	4 500
调试工时	100	100

要求：

1. 你认为直接人工成本和直接材料成本是否已准确地分配给了每种产品？请说明原因。

2. 计算每种作业的消耗率。(注意:计算结果精确到两位小数。)

3. 用基于直接人工成本的全厂制造费用分配率计算每种产品的单位制造费用(精确到美分),并评价这种方法。

4. 用基于机器工时和调试工时的制造费用分配率计算出每种产品的单位制造费用。解释这种分配方式比直接人工成本法得出的结果更准确的原因。

7-49 产品成本准确性、消耗率、作业率和作业成本(LO2、LO2)

Tristar Manufacturing 生产由电池供电的两种玩具士兵:步兵和特种兵。这些士兵在一条不间断的流程上生产,并识别出如下四种作业:加工、调试、接收和包装。用资源动因来分配成本给作业。间接作业、制造费用和其他相关资料如下:

产品	机器工时	调试	接收订单	包装订单
步兵	20 000	300	900	1 600
特种兵	20 000	100	100	800
成本(美元)	80 000	24 000	18 000	30 000

要求:

1. 使用机器工时计算全厂制造费用分配率,并将总制造费用分配给每一种产品。

2. 计算每项作业的消耗率。(注意:计算结果精确到两位小数。)

3. 计算每项作业相关动因的作业率。(注意:计算结果精确到两位小数。)

4. 用要求 3 中得到的作业率将制造费用分配给每种产品。

5. 评论要求 1 和作业成本法的区别。

7-50 编制作业目录(LO2)

一家医院正处在作业成本系统的实施过程中,正在对特殊项目成本核算方法的变动进行评估,其重点是计算出照顾因患有疾病、(非心脏)外科手术和受伤而接受恢复治疗的住院病人的成本。这些病人被安排在医院的第三、四层楼(这两个楼层专门用来护理病人,只有护士室和病房)。以下是采访医院护理工作的管理人员的一部分内容:

1. 医院内有多少名护士?
包括我在内共有 101 名。

2. 有多少名被安排到了第三、四层?
共 50 名。

3. 这些护士的工作是什么(请详细描述)?
为病人提供护理,包括解答各种问题、更换绷带、管理药物、更换衣服等。

4. 您的职责是什么?
监督并协调医院内所有的护理作业,包括外科手术室、妇产科、急救室和这两层楼。

5. 第三、四层除了护士之外,还有其他人进行其他的住宿和护理作业吗?
需要安排病人的一日三餐,这由医院的自助餐厅来提供。清洗部门负责清洗脏衣服,并且当病人出院后负责清洗寝具。同时,这两层楼还配有理疗师来提供理疗。

6. 病人们需要使用什么设备吗?
需要。主要是监控设备。

7. 作业输出都用于什么?
病人。但是病人有很多种。我们将这两层的病人按病情严重程度分为三类:重病需特别护理的病人、中度护理的病人和正常护理的病人。病情越严重,作业需求量就越多。护士在中度护理的病人身上花费的时间比正常护理的病人多。病情越严重,对清洗服务的需求也越多。他们的衣服和寝具需要更勤的换洗。但重病患者吃的食物较少。我们用住院的天数来衡量病人的种类。需要注意的是,每一位病人都会导致这些作业发生。

要求:

编制一个作业目录,包括作业名称、作业描述和作业动因。

7-51 作业率和产品作业成本法(LO2)

Hammer 公司生产一系列的电子产品。其中一个车间生产两种激光打印机:豪华型号和普通型号。在年初,这个车间的数据如下:

	豪华型号	普通型号
产量	100 000	800 000
售价	900 美元	750 美元
单位主要成本	529 美元	483 美元

此外,以下资料可以用来将制造费用分配给每种产品:

作业名称	作业动因	作业成本	豪华型号	普通型号
调试	调试的次数	2 000 000 美元	300	200
加工	机器工时	80 000 000 美元	100 000	300 000
设计	设计工时	6 000 000 美元	50 000	100 000
包装	包装订单数	100 000 美元	100 000	400 000

要求：

1. 计算每项作业的制造费用分配率（精确到两位小数）。

2. 计算每种产品的单位产品成本（精确到美元）。

7-52 增值和非增值成本（LO4）

Waterfun Technology 公司为娱乐休闲用船只生产引擎。由于竞争压力，公司正在努力地降低成本。为此，管理人员建立了作业成本管理系统，并开始关注流程和作业。接收是被重点研究的流程（作业）之一。研究发现，接收的订单数量是接收成本的动因。在过去的一年里，公司内部发生的固定接收成本为 630 000 美元（10 名员工的工资）。这些固定成本为处理 72 000 个接收订单提供了保障（每名员工处理 7 200 个订单）。管理人员决定有效率的接收水平应该为接收 36 000 个订单。

1. 解释将接收视为增值作业的原因，并列出所有可能的原因。此外，列出接收需求超过 36 000 个有效率水平的可能原因。

2. 将接收成本划分为增值部分和非增值部分。

问题

7-53 功能成本法和作业成本法（LO1、LO2）

多年来，Tamarindo 公司只生产一种产品：背包。最近，Tamarindo 公司增加了一条帆布包的生产线。此后，公司开始用部门分配率来分配制造费用（在此之前，公司用的是基于产品产量的预计全厂制造费用分配率）。令人惊奇的是，在增加了帆布包生产线并采用部门制造费用分配率之后，生产背包的成本增加了，利润减少了。

营销经理 Josie 和生产经理 Steve 都在抱怨背包生产成本的增加。Josie 担心单位成本的增加将会导致售价的上升，因为她确信这会使公司的市场份额受到影响。Steve 也承受着缩减产品成本的压力，但他确信背包的生产方式并没有什么变化。在讨论后，两位经理都认为问题出在新增的帆布包生产线上。

在调查后，他们得知产品成本分配流程的唯一变化是制造费用的分配方法。现在使用的是两步法流程：第一步，制造费用被分配到两个生产部门——绘图部门和精加工部门；第二步，以直接人工工时为动因分配在生产部门中累积的成本（即以直接人工工时为基础计算各部门的分配率）。经理们确信制造费用与单个产品之间联系紧密，因此，他们就可以自己建立制造费用分配的方法。会计主管为他们提供的信息如下：

项目	部门		合计
	绘图部门	精加工部门	
会计成本	30 000 美元	90 000 美元	120 000 美元
处理交易	20 000	60 000	80 000
总直接人工工时	15 000	30 000	45 000
生产单位背包的直接人工工时*	0.10	0.20	0.30
生产单位帆布包的直接人工工时*	0.20	0.40	0.60

注：*生产一单位产品需要的时间（小时）。

会计主管特别提到,在新增生产线之后,会计部门的成本增加了一倍,这是因为会计部门要去处理的交易增加了一倍。

在生产帆布包的第一年,公司生产并销售了100 000个背包和25 000个帆布包,背包的产量与上一年相同。

要求:(注意:作业率和单位成本精确到两位小数。)

1. 使用基于产量的全厂制造费用分配率法计算增加帆布包生产线前,一个背包所承担的会计成本。这种分配方法准确吗?请说明原因。

2. 假设公司决定用交易数量作为作业动因,直接将会计成本分配给生产线。那么每个背包的会计成本是多少?帆布包呢?

3. 使用基于直接人工工时的部门制造费用分配率,计算背包和帆布包所分配到的会计成本。

4. 使用部门分配率的功能成本法和使用交易数量的作业成本法相比较,哪一种方法更合理?请说明原因。讨论在增加帆布包生产线之前使用作业成本法的价值。

7-54 全厂和部门制造费用分配率、产品成本准确性:作业成本法(LO1、LO2)

Ramsey公司生产A和B两种扬声器。两种产品都要经过两个生产部门。扬声器A属于劳动密集型产品,扬声器B比扬声器A更受欢迎。两种产品的资料如下:

项目	产品资料	
	扬声器A	扬声器B
年产量	10 000	100 000
主要成本	150 000美元	1 500 000美元
直接人工工时	140 000	300 000
机器工时	20 000	200 000
生产批次	40	60
检查工时	800	1 200
维护工时	10 000	90 000
制造费用:		
调试成本	270 000美元	
检查成本	210 000美元	
加工成本	240 000美元	
维护成本	270 000美元	
合计	<u>990 000</u>美元	

要求:

1. 使用基于直接人工工时的全厂制造费用分配率,计算每件产品的制造费用。(注意:计算结果精确到两位小数。)

2. 计算作业成本法下每件产品的制造费用。(注意:作业率和单位制造费用精确到两位小数。)

3. 假设Ramsey公司决定使用部门制造费用分配率。该公司有两个部门:部门1(机器密集型)的作业率为3.50美元/小时,部门2(劳动密集型)的作业率为0.90美元/小时。两种动因的消耗如下表所示:

	部门1:机器工时	部门2:直接人工工时
扬声器A	10 000	130 000
扬声器B	170 000	270 000

计算部门费用分配率法下每个产品的制造费用。(注意:作业率和单位制造费用精确到两位小数。)

4. 以作业成本法为基准,评价部门费用分配率法在提高成本准确性这一方面的能力。采用部门费用分配率是否比全厂费用分配率更好?

7-55 产品成本法和作业成本法,将成本分配给作业,资源动因(LO1、LO2)

Willow公司生产割草机。该公司的一个车间生产两种型号的割草机:普通型号和豪华型号。豪华型号的结构更结实、引擎更强劲、切割范围更大、覆盖面积更广。在本年年初,车间准备的数据如下:

	普通型号	豪华型号
预期产量	40 000	20 000
销售价格(美元)	180	360
主要成本(美元)	80	160
机器工时	5 000	5 000
直接人工工时	10 000	10 000
工程支持(小时)	1 500	4 500
接收产品(处理的订单数)	250	500
材料处理(运送的次数)	1 200	4 800
购买材料(发送请求的次数)	100	200

维护设备(小时)	1 000	3 000
向供应商付款(发票数量)	250	500
调试设备(调试次数)	16	64

除此之外,间接作业成本的资料如下:

维护设备	114 000 美元
工程支持	120 000 美元
材料处理	?
调试设备	96 000 美元
购买材料	60 000 美元
接收产品	40 000 美元
向供应商付款	30 000 美元
提供空间	20 000 美元
合计	?

注:*接收作业成本包括被分配的铲车司机的工资。

设备层次成本按照机器工时的比例来分配(用以衡量每种产品使用设备的时间)。接收产品和材料处理共需三项投入:2 台铲车、汽油和 3 个司机。每个司机的工资为 40 000 美元。司机 25%的工作时间用于完成接收作业,而另外 75%的工作时间用于运送材料(材料处理)。每次运送材料所消耗的汽油为 3 美元。每台铲车每年的折旧额是 8 000 美元。

要求:(注意:计算结果精确到两位小数。)

1. 计算材料处理作业的成本,说明这种成本分配是动因追溯还是直接追溯,识别出资源动因。

2. 基于直接人工工时分配所有制造费用,计算每件产品的单位成本。

3. 计算作业率,并分配产品成本。计算每种产品的单位成本,与要求 2 中的结果相比较。

4. 计算每项作业的消耗率。

5. 解释如何用要求 4 中计算得出的消耗率来减少所计算比率的数量。计算这种方法下需要计算的比率。

7-56 作业成本法,分配资源成本,主要作业和次要作业(LO1、LO2)

Elmo 诊所识别出每日产妇护理的三项作业:住院和饮食、护理以及护理监管。护理监管人员负责 150 名护士,其中 25 人为产科护士(其他人分布在急诊室和重病监护室)。护理监管人员配有 3 名助手、1 位秘书、几间办公室、几台电脑、几部电话和一些家具。3 名助手有 75%的时间在进行监管作业,另外 25%的时间进行外科护理。每人的工资为 60 000 美元。护理监管人员的工资为 80 000 美元。她工作时仅完成监管作业。秘书每年的工资为 35 000 美元。用直接追溯法分配给监管作业的其他成本(折旧、水电费及电话费等)为每年 170 000 美元。

每日护理的输出用住院天数来衡量。一直以来,诊所采用每日比率(单位住院天数比率)来分配每日护理成本。每一种作业的每日比率可能各不相同,但同一个作业不同病人之间的比率相同。在传统方法下,每日比率是通过用每年住院和饮食,护理以及护理监管的成本除以以住院天数衡量的容量来计算的。根据护士的数量将监管成本分配到每个护理领域。采用单一比率(住院天数)来分配成本给每个病人。

一项研究表明,护理的需求随着产妇护理的紧急程度而变动。假设产妇护理的紧急程度分为三种:普通病人、剖腹产病人和并发症病人。该研究还提供了如下作业和成本信息:

作业	年成本	作业动因	年产量
住院和饮食	1 500 000 美元	住院天数	10 000
护理	1 200 000 美元	护理时长	50 000
护理监管	?	护士数量	150

此项研究还得到了以下三种病人的信息:

病人类型	住院天数	护理时长
普通病人	7 000	17 500
剖腹产病人	2 000	12 500
并发症病人	1 000	20 000
合计	10 000	50 000

要求:

1. 计算功能成本法下的日住院成本。

2. 计算作业成本法下的日住院成本。(注意:作业率和单位成本精确到两位小数。)

3. 医院每年需清洗 1 250 000 磅的寝具。每年清洗作业的成本为 600 000 美元。在功能成本系统中,清洗部门的成本以清洗磅数为依据分配给每个使用部门。其中,产科每年使用 240 000 磅的寝具。这种变化会使要求 1 中计算的日住院成本如何变化?你需要什么信息来调整要求 2

中的计算结果？在什么情况下这种作业计算能给出一个更准确的分配结果？

7-57 将客户作为成本对象（LO1、LO2、LO3）

Morrisom 国家银行要求对不同客户种类进行盈利水平分析。根据账户金额大小将客户分为三类：低余额、中余额和高余额。与三类客户相关的作业及年成本信息如下：

项目	金额
开户和销户	300 000 美元
发送月结账单	450 000 美元
处理交易	3 075 000 美元
客户咨询	600 000 美元
提供 ATM 服务	1 680 000 美元
成本合计	6 105 000 美元

每类客户使用作业的相关信息如下：

项目	账户余额		
	低	中	高
开/销户的数量	22 500	4 500	3 000
发送账单的数量	675 000	150 000	75 000
处理交易的次数	27 000 000	3 000 000	750 000
电话时长（分钟）	1 500 000	900 000	600 000
ATM 交易的次数	2 025 000	300 000	75 000
检查账户的次数	57 000	12 000	6 000

要求：（注意：计算结果精确到两位小数。）

1. 用处理和维护账户的总成本除以账户总数，计算出每个账户的年成本。确定银行每个月应该收取多少平均费用，才能弥补所有账户发生的成本。

2. 用各类客户的作业率计算每个账户的成本。

3. 最近，银行为所有客户提供免费的查询服务。平均每个账户的利息收入为 90 美元，但低、中、高三种账户的实际利息收入分别为 80 美元、100 美元和 165 美元。计算每个账户的平均利润（平均利息收入减去要求 1 中的平均成本），然后用要求 2 计算的每类客户的收入和成本计算每个账户的利润。

4. 在分析了要求 3 的结果后，副总裁提出取消低余额客户的免费查询服务。总裁认为不应该这么做，他认为低余额客户弥补了交叉销售的损失。他出具了一份调查问卷，表明 50% 的低余额客户会因收取查询费用而去别家银行。在这种情况下，你将如何运用作业成本法来调解这一矛盾？

7-58 作业成本法和客户驱动成本（LO2、LO3）

Grundvig Manufacturing 是一家生产飞机螺栓的公司。螺栓以批次生产，并分为三种产品家族。因为三种产品家族分别适用不同的飞机，因此客户也可以根据其购买的产品家族而分为三类。每一类客户所购买的产品数量是相同的，售价从 0.50 美元到 0.80 美元不等。根据以往经验，下订单、加工和处理订单的成本都将费用化，并且不会分配到每个客户群体上。成本额并不小，最近一年的总数为 9 000 000 美元。近期，公司开始强调一种意图形成竞争优势的成本降低策略。

根据调查，管理人员发现完成订单的成本是由客户订单的次数所驱动的，成本习性的信息如下：①阶梯式固定成本，每阶为 50 000 美元（每 2 000 个订单一个阶梯），目前 Grundvig 有足够的生产能力生产 200 000 个订单。②可变成本，每单 20 美元。

本年预计客户订单为 200 000 个。完成订单作业的计划量和不同种类客户的订单的平均大小信息如下：

	种类 1	种类 2	种类 3
订单数量	100 000	60 000	40 000
平均订单大小	600	1 000	1 500

作为成本习性分析的结果，营销经理提出对

每个客户订单收取费用的建议。该项费用通过增加每个订单的价格来实现(用预期订单成本和预期订单计算求得),并会随着订单规模变大而减少,在订单规模达到 2 000 件时为零。在将新价格信息告知客户后的短时间后,三个产品家族订单规模的平均值提升到了 2 000 件。

要求:

1. Grundvig 通常会将完成订单的成本费用化,这样做最可能的原因是什么?

2. 计算每种客户的单位订单成本。(注意:计算结果精确到两位小数。)

3. 计算由于定价策略改变而带来的完成订单成本的降低程度(假设资源耗费降到最低,而总销售量不变)。解释客户作业信息如何使成本降低。这项定价策略是否会为其他内部作业带来好处?

7-59 供应商作业成本法(LO2、LO3)

Ievy Inc. 是一家生产农用拖拉机的公司。Ievy 从两家厂商购买所需的发动机:Johnson 公司和 Watson 公司。Johnson 公司的发动机单价是 1 000 美元,Watson 公司的是 900 美元。Levy 共生产和销售了 22 000 台拖拉机,其中 4 000 台的发动机是从 Johnson 公司购买的,另外 18 000 台是从 Watson 公司购买的。生产部门经理 Jamie Murray 认为 Johnson 公司的发动机更好。然而,采购部门经理 Jan Booth 表示,如果在 Johnson 公司购买超过 4 000 台发动机,那么采购成本会大大提高。同时,Jan 也想与 Johnson 公司保持合作关系,以防止低价格的产品不符合质量要求这样的问题发生。而 Jamie 认为尽管 Johnson 公司的发动机价格高,但其质量却要好很多。

会计主管 Frank Wallace 决定采用作业成本法来解决这个问题,并收集到以下作业成本和供应商信息:

作业	成本(美元)
替换发动机[a]	800 000
发出订单[b]	1 000 000
修理发动机[c]	1 800 000

a. 所有发动机都会在装配后检查,有问题的发动机会被退回给供应商,并替换为新的发动机。在销售前还会重新检查发动机质量。发动机有问题通常会引起其他的损毁,需要将损毁部分替换掉。

b. 由发动机没有及时运到或发动机丢失等原因造成。

c. 修理工作是保修工作中的一部分,并且基本保持不变。修理发动机常常意味着替换发动机。这项成本加上人工、运输和其他成本,使得保修工作成本非常高。

	Watson 公司	Johnson 公司
替换的发动机数量	1 980	20
到货延期或丢失	198	2
保修修理(由供应商进行)	2 440	60

要求:

1. 计算每台发动机的供应商作业成本(用获取成本加上供应商相关的作业成本来计算,结果精确到美分)。哪一个供应商成本较低?解释这种衡量发动机成本的方法比单纯用购买成本衡量成本好在哪里?

2. 分析在要求 1 中获取的供应商成本信息。假设未来 Johnson 公司可以提供最高 20 000 台发动机,你会建议 Levy 采取何种行动?

7-60 作业成本管理,非增值成本(LO4)

Mays 电子公司的董事长 Danna Martin 正在分析刚收到的本年市场报告。根据市场营销部门经理 Larry Savage 的报告,若想在明年维持该公司生产的集成电路板的现有年销售量,必须再次降价。这会使现有情况恶化。现在每件 18 美元的售价会为公司带来 2 美元的利润,是行业内利润(4 美元)的一半。国外竞争者正在持续降低他们的售价。为了满足需要,这一次必须将价格降到 14 美元,但这会使价格低于生产成本与销售成本的总和。为何国外公司可以给出如此低的售价?为了查明是否公司运营中存在问题,Danna 决定雇用一位顾问来评估集成电路板的生产和销售环节。两周后,顾问给出了以下信息:

调试设备	125 000 美元
处理材料	180 000 美元
检查产品	122 000 美元
技术支持	120 000 美元
处理客户投诉	100 000 美元

处理保修	170 000 美元
储存商品	80 000 美元
发出产品	75 000 美元
使用材料	500 000 美元
使用能源	48 000 美元
手工加工[a]	250 000 美元
其他直接人工	150 000 美元
成本合计	1 920 000 美元[b]

a. 二极管、电阻器和集成电路是被手工插到电路板上的。

b. 去年,单位产品的成本为 16 美元。

顾问在对初始作业进行分析后发现,单位产品的成本至少可以降低 7 美元。由于市场营销部门经理表示,如果价格降到 12 美元,那么市场份额将会增加 50%,因此 Danna 十分兴奋。

要求:

1. 什么是作业成本管理?顾问提供的是哪一阶段的作业分析?还应完成什么工作?

2. 识别出所有的非增值作业成本。如果这些作业都没消除,那么单位成本会降低多少?顾问给出的初始作业成本降低的评估是否正确?讨论公司可以采取什么行动来降低或消除非增值作业。

3. 若想实现每件产品获得 4 美元的利润,计算在现有市场份额的前提下单位成本是多少?若想实现每件产品获得 4 美元的利润,计算在市场份额增加 50% 的前提下单位成本是多少?此时成本应该降低多少?

4. 假设进一步的作业分析发现:采用自动加工的生产方式可以节省 60 000 美元的技术支持成本和 90 000 美元的直接人工。现在,可能实现的最大的单位成本节约额是多少?通过这种方式,Mays 会实现为保持现有市场份额而应有的单位成本吗?若将市场份额提高 50% 呢?这是作业分析中的哪一种:作业消除、作业选择、作业缩减还是作业共享?

5. 根据现在的销量、价格和成本计算收入。(再根据 14 美元或 12 美元的价格计算成本。)假设所有要求中的成本降低最大值都可以实现(包括要求 4 中的),企业应该选择哪个价格水平?

7-61 非增值成本、作业成本和作业成本降低(LO3、LO4)

Mallett 公司(生产各种塑料产品)的副总裁 John Thomas 负责监督公司内作业成本管理系统的建立。John 想通过升级流程中所包含的作业来提高流程效率。为了更好地向董事长展示新系统的功能,他准备重点突出生产和客户服务两项流程。

在每项流程中,他都选择一项需要改进的作业:生产流程中选择材料使用这一作业;客户服务流程中选择技术支持这项作业(技术支持这一作业主要是负责根据客户需求和反馈重新设计产品)。企业将确认每项作业的增值标准。对材料使用这一作业来说,增值标准是每单位产出消耗 6 磅材料(每种产品的形状和功能各不相同,但重量是统一的)。增值标准是消除所有因模型残缺而造成的损失。材料的标准价格是每磅 5 美元。对于技术支持作业来说,增值标准是当前实际作业量的 58%。这个标准是基于当前对设计特点的客户投诉中有 42% 是可以避免或解决的。

当前(2015 年年末)的实际产量是由以下要求规定的:对于已经面市或正在研发期内且时间在 5 年及以下的项目来说,每种产品的技术支持时间是 6 000 小时;对于研发时间超过 5 年的项目来说,每种产品的技术支持时间是 2 400 小时。企业内共有四个产品生产组的经验少于 5 年,十个产品生产组的经验超过 5 年。24 位工程师的工资都是 60 000 美元,每年工作时间为 2 000 小时。技术支持作业中没有其他重大费用发生。

2015 年实际使用的材料比增值标准多 25%,技术支持时间为 46 000 小时,总共生产出 80 000 件产品。John 和生产经理采取了一些改进措施,保证 2016 年非增值作业会减少 40%。2016 年的实际结果如下:

产品产量	80 000
材料使用量	584 800
技术支持时间	35 400

材料的实际价格和技术支持时间与标准或预算价格相一致。

要求：

1. 计算2015年材料使用和技术支持的非增值耗用和成本。

2. 利用计划的改进措施，计算2016年预测作业使用水平。计算2016年材料和技术支持使用量的差异（预测值和实际值之间的差额，同时用物理值和财务值表示）。评价公司实现目标降低值的能力，特别是，讨论公司应该采取什么措施来保持现在已经实现的资源使用量的减少。

7-62 循环周期、周转率和产品成本法（LO4）

Goldman公司采用适时制系统，每一个制造车间都为一种产品或一种主要零件的生产而服务。一个生产望远镜的车间需完成四项作业：加工、修整、装配和质检。

明年，望远镜车间的预计成本和生产时间（理论值）如下：

预计转换成本	7 500 000 美元
预计原材料	9 000 000 美元
生产时间	12 000 小时
理论产出	90 000 件

而实际的数据如下：

实际转换成本	7 500 000 美元
实际原材料	7 800 000 美元
实际生产时间	12 000 小时
实际产出	75 000 件

要求：（结果精确到小数点后两位）

1. 计算理论上车间可实现的周转率（每小时生产的望远镜件数），以及理论上的循环周期。

2. 计算实际周转率和实际循环周期。

3. 以分钟为单位计算预计转换成本。假设理论产出得以实现，计算每件望远镜的转换成本。然后计算实际的转换成本，这种产品成本法是否激励车间管理人员，使其降低循环周期呢？请解释原因。

7-63 环境成本的分类（LO4）

分析以下相互独立的环境作业：

a. 公司正在采取措施减少包装材料的数量。

b. 在使用寿命到期时，一家软饮料公司将用于净水的活性炭回收给供应商。供应商又会二次使用这些活性炭并用于非食品加工。因此，许多材料不用直接进入垃圾回收站。

c. 公司安装了一个蒸汽系统来处理废水，并回收有其他用途的可用固体。

d. 用于食品包装印刷的墨水中含有重金属。

e. 对生产过程实行监控以符合环境标准。

f. 运输箱可使用5次，然后回收再利用。这使超过1.12亿磅的硬纸板得以再次利用，每年可以少砍伐200万棵树木。

g. 公司安装了洗刷设备，以确保废气排放低于法律规定的水平。

h. 因汽车尾气而造成的空气污染致使当地居民的医疗成本上升。

i. 作为环境改进的一部分，公司建立了环境表现衡量系统。

j. 由于液体和固体污染物的排放，当地的一个湖泊已经不适合游泳、垂钓和其他娱乐活动了。

k. 为了降低能源消耗，公司用电压缩代替了磁压缩，并安装了更节能的电灯和感应器，每年可节约230万度电。

l. 由于一项法律条款，化工公司每年必须花费2 000美元来净化被污染的土壤。

m. 一家软饮料公司采取了以下措施：在所有瓶装车间，损坏的外包装（玻璃、塑料和铝等）都将被回收和再循环。

n. 检验产品以确保生产期间排放的废气符合法律和公司规定。

o. 运行污染控制设备引发的成本已发生。

p. 安排内部审计来确保环境政策正在落实。

要求：

将以上环境作业分类为预防、检测、内部损失或者外部损失成本。再将外部损失成本分为社会的或已实现的，并标注哪些是可持续发展的作业。

案例

7-64 作业成本法和产品成本失真（LO2、LO3、LO4）

Sharp Paper Inc. 有三家造纸厂，其中一家坐落于田纳西州孟菲斯市。该工厂生产300种不同类型的、有涂层或没有涂层的特种打印纸。管理人员确信，产品多样性带来的价值远大于复杂性提高所需的额外费用。

2015年，该工厂生产了120 000吨有涂层的打印纸和80 000吨没有涂层的打印纸，并且卖掉了其中的180 000吨。在所有销售的产品中，60种产品占了80%。因此，另外240种被分类为低产量产品。

LLHC是低产量产品中的一种。LLHC成卷生产，然后裁剪成片，最后以盒为单位出售。2015年生产并销售LLHC的成本信息如下：

直接材料：		
装饰材料(3种纸浆)	2 225磅	450美元
添加剂(11种试剂)	200磅	500美元
搅拌桶大小	75磅	10美元
回收的废纸	(296磅)	(20)美元
直接材料合计		940美元
直接人工		450美元
制造费用：		
纸张机器(100×2 500)		125美元
完工机器(120×2 500)		150美元
总制造费用		275美元
运输和仓储		30美元
制造和销售成本合计		1 695美元

制造费用的分配采用两阶段法。第一步，通过仔细地选择成本动因，用直接法将制造费用分配到纸张机器和完工机器上。第二步，用分配给每台机器的制造费用除以预测的产出量。接下来用得出的比率乘以生产1吨产品所需的磅数。

2015年LLHC的单价为2 400美元/吨，是利润最高的产品之一。在对低产量产品的调查中发现，其中一些产品同样具有相当可观的利润。然而，很多高产量产品的表现却并不突出，甚至许多有着负利润或是非常低的利润。在这种情况下，Ryan同公司市场营销副总裁Jennifer和会计主管Kaylin召开了一次会议。

Ryan：高于平均盈利能力的低产量产品和低盈利能力的高产量产品使我确信我们应该将低产量产品作为市场营销的重点。或许我们应该舍弃一些高产量产品，尤其是那些带来负利润的产品。

Jennifer：我并不认为这是一个正确的观点。我知道我们的高产量产品是高质量的，并且生产效率并不低于其他企业。我认为我们并没有正确地分配成本。比如说，运输和仓储费用是通过除以售出纸张的总吨数来得到的。然而……

Kaylin：Jennifer，我并不想否定你的观点，但每吨30美元的运输和仓储费用看起来是很合理的。据我所知，其他很多家造纸公司的成本分配方法和我们的一样。

Jennifer：这可能是正确的，但这些公司是否像我们公司一样具有产品多样性？我们的低产量产品需要一些特殊的处理，但当我们分配运输和仓储费用时，却将这部分特殊的成本平均地分配给全部生产线。我们工厂中生产出的每一吨产品都会通过运输部门，或直接送往客户，或送往分销中心并最终送往客户。我的记录中明确地表明，高产量产品都被直接送往客户，而低产量产品却被送往分销中心。所有经过运输部门的产品都应承担每年2 000 000美元的运送成本中的一部分。然而，在现有情况下，我不认为所有产品都应当承担分销中心的运输和仓储成本。

Ryan：Kaylin，现实情况是否是这样的？公司的系统是这样分配运输和仓储成本的吗？

Kaylin：是的。Jennifer可能是正确的。也许我们需要重新评估我们分配成本的方法。

Ryan：Jennifer，你对运输和仓储费用有更好的分配方法吗？

Jennifer：看起来，区别对待经过分销中心运送和直接运送给客户的产品是合理的。同时还应区别对待分销中心的接收作业和运输作业。

所有接收的产品都是用踏板车来运输,每件重达1吨(内有14个纸板箱)。2015年,接收部门收到了56 000吨纸张。该部门雇用了15名员工,每年总工资为600 000美元。其他接收成本为500 000美元。我建议将这些成本分配到56 000吨纸张上。

另一方面,运输作业则不是这样。与之相关的有两项作业:从存货中拣选订单货物和装货。我们雇用了30名员工进行拣选,10名员工进行装货,每年的总成本为1 200 000美元。其他运输成本为1 100 000美元。与接收作业不同的是,这两项作业与运输货物的件数更相关。也就是说,一件货物包括2—3个纸板箱,且不用踏板车。因此,运输成本应按运输货物的件数来分配成本。2015年,我们共处理了190 000件运输货物。

Ryan:这些建议很有帮助。Kaylin,我想要知道Jennifer的建议会对LLHC的运输和仓储作业的单位成本产生什么影响。如果效果很显著,我们将会用这种方法分析其他所有产品。

Kaylin:我会尽快计算出结果,但我还想提出另外一个建议。目前,我们的政策规定应保持25吨LLHC的存货。但现有的成本系统却完全忽视了保存这些产品的成本。生产1吨LLHC需要投入1 665美元的成本,这使得许多资金被套牢在存货中,而我们完全可以用这些资金去投资其他项目。事实上,这一部分会造成每年16%的投资回报损失,而这些也应该算入成本中。

Ryan:Kaylin,你说的也很有道理,应该将这些也纳入成本计算的范围内。

为了更好地分析成本,Kaylin搜集了2015年LLHC的产品信息,具体如下:

销售吨数	10
每次运输的平均纸板箱件数	2
每吨的平均运输次数	7

要求:

1. 识别出当前分配运输和仓储成本的方法的缺陷之处。

2. 结合Jennifer和Kaylin的建议,计算每吨LLHC产品应承担的运输和仓储成本。结果精确到小数点后两位。

3. 使用要求2的计算结果,计算每吨LLHC的利润,并与之前方法的计算结果进行比较。你认为这种方法会对其他低产量产品产生同样的影响吗?解释原因。

4. 请对Ryan放弃高产量产品、增加低产量产品的提议进行评价,讨论会计系统在支持这种决策中的作用。

5. 在收到对LLHC的分析后,Ryan决定对其他产品也进行同样的分析。他让Kaylin重新评估制造费用的分配方式。在重新评估后,Ryan采取了以下行动:①提高最低产量产品的价格;②降低了几种高产量产品的价格;③放弃了几种低产量产品。请解释他的战略变化如此之大的原因。

7-65 产品作业成本法和道德行为(LO2、LO3、LO4)

以下对话发生在一家承包工程公司的董事长Leonard Bryner和会计主管(注册管理会计师)Chuck Davis之间。

Leonard:Chuck,就像你知道的那样,在过去3年里我们公司一直在丢失市场份额。我们一直在丢失越来越多的投标,我并不清楚为什么会这样。刚开始,我以为其他公司只是不择手段地降低报价以获得投标,但在看过一些公开的财务报告后,我相信他们的确可以得到一个合理的回报率。我开始怀疑我们的成本和成本计算方法是有问题的。

Chuck:我并不认为是这样的。我们对成本的控制是十分有效的。与行业内很多公司一样,我们采用的是分批成本系统,我在车间中没有发现任何浪费的行为。

Leonard:在一次会议上,我与其他公司的管理人员交谈后,我认为这并不是浪费本身的问题。他们谈到作业成本管理、作业成本法和持续改进,并提到用一种叫作"作业动因"的概念来分配制造费用。他们表示,这些新的流程可以帮助企业提高生产效率、更好地控制制造费用,并更准确地计算产品成本,更为重要的是可以消除那些非增值作业。也许我们的投标价格太高了,是因为其他企业找到了能够降低制造费用并提高产品成本准确性的方法。

Chuck：我对此表示怀疑。首先，我没有发现任何可以提高产品成本准确性的办法。公司成本中的绝大部分都是间接成本。其次，行业内的每家公司都用产品作业的数量来分配制造费用。我认为，"作业动因"只是一种新的用来描述产品数量的流行词，会随时间流逝而过时。我并不担心这个。我打赌，我们的销售下降会是短暂的。你可能还记得我们在12年以前也有相似的经历——而我们仅用了两年就弥补了亏损。

要求：

1. 你是否同意 Chuck Davis 和他提供给 Leonard Bryner 的建议？请解释原因。

2. Chuck Davis 的行为中是否存在错误或者道德问题？请解释原因。

3. 你认为 Chuck Davis 是否已经得知全部的信息——他是否知道作业成本法的会计内涵和成本动因的含义？他是否应该清楚这些信息？结合第1章中给出的管理会计人员应遵守的职业道德守则，你认为这些标准在此例中是否有所涉及？

第8章
吸收成本法、变动成本法与存货管理

管理决策

Zingerman 公司

财务会计中的利润表通常将公司作为一个整体展示其销售额和费用。这对于像投资者和银行这样的外部群体来说是足够的,但负责多个业务分部的公司经理还需要知道每个分部的运营状况。

Zingerman 熟食,第3章介绍的公司,有八个独立的业务分部,其中熟食店、邮订分部、烘烤房、Zingerman 流动餐厅、路边餐厅、乳制品厂和咖啡公司七个分部向外部客户销售产品和提供服务。每个分部都有变动成本和固定成本。例如,路边餐厅的变动成本包括食品、饮料、纸制品和一些劳动力;路边餐厅的直接固定成本包括建筑、家具,以及设备的租金和折旧。

第八个分部,ZingNet 网站是为内部服务的,对其他七个分部提供类似于人力资源、工资、组织营销、商标设计、信息技术、管理、会计和办公室租赁等支持性服务。ZingNet 网站的成本是由整个公司共同承担的,并以每个业务分部的收入为标准进行分配。

这种分配方法在对外业务分部中偶尔会引起问题,尤其是那些很少运用 ZingNet 网站服务却有着很高的销售额(因此承担更大份额的 ZingNet 网站成本分摊)。变动成本法和分部利润表可以帮助解决这种问题,因为一个合理设计的分部利润表将直接固定成本与共同固定成本相分离。将 ZingNet 网站成本作为共同固定成本也符合 Zingerman 公司的信念:ZingNet 网站成本是一项针对未来盈利的投资。

8.1 运用变动利润表和吸收利润表衡量利润中心的绩效

许多公司是由所谓的利润中心的独立业务单元组成的。对于这些公司来说,确定整体绩效和各利润中心绩效都是非常重要的。整体利润表对于评价公司的整体绩效是有用的,但对于确定各业务单元或分部的生存能力则没有什么用处。因此,我们有必要为各个利润中心设计分部利润表。两种计算收入的方法已经被设计出来:一种以变动成本为依据,另一种以全部成本或吸收成本为依据。这些方法被称为成本核算法是因为它们以产品成本形成的路径为依据。回忆一下产品成本的清单——直接材料、直接工资和制造费用。期间成本在发生的期间费用化,如销售费用和管理费用。变动成本法和吸收成本法的不同之处在于它们处理固定制造费用的方式。

8.1.1 吸收成本法

吸收成本法(absorption costing)将全部制造费用归属于产品。直接材料、直接人工、变动制造费用和固定制造费用决定了一个产品的成本。因此,在吸收成本法下固定制造费用被视为一种产品成本而非期间成本。在这种方法下,固定制造费用按照一种设定好的固定制造费用比率分配给产品,且在产品售出前不计为费用。换句话说,固定制造费用是一种存货成本。

8.1.2 变动成本法

变动成本法强调固定制造成本和变动制造成本的不同。**变动成本法**(variable costing)仅将变动制造费用归属于产品,这些成本包括直接材料、直接人工和变动制造费用。固定制造费用被视为一种期间费用,从产品成本中予以扣除。这种方法的合理性在于固定制造费用是生产能力的成本,在业务中是不变的,一旦期间结束,任何由生产能力提供的收益就会失效,因此不应当被计入存货。在变动成本法下,固定制造费用被视为在期间结束时失效,并由当期收入予以补偿。

8.1.3 吸收成本法和变动成本法的比较

图表 8-1 展示了在吸收成本法和变动成本法下产品成本与期间成本的定义。

图表 8-1　吸收成本法和变动成本法下产品成本与期间成本的分类

成本分类	吸收成本法	变动成本法
产品成本	直接材料 直接人工 变动制造费用 固定制造费用	直接材料 直接人工 变动制造费用
期间成本	销售费用 管理费用	固定制造费用 销售费用 管理费用

一般公认会计原则(GAAP)要求外部报告使用吸收成本法。财务会计标准委员会(FASB)、美国国税局和其他的监察机构不接受变动成本法作为外部报告使用的成本核算方法。变动成本法可以提供吸收成本法无法提供的重要信息,有助于企业的决策制定和内部控制。对于内部应用来说,变动成本法是一种重要的管理工具。

8.1.4　存货估值

存货价值依据产品成本或制造成本进行评估。记住,存货成本永远不包括销售或管理的期间成本。在吸收成本法下,产品成本包括直接材料、直接人工、变动制造费用和固定制造费用。

吸收成本法下产品成本 = 直接材料 + 直接人工 + 变动制造费用 + 固定制造费用

在变动成本法下,产品成本仅包括直接材料、直接人工和变动制造费用。

变动成本法下产品成本 = 直接材料 + 直接人工 + 变动制造费用

演练 8.1 展示了在吸收成本法下如何计算存货成本。

演练 8.1

计算吸收成本法下存货成本

知识梳理:

吸收成本法下单位成本包括所有的产品成本,无论是固定的还是变动的。计算产品成本是一项长期工作。

资料:

最近几年,Fairchild 公司的产品信息如下:

期初存货	
本期产成品	10 000 件
销售量(售价 300 美元/件)	8 000 件
变动成本(件):	
直接材料	50 美元
直接人工	100 美元
变动制造费用	50 美元
固定成本:	
单位固定制造费用	25 美元
固定销售和管理费用	100 000 美元

要求：
1. 期末存货数量为多少？
2. 运用吸收成本法，计算单位产品成本。
3. 期末存货的价值是多少？

答案：
1. 期末存货 = 期初存货 + 本期产成品 − 销售量 = 0 + 10 000 − 8 000 = 2 000（件）
2. 吸收成本法下单位成本：

单位：美元

直接材料	50
直接人工	100
变动制造费用	50
固定制造费用	25
单位产品成本	225

3. 期末存货的价值 = 期末存货量 × 吸收成本法下单位产品成本
   = 2 000 × 225
   = 450 000（美元）

注意，吸收成本法下计算的存货成本是适用于对外财务报告和一般公认会计原则的传统产品成本。每单位产品包括所有的变动成本和一部分的固定制造费用。

演练8.2展示了在变动成本法下如何计算存货成本。

演练 8.2

计算变动成本法下存货成本

知识梳理：

变动成本法下单位成本仅包括变动产品成本。固定产品成本是一项期间成本，与存货不相关。

资料：

参照演练8.1中 Fairchild 公司的数据。

要求：
1. 期末存货数量为多少？
2. 运用变动成本法，计算单位产品成本。
3. 期末存货的价值是多少？

答案：
1. 期末存货 = 期初存货 + 本期产成品 − 销售量 = 0 + 10 000 − 8 000 = 2 000（件）
2. 变动成本法下单位成本：

	单位：美元
直接材料	50
直接人工	100
变动制造费用	50
单位产品成本	200

3. 期末存货的价值 = 期末存货量 × 变动成本法下单位产品成本
   = 2 000 × 200
   = 400 000（美元）

仔细观察演练 8.1 和演练 8.2，我们发现这两种方法的唯一不同之处在于对固定制造费用的处理。因此，吸收成本法下的单位产品成本往往高于变动成本法下的单位产品成本。图表 8-2 用一个简单的例子展示了这一情况。

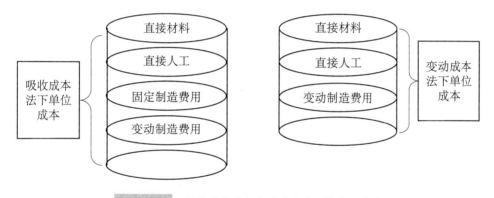

图表 8-2 吸收成本法和变动成本法下的产品成本

8.1.5 变动成本法下利润表和吸收成本法下利润表

因为单位产品成本是销货成本的基础，所以变动成本法和吸收成本法会导致不同的经营利润，这种差异源于两种方法下固定制造费用被确认为费用的数额不同。演练 8.3 展示了在吸收成本法下，如何确认销货成本与编制利润表。

演练 8.3

编制吸收成本法下利润表

知识梳理：
吸收成本法下利润表用于外部报告，产品成本都包含在销货成本中。

资料：
参照演练 8.1 中 Fairchild 公司的数据。

要求：

1. 计算吸收成本法下的销货成本。
2. 编制吸收成本法下利润表。

答案：

1. 销货成本 = 单位产品成本 × 销售量 = 225 × 8 000 = 1 800 000（美元）
2.

Fairchild 公司吸收成本法下利润表	单位：美元
销售收入（300 美元/件 × 8 000 件）	2 400 000
减：销货成本	1 800 000
贡献毛益	600 000
减：销售和管理费用	100 000
经营利润	500 000

正如我们在演练 8.3 中所看到的，销货成本包括一部分而非全部的固定制造费用。总的制造费用是 250 000 美元（25 × 10 000）；然而，仅 200 000 美元（25 × 8 000）记作销货成本，其余 50 000 美元固定制造费用去了哪里呢？那些制造费用被包含在期末存货成本中。演练 8.4 展示了如何编制变动成本法下的利润表。

演练 8.4

编制变动成本法下利润表

知识梳理：

变动成本法下利润表有助于内部决策。由于固定成本都被确认为期间成本，因此固定成本的有效性随着期间的结束而消失。

资料：

参照演练 8.1 中 Fairchild 公司的数据。

要求：

1. 计算变动成本法下的销货成本。
2. 编制变动成本法下利润表。

答案：

1. 销货成本 = 单位产品成本 × 销售量 = 200 × 8 000 = 1 600 000（美元）
2.

Fairchild 公司变动成本法下利润表	单位：美元
销售收入（300 美元/件 × 8 000 件）	2 400 000
减：变动费用	
变动销货成本	1 600 000

贡献毛益		800 000
减：固定费用		
固定制造费用	250 000	
固定销售和管理费用	100 000	350 000
经营利润		450 000

比较演练8.3和演练8.4可见，吸收成本法下的经营利润是500 000美元，而变动成本法下的经营利润则是450 000美元。在吸收成本法下，本期产品成本中50 000美元的固定制造费用计入存货；而在变动成本法下，所有的固定制造费用均计入产品成本。销售和管理费用永远也不会被计入产品成本，它们在利润表上总是费用，不会出现在资产负债表上。

8.1.6　产量、销量和利润的关系

变动成本法下利润表和吸收成本法下利润表之间的关系随着产量与销量关系的变动而变动。如果销量大于产量，则变动成本法下的经营利润大于吸收成本法下的经营利润。这种情况与Fairchild公司的例子正好相反。销量大于产量意味着至少一部分的期初存货和全部的本期产成品被出售了。在吸收成本法下，来自存货的产品包括前一期间产生的固定制造费用；此外，本期生产并销售的产品包含所有相关的本期固定制造费用。因此，吸收成本法下固定制造费用被费用化的数额高于当期的固定制造费用，超出的数额来自存货的固定制造费用额。据此，变动成本法下利润高于吸收成本法下利润的数额为源自期初存货的固定制造费用额。

当然，如果产量与销量相等，那么两种方法下的利润就不存在差异。因为本期生产的产品均被出售，吸收成本法就像变动成本法那样把本期的固定制造费用都确认为费用，没有固定制造费用被计入或出自存货。

产量、销量以及两种报告利润之间的关系在图表8-3中进行了总结。如果产量大于销量，那么存货就会增加；如果产量小于销量，那么存货就会减少；如果产量等于销量，那么期末存货就会等于期初存货。

图表8-3　产量、销量和利润的关系

如果	那么
1. 产量＞销量	吸收法下利润＞变动法下利润
2. 产量＜销量	吸收法下利润＜变动法下利润
3. 产量＝销量	吸收法下利润＝变动法下利润

吸收成本法与变动成本法的不同之处主要是对与固定制造费用相关的费用确认方式不同。在吸收成本法下，固定制造费用必须分配给产品，这就出现以下两个我们还没有明确考虑的问题。

第一，我们怎样将以直接人工工时或机器工时为基础的固定制造费用转变为分配给

产品的固定制造费用?

第二,如果实际制造费用不同于分配制造费用,我们应该如何处理?

这些问题将在高级会计课程中予以解答。

8.1.7 评估利润中心经理人

对经理人的评估与他们控制的产品的盈利能力相关联。利润从一个期间到下一个期间如何变动?实际利润与计划利润相比有何差距?这些经常被当作管理能力的信号。然而,作为一种有意义的信号,利润应当反映管理者的成就。例如,如果一名经理努力工作并且在控制成本的同时增加了销量,利润就会超过前一期间,这就是成功的信号。总之,如果期望利润能够反映管理绩效,那么管理者有权提出如下期望:

(1)若销售收入从一个期间到下一期间有所增长、其他条件保持不变,则利润应当增长。

(2)若销售收入从一个期间到下一期间有所下降、其他条件保持不变,则利润应当下降。

(3)若销售收入从一个期间到下一期间保持不变、其他条件保持不变,则利润应当不变。

变动成本法确保上述条件得到满足;但是,吸收成本法则不能。

8.2 变动成本法下分部利润表

变动成本法能够提供关于变动和固定费用的有用信息,因此它在编制分部利润表时具有重要作用。一个**分部**(segment)是公司中具有足够的重要性、保证绩效报告产生的亚单元。分部可以是部门、车间、生产线、客户等级等。在分部利润表中,固定费用分为两部分——直接固定费用和共同固定费用;而进一步的细分应强调可控和不可控的成本,并强化经理人评估每个分部对整个公司绩效贡献的能力。

8.2.1 直接固定费用

直接固定费用(direct fixed expenses)是指可以直接追溯到分部的固定费用。这类费用会随着分部的消失而消失,因此有时被称为可避免的固定费用或可追踪的固定费用。例如,销售区域的直接固定费用包括销售办公室的租金、每个区域销售经理的工资等。如果该区域被撤销,那么这些固定费用也会随之消失。从营业以来,Zingerman烘烤房一直制作和销售蛋糕及点心,烤炉和一些烹饪设备是烘烤房的固定费用。如果烘烤房倒闭了,那么这些成本将消失。

8.2.2 共同固定费用

共同固定费用(common fixed expenses)是由两个或两个以上的分部共同引起的。即使其中一个分部消失了,这类费用也会一直存在。例如,公司总部大楼的折旧、首席运营官的工资,以及打印公司年报并分发给股东所产生的成本等,这些都是迪士尼公司的共同固定费用。即使迪士尼公司要出售或建造一个主题公园,这些共同费用也不会受到影响。除此以外,从营业以来,ZingNet 网站一直为 Zingerman 公司的其他业务分部提供支持性服务。即使一个分部倒闭了,ZingNet 网站的成本也不会受影响,这就是公司的共同固定费用。

8.2.3 编制分部利润表

演练 8.5 展示了当分部为生产线时,如何编制分部利润表。在这个例子中,Audiomatronics 公司生产 MP3 播放器和 DVD 播放器两种产品。

演练 8.5

编制分部利润表

知识梳理:

分部利润表有助于经理人考察分部的盈利能力。分部可以是产品、区域、客户类型,等等。

资料:

Audiomatronics 公司生产 MP3 播放器和 DVD 播放器两种产品,其下一年的信息如下:

单位:美元

	MP3 播放器	DVD 播放器
销售收入	400 000	290 000
变动销货成本	200 000	150 000
直接固定费用	30 000	20 000

每条生产线要支付 5% 的销售佣金。预计 MP3 播放器生产线与 DVD 播放器生产线的直接固定销售和管理费用分别为 10 000 美元与 15 000 美元;共同固定制造费用估计为 100 000 美元;共同销售和管理费用估计为 20 000 美元。

要求:

运用变动成本法,为 Audiomatronics 公司编制下一年度的分部利润表。

答案：

Audiomatronics 公司下一年度分部利润表　　　　　　　　　　单位：美元

项目	MP3 播放器	DVD 播放器	合计
销售收入	400 000	290 000	690 000
变动销货成本	(200 000)	(150 000)	(350 000)
变动销售费用*	(20 000)	(14 500)	(34 500)
贡献毛益	180 000	125 500	305 500
减：直接固定费用			
直接固定制造费用	(30 000)	(20 000)	(50 000)
直接销售和管理费用	(10 000)	(15 000)	(25 000)
分部毛益	140 000	90 500	230 500
减：共同固定费用			
共同固定制造费用			(100 000)
共同销售和管理费用			(20 000)
经营利润			110 500

*MP3 播放器的变动销售费用 = 0.05 × 销售收入 = 0.05 × 400 000 = 20 000（美元）
　DVD 播放器的变动销售费用 = 0.05 × 销售收入 = 0.05 × 290 000 = 14 500（美元）

演练 8.5 显示了两种产品均有正的贡献毛益（MP3 播放器为 180 000 美元，DVD 播放器为 125 500 美元）。两种产品均产生高于变动成本的收益，因此可用来分摊公司的固定成本。然而，公司的一些固定成本是由分部自身所产生的。因此，每个分部真正的毛益是当这些直接固定成本被涵盖后所剩余的部分。

每个分部补偿了公司共同固定成本之后的利润贡献叫作**分部毛益**（**segment margin**）。一个分部应当至少能够涵盖自身的变动成本和直接固定成本。一个负的分部毛益会拉低公司的整体利润，此时就应当考虑是否放弃这一产品。在忽略一个分部对另一分部销售所产生的影响下，分部毛益衡量了当一个分部被撤销后公司利润的变动。

由你做主

使用分部利润表做出决策

你是 Folsom 公司的财务副总经理，公司主销 A、B、C 三种产品。你收到了一份如图表 8-4(1) 所示的利润表。很明显，C 产品是不盈利的。事实上，公司每年在 C 产品上要损失 13 740 美元。

图表 8-4　比较有、无分配共同固定费用的分部利润表

Folsom 公司上年的信息　　　　　　　　　　　　　　　　　　　　　　单位：美元

项目	A 产品	B 产品	C 产品
产量及销量（件）	10 000	30 000	26 000
售价	30	25	14
单位变动成本	20	18	12
直接固定费用	35 000	38 000	40 000

(续表)

（1）分配共同固定费用的分部利润表

项目	A 产品	B 产品	C 产品	合计
销售收入	300 000	750 000	364 000	1 414 000
减:变动成本	200 000	540 000	312 000	1 052 000
贡献毛益	100 000	210 000	52 000	362 000
减:直接固定成本	35 000	38 000	40 000	113 000
分部毛益	65 000	172 000	12 000	249 000
减:分配共同成本	21 220	53 040	25 740	100 000
经营利润	43 780	118 960	(13 740)	149 000

（2）未分配共同固定费用的分部利润表

项目	A 产品	B 产品	C 产品	合计
销售收入	300 000	750 000	364 000	1 414 000
减:变动成本	200 000	540 000	312 000	1 052 000
贡献毛益	100 000	210 000	52 000	362 000
减:直接固定成本	35 000	38 000	40 000	113 000
分部毛益	65 000	172 000	12 000	249 000
减:分配共同成本				100 000
经营利润				149 000

公司应当放弃 C 产品吗？若放弃,则收入会增加吗？

仔细观察一下利润表,你会发现直接固定成本和分配共同固定成本都被从各分部的贡献毛益中扣除了。这是具有误导性的:看起来放弃任何分部都会导致与该分部相关的经营利润的减少。然而,即使一个分部被放弃了,分配共同固定成本也依然存在。

一个更有价值的利润表被展示在图表 8-4(2) 中。在这张图表中,三种产品的分部贡献毛益及整个公司的经营利润均为正。尽管 C 产品不如 A 产品和 B 产品那样盈利,但它仍是有利润的。

将直接固定成本与共同固定成本分离并关注分部毛益,可对分部的盈利状况拥有更真实的了解。

8.3 存货管理的决策制定

前面关于吸收成本法和变动成本法的讨论阐明了一个问题:存货会影响经营利润。除了存货的生产成本,还有与原材料、在产品和产成品等不同存货形态的其他相关成本,例如,存货要经过购买、接受、存储和运送等形态。

8.3.1 存货相关成本

当一段特定的时间(通常为一年)对一种产品或原材料的需求确定时,两种主要的成本与存货相关。如果存货是从外部渠道购买的原材料或者产品,那么存货相关成本就有订货成本和存货持有成本;如果存货是来自内部的原材料或者产品,那么存货相关成本就有调整准备成本和存货持有成本。

订货成本(ordering costs)是订购和接受订单的成本,包括订单处理成本(办公费和单据)、装运保险成本、卸货和收货成本。

存货持有成本(carrying costs)是持有和存储存货的成本,包括保险、库存税、滞销存货、存货占有资金的机会成本、手续费和存储空间。

如果需求是不确定的,那么就会产生第三种存货成本——缺货成本。

缺货成本(stocking costs)是指当一个客户需要一种产品时无法提供或生产时缺少某种原材料所产生的成本。例如,失去的销售订单(现在或未来)、加速成本(增长的交通费、加班费等)、停产成本(如闲置人工等)。

需要注意的是,原材料的价格不是与持有存货相关的成本,这一成本是必须付出的。同样,生产产品的成本也不是存货相关成本。

图表8-5总结了持有存货的几点原因,它们可以证明持有存货是合理的。一些其他原因也鼓励持有存货,如绩效评价中对机器和人工效率的评价也会促进存货持有。

图表8-5 持有存货的传统原因

- 平衡订货或调整准备成本以及存货持有成本
- 满足顾客需求(例如,满足交货日期)
- 避免由如下原因引起的设备停运:
    ①机器故障;
    ②不良部件;
    ③不可用部件;
    ④延迟交货部件。
- 缓冲不可靠生产进程
- 利用折扣
- 对未来价格上升的套期保值

8.3.2 经济定货量:传统的存货模型

一旦一家公司决定持有存货就要确认以下两个基本问题:(1)订货量应该为多少?(2)什么时候下订单?在回答第二个问题前必须回答第一个问题。假设需求是已知的,在选择订货量时,经理人需要考虑的唯一问题就是订货成本和存货持有成本。其计算公式如下:

总存货相关成本 = 订货成本 + 存货持有成本

订货成本 = 每年订货次数 × 每批下单成本

平均存货量 = 订货量 ÷ 2

存货持有成本 = 平均存货量 × 单位存货持有成本

任何持有存货的组织都可以计算存货持有成本,包括零售、服务和制造业组织。演练8.6以一个服务组织的应用情况为例,展示了如何计算总订货成本、存货持有成本和存货成本。

演练8.6

计算订货成本、存货持有成本和总存货相关成本

知识梳理:

订货成本和存货持有成本是总存货成本的一部分。较大的订货量意味着较低的订货成本和较高的存货持有成本。

资料:

Mall-o-Cars公司生产不同牌子的汽车,并提供相应的售后服务。部件X7B用于修理水管,每年要使用10 000个部件X7B,必须从外部供应商处购买,每次订购1 000个。Mall-o-Cars公司的订货成本为25美元/次,存货持有成本为每年2美元/个。

要求:

1. Mall-o-Cars公司每年要为部件X7B下几次订单?
2. 部件X7B每年的总订货成本是多少?
3. 部件X7B每年的总存货持有成本是多少?
4. 在现有库存政策下,Mall-o-Cars公司每年对部件X7B的存货相关总成本是多少?

答案:

1. 订货次数 = 年平均消耗量 ÷ 每批次数量 = 10 000 ÷ 1000 = 10(批/年)
2. 总订货成本 = 订货次数 × 每批下单成本 = 10 × 25 = 250(美元)
3. 总存货持有成本 = 平均存货量 × 单位存货持有成本 = (1000/2) × 2 = 1000(美元)
4. 总存货相关成本 = 总订货成本 + 总存货持有成本 = 250 + 1 000 = 1 250(美元)

计算总存货持有成本是通过平均持有存货量乘以每年的单位存货持有成本。但是,平均持有存货量是多少呢?存货政策规定一次订购1 000个部件,那么最大存货持有量是1 000个,即一批货物刚刚被送达时的存货量。在理想状态下,最小的存货持有量为0,即新的订单即将到达时的存货量。因此,平均持有存货量是最大值减去最小值的差额再除以2:

平均存货量 = (最大存货量 − 最小存货量) ÷ 2

图表 8-6 说明了这一概念。

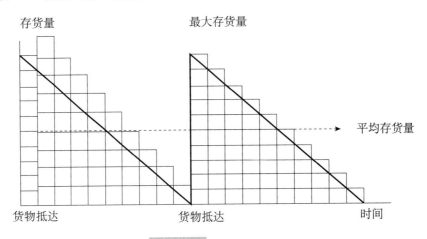

图表 8-6　平均存货量

8.3.3　经济订货量

Mall-o-Cars 公司现有政策的总成本是 1 250 美元(250 + 1 000);然而,总成本 1 250 美元的 1 000 个订货量可能不是最好的选择。其他的订货量可能产生更低的总成本,我们的目标是找到可以使总成本最低的订货量。最优规模的订单数量对应的订货量就是**经济订货量**(EOQ)。经济订货量使得全年存货相关总成本最低,其计算公式①如下:

$$EOQ = \sqrt{2 \times CO \times D/CC}$$

其中,EOQ 为经济订货量,CO 为订货成本,D 为年需求量,CC 为年单位存货持有成本。

演练 8.7 展示了如何运用经济订货量公式。

演练 8.7

计算经济订货量

知识梳理:

经济订货量是使得包括订货成本和存货持有成本在内的存货相关总成本最低的采购批量。

资料:

参照演练 8.6 中 Mall-o-Cars 公司的数据。

要求:

1. 部件 X7B 的经济订货量是多少?

---

① 这个公式是采用微积分推导而来的,推导过程将在以后的课程中介绍。

2. 在经济订货量政策下，Mall-o-Cars 公司每年要为部件 X7B 下几次订单？
3. 在经济订货量政策下，部件 X7B 每年的总订货成本是多少？
4. 在经济订货量政策下，部件 X7B 每年的总存货持有成本是多少？
5. 在经济订货量政策下，Mall-o-Cars 公司针对部件 X7B 的年总存货相关成本是多少？

答案：
1. $EOQ = \sqrt{2 \times CO \times D/CC} = \sqrt{2 \times 25 \times 10\,000/2} = \sqrt{500\,000/2} = 500$（件）
2. 订货次数 = 年平均消耗量 ÷ 每批次数量 = $10\,000 \div 500 = 20$（批/年）
3. 总订货成本 = 订货次数 × 每批下单成本 = $20 \times 25 = 500$（美元）
4. 总存货持有成本 = 平均存货量 × 单位存货持有成本 = $(500/2) \times 2 = 500$（美元）
5. 总存货相关成本 = 总订货成本 + 总存货持有成本 = $500 + 500 = 1\,000$（美元）

仔细观察演练 8.7，在经济订货量下，存货持有成本等于订货成本，这在所给的简单经济订货量模型中总是成立的。现在将演练 8.7 和演练 8.6 进行比较，经济订货量 500 件/批的成本要低于 1 000 件/批的成本（1 000 美元 VS 1 250 美元）。

8.3.4 再订货点

经济订货量回答了一次订货（或生产）多少的问题。什么时候订货（或者准备生产）也是存货政策中的一个基本问题。**再订货点**（**reorder point**）是新的订单发出（或开始调整准备）的时点。它是经济订货量、交付周期和平均日使用量的函数。**交付周期**（**lead time**）是指当一份订单发出或开始调整准备后要求收到经济订货量的时间。

为了避免缺货成本并使存货持有成本最小化，应当在最后一件存货被使用时下订单。已知平均日使用量和交付周期，我们可以计算出满足上述目标的再订货点：

再订货点 = 平均日使用量 × 交付周期

演练 8.8 展示了当平均日使用量确定时，如何计算再订货点。

演练 8.8

在平均日使用量确定条件下计算再订货点

知识梳理：

再订货时间与存货剩余量有关。当存货降到一个特定点时，就要再次订货；否则公司将出现缺货。

资料：

Mall-o-Cars 公司生产不同牌子的汽车，并提供相应的售后服务。部件 X7B 用于修理水管，每年要使用 10 000 个部件 X7B，该部件的平均日使用量为 40 件/天。Mall-o-Cars

公司每次从订货到收货的时间为 5 天。

要求：

计算再订货点。

答案：

$$再订货点 = 平均日使用量 \times 交付周期 = 40 \times 5 = 200(件)$$

因此，当部件 X7B 降到 200 件时，Mall-o-Cars 公司就需再次订货。

如果对于部件或产品的需求是不确定的，缺货就可能发生。例如，如果该部件的使用量是 45 件/天而不是 40 件/天，那么公司在近四天半的时间内就会用完 200 个部件。由于新的订单要在第 5 天才会到达，这样就有可能要停产半天。为了避免这种情况，公司应选择持有一个安全库存。**安全库存(safety stock)** 是防止需求变动而持有的额外保险存货。安全库存是交付周期乘以最大日使用量和平均日使用量的差额计算得到：

$$安全库存 = (最大日使用量 - 平均日使用量) \times 交付周期$$

演练 8.9 展示了当有安全库存时，如何计算再订货点。

演练 8.9

计算安全库存及此时的再订货点

知识梳理：

安全库存帮助公司应对需求量的不确定性，以及货物到达时间的不确定性。

资料：

Mall-o-Cars 公司生产不同牌子的汽车，并提供相应的售后服务。部件 X7B 用于修理水管，每年要使用 10 000 个部件 X7B，该部件的平均日使用量为 40 件/天；然而，有时该部件的平均日使用量为 50 件/天。Mall-o-Cars 公司每次从订货到收货的时间为 5 天。

要求：

1. 计算安全库存。
2. 计算安全库存下的再订货点。

答案：

1. $$安全库存 = (最大日使用量 - 平均日使用量) \times 交付周期$$
   $$= (50 - 40) \times 5 = 50(件)$$

2. $$再订货点 = 最大日使用量 \times 交付周期 = 50 \times 5 = 250(件)$$

   或者

   $$再订货点 = 平均日使用量 \times 交付周期 + 安全库存 = 40 \times 5 + 50 = 250(件)$$

> **道德决策**
>
> 有些无良之人会选择有补偿性支付或者回扣的供应商。也就是说,选择从某个特定供应商购货的采购经理可以单独获得一笔报酬。这些回扣通常是不合法的,也不符合道德原则,甚至可能导致诉讼案件。例如,美国司法部因强生公司向 Omnicare 提供非法回扣而对其提起诉讼。Omnicare 是一家养老院的药品供应商,强生公司希望其能够向养老院的医生推荐特定的药品。这些药品含有利培酮,非常昂贵却并没有优于同类药品。

8.3.5 经济订货量和存货管理

经济订货量对于确认订货成本和存货持有成本之间的最优均衡具有重要作用,在帮助企业利用安全库存解决不确定性问题上也发挥着重要作用。了解了传统制造环境的本质后,我们可以看到经济订货量模型在美国许多行业中的历史重要性。这种环境的特点是规模化,即对一些具有高额调整准备成本的标准化产品进行大规模生产。这种高额的调整准备成本导致了较大的生产批量,从而降低了单位产品成本。因此,这些公司的生产倾向于长期式,且过剩的生产力被用于库存。

8.3.6 存货管理的适时制

那些传统的、大批量的、高生产调整准备成本的公司所处的经济环境在近十几年来发生了剧烈的变化。交通运输和通信的发展加剧了全球化竞争,信息技术的发展缩短了产品的生命周期,并增强了产品的多样性。这些竞争压力使得许多公司放弃了经济订货量模型,转而选择适时制方法。

适时制(just in time,JIT)是一种由需求拉动生产的制度,不同于由基于预测需求的固定计划推动生产的传统制度。许多快餐厅,如麦当劳,使用拉动制度控制它们的产成品存货。当一位顾客点了一个汉堡,汉堡便从保温架上下架。当汉堡数量太少时,厨师就会制作更多的汉堡。顾客需求通过这一制度拉动了生产。这一相同的原理也适用于制造业生产。每个生产环节只生产满足下一环节的需求的产品,原材料和组件在生产发生时被及时送达,以满足生产的需要。

1. 适时制和传统存货方法的比较

适时制的特点是可以将所有的存货成本降到一个很低的水平。然而,这种持有较少存货的观点是对传统持有存货的原因的挑战,如图表 8-5 所示。适时制存货管理提供了一种不需要高存货量的可选择解决方案。

订货成本。例如,在传统制度中,解决存货订货或调整准备成本与存货持有成本之间矛盾的方法是选取一个使这些成本之和最小的存货水平。若需求量高于预期或者生产因故障或效率低而减少,那么存货就可作为缓冲器,提供产品给顾客以缓解产品不足的问题。然而,在适时制的环境下,降低订货成本是依靠与供应商建立密切的联系。与外部原料供应商签订长期合同可明显减少订单数量及相关的订货成本。一些零售商允许供应商为其进行存货管理,以此降低订货成本。制造商通知零售商再订货的时间及数量,而零售商审阅这些意见,若是合理的就会核准这些订单。沃尔玛和宝洁就利用这一方法解决减少存货及缺货问题。

需求不确定性。依据传统的观点,存货可防止由机器故障、材料或组件缺陷、原材料或组件缺失引发的停产。那些支持适时制的人认为,存货只是掩盖而并没有解决问题,适时制通过强调全员设备维护、全质量控制以及与供应商建立良好关系来解决这三个问题。在适时制下,减少调整准备时间可使制造商更精确地按订单生产。

更低的存货成本。从传统的观点来看,公司可通过持有存货获得数量折扣,或者对要购买货物未来价格的上升进行套期保值,最终目标是降低存货成本。适时制可在不持有存货的情形下达到相同目的。适时制的解决方法是与一些选定的供应商签订长期合同,这些供应商应尽量位于生产设施附近,从而可建立更广泛的供应商参与网络。选择供应商不仅仅依据价格,绩效(产品质量和运输能力)以及对适时制购买的保证都是要考虑的重要因素。长期合同还有其他益处,它们规定了价格和可接受的质量水平,大大地减少了订货次数,可降低订货成本。

2. 适时制方法的局限性

适时制具有一定的局限性。适时制被认为是一种简单化的制度,但这并不意味着适时制是容易推行的。适时制的建立需要时间,比如说与供应商建立稳定的关系。坚持立刻改变交付时间和质量是不现实的,并且可能引起公司与供应商的矛盾,工人也可能受到适时制的影响。研究表明,存货缓冲的急速减少会带来严格控制的工作流程,并对生产工人造成巨大压力。如果工人仅仅把适时制当作一种压榨他们的方法,那么适时制就注定是失败的。推广适时制的更好策略可能是在适时制优化流程的基础上减少存货。适时制要求严谨而周密的计划和准备,公司应当预料到一些挣扎与挫折。

适时制最明显的不足是缺少存货作为生产中断的缓冲,使得当前销售不断受到不可预料的生产中断的威胁。事实上,如果问题产生了,适时制方法是在任何更进一步的生产活动发生前努力发现问题并解决问题。运用适时制的零售商还面临存货短缺的可能性,因为适时制零售商订购的是他们现在需要的商品,而不是预期要出售的商品。适时制的观点是使商品尽可能晚地流经销售渠道,将存货保持在低水平。如果需求的增加远超过零售商的存货供应,而零售商不能足够迅速地做出订货调整,就会不可避免地失去销售额或得罪顾客。推行适时制的制造业公司为了确保未来的销售额,也愿意让本期的销售额承担风险。这种保证来自更好的质量、更快的反应速度,以及更少的运营成本。即便如此,我们也必须意识到,今天的销售额一旦丧失就永远丧失了。建立一个中断次数很少的适时制系统不是一项短期的项目,因此损失的销售额是建立适时制系统的真实成本。

Kicker 管理实践

存货管理是 Kicker 公司的一项重要活动。因为许多扬声器是在海外制造的，Kicker 公司必须安排生产及运输以满足需求，而扬声器的需求是季节性的。假设有一个典型的 Kicker 牌顾客，他是一个年轻人，想在汽车或卡车中有更大、更好的音效，他行驶时习惯于调大声音并关闭车窗。从这一描述中，我们可以理解为什么在冬天销售量会有 15% 的下降；但是，自 3 月中旬起，销售量会上升。加利福尼亚州、佛罗里达州和纽约是主要的市场。春天和夏天先到达前两个州，5 月和 6 月进入纽约。对于 Kicker 公司来说，顾客需要时有足够的产品是至关重要的。

现在让我们关注生产这方面。许多扬声器是在中国制造的，而中国的春节开始于 1 月末或 2 月初，那是重要节日，扬声器工厂一般会放一个月的假。因为 Kicker 的销售在春天增长，Kicker 需要在年初持有巨大数量的存货以满足需求并协调停产。春季的存货对 Kicker 是至关重要的，甚至可高达预测销售的 50%—100%。由于行政管理团队厌恶失去销售额，Kicker 有相当大的安全库存。事实上，他们发生过存货短缺，并对由此失去的销售额耿耿于怀。

总之，缺货是需要避免的问题，丢失的销售订单的成本很高，生产和销售是季节性的。总的来说，Kicker 公司坚信持有大量的存货是解决传统存货问题的最好解决方式。

学习目标

LO1 解释吸收成本法和变动成本法之间的差异。
- 吸收成本法将固定制造费用作为产品成本。单位产品成本由直接材料、直接人工、变动制造费用和固定制造费用组成。
  - 吸收成本法的利润表按照功能将费用划分为：
    - 产品成本——销货成本，包括变动产品成本和固定产品成本；
    - 销售费用——销售与分配产品的变动成本和固定成本；
    - 管理费用——变动管理成本和固定管理成本。
- 变动成本法将固定制造费用作为期间费用。单位产品成本由直接材料、直接人工、变动制造费用组成。
  - 变动成本法下利润表按照成本性态将费用划分为：
    - 变动制造费用、销售费用和管理费用。
    - 固定制造费用、销售费用和管理费用。
- 产量和销量对于吸收成本法下利润和变动成本法下利润的影响：
  - 如果产量 > 销量，那么吸收成本法下利润 > 变动成本法下利润；
  - 如果产量 < 销量，那么吸收成本法下利润 < 变动成本法下利润；
  - 如果产量 = 销量，那么吸收成本法下利润 = 变动成本法下利润。

LO2 编制分部利润表。
- 分部是公司中可影响收入的亚单元。
  - 产品；
  - 部门；
  - 地理区域；
  - 任何其他形式的重要亚单元。
- 变动成本法下利润表可为经理人提供许多重要信息。
- 固定费用可分为两个部分：
  - 直接固定费用(随着部门的消失而消失)；
  - 共同固定费用(分配给两个或更多的亚单元)。
- 分部毛益(贡献毛益减去直接固定费用)对于评价分部是十分重要的。

LO3 讨论经济订货量模型和适时制模型下的存货管理。
- 经济订货量平衡了订货成本和存货持有成本。
- 订货成本是下订单所需的成本。
- 存货持有成本是持有一年单位存货的成本。
- 在经济订货量下，订货成本等于存货持有成本。
- 安全库存防止了由需求不确定性导致的缺货。
- 经济订货量法使用存货解决以下问题：
  - 不稳定的产品需求；
  - 不可避免的工厂停产；
  - 防止未来价格上升而套期保值；
  - 利用销售折扣。
- 适时制不用存货就解决了不稳定需求、生产故障等问题。
  - 长期合同；
  - 供应商关系；
  - 减少按需生产的调整准备时间；
  - 创建生产单元；
  - 质量和生产力最优化。

重要公式 》》》

1. 吸收成本法下产品成本 = 直接材料 + 直接人工 + 变动制造费用 + 固定制造费用
2. 变动成本法下产品成本 = 直接材料 + 直接人工 + 变动制造费用
3. 总存货相关成本 = 订货成本 + 存货持有成本
   订货成本 = 每年订货次数 × 每批下单成本
   平均存货量 = 订货量 ÷ 2
   存货持有成本 = 平均存货量 × 单位存货持有成本
4. $EOQ = \sqrt{2 \times CO \times D/CC}$
5. 再订货点 = 平均日使用量 × 交付周期
6. 安全库存 = (最大日使用量 − 平均日使用量) × 交付周期

关键术语

安全库存　　　　　　分部　　　　　　　　经济订货量　　　　　吸收成本法
变动成本法　　　　　分部毛益　　　　　　缺货成本　　　　　　再订货点
存货持有成本　　　　共同固定费用　　　　适时制　　　　　　　直接固定费用
订货成本　　　　　　交付周期

问题回顾

I. 吸收成本法、变动成本法和分部利润表

Fine Leathers 公司生产女式钱包和男式钱包。该公司上年数据如下：

单位：美元

项目	女式钱包	男式钱包
产量（单位）	100 000	200 000
销售（单位）	90 000	210 000
售价	5.5	4.5
直接人工工时	50 000	80 000
生产成本：		
直接材料	75 000	100 000
直接人工	250 000	400 000
变动制造费用	20 000	24 000
固定制造费用：		
直接	50 000	40 000
共同[a]	20 000	20 000
非生产成本：		
变动销售费用	30 000	60 000
直接固定销售费用	35 000	40 000
共同固定销售费用[b]	25 000	25 000

a. 共同制造费用总计为 40 000 美元，在两个产品中平均分摊。

b. 共同固定销售费用总计为 50 000 美元，在两个产品中平均分摊。

本年的预算固定制造费用为 130 000 美元，等于实际固定制造费用。固定制造费用按照预期直接人工小时（130 000 小时）的全厂分配率分配给产品。该公司的男式钱包期初存货为 10 000 只，这些钱包与本年生产的男式钱包的单位成本相同。

要求：

1. 用变动成本法和吸收成本法计算女式钱包与男式钱包的单位成本。
2. 用吸收成本法编制利润表。
3. 用变动成本法编制利润表。
4. 将产品看作分部，编制分部利润表。

答案：

1. 女式钱包的单位成本为：

单位：美元

直接材料（75 000/100 000）	0.75
直接人工（250 000/100 000）	2.50
变动制造费用（20 000/100 000）	0.20
单位变动成本	3.45
加：固定制造费用（50 000×1.00/100 000）	0.50
单位完全成本	3.95

男式钱包的单位成本为:

	单位:美元
直接材料(100 000/200 000)	0.50
直接人工(400 000/200 000)	2.00
变动制造费用(24 000/200 000)	0.12
单位变动成本	2.62
加:固定制造费用(80 000×1.00/200 000)	0.40
单位完全成本	3.02

请注意,两种产品单位成本的唯一差异在于对固定制造费用的分配的不同;同时还要注意,固定制造费用的单位成本是使用预先确定的固定制造费用分配率(130 000美元/130 000小时)分配的。例如,女式钱包使用了50 000直接人工小时,那么其固定制造费用就为50 000美元(1× 50 000),这一总额除以产量得到的单位固定制造费用成本为0.50美元。最后,在变动成本法下,变动非制造成本不是产品单位成本的组成部分。在两种方法中,只有制造成本才用于计算单位成本。

2. 吸收成本法下利润表为:

	单位:美元
销售收入(5.50×90 000+4.50×210 000)	1 440 000
减:销货成本(3.95×90 000+3.02×210 000)	989 700
毛利	450 300
减:销售费用*	215 000
经营利润	235 300

注:*两种产品的销售费用之和。

3. 变动成本法下利润表为:

	单位:美元
销售收入(5.50×90 000+4.50×210 000)	1 440 000
减:变动费用	
变动销货成本(3.45×90 000+2.62×210 000)	860 700
变动销售费用	90 000
贡献毛益	489 300
减:固定费用	
固定制造费用	130 000
固定销售费用	125 000
经营利润	234 300

4. 分部利润表为:

	女式钱包	男士钱包	合计
			单位:美元
销售收入	495 000	945 000	1 440 000

减:变动费用			
变动销货成本	310 500	550 200	860 700
变动销售费用	30 000	60 000	90 000
贡献毛益	154 500	334 800	489 300
减:直接固定费用			
直接固定制造费用	50 000	40 000	90 000
直接销售费用	35 000	40 000	75 000
分部毛益	69 500	254 800	324 300
减:共同固定费用			
共同固定制造费用			40 000
共同销售费用			50 000
经营利润			234 300

Ⅱ. 存货成本、经济订货量、再订货点

一家当地的电视机修理店每年要使用 36 000 个零件(平均每个工作日 100 个零件)。每次从发出订单到收到存货,整个过程的成本为 20 美元。该店每次订货批量为 400 个零件。每个零件每年的存货持有成本为 4 美元。

要求:

1. 计算每年的总订货成本。

2. 计算每年的总持有成本。

3. 计算每年的总存货成本。

4. 计算经济订货量。

5. 运用经济订货量存货政策,计算每年的总存货成本。

6. 运用经济订货量与使用 400 个零件为批量的订货相比,每年节约多少成本?

7. 假定交付时间为 3 天,计算再订货点。

8. 假定零件的使用量可以高达每天 110 个,计算安全库存和新的再订货点。

答案:

1. 订货成本 = 单位订货成本 × (年平均消耗量/每批次数量)
= 20 × (36 000/400) = 1 800(美元)

2. 总存货持有成本 = 单位存货持有成本 × (订货量/2) = 4 × (400/2) = 800(美元)

3. 总存货成本 = 订货成本 + 存货持有成本
= 1 800 + 800 = 2 600(美元)

4. $EOQ = \sqrt{2 \times CO \times D/CC} = \sqrt{2 \times 20 \times 36\,000/4} = \sqrt{360\,000} = 600$(件)

5. 年总存货成本 = 单位订货成本 × (年平均消耗量/每批次数量) + 单位存货持有成本 × (订货量/2) = 20 × (36 000/600) + 4 × (600/2) = 1 200 + 1 200 = 2 400(美元)

6. 节约额 = 2 600 − 2 400 = 200(美元)

7. 再订货点 = 100 × 3 = 300(件)

8. 安全库存 = (110 − 100) × 3 = 30(件)
再订货点 = 110 × 3 = 330(件)

讨论题

1. 在吸收成本法和变动成本法下,单位产品成本的区别是什么?

2. 如果一家公司生产了 10 000 件产品,销售了 8 000 件,用哪种方法(吸收成本法还是变动成本法)计算可得到更高的经营利润?为什么?

3. 分部是什么?

4. 贡献毛益和分部贡献毛益有什么区别?

5. 什么是订货成本?什么是存货持有成本?请举例说明。

6. 什么是缺货成本?

7. 所订货物的采购价格是否进入经济订货量的公式？为什么？

8. 持有存货的理由是什么？

9. 请说明为什么按照存货管理的传统观点，存货持有成本随订货成本的下降而上升。

10. 什么是经济订货量？

11. 请说明如何利用安全库存解决市场需求的不确定性问题。

12. 适时制采用何种方法使总存货成本最小？

多项选择题

8-1 Yates 公司的单位产品信息如下：

	单位：美元
直接材料	40
直接人工	30
变动制造费用	2
固定制造费用	5

Yates 公司期初存货为 8 000 件，本年生产 50 000 件，出售了 55 000 件。其期末存货的价值为（　　）。

A. 在变动成本法下的价值高于在吸收成本法下的价值

B. 在吸收成本法下的价值高于在变动成本法下的价值

C. 在变动成本法与吸收成本法下的价值相同

D. 期末存货为零

E. 这种情况不存在

8-2 在分部利润表中，下面哪种表述是错误的？（　　）

A. 分部毛益大于贡献毛益

B. 共同固定费用必须分配给每个分部

C. 贡献毛益等于销售收入减去一个分部所有的变动和直接固定费用

D. 分部毛益等于贡献毛益减去直接和共同固定费用

E. 分部毛益等于贡献毛益减去直接固定费用

8-3 部件 B-22 的经济订货量为 2 500 件，每年订货 4 次，年总订货成本为 1 200 美元。下面哪种说法是正确的？（　　）

A. 单位订货成本为 4 800 美元/次

B. 该部件的年需求量为 2 500 件

C. 单位订货成本为 1 200 美元/次

D. 总存货持有成本为 1 200 美元

E. 根据如上信息无法计算年存货持有成本

8-4 下面哪项是持有存货的原因？（　　）

A. 平衡调整准备成本与存货持有成本

B. 满足顾客需求

C. 避免制造设备停产

D. 利用销售折扣

E. 上述所有

8-5 假设某种材料的交付周期为 4 天，该材料的平均日消耗量为 12 件。再订货点是（　　）。

A. 3　　　　　　B. 12

C. 15　　　　　 D. 36

E. 48

8-6 假设某种材料的交付周期为 4 天，该材料的平均日消耗量为 12 件，最大日消耗量为 15 件。安全库存是（　　）。

A. 3　　　　　　B. 12

C. 9　　　　　　D. 15

E. 5

8-7 分部可以是如下哪种形式？（　　）

A. 产品　　　　 B. 顾客类型

C. 地理区域　　 D. 上述所有

E. 无正确答案

8-8 Garrett 公司的信息如下：

项目	产品 1	产品 2
销售量	10 000	20 000
售价（美元）	20	15
单位变动成本（美元）	10	10
直接固定成本（美元）	35 000	75 000

共同固定成本总计为 46 000 美元。Garrett 公司以销售量为基准将共同固定成本分配给产

品1和产品2。如果公司不再生产产品2,那么下面哪项是正确的?（　　）

A. 销售额增加300 000美元
B. 总经营利润增加2 600美元
C. 总经营利润减少25 000美元
D. 总经营利润保持不变
E. 共同固定成本减少27 600美元

8-9 公司选择变动成本法的原因有(　　)。

A. 与一般公认会计原则相一致
B. 对管理决策制定最有用处
C. 提供毛利率
D. 对外部报告有用
E. 无正确答案

参照如下资料完成多项选择题8-10至8-12:

McCartney公司生产一系列产品并提供了以下信息:

产品C的年需求量	20 000
产品C的调整准备成本(美元)	45
产品C的单位存货持有成本(美元)	5

目前,McCartney公司每条生产线能生产1 000件产品C。

8-10 参照McCartney公司的上述资料。在现有存货政策下,产品C的存货相关成本是(　　)。

A. 900美元　　B. 2 500美元
C. 3 400美元　D. 45 000美元
E. 100 000美元

8-11 参照McCartney公司的上述资料。产品C的经济订货量是(　　)。

A. 500　　B. 600
C. 700　　D. 800
E. 1 000

8-12 参照McCartney公司的上述资料。在经济订货量下,产品C的存货相关成本是(　　)(注意:结果保留到最近的整数)。

A. 1 500美元　B. 3 330美元
C. 2 985美元　D. 3 400美元
E. 5 000美元

基础练习题

参照如下资料完成基础练习题8-13至8-14:
在最近几年,Judson公司的产品信息如下:

单位:美元

期初存货	300
本期产成品	15 000
销售额(售价300美元/件)	12 700
单位变动成本:	
直接材料	20
直接人工	60
变动制造费用	12
固定成本:	
单位固定制造费用	30
固定销售和管理费用	140 000

8-13 吸收成本法下存货估值(LO1)

参照Judson公司的上述资料。

要求:

1. 期末存货数量为多少?
2. 运用吸收成本法,计算单位产品成本。
3. 在吸收成本法下,期末存货的价值是多少?

8-14 变动成本法下存货估值(LO1)

参照Judson公司的上述资料。

要求:

1. 期末存货数量为多少?
2. 运用变动成本法,计算单位产品成本。
3. 在变动成本法下,期末存货的价值是多少?

参照如下资料完成基础练习题 8-15 至 8-16：

在最近几年，Osterman 公司的产品信息如下：

单位：美元

期初存货	—
本期产成品	10 000
销售额（售价47美元/件）	9 300
单位变动成本：	
直接材料	9
直接人工	6
变动制造费用	4
固定成本：	
单位固定制造费用	5
固定销售和管理费用	138 000

8-15　吸收成本法下利润表（LO1）

参照 Osterman 公司的上述资料。

要求：

1. 运用吸收成本法，计算销货成本。
2. 运用吸收成本法，编制利润表。

8-16　变动成本法下利润表（LO1）

参照 Osterman 公司的上述资料。

要求：

1. 运用变动成本法，计算销货成本。
2. 运用变动成本法，编制利润表。

8-17　分部利润表（LO2）

Gorman Nurseries 公司在温室中种植一品红和水果树。下一年度的资料如下：

单位：美元

项目	一品红	水果树
销售收入	970 000	3 100 000
变动销货成本	460 000	1 630 000
直接固定制造费用	160 000	200 000

每条生产线要支付4%的销售佣金。一品红生产线和水果树生产线的直接固定销售和管理费用估计分别为 146 000 美元和 87 000 美元。

共同固定制造费用估计为 800 000 美元，共同销售和管理费用估计为 450 000 美元。

要求：

运用变动成本法，为 Gorman Nurseries 公司编制下一年度的分部利润表。

参照如下资料完成基础练习题 8-18 至 8-19：

Lu Cucina 公司生产厨房用品和家居用品。熔岩石用于生产墨蒂雅酱（砂浆和杵用于生产鳄梨酱）且它们是从外部供应商处购得。每年要使用 8 000 磅熔岩石；每次订购 500 个。Lu Cucina 公司的订货成本是 5 美元/次，存货持有成本是每年 2 美元/磅。

8-18　订货成本、存货持有成本和总存货相关成本（LO3）

参照 Lu Cucina 公司的上述资料。

要求：

1. Lu Cucina 公司每年要为熔岩石下几次订单？
2. 熔岩石每年的总订货成本是多少？
3. 熔岩石每年的总存货持有成本是多少？
4. 在现有存货政策下，Lu Cucina 公司每年对熔岩石的存货相关总成本是多少？

8-19　经济订货量（LO3）

参照 Lu Cucina 公司的上述资料。

要求：

1. 熔岩石的经济订货量是多少？
2. 在经济订货量政策下，Lu Cucina 公司每年要为熔岩石下几次订单？
3. 在经济订货量政策下，熔岩石每年的总订货成本是多少？
4. 在经济订货量政策下，熔岩石每年的总存货持有成本是多少？
5. 在经济订货量政策下，Lu Cucina 公司每年对熔岩石的存货相关总成本是多少？

8-20　再订货点（LO3）

Lu Cucina 公司生产厨房用品和家居用品。熔岩用于生产墨蒂雅酱（砂浆和杵用于生产鳄梨酱）且它们是从外部供应商处购得。每年要使用 8 000 磅熔岩石；熔岩石的平均日使用量为 30 磅。Lu Cucina 公司每次从订货到收货的时间为 5 天。

要求：

计算再订货点。

8-21　安全库存及此时的再订货点（LO3）

Lu Cucina 公司生产厨房用品和家居用品。

熔岩石用于生产墨蒂雅酱（砂浆和杵用于生产鳄梨酱）且它们是从外部供应商处购得。每年要使用 8 000 磅熔岩石；熔岩石的平均日使用量为 30 磅；然而，有时熔岩石的平均日使用量为 35 磅。

Lu Cucina 公司每次从订货到收货的时间为 5 天。

要求：

1. 计算安全库存。
2. 计算安全库存下的再订货点。

练习题

8-22 吸收成本法下存货估值（LO1）

Amiens 公司在营业的第一年生产了 20 000 件产品，且以 17 美元/件的价格销售了 18 900 件。该公司按实际作业（20 000 件）计算预计固定制造费用分配率。生产成本资料如下：

	单位：美元
直接材料	80 000
直接人工	101 400
变动制造费用	15 600
固定制造费用	54 600

要求：

1. 计算四种成本的单位成本。
2. 计算吸收成本法下的单位产品成本。
3. 期末存货量是多少？
4. 计算吸收成本法下的期末存货成本。

8-23 变动成本法下存货估值（LO1）

Lane 公司在营业的第一年生产了 50 000 件产品，且以 12 美元/件的价格销售了 47 300 件。该公司按实际作业（50 000 件）计算预计固定制造费用分配率。生产成本资料如下：

	单位：美元
直接材料	123 000
直接人工	93 000
变动制造费用	65 000
固定制造费用	51 000

要求：

1. 计算变动成本法下的单位成本。
2. 计算变动成本法下的期末存货成本。

8-24 吸收成本法和变动成本法下的存货估值（LO1）

Overton 公司在上年生产了 80 000 件产品，公司销售了 79 000 件且期初存货为零。该公司按实际作业（80 000 件）计算预计固定制造费用分配率。生产成本资料如下：

	单位：美元
直接材料	596 000
直接人工	104 000
变动制造费用	88 000
固定制造费用	228 800

要求：

1. 计算吸收成本法下的单位成本。
2. 计算变动成本法下的单位成本。
3. 计算吸收成本法下的期末存货成本。
4. 计算变动成本法下的期末存货成本。

8-25 吸收成本法和变动成本法下的利润表（LO1）

Kalling 公司计划在下一年以 32 美元/件的价格销售 28 700 件产品。Kalling 公司提供的下一年度的资料如下：

	单位：美元
本期产成品（件）	30 000
单位直接材料	9.95
单位直接人工	2.75
单位变动制造费用	1.65
单位固定制造费用*	2.50
单位销售费用（变动）	2.00
总固定销售费用	65 500.00
总固定管理费用	231 000.00

注：* 单位固定制造费用以生产的 30 000 件产品为基础进行分配。

要求：

1. 计算吸收成本法下的单位成本。
2. 计算变动成本法下的单位成本。
3. 计算吸收成本法下的下一年度经营利润。

4. 计算变动成本法下的下一年度经营利润。

8-26 在期末存货减少的条件下，运用吸收成本法和变动成本法进行存货估值（LO1）

Chacon 公司上年的资料如下：

单位：美元

期初存货（件）	5 000.00
本期产成品（件）	20 000.00
销售额	23 700.00
单位产品成本：	
直接材料	8.00
直接人工	4.00
变动制造费用	1.50
固定制造费用*	4.15
变动销售费用	3.00
固定销售和管理费用	24 300.00

注：*固定制造费用每年总计为 83 000 美元。

要求：
1. 计算吸收成本法下的单位成本。
2. 计算变动成本法下的单位成本。
3. 期末存货量为多少？
4. 计算吸收成本法下的期末存货成本。
5. 计算变动成本法下的期末存货成本。

8-27 在期末存货减少的条件下，运用吸收成本法和变动成本法编制利润表（LO2）

Chacon 公司上年的资料如下：

单位：美元

期初存货（件）	5 000.00
本期产成品（件）	20 000.00
销售额	23 700.00
单位产品成本：	
直接材料	8.00
直接人工	4.00
变动制造费用	1.50
固定制造费用*	4.15
变动销售费用	3.00
固定销售和管理费用	24 300.00

注：*固定制造费用每年总计为 83 000 美元。

假设产品的销售价格为 27 美元/件。

要求：
1. 计算吸收成本法下的经营利润。
2. 计算变动成本法下的经营利润。

8-28 运用吸收成本法与变动成本法的关系解决估值问题（LO1）

下列各情境是相互独立的。

要求：

1. Kester 公司在吸收成本法下期末存货成本为 5 000 美元；在变动成本法下期末存货成本为 3 400 美元。该公司上年生产了 16 000 件产品，销售了 15 200 件。单位固定制造费用是多少？如果单位固定制造费用以正常产量 16 000 件为基础计算，那么总固定制造费用是多少？

2. Gonsalves 公司的基本成本为 6 美元/件。总固定制造费用为 23 000 美元，以正常产量 20 000 件为基础进行分配。在吸收成本法下期末存货成本为 8 美元/件，共计 6 000 件。产品的单位变动制造费用是多少？

3. Shermer 公司上年在吸收成本法下的经营利润为 45 000 美元；在变动成本法下的经营利润为 42 500 美元。固定制造费用分配率为 2.50 美元/件。期初存货为零。该公司的期末存货量是多少？

8-29 分部利润表（LO2）

Knitline 公司在同一工厂中生产高端毛衣和夹克。下一年度的资料如下：

单位：美元

项目	毛衣	夹克
销售收入	210 000	450 000
变动销货成本	145 000	196 000
直接固定制造费用	25 000	47 000

每条生产线要支付 5% 的销售佣金。毛衣生产线和夹克生产线的直接固定销售和管理费用估计分别为 20 000 美元和 50 000 美元。共同固定制造费用估计为 45 000 美元；共同销售和管理费用估计为 15 000 美元。

要求：
1. 运用变动成本法，为 Knitline 公司编制下一年度的分部利润表。
2. 假设下年除直接固定制造费用外的收入和成本均保持不变。直接固定制造费用因其中一条生产线添置了一台新设备而使得相关成本上涨了 10 000 美元。究竟是哪条生产线（毛衣还是夹克）需要添置新设备？为什么？

8-30 分部利润表和存货估值(LO2)

下年,Paulson 公司计划生产 144 000 台电脑,其中 64 000 台是个人电脑,80 000 台是小企业电脑。共同固定制造费用是 1 700 000 美元。下一年度的其余资料如下:

单位:美元

项目	个人电脑	小企业电脑
售价	640	1 675
单位直接材料	490	1 180
单位直接人工	90	310
单位变动制造费用	23	50
单位变动销售费用	35	65
总直接固定制造费用	120 000	350 000

Paulson 公司的固定销售和管理费用是 2 960 000 美元/年。

要求:

1. 计算变动成本法下的单位变动成本。该成本与单位变动产品成本一样吗?为什么?

2. 编制下一年度的变动成本法下分部利润表。分部与产品一致,即个人电脑和小企业电脑两个分部。

参照如下资料完成练习题 8-31 至 8-32:

Ranger 公司每年购买 17 280 件产品 A,每次订购 864 个,Ranger 公司的订货成本为 10 美元/次,存货持有成本为每年 6 美元/件。

8-31 订货成本、存货持有成本和总存货相关成本(LO3)

参照 Ranger 公司的上述资料。

要求:

1. Ranger 公司每年要为产品 A 下几次订单?
2. 产品 A 每年的总订货成本是多少?
3. 产品 A 每年的总存货持有成本是多少?
4. 在现有存货政策下,Ranger 公司对产品 A 的年存货相关总成本是多少?
5. Ranger 公司的单位订货量与经济订货量相等吗?在不计算经济订货量的前提下,Ranger 公司怎样使单位订货量接近经济订货量?

8-32 经济订货量、订货成本、存货持有成本和总存货相关成本(LO3)

参照 Ranger 公司的上述资料。

要求:

1. 产品 A 的经济订货量是多少?
2. 在经济订货量政策下,Ranger 公司每年要为产品 A 下几次订单?
3. 在经济订货量政策下,产品 A 每年的总订货成本是多少?
4. 在经济订货量政策下,产品 A 每年的总存货持有成本是多少?
5. 在经济订货量政策下,Ranger 公司对产品 A 的年存货相关总成本是多少?

8-33 安全库存和再订货点(LO3)

Pohling 公司生产家用设备产品,包括自动开罐器,生产自动开罐器所需的小发动机从外部供应商处购得,每年要使用 20 000 个小发动机。小发动机的平均日使用量为 80 个;然而,有时小发动机的平均日使用量为 88 个。Pohling 公司每次从订货到收货的时间为 5 天。

要求:

1. 计算无安全库存的再订货点。
2. 计算安全库存。
3. 计算安全库存下的再订货点。

8-34 安全库存和再订货点(LO3)

Party-Hearty 公司生产假日聚会包裹,其中一种包裹是为单身派对准备的,包括一个头饰、一条粉色的羽毛围巾和一件写着"我是新娘"字样的 T 恤。粉色的羽毛围巾从外部供应商处购得,每年要使用 6 500 条围巾,围巾的平均日使用量为 16 条;然而,有时围巾的平均日使用量为 50 条。Party-Hearty 公司每次从订货到收货的时间为 6 天。

要求:

1. 计算无安全库存的再订货点。
2. 计算安全库存。
3. 计算安全库存下的再订货点。
4. 作为 Party-Hearty 公司的经理,怎样知道季节性因素对围巾使用的影响?怎样知道季节性因素对围巾安全库存的影响?

问题

8-35 变动成本法下利润和吸收成本法下利润（LO1）

Borques 公司产销用于搬运和堆放材料的木制货盘。该公司上年的经营成本如下：

单位：美元

单位变动成本：	
直接材料	2.85
直接人工	1.92
变动制造费用	1.60
变动销售费用	0.90
单位固定成本：	
固定制造费用	180 000
固定销售和管理费用	96 000

本年度，该公司生产了 200 000 件木制货盘，以 9 美元的单价销售了 204 300 件产品。期初产成品存货为 8 200 件；本年的成本与上年保持一致。该公司采用实际成本方式核算产品成本。

要求：

1. 该公司的年末资产负债表上，上报的单位存货成本是多少？期末存货量是多少？期末存货总成本是多少？
2. 计算吸收成本法下经营利润。
3. 变动成本法下单位存货成本是多少？这与在要求 1 中计算出来的单位成本有差别吗？为什么？
4. 计算变动成本法下经营利润。
5. 假设该公司上年已经销售了 196 700 件木制货盘。吸收成本法下利润是多少？变动成本法下利润是多少？

8-36 变动成本法、吸收成本法、分部利润表和存货估值（LO1、LO2）

在 Sugarsmooth 公司经营的第一年，生产了 55 000 瓶乙醇酸含量为 10% 的护手霜。销售量为 52 300 瓶。固定制造费用总计为 27 500 美元，其分配率为 0.50 美元/瓶。年度经营资料如下（吸收成本法）：

单位：美元

销售收入（8.70×52 300）	455 010
减：变动销货成本	222 275
贡献毛益	232 735
减：固定销售和管理费用	145 000
经营利润	87 735

在第一年年末，Sugarsmooth 公司想扩大顾客群体，在第一年，他的顾客主要有小药房和超市。现在，Sugarsmooth 公司想增加一些大型的折扣店和小型的美容店。公司的管理者和营销经理收集到如下信息：

a. 折扣店的预期销量为 20 000 瓶，折扣价为 5.80 美元/瓶。公司面临更高的运输费用和退回处罚。运输费为 8 500 美元/年，退回处罚为销售额的 4%。除此以外，还要单独雇用一名员工管理折扣店的账目，员工的薪酬和福利费为 28 000 美元/年。

b. 美容店的预期销量为 10 000 瓶，售价为 9 美元/瓶。公司还要单独支付销售佣金给一名销售产品给美容店的独立工作者，约为销售额的 10%。此外，由于美容店对包装的额外要求，公司还要发生 0.50 美元/瓶的额外费用。

c. 公司对小药房和超市的销量保持不变。

d. 固定制造费用及销售和管理费用保持不变，并视为共同成本。

要求：

1. 计算 Sugarsmooth 公司吸收成本法下第一年期末存货成本。
2. 计算 Sugarsmooth 公司变动成本法下第一年期末存货成本。变动成本法下第一年的经营利润是多少？
3. 编制变动成本法下分部利润表，分部与顾客群一致，即小药房和超市、折扣店、美容店。
4. 这三种顾客群体都是盈利的吗？Sugarsmooth 公司应当扩展它的顾客群吗？

8-37 分部利润表和产品线分析（LO2）

Alard 公司生产搅拌器和咖啡壶。在过去一年里，该公司生产并销售了 65 000 台搅拌器和 75 000 个咖啡壶。该公司固定成本总计为 340 000 美元，如果不生产搅拌器可以减少 184 000 美元，如果不生产咖啡壶可以减少142 500美元。销售收入和变动成本数据如下：

单位：美元

	搅拌机	咖啡壶
单位销售价格	24	29
单位变动费用	18	27

要求：

1. 编制分部（产品）利润表，分离直接固定成本和共同固定成本。

2. 如果放弃咖啡壶的生产，对Alard公司的利润会产生怎样的影响？如果放弃搅拌器的生产呢？

3. 如果根据一份特别订单再多生产10 000台搅拌器（使用现有的生产能力），并且以21.50美元的单价销售，会对公司的利润产生怎样的影响？假设特别订单不会影响现在的销售情况。

8-38 变动成本法、吸收成本法和存货估值（LO1）

Zeitgeist公司生产MP3播放器的硅胶套。上年8月，该公司开始生产多彩硅胶套。8月份，该公司生产了16 000件产品，以6.95美元/件的价格销售了14 750件。成本信息如下：

单位：美元

直接材料	26 880
直接人工	6 720
变动制造费用	5 920
固定制造费用	28 160

该公司需要支付的销售佣金为售价的8%，管理费用均为固定费用，数额为37 890美元。

要求：

1. 计算吸收成本法下的单位成本和期末存货成本。（保留到最近整数）

2. 计算变动成本法下的单位成本和期末存货成本。（保留到最近整数）

3. 单位贡献毛益为多少？（保留到最近整数）

4. 该公司认为一年后多彩硅胶套的销售额会上升。公司管理层认为本年8月的销售额将是上年8月销售额的两倍，预计成本仍保持不变，请编制该公司本年8月利润表。你是使用变动成本法还是吸收成本法？

8-39 分部利润表和管理决策制定（LO2）

FunTime公司生产三种贺卡：香味卡、音乐卡和普通卡。其上年的分部利润表如下：

单位：美元

项目	香味卡	音乐卡	普通卡	合计
销售收入	10 000	15 000	25 000	50 000
减：变动成本	7 000	12 000	12 500	31 500
贡献毛益	3 000	3 000	12 500	18 500
减：直接固定成本	4 000	5 000	3 000	12 000
分部毛益	(1 000)	(2 000)	9 500	6 500
减：共同固定成本				7 500
经营利润				(1 000)

FunTime公司的总经理Kathy Bunker对公司的财务业绩很担心，并在认真考虑停止香味卡和音乐卡的生产。但是，在最终决策前，她咨询了公司的营销副总Jim Dorn。

要求：

1. Jim认为如果增加1 000美元的广告费（其中，香味卡250美元，音乐卡750美元），这两种产品的销售收入将增长30%。如果你是Kathy，将会做何反应？

2. Jim警告Kathy，如果放弃香味卡和音乐卡的生产，就会使普通卡的销售额降低20%。根据这一数据，放弃香味卡和音乐卡的生产会给公司带来利润吗？

3. 假设放弃香味卡和音乐卡中任一产品的生产，普通卡的销售额都会降低10%。如果同时增加广告费投入（要求1中提及的建议）并放弃其中一种产品的生产，公司的利润会增长吗？确定公司的最佳产品组合。

8-40 订货成本、存货持有成本和经济订货量（LO3）

A-Tech公司在生产立体声系统时，每年要使用36 000个电路板，其订货成本为15美元/批。年单位存货的持有成本为3美元。目前，A-Tech公司每次的订货批量为3 000个。

要求：

1. 计算年订货成本。

2. 计算年存货持有成本。

3. 计算A-Tech公司目前采取的存货政策所

付出的总成本。

4. 计算经济订货量。

5. 计算采用经济订货量时的年订货成本和年存货持有成本。

6. 运用经济订货量政策能够比 3 000 个/批的订货批量政策节约多少费用?

7. 假设在每份订单电路板数量小于 1 500 个时,供应商要收取额外的 0.05 美元/个的费用。A-Tech 公司还应当转变为经济订货量政策吗?

8-41 经济订货量(LO3)

意大利披萨屋是开设在某大学校园附近的一家深受人们喜爱的披萨饼餐厅。Brandon Thayn 是一名会计专业的学生,在意大利披萨屋打工。在该餐厅工作几个月后,Brandon 开始分析运营效率,特别是存货管理效率。他注意到老板经常持有的存货品种多达 50 项以上。在这些存货品种中,乳酪的购买和持有费用最为昂贵。乳酪按批量订购,购买价格为 17.50 美元/块,全年使用量总计为 14 000 块。

通过询问,Brandon 发现老板在订购乳酪时没有利用任何正式的模式。只要乳酪存货数量降到 200 块,老板就开始订货,从发出订单到收到货物需要 5 天,订货批量通常为 400 块。持有 1 块乳酪的成本是其购买价格的 10%。从发出订单到收到货物,整个过程的订货成本为 40 美元。

意大利披萨屋一周营业 7 天,全年营业 50 周,在 12 月的最后两周歇业。

要求:

1. 计算现行政策下乳酪存货的订货成本与持有成本之和。

2. 如果餐厅转而采用经济订货量,计算乳酪存货的订货成本与持有成本之和。通过改变政策,餐厅每年能节约多少费用?

3. 如果餐厅采用经济订货量,订货将在什么时间开始?(假设乳酪的日使用量在全年内相同)这与现行的再订货政策有何不同?

4. 假设储存室最多能存放 600 块乳酪。讨论一下,如果考虑这一限制条件,应采用何种存货政策。(注意:保留到最近整数。)

5. 假设最大库存量为 600 块乳酪,乳酪最多能存放 10 天。为了维持正常的口味和质量,老板不能将乳酪存放更长的时间。根据这些条件评价老板现行的存货政策。

案例

8-42 道德问题、吸收成本法和绩效评估(LO1)

分公司主计长、注册管理会计师 Ruth Swazey 最近收到分公司经理 Paul Chesser 的一份便函,她对此很心烦。Ruth 打算在一周后的总部会议上公布该分公司的财务业绩。在便函中,Paul 就即将公布的报告向 Ruth 做了一些指示。她被告知在会议上要特别说明分公司上年利润大幅度增长的原因;但是,她并不认为分公司的业绩确有任何根本性的改进,不愿意说违心的话。她清楚利润的增加是由于 Paul 有意决定为存货而生产所形成的。

在早些时候的一次会议上,Paul 就说服分公司下属各工厂的厂长,他们明知道卖不完也要让产品的产量大于销量。他认为推迟本期的一些固定制造费用的摊销,就可以大幅度增加报表利润。他指出两大好处:第一,利润增加了,分公司就可以超过经理能够拿到年度奖金的最低产量水平;第二,实现了预算的利润水平,分公司就能在获得急需的资金上具有更强的竞争力。Ruth 曾提出反对意见,但是被否决了。最具说服力的抗辩是,如果经济好转,增加的存货就可以在来年卖掉;但是,Ruth 认为这不大可能发生。根据以往经验,她知道至少再过两年,增加的市场需求才会超过分公司的生产能力。

要求:

1. 讨论分公司经理 Paul Chesser 的做法。为存货而生产的决策符合道德规范吗?

2. Ruth Swazey 应该怎么做?她应该按照指示,强调利润的增长吗?如果不应该,她可以选择怎么做？

3. 第1章中，我们列举了管理会计师必须具备的道德准则，确定本例所适用的准则。

8-43 道德问题、吸收成本法和绩效评估（LO3）

Mac Ericson 和 Tammy Ferguson 相识在两个月以前召开的一次美国管理会计师协会会议上，之后俩人开始约会。Mac 是 Longley 公司的主计长，而 Tammy 是 Sharp 公司的营销经理。Longley 公司是 Piura 产品公司（Sharp 公司的竞争对手）的一家主要供应商。Longley 公司与 Piura 公司达成了一项长期协议，前者为后者供应特定材料。Piura 公司开发了一套适时制采购和制造系统。作为这一项目的一部分，Piura 公司和 Longley 公司建立了电子数据交换权能。下面的谈话发生在俩人的一次午餐约会上：

Tammy：Mac，我知道你们公司与 Piura 公司建立了电子数据交换联系，是真的吗？

Mac：当然。这是我们努力促成的双赢伙伴关系的一部分，电子数据交换发挥了很好的作用。了解 Piura 公司的生产调度有助于稳定我们公司的生产调度，这一系统确实使我们公司降低了一些制造成本，同时也降低了 Piura 公司的成本，我估计两家公司都由此节约了7%—10% 的生产成本。

Tammy：这很有意义。你知道，我面临一次真正的机遇，有望提升为营销副总裁……

Mac：嗨，太棒了。什么时候你能知道结果？

Tammy：这完全取决于我与 Balboa 公司正在洽谈的生意。如果我能拿到这项合同，那么我想自己就能争取到副总裁职位了。我所遇到的阻力来自 Piura 公司。如果我能知道它们的生产调度，就能确切地推测出它们交货所需的时间，那么我就能确保在交货速度方面打败它们——即便我们不得不加班加点工作，采取各种加速生产的手段。我很清楚，我们的交货速度对 Balboa 公司来说显得非常重要。我们公司的产品质量与 Piura 公司不相上下，但它们在交货时间方面往往比我们占优势。我们老板很想把 Piura 公司一脚踢开。最近，它们打败我们的次数太多了。你能不能帮我一把。

Mac：Tammy，你明白，如果能帮忙的话，我很乐意效劳，但 Piura 公司的生产调度属于机密信息。如果我向你泄露这类信息的消息传开，我就会被解雇的。

Tammy：没有人会知道。另外，我还和我们的首席执行官 Tom Anderson 谈过一次。我们公司的财务副总裁要退休了。他听说过你，了解你的才能，我想他会很高兴雇用你——特别是当他知道你成功地促成了这笔与 Balboa 公司的生意时，你的薪水能上涨40%。

Mac：我不知道，我总觉得这不太合适。如果在 Piura 公司失去了与 Balboa 公司的生意后不久，我就当上了财务副总裁，看起来总有些滑稽。但是，副总裁职位和大幅加薪的确很诱人。在我们公司，我不可能有机会登上副总裁的宝座。

Tammy：好好想想。如果你有兴趣，我会为你和 Tom Anderson 安排一次晚餐。他说过很想见见你。他知道一点有关这方面的情况，我相信他有能力保持沉默。我想其中并不存在太大的风险。

要求：

1. 从上述情形来看，Mac 违反了管理会计师协会的道德行为准则吗？说明理由。

2. 假设 Mac 为了换取副总裁的职位，决定提供信息。他违背了管理会计师协会准则中的哪些规定？

第 9 章
利润规划

管理决策

高山体育公司

如果你曾好奇学生时代能装 50 磅重量的书包产自何处,那么你一定会对高山体育(High Sierra)公司的历史大吃一惊。第二次世界大战后,许多海陆军需用品店开始向消费者出售帐篷、水壶和帆布包等,Harry Bernbaum 于 1978 年成立的 Seaway Importing 也是其中之一。随后,Harry 及其儿子 Hank 察觉到市场需要更为结实耐用的产品,他们就建立了高山体育公司。

预算在高山体育公司的决策过程中发挥了重要的作用。20 世纪 80 年代,高山体育公司将品牌形象定位在为客户提供多种户外(或恶劣天气)活动的优质装备的生产供应商,产品包括背包、旅行袋、书包和水袋。20 世纪 90 年代中期,高山体育公司通过预算管理,注意到精简品牌形象对保持产品质量和价格竞争优势的重要性。

高山体育公司的管理层采用预算编制流程分析生产,终止业绩不佳产品的生产,转而投产符合公司品牌市场定位的新产品。例如,公司与美国滑雪和滑板运动协会达成联盟协议,启动了冬季运动产品线的生产。

21 世纪早期,高山体育公司的管理层通过预算流程发现,为了确保成本优势、扩展业务范围,公司需要外包部分产品的生产过程。为了继续发挥预算流程的预见作用,高山体育公司也常常使用一些新预算方法,如参与式预算和持续预算等。高山体育公司将预算作为一种有效的计划和控制工具,促进了新产品的开发,每年都有源源不断的学生购买高山书包,这为公司创造了价值。

9.1 预算概述

公司都应该编制预算,通过预算,公司所有者及经理人可以进行事先计划和事后控制,将实际发生情况与预算估计情况进行比较。预算是经理人对销售、价格、成本预期的正式化表达。小型企业和非营利性组织也能通过预算提供的计划和控制受益。

9.1.1 预算、计划和控制

计划和控制有着密切的联系。计划是前瞻性的,为实现特定目标而事先预计的应采取的行动。控制是反馈性的,可以确定实际发生的情况,并与事先计划结果相比,然后将这种比较用于调整预算,即再一次前瞻。图表9-1描绘了采用预算进行计划与控制的循环过程。

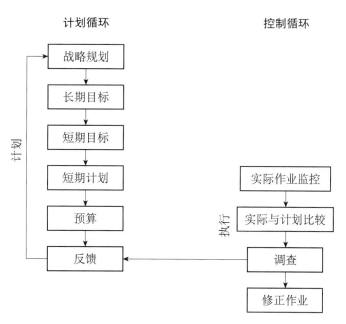

图表9-1 计划、控制与预算

预算(**budgets**)是未来的财务计划,是规划的关键部分。预算可以识别目标,以及为实现目标所应采取的行动。编制预算之前,组织应该形成战略规划。**战略规划**(**strategic plan**)指明公司未来五年经营活动的发展方向。随后,这个总体战略分解成长期目标和短期目标,以此作为预算的编制基础。预算和战略规划应紧密联系起来。预算,尤其是一年期计划,都是短期的,而将预算和战略规划联系起来便可以避免管理层将精力全都放在短期经营上。在2009年早期,Home Depot公司计划本年度新开设12家商店;但是到了11月,经济状况严重恶化,导致公司业务量和平均销售额下降,于是Home Depot公司削减了52%的资本支出和8.4%的管理费用。直到经济状况改善,公司处境才逐渐好转,销售额随之增加,恢复到先前的预算销售额。①

9.1.2 预算的优点

预算系统在组织中具有如下优点:

1. 计划

编制预算促使管理层为未来经营提前做好打算,鼓励经理人确定公司的整体发展方向,预见可能出现的问题,制定未来发展的政策。

2. 为决策提供信息

预算有利于决策制定的优化。例如,一家饭店老板一旦事先掌握了预期收入及肉、蔬菜和奶酪等材料成本,他就可以改进菜单,增加价廉食材并减少昂贵食材的用料,而这个优化的决策不仅确保了顾客满意,还为厨师、服务员等饭店员工提供了更好的生活保障。

3. 为业绩评估提供标准

预算建立了公司资源使用控制和员工激励的标准。作为预算系统重要的组成部分,**控制**(control)将实际结果和预测结果进行阶段性的(如一个月)比较,两者的巨大差异得到反馈,促进管理层采取修正措施。当 High Sierra 公司发现某商品的销售量没有实现预期目标时,随后的市场调查结果也表明该商品的某些功能已经过时,公司就会逐渐减少该商品的生产直至停产。

4. 改进沟通与协调

预算能促进员工之间沟通和协调组织计划,使员工明确自己在实现目标过程中的特定角色。组织有不同的领域和作业,实现它们的预算就需要各部门的共同努力,显然必须协调一致。经理人有时可能会发现其他部门的需要与自己部门(或个人利益)相冲突,公司应提倡个人利益服从组织利益。当组织尚处在成长期时,沟通和协调的作用就显得尤为重要。

9.1.3 总预算

总预算(master budget)是将组织视为整体的一种综合性财务计划。在通常情况下,总预算是为公司一个财年(以一年为周期,年度预算可以细分为季度预算和月度预算)所做的预算。周期越短,越可以让经理人经常地比较实际数据和预算数据,有利于问题的早发现、早解决。

有些组织奉行持续预算的理念。**持续预算**(continuous budget)是对移动的连续12个月进行预算,当这一个月到期时,就会再加入一个月,保证公司的预算周期总是12个

---

① Chris Burritt,"Home Depot Says Profit Fell as Shoppers Spent Less". November 17,2009. Bloomberg. com. www. bloomberg. com/apps/news? pid = 20601103&sid = au1udfheLWj0

月。持续预算要求经理人连续不断地提前编制计划。

1. 指挥和协调

大多数公司会在本年度还剩 4—5 个月时制定下一年的总预算。**预算委员会**（**budget committee**）负责评估预算，提供政策引导和目标，调解预算编制的差异，通过最终预算，同时监督公司的实际经营业绩。预算委员会通常由总裁、营销副总裁、生产副总裁和其他副总裁及财务主管组成，公司总裁负责任免委员会成员。其中，财务主管作为**预算主管**（**budget director**），负责指挥与协调公司的总体预算流程。

2. 总预算的主要构成

总预算分为经营预算和财务预算：

经营预算（**operating budgets**）描述的是公司产生收益的作业，包括销售、生产和产成品存货。经营预算的最终结果为预算利润表。

财务预算（**financial budgets**）描述的是现金流入、现金流出和公司的总体财务状况。现金预算表明预计的现金流入和现金流出，预计资产负债表显示预算期末的预期财务状况。

由于许多融资活动要在制定经营预算后才能确定，公司必须最先编制经营预算。对各个预算的描述解释有助于厘清它们之间的相互依赖性。图表 9 - 2 揭示了总预算各组成部分的相互关系。资本预算将在后面一个单独章节中详细解释。

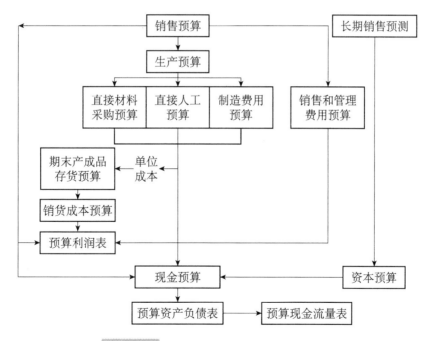

图表 9 - 2　总预算及其组成部分的内部关系

9.2 编制经营预算

经营预算包括预算利润表和以下所示的相关附属预算：①销售预算；②生产预算；③直接材料采购预算；④直接人工预算；⑤制造费用预算；⑥销售和管理费用预算；⑦期末产成品存货预算；⑧销货成本预算。

Texas Rex 公司是一家位于美国西南部的时尚餐厅，这里出售一种印着公司标志的 T 恤衫。现在以 Texas Rex 公司的经营活动为例，描述总预算的编制流程。

9.2.1 销售预算

销售预算（sales budget）是指公司预期的销售量和销售额，须经由预算委员会通过。销售预算是所有其他经营预算和大多数财务预算的编制基础，因而其准确度在预算编制过程中是非常重要的。

销售预测是编制销售预算的第一步，通常由市场营销部门完成。自下而上法是一种常用的预测销量的方法，要求每位销售人员分别提交销售预测，并汇总形成销售总预测；同时，考虑经济环境、竞争、广告、定价策略等因素的影响，提高销售预测的准确度。有的公司采用时间序列法、相关分析、经济计量模型等一些更正式的方法预测销量。在第3章附录中涉及的回归技术就可以用于预测销售量和成本。

由于销售预测仅仅是初始估计，它通常还要经预算委员会调整。如果预算委员会认为预测过于悲观或过于乐观，就会对它进行适当的修改。2008年，**任天堂公司**（**Nintendo**）发现其销售预测太过保守，随后上调了销售预测结果。任天堂公司发现仅 Wii 硬件一项的销售情况就很稳定且强劲，于是将销售量预测在初始预测基础上增加了 100 万件。[①]

Kicker 管理实践

Stillwater Designs 共有 14 个部门，且每个部门都被分配了当年预算的相关指标。预算流程通常以总裁和副总裁确定的销售预测为起点。考虑到业务的季节性特征，公司将财年设为 10 月 1 日至下一年度 9 月 30 日。每年 1 月 1 日，内华达州的拉斯维加斯举办国际消费电子展。虽然新产品一经面世，公司就会收到初始订单，但真正的销售季则是从 3 月份开始，6 月或 7 月达到高峰，到秋季销量则降至最低。销售季与对温暖天气的预期有极大的关联，因为购买 Kicker 扬声器的年轻男孩都喜欢开车时打开车窗，这样可以吸引年轻姑娘。所以，Stillwater Designs 会在财年的最后两个月（每年的 8 月和 9 月）编制预算。

---

① "Pachter finds Nintendo's Sales Forecast Too Humble". posted January 31, 2008 at 02:57 pm by Pulkit Chandna: www.gamertell.com/gaming/comment/analyst-nintendos-forecasts-remain-too-low/

每个部门以给定的百分比作为预算,而这个数字并不是简单自上而下的决定。首先,部门经理递交一份预算要求,这就需要各部门经理和副总裁进行充分的沟通,各部门经理对相应的副总裁负责,因而能否得到目标水平的费用预算就取决于部门经理能否解释费用的合理性。一个重要的标准就是:资源的使用是为了创造利润。

公司每个月都会评估预算的执行情况。如果出现了较大的偏差(通常为超过10%的偏差),那么公司就必须调查原因。但是,现实中缺乏一种正式的、以预算执行情况为基础的激励系统。更多的时候,预算被看作一种导向,如果经营中需要更多的资源,又恰好有好点子作为支撑、有高回报作为保证,显然为其投入更多资源也在情理之中。

演练9.1 以 Texas Rex 公司生产的普通版 T 恤衫为例,演示产品销售预算的编制过程。为简单起见,假定 Texas Rex 公司只生产一种产品——背部印有公司标志的短袖 T 恤衫。如果公司生产多种产品,那么公司编制的销售预算就要分别反映每种产品的销售量和销售额的情况。

演练 9.1

编制销售预算

知识梳理:
经理通过销售预算制定本年度预计出售的产品数量及其价格。

资料:
预计本年每季度销售的产品数量分别为 1 000 件、1 200 件、1 500 件和 2 000 件。T 恤衫的售价为 10 美元/件。

要求:
编制本年各季度及整年的销售预算。

答案:

Texas Rex 公司销售预算表

	第一季度	第二季度	第三季度	第四季度	年度
销售数量	1 000	1 200	1 500	2 000	5 700
销售单价(美元)	×10	×10	×10	×10	×10
预算销售额(美元)	10 000	12 000	15 000	20 000	57 000

注意,演练9.1的销售预算揭示了 Texas Rex 公司产品销售的季节性波动状况。公司的大多数销售发生在夏秋季节,此时 T 恤衫很流行;而到了返校季和圣诞节,公司会通过促销活动刺激销售增加。

> **由你做主**
>
> **服务业的预算编制**
>
> 你是一家大型地区性医疗中心的财务主管。心脏内科主任要求在医学院建立一家独立的心脏内科医院,但你担心将心脏内科从主院剥离会损害医院的底线要求。尽管医疗中心是非营利性机构,但它也得支付足够的费用,以满足其正常运营的需要。因此,你也想知道心脏内科医院能否实现收支平衡。
>
> 预测心脏内科医院的收入和成本都需要什么信息呢?
>
> 可以从两个方面回答这个问题。一方面,心脏内科医院会对医疗中心的收入产生什么影响,这就需要了解医疗中心每年的心脏内科病例的数量和类型。假定住院总天数和医疗程序的总数按照病例与流程的类型进行细分,而这些信息可以从上一年的营业收入预算中得到。由于医疗中心相当大比重的成本是固定的,建立独立的心脏内科医院也就不会降低医疗中心的这部分成本。另一方面,我们还需要预测病人数量和心脏病医院医疗流程的可能补偿率。将这些信息与预算经营成本进行比较,就可以看出心脏内科医院是否达到收支平衡。
>
> 采用营销或销售部门提供的数据及历史会计信息可以对销售收入和成本进行预测。随着信息的更新和情况的改变,我们还要不断进行修改与调整预测。

9.2.2 生产预算

生产预算(production budget)关注的是工厂需要生产多少产品,以便满足产品销售和期末存货的要求。从 Texas Rex 公司的生产预算可以看出公司每季、每年需要生产多少件T恤衫才能满足销售的需要。如果产品在期初、期末都没有存货,那么生产的数量恰好就是销售的数量,采用适时制公司的情况就是这样的。但是,仍有许多公司会保持一定数量的存货,以应对突发需求或生产意外。由此可见,公司不仅要计划销售水平,还要计划存货水平。

为了计算所需生产的数量,不仅要知道销售数量,还要知道期初、期末产成品的存货数量。计算公式如下:

所需生产的数量 = 预计的销售数量 + 期末存货数量 − 期初存货数量

演练9.2演示如何运用公式编制生产预算。

演练9.2

编制生产预算

知识梳理:

编制销售预算后,为了满足预期的销售和期末存货需要,经理必须编制生产预算,安排公司的生产活动。

资料：

公司预计本年各季度产品的销售量分别为 1 000 件、1 200 件、1 500 件和 2 000 件。公司需要持有下季度销售量 20% 的产品作为期末存货，第一季度 T 恤衫的期初存货量为 180 件。假定本年第一季度 T 恤衫的销售量为 1 000 件。

要求：

1. 计算本年各季度的期末存货数量及本年的期末存货数量。
2. 编制各季度及本年的生产预算。

答案：

1. 第一季度期末存货数量 = 0.20 × 1 200 = 240（件）
   第二季度期末存货数量 = 0.20 × 1 500 = 300（件）
   第三季度期末存货数量 = 0.20 × 2 000 = 400（件）
   第四季度期末存货数量 = 0.20 × 1 000 = 200（件）
   本年期末存货数量 = 第四季度期末存货数量 = 200（件）

2.

Texas Rex 公司销售预算表

	第一季度	第二季度	第三季度	第四季度	年度
销售数量	1 000	1 200	1 500	2 000	5 700
目标期末存货	240	300	400	200	200
总需求	1 240	1 500	1 900	2 200	5 900
减：期初存货①	(180)	(240)	(300)	(400)	(180)
所需生产数量	1 060	1 260	1 600	1 800	5 720

注：①第一季度期初存货数量来自资料给定数据，其余三个季度的期初存货数量即上一季度期末存货数量。

在演练 9.2 中，预算表第一栏（即第一季度），Texas Rex 公司预期销售 1 000 件 T 恤衫。由于公司在第一季度末持有 240 件 T 恤衫（0.2 × 1 200），因此第一季度需要 1 240 件 T 恤衫；而期初存货有 180 件，则该季度需要生产 1 060 件 T 恤衫。值得注意的是，生产预算的单位是产品的数量。

另外，还有两点必须强调：

（1）每季度的期初存货数量等于上季度的期末存货数量。例如，第二季度期初存货是 240 件，恰好等于第一季度目标期末存货数量。

（2）年度栏目的数量并不是四个季度的数字的简单相加。本年度的期末存货数量为 200 件，也就是第四季度的期末存货数量。

9.2.3 直接材料采购预算

公司制定了生产预算后，就可以编制直接材料、直接人工和制造费用预算。**直接材料采购预算**（**direct materials purchases budget**）关注的是公司在每个时期所需购买原料的数量和成本，而这些又依赖生产过程预计的材料使用情况和期末存货需要。公司要对每种原料分别编制各自的直接材料采购预算。原材料采购的计算公式如下：

采购数量 = 生产所需的直接材料数量 + 直接材料期末存货数量 − 直接材料期初存货数量

直接材料的存货数量取决于公司的存货政策。Texas Rex 公司生产 T 恤衫要用到两种原料：白 T 恤衫和墨水。

演练 9.3 演示了这两种原料的直接材料采购预算的编制过程。

演练 9.3

编制直接材料采购预算

知识梳理：

经理通过编制直接材料采购预算，可以获得为满足生产和期末存货需要应购买的原料数量。

资料：

公司预计本年每季度生产的数量分别为 1 060 件、1 260 件、1 600 件和 1 800 件。每件白 T 恤衫的成本为 3 美元，每盎司墨水的成本为 0.20 美元。已知生产一件 T 恤衫需要一件白 T 恤衫和 5 盎司墨水。Texas Rex 公司规定持有下季度产量的 10% 作为本季度的期末存货。在 1 月 1 日，公司期初存货中有 58 件白 T 恤衫和 390 盎司墨水；在 12 月 31 日，公司需要持有 106 件白 T 恤衫和 530 盎司的墨水作为期末存货。

要求：

1. 计算第一、二、三季度的白 T 恤衫和墨水的期末存货数量。
2. 分别为白 T 恤衫和墨水编制直接材料采购预算。

答案：

1. 白 T 恤衫的第一季度期末存货数量 = 0.10 × (1 260 × 1) = 126 (件)
   白 T 恤衫的第二季度期末存货数量 = 0.10 × (1 600 × 1) = 160 (件)
   白 T 恤衫的第三季度期末存货数量 = 0.10 × (1 800 × 1) = 180 (件)
   墨水的第一季度期末存货数量 = 0.10 × (1 260 × 5) = 630 (盎司)
   墨水的第二季度期末存货数量 = 0.10 × (1 600 × 5) = 800 (盎司)
   墨水的第三季度期末存货数量 = 0.10 × (1 800 × 5) = 906 (盎司)

2.

Texas Rex 公司直接材料采购预算

白 T 恤衫	第一季度	第二季度	第三季度	第四季度	年度
生产数量	1 060	1 260	1 600	1 800	5 720
单位产品直接材料数量	×1	×1	×1	×1	×1
生产总需求	1 060	1 260	1 600	1 800	5 720
目标期末存货	126	160	180	106	106
材料总需求	1 186	1 420	1 780	1 906	5 826
减：期初存货	(58)	(126)	(160)	(180)	(58)
直接材料采购数量	1 128	1 294	1 620	1 726	5 768
白 T 恤衫单价（美元）	3	3	3	3	3
白 T 恤衫采购总成本（美元）	3 384	3 882	4 860	5 178	17 304

（续表）

墨水	第一季度	第二季度	第三季度	第四季度	年度
生产数量	1 060	1 260	1 600	1 800	5 720
单位产品直接材料数量	×5	×5	×5	×5	×5
生产总需求	5 300	6 300	8 000	9 000	28 600
目标期末存货	630	800	900	530	530
材料总需求	5 930	7 100	8 900	9 530	29 130
减：期初存货	(390)	(630)	(800)	(900)	(390)
直接材料采购数量	5 540	6 470	8 100	8 630	28 740
墨水单价（美元）	×0.20	×0.20	×0.20	×0.20	×0.20
墨水采购总成本（美元）	1 108	1 294	1 620	1 726	5 748
直接材料采购总成本	4 492	5 176	6 480	6 904	23 052

值得注意的是，直接材料采购预算与生产预算有很多相似的地方。在第一季度，生产一件印有 Logo 标志的 T 恤衫需要一件白 T 恤衫，公司需要生产 1 060 件 T 恤衫，并在期末持有 126 件作为存货，则公司第一季度需要 1 186 件白 T 恤衫。由于期初存货有 58 件，因此需要另外购置 1 128 件白 T 恤衫。白 T 恤衫的单位成本为 3 美元，公司第一季度白 T 恤衫的采购成本为 3 384 美元。按照相同的方法可以计算墨水的直接材料采购预算情况。因为生产一件 T 恤衫需要 5 盎司墨水，所以墨水的采购数量要记得乘上 5。

9.2.4 直接人工预算

直接人工预算（direct labor budget）关注的是生产某数量产品所需的直接人工的总工时和成本。与直接材料类似，直接人工的工时取决于人工和产出的关系。

演练 9.4 演示了 Texas Rex 公司直接人工预算的编制过程。

演练 9.4

编制直接人工预算

知识梳理：

直接人工预算提供下年度生产一定数量产品需要的工时信息，将平均工资率与直接人工工时相乘即可得到总人工成本。

资料：

公司预计本年每季度生产的数量分别为 1 060 件、1 260 件、1 600 件和 1 800 件。生产每件 T 恤衫要花费 0.12 小时，平均小时工资率为 10 美元。

要求：

编制直接人工预算。

答案：

Texas Rex 公司直接人工预算

	第一季度	第二季度	第三季度	第四季度	年度
生产数量	1 060	1 260	1 600	1 800	5 720
单位产品所需直接工时（小时）	×0.12	×0.12	×0.12	×0.12	×0.12
生产所用总工时（小时）	127.20	151.2	192.0	216.0	686.4
平均小时工资率（美元）	×10	×10	×10	×10	×10
直接人工总成本（美元）	1 272	1 512	1 920	2 160	6 864

9.2.5　制造费用预算

制造费用预算（overhead budget）关注的是除直接材料和直接人工以外的其他所有生产费用的预算。有些公司将直接人工工时作为制造费用的动因，因直接人工工时变动而变动的费用称为变动制造费用，而其余的制造费用为固定制造费用。

演练9.5演示了Texax Rex公司制造费用预算的编制过程。

演练 9.5

编制制造费用预算

知识梳理：

制造费用预算可以表明下年度生产中变动制造费用和固定制造费用的预测情况。将它与材料预算和人工预算相结合，可以计算出生产总成本。

资料：

参照演练9.4中直接人工预算的相关资料。假定工人每工作1小时，公司产生5美元变动制造费用，且公司每季度固定制造费用为1 645美元（包括当季折旧费用540美元）。

要求：

编制制造费用预算。

答案：

Texas Rex 公司制造费用预算

	第一季度	第二季度	第三季度	第四季度	年度
直接人工预算总工时（小时）	127.2	151.2	192.0	216.0	686.4
变动制造费用率	×5	×5	×5	×5	×5
预算变动制造费用（美元）	636	756	960	1 080	3 432
预算固定制造费用（美元）①	1 645	1 645	1 645	1 645	1 645
总制造费用（美元）	2 281	2 401	2 605	2 725	10 012

注：①固定制造费用包括当季的折旧费用。

9.2.6 期末产成品存货预算

期末产成品存货预算(ending finished goods inventory budget)不仅为编制资产负债表提供所需信息,同时也是编制销货成本预算的重要依据。为了编制此预算,我们需要从直接材料、直接人工、制造费用等预算中获得相关信息。期末产成品存货预算与生产预算、直接人工预算、制造费用预算的相关信息汇总即可计算出当年的产品单位成本。

演练9.6演示了单件T恤衫生产成本及期末存货成本的计算方法。

演练9.6

编制期末产成品存货预算

知识梳理:

期末产成品存货预算有助于经理人预计产品的单位成本,并用于预算资产负债表期末存货估值。

资料:

参照演练9.3、演练9.4和演练9.5中关于直接材料预算、直接人工预算和制造费用预算的相关资料。

要求:

1. 计算产品单位成本。
2. 编制期末产成品存货预算。

答案:

1.

直接材料:		
白T恤衫	3	
墨水(5盎司,0.20美元/盎司)	1	4.00
直接人工(0.12小时,10美元/小时)		1.20
制造费用:		
变动制造费用(0.12小时,5美元/小时)		0.60
固定制造费用(0.12小时,9.59美元/小时①)		1.15
单位总成本		6.95

注:① 预算固定制造费用/直接人工预算总工时 = 6 580/686.4 = 9.59美元/小时。

2.

Texas Rex公司期末产成品存货预算

印花T恤衫	200
单位成本(美元)	6.95
期末总库存(美元)	1 390

9.2.7 销货成本预算

假定期初产成品库存为 1 251 美元,根据演练 9.3 至演练 9.6 的相关信息,可以编制**销货成本预算**(**cost of goods sold budget**),这个预算计算的是产品预计成本。

演练 9.7 演示了销货成本预算的编制过程。

演练 9.7

编制销货成本预算

知识梳理:

编制销货成本预算可预测下年度出售的产品成本,这也是编制预算利润表的重要依据。

资料:

参照演练 9.3 至演练 9.6 中关于直接材料、直接人工、制造费用和期末产成品库存的预算情况。假定期初产成品存货预算为 1 251 美元。

要求:

编制销货成本预算。

答案:

Texas Rex 公司销货成本预算	单位:美元
直接材料(演练 9.3)①	22 880
直接人工(演练 9.4)	6 864
制造费用(演练 9.5)	10 012
预算生产成本	39 756
期初产成品库存	1 251
可售产品成本	41 007
减:期末产成品库存(演练 9.6)	(1 390)
预算销货成本	39 617

注:①生产需要 = 5 720 × 3 + 28 600 × 0.20。

销货成本预算中的预算销货成本会出现在预算利润表中。

9.2.8 销售和管理费用预算

接下来编制的**销售和管理费用预算**(**selling and administrative expenses budget**)描绘了非生产作业预计发生的费用。与制造费用一样,销售和管理费用可以进一步细分为固定部分和变动部分。例如,销售佣金、运费等随销售的变动而变动,这些就是销售和管理费用的变动部分。

演练 9.8 演示了销售和管理费用预算的编制过程。

演练 9.8

编制销售和管理费用预算

知识梳理：

销售和管理费用预算正在成为现代企业管理的重要组成部分，该预算有助于经理人确定非生产部门预计发生的费用。

资料：

参照演练 9.1 中关于销售预算的相关资料。销售单位产品的变动费用为 0.10 美元，平均每季销售人员的工资为 1 420 美元，水电费为 50 美元，折旧费用为 150 美元，各季度的广告费用分别为 100 美元、200 美元、800 美元和 500 美元。

要求：

编制销售和管理费用预算。

答案：

Texas Rex 公司销售和管理费用预算　　　　　　单位：美元

	第一季度	第二季度	第三季度	第四季度	年度
销售数量（演练 9.1）	1 000	1 200	1 500	2 000	5 700
单位产品变动销售和管理费用	0.10	0.10	0.10	0.10	×0.10
总变动费用	100	120	150	200	570
固定销售和管理费用：					
工资费用	1 420	1 420	1 420	1 420	5 680
水电费用	50	50	50	50	50
广告费用	100	200	800	500	1 600
折旧费用	150	150	150	150	600
总固定费用	1 720	1 820	2 420	2 120	8 080
销售和管理费用总计	1 820	1 940	2 570	2 320	8 650

注意，销售和管理费用预算的编制和制造费用预算的编制方法类似，两者都是分别计算变动费用和固定费用。同时，折旧费用作为非现金支出项，应该单独列示，这一点在后面编制现金预算时尤为重要。

9.2.9　预算利润表

当完成销货成本预算及销售和管理费用预算的编制后，Texas Rex 公司掌握了估计经营利润所需的全部信息。

演练 9.9 演示了预算利润表的编制过程。结合前面八份已编制的预算表和经营利润预算表，为 Texas Rex 公司编制经营预算。

演练 9.9

编制预算利润表

知识梳理：

经理人可以通过预算利润表掌握公司来年的盈利状况。如果预算收益不是很高，还可以在预算编制后对其进行调整。

资料：

参照演练 9.1 的销售预算、演练 9.7 的销货成本预算、演练 9.8 的销售和管理费用预算，以及演练 9.12 的现金预算的相关资料。假定所得税税率为 40%。

要求：

编制预算利润表。

答案：

Texas Rex 公司预算利润表	单位：美元
销售额（演练 9.1）	57 000
减：销货成本（演练 9.7）	(39 617)
毛利	17 383
减：销售和管理费用（演练 9.8）	(8 650)
经营利润	8 733
减：利息费用（演练 9.12）	(60)
税前利润	8 673
减：所得税（0.40×8 673）	(3 469)
净利润	5 204

经营利润不等于净利润，应将经营利润中的息税费用扣除后才能得到净利润。利息费用在后面的现金预算编制中会被扣减，而所得税费用则取决于当前美国联邦政府和州政府的税法规定。为了简便起见，假定两者的比率合计为 40%。

9.3　编制财务预算

总预算中的其余预算为财务预算，通常包括现金预算、预算资产负债表、资本支出预算。

总预算还包括长期资产的购置计划，所谓长期资产即使用期限超过 1 年的资产。公司可能计划来年购置一些资产，而这些资产将在未来期间使用，总预算的这个部分称为资本预算。关于资本支出的决策将在第14章详细论述,本章仅讨论现金预算和预算资产负债表。

9.3.1 现金预算

了解企业的现金流对于管理是非常重要的。通常,有些企业虽然能够成功组织生产销售,但是不能处理好现金流入和现金流出的时间问题,使企业处于亏损状态。类似的例子不胜枚举,从规模最小的企业到诸如 Sears 这样的大型企业。如果公司现金采购原料而赊账销售产品,就很容易出现现金流断裂的问题。2008 年年初,Sears 公司承认手上可用现金比 2007 年减少 60%,公司不得不考虑变卖资产以缓解现金压力。[①] 到 2009 年年末,Sears 公司关闭了六十多家店,以期从闭店和存货清仓中获得现金。[②]

一旦知道了现金流入和流出的时点,经理人就可以在需要现金的时候借入现金,而在现金盈余的时候偿还贷款。正如现金是一个组织的命脉,现金预算则是总预算中最重要的构成之一。**现金预算**(**cash budget**)的基本结构包括现金收入、现金支出、现金盈余/赤字和融资。简单来说,现金预算就是现金流入减去现金流出。假定某公司 6 月 1 日现金账户上有 3 000 美元,而 6 月的现金销售额为 45 000 美元,现金支出为 39 000 美元,公司想在期末持有的最低现金余额为 2 500 美元。该公司 6 月的现金预算如图表 9-3 所示。

图表 9-3 现金预算 单位:美元

预计期初余额	3 000
加:现金收入	45 000
可用现金	48 000
减:现金支出	39 000
预计期末余额	9 000

1. 可用现金

可用现金包括期初现金余额和预期现金收入,计算公式如下:

$$可用现金 = 期初现金余额 + 预期现金收入$$

预期现金收入包括当期所有来源的现金收入,主要来自销售。由于销售是一个比重很大的数额,因此公司要考虑应收账款的回款模式。如果公司的经营时间较短,可以通过历史经验判断赊销回款分别在本月及下月的所占比重。公司通常可创建一个应收账款回款计划表进行记录分析。

演练 9.10 演示了 Texas Rex 公司创建应收账款回款计划表的过程。

[①] Gary Mcwilliams, "Profit Down, Sears May Hold Yard Sale", *The Wall Street Journal* (February 29, 2008):A13.
[②] Edward S. Lampert Chairman's Letter, February 23, 2010. www.searsholdings.com/invest/

演练 9.10

编制应收账款回款计划表

知识梳理：

预测应收账款的回款状况是编制现金预算的重要组成部分。

资料：

根据历史经验，Texas Rex 公司预计销售的 25% 为现金销售，其余 75% 为赊账销售。公司规定赊账销售须在本季度收回 90% 的现金，余下的 10% 应在下季度收回。公司预期各季销售情况依次为 10 000 美元、12 000 美元、15 000 美元和 20 000 美元。上年应收账款的期末余额为 1 350 美元，将在本年第一季度收回现金。

要求：

1. 计算本年各季现金销售情况。
2. 编制本年各季销售的应收账款回款计划表。

答案：

1. 第一季度预计现金销售额 = 10 000 × 0.25 = 2 500（美元）
   第二季度预计现金销售额 = 12 000 × 0.25 = 3 000（美元）
   第三季度预计现金销售额 = 15 000 × 0.25 = 3 750（美元）
   第四季度预计现金销售额 = 20 000 × 0.25 = 5 000（美元）

2.

应收账款回款计划表   单位：美元

来源	第一季度	第二季度	第三季度	第四季度
现金销售额	2 500	3 000	3 750	5 000
收到的应收账款现金来自：				
上年第四季度	1 350			
第一季度	6 750①	750②		
第二季度		8 100③	900④	
第三季度			10 125⑤	1 125⑥
第四季度				13 500⑦
现金总收入	10 600	11 850	14 775	19 625

注：①(10 000×0.75)×0.9；②(10 000×0.75)×0.1；③(12 000×0.75)×0.9；④(12 000×0.75)×0.1；⑤(15 000×0.75)×0.9；⑥(15 000×0.75)×0.1；⑦(20 000×0.75)×0.9。

尽管 Texas Rex 公司预期没有坏账费用，但是并非所有的公司都这样。如果公司假定其全部赊销收入并非都能收回现金，就存在一个坏账问题。例如，公司假定只能收到赊销收入中 98% 的现金，余下的 2% 即为坏账损失。也就是说，并非每个人都为其赊销付款。如果这 2% 的赊销收入收不到相应的现金，我们就必须在现金预算中扣除这部分。每家公司都有各自的应收账款回款要求。

2. 现金支出

现金支出列示某期间所有计划的现金支出,应扣除一些非现金支出费用,如折旧费用就不在现金支出中列示。正如现金管理需要了解应收账款的回款情况,现金支出也需要留意应付账款的支付情况。

演练9.11演示了应付账款付款时间差异的处理方法。

演练 9.11

确定应付账款的付款金额

知识梳理:

公司并非每月采购都要支付现金。为了保证其延期支付现金的能力,公司有必要了解何时须支付现金。

资料:

Texas Rex 公司采用赊购方式购买全部原材料,其中80%的采购账款在采购当季支付现金,余下20%在下季度支付现金。公司上年第四季度的采购账款为5 000美元。公司当年各季度原材料的采购额分别为4 492美元、5 176美元、6 480美元和6 904美元。

要求:

编制原材料应付账款付款计划表。

答案:

支付应付账款需要现金:
单位:美元

来源	第一季度	第二季度	第三季度	第四季度
上年第四季度	1 000①			
第一季度	3 594②	898③		
第二季度		4 141④	1 035⑤	
第三季度			5 184⑥	1 296⑦
第四季度				5 523⑧
现金总需求	4 594	5 039	6 219	6 819

注:脚注的计算都是近似值。
①5 000×0.2;②4 492×0.8;③4 492×0.2;④5 176×0.8;⑤5 176×0.2;⑥6 480×0.8;⑦6 480×0.2;⑧6 904×0.8。

值得注意的是,演练9.11假定公司支付其全部应付账款。如果公司道德感强就会设法偿还应付款项。通常,利息支出并不列示在现金支出部分,而视作偿付贷款的一部分。

3. 现金盈余/赤字

图表9-3的现金预算只是一种简化的形式,公司有时会扩展报表形式。例如,为了持有必要的现金余额,公司可能须借入或偿付一些现金,这时可以在报表中增加一些科目以反映这个事实。此时,这个初始的期末现金余额称为现金盈余/赤字,它应该与公司所需的最低现金余额相比较。简单来说,最低现金余额就是公司可接受的、手上所持现

金的最低数额。以个人账户为例,你可能需要在账户上存入一些现金,这样就可以免交年费或者应对一些突发的消费支出。同样,公司持有的现金也需要达到一个最低数额。根据公司的需要和政策,各公司的额度不尽相同。一方面,现金赤字意味着手上现有的现金低于所需的现金,要求公司借入短期贷款;另一方面,现金盈余即公司现有资金超过所需资金,公司可以偿付贷款或者进行短期投资。例如,2010年年中,Target百货的现金超过其投资所需的额度,公司决定将股利由0.17美元/股提升至0.25美元/股。Pep Boys是一家美国汽车配件供应商,它宣称公司拥有现金盈余,并且是上年现金预算额的四倍,公司称将考虑额外资本投资。

4. 借款和偿付

当公司将最初的现金余额的科目改为现金盈余/赤字科目时,表明公司可能要借入或偿付一些资金。存在现金赤字时,该科目表明公司必须借入的金额;而存在现金盈余时,该科目表明公司的预计偿付金额,包括利息费用。

5. 期末现金余额

现金预算的最后一行是期末现金余额,也就是现金收入和支出、借入和偿付业务全部发生后,公司在期末应持有的现金数量,计算公式如下:

$$期末现金余额 = 可用现金 - 预期现金支出$$

6. 编制现金预算

演练9.12演示了现金预算的编制方法。

演练 9.12

编制现金预算

知识梳理:

现金预算对公司存亡有着重要的影响。经理人通过现金预算可以估计公司有多少可用资金支付预期的费用,一定要及时发现现金的短缺,以便通过降低费用或采用融资等手段加以解决。

资料:

参照演练9.4、演练9.5、演练9.8、演练9.9、演练9.10和演练9.11的相关资料,补充说明如下:

(1) 公司在每季度末至少需要1 000美元现金。资金以1 000美元的倍数借入或偿还,年利息率为12%,利息仅在偿还本金时支付。资金在每季度期初借入,期末偿付。

(2) 每季度预计折旧费用为540美元,销售和管理费用为150美元(见演练9.5和演练9.8)。

(3) 资本预算显示公司将于当年购置一台屏幕打印机。第一季度支出6 500美元,公司计划以经营性现金名义为设备购置融资,如有必要,公司还可借入短期贷款以补充现金不足。

(4) 公司所得税大约为3 469美元,将在第四季度末支付(演练9.9)。

(5) 期初现金余额为 5 200 美元。
(6) 预算中所有数值近似整数。

要求：

为 Texas Rex 公司编制现金预算。

答案：

Texas Rex 公司现金预算表   单位：美元

项目	第一季度	第二季度	第三季度	第四季度	年度	来源①
期初现金余额	5 200	1 023	1 611	3 762	5 200	5
现金销售和赊销款	10 600	11 850	14 775	19 625	56 850	10
可用现金总额	15 800	12 873	16 386	23 387	62 050	
减：支出						
直接材料	(4 594)	(5 039)	(6 219)	(6 819)	(22 671)	11
直接人工	(1 272)	(1 512)	(1 920)	(2 160)	(6 864)	4
制造费用	(1 741)	(1 861)	(2 065)	(2 185)	(7 852)	2、5
销售和管理费用	(1 670)	(1 790)	(2 420)	(2 170)	(8 050)	2、8
所得税	—	—	—	(3 469)	(3 469)	4、9
设备	(6 500)	—	—	—	(6 500)	3
总支出	(15 777)	(10 202)	(12 624)	(16 803)	(55 406)	
现金盈余/(赤字)	23	2 671	3 762	6 584	6 644	
融资						
借入	1 000	—	—	—	1 000	1
偿还	—	(1 000)	—	—	(1 000)	1
利息②	—	(60)	—	—	(60)	1
融资总额	1 000	(1 060)	—	—	(60)	
期末现金余额③	1 023	1 611	3 762	6 584	6 584	

注：①字母表示说明中的资料，阿拉伯数字表示相应演练中的资料。
②由于公司在季初借入资金，季末偿还资金，本金在 6 个月后返还，因此支付利息费用为 6/12 × 0.12 × 1 000。
③可用现金总额减去总支出加上(或减去)融资总额。

演练 9.12 表明编制现金预算需要经营预算、应收账款回款情况和应付账款付款情况等相关信息。需要强调的是，现金预算仅包括现金支付的费用，而经营预算中的制造费用、销售和管理费用包括非现金支付的折旧费用，因此在编制现金预算时，折旧费用应从费用总额中扣除。

现金预算强调将年度预算划分为若干较小的时段。公司的年度现金预算或许表明公司有足够的可用经营现金流为新设备购置进行融资，考虑到新设备的购置和公司现金流的时点问题，季度现金预算可能显示出公司需要进行短期融资。因此，多数公司会编制月度现金预算，甚至会编制周预算、日预算。

Texas Rex 公司的现金预算显示，公司在第三季度末有多余现金 3 762 美元，此时管理层应该考虑将其进行投资，比如存放到可以产生利息的账户等。现金盈余的投资方式一经最终确定,就应该体现在现金预算中。预算是一个动态过程,随着新信息的取得、新计划的确定,预算也应不断修改完善。

由你做主

为小型喷漆公司编制现金预算

你是一名会计师,为当地多家小企业提供专业服务,Ramon's Panit and Plaster 是你的一名客户。由于该城市的建筑业不太景气,Ramon's Panit and Plaster 的经营遇到了种种困难。但是,随着新房建筑的兴起,Ramon's Panit and Plaster 上个月项目的报价相当于上年同期的两倍,公司需要了解现金流在当年的使用情况。你现在开始为预测未来6个月的各月现金流入与现金流出情况收集大量相关信息。

为了预测未来6个月喷漆和抹水泥业务的现金流入和现金流出情况,你需要哪些信息呢?

这个问题包括两个部分。第一个问题是预计现金收入,这取决于 Ramon's Panit and Plaster 成功中标项目的规模和数量。Ramon's Panit and Plaster 的业务基本与居民住宅有关,因此你需要了解房屋开工率或建筑许可申请的数量。同样,你也要考虑 Ramon's Panit and Plaster 的要价,以及获得及时付款的可能性。有些信誉良好的建筑商会在 Ramon's Panit and Plaster 完工后次月的头10天支付账款,有些却可能滞后付款。尽管你鼓励 Ramon's Panit and Plaster 主要与信誉良好的建筑商合作;但现实情况是,公司迫不得已会接受付款较晚的建筑商的订单。

第二个问题是预计潜在的现金流出。Ramon's Panit and Plaster 现有一支六人工作团队,工人的小时工资率是已知的,工作规模一经确定,Ramon's 能相当准确地估计油漆和水泥原材料的成本。但是,如果预测的周期太长,现金流入和现金流出的估计仍有很大困难。因此,你或许会编制未来1—3个月的现金预算,然后随着时间的推移,不断更新调整预测的数额。

对现金流入和现金流出的预测要考虑经济状况、客户付款信誉、项目报价和使用材料等因素。虽然上年的相关信息可以作为预测的基础,但不断变化的经济状况一定会影响未来的相关数值。

9.3.2 预算资产负债表

编制预算资产负债表需要当前资产负债表和总预算中其他预算的相关资料。假定 20×0 年12月31日为上年年末,20×1 年12月31日为本年年末,图表9-4是预算资产负债表的版式,预算数值的相关解释在表下注释。

图表 9-4　Texas Rex 公司资产负债表

20×0 年 12 月 31 日　　　　　　　　　　　　　　　　　　单位：美元

资产		
流动资产：		
现金	5 200	
应收账款	1 350	
原材料存货	252	
产成品存货	1 251	
流动资产合计		8 053
固定资产：		
土地	1 100	
建筑和设备	30 000	
累计折旧	(5 000)	
固定资产合计		26 100
资产总计		34 153

负债和所有者权益		
流动负债：		
应付账款		1 000
所有者权益：		
留存收益		33 153
负债和所有者权益总计		34 153

Texas Rex 公司预算资产负债表

20×1 年 12 月 31 日　　　　　　　　　　　　　　　　　　单位：美元

资产		
流动资产：		
现金	6 584①	
应收账款	1 500②	
原材料存货	424③	
产成品存货	1 390④	
流动资产合计		9 898
固定资产：		
土地	1 100⑤	
建筑和设备	36 500⑥	
累计折旧	(7 760)⑦	
固定资产合计		29 840
资产总计		39 738

负债和所有者权益		
流动负债：		
应付账款		1 381⑧
所有者权益：		
留存收益		38 357⑨
负债和所有者权益总计		39 738

注：①来自演练 9.12 的期末余额。②第四季度赊销的 10%（0.75×20 000×0.1），详见演练 9.1 和演练 9.12。③来自演练 9.3，为 106×3+530×0.02。④演练 9.6。⑤来自公司 20×0 年 12 月 31 日资产负债表。⑥20×0 年 12 月 31 日余额 30 000 美元加上新购置设备 6 500 美元，详见公司 20×0 年资产负债表和演练 9.12。⑦来自公司 20×0 年 12 月 31 日资产负债表和演练 9.5、演练 9.8(5 000+2 160+600)。⑧第四季度购货成本的 20%，详见演练 9.3 和演练 9.12。⑨公司 20×0 年资产负债表的期末余额加上演练 9.9 的净利润 33 153+5 204。

9.4 使用预算进行业绩评价

预算通常用于评价经理人的业绩。经理人的奖金、加薪和晋升都取决于他能否完成甚至突破预算目标。由于经理人的财务状况和职业生涯会受到预算的影响,因此预算对经理人的行为具有重大影响,而这种影响产生的正面或负面效果在很大程度上取决于预算的使用方法。

当经理人的个人目标与组织目标一致时,经理会努力实现该目标,此时具有积极的影响。当管理层与组织的目标一致时,就是通常所说的**目标一致**(**goal congruence**)。但如果预算管理不善,下级经理人也有可能损害公司的利益。**功能紊乱行为**(**dysfunctional behavior**)就是与组织目标不一致的个人行为。

理想的预算系统能完全实现目标一致,并且以一种道德的方式促使经理人实现组织目标。尽管理想的预算系统并不存在,但是研究和实践均表明积极的预算系统通常具有以下特征:①频繁的业绩反馈;②货币和非货币激励;③参与式预算;④合理的标准;⑤成本的可控性;⑥业绩评价的多重措施

9.4.1 频繁的业绩反馈

经理人需要随时掌握他们的表现,而及时的业绩报告能使他们了解自己的修正行为及计划改动是否有效。

9.4.2 货币和非货币激励

良好的预算系统会促进目标一致。**激励**(**incentives**)就是组织采取的、鼓励经理人实现组织目标的一系列手段。传统的组织理论假定雇员受到货币回报的激励。他们抵触工作且工作低效,可以使用如奖金、加薪、晋升等**货币激励**(**monetary incentives**)控制经理人浪费资源的倾向,解雇可以当作业绩糟糕的最终经济制裁手段。现实中,雇员不仅受到经济方面的激励,也受到工作满意度、认知、责任、自尊、工作本身等内在心理和社会因素的影响。**非货币激励**(**nomonetary incentives**)增强了预算控制系统,包括工作丰富化、扩大责任和自主权、提高员工认可度等。

9.4.3 参与式预算

与强制下级经理人执行预算相反,**参与式预算**(**participative budgeting**)允许下级经理人在预算制定过程中享有很大的话语权。也就是说,经理人在了解公司总体目标后,会制定出促进目标实现的预算。参与式预算向下级经理人传递了一种责任意识,促进了创造力的发挥。由于下级经理人参与制定预算,预算目标就很有可能成为经理人的个人

目标,这在一定程度上促进了目标的一致。参与预算过程本身就增大了责任和挑战,这也为实现更高水平的业绩提供了非货币激励。

参与式预算有三个潜在的问题:①标准设定过高或过低;②预算中加入松弛;③虚假参与。

1. 标准设定

有些经理人倾向于把标准定得过高或过低。参与式预算可能使预算目标成为经理人的个人目标,使得设定错误的预算会导致低水平的业绩。对于那些激进且富有创造力的人来说,挑战性是非常重要的。如果目标能轻而易举地实现,经理人就可能失去兴趣,从而导致业绩下滑。同样,目标设定得过高也会使经理人灰心丧气,导致糟糕的业绩(见图表9-5)。因此,参与式预算的关键在于设定一个可以实现的高目标。

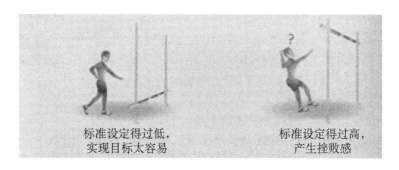

标准设定得过低,实现目标太容易　　标准设定得过高,产生挫败感

图表9-5　设定标准的艺术

2. 预算松弛

参与式预算可能出现的第二个问题是,经理人在预算编制中的松弛现象。如果经理人故意低估收入或高估成本以期未来的实际结果优于预算标准,这就产生了**预算松弛**(**budgetary slack**)。不管是低估收入还是高估成本,都会提高经理人完成预算目标的可能性,也降低了经理人面临风险的可能性。高级管理层应该仔细评估下级经理人提出的预算方案并适时提出建议,以减少预算中的松弛。

> **道德决策**
>
> 从行业道德准则角度看,预算松弛备受质疑。预算松弛就是有意错报成本和收入,这必然没有公允、客观地传递信息,因而违背了可信性标准,而且也与诚信的职业义务不一致。虽然有时会为不确定性而略微高估成本,但过度松弛显然是一种错报,并且影响资源在其他方面的使用安排。

3. 虚假参与

参与式预算出现的第三个问题是,最高级管理层可能实际全权控制预算过程,低级管理者仅仅浅层参与,这种行为称为**虚假参与**(**pseudoparticipation**)。高级管理层的预算仅仅要求获得下级管理层的认可,而不寻求真正的建议,也就不能真正发挥参与的优势。

9.4.4 合理的标准

由于预算目标用于评价业绩,因此它们应该基于一个现实合理的条件和预期。预算应该反映经营的实际状况,包括以下几个方面:

(1) 真实的作业水平:使用弹性预算确保预计成本能根据真实作业水平进行相应的调整。

(2) 季节性变动:中期预算应该反映季节影响。例如,玩具反斗城预期在圣诞节当季的销量高于其他季度。

(3) 效率:预算削减应该基于效率的计划提升而非全面的任意降低,缺乏正式评估的全面削减会影响一些部门的目标实现。

(4) 总体经济趋势:预算标准应考虑总体经济条件。当经济处于衰退期时,预计销量的大幅增长不但是愚蠢的,更是具有潜在危险的。

9.4.5 成本的可控性

理想的情况是经理人只对他能控制的成本负责。**可控成本**(controllable costs)是经理人能够影响其水平的成本。部门经理人没有权力干预研发、高级管理层的薪资等一些公司层面的成本,他们也就不应该为此负责。如果下级经理人的预算中须增加不可控成本,那么这些成本应当单独予以反映,并且明确标注为不可控成本。

9.4.6 业绩评价的多重措施

组织通常会使用预算作为管理业绩的唯一计量,这显然是不对的。尽管业绩的财务标准是重要的,但如果过度地加以强调也可能导致榨取公司利益或战略短视等功能紊乱行为。经理人虽然改善了短期预算业绩,但会对公司造成长期损害,这就是通常所说的**短视行为**(myopic behavior)。例如,为了实现预算的成本目标或利润水平,经理人可能故意推迟提拔雇员,降低预防性维护费用、广告费用和新产品研发费用等。同时,采用财务指标和非财务指标,可以既关注长期利益又注重短期利益,有利于降低此类风险。Starwood 酒店每年都在消费趋势研究、员工培训等方面投入大量资金,实现了旗下奢侈品牌 St. Regis 客房收入的稳定增长。

学习目标 ≫≫

LO1 定义预算,讨论预算在计划、控制和决策中的作用。
- 预算是采用财务术语表述的公司行动计划。
- 预算在计划、控制和决策中发挥着关键作用。

- 随着组织规模的不断扩大,预算在改善沟通与协调中发挥的作用越来越大。
- 总预算由经营预算和财务预算组成,是组织的综合财务计划。

LO2 定义并编制经营预算,了解其主要组成部分,解释不同部分之间的内在关系。

- 经营预算由预算利润表及其所有支持性预算组成。
- 销售预算包括对全部待售产品的预期销售数量和销售价格。销售预算应最先编制,它的结果将用于生产预算的编制。
- 生产预算计算满足预计销售量和目标期末存货量所需的生产数量。计算预计产量时应考虑期初存货量。生产预算的结果将用于直接材料采购预算和直接人工预算的编制。
- 直接材料采购预算计算为满足当年生产需求和目标期末存货量需求,公司需要采购的各类原材料的数量。
- 直接人工预算计算为满足生产需求所耗费的直接人工工时和直接人工费用。计算出的直接人工工时将用于制造费用预算的编制。
- 为了编制制造费用预算,可将制造费用细分为固定部分和变动部分。
- 销售和管理费用预算计算相应职能部门的预计成本。
- 期末产成品存货预算和销货成本预算分别详细列示目标期末存货与售出商品的生产成本。
- 预算利润表给出当预算计划实现时,公司将实现的净利润。

LO3 定义并编制财务预算,了解其主要组成部分,解释不同部分之间的内在关系。

- 财务预算包括现金预算、资本支出预算和预算资产负债表。
- 现金预算是现金账户的期初余额加上预期现金收入,减去预期现金支出,再加上(减去)必要的借入(借出)。
- 预算资产负债表给出在预算计划实现时,公司资产、负债和所有者权益账户的期末余额。

LO4 描述预算编制的行为维度。

- 预算系统的成功与否取决于对人员因素的重视程度。
- 为了避免功能紊乱行为,组织不应过分强调预算在控制机制中的作用。
- 采用参与式预算和其他非货币激励等手段,提供频繁的业绩反馈,使用弹性预算,确保预算目标合理反映实际情况,要求经理只对其可控成本负责,可以改善预算作为业绩评价措施的作用。

重要公式

1. 所需生产的数量 = 预计的销售数量 + 期末存货数量 − 期初存货数量
2. 采购数量 = 生产所需的直接材料数量 + 直接材料期末存货数量 − 直接材料期初存货数量
3. 可用现金 = 期初现金余额 + 预期现金收入
4. 期末现金余额 = 可用现金 − 预期现金支出

关键术语

财务预算	功能紊乱行为	可控成本	期末产成品存货预算
参与式预算	货币激励	控制	生产预算
短视行为	激励	连续预算	现金预算
非货币激励	经营预算	目标一致	销货成本预算

销售和管理费用预算	预算	预算主管	直接人工预算
销售预算	预算松弛	战略规划	制造费用预算
虚假参与	预算委员会	直接材料采购预算	总预算

问题回顾

Ⅰ. 选择经营预算

Joven Products 公司生产衣帽架，预计本年第一季度销售量和期初、期末存货的数据如下：

销售量	100 000 件
单价	15 美元
期初存货	8 000 件
期末目标存货	12 000 件

生产衣帽架先用模子造型，然后喷漆。生产每个衣帽架需要4磅金属，每磅金属成本为2.50美元。原材料的期初存货为4 000磅，公司希望在季末持有6 000磅金属作为期末存货。生产一个衣帽架要花费30分钟的直接人工，工人小时工资率为14美元。

要求：
1. 编制第一季度的销售预算。
2. 编制第一季度的生产预算。
3. 编制第一季度的直接材料采购预算。
4. 编制第一季度的直接人工预算。

答案：

1.

Joven Products 公司销售预算
第一季度

销售数量	100 000
单位价格（美元）	×15
销售额（美元）	1 500 000

2.

Joven Products 公司生产预算
第一季度

销售数量	100 000
目标期末存货	12 000
总需求	112 000
减：期初存货	8 000
需要生产数量	104 000

3.

Joven Products 公司直接材料采购预算
第一季度

生产数量	104 000
单位产品使用直接材料数量（磅）	×4
生产需求（磅）	416 000
目标期末存货（磅）	6 000
总需求（磅）	422 000
减：期初存货（磅）	4 000
原料采购数量（磅）	418 000
每磅原材料成本（美元）	×2.50
采购总成本（美元）	1 045 000

4.

Joven Products 公司直接人工预算
第一季度

生产数量	104 000
单位产品直接人工工时	×0.5
总工时	52 000
小时工资率（美元）	×14
直接人工总成本（美元）	728 000

Ⅱ. 现金预算

Kylles 公司预计3月的销售将收到现金45 000美元。此外，公司预计出售价值3 500美元的房产。采购原材料和日常用品预计支出10 000美元现金，直接人工费用12 500美元，其他费用预计14 900美元。3月1日的现金账户余额为1 230美元。

要求：
1. 编制公司3月的现金预算。
2. 假定公司需最少持有现金15 000美元，公司以1 000美元的倍数向银行贷款，年利率为12%。公司3月调整后的期末现金余额是多少？

假定 3 月所借款项在 4 月全部清偿,公司 4 月的利息费用是多少?

答案:

1. **Kylles 公司现金预算**
3 月 单位:美元

期初现金余额	1 230
现金销售收入	45 000
房产销售收入	3 500
可用现金合计	49 730
减:支出	
原材料和日常用品	10 000
直接人工	12 500
其他费用	14 900
支出合计	37 400
期末现金余额	12 330

2.

调整前期末现金余额	12 330
加:借款额	3 000
调整期末现金余额	15 330

4 月支付利息费用 $= 1/12 \times 0.12 \times 3\,000$
　　　　　　　　$= 30$(美元)

讨论题

1. 为预算下定义,并说明预算怎样用于计划。
2. 为控制下定义,并说明怎样用预算进行控制。
3. 解释大型组织和小型组织如何从预算中获益。
4. 讨论编制预算的原因。
5. 什么是总预算、经营预算和财务预算?
6. 解释销售预测在预算中的作用,销售预测和销售预算有何区别?
7. 各类型预算取决于销售预算。这个表述是否正确?请解释。
8. 为什么目标一致是很重要的?
9. 为什么说经理人频繁收到其业绩反馈是很重要的?
10. 讨论货币激励和非货币激励的作用。是否需要非货币激励?为什么?
11. 什么是参与式预算?讨论其优势。
12. 易于完成的预算会降低业绩水平。你是否同意,并解释。
13. 高级管理层在参与式预算中扮演了什么角色?
14. 解释经理人建立预算松弛的动机。
15. 解释经理人如何通过榨取公司利益来改进预算业绩。

多项选择题

9-1 预算是( )。

A. 长期规划

B. 至少横跨两年

C. 仅是一个控制工具

D. 短期的财务规划

E. 仅对大型公司有必要

9-2 以下哪个选项是控制过程的组成部分?( )

A. 监控实际作业

B. 将实际作业与计划作业相比较

C. 调查

D. 采取修正作业

E. 以上全部

9-3 以下哪项不是预算的优点?( )

A. 促使经理人进行规划

B. 为决策提供信息

C. 保证组织效率得到改善
D. 提供业绩评价的标准
E. 促进沟通与协调

9-4 预算委员会是( )。
A. 评估预算
B. 解决预算编制过程中的差异
C. 审核通过最终预算
D. 通常由财务主管领导
E. 以上全部

9-5 每月更新的滚动12个月的预算是( )。
A. 制造业公司不使用
B. 浪费时间和精力
C. 总预算
D. 连续预算
E. 公司总是用于编制总预算

9-6 以下哪项不是经营预算的组成部分?( )
A. 直接人工预算　　B. 销货成本预算
C. 生产预算　　　　D. 资本预算
E. 销售和管理费用预算

9-7 在编制直接材料采购预算前,必须先( )。
A. 编制销售预算
B. 编制生产预算
C. 决定原材料的期末存货量
D. 获得每种原材料的预期价格
E. 以上全部

9-8 编制销售预算的第一步是( )。
A. 编制销售预测
B. 仔细评估生产预算
C. 预计期末产成品库存数量
D. 与过去的顾客交谈
E. 超出预期水平提高销售业绩

9-9 编制生产预算需要( )。
A. 生产所需的直接材料
B. 生产所需的直接人工
C. 预计的销售数量
D. 原材料期末存货的数量

E. 以上全不是

9-10 为了满足生产需要,公司需要100磅塑料,当前公司库存10磅塑料,塑料的目标期末库存为30磅。在此期间,公司购买塑料的预算采购量为( )。
A. 80磅　　　　　B. 110磅
C. 120磅　　　　D. 130磅
E. 以上全不是

9-11 公司计划出售220件产品,销售单价为24美元。期初有50件存货,期末欲持有20件存货,在该期间,公司应该生产多少件产品?( )
A. 250　　　　　B. 200
C. 230　　　　　D. 220
E. 以上全不是

9-12 编制预算利润表需要( )。
A. 生产预算
B. 预算销售和管理费用
C. 预算资产负债表
D. 资本支出预算
E. 上年的利润表

9-13 选出( )选项中不是经营预算的预算。
A. 销货成本预算　　B. 现金预算
C. 生产预算　　　　D. 制造费用预算
E. 以上都是经营预算

9-14 现金预算的目的是( )。
A. 记录自由存货政策的需要
B. 揭示折旧费用的数额
C. 揭示未收回款项的坏账损失
D. 提供还贷能力的信息
E. 以上全不是

9-15 假定公司的应收账款回款模式为:销售当月回款40%,销售次月回款余下的60%。销售都是赊销。1、2月份的销售额分别为100 000美元和200 000美元。2月份收到的现金为( )美元。
A. 140 000　　　B. 300 000
C. 120 000　　　D. 160 000
E. 80 000

9-16 在现金预算中,通常会忽略应收账款中不可收回的比例,这是因为( )。

A. 违约的账款不能收到现金

B. 它包括在现金销售中

C. 它出现在预算利润表中

D. 对很多公司来说,它并不是一个重要的账户

E. 以上解释都不正确

9-17 理想的预算系统是( )。

A. 鼓励功能紊乱行为

B. 鼓励目标一致行为

C. 鼓励短视行为

D. 颠覆组织目标

E. 以上全不是

9-18 促进积极管理行为的主要预算特征是( )。

A. 频繁的业绩反馈

B. 参与式预算

C. 合理的标准

D. 设计合理的货币激励和非货币激励

E. 以上全部

9-19 以下哪项不是参与式预算的优点?( )

A. 鼓励预算松弛

B. 可能导致较高的业绩水平

C. 培育责任意识

D. 鼓励目标高度一致

E. 培育经理人的创新意识

9-20 以下哪项可能是短视行为的例子?( )

A. 没有提拔恰当的雇员

B. 降低预防性维护费用

C. 削减新产品研发支出

D. 为了不超出原材料采购预算,购买便宜、劣质原料

E. 以上全部

基础练习题

9-21 编制销售预算(LO2)

Patrick 公司出售一种5加仑桶装的工业溶剂,公司预期本年前三个月的销售数量如下:1月为 41 000 桶,2月为 38 000 桶,3月为 50 000 桶。每桶工业溶剂的平均价格为 35 美元。

要求:

编制本年前三个月的销售预算,表明各月及整个季度的销售数量和销售收入。

9-22 编制生产预算(LO2)

Patrick 公司生产工业溶剂,公司预期本年前四个月的销售数量如下:1月为 41 000 桶,2月为 38 000 桶,3月为 50 000 桶,4月为 51 000 桶。公司要求持有下月销售数量的 25% 作为本月末存货。1月1日,公司预计工业溶剂存货为 6 700 桶。

要求:

编制本年第一季度的生产预算,表明各月及整个季度的产量。

9-23 编制直接材料采购预算(LO2)

Patrick 公司生产一种5加仑桶装的工业溶剂。本年前三个月的计划生产数量如下:1月为 43 800 桶,2月为 41 000 桶,3月为 50 250 桶。公司生产每桶溶剂需要 5.5 加仑的化学品和一个塑料桶。公司要求每月期末原料存货数量达到下月生产所需数量的 15%。上年12月的期末存货数量符合此要求。1加仑的化学品成本为 2.00 美元,一个桶的成本为 1.60 美元。(注意:数量近似到整数,金额近似到美元。)

要求:

1. 计算上年12月、本年1月、2月的化学品期末存货数量。本年1月的化学品期初存货量是多少?

2. 编制本年1月、2月化学品的直接材料采购预算。

3. 计算上年12月、本年1月、2月的塑料桶

期末存货数量。

4. 编制本年1月、2月的塑料桶直接材料采购预算。

9-24 编制直接人工预算(LO2)

Patrick公司生产工业溶剂,本年前三个月的计划生产数量如下:1月为43 800桶,2月为41 000桶,3月为50 250桶。生产一桶工业溶剂需花费0.3个小时的直接人工,平均小时工资率为18美元。

要求:

第一季度各月及整个季度编制直接人工预算。

9-25 编制制造费用预算(LO2)

Patrick公司生产工业溶剂。本年前三个月生产预算的直接人工时长如下:1月为13 140小时,2月为12 300小时,3月为15 075小时。变动制造费用为每工时0.70美元,固定制造费用为每月2 750美元。

要求:

为第一季度各月及整个季度编制制造费用预算(金额近似到美元)。

9-26 编制期末产成品存货预算(LO2)

Andrews公司生产办公椅。生产每把办公椅所耗用直接材料的成本为14美元,要花费1.9小时的直接人工,工人小时工资率为16美元。变动制造费用为1.2美元/工时,固定制造费用折合为1.6美元/工时。公司预计办公椅期末存货675把,期初存货为零。

要求:

1. 计算生产办公椅的单位成本(金额近似到美分)。

2. 计算预算期末存货成本(金额近似到美元)。

9-27 编制销货成本预算(LO2)

Andrews公司生产办公椅。生产每把办公椅所用直接材料成本为14美元,要花费1.9小时的人工,工人小时工资率为16美元。变动制造费用为1.2美元/工时,固定制造费用折合为1.6美元/工时。公司预计本年生产20 000把办公椅,办公椅期末存货为675把,办公椅的期初存货为零。

要求:

为Andrews公司编制销货成本预算。

9-28 编制销售和管理费用预算(LO2)

Fazel公司生产、销售纸产品。公司预计本年总销售额为19 730 000美元,销售佣金按销售额的3%计提。另外,销售和管理部门的固定费用如下:工资为960 000美元,水电费为365 000美元,办公室租金为230 000美元,广告费用为1 200 000美元。

要求:

为Fazel公司编制本年的销售和管理费用预算。

9-29 编制预算利润表(LO2)

Oliver公司本年生产经营的相关资料如下:生产和销售的数量为160 000件,销货单位成本为6.30美元,销售价格为10.80美元,单位产品变动销售管理费用为1.10美元,固定销售管理费用423 000美元,所得税税率为35%。

要求:

为Oliver公司编制本年预算利润表(金额近似到美元)。

9-30 编制应收账款回款计划表(LO3)

Kailua是一家提供法律服务的公司,所有服务在顾客往来账户上记账,不存在现金劳务收入。公司预计平均20%的账单会在本月支付现金,50%的账单会在次月支付现金,25%的账单会在开出账单后的第二个月支付。公司预计未来五个月的劳务服务收入分别为:5月为84 000美元,6月为100 800美元,7月为77 000美元,8月为86 800美元,9月为91 000美元。

要求:

编制8月和9月的应收账款回款计划表。

9-31 编制应付账款付款计划表(LO3)

Wight公司通过赊账方式购入生产所需原材料。直接材料采购预算显示出未来三个月的赊购额分别为:4月为374 400美元,5月为411 200美元,6月为416 000美元。公司通常在本月支付应付账款的20%,次月支付余下80%的账款。

要求：

1. 公司在5月为支付应付账款需要多少现金？

2. 公司在6月为支付应付账款预计需要多少现金？

9-32 编制现金预算（LO3）

La Famiglia Pizzeria 公司10月的生产经营资料如下：

a. 预算销售额为157 000美元，大约85%的销售采用现金销售，其余采用赊销。

b. 公司预计在销售当月收回赊销70%的现金，次月收回28%。

c. 公司通过赊账购买食品和常用易耗品，总额预计为116 000美元。公司在采购当月支付25%的现金，次月支付余下75%的现金。

d. 老板承担大部分工作，每月提取6 000美元作为报酬（6 000美元是两个老板的报酬总和）。兼职工人每月工资总额为7 300美元，按周支付，因此90%的工资当月支付，其余10%次月支付。

e. 水电费平均每月5 950美元，铺面租金每月4 100美元。

f. 按季度支付保险费用，下一次保险费用1 200美元在10月到期。

g. 9月的销售额为181 500美元，食品和供应品采购成本为130 000美元。

h. 10月1日现金账户余额为2 147美元。

要求：

1. 计算10月预计现金收入（提示：同时考虑现金销售和赊销的支付情况）。

2. 计算10月食品采购所需现金。

3. 编制10月的现金预算。

练习题

9-33 计划和控制（LO1）

a. Jones医生是一位牙医，想通过树立优质、及时的品牌扩大诊所的规模和盈利能力。

b. 为此，他计划在大楼里增建一间牙科实验室，使牙冠、齿桥和假牙的生产内部化。

c. 建立实验室需要额外资金，他决定通过增加收入来解决这个问题。经过仔细计算，Jones医生得出结论：年收入可以增加10%。

d. Jones医生发现补牙和牙冠修复的收费低于社区的平均价格，于是打算提高这些收费以实现增加10%的收入。

e. 他估计本年补牙和牙冠修复的数量、新单价及预期总费用。

f. Jones医生逐月比较实际收入与预算收入，公司本年前三个月的实际收入低于预期。

g. 调查发现，改变手术时长减少了患者的数量。

h. 当他改回原来的进度，病患数量恢复到原来的预计水平。

i. 为了弥补资金短缺，他还提高了其他服务的收费。

要求：

将以上信息与计划和控制的元素相匹配，每项可以匹配多个元素。

1. 修正作业；
2. 预算；
3. 反馈；
4. 调查；
5. 短期计划；
6. 将实际结果与计划进行比较；
7. 实际作业的监控；
8. 战略规划；
9. 短期目标；
10. 长期目标。

参照如下资料完成练习题 9-34 和 9-35：

假定 Stillwater Designs 公司生产车用音响 S12L7 和 S12L5。S12L7 售价为 475 美元，S12L5 售价为 300 美元。公司预计未来五个季度的销售情况（车用音响数量）如下：

时间	S12L7	S12L5
20×1 年第一季度	800	1 300
20×1 年第二季度	2 200	1 400
20×1 年第三季度	5 600	5 300
20×1 年第四季度	4 600	3 900
20×2 年第一季度	900	1 200

销售副总裁认为预计的销售量是现实合理的，公司有能力实现这个目标。

9-34 销售预算（LO1、LO2）

参照以上关于 Stillwater Designs 公司的相关资料。

要求：

1. 编制 20×1 年各季度销售预算和全年销售预算，表明每种产品的销售量，以及同一期间两种产品的销售量总和。

2. Stillwater Designs 公司如何使用销售预算？

9-35 生产预算（LO2）

参照以上关于 Stillwater Designs 公司的相关资料。Stillwater Designs 公司需要每种产品的生产预算（外包给亚洲当地生产商的数量）。20×1 年第一季度 S12L7 的期初存货为 340 台，公司要求持有下季度销售量的 20% 作为本季度的期末存货。S12L5 的期初存货为 170 台，公司要求持有下季度销售量的 30% 作为本季度的期末存货。

要求：

编制 20×1 年各季度的生产预算及全年生产预算。

9-36 生产预算和直接材料采购预算（LO2）

Peanut-Fresh 公司生产制造全天然有机花生酱。花生酱每罐 12 盎司。

公司本年前四个月销售预算如下：

时间	销售量（罐）	销售额（美元）
1 月	48 000	100 800
2 月	46 000	96 600
3 月	55 000	121 000
4 月	58 000	125 200

公司要求持有下月销售数量的 20% 作为本月的期末存货数量。1 月的花生酱期初存货为 14 500 罐。

生产每罐花生酱需要两种原材料：24 盎司的花生和 1 个罐子。公司要求持有下月生产所需原材料的 10% 作为原材料的期末存货，1 月 1 日的库存状况满足该规定。

要求：

1. 编制本年第一季度生产预算。表明各月生产所需的罐子数量，以及第一季度所需的罐子总数。

2. 分别为罐子和花生编制 1 月和 2 月的直接材料采购预算。

9-37 生产预算（LO2）

Aqua-pro 公司生产池塘和蓄水池潜水器水泵。本年度几个月的销量如下：

时间	销量（件）
4 月	180 000
5 月	220 000
6 月	200 000
7 月	240 000

公司要求持有下月销售量的 25% 作为本月的期末存货。由于 3 月的销售量远远超出预期，4 月水泵的期初存货仅有 21 000 件。

要求：

编制本年第二季度的生产预算，表明各月产量及本季度产量总和。

9-38 直接材料采购预算（LO2）

Langer 公司生产塑料制品，包括塑料壳和加湿器，Langer 公司将这些塑料制成合适的形状。每个塑料壳需要 15 盎司的塑料，每盎司塑料成本为 0.08 美元。公司预计接下来四个月塑料壳的产量分别为：

时间	产量（个）
7 月	3 500
8 月	4 400
9 月	4 900
10 月	6 300

公司要求期末须持有足够的塑料以满足生

产下月20%产品所用的塑料。7月期初的存货恰好满足该要求。

要求：

编制7、8、9月的直接材料采购预算，表明各月采购数量和金额及本季度总和。

9-39 直接人工预算（LO2）

Evans公司生产沥青屋面材料。公司最受欢迎的成捆沥青瓦的生产预算如下：

时间	产量（捆）
3月	4 000
4月	13 000
5月	14 400
6月	17 000

生产每捆沥青瓦平均花费0.40小时的直接人工，工人的平均小时工资率为20美元。

要求：

编制3、4、5月直接人工预算，表明各月直接工时和直接人工费用及本季度总和。

9-40 销售预算（LO2）

Alger公司生产吹叶机和除草机，共计六个型号。公司预算团队即将完成本年销售预算的编制。公司上年的销售数量和销售收入如下：

产品型号	销售数量（台）	产品价格（美元）	销售收入（美元）
LB—1	14 700	32	470 400
LB—2	18 000	20	360 000
WE—6	25 200	15	378 000
WE—7	16 200	10	162 000
WE—8	6 900	18	124 200
WE—9	4 000	22	88 000
总计			1 582 600

在回顾上年销售数据时，公司销售预算团队发现以下信息：

a. LB—1采用汽油发动机，是最新型号的吹叶机，它装有轮子，不必携带。该型号专为商业市场设计，表现好于第一年预期，因此该型号本年销量预计为年销量的250%。

b. 公司上年7月1日引入WE—8和WE—9型号的除草机，相较于传统型号，它们更轻便，专为小户型设计。公司预计这两种型号的销量将继续以上年的速度增长。

c. 竞争对手公开宣布将引入Alger公司传统除草机WE—6的改进版。公司为了保持上年的销售水平，决定将WE—6降价30%。

d. 假定其他型号机器的销量增长5%，价格保持不变。

要求：

分别按产品型号编制公司本年的销售预算，以及公司本年度全部产品的销售预算。

9-41 生产预算和直接材料采购预算（LO2）

Jani是Jani's Flowers and Gifts公司的老板，该公司为各种特定场合定制生产礼物篮。礼物篮外面包有彩色玻璃纸，里面装有水果和各式各样的小礼物，如咖啡杯、纸牌、巧克力粉和香皂等。Jani预计本年最后几个月至下年1月标准礼物篮的销售量如下：9月为250个，10月为200个，11月为230个，12月为380个，下年1月为100个。

Jani想持有下月销售量5%的礼物篮作为期末存货。8月31日，礼物篮存货状况符合该要求。

每个礼物篮需要装有1磅水果和6件小礼物。

公司应持有下月生产所需水果的5%作为期末存货，小礼物的30%作为期末存货。由于水果容易腐烂变质，水果存货率较低，8月31日的原材料存货符合该要求。

要求：

1. 编制礼物篮的9月、10月、11月和12月的生产预算（近似到整数件）。

2. 为礼物篮两种原材料编制9月、10月、11月和12月的直接材料采购预算（近似到整数件）。

3. 为什么11月至12月会有这么大的预算差异？为什么Jani预计下年1月的销售量低于上年12月的销售量？

9-42 应收账款回款计划表和现金预算（LO3）

Bennett公司每月15%的销售为现金销售，以往应收账款回款情况如下：销售当月支付现金的百分比为25%，销售次月支付现金的百分比为68%，销售后第二个月支付现金的百分比为5%。

公司预计未来几个月的销售额分布如下：4月为

250 000 美元,5 月为 290 000 美元,6 月为 280 000 美元,7 月为 295 000 美元,8 月为 300 000 美元。

要求:

1. 计算 5、6、7、8 月的赊销额(所有金额近似到美元)。

2. 编制 7 月和 8 月的应收账款回款计划表(所有金额近似到美元)。

9-43 应收账款回款计划表和现金预算(LO3)

Roybal 公司通过赊销方式出售所有产品,以往应收账款回款经验如下:销售当月支付现金的百分比为 20%,销售次月支付现金的百分比为 55%,销售后第二个月支付现金的百分比为 23%。

为了鼓励客户在销售当月支付现金,公司提供 2% 的现金折扣。公司预计未来几个月的销售额如下:4 月为 190 000 美元,5 月为 248 000 美元,6 月为 260 000 美元,7 月为 240 000 美元,8 月为 300 000 美元。

要求:

1. 编制 7 月的应收账款回款计划表。
2. 编制 8 月的应收账款回款计划表。

9-44 应付账款付款计划表(LO3)

Fein 公司现金支出的相关资料如下:

a. 公司第三季度赊账采购原材料的费用如下:6 月为 68 000 美元,7 月为 77 000 美元,8 月为 73 000 美元。

b. 公司在采购当月支付 20% 账款的现金,次月支付余下 80% 的现金。

c. 7 月直接人工费为 32 300 美元,8 月直接人工费为 35 400 美元,公司通常当月支付工资的 90%,次月支付余下部分。

d. 8 月制造费用为 71 200 美元,包括折旧费用 6 350 美元。

e. 公司在 5 月 1 日申请了一笔为期四个月的贷款。年利率为 9%,8 月 31 日到期时支付本息(按整月计算利息)。

要求:

编制 8 月的应付账款付款计划表。

9-45 现金预算(LO3)

某建筑材料公司的老板需要 6 月的现金预算,检查公司相关记录后,发现以下信息:

a. 6 月 1 日现金账户余额为 736 美元。

b. 公司 4 月和 5 月的实际销售(美元)如下:

项目	4 月	5 月
现金销售	10 000	18 000
赊销	28 900	35 000
销售总额	38 900	53 000

c. 赊销回款期为 3 个月:销售当月收到 40% 的现金,次月收到 30% 的现金,销售后第二个月收到 20% 的现金,其余部分为不可收回坏账。销售第二个月收回货款时,顾客应额外支付 2% 的滞纳金。

d. 平均每月存货的购买量占销售总额的 64%。其中,20% 账款在当月支付,其余次月支付。

e. 每月工资总计为 11 750 美元,包括支付给老板的 4 500 美元工资。

f. 每月租金为 4 100 美元。

g. 6 月应交税费为 6 780 美元。

此外,老板预计 6 月现金销售额为 18 600 美元,赊销额为 54 000 美元。公司不需要持有最低额度的现金,也不能申请短期贷款。

要求:

1. 编制 6 月现金预算,包括现金回款和现金支付计划表(近似到美元)。

2. 该公司 6 月的现金流是否为负数?假设老板不能得到公司的信用额度,解决不了公司负现金流问题,你对老板有什么建议?

问题

9-46 现金预算(LO3)

在 Aragon 及其同事的劳务收入中,25% 的收入采用现金方式,其余 75% 是赊销方式。应收账款账龄分析表披露了以下信息:

a. 10%的劳务收入在提供服务的当月收回现金。

b. 60%的劳务收入在提供服务的次月收回现金。

c. 26%的劳务收入在提供服务后的第二个月收回现金。

d. 4%的劳务收入无法收回现金。

在提供服务后的第二个月收回的款项视为到期未付，顾客须支付3%的滞纳金。

Aragon对未来几个月的劳务收入预测如下：5月为180 000美元，6月为200 000美元，7月为190 000美元，8月为194 000美元，9月为240 000美元。

要求：

编制8月和9月的现金收入计划表（所有金额近似到美元）。

9-47 经营预算和综合分析（LO1、LO2、LO3、LO4）

Allison公司生产一种用于直升机引擎的部件，组装工作由引擎生产商和飞机维护部门完成。公司预计未来五个月的销售数量如下：1月为40 000件，2月为50 000件，3月为60 000件，4月为60 000件，5月为62 000件。

生产政策和生产规模相关资料如下：

a. 1月1日，期末产成品的存货为32 000件，每件成本为166.06美元。公司每月须持有下月销售量80%的产品作为本月期末存货。

b. 生产耗用原材料数据如下：

直接材料	单位产品的材料用量	原材料单价（美元）
金属	10磅	8
部件	6个	5

c. 生产每件产品需要3小时的直接人工，直接人工小时工资率为14.25美元。

d. 公司采用弹性预算（作业量以直接工时衡量）预计每月制造费用。

项目	固定成本部分（美元）	变动成本部分（美元）
日常办公用品	—	1.00
燃料	—	0.50
维护成本	30 000	0.40
监控成本	16 000	—
折旧费用	200 000	—
税费	12 000	—
其他费用	80 000	0.50

e. 公司采用弹性预算（作业量以直接工时衡量）预计每月销售和管理费用。

项目	固定成本部分（美元）	变动成本部分（美元）
员工工资	50 000	—
销售佣金	—	2.00
折旧费用	40 000	—
物流费用	—	1.00
其他费用	20 000	0.60

f. 部件的销售单价为205美元。

g. 公司所有的采购和销售采用现金交易。1月1日现金余额为400 000美元，公司期末须持有现金的最低额度为50 000美元。若期末现金不足，则公司可借入资金予以补充。借入的资金和利息应在季末偿还（季末借入的资金应在下一季度末偿还）。贷款年利率为12%。公司在1月1日没有欠款。

要求：

1. 编制第一季度各月的经营预算及以下相关报表（假定在产品存货没有变动）。

a. 销售预算

b. 生产预算

c. 直接材料采购预算

d. 直接人工预算

e. 制造费用预算

f. 销售和管理费用预算

g. 期末产成品存货预算

h. 销货成本预算

i. 预算利润表

j. 现金预算

2. 与两三名同学组成一组，在当地找一家制造厂，并向财务主管咨询总预算的编制过程。理清预算过程开始的时间，需编制哪些工厂层面的报表，财务主管如何预测相关数值，这些报表如何与公司预算相适应，预算是否为参与式预算，如何通过预算分析业绩等问题。请为此次采访撰写总结报告。

9-48 理解关系、现金预算和预计资产负债表(LO3)

Ryan Richards 是 Grange 零售商的财务主管,为了编制本年第三季度现金预算,他整理出以下数据:

a. 销售额如下:5月(实际)为 100 000 美元,6月(实际)为 120 000 美元,7月(估计)为 90 000 美元,8月(估计)为 100 000 美元,9月(估计)为 135 000 美元,10月(估计)为 110 000 美元。

b. 每月销售额的 30% 为现金销售,其余 70% 为赊销。赊销回款方式为销售当月收回 20% 的现金,次月收回 50% 的现金,销售后第二个月收回 30% 的现金。

c. 每月公司须持有下月销售产品成本的 50% 作为本月期末存货。产品成本加成为 25%。

d. 公司存货费用在采购次月支付现金。

e. 每月发生的相关费用如下:工资支出为 10 000 美元,厂房设备折旧费用为 4 000 美元,水电费为 1 000 美元,其他费用为 1 700 美元。

f. 7月15日公司应支付房产税 15 000 美元。

g. 8月20日支付广告费用 6 000 美元。

h. 公司计划9月2日租入一台全新的存储设备,每月支付 5 000 美元。

i. 公司规定最少须持有 10 000 美元现金。如有必要,公司可贷款弥补短期资金不足。公司在月初贷款,在月末偿还本金和利息,年利率为 9%。公司必须以 1 000 美元的整数倍借入资金。

j. 公司截至6月30日的部分资产负债表(仅存货采购涉及应付账款)如下(单位:美元):

现金	?	
应收账款	?	
存货	?	
厂房设备	425 000	
应付账款		?
普通股		210 000
留存收益		268 750
总额	?	?

要求:

1. 完成截至6月30日的资产负债表。

2. 编制第三季度各月及第三季度的现金预算,编制相关应收账款回款计划表。

3. 编制截至9月30日的预计资产负债表。

4. 与两三名同学组成一组。讨论银行为什么需要收集申请短期贷款公司的现金预算;银行进行贷款决策时,还需要其他什么财务报表,讨论如何考虑衡量现金预算和其他财务信息的可靠性。

9-49 参与式预算和非营利性背景(LO1、LO4)

Dwight D. Eisenhower 是美国第34任总统,也是第二次世界大战期间盟军的最高指挥。他的军旅生涯大多在计划中度过,他曾说:"计划本身是没有意义的,而要根据变化时时进行计划。"

要求:

你如何理解这句话?结合总预算,你是否同意他的这个观点?注意,将总预算对计划和控制的影响考虑在内。

9-50 现金预算(LO3)

Feinberg 公司的财务主管为编制7月的现金预算而收集数据。他根据以下资料编制预算:

a. 40% 的销售额是现金销售。

b. 45% 的赊销能在销售当月回款,其中一半的赊销在10天内支付,可获得 2% 的现金折扣;30% 的赊销在销售次月回款;余下的款项在以后的月份回款。不存在坏账损失。

c. 本年度中间两个季度的销售额(前三个月的销售额是实际数字,后三个月的销售额是估计数字)如下:

时间	销售额(美元)
4月	450 000
5月	580 000
6月	900 000
7月	1 140 000
8月	1 200 000
9月	1 134 000

d. 公司每月售出所生产的全部产品。原材料的成本为销售额的 26%,公司要求持有下月生产所需的全部原材料作为原材料的期末存货量,原材料的采购费用在采购当月支付 50%,次月支付余下的 50%。

e. 每月工资费用为 105 000 美元,在当月支付。

f. 每月预计的营运费用总计 376 000 美元,包括 45 000 美元的折旧费用和 6 000 美元的到期预付保险费用,公司在 1 月 1 日支付整年的保险费用。

g. 公司在 6 月 30 日宣布发放 130 000 美元的股利,在 7 月 15 日支付现金。

h. 公司在 7 月 4 日出售老旧设备,收入 25 200 美元。

i. 公司在 7 月 3 日购进新设备,花费 173 000 美元。

j. 公司最少需要持有 20 000 美元现金。

k. 7 月 1 日现金余额为 27 000 美元。

要求:

编制 7 月的现金预算,并编制销售回款明细的相关表单。

9-51 理解关系、总预算和综合评估(LO1、LO2、LO3)

Optima 公司是一家生产大型存储系统高科技企业。公司独特的系统设计代表着行业的新突破水平,产品融合粉盒和硬盘的优点。公司将结束第五年的经营,打算编制下年度(20×1 年)总预算。预算应详细显示各季度和年度总生产经营状况,相关资料如下:

a. 20×0 年第四季度的销售量为 55 000 件。

b. 20×1 年产品的预计销售量如下:第一季度为 65 000 件,第二季度为 70 000 件,第三季度为 75 000 件,第四季度为 90 000 件。

产品销售单价为 400 美元。公司采用赊销销售,在销售当季度收回 85% 的现金,下一季度收回 15% 的现金,没有坏账损失。

c. 产成品没有期初存货,公司预计各季度产成品的期末存货量如下:第一季度为 13 000 件,第二季度为 15 000 件,第三季度为 20 000 件,第四季度为 10 000 件。

d. 生产一个大型存储器需花费 5 小时直接人工,3 单位直接材料。人工小时工资率为 10 美元,1 单位直接材料成本为 80 美元。

e. 20×1 年 1 月 1 日,公司直接材料期初存货为 65 700 件。每季度末,公司持有下季度销售所需直接材料的 30% 为期末存货,本年公司直接材料的期末存货和期初存货相等。

f. 公司赊购直接材料,在采购当季度支付一半费用的现金,余下部分在下季度支付。公司分别在每月的 15 日和 30 日支付员工的周工资与月工资。

g. 每季度固定制造费用总计为 1 000 000 美元,包括 350 000 美元的折旧费用。其他所有固定费用均在发生当季度支付现金,固定制造费用比率由年度固定制造费用除以预计年产量计算得到。

h. 预计变动制造费用为每工时 6 美元,所有的变动制造费用在发生当季度支付。

i. 每季度固定销售和管理费用总计 250 000 美元,包括 50 000 美元的折旧费用。

j. 公司每销售一件产品,预计产生 10 美元变动销售和管理费用,所有变动销售和管理费用均在发生当季度支付。

k. 公司 20×0 年 12 月 31 日资产负债表(单位:美元)如下:

资产	
现金	250 000
直接材料存货	5 256 000
应收账款	3 300 000
厂房设备(净值)	33 500 000
资产总计	42 306 000

负债和所有者权益	
应付账款	7 248 000①
股权资本	27 000 000
留存收益	8 058 000
负债和所有者权益总计	42 306 000

注:① 仅包括直接材料采购。

l. 公司每季度支付股利 300 000 美元。在第四季度末,公司将购置 2 000 000 美元设备。

要求:

为公司编制 20×1 年各季度及 20×1 年全年的总预算,包括以下组成部分:

1. 销售预算;

2. 生产预算;

3. 直接材料采购预算;

4. 直接人工预算；

5. 制造费用预算；

6. 销售和管理费用预算；

7. 期末产成品存货预算；

8. 销货成本预算（假定在产品存货情况不变）；

9. 现金预算；

10. 预算利润表（采用吸收成本法，并忽略所得税影响）；

11. 预算资产负债表（忽略所得税影响）。

9-52 直接材料和直接人工预算（LO2）

Betty Rabbit 是 Willison 公司生产的填充动物玩具中的一种。生产一只 Betty Rabbit 需要 2 码面料和 6 盎司聚苯乙烯纤维填充物。每码布料成本为 3.50 美元，每盎司填充物成本为 0.05 美元。公司预计未来四个月 Betty Rabbit 的产量如下：10 月为 20 000 只，11 月为 40 000 只，12 月为 25 000 只，下年 1 月为 30 000 只。

公司要求布料月末存货满足下月生产所需布料的 15%，填充物满足下月生产所需填充物的 30%。10 月布料和填充物的期初存货量恰好满足公司要求。

生产一只 Betty Rabbit 需要 0.10 小时直接人工，小时工资率为 15.50 美元。

要求：

1. 编制本年第四季度布料直接材料采购预算，表明各月采购情况及本季度合计数。

2. 编制本年第四季度填充物直接材料采购预算，表明各月采购情况及本季度合计数。

3. 编制本年第四季度直接人工预算，表明各月工时数和直接人工成本及本季度合计数。

9-53 现金预算（LO3）

Jordana Krull 在佛罗里达州迈阿密某景点附近经营一家经济型饭店——The Eatery，饭店只接受现金和支票付款。饭店立刻将收到的支票存入银行，每张支票要支付 0.50 美元手续费。支票平均面值为 65 美元，其中大约有 2% 是空头支票，公司不能得到该笔收入。

饭店每月的营业收入为 75 000 美元，其中大约 75% 是现金收入。预计饭店未来三个月的收入情况如下：6 月为 60 000 美元，7 月为 75 000 美元，8 月为 80 000 美元。

Jordana 认为饭店应该拒绝支票，转而接受信用卡支付。通过与信用卡处理服务部门协商，饭店可以接受主要种类信用卡的支付，并从 7 月 1 日开始执行新政策。Jordana 认为，拒绝支票虽然会损失一定的营业收入，但是接受信用卡所带来的营业收入更为可观，最终可使营业收入增加 20%。饭店不须支付信用卡处理服务部门相关的安装费，但要支付以下费用：

a. 每月的网关和声明费总计 19 美元，在每月 1 日支付。

b. 折扣费用为营业收入的 2%，不单独支付，直接从每笔收入中扣除。当顾客使用信用卡支付 150 美元时，信用卡处理服务公司收取 3 美元作为自己的服务收入，将其余 147 美元转到 Jordana 的账户中。

c. 每笔业务在发生时须支付业务费 0.25 美元。

从业务的发生到现金的存入有两天的迟滞。94% 的信用卡收入将在当月存入 Jordana 的账户，余下 6% 的收入在次月存入账户。

Jordana 认为如果增加信用卡的使用种类，饭店现金收入将仅占总收入的 5%，而平均每笔信用卡收入为 50 美元。

要求：

1. 在当前接受支票的条件下，编制 8 月和 9 月的现金收入计划表。

2. 假定 Jordana 接受信用卡支付。

a. 计算 8 月和 9 月修正的总营业收入、现金收入和信用卡收入。

b. 计算 8 月和 9 月信用卡业务量。

3. 编制政策变动后，8 月和 9 月的现金收入计划表。

案例

9-54 政府部门预算和网络调查（LO1、LO2）

与公司一样，美国政府部门每年也要编制预算，但与私有营利公司不同的是，公共部门必须将预算及其细节公之于众，整个预算程序由法律设定。政府规定，公众可通过互联网获取大量的联邦预算信息，如登录 www.whitehouse.gov/omb 就可以进入美国行政管理和预算局的官方网站。

要求：
1. 何时编制联邦预算？
2. 谁负责编制联邦预算？
3. 最终的联邦预算是如何决定的？详细解释政府如何编制预算。
4. 联邦预算占国内生产总值的比重是多少？
5. 联邦预算的收入来源是什么？说明各主要来源所占的比重。
6. 与国家相比，美国政府开支占国内生产总值的比重如何？
7. 政府如何融资以弥补赤字？

9-55 现金预算（LO1、LO3、LO4）

Roger Jones 医生是一位成功的牙医，但目前面临一个反复出现的财务难题。Jones 医生拥有自己的办公楼，并将它出租给专业公司（Jones 医生拥有该公司的全部股份），而且 Jones 医生的牙科诊所也在该大楼内。由于公司过去六个月未能支付工资所得税，美国国税局称要没收公司，变卖公司资产；同时，公司无力偿还拖欠供应商的账款，其中一个供应商的应付账款及利息费用超过 200 000 美元。过去，Jones 医生以个人住所或办公楼为抵押申请贷款；但现在，Jones 医生已疲于应对这个问题，于是打算向当地咨询师寻求建议。

咨询师认为，Jones 医生之所以面临这个财务困境是因为公司缺乏恰当的计划和控制，公司当前迫切需要预算控制。公司每月相关的财务资料如下：

收入

项目	平均收费（美元）	服务数量
补牙	50	90
牙冠修复	300	19
根管治疗	170	8
镶配牙桥	500	7
拔牙	45	30
牙齿洁治	25	108
牙齿拍片	15	150

	成本（美元）
工资：	
牙医助理（2 名）	1 900
前台接待/记账员	1 500
保健专家	1 800
公共关系（Jones 医生的妻子）	1 000
个人工资	6 500
工资总额	12 700
福利支出	1 344
办公楼租赁	1 500
门诊用品	1 200
清洁用具	300
水电费	400
电话费	150
办公用品	100
实验费用	5 000
支付贷款	570
支付利息	500
杂费	200
折旧费	700
费用总计	24 964

福利支出包括 Jones 医生应承担的雇员社会保险和医疗保险的费用支出。尽管本月已实现收入在当月不能收回现金，但可以收回上月已实现收入的现金，因此诊所每月收入与现金流大致相等。诊所的营业时间为周一至周四9:00—16:00，周五9:00—12:30，每周总工时为32小时。加班占用了 Jones 医生的休闲时间，虽然他并不乐意加班，但偶尔也会加班。

Jones 医生发现，两个牙医助理和一个前台接待员没有充分利用时间工作,他们一般只在65%—70%的时间中工作。Jones医生的妻子每周大约花5个小时编写新闻通讯月刊,并发放给所有病患;同时,她记录一份生日清单,使每位病患在生日当天收到祝福贺卡。

近期,Jones医生参加了一个主题为"牙医增收"的研讨会,并对会上的一个观点深表认同。他决定对促销和公关(新闻通讯和生日清单)进行投资。

要求:

1. 为Jones医生编制月度现金预算。

2. 根据要求1的现金预算和案例信息,请向Jones医生推荐财务困难的解决对策。编制一份现金预算,并将这些建议反映在现金预算上,以此向Jones医生证明所提建议能够解决问题。Jones医生能否接受你的建议?在本章讨论的行为原则中,哪些原则适用于这类情况?请解释。

9-56 预算业绩、回报和道德行为(LO1、LO4)

公司根据预算业绩对部门经理Linda Ellis进行评估和奖励。当部门的实际利润达到或超出预算利润不到20%时,Linda、她的助理及工厂经理都会得到一笔奖金,奖金数额根据实际利润的固定比例计算;当实际利润超出预算利润的20%时,奖金数额根据预算利润的120%水平计算,即奖金支付数额存在上限;当实际利润低于预算利润时,他们不会得到奖金。考虑Linda采取的以下行动:

a. Linda想通过高估费用、低估收入帮助部门实现预算利润。她认为这可以增大经理获得奖金的可能性,保持士气,因此是合理的。

b. 假定在临近年末时,Linda发现部门不能实现预算利润,她要求销售部门将一些已签订的销售协议推迟至下年确认。同时,Linda还核销了一些基本没有价值的存货。尽管推迟确认收入和注销存货,本年也不能由此获得奖金,但增大了下年获得奖金的可能性。

c. 假定在临近年末时,Linda发现实际利润可能超过120%的限制,她采取与b类似的行动。

要求:

1. 评价Linda行为中体现的职业道德。她的行为是否正确?在促成这一系列行为的过程中,公司发挥了怎样的作用?

2. 假定你是市场部门经理,公司要求你将已签订的销售协议推迟至明年确认,你会怎么做?

3. 假定你是工厂经理,你知道部门经理给工厂编制的预算存在松弛。假定为了实现部门预算、获得奖金,预算松弛是工厂经理的惯常做法。此时你会怎么做?

4. 假定你是部门财务主管,部门经理要求你加速确认一些属于未来期间的费用,你会怎么做?

第 10 章
标准成本法:一种管理控制工具

> **管理决策**
>
> ### Navistar 公司
>
> 虽然看懂利润表相对简单,但真正明白公司净利润的产生过程其实是很具有挑战性的,尤其是对于像 Navistar 公司这样年净利润上亿美元的"财富 300 强"而言,更是难上加难。Navistar 公司通过差异分析,掌握哪些部门达到预期对公司净利润做出了贡献,哪些部门没有实现预期目标;而这些未实现目标的部门则需要在未来投入更多的精力,以提升部门业绩。
>
> Navistar 公司近期报告称,公司每月实际生产 1 228 件产品,实际成本为 4 800 万美元,远高于原计划生产 883 件产品所需的 4 100 万美元。假如你是 Navistar 公司主管生产的部门经理,收到这份报告后,你如何处理高出预算的 700 万美元(达到预计生产成本的 17%)?
>
> 在管理层采取行动前,公司为了弄清月末实际成本和月初预算成本之间不利的静态预算差异的产生原因,对影响生产的各关键因素进行了深度的差异分析,影响因素包括直接和间接的材料费用、直接和间接的人工费用、员工福利、水电费、折旧费用和信息技术费用。
>
> 差异分析表明,700 万美元的不利差异可细分为若干项有利和不利的小差异。更重要的是,Navistar 公司的经理非常乐于对高产量产品的总预算成本进行调整,因为这样一来,总预算成本将增加 1 100 万美元,远高于实际成本增加的 700 万美元。
>
> 实际上,通过对人工和材料采购的有效管理,这两个因素都产生了很大的有利差异,为公司节省了 400 万美元。如果没有采用差异分析,公司很难弄清净利润的产生原因和过程,也就不能在收益项目产生差异时,采取恰当的行动。

10.1 单位标准

很多运营经理认为有必要进行成本控制,这事关公司的成功与失败,或者盈利与亏损。例如,Navistar 公司计划每月生产卡车 883 辆,预计成本为 4 100 万美元;而公司实际生产卡车 1 228 辆,实际成本为 4 800 万美元。显然,公司实际生产了更多的卡车,也产生了更高的成本。问题的关键在于,这 1 228 辆卡车的 4 800 万美元成本,是否与原计划一致? 生产成本是否可控? 如何评价经理的表现?

为了回答这些问题,公司有必要将预算成本和实际成本进行比较。单位产品的总成本计算公式如下:

$$产品单位成本 = 总成本/总数量$$

因此,在上述两种情形下,产品单位成本分别为:

	预算	实际
单位成本 = 总成本/总数量	41 000 000/883 = 46 433(美元)	48 000 000/1 228 = 39 088(美元)

将每辆车的实际成本与标准成本相比,发现有 7 345 美元(46 433 - 39 088)的有利差异,使成本下降约 16%。结果表明,公司经理具有成本意识,有能力提高生产效率。

通过第 9 章的学习,我们知道预算设定的标准可用于控制和评估经理人的业绩。但是,预算是衡量业绩的多个指标的汇总,设定公司按预期经营所产生的总收益和总费用。公司可以将实际收入和实际成本分别与相同作业量下相应的预算成本进行比较,衡量管理效率。

这个过程为控制提供了重要信息;同时,建立单位产量的标准和总产量的标准也可以进一步强化控制效果。

在设定某项投入的单位产品标准成本时,应确定以下两项决策:
- 数量决策:每单位产出应使用的投入量。
- 价格决策:为使用投入应支付的价格。

数量决策确定**数量标准**(**quantity standards**),价格决策产生**价格标准**(**price standards**)。将这两个标准相乘,得到单位产品标准成本,计算公式如下:

$$单位产品标准成本 = 数量标准 \times 价格标准$$

某软饮料公司生产每瓶 16 盎司装的可乐需要 5 盎司的果糖(数量决策),每盎司果糖为 0.05 美元(价格决策),则每瓶可乐使用果糖的标准成本为 0.25 美元(5×0.05)。

根据果糖的单位标准成本,计算在不同作业量下果糖的总成本,这就是弹性预算。公司生产 10 000 瓶可乐时,预计果糖的总成本为 2 500 美元(0.25×10 000);公司生产 15 000 瓶可乐时,预计果糖的总成本为 3 750 美元(0.25×15 000)。

10.1.1 如何设定标准

定性标准可能有以下三种主要来源：

(1) 历史经验。历史经验可以为设定标准提供一种初始指导，但由于它可能使得现有的低效率一直持续下去，因此要谨慎使用。

(2) 工程研究。工程研究可以识别有效的方法，提供精确、严谨的指导，但采用这种方法设定的标准一般过于精确。

(3) 生产人员意见。生产人员的职责是满足标准，因此在设定标准时有很大的发言权。

价格标准是由生产部门、采购部门、人力资源部门和会计部门共同制定的。由生产人员确定所需投入的数量，人力资源部门和采购部门负责按照能获得的最低价格采购所需数量的人工与材料，市场为价格标准设定了一个范围界限。采购部门在设定价格标准时，一定要考虑折扣、运费和质量等相关信息。同样，人力资源部门要考虑工资税、福利和职业资格等方面的问题。会计部门要计算价格标准，编制实际业绩与标准的比较报告。

10.1.2 标准的类型

标准通常可以分为理想标准和现时可达标准两类。

(1) 理想标准要求生产达到最高效率水平，这只有在一切都完美运行时才能实现，不允许出现机器故障、人员懈怠、缺乏相关技能（即使是暂时的）等问题。

(2) 现时可达标准在有效经营状况下是可以实现的，允许一定程度的正常机器故障、工作暂停、不完美技能等状况的出现。

图表 10-1 是这两种标准的视觉性和概念性描绘。

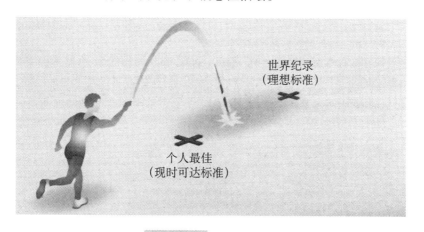

图表 10-1 标准的类型

在这两种标准中,现时可达标准更具有指导意义。如果标准设定得太高甚至根本无法实现,工人就会沮丧,从而导致业绩水平下滑。然而,如果设定的标准既能激发人的挑战欲望又可以在努力下实现,那么这个标准就会促进公司实现更高水平的业绩。尤其当员工自己参与标准的设定又努力实现这个标准时,现时可达标准将发挥更突出的作用。

10.1.3 为什么要采用标准成本系统

两个采用标准成本系统的原因经常被提及:改善计划和控制;便于计算产品成本。

1. 计划和控制

标准成本系统强化了计划和控制效果,提高了业绩评估水平。弹性预算是标准成本系统的重要特点。将实际成本与预算成本相比可得到差异,即实际发生成本与实际作业水平下预算成本的差额。当价格标准和数量标准确定时,总差异可以进一步细分为价格差异和效率差异。如果存在不利差异,我们通过分解差异就可以找出差异产生的原因:是计划价格与实际价格的差别,还是计划用量与实际用量的差别,或者两者兼有。由于经理人对投入量比价格更有控制能力,经理人可通过效率差异了解是否有必要进行修正作业,以及何时进行修正作业。一般而言,使用效率差异可以增强经营控制的效果。此外,通过分解价格差异,可以降低经理人的控制责任,这样系统就提供了一个改进的管理效率衡量标准。

但是这种经营控制并不适用于强调持续改善和运用适时制生产、采购的制造业。如果这些公司将标准成本系统用于经营控制,就可能产生功能紊乱行为。例如,为了实现材料价格有利差异,采购部门或许会大量购入原材料以获得折扣优惠,但可能导致公司积压大量库存,而这是采用适时制的公司所不乐于见到的局面。因此,适时制公司并不提倡差异明细计算,至少是不提倡经营层面的差异明细计算。但是在日益更新的生产环境下,公司仍可将标准用于计划,管理高层也可根据报告的差异监控公司财务状况。此外,适时制公司可采取对过量存货收费等措施控制存货水平,避免库存积压。

许多美国公司(占参与调查公司总数的76%)[1]采用传统的产品成本核算系统,根据在迪拜和马来西亚等国家所做的调查,70%以上的受访者[2]表示会继续使用标准成本系统。可见,标准成本系统将继续作为一种重要的管理会计工具而存在下去。

---

[1] Ashish garg, Debashis Ghosh, James Hudick, and Chuen Nowacki, "Roles and Practices in Management Accounting Today", *Strategic Finance*, July 2003, pp. 30 – 35.

[2] Atiea Marie and Ananth Rao, "Is Standard Costing Still Relevant?" "Is Standard Costing Obsolete? Evidence from Dubai", *Management Accounting Quarerly*, Winter 2010, Vol. 11, Iss. 2, pp. 1 – 11; Maliah Sulaiman, Nik Nazli Nik Ahmad and Norhayati Mohd Alwi, "Is Standard Costing Obsolete? Empirical Evidence from Malaysia", *Managerial Auditing Journal*, Vol. 20, Iss. 2, 2005, pp. 109 – 124.

> **道德决策**
>
> 标准成本法和差异分析可用于控制成本与评估业绩,因此对道德具有很重要的影响。[①] 例如,医疗界鼓励使用标准成本法控制成本和提高业绩水平。但是一些调查结果显示,在相似条件下,医生对病人的诊断和处置可能有很大的差异,这可能是医生为避免治疗不当的法律诉讼而采取防御性医疗行为,也可能是某些医生想提高收费标准。
>
> 医学标准化,又称循证医学,可以减少此类差异。循证医学给出各种疾病的特定治疗方法,包括最佳的检验和治疗机制。我们可以将循证医学与标准成本联系起来。有些医生担心这只是一个充满道德窘境的临床处理的详细说明书。医生或许很难理解有利差异,因为这可能被视为治疗不合理或不符合指导要求而面临起诉。新生儿科医生对此表示担心,因为从成本来看,当新生儿的存活可能性很低时,成本数据会影响医生的临床决策。

2. 产品成本计算

在标准成本系统中,采用数量标准和价格标准将三种生产成本(直接材料、直接人工和制造费用)分配到产品中。在成本分配的另一端,采用实际成本核算系统分配产品实际成本。成本分配范围的中端表示正常成本核算系统,即制造费用提前确定,而直接人工和直接材料的费用根据实际生产情况而定。由此看来,正常成本核算系统就是针对产品分配实际的直接费用,根据预计比率和实际作业量确定产品的制造费用。图表10-2概括总结了这三种成本分配方法的关系。

图表10-2 成本分配方法

成本类型	标准成本核算系统	正常成本核算系统	实际成本核算系统
直接材料	标准	实际	实际
直接人工	标准	实际	实际
间接费用	标准	预计	实际

相比正常成本核算系统和实际成本核算系统,标准成本核算系统有很多优势。一方面,它可以提供更好的控制效果。标准成本核算系统可以在整个生产过程中提供即时、可得的单位产品成本信息用于定价决策(而不必了解实际成本是多少),有助于公司确定在成本加成基础上的报价。另一方面,标准成本核算系统极大地简化了成本核算过程。在分步成本核算系统中通过标准成本法分配产品成本,可以省去繁琐的约当产品成本核算过程。除此之外,标准成本核算系统也不必区分期初存货采用先进先出成本法(FIFO)和加权平均成本法的异同与优劣,而通常采用先进先出成本法(FIFO)计算在产品的约当单位成本。计算在产品的约当产量,将实际成本与标准成本进行比较,我们就可以实现更好的控制效果。

---

① 此道德决策内容主要基于下列文章:Thebadouix, Greg M., Marsha Sheidt, and Elizabeth Luckey, "Accounting and Medicine: An Exploratory Investigation into Physician's Attitudes, Toward the Use of Standard Cost-Accounting Method in Medicine", *Journal of Business Ethics*, (2007):75:137-149.

10.2 标准产品成本

在生产型企业中,可以采用标准成本计算产品的直接材料、直接人工和制造费用,使用这些成本数据可以计算出**单位产品标准成本**(**standard cost per unit**)。**标准成本单**(**standard cost sheet**)汇集相关的生产数据,最终计算出单位产品标准成本。以Crunchy Chips公司生产16盎司包装的玉米脆片为例,演示标准成本单的编制过程。先将谷粒放入石灰溶液中蒸制浸泡一夜,将其软化便于揉成面片;再将这个面片切成小三角形,后将玉米片放入烤箱烧烤,油锅里油炸;在加入调料调味后,经过质量检验,分离出不合格的玉米片作为废料,而合格的玉米片会通过包装机装袋,再打包装箱等待配送发货。

在玉米片的生产过程中,需要四种原料,即黄玉米、食用油、食盐和石灰。玉米片的包装也视同直接材料。公司有两种类型的直接工人:机器操作工人和质检人员。可变间接成本由三种成本构成,分别是气、电和水。可变制造费用和固定制造费用通过直接人工工时计算。图表10-3为玉米片的标准成本单。

图表10-3 玉米片的标准成本单 单位:美元

描述	价格标准	数量标准	标准成本[①]	小计
直接材料				
黄玉米	0.01	18盎司	0.18	
食用油	0.03	2盎司	0.06	
食盐	0.01	1盎司	0.01	
石灰	0.50	0.04盎司	0.02	
包装袋	0.05	1包	0.05	
直接材料成本				0.32
直接人工				
质检人员	8.00	0.01小时	0.08	
机器操作工人	10.00	0.01小时	0.10	
直接人工成本				0.18
制造费用:				
变动制造费用	4.00	0.02小时	0.08	
固定制造费用	15.00	0.02小时	0.30	
制造费用总额				0.38
单位产品总成本				0.88

注:[①]价格标准与数量标准相乘得到。

从图表10-3可以看出,公司生产一包16盎司的玉米片要使用18盎司黄玉米,2盎司的差额可能是以下两个原因造成的:

(1)浪费:在检验过程中,不合格的玉米片会被扔掉,公司应将正常的损耗考虑在内。

(2)包装:公司希望超量包装以提高顾客满意度,避免平量包装可能触及的法律纠纷。

从图表10-3也可以看出,变动和固定制造费用与直接人工的标准工时是密切相关的。变动制造费用为每工时4.00美元,生产每包玉米片需要直接人工0.02小时,每包玉米片的制造费用为0.08美元(4.00×0.02);固定制造费用为每工时15.00美元,每包玉米片的固定制造费用为0.30美元(15.00×0.02)。由于固定费用占生产总成本的1/3,公司是资金密集型生产企业,公司大规模的机械化生产显然也印证了这个结论。

标准成本单注明了生产单位产品所需的各种原材料的投入量。从单位产品的数量标准可以看出公司当前持有的原材料能否满足实际产出,这是计算效率差异的重要部分。经理人可以计算实际产出的**允许标准材料数量**(standard quantity of materials allowed,**SQ**)和**允许标准工时**(standard hours allowed,**SH**),计算公式如下:

允许标准材料数量(SQ) = 单位产品数量标准 × 实际产量
允许标准工时(SH) = 单位产品人工标准 × 实际产量

各类直接原材料和直接人工都要单独计算。演练10.1以只用一种原材料和一种人工生产为例,演示相关计算过程。

演练 10.1

计算允许标准数量

知识梳理:

可以通过单位产品标准计算材料的投入总量所能实现的产出量(将单位产品标准与实际产量相乘)。经理人使用标准数量计算出为实现计划产量所需材料的总投入量,也可以比较计划投入与实际所需投入以实现控制。

资料:

假定公司3月第一周要生产100 000包玉米片,回顾图表10-1的信息,每包玉米片的单位产品数量标准为18盎司黄玉米,机器操作工人工作0.01小时。

要求:

实际生产100 000包玉米片需要多少黄玉米?机器操作工人需要工作多少小时?

答案:

黄玉米的允许标准材料数量(SQ) = 单位产品数量标准 × 实际产量
 = 18 × 100 000
 = 1 800 000(盎司)

操作工人的允许标准工时(SH) = 单位产品人工标准 × 实际产量
 = 0.01 × 100 000
 = 1 000(小时)

> **Kicker 管理实践**
>
> Stillwater Designs 一般情况下会重装 15% 的返厂 Kicker 牌扬声器,其余 85% 的残次品作为金属废弃料对外出售。当重装的直接材料和直接人工成本低于扬声器的采购成本、配送成本及相关税费(Stillwater Designs 将扬声器的生产制造外包给多家亚洲制造商)之和时,公司决定重装有缺陷的扬声器,型号 S 12L7 的方形扬声器便是其中之一。
>
> 为了重装型号 S 12L7 的方形扬声器,工厂会先将扬声器拆解成基本结构,并去除胶水等残留物,同时为了除净金属碎片,还要给扬声器消磁。完成以上准备工作后,工厂使用检查设备替换报废零件,再将重装的扬声器放在盒子里密封好。此时的完工产品还要通过两个测试:一个是确保电源是否已固定好,另一个是检查扬声器是否漏气。
>
> 公司每两年都会重新设定一次材料和人工的标准成本,并根据工时研究设定重装扬声器所耗时间,以此确定工人的工作内容。检查设备的成本是材料成本的主要部分。使用标准成本主要有两个目的:其一,确认重装某特定型号的扬声器是否具有可行性;其二,一旦决定重装扬声器,工厂就按持续基础为重装产品分配成本。

10.3 差异分析:总述

实际投入成本的计算公式如下:

$$\text{实际成本} = \text{实际单位价格(AP)} \times \text{实际投入数量(AQ)}$$

上述公式也可用于计算实际作业水平应产生的成本,将实际产量允许标准投入数量与单位投入的标准价格相乘得到,公式如下:

$$\text{预计成本} = \text{单位标准价格(SP)} \times \text{实际产量允许标准投入数量(SQ)}$$

总预算差异(total budget variance)是投入的实际成本和预计成本之间的差额,计算公式如下:

$$\text{总差异} = \text{实际成本} - \text{预计成本} = (AP \times AQ) - (SP \times SQ)$$

正如我们将在第 11 章所解释的,该预算形式被称为静态预算;但在本章中,我们将总预算差异简化称为总差异。

通常,采购部门或者人力资源部门要对偏离预计价格导致的差异负责,而生产部门要对投入使用情况导致的差异负责。因此,将总差异细分为价格差异和效率差异是非常有必要的。

10.3.1 价格差异和效率差异

图表 10-4 为计算材料和人工的价格差异与效率差异提供了大致思路,而制造费用差异分析在第 11 章论述。

$$\text{价格差异} = AP \times AQ - SP \times AQ = (AP - SP) \times AQ$$

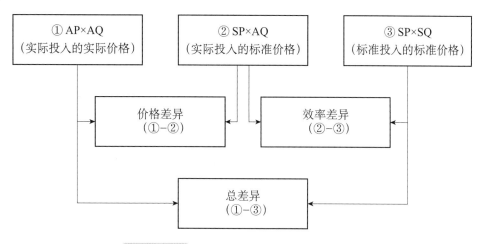

图表 10-4 总预算及其组成部分的内部关系

效率差异 = SP × AQ − SP × SQ = (AQ − SQ) × SP

总差异 = AP × AQ − SP × SQ

对于人工而言,价格差异通常称为比率差异。**价格(比率)差异**[price(rate) variance]是投入的实际单位价格和标准单位价格的差额与投入量的乘积,计算公式如下:

价格差异 = (实际单位价格 − 单位标准价格) × 实际投入数量 = (AP − SP) × AQ

用量(效率)差异[usage(efficiency) variance]是实际投入量和标准投入量的差额与单位投入标准价格的乘积,计算公式如下:

效率差异 = (实际投入数量 − 实际产量允许标准投入数量) × 单位标准价格
= (AQ − SQ) × SP

当实际价格高于标准价格或者投入的实际使用量高于标准使用量时,就会产生**不利差异**(*U*);与此相反,就会产生**有利差异**(*F*)。有利差异和不利差异并不等同于好的差异与不好的差异,使用这些术语仅仅是为了表明实际价格(或数量)与标准价格(或数量)的关系。差异的好坏取决于它们的产生原因,经理应该开展一些调查以弄清差异的成因。

10.3.2 调查决策

很少公司的实际业绩恰好满足事先设定的标准,但经理人明白何时需要进一步调查是非常重要的。与其他所有经营活动一样,调查差异的产生原因并采取修正作业会产生相关成本。预期收益超过预期成本是进行调查的基本原则。然而,估测调查差异的收益和成本并不容易,经理人必须考虑的一个问题就是,这个差异是否会再次出现? 如果差异反复出现,这就说明生产过程是永久失控的,以后产生的差异会越来越大,此时采取修正作业就能够实现阶段性的成本节省。但是如果不进行调查又怎能知道差异是否再次出现呢? 如果不了解差异的产生原因,怎能知道如何修正作业成本呢?

由于很难测算不同情形下进行差异分析的收益和成本,多数公司采用如下原则:只有当差异超出可接受范围时,公司才会调查差异。也就是说,除非差异大到足够引起公司的关注,即由非随机因素导致的巨大差异或差异导致的损失超过调查和修正作业的成本,否则公司不会进行差异调查。

经理人该如何判断差异是否重大？可接受范围是如何设定的？可接受范围就是标准加减可允许偏差。可接受范围的上限和下限为**控制限度**(**control limits**),其中的控制上限就是标准加上可允许偏差,控制下限为标准减去可允许偏差。设定这个控制限度的做法很主观,一般都由经理人基于过去的经验、直觉和判断设定标准的可允许偏差。① 按时间顺序画出标准的实际偏差点,并将这些点与控制的上限和下限进行比较,经理人就可以判断差异的大小。

演练10.2演示了如何使用控制限度进行调查决策。

演练 10.2

使用控制限度进行调查决策

知识梳理：

由于围绕着标准会存在随机偏差,实际成本很少等于标准成本。当偏差在可接受范围内时,我们就假定它是由随机因素引起的。经理人可以通过控制限度,判断偏差是否处于可接受范围,然后进行调查并采取修正作业。

资料：

标准成本为100 000美元,允许偏差为±10 000美元。公司近六个月的实际成本如下：

6月	97 500美元	9月	102 500美元
7月	105 000美元	10月	107 500美元
8月	95 000美元	11月	112 500美元

要求：

沿时间轴画出实际成本点,并将其与控制限度进行比较,识别何时需要调查偏差。

答案：

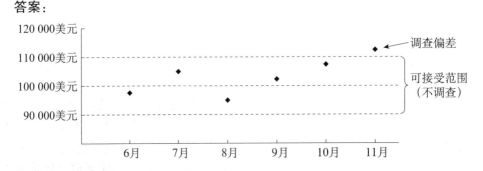

---

① Gaumnitz and Kollaritsch,"Manufacturing Variances: Current Practices and Trend", reports that about 45 to 47% of the firms dollar or percentage control limits. Most of the remaning firms use judgement rather than any formal identification of limits.

控制图显示,最后一个偏差应该被调查,图中短期增长的趋势也表明这个过程正慢慢失控。我们还可以采用非图表的方法,计算实际成本与上限或下限的差额,看看这个差额是否超过 10 000 美元。

演练 10.2 的控制图形象地描绘了控制限度的概念。假定标准是 100 000 美元,可允许偏差为上下波动 10 000 美元,则上限为 110 000 美元、下限为 90 000 美元。当观察值超出这个范围时,我们就应该对其进行调查。同样,趋势也是一项很重要的信息。

控制限度通常既可以表示成标准值的百分数,也可以以美元表示绝对数额。如上例,偏差既可以表示为低于标准值的 10%,也可以表示为 10 000 美元。也就是说,尽管偏差不超过标准值的 10%,但是绝对数额超过了 10 000 美元,这个偏差也是不能接受的。同样,尽管偏差的绝对数额不超过 10 000 美元,但是超过了标准值的 10%,那么公司也应对其进行调查。

10.4　差异分析:材料

材料总差异衡量材料的实际成本和实际业务量下预计成本的差额,计算公式如下:

$$材料总差异 = 实际成本 - 预计成本 = AP \times AQ - SP \times SQ$$

演练 10.3 演示了根据 Crunchy Chips 公司 3 月第一周的数据计算材料总差异的过程。为了简单起见,这里只列举一种材料(黄玉米)的计算过程。

演练 10.3

计算材料总差异

知识梳理:

直接材料的总差异就是材料实际成本与材料标准成本的差额。材料总差异的产生可能有两方面的原因:实际价格和计划价格的差异;实际用量和计划用量的差异。

资料:

参照图表 10-3 中单位产品标准的相关资料,3 月第一周的实际生产情况如下:

实际产量	48 500 包玉米片
玉米的实际成本	780 000 盎司,每盎司 0.015 美元,共计 11 700 美元
质检人工的实际工资	360 小时,每小时 8.35 美元,共计 3 006 美元

要求:

计算 3 月第一周玉米的总差异。

答案:

	实际成本	预计成本①	总差异
	AP × AQ	SP × SQ	AP × AQ − SP × SQ
玉米	11 700 美元	8 730 美元	2 970(不利差异)

注:① 材料和人工的标准根据图表 10−3 的单位产品数量标准计算:玉米:(SQ) = 18 × 48 500 = 873 000 盎司。将该标准用量与图表 10−3 的单位产品标准价格相乘,可得到玉米的预计成本为 8 730 美元(0.01 × 873 000)。

10.4.1 直接材料差异

为了控制材料成本,我们还要计算价格差异和用量(效率)差异。但是,只有当材料的采购数量和使用数量相等时,价格差异和用量差异之和才等于演练 10.3 计算的材料总差异。

计算材料的价格差异采用的是材料的实际采购数量,用量差异采用的是材料的实际使用数量,公式如下:

$$MPV = (AP - SP) \times AQ$$

其中,MPV 为材料价格差异;AP 为实际单位价格;SP 为单位标准价格;AQ 为实际投入数量。

$$MUV = (AQ - SQ) \times SP$$

其中,MUV 为材料用量差异;AQ 为实际投入数量;SQ 为实际产量允许数量标准;SP 为单位标准价格。

了解差异的信息越早越好,因为计算材料的价格差异一般采用材料采购的实际数量而非使用的实际数量。陈旧的信息通常是无用的,材料可能在使用前作为存货已储存几个星期甚至几个月,此时计算材料的价格差异就可能存在一个问题——采取修正作业为时已晚。即使还能采取修正作业,延迟也会给公司造成巨大损失。假设公司新的采购代理并不知道原材料采购的数量折扣,当他进行新采购时,忽略折扣计算出的材料价格差异就是一个不利差异,并迅速引起修正作业。在这种情形下,修正作业就是在未来的采购中使用数量折扣。如果直到材料使用时才计算价格差异,问题就得在事发几个星期甚至几个月后才能被发现。信息获知越及时,公司越有可能采取恰当的管理措施。

材料的价格差异和用量差异一般通过差异公式计算得到,但是如果采购的材料恰好等于使用的材料,公司也可以采用三叉戟分析法计算差异。

演练 10.4 以 Crunchy Chips 公司为例,演示了三叉戟分析法和公式法计算材料(仅玉米)的价格差异与用量差异的过程。

演练 10.4

计算材料差异:公式法和三叉戟分析法

知识梳理:

通过计算直接材料的价格差异(MPV)和直接材料的用量差异(MUV),经理人可以了解直接材料的总差异中有多少由价格导致、有多少由使用量导致的。经理人也可以根据这些详细的信息对投入实施更有效的控制。

资料：

参照图表 10-3 中单位产品标准的相关资料，3 月第一周的实际生产情况如下：

实际产量	48 500 包玉米片
玉米的实际成本	780 000 盎司，每盎司 0.015 美元

要求：

分别使用三叉戟分析法和公式法计算材料价格差异与用量差异。

答案：

1. 公式法（由于采购的材料可能不是使用的材料，推荐采用这种方法计算材料差异）

   MPV =（AP－SP）× AQ =（0.015－0.01）× 780 000 = 3 900（不利差异）

   MUV =（AQ－SQ）× SP =（780 000－873 000）× 0.01 = 930（有利差异）

2. 三叉戟分析法（该方法仅适用于采购的材料即为使用的材料）

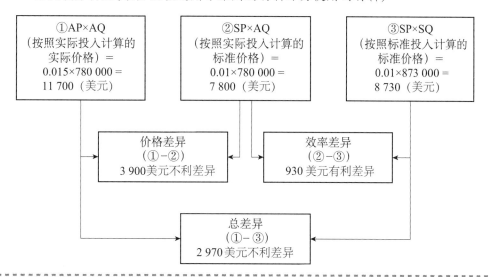

材料价格差异（materials price variance, MPV）衡量原材料采购应支付的金额与实际支付金额的差额，计算公式如下：

$$MPV = AP \times AQ - SP \times AQ = (AP - SP) \times AQ$$

需要注意的是，由于采购经理通常能够影响材料的实际采购数量，但不能影响材料的实际使用数量，材料价格差异的计算公式中使用的是采购的实际数量，而不是采购的预计数量。由于材料价格差异包含了采购经理能够施加影响的项目，因此他们的奖金经常会受到材料价格差异的影响。

材料用量差异（materials usage variance, MUV）衡量直接材料的实际使用数量和实际产出应使用数量的差额，计算公式如下：

$$MUV = SP \times AQ - SP \times SQ = (AQ - SQ) \times SP$$

由于生产经理通常不能影响材料的实际支付价格，因此材料用量差异的计算公式中使用的是本应支付的标准价格而不是实际支付价格。材料用量差异采用了生产经理能够施加影响的标准价格,他们也就不会因实际价格影响而产生不公平感。

10.4.2 利用材料差异信息

计算材料差异仅仅是第一步,而利用差异信息实施控制才是标准成本系统的关键。公司一定要将责任细分到各部门,评估差异的严重程度,只有这样,截至期末时,差异才能被解决。

1. 材料价格差异的责任

通常由采购代理对材料价格差异负责。不可否认,材料价格在很大程度上不受采购代理的控制,价格差异会受到多个因素的影响,如质量、数量、折扣、距离等,但这些因素通常是采购代理可以控制的。

使用价格差异评估采购部门的业绩具有一定的局限性,过分强调实现甚至超额实现标准可能产生负面结果。采购代理迫于实现有利差异的压力,可能采购一些残次品,或者为了获得数量折扣而大量采购,从而造成库存积压。

2. 材料价格差异的分析

判断差异是否严重是差异分析的第一步。如果差异被视为不严重,就不必采取进一步行动。Crunchy Chips 公司的玉米材料价格差异为 3 900 美元的不利差异,占标准成本的 45%(3 900/8 730),这在大多数经理人眼中是严重的,因此下一步就是弄清它的产生原因。

调查表明,由于市场上缺乏 Crunchy Chips 公司生产所用标准品质的玉米,公司购入了更优质的玉米。当了解了差异的产生原因后,公司就会在可能且必要的情况下采取修正作业。市场供货不足显然并不受公司的控制,因此公司无须采取任何行动,只需等待市场自行改善条件。

3. 材料用量差异的责任

生产经理应对材料使用效率负责。经理人有很多方法确保实现标准,如将废料、浪费、返工等发生的可能性降至最小。但是,差异的产生原因有时可能并不在生产范围内。

与价格差异一样,依据材料用量差异评估业绩也可能产生负面结果。生产经理迫于压力要实现有利差异,就可能将一些残次品混入产成品的生产中。这虽然避免了材料浪费,但也为客户关系埋下了隐患。

4. 材料用量差异的分析

材料用量差异大约占标准成本的 11%(930/8 730),超过了 10%,这可能被视为严重,因此公司有必要调查这个差异。调查表明,采购部门购买了更优质的玉米,从而产生了有利的材料用量差异,这基本上是采购部门的功劳。材料用量的有利差异小于材料价格的不利差异,则采购变化的总影响是不利的。因此,在今后的采购中,管理层应继续购买标准品质的玉米。

如果总差异是有利的,应对方法自然也就不同。为了将有利差异持续下去,采购部门应该经常采购更优质的玉米,并修改材料的价格标准和用量标准。因此,标准不是静态的。如果生产得到了改进、条件发生了变化,公司就应该修改标准以反映新的经营条件。评估当前经营状况并根据变化而改变标准,这是非常重要的。

5. 材料差异的核算和处置

在采购时点确认材料的价格差异,即原材料存货按标准成本计量。通常,材料差异并不会记入存货科目。不利的材料差异计入销货成本,而有利差异则从销货成本中相应扣除。10.6 详细说明了标准成本系统下原材料采购和使用的日记账分录的相关内容。

由你做主

材料价格差异和材料用量差异的关系

假如你是一名工厂经理,最近采购经理和生产经理发生冲突,他们找到你,希望你能帮着评评理。采购经理 Kent Bowman 对近期采购的电子零件的质量很不满意,称目前供应商提供的零件质量差,影响生产实现材料用量标准。采购代理 Laura Shorts 解释说,该供应商是目前唯一一个报价符合材料价格标准的供应商,虽然另外两家可替代供应商提供的零件质量更好,但报价更高。

为了获得更多的相关信息,你要求 Laura 分别从三家供应商购买一周的零件,分别计算并比较三家供应商提供零件的价格差异和用量差异。假定工厂的期初和期末存货都没有这三家供应商的零件,Laura 得到的数据如下:

供应商	AP	SP	AQ	SQ	MPV	MUV
目前	2.00 美元	2.00 美元	11 000	10 500	0 美元	1 000 美元[①]
备选 1	2.05 美元	2.00 美元	10 500	10 500	525 美元[①]	0 美元
备选 2	2.10 美元	2.00 美元	10 010	10 500	1 001 美元[①]	980 美元[②]

注:[①]为不利差异;[②]为有利差异。

作为工厂经理,你如何解读这些数据?如果这些差异会持续下去,你将采取什么行动?

材料价格差异和材料用量差异有着确切的联系。采购材料的质量因次品和浪费等影响生产用量,因此我们一定要权衡好两者的关系。相比当前标准,高质量虽然改进了用量差异,但也恶化了价格差异。我们将两个差异相加,在分别从三家供应商处采购时,其生产结果为:

供应商	MPV + MUV
当前	1 000 美元不利差异
备选 1	525 美元不利差异
备选 2	21 美元不利差异

可见,从备选 2 供应商处采购可以产生最好的结果。因此,应该要求采购经理从该供应商那里采购,并将价格标准修改为 2.10 美元,单位产品用量标准修改为 1.001 件。

经理人通常必须同时考虑采购部门和生产部门的诉求,理解各个部门衡量成功的标准(材料用量标准或材料价格标准),这有助于公司做出最佳决策。

10.5 差异分析：直接人工

人工总差异衡量实际人工费用和实际业务量下的预计人工费用的差额，计算公式如下：

$$人工总差异 = (AR \times AH) - (SR \times SH)$$

其中，AH 为实际直接人工用时；SH 为预计直接人工标准用时；AR 为实际小时工资率；SR 为标准小时工资率。

演练 10.5 根据 Crunchy Chips 公司 3 月第一周的相关数据，演示了人工总差异的计算过程。为简便起见，只列举了质检人员的计算过程。

演练 10.5

计算人工总差异

知识梳理：

直接人工总差异是直接人工的实际成本和标准成本的差额。直接人工总差异可能源自两方面的原因：实际工资率和标准工资率的差异；实际人工用时与标准人工用时的差异。

资料：

参照图表 10-3 中单位产品标准的相关信息，3 月第一周的实际生产情况如下：

实际产量	48 500 包玉米片
质检人员的实际工资	360 小时，每小时 8.35 美元，共计 3 006 美元

要求：

计算 3 月第一周质检人员的人工总差异。

答案：

	实际成本	预计成本[①]	总差异
	AR × AH	SR × SH	AR × AH − SR × SH
质检人员	3 006 美元	3 880 美元	874 美元（有利差异）

注：①质检人员的标准用时根据图表 10-3 的单位产品用时标准计算：质检人员（SH）= 0.01 × 48 500 = 485 小时。将标准用时与图表 10-3 的标准小时工资率相乘，可得到质检人员的预计成本为 3 880 美元（8.00×485）。

10.5.1 直接人工差异

工时不能为日后的使用而提前购买并储存，其产生在材料处理过程中。因此，工时的购买数量就是工时的使用数量。与材料总差异不同，人工总差异可通过人工工资率差异和人工效率差异求和得到（见演练10.5），计算公式如下：

$$人工总差异 = 人工工资率差异 + 人工效率差异$$

因此，三叉戟分析法和公式法都适用于人工工资率差异与人工效率差异的计算，具体使用哪种方法可根据个人习惯而定。

人工工资率差异（labor rate variance，LRV）计算直接人工实际支付的费用与应该支付的费用之间的差额，计算公式如下：

$$LRV = AR \times AH - SR \times AH = (AR - SR) \times AH$$

其中，LRV 为人工工资率差异；AH 为实际直接人工用时；R 为实际小时工资率；SR 为标准小时工资率。

人工效率差异（labor efficiency variance，LEV）衡量实际用时与预计标准用时之间的差额，计算公式如下：

$$LEV = SR \times AH - SR \times SH = (AH - SH) \times SR$$

其中，LEV 为人工效率差异；AH 为实际直接人工用时；SH 为预计直接人工标准用时；SR 为标准小时工资率。

演练10.6 以 Crunchy Chips 公司为例，演示了三叉戟分析法和公式法计算人工工资率差异与人工效率差异的过程。

演练10.6

计算人工差异：公式法和三叉戟分析法

知识梳理：

经理人计算直接人工工资率差异（LRV）和直接人工效率差异（LEV），从中得知人工总差异中有多少由工资率差异导致、有多少由人工效率差异导致。经理人通过这些详细信息，能更好地控制劳动投入。

资料：

参照图表10-3中单位产品标准的相关信息，3月第一周的实际生产情况如下：

实际产量	48 500 包玉米片
质检人员的实际工资	360 小时，每小时 8.35 美元，共计 3 006 美元

要求：

采用三叉戟分析法和公式法计算质检人员的人工工资率差异与人工效率差异。

答案：

1. 公式法

$$LRV = (AR - SR) \times AH = (8.35 - 8.00) \times 360 = 126（美元）（不利差异）$$

$$LEV = (AH - SH) \times SR = (360 - 485) \times 8.00 = 1\ 000（美元）（有利差异）$$

2. 三叉戟分析法

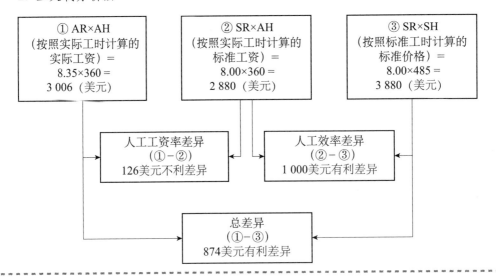

10.5.2 使用人工差异信息

与材料差异一样,计算人工差异可以引发反馈过程。人工差异信息对实施控制是非常重要的,公司一定要将责任细分到各部门,评估差异的严重程度,使得差异可以在期末被解释并解决。

1. 人工工资率差异的责任

人工工资率在很大程度上是由劳动力市场、工会合同等外部因素决定的,实际工资率很少偏离标准工资率。如果工资率确实存在差异,则可能是由技术熟练的高薪工人从事简单工作或公司突发加班导致的。

生产经理可以控制人工的使用情况。例如,根据情况,决定是否使用熟练工人从事简单工作。由此看来,通常由生产经理决定工人的使用安排,他要为工资率差异负责。

2. 人工工资率差异的分析

Crunchy Chips 公司人工工资率差异仅占标准成本的3%(126/3 880),这通常不算严重,但为了演示需要,假定公司对其进行了调查,并发现有两名质检人员没有经过正式通知就离职,公司雇用高薪熟练机器操作工人检查产品质量,从而导致了工资率差异。管理层的相应修正作业就是雇用并培训两名新的质检人员。

3. 人工效率差异的责任

生产经理要为生产过程的直接人工费用负责,但调查结果也可能显示该责任应该由其他部门承担。例如,机器经常性故障会造成生产中断和工人低效率工作,这显然应该是维修部门的责任,维修经理应该为这种不利差异负责。

如果过分强调人工效率差异,生产经理就可能做出不恰当的行为。因为产品返工会导致浪费生产时间或者工人加班,经理为避免出现这种不利差异,可能故意将残次品混入产成品。

　　4. 人工效率差异的分析

　　Crunchy Chips 公司的人工效率差异占标准成本的 26%（1 000/3 880），这是重大的有利影响，公司的调查结果显示：采用更优质的原料使检查工作进行得更加顺利。这也是公司在决定今后采购何种玉米原料时应考虑的重要因素。虽然有利的人工效率差异给 Crunchy Chips 公司带来额外收益，但是材料价格差异却更加严重，因此公司应采取修正行为，尽可能地依旧购买正常标准品质的玉米原料。

10.5.3　其他的成本管理实践

　　除标准成本法外，公司也采用了诸如改善成本法、目标成本法等其他成本管理实践手段。

　　1. 改善成本法

　　改善成本法（kaizen costing）致力于持续降低当前产品和工艺的生产成本。日语词语"kaizen"就是持续改善的意思。标准成本系统的理念强调生产的各个阶段都要实现预期或标准，而改善成本法中的"持续改善"意味着每一期的预期或改善标准应该超过上期已实现的标准，即每期的改善标准根据上期实现的改善水平设定。这既使公司保证了现有的改善收益，也促使公司未来实现更高水平的改善。

　　公司通常可通过识别大量、小额的降低成本机会（如重新规划工厂生产空间、改进在产品存货放置和传送方式等），来持续降低成本。本田汽车公司在生产中实行改善成本法，通过车间工人发现成本改进的空间，帮助工程师改善产品设计。

　　2. 目标成本法

　　目标成本法致力于降低当前及未来产品和工艺的设计成本。包括丰田汽车、波音公司和奥林巴斯在内，越来越多的公司强调设计阶段成本管理的重要性，因为它们发现在结束设计而进入生产阶段时，大约 75%—90% 的产品成本就已基本确定。[①] **目标成本**（**target cost**）就是公司为获得目标市场份额而确定的售价，与公司要求实现的单位产品利润之间的差额，计算公式如下：

$$单位产品目标成本 = 单位产品预计售价 - 单位产品预期利润$$

　　产品售价反映市场对产品规格和功能的评价。如果产品的目标成本低于实际成本，公司管理层就要设法降低成本，实现目标成本。因此，有人将该过程称为"关闭成本差距"，而所谓成本差距就是当前实际成本与目标成本的差额。

　　关闭成本差距需要供应商等公司外部合作者多年的参与和协作，这也是目标成本法的重要挑战。如果直到新产品计划发行当日，成本差距也未能降为零——实际成本不等于目标成本，公司就会推迟产品发布上市，直到关闭成本差距。因为一旦产品发布上市，就会削弱公司缩减成本的动机，使得实际成本降至目标成本、实现预期利润的可能性更加渺茫。Caterpillar 公司正是遵循这一原则的典型代表。虽然推迟发布产品会造成巨大

---

① Julie H. Hertenstein and Marjorie B. Platt. *Management Accounting*. Apr. 1998. Vol. 79, Iiss. 10: p.50(6 pages).

损失，但公司对此视之不理，直到实现目标成本才发布产品上市。

目标成本法不仅涉及成本控制，目标成本的计算还要预计销售收入和目标利润水平。可以说，目标成本法也是一种利润规划手段。另外，与短期且持续的改善成本法不同，目标成本法是一种长期的成本降低方法。目标成本法和改善成本法侧重的是价值链的不同部分，两者相辅相成，在公司沿着整条价值链不断降低成本的过程中，发挥着积极且有效的作用。

10.6 差异的会计核算

为了描述差异的记录过程，假定在材料采购时计算材料价格差异。基于该假设，公司设置存货科目的一条基本规则就是：所有存货以标准成本计量。因此，实际成本并没有记入存货科目。标准成本沿着存货流动，最终计入销货成本。记录标准成本和实际成本差异的临时账户最终会关闭，财务报表所披露的销货成本即实际成本。期末结转差异时，不利差异计入借方，有利差异计入贷方。

10.6.1 直接材料差异的分录

1. 材料价格差异

假定 MPV 是不利差异，AQ 是材料采购数量，材料采购的分录如下：

借：材料　　　　　　　　　　　　　SP × AQ
　　材料价格差异　　　　　　　　　（AP − SP）× AQ
　　贷：应付账款　　　　　　　　　　　　　　　　AP × AQ

例如，AP 是每盎司玉米 0.0069 美元，SP 是每盎司玉米 0.0060 美元，公司采购 780 000 盎司玉米，分录为：

借：材料　　　　　　　　　　　　　4 680 美元
　　材料价格差异　　　　　　　　　702 美元
　　贷：应付账款　　　　　　　　　　　　　　　　5 382 美元

注意，材料按标准成本记入存货科目。

2. 材料用量差异

假定 MUV 是有利差异，材料分配和使用的分录如下：

借：在产品　　　　　　　　　　　　SP × SQ
　　贷：材料用量差异　　　　　　　　　　　　（AQ − SQ）× SP
　　　　材料　　　　　　　　　　　　　　　　　SP × AQ

AQ 指材料的分配和使用数量，但并不一定是材料的购买数量。需要注意的是，只有标准数量和标准价格用于核算在产品成本，实际成本并不记入在产品科目。

例如，AQ 为 8780 000 盎司玉米，SQ 为 873 000 盎司玉米，SP 为 0.006 美元，分录如下：

借:在产品	5 238 美元	
贷:材料用量差异		558 美元
材料		4 680 美元

注意,效率的有利差异记入分录的贷方。

10.6.2 直接人工差异的分录

与材料差异不同,两种人工差异是同时记录的。假定人工工资率差异是不利差异,人工效率差异是不利差异,则分录格式如下:

借:在产品	SR×SH	
人工效率差异	(AH−SH)×SR	
人工工资率差异	(AR−SR)×AH	
贷:应付职工薪酬		AR×AH

注意,只有标准工时和标准工资率用于核算在产品成本,实际成本并不记入在产品科目。

例如,假定 AR 为每小时 7.35 美元,SR 为每小时 7.00 美元,AH 为 360 个小时,SH 为 339.5 个小时,日记账分录如下:

借:在产品	2 376.50 美元	
人工效率差异	143.50 美元	
人工工资率差异	126.00 美元	
贷:应付职工薪酬		2 646.00 美元

10.6.3 材料差异和人工差异的处置

材料差异和人工差异通常会在年末结转到销货成本科目(当差异数额不是很大时,此法可行)。使用上述数据,相关分录如下:

借:销货成本	971.50 美元	
贷:材料价格差异		702.00 美元
人工效率差异		143.50 美元
人工工资率差异		126.00 美元
借:材料用量差异	558.00 美元	
贷:销货成本		558.00 美元

如果差异数额大,差异就应该按比例分配到各科目中。材料价格差异应按比例分配到原材料、在产品、产成品和销货成本等科目中。余下的材料差异和人工差异按比例分配到在产品、产成品和销货成本中。通常情况下,材料差异以各账户中材料余额为基础进行分配,人工差异以各账户中人工余额为基础进行分配。

学习目标

LO1 解释公司如何设定单位产品标准及采用标准成本系统的原因。
- 标准成本系统预计单件产品投入的数量和成本。这些单位产品预算包括人工、材料和制造费用预算,因此标准成本就是生产某种产品或提供某项服务应该耗费的成本。
- 公司可以依据历史经验、工程研究,以及生产部门、市场营销部门和会计部门工作人员的意见等设定标准。
- 当前可达标准在有效经营状况下是可以实现的。
- 理想标准要求生产达到最高效率水平或理想经营状况下才能实现。
- 公司采用标准成本系统可以改善计划和控制,促进产品成本计算。将实际成本与标准成本相比,并将差异细分为价格差异和数量差异,以便提供给经理的反馈更加详细。与标准成本核算系统和实际成本核算系统相比,经理掌握详细信息可以实施更好的成本控制。

LO2 解释标准成本单的用途。
- 标准成本单为计算单位产品标准成本提供详细信息,它列示了所生产产品的直接原料、直接人工、变动和固定制造费用的标准成本。
- 标准成本单揭示单位产出应该耗费各类投入的数量。使用标准成本单可以计算实际产出的允许标准工时和允许标准材料数量。

LO3 描述差异分析中的基本概念,并解释何时需要对差异进行调查。
- 总差异是实际成本和预计成本的差额。
- 在标准成本系统中,经理人通过将总差异分解为价格差异和用量差异,可以更好地分析和控制总差异。
- 如果差异是重大的且修正作业收益超过调查成本,公司就会调查差异。由于很难逐个估计其成本和收益,很多公司设定了正式的控制限度。这个限度可以是美元金额,也可以是百分比,或者两者兼而有之;还有一些公司通过判断,评估差异调查的必要性。

LO4 计算材料差异,并解释如何利用材料差异进行控制。
- 可以使用三叉戟分析法和公式法计算材料价格差异与材料用量差异。
- 材料价格差异是材料的实际成本与预计成本之间的差异,通常与采购活动有关。
- 材料用量差异是材料实际使用数量和预计使用数量之间的差异,通常与生产活动有关。
- 公司一旦发现重大差异,就会调查其产生原因,并尽可能对其采取修正作业,使系统重新处于控制之中。

LO5 计算人工差异,并解释如何利用人工差异进行控制。
- 可以使用三叉戟分析法和公式法计算人工工资率差异和人工效率差异。
- 人工工资率差异是人工的实际工资率与标准工资率的差异造成的,即对人工应支付成本和实际支付成本之间的差异。
- 人工效率差异是实际工时和实际产出下预计标准工时之间的差异。
- 公司一旦发现重大差异,就会调查其产生原因,并尽可能对其采取修正作业,使系统重新处于控制之中。
- 改善成本法致力于持续降低短期生产成本,而目标成本法致力于降低长期设计成本。目标成本是目标收入和目标利润的差额。

LO6 编制材料差异和人工差异的日记账分录。
- 假定在材料采购的时点计算材料价格差异,存货都按标准成本计量。
- 实际成本并没有记入存货科目,而标准成本随着存货流动,最终计入销货成本。
- 分别为材料价格差异、材料用量差异、人工工资率差异和人工效率差异设置会计科目。
- 不利差异总是记入借方,有利差异总是记入贷方。
- 结转差异科目——标准成本和实际成本的差异,从而导致实际成本最终计入销货成本。

重要公式

1. 产品单位成本 = 总成本/总数量
2. 单位产品标准成本 = 数量标准 × 价格标准
3. 允许标准材料数量(SQ) = 单位产品数量标准 × 实际产量
4. 允许标准工时(SH) = 单位产品人工标准 × 实际产量
5. 总差异 = 实际成本 − 预计成本 = AP × AQ − SP × SQ
6. 材料总差异 = 实际成本 − 预计成本 = AP × AQ − SP × SQ
7. MPV = (AP − SP) × AQ = AP × AQ − SP × AQ
8. MUV = (AQ − SQ) × SP = SP × AQ − SP × SQ
9. 人工总差异 = AR × AH − SR × SH
   = 人工工资率差异(LRV) + 人工效率差异(LEV)
10. LRV = AR × AH − SR × AH = (AR − SR) × AH
11. LEV = SR × AH − SR × SH = (AH − SH) × SR
12. 单位产品目标成本 = 单位产品预计售价 − 单位产品预期利润

关键术语

控制限度	有利差异	价格(比率)差异	人工工资率差异(LRV)
材料价格差异(MPV)	材料用量差异(MUV)	人工效率差异(LEV)	价格标准
数量标准	单位产品标准成本	标准成本单	允许标准工时(SH)
目标成本	总预算差异	不利差异	允许标准材料数量(SQ)
用量(效率)差异			

问题回顾

I. 材料、人工和制造费用差异

Willhelm 制造公司生产的一种产品的生产标准如下:

直接材料(2 英尺,每英尺 5 美元)	10 美元
直接人工(0.5 小时,每小时 10 美元)	5 美元

本年的实际生产状况如下:

产量	6 000 件产品
直接材料(购买使用 11 750 英尺)	61 100 美元
直接人工(工作 2 900 小时)	29 580 美元

要求：

计算以下差异：

1. 材料价格差异和材料用量差异。
2. 人工工资率差异和人工效率差异。

答案：

1. 材料差异：

MPV = (AP − SP) × AQ = (5.20 − 5.00) × 11 750 = 2 350(美元)(不利差异)

MUV = (AQ − SQ) × SP = (11 750 − 12 000) × 5.00 = 1 250(美元)(有利差异)

2. 人工差异：

LRV = (AR − SR) × AH = (10.20 − 10.00) × 2 900 = 580(美元)(不利差异)

LEV = (AH − SH) × SR = (2 900 − 3 000) × 10.00 = 1 000(美元)(有利差异)

讨论题

1. 讨论预算成本和标准成本的区别。
2. 描述单位标准与弹性预算的关系。
3. 为什么说根据历史经验可能会设定一个不合适的标准？
4. 什么是理想标准？什么是当前可达标准？实务中通常采用哪个标准？为什么？
5. 为什么采用标准成本系统？
6. 标准成本法如何改进控制职能？
7. 讨论实际成本法、正常成本法和标准成本法之间的区别。
8. 标准成本单的用途是什么？
9. 变动生产成本的预算差异可以分解为数量差异和价格差异，为什么数量差异比价格差异更能发挥控制作用？
10. 何时应该调查标准成本差异？
11. 什么是控制限度？如何设定控制限度？
12. 为什么材料价格差异通常是在材料采购时点而不是在使用时点计算？
13. 生产管理者要对材料用量差异负责。你是否同意这个观点？请解释。
14. 人工工资率差异是不能控制的。你是否同意这个观点？请解释。
15. 列举一些产生人工效率不利差异的可能原因。
16. 什么是改善成本法？改善成本法关注价值链的哪个部分？
17. 什么是目标成本法？描述如何降低费用以满足目标成本。

多项选择题

10-1 在设定标准时应谨慎根据历史经验，这是因为( )。

A. 它们可能使运营的无效率继续存在
B. 理想标准总是优于历史标准
C. 运营部门可能无法实现该标准
D. 大多数公司缺乏健全的记录
E. 以上全不是

10-2 采用工程研究设定的标准( )。

A. 可以制定最有效的经营方式
B. 可提供严谨的指导
C. 运营部门可能无法实现该标准
D. 通常不允许运营部门获得较多投入

E. 以上全部

10-3 投入的单位产出的标准成本通过( )计算。

A. 投入的实际单位价格 × 单位产出的实际投入量
B. 标准投入价格 × 实际产出的允许投入量
C. 标准投入价格 × 单位产出的允许标准投入
D. 标准单位价格 × 标准产量
E. 标准投入价格 × 实际投入数量

10-4 当前可达标准( )。

A. 取决于最大效率

B. 仅使用历史经验
C. 依据理想的经营状况
D. 可以轻易实现
E. 以上全不是

10-5 理想标准( )。
A. 仅使用历史经验
B. 取决于最大效率
C. 在有效的经营状况下可以实现
D. 考虑正常的机器故障、人员懈怠、缺乏相关技能等状况
E. 以上全不是

10-6 采用标准成本系统的原因包括( )。
A. 鼓励采购经理购买廉价材料
B. 模仿其他多家公司
C. 增强运营控制
D. 加权平均法可以用于分步生产
E. 以上全不是

10-7 标准成本可用于( )。
A. 直接材料
B. 直接人工
C. 变动制造费用
D. 固定制造费用
E. 以上全部

10-8 提供单位产品标准成本的相关细节是( )。
A. 标准在产品账户
B. 标准生产预算
C. 标准成本单
D. 资产负债表
E. 以上全不是

10-9 材料允许标准数量的计算公式为( )。
A. 单位数量标准×标准产出
B. 单位数量标准×正常产出
C. 单位数量标准×实用产出
D. 单位数量标准×实际产出
E. 以上全不是

10-10 直接工时允许标准的计算公式为( )。
A. 单位人工标准×实际产出
B. 单位人工标准×实用产出
C. 单位人工标准×标准产出
D. 单位人工标准×正常产出
E. 单位人工标准×理论产出

10-11 材料用量差异的计算公式为( )。
A. $SP \times AQ - AP \times SQ$
B. $AP \times AQ - SP \times SQ$
C. $SP \times AQ - SP \times SQ$
D. $AP \times SP - AQ \times SQ$
E. 以上全不是

10-12 调查偏离标准的差异应该( )。
A. 总是这样做
B. 如果差异在可接受范围内,进行调查
C. 如果预期差异会再次出现,不进行调查
D. 如果差异超出了控制限度,进行调查
E. 以上全不是

10-13 承担材料价格差异责任的通常是( )。
A. 生产部门
B. 采购部门
C. 市场营销部门
D. 人力资源部门
E. 首席执行官

10-14 计算材料价格差异通常是在( )。
A. 产品生产完成时
B. 材料发到生产部门时
C. 材料采购时
D. 向供应商付款后
E. 以上全不是

10-15 材料用量差异的责任通常分配给( )。
A. 首席执行官
B. 市场营销部门
C. 采购部门
D. 人力资源部门
E. 生产部门

10-16 人工工资率差异的责任通常分配给( )。
A. 生产部门
B. 劳动力市场
C. 人力资源部门

D. 工会

E. 工程部门

10-17 人工效率差异的责任通常分配给（　　）。

A. 工会

B. 人力资源部门

C. 工程部门

D. 生产部门

E. 外部培训师

10-18 （　　）选项描述了记录差异的实务。

A. 存货通常都按标准成本计价

B. 不利差异记入借方

C. 有利差异记入贷方

D. 不重要差异通常结转到销货成本科目

E. 以上全部

10-19 关于数额并不重大的人工差异，（　　）表述是对的。

A. 它们在期末结转到销货成本科目

B. 它们在在产品、产成品和销货成本中按比例分配

C. 它们在材料、在产品、产成品和销货成本中按比例分配

D. 它们在年末资产负债表中报告披露

E. 以上全部

基础练习题

10-20 允许标准材料数量和允许标准工时（LO2）

Avena 公司生产一种即食燕麦粥。生产每盒燕麦粥需要 16 盎司轧制燕麦（单位产品数量标准）和 0.05 小时的人工劳动（单位产品人工标准）。公司上年生产了 800 000 盒燕麦粥。

要求：

1. 计算实际产出下燕麦的总允许标准材料数量。

2. 计算实际产出下工人的总允许标准工时。

10-21 控制限度（LO3）

Mandarin 公司在过去的六个星期生产中，耗费材料的实际成本如下：

第一个星期	48 000 美元
第二个星期	50 000 美元
第三个星期	52 500 美元
第四个星期	57 500 美元
第五个星期	60 000 美元
第六个星期	65 000 美元

每个星期标准材料成本为 50 000 美元，允许偏差为 ±5 000 美元。

要求：

沿时间轴画出各个星期的实际成本点，并将它们与控制上限、下限进行比较。评论每个差异是否有必要进行调查。

> 参照以下资料完成基础练习题 10-22 和 10-23。
>
> Lata 公司生产铝罐。生产 12 盎司型号铝罐的标准数量是每个铝罐需要 4.5 盎司铝。公司在 4 月生产了 300 000 个铝罐，耗用了 1 250 000 盎司铝。铝的实际成本为 0.09 美元/盎司，标准价格为 0.08 美元/盎司。铝的期初、期末存货为零。

10-22 材料总差异（LO4）

参照上述 Lata 公司的相关资料。

要求：

计算公司 4 月铝的材料总差异。

10-23 材料差异（LO4）

参照上述 Lata 公司的相关资料。

要求：

使用公式法和三叉戟分析法计算材料价格差异与材料用量差异。

参照以下资料完成基础练习题 10-24 和 10-25。

Frasco 公司生产塑料瓶。每个塑料瓶的人工标准为 0.025 小时。公司 4 月生产了 750 000 个塑料瓶，耗用了 21 000 工时。工人的实际小时工资率为 10.00 美元，标准小时工资率为 9.50 美元。

10-24 人工总差异（LO5）

参照上述 Frasco 公司的相关资料。

要求：

计算 4 月生产的人工总差异。

10-25 人工工资率差异和人工效率差异（LO5）

参照上述 Frasco 公司的相关资料。

要求：

使用公式法和三叉戟分析法计算人工工资率价格差异与人工效率差异。

练习题

10-26 允许标准材料数量和允许标准工时（LO2）

Stillwater Designs 重新改造了缺陷产品 Kicker 扬声器。在这一年里，公司重装了 7 500 台扬声器，返修产生的材料标准和人工标准如下：

直接材料（一个检查装备，每个 150 美元）	150.00 美元
直接材料（一个小柜子，每个 50 美元）	50.00 美元
直接人工（5 小时，每小时 12 美元）	60.00 美元

要求：

1. 计算实际重装 7 500 台扬声器的允许标准工时。

2. 计算实际重装 7 500 台扬声器的检查装备和小柜子的允许标准材料数量。

3. 假定该年第一个月的允许标准工时为 3 750 小时。公司第一个月重装了多少台扬声器？

10-27 调查差异（LO3）

Sommers 公司根据以下规则判断是否调查材料用量差异：当差异数额超过 12 000 美元或标准成本的 10% 时，应该调查差异。过去五个星期的报告信息如下：

星期	MUV（美元）	标准材料成本（美元）
1	10 500 有利差异	120 000
2	10 700 有利差异	100 500
3	9 000 不利差异	120 000
4	13 500 不利差异	127 500
5	10 500 不利差异	103 500

要求：

1. 根据给定的规则，识别需要调查差异的情况。

2. 假定调查表明采用劣质原料产生了材料用量的不利差异，谁应该对此负责？他可能采取哪些修正作业？

3. 假定调查表明耗时较少但产生废料较多的新工艺造成重大的材料用量不利差异，人工效率差异是有利差异，且它比材料用量不利差异的数额大。谁应该对此负责？他可能采取哪些修正作业？

参照以下资料完成练习题 10-28 至 10-30。

Cinturon 公司生产优质皮带。公司位于 Boise 的工厂采用标准成本系统，为材料和人工设立了以下标准：

皮革（3 条，每条 4 美元）	12.00 美元
直接人工（0.75 小时，每小时 12 美元）	9.00 美元
总生产成本	21.00 美元

Boise 工厂本年 1 月生产了 92 000 条皮带。按每条 3.60 美元的实际价格购进 287 500 条皮革，皮革在期初、期末的存货为 0。生产皮带实际耗费 78 200 小时直接人工，实际小时工资率为 12.50 美元。

10-28 预算差异、材料和人工(LO4、LO5)

参照上述 Cinturon 公司的相关资料。

要求：

1. 计算生产 92 000 条皮带耗用的皮革和直接人工预计成本。

2. 计算材料和人工的总预算差异。

3. 你认为这些差异是否需要进行调查，请解释。

10-29 材料差异(LO4)

参照上述 Cinturon 公司的相关资料。

要求：

1. 使用公式法和三叉戟分析法将材料总差异分解为材料价格差异与材料用量差异。

2. 假定 Boise 工厂经理在调查材料差异时，被采购经理告知廉价皮革产生了材料价格有利差异。采购经理建议工厂经理更新材料价格标准以反映新的廉价皮革。工厂经理是否应该如建议那样更新材料价格标准？为什么？

10-30 人工差异(LO5)

参照上述 Cinturon 公司的相关资料。

要求：

1. 使用公式法和三叉戟分析法将人工总差异分解为人工工资率差异与人工效率差异。

2. 作为调查不利差异的一部分，工厂经理拜访了生产经理。生产经理强烈抱怨皮革质量，称皮革与往常相比更加劣质，为避免产生劣质品，工人不得不加倍小心生产，增加了工人的工作时间；而且即使多加小心，工厂仍生产了许多劣质皮带。为替代劣质品，满足产量需要，生产优质皮带需要工人加班完成。工厂经理须采取什么修正作业？

10-31 材料差异(LO4)

Manzana 公司生产的苹果汁按加仑出售。最近公司生产 1 加仑苹果汁的材料标准如下：

第一周生产情况如下：

产量	20 000 加仑
直接材料	128 盎司，每盎司 0.05 美元，共计 6.4 美元
购买使用的材料	2 650 000 盎司，每盎司 0.045 美元

原材料期初、期末没有存货。

要求：

1. 计算材料价格差异。

2. 计算材料用量差异。

3. 在第二周的生产中，材料用量不利差异为 4 000 美元，材料价格不利差异为 20 000 美元。公司第二周购买使用 2 000 000 盎司原材料。公司生产多少加仑苹果汁？公司为每盎司原材料实际支付多少美元？

10-32 人工差异(LO5)

Verde 公司生产自行车用轮胎。公司本年生产了 660 000 个轮胎，实际耗用 360 000 小时人工，实际小时工资率为 9.50 美元。公司的人工标准为生产 1 个轮胎耗时 0.5 小时，标准小时工资率为 10 美元。

要求：

1. 计算人工工资率差异。

2. 计算人工效率差异。

10-33 材料差异和人工差异(LO4、LO5)

Shults 公司生产的一种塑料制品的标准成本单如下：

直接材料(6 磅，每磅 5 美元)	30.00 美元
直接人工(2 小时，每小时 12 美元)	24.00 美元
单位产品标准生产成本	54.00 美元

公司当年的实际生产情况如下：

a.	产量	350 000 件
b.	材料采购	1 860 000 磅，每磅 5.10 美元
c.	材料耗用	1 850 000 磅
d.	直接人工	725 000 小时，每小时 11.85 美元

要求：

1. 计算材料的价格差异和用量差异。

2. 计算人工工资率差异和人工效率差异。

10-34 差异、评估和行为(LO1)

Jackie Iverson 对采购代理 Tom Rich 非常不满，总想解雇他。一个月前，Jackie 非常满意 Tom 达到甚至超额达到生产标准，为了奖励他出色的业绩，她给 Tom 加薪的同时又支付了奖金。但是现在，她发现优秀的业绩居然来自大量采购原材料，这不仅使公司花费相当长的时间才能消化这些材料，仓库方面也面临难题：该材料基本已经没有存放的地方，还要为接下来正常采购的其他原材料另觅他处。此外,该存货占据了大量本该用于即将上线新产品的资金。

　　Jackie 和 Tom 的谈话很不成功。Tom 为自己辩护,认为 Jackie 就想达到标准,并不太在意采取什么方式,而且只有大量订货才能满足价格标准;否则就会产生一个不利差异。

　　要求:

　　1. Tom 为什么会大量采购原材料?你认为该行为是否符合设定价格标准的目标?如果不是,设定价格标准的目标是什么?

　　2. 假定 Tom 是正确的,大量采购获得折扣是实现价格标准的唯一方法,但公司并不乐于见到这种做法。你会做些什么以解决当前的困境?

　　3. 公司是否应该解雇 Tom,请解释。

参照以下资料完成练习题 10-35 和 10-36。

　　Deporte 公司生产一种纯色 T 恤衫。生产部门将生产 T 恤衫的原材料放入桶中染色,并在染色后对桶进行清理,以备下次染色。生产每批 T 恤衫的相关标准如下:

直接材料(2.4 磅,每磅 0.95 美元)	2.28 美元
直接人工(0.75 小时,每小时 7.40 美元)	5.55 美元
标准生产成本	7.83 美元

公司本年实际采购并耗用了 79 500 磅原材料用于每批生产。公司实际生产了 30 000 批 T 恤衫,实际生产成本如下:

直接材料	63 000 美元
直接人工	163 385 美元
	(22 450 小时)

10-35　材料差异和人工差异(LO4、LO5)

参照上述 Deporte 公司的相关资料。

要求:

计算每批产品的材料差异和人工差异,并注明各个差异是否有利。

10-36　日记账分录(LO6)

参照上述 Deporte 公司的相关资料。

要求:

1. 为原材料采购编制日记账分录。
2. 为原材料耗用编制日记账分录。
3. 为在产品中增加的人工编制日记账分录。
4. 为结转差异到销货成本科目编制日记账分录。

10-37　材料差异和日记账分录(LO4、LO6)

Esteban 公司生产的教具中有一种使用彩色记号笔而非粉笔做记号的白板,这种白板最近在学校和大型公司的会议室中广受欢迎。为生产该产品,使用原材料的标准为 12 磅原材料,每磅 8.25 美元。

在本年第一个月,公司生产了 3 200 个白板。关于材料的实际成本和用量情况如下:

采购原材料	38 000 磅,每磅 8.35 美元
耗用原材料	37 500 磅

要求:

1. 计算材料价格差异和材料用量差异。
2. 为材料相关活动编制日记账分录。

10-38　人工差异和日记账分录(LO5、LO6)

Escuchar 公司是一家 DVD 播放器生产商,其生产制定了如下人工标准:2 小时直接人工,小时工资率为 9.65 美元。1 月,公司生产了 12 800 台 DVD 播放器,实际耗用直接人工 25 040 小时,直接人工总成本为 245 392 美元。

要求:

1. 计算人工工资率差异和人工效率差异。
2. 为人工相关活动编制日记账分录。

问题

10-39　设定标准和分配责任(LO1)

Cabanarama 公司设计、制作一种简易型沙滩小屋,家庭成员可以在野餐时搭起沙滩小屋,也可用小屋防护太阳暴晒。小屋工具包中有帆布、系带和铝支杆。公司由两个人经营的小作坊迅速扩张为一家上百人的大公司。Frank Love 是公司的创始人及拥有者,为了保证产品质量始终如一,他认为公司需要一个更为正式的标准设定和控制的方法。

Frank 和财务副总裁 Annette Wilson 将公司划分为许多部门,并将各部门设为成本中心。销售部门、质量控制部门和设计部门直接向 Frank 负责,生产部门、物流配送部门、财务部门和会计部门直接向 Annette 负责。生产部门分配其中一名主管负责原料采购业务,如采购原材料、监督存货处理、追踪材料的采购和使用状况等。

Frank 认为,如果员工一直能以一种既保证质量又降低成本的方法工作,公司就可以实现更好的控制。Annette 建议公司建立一个标准成本系统,使材料差异和人工差异可以直接汇报给她,这样她就可以及时告知 Frank 有关生产中出现的问题,并及时改进。

要求:

1. 当 Annette 为公司设计标准成本系统时,谁应该参与为成本中心设定标准的活动中?

2. 在为各成本中心设定标准时,需要考虑哪些因素?

3. 假定公司设定了材料用量、材料价格、人工用时和人工工资的标准。谁应该为各标准及产生的相关差异负责?为什么?

10-40 差异分析的基础和变动投入(LO3、LO4、LO5)

Basuras Waste Disposal 公司与很多大城市签订了长期合同,公司从住宅用户那里收集垃圾。公司在每户都放置一个塑料容器,以方便垃圾收取。由于容器的破损、需求增加等,公司每年都要新增 200 000 个容器(占总用户量的 20%)。几年前,公司为节约成本,决定自行生产容器,并收购了一家位于战略要地的同类生产厂。为了确保成本效率,工厂建立了标准成本系统。产品变动投入的相关标准如下:

项目	标准数量	标准价格（美元）	标准成本（美元）
直接材料	12 磅	3.50	42.00
直接人工	1.70 小时	11.00	18.70
变动制造费用	1.70 小时	3.00	5.10
合计			65.80

1月第一个星期,公司的实际生产情况如下:

产量	6 000 个
实际人工成本	118 800 美元
实际工时	10 800 小时
材料采购和使用	69 000 磅,每磅 3.55 美元
实际变动制造费用	39 750 美元

采购代理发现一种新型、质量较好的塑料,并用于1月第一个星期的生产。生产部门试验一种新工艺,新工艺需要水平较高的熟练工人。使用质量较好的材料对人工效率并没有影响,但是公司预期采用新工艺可以将每个容器的材料用量减少 0.25 磅。

要求:

1. 计算材料价格差异和材料用量差异。假定每个容器的材料用量按预期减少 0.25 磅,余下的其他影响缘自使用质量较好的材料。你会推荐采购代理继续购买质量较好的材料还是标准品质的材料?假定产成品质量不会受到很大的影响。

2. 计算人工工资率差异和人工效率差异。假定采用新工艺产生了人工差异,工厂是否继续采用这种新工艺?此时应考虑新工艺减少材料用量的影响,请解释。

3. 参照要求2。假定工业工程师认为不应仅根据新工艺一周的运行状况对其进行评价,因为工人至少需要一周的时间才能熟练掌握该工艺。假定第二周产量相同,实际工时为 9 000 小时,人工成本为 99 000 美元。工厂是否应该采用这种新工艺?假定新工艺导致了该差异。如果每周生产 6 000 个容器,公司预计一年可节省多少金额(包括材料用量减少的影响)?

10-41 设定标准、材料和人工差异(LO1、LO4、LO5)

Tom Belford 和 Tony Sorrentino 拥有一家生产厨房浴室花岗岩装饰的小公司。最近建筑承包商坚持采用事先确定的投标价格定价,而不是 Tom 和 Tony 习惯的成本加成法。他们担心花岗岩的自然缺陷使公司基本不可能事先确定某项工作所用花岗岩的数量,而且花岗岩易损也意味着 Tom 和 Tony 可能因不小心摔碎了板坯而不得不重新开始。虽然有时切坏的碎片可以用于小装饰,但情况并不总是这样。公司所有会计核算工作由 Charlene Davenport 负责的一家当地会计师事务所完成。在了解了他们的担心后,Charlene 建议公司可以建立标准成本系统以实施更严格的控制。

Charlene 审核了 Tom 和 Tony 此前工作的大量发票,确定了每平方英尺装饰所需的花岗岩和胶水的平均用量,随后她又根据当前情况调整了两种材料的价格。她为每平方英尺柜台设定的生产标准如下:

花岗岩(每平方英尺)	50.00 美元
胶水(10 盎司,每盎司 0.15 美元)	1.50 美元
直接人工工时:	
切割工作(0.10 小时,每小时 15 美元)	1.50 美元
安装工作(0.25 小时,每小时 25 美元)	6.25 美元

这些标准假定,制作一个无缝柜台要求切出水槽的位置,而且水槽要适合此空间大小。

Charlene 记录了 Tom 和 Tony 接下来六个月的花岗岩装饰工作发生的实际成本,发现他们完成了 50 个工作,平均每个工作安装 32 平方英尺的花岗岩装饰。生产实际使用数量和成本如下:

购买和使用花岗岩(1 640 平方英尺)	79 048 美元
购买和使用胶水(16 000 盎司)	2 560 美元
切割工作实际用时	180 小时
安装工作实际用时	390 小时

切割工作和安装工作的实际工资率与标准工资率相同。

要求:

1. 计算这六个月花岗岩和胶水的材料价格差异与材料用量差异。

2. 计算这六个月切割工作和安装工作的人工工资率差异与人工效率差异。

3. Charlene 是否应该为这些不具有普遍性的工作设定标准?

10-42 设定直接人工标准,学习曲线效应和服务公司(LO1、LO2、LO5)

Mantenga 公司为大件物品搬运汽车提供日常的维护服务。尽管车型不同,但公司仍按照公平的标准模式提供服务。最近,一个潜在客户与公司接触,要求为一种不同类型的汽车提供维护服务。为此,公司必须购进新的设备,招聘具有新技能的员工。这个客户最初下了一笔维护 150 辆汽车的订单,并表示如果提供的服务满意,他们在未来 3—5 年都会与公司合作,每三个月会下几笔规模相同的订单。

公司采用标准成本系统,准备为新车型设定标准,其中诸如汽油、润滑剂和机油等直接材料的用量标准容易得到。每提供一次服务都要消耗 25 夸脱直接材料,每夸脱原材料成本为 4 美元。同时,管理层对人工和制造费用设定了如下费用标准:人工工资标准为每小时 15 美元,变动制造费用标准为每小时 8 美元,固定制造费用标准为每小时 12 美元。为了设定生产的工时标准,工程部门分析了服务数量和直接工时平均使用量的关系,信息如下:

服务次数	单位产品累计平均时间(小时)
40	2.500
80	2.000
160	1.600
320	1.280
640	1.024

随着对新机器维护的深入了解,工人的工作效率得到提高,每次服务的平均用时也不断减少。工程部门预计,当工人提供 320 次服务后,生产会实现学习曲线效应;而在此基础上不会再有任何进一步改善的空间。

要求:

1. 假定生产实现学习曲线效应后,单次服务的平均工时为 0.768 小时。根据这个信息,编制标准成本单,注明单次服务的标准服务成本(近似到小数点后两位)。

2. 如果公司设定单次服务的人工标准,你认为会出现有利差异还是不利差异?为什么?针对最初的 320 次服务,计算人工效率差异。

3. 假定提供服务超过 320 次后,单次服务所用工时就不再有改善的空间,为什么提供 640 次服务的累计平均时间低于提供 320 次服务的累计平均时间？说明工时标准为每次服务耗时 0.768 小时的原因。为什么这个数值是设定单次服务工时标准的好选择？

10-43 单位成本、多样化产品、差异分析和服务业背景（LO2、LO4、LO5）

市医院妇产科病人分为两类：顺产产妇和剖腹产产妇。2016 年每次接生手术使用的人工工时和材料用量标准如下：

项目	顺产	剖腹产
直接材料（磅）	9.0	21
护理人工工时（小时）	2.5	5

直接材料标准价格为每磅 10 美元，人工工资率标准为每小时 16 美元，生产的制造费用以直接人工工时为标准计算，变动制造费用率为每小时 30 美元，固定间接费用率为每小时 40 美元。

2016 年的实际手术数据如下：

a. 接生量　顺产 4 000 人次，剖腹产 8 000 人次

b. 直接材料 200 000 磅，每磅 9.50 美元采购和耗用

　　35 000 磅用于顺产手术，165 000 磅用于剖腹产手术

　　原材料没有期初、期末存货

c. 护理人工工时　50 700 小时

　　10 200 小时用于顺产手术，40 500 小时用于剖腹产手术

　　护理人工总成本为 580 350 美元

要求：

1. 编制标准成本单，列示每类病人一次接生手术的单位成本。

2. 计算每类病人的材料价格差异和材料用量差异。

3. 计算每类病人的人工工资率差异和人工效率差异。

4. 假定仅知道上述两类手术所用的直接材料总和及直接人工总和，能否计算出材料总用量差异和人工总效率差异？并解释。

5. 健康护理行业现在已采用标准成本法的一些概念。诊断相关组（diagnostic-related groups, DRGs）用于享有医疗保险病患的定额预付款。使用搜索引擎搜索诊断相关组的相关信息，可使用"医疗保险诊断相关组"作为搜索关键字。回答以下问题，并做备忘录。

a. 什么是诊断相关组？

b. 如何建立诊断相关组？

c. 现在社会存在多少种诊断相关组？

d. 诊断相关组是如何与本章讨论的标准成本法的概念相联系的？医院能否采用诊断相关组控制成本？为什么？

10-44 控制限度和差异调查（LO3、LO4、LO5）

Buenolorl 公司生产一款知名古龙水，其标准成本单列示的标准生产成本如下：

直接材料：	
液体（4.5 盎司，每盎司 0.40 美元）	1.80 美元
瓶子（1 个，每个 0.05 美元）	0.05 美元
直接人工（0.2 小时，每小时 15.00 美元）	3.00 美元
变动制造费用（0.2 小时，每小时 5.00 美元）	1.00 美元
固定制造费用（0.2 小时，每小时 1.50 美元）	0.30 美元
单位产品标准成本	6.15 美元

一旦差异超过标准的 10% 或者超过 20.00 美元，公司管理层就要求对此进行调查。

在上一个季度里，公司生产了 250 000 瓶 4 盎司装的古龙水，该季度实际作业情况如下：

a. 公司购买、混合并处理的 135 万盎司液体由于蒸发量超出预期，液体期末存货量为 0。公司平均为每盎司该液体支付 0.42 美元。

b. 该季度生产恰好使用 250 000 个瓶子，每个瓶子的实际成本为 0.048 美元。

c. 生产所用直接人工工时共计 48 250 个小

时,总成本为 733 000 美元。

公司正常的季产量为 250 000 瓶香水。制造费用的标准费用比率按照正常产量计算,所有制造费用在当年生产中是均匀发生的(单位成本近似到美分,总额近似到美元)。

要求:

1. 计算材料和人工控制限度的上限与下限。
2. 计算材料总差异,并将其分解为价格差异和用量差异。是否需要调查这些差异?
3. 计算人工总差异,并将其分解为人工工资率差异和人工效率差异。是否需要调查这些差异?

10-45 控制限度和差异调查(LO3、LO4、LO5)

Golding 公司管理层认为对标准成本系统产生的差异进行调查大约要花费 2 000—3 000 美元。通常,对已识别问题采取修正作业的平均收益大于调查成本。差异调查的历史经验表明,如果偏差在标准成本的 8% 以内,公司基本不需要对其进行修正作业。公司只生产一种产品,材料和人工标准如下:

| 直接材料(8 磅,0.25 美元/磅) | 2 美元 |
| 直接人工(0.4 小时,7.50 美元/小时) | 3 美元 |

原料的期初、期末存货量为零,过去 3 个月的实际生产情况如下:

项目	4月	5月	6月
产量(件)	90 000	100 000	110 000
直接材料			
成本(美元)	189 000	218 000	230 000
用量(磅)	723 000	870 000	885 000
直接人工			
成本(美元)	270 000	323 000	360 000
工时(小时)	36 000	44 000	46 000

要求:

1. 材料差异和人工差异控制限度的上限与下限分别是多少?
2. 计算 4 月、5 月和 6 月的材料差异与人工差异。将差异与要求 1 求得的数额相比较,指出哪些差异需要调查?计算差异偏离标准的实际百分比(将单位成本近似到小数点后四位,差异近似到美元,差异率近似到小数点后三位)
3. 以横轴表示时间、纵轴表示差异(差异偏离标准的百分比),在坐标轴上标示控制上限和下限的水平线。描出 4 月、5 月和 6 月中材料差异与人工差异的点,两类差异分别单独画图。解释说明如何使用图示(控制图)帮助分析差异。

10-46 标准成本法和预计差异(LO2、LO4、LO5)

Phono 公司生产一种塑料玩具电话,其材料和人工投入标准如下:

项目	数量标准	价格标准	标准成本
直接材料	0.5 磅	1.50 美元	0.75 美元
直接人工	0.15 小时	10.00 美元	1.50 美元

7 月的第一个星期,公司的实际生产情况如下:

产量	90 000 件
实际人工成本	138 000 美元
实际工时	13 400 小时
采购和使用材料	44 250 磅,1.55 美元/磅

其他信息:采购代理发现了一种更优质的新型塑料,并将该原材料用于 7 月第一个星期的生产。生产部门也试用一种新的生产安排,且该安排需要水平较高的熟练工人。优质材料对人工效率不产生影响,新生产安排对材料用量也不产生影响(所有差异近似到美元)。

要求:

1. 计算材料的价格差异和用量差异。假定材料差异基本为使用更优质的新型材料所导致的,你会建议采购代理继续购买更优质的材料还是原先使用的材料?假定最终产品的质量不会受到较大的影响。
2. 计算人工工资率差异和人工效率差异。假定人工差异主要为采用新生产安排所导致,那么工厂是否应该继续采用这个生产安排?并解释。
3. 参照要求 2,假定工程师认为不应仅根据采用新生产安排一周的运行状况对其进行评价,因为工人至少需要一周的时间才能熟悉该安排。假定第二周产量相同,实际工时为 13 200 小时,人工成本为 132 000 美元。工厂是否应该采用这个新生产安排?假定新生产安排产生这些差异。如果采用新生产安排,公司预计一年可节省多少?

10-47 标准成本法(LO1、LO4、LO5)

Botella 公司生产塑料瓶,成本核算单位是 18

瓶/盒。公司预计生产1盒塑料瓶的标准如下：

直接材料（4 磅，每磅 0.95 美元）	3.80 美元
直接人工（1.25 小时，每小时 15.00 美元）	18.75 美元
标准生产成本	22.55 美元

公司12月购买78 000磅材料并全部用于生产，共生产15 000盒塑料瓶，发生的实际费用如下：

直接材料	74 000 美元
直接人工	315 000 美元（22 500 小时）

要求：

1. 计算材料差异。
2. 计算人工差异。
3. 使用标准成本系统有什么优缺点？

10-48 差异分析，标准修改和日记账分录（LO4、LO5、LO6）

Morril's Small Motor Division 公司的 Lubbock 工厂生产一种除草机专用六马力发动机的主要零件。工厂采用标准成本系统进行核算和控制，该零件的标准成本单如下：

直接材料（6.0 磅，每磅 5 美元）	30.00 美元
直接人工（1.6 小时，每小时 12 美元）	19.20 美元

Lubbock 工厂本年的实际产生情况如下：

a. 零件的总产量为 50 000 件。

b. 公司以每磅 4.70 美元的价格购买了 260 000 磅原材料。

c. 原材料期初存货为 60 000 磅（账面价格为每磅 5 美元），期末存货为 0。

d. 公司实际使用 82 000 小时直接人工，总成本为 1 066 000 美元。

Lubbock 工厂每年的理论产量为 60 000 个零件。制造费用标准费用比率按照理论产量的标准工时计算。

要求：

1. 计算材料的价格差异和用量差异。在这两个材料差异中，哪个是更为可控的？本例中的用量差异应该由谁负责？并解释。

2. 计算人工工资率差异和人工效率差异。通常由谁负责人工效率差异？产生该差异的可能原因有哪些？

3. 假定工厂的采购代理从新供货商处购买一种质量较差的材料。你是否建议工厂继续将廉价材料用于产品的生产？假定产成品的质量并不会受到较大的影响。

4. 编制所有可能的日记账分录。

案例

10-49 建立标准和差异分析（LO1、LO2、LO4）

Paul Golding 和妻子 Nancy 在 1938 年成立了 Crunchy Chips 公司。经过六十多年的发展，公司在西部 11 个州建立了分销渠道，在犹他州、新墨西哥州和科罗拉多州建立了工厂。Paul 的儿子 Edward 在 1980 年接手了这家公司。2016 年，为了获得竞争优势，公司迫切需要控制生产成本，于是 Edward 聘请顾问以帮助公司建立一套标准成本系统。为便于顾问建立必要的标准，Edward 发送了如下备忘录：

收件人：Diana Craig，注册管理会计师

发件人：Edward Golding，总裁，Crunchy Chips 公司

主题：关于工厂生产原味薯片的相关描述和数据

日期：2016 年 9 月 28 日

生产薯片的第一步，将土豆放入大桶中自动清洗；第二步，土豆直接被传送到自动打皮机中；第三步，质检人员手工切掉土豆表皮深坑和其他瑕疵；第四步，将自动切片后的土豆放入油锅，而这个油炸过程也有专门人员密切监控；第五步，薯片炸制后放到加盐装置上，质检人员将变色或过小的不合格薯片挑拣出来，合格薯片经传动带送

到装包机中,装进1磅装的包装袋里;第六步,这些打包并装箱的袋装薯片被配送发货,每箱装有15包薯片。

同时,公司将这些生土豆片(坑洞和瑕疵品)、土豆片和残次品以每磅0.16美元的价格出售给动物饲料加工厂,以降低土豆成本。公司希望这能反映在土豆价格标准中。

Crunchy Chips公司以每磅0.245美元的价格采购优质土豆,平均每个土豆4.25盎司重。在有效的生产经营条件下,生产一包16盎司装的原味薯片要用4个土豆。虽然我们产品包装标明的是16盎司重,但每包实际有16.3盎司重。为了确保顾客满意,我们计划继续实施这项政策。生产薯片除需要土豆外,还需要食用油、食盐、包装袋和箱子等原材料。其中,每包薯片需要3.3盎司食用油,其成本为每盎司0.04美元;由于食盐用量较少,其成本计入制造费用;包装袋的成本为每个0.11美元,箱子为每个0.52美元。

工厂每年生产880万袋薯片。近期工程研究表明,如果工厂的生产经营水平保持在峰值效率,生产这些产品所需直接人工工时情况如下:

土豆原料质检	3 200 小时
完工薯片质检	12 000 小时
油炸监控	6 300 小时
装箱	16 600 小时
机器操作	6 300 小时

虽然并不确定工厂能否实现以上研究提到的效率水平,但我认为,即使人工工时在以上数据基础上增加10%,公司也是可以实现有效生产,达到上述产量的。

工人的小时工资率由工会决定,数据如下:

土豆原料质检工人	15.20 美元
完工薯片质检工人	10.30 美元
油炸监控工人	14.00 美元
装箱工人	11.00 美元
机器操作工人	13.00 美元

制造费用以直接人工费用为基础计算。我们发现,变动制造费用平均约为直接人工成本的116%,下年固定制造费用的预算为1 135 216美元。

要求:

1. 讨论采用标准成本系统可以为Crunchy Chips公司带来哪些好处。

2. 总裁对工程研究设定人工标准感到担心,你会推荐什么标准?

3. 与两三名同学组成一组,为Crunchy Chips公司的原味薯片编制标准成本单(所有计算近似到小数点后四位)。

4. 假设本年实际产量水平是预期的880万袋薯片,生产实际使用950万磅土豆,计算土豆的材料用量差异。

10-50 标准成本法,道德行为和成本核算有用性(LO1、LO3、LO4)

Pat James是Oakden Electrics Division当地工厂的一个采购代理,他正在考虑从新供货商处购买一种零件是否可行。该零件的采购价格为0.90美元,与标准价格1.10美元相比,这显然是有利的。考虑到零件的采购数量,Pat知道有利的价格差异可以抵消另一种零件的不利差异。这样一来,Pat的业绩就会非常可观,他就能够获得年度奖金。更重要的是,Pat可以凭借出色的业绩排名得到一个事业部总部的职位;与此同时,薪水也会大幅度提高。

但是,Pat在零件采购方面面临一个尴尬的窘境。Pat像往常一样咨询了新供货商的可信度及其零件质量,但收到的反馈信息基本上是消极负面的。这个供货商仅在头两三笔订单中按时发货,随后就不再可靠,而且公司的这种做法早已尽人皆知。更糟糕的是,供货商提供的零件的质量也备受质疑,不但残次品的数量略高于其他供货商,而且零件使用寿命也比正常零件短25%。

如果从新供货商那里购买零件,在起初几个月中,公司不会面临发货难的问题。虽然零件使用寿命短而导致终端顾客不满、销售下滑,但是距离采用该零件生产的完工产品投入市场至少还有18个月的时间,而Pat预计他在6个月内就会调任总部,因此他认为从新供货商那里购买零件的决定并不会带来个人风险。当公司发现问题时,这就已经是下任采购代理的责任了。经过这种合理化考虑,Pat决定从新供货商那里购买零件。

要求:

1. 你是否同意Pat的决定?为什么?Pat的

个人风险评估在决策时有多重要?这是否应该作为一个考虑因素?

2. 你认为在 Pat 的决策中,他使用的标准以及个人对业绩负责的实践是否发挥了重要作用?

3. 回顾第 1 章有关公司道德标准的讨论,找出适用于 Pat 这种情形的标准。每家公司是否都要实行一套道德标准(甚至不必考虑公司的特殊性)以来约束员工行为?

4. 标准成本法的有用性近年来受到了诸多质疑。有人认为它会阻碍持续改善目标的实现,而持续改善在当前竞争环境下是非常重要的。单独或与其他同学结组完成一篇短论文,分析标准成本法在当前生产情境中的作用和价值,并回答以下问题:

   a. 当前对标准成本法的主要批判是什么?

   b. 标准成本法是会消失还是在新生产情境中仍发挥重要作用?如果标准成本法仍发挥作用,那么有哪些作用?

   c. 考虑到对标准成本法的批判,为什么它仍继续被广泛应用?它的作用最终会改变吗?

以下列出的参考文献可能会为你准备论文提供帮助,但不要仅仅局限于这些篇目,列出它们仅仅是为了帮助你更好地开始。

- Robin Cooper and Robert S. Kaplan, "Activity-Based Systems: Measuring the Costs of Resource Usage", *Accounting Horizons*, 1992, 9: 1—13.
- Forrest B. Green and Felix E. Amenkhienan, "Accounting Innovations: A Cross-Sectional Survey of Manufacturing Firms", *Journal of Cost Management*, 1992(Spring): 59—64.
- Bruce R. Gaumnitz and Felix P. Kollaritsch, "Manufacturing Variances Current Practice and Trends", *Journal of Cost Management*, 1991(Spring): 59—64.
- Chris Guilding, Dane Lamminmaki, and Colin Drury, "Budgeting and Standard Costing Practices in New Zealand and the United Kingdom", *Journal of International Accounting*, 1998, 33(5): 569—588.

第 11 章
弹性预算和制造费用分析

> **管理决策**
>
> ## The Second City 喜剧团
>
> 　　第二城(The Second City)喜剧团在过去的五十多年里已经是北美排名第一的现场即兴表演和独幕剧表演的喜剧剧团。很多明星就是在第二城喜剧团开始他们的事业的,包括 John Candy、Tina Fey、Mike Myers、Eugene Levy 和 Bill Murray。第二城喜剧团旗下不仅包括第二城喜剧团电视(SCTV),还包括培训中心、国家旅游公司、媒体娱乐公司和一个企业沟通部门。第二城喜剧团是企业型组织,最近其决定为"挪威"邮轮提供喜剧剧场服务。
>
> 　　鉴于其业务的性质,第二城喜剧团非常依赖于制造费用。这些制造费用被分配到每个业务中,从而产生准确的预算,当实际制造费用显著不同于预算制造费用时就要进行差异分析。固定制造费用与产量有关,而且主要与在芝加哥、多伦多、拉斯维加斯、丹佛和底特律的当地家庭居民舞台有关,而非巡回演出。第二城喜剧团的固定制造费用包括薪资、舞台费用、其他设备租赁、维修、折旧费以及税费和保险费。这些制造费用通过一些基准如建筑面积、职工数量和收入的百分比被分配到各项业务预算中。第二城喜剧团以制造费用成本差异表示带有"预警信号"、可能需要管理层关注的潜在问题。
>
> 　　比如,由于制作人与其他投资者过于忙碌以致没有新作品产生,第二城喜剧团的戏剧演出可能会经历进度缓慢的一年。与此同时,第二城喜剧团培训中心的入学人数可能会激增,这种情形导致第二城喜剧团的财务高管将一些戏剧演出业务的已分配制造费用转移到培训中心业务。第二城喜剧团将弹性预算用于计划,并根据业务量的波动进行控制,比如一些巡回演出的季节性波动。当管理会计师不发生太多失误时,他们在制定预算和检查制造费用差异方面的确发挥了关键性作用。这样就能让拥有喜剧天赋的第二城喜剧团继续做它最擅长的事——让我们开怀大笑。

11.1 使用预算进行绩效评价

预算作为绩效评价的基准,在计划和控制中发挥着非常重要的作用。需要强调的是,我们应重点考虑如何将预算数额与实际结果做比较。

固定预算与弹性预算

在第9章中,我们已经学习了公司如何根据对未来一年销售和生产活动水平的最佳估算准备并制定总预算,我们也讨论了一些行为问题和绩效报告的关系。然而,对于如何编制预算绩效报告并未进行详尽的讨论。**绩效报告**(performance report)将实际成本与预算成本相比,以下是两种比较方法:①比较预算水平活动中的实际成本和预算成本;②比较实际水平活动中的实际成本和预算成本。

第一种方法是基于固定预算的报告,第二种方法是基于弹性预算的报告。这两种方法在差异计算中的运用如图表 11-1 所示。注意,实际产量(10 000 单位)和两种预算之间的关系。固定预算将 10 000 单位产量的实际成本和 8 000 单位产量的预算成本做比较,显然,两者的差异不是我们期待的结果。此外,弹性预算也将 10 000 单位产量的实际成本和 8 000 单位产量的预算成本做比较,从结果来看,这才是更有意义的比较。

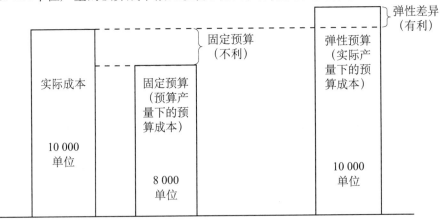

图表 11-1 实际产量下固定预算与弹性预算差异的关系

1. 固定预算和绩效报告

固定预算(static budget)是在特定生产能力水平下提前制定的预算。总预算一般是在特定生产能力水平下制定出来的,因此编制绩效报告的方法之一是比较实际成本和总预算下的预算成本。以 Cool-U 品牌印有图案的 T 恤为例。在为第一季度制定总预算时,Cool-U 公司预计生产 1 060 件 T 恤;而当第一季度结束时,Cool-U 公司发现其已经实际生产了 1 200 件 T 恤。演练 11.1 阐述了如何在固定预算的基础上为 Cool-U 公司第一季度的经营编制绩效报告,该报告只考虑了生产成本。

演练 11.1

在固定预算的基础上编制绩效报告(使用预算产量)

知识梳理:
管理者经常使用预算比较实际数额和预算数额

资料:

总预算	第一季度的实际数据
第一季度产量:1 060 单位	产量:1 200 单位
材料:	
1 件纯色 T 恤,每件 3 美元	材料成本:4 830 美元
5 盎司印刷油墨,每盎司 0.20 美元	
人工:	
0.12 小时,每小时 10 美元	人工成本:1 500 美元
可变制造费用:	
维修:	
0.12 小时,每小时 3.75 美元	维修费:535 美元
电力:	
0.12 小时,每小时 1.25 美元	电费:170 美元
固定制造费用:	
场地维护:每季度 1 200 美元	场地维护:1 050 美元
折旧:每季度 600 美元	折旧:600 美元

要求:
基于期望产量预算编制绩效报告。

答案:

单位:美元

	实际	预算	差异
产量	1 200	1 060	140F^a
直接材料成本	4 830	4 240^b	590U^c
直接人工成本	1 500	1 272^d	228U
可变制造费用:			
维修	535	477^e	58U
电力	170	159^f	11U
固定制造费用:			
场地维护	1 050	1 200	(150)F
折旧	600	600	0
合计	8 685	7 948	737U

注:^{a} F 表示有利差异;^{b} 预算单位(T 恤成本+油墨成本)= 1 060 × (3 + 5 × 0.20);^{c} U 表示不利差异;^{d} 预算单位(直接人工工时×每小时成本)= 1 060 × (0.12 × 10.00);^{e} 预算单位(直接人工工时×变动维修费用率)= 1 060 × (0.12 × 3.75);^{f} 预算单位(直接人工工时×变动电力费用率)= 1 060 × (0.12 × 1.25)。

根据演练11.1,直接材料、直接人工、维修和电力存在不利差异。然而,把1 200件T恤的实际成本和1 060件T恤的计划成本相比较,由于直接材料、直接人工和可变制造费用都是变动成本,因此在更高的生产水平下,变动成本会有所增加。即使1 200件产量的成本控制得非常完美,不利差异也至少在一些变动成本中产生。为了得到一个有意义的绩效报告,实际成本和预期成本必须在同一生产水平下进行比较。因为实际产量通常与计划产量不同,我们必须掌握实际产量水平下的成本计算方法。

> **道德决策**
>
> 将固定预算作为绩效评价基准的公司会导致管理者滥用潜在的权力。虽然有违道德,但管理者会故意生产少于计划产量的产品。例如,用1 000件T恤取代计划的1 060件T恤。通过生产较少的产品,实际成本将低于预算成本,从而得到一个可接受的绩效成果。弹性预算可以让基准变得可调节,从而影响实际产量水平下的预期成本。

2. 弹性预算

弹性预算(flexible budget)能让公司计算一系列生产水平下的预期成本。编制弹性预算的关键是了解固定成本和变动成本,以下是弹性预算的两种类型:①事前弹性预算,预算在一系列生产水平下给出预期的结果;②事后弹性预算,预算基于实际生产水平。

事前弹性预算可以让经理人在许多潜在情境下创造出财务业绩。事后弹性预算被用作计算实际生产水平下应该发生的成本,然后为了评估业绩,将期望成本与实际成本做比较。弹性预算是经理人演练控制和有效执行组织计划过程中给予频繁反馈的关键。

为了说明事前弹性预算,假设Cool-U公司的管理层想知道生产1 000件T恤、1 200件T恤、1 400件T恤各自的成本。为了计算这些不同水平产出的预期成本,经理人必须了解预算中每个项目的成本行为模式。知道了每单位产品的变动成本和总固定成本,我们就可以计算出相应范围内任何生产水平下的预期成本。

演练11.2阐述了在不同生产水平下,预算是如何使用每个项目的成本公式制定出来的。

演练 11.2

编制事前弹性预算

知识梳理:

这种类型的弹性预算可以让经理人确定不同产出水平对成本的影响。

资料:

生产水平:1 000单位、1 200单位和1 400单位

材料:

　1件纯色T恤,每件3.00美元

可变制造费用:

　维修费:0.12小时,每小时3.75美元

5 盎司油墨每盎司,每盎司 0.20 美元　　电费:0.12 小时,每小时 1.25 美元

人工:　　　　　　　　　　　　　　　　固定制造费用:

　0.12 小时,每小时 10.00 美元　　　　　场地维护:每季度 1 200 美元

　　　　　　　　　　　　　　　　　　　折旧:每季度 600 美元

要求:

分别为以下三种产出水平编制预算:1 000 单位、1 200 单位和 1 400 单位。

答案:

单位:美元

生产成本	每单位变动成本	产量		
		1 000 单位	1 200 单位	1 400 单位
变动成本:				
直接材料	4.00[a]	4 000[b]	4 800	5 600
直接人工	1.20[c]	1 200[d]	1 440	1 680
变动制造费用:				
维修费	0.45[e]	450[f]	540	630
电费	0.15[g]	150[h]	180	210
变动成本费用合计	5.80	5 800	6 960	8 120
固定制造费用:				
场地维护		1 200	1 200	1 200
折旧		600	600	600
固定成本费用合计		1 800	1 800	1 800
成本合计		7 600	8 7601	9 920

注:[a]T恤成本+油墨成本=3.00×1+0.20×5;[b]4×1 000;[c]每小时直接人工费用10.00×每单位直接人工 0.12 小时;[d]1.20×1 000;[e]每小时直接人工费用3.75×每单位直接人工 0.12 小时;[f]0.45×1 000;[g]每小时直接人工费用 1.25×每单位直接人工 0.12 小时;[h]0.15×1000。

演练 11.2 阐述了总预算产品成本随着产量的增长而增加。由于总变动成本随着产出的增长而上升,其预算成本也随之改变。由此,弹性预算有时也被称作**变动预算**(variable budget)。Cool-U 公司的成本构成中既有变动成本又有固定成本,因此生产 1 件 T 恤的平均成本随着产量的增加而减少。这很容易理解,当产量增加时,有更多单位的产品分摊固定生产成本。

通常,弹性预算公式是基于直接人工工时而不是基于产量单位。因为直接人工工时与产量密切相关,所以容易操作。例如,在变动成本公式构成中,变动制造费用为 3.75 美元,维修和电力每小时人工费用分别为 1.25 美元(每小时总直接人工费用为 5 美元)。如果超过标准工时,我们就要将产量转化为直接人工工时。对于 Cool-U 公司来说,1 000 预算单位产量意味着需要 120 小时(每单位产量 0.12 小时直接人工×1 000 预算单位产量)的直接人工工时。

Kicker 管理实践

Stillwater Designs 公司设有产品指导委员会，决定升级和重新设计不同的 Kicker 扬声器模型的时间。大约每四年，公司会对 Kicker 扬声器进行一次完整的再设计。一次完整的再设计大概需要 16—18 个月，还要举办一场专门的研讨会用以确定特性、优点、消费群和竞争对手。另外，一个新模型的成本包括设计成本（研究与开发）、采购成本、运费、关税，这些都是按销售量估算的。在这个阶段，公司将与生产商密切合作以控制设计过程，由此必须小心谨慎地设定生产成本。为了了解产品的盈利空间，一项财务分析应贯穿一个新产品的预期生命周期（2—3 年）。因此，公司对不同生产水平下的所有预期收入和成本进行评估。对于那些公司欠缺了解的产品来说，事前弹性预算分析是尤其重要的。有时，因为某个新产品可能会完善整条生产线或提高 Kicker 扬声器的整体形象，即使该产品在销量最高时也不会盈利，公司也会进行生产。

弹性预算能作为一种强大的控制手段是因为其可以计算出实际发生的产出水平下的成本。回顾一下，Cool-U 公司认为 1 060 单位的产量能被生产出来，并以这个数目作为预算。然而，实际产量是 1 200 个单位，将 1 200 件 T 恤的实际成本和 1 060 件 T 恤的预算成本做比较是没有意义的。管理需要的绩效报告是在实际生产水平下的实际成本和预算成本的比较。

演练 11.3 阐述了第二种类型的弹性预算和报告的编制。

演练 11.3

使用弹性预算编制绩效报告

知识梳理：

对于绩效评估来说，弹性预算优于固定预算，它将实际结果和实际生产水平下的预算额进行比较。

资料：

由演练 11.1 和 11.2 可知，1 200 单位的实际成本和实际生产水平下的预算成本如下：

单位：美元

	实际成本	预算成本
产量	1 200	1 200
直接材料成本	4 830	4 800
直接人工成本	1 500	1 440
变动制造费用：		
维修费	535	540
电费	170	180
固定制造费用：		
场地维护	1 050	1 200
折旧	600	600

要求：
按照实际生产水平下的预算成本编制绩效报告。
答案：

单位：美元

	实际	预算	变动值
产量	1 200	1 200	—
生产成本：			
直接材料	4 830	4 800	30 U
直接人工	1 500	1 440	60 U
变动制造费用：			
维修费	535	540	(5) F
电费	170	180	(10) F
变动成本费用合计	7 035	6 960	75 U
固定制造费用：			
场地维护	1 050	1 200	(150) F
折旧	600	600	(0)
固定成本合计	1 650	1 800	(150) F
成本合计	8 685	8 760	(75) F

演练 11.3 中修改后的绩效报告描绘了一个与演练 11.1 中的绩效报告完全不同的场景，所有的差异都相当小。如果差异变大，管理层就要寻找原因并尽力纠正问题。

实际数额和弹性预算数额之间的差就是**弹性预算差异**（flexible budget variance）。弹性预算是一种衡量管理者效率的手段，表明经理人能将实际生产水平下的成本控制得多好。固定预算的使用是为了衡量管理者是否完成了他（她）的目标，代表了公司想要实现的特定目标。如果固定预算的目标得以实现或超额完成，那么管理者是有效率的。在 Cool-U 公司的例子中，生产量为 140 单位，多于原始预算数量，管理者超越了原始预算目标。只要额外的产品能被卖掉，管理者的执行效率就不是问题。

由你做主

用于娱乐业的弹性预算

假设你是本章开头描述的第二城喜剧团的总会计师，你的工作是为现场表演（包括国家旅游公司和定制的喜剧表演）编制预算（参见 www.secondcity.com/现场表演的实例）。每年年初，你必须在表演活动的预计需求和预计成本的基础上整合为表演活动所做的预算。随着时间的推移，你必须根据新的信息更新预算，并编制实际成本和预算成本的比较绩效报告。

为现场表演制定弹性预算需要什么信息？

你要考虑与现场表演搬离第二城喜剧团芝加哥基地相关的固定成本和变动成本。

变动成本包括表演者的差旅费和薪水，每个地方的舞台和设备的租赁费，以及其他与表演相关的变动成本（例如，雇用售票员和接待员的费用，物资用品如节目单和门票）。变动成本会随着表演场次和地点数目的增加而增长。一些固定成本也必须确定，包括剧作家的工资、服装道具的成本、针对未来消费者（包括公司和地区性剧院）进行市场推广的费用。

了解了固定成本和变动成本的区别，你就可以制定有利于年前规划管理和年中成本控制的预算了。

11.2 变动制造费用分析

在第10章，所有直接材料和直接人工的成本差异被分解为价格差异与效率差异。在标准成本系统中，总制造费用差异或者已分配制造费用和实际制造费用的差异也被分解为各组件的差异。制造费用差异分析的方法有很多种，本章将阐述四差异法。首先，将制造费用分为固定费用类和变动费用类；其次，计算每一类费用的差异。

(1) 变动制造费用差异分为变动制造费用开支差异和变动制造费用效率差异；
(2) 固定制造费用差异分为固定制造费用开支差异和固定制造费用产量差异。

11.2.1 总变动制造费用差异

总变动制造费用差异是实际变动制造费用和已分配变动制造费用之间的差额。在标准成本系统中，变动制造费用根据使用工时进行分配。总变动制造费用差异分为变动制造费用效率差异和变动制造费用开支差异，可以使用三叉图法或公式法进行计算。最好的方法取决于个人的偏好，然而第一次使用变动制造费用这些公式有必要进行解释。

由于以文字表达变动制造费用差异的等式会很冗长，因此我们经常使用缩写。以下是在后面章节中将遇到的一些常用缩写。

FOH——固定制造费用
VOH——变动制造费用
AH——实际直接人工工时
SH——标准允许工时
SVOR——标准变动制造费用率

演练11.4说明了如何在Cool-U公司数据的基础上计算总变动制造费用差异。弹性预算中的单价和数量假定是Cool-U公司标准成本系统的标准数据。

演练 11.4

计算总变动制造费用差异

知识梳理：

总变动制造费用差异向管理者展示了实际变动制造费用发生额与预期变动制造费用发生额的差异。它结合了制造费用项目价格和用于分配制造费用的直接人工工时的差异作用。

资料：

标准变动制造费用率(SVOR)	每小时直接人工为 5 美元
实际变动制造费用(VOH)	705 美元
允许标准单位工时(SH)	0.12 小时
实际直接人工工时(AH)	150 小时
实际产量	1 200 单位

要求：

1. 计算实际产量下的标准直接人工工时。
2. 计算总变动制造费用差异。

答案：

1. 标准直接人工工时 = 0.12 × 1 200
   = 144(直接人工工时)

2. 单位：美元

实际制造费用	705
已分配制造费用(SH × SVOR)	720
总变动制造费用差异	(15)F

---

1. 变动制造费用开支差异

变动制造费用开支差异(variable overhead spending variance)是实际变动制造费用和标准变动制造费用率(SVOR)与实际直接人工工时之积的集合差异。变动制造费用开支差异的计算公式如下：

变动制造费用开支差异 = 实际变动制造费用 − 实际直接人工工时 × 标准变动制造费用率

2. 变动制造费用效率差异

假设变动制造费用根据直接人工工时变化成比例变动。**变动制造费用效率差异**(variable overhead efficiency variance)衡量了实际变动制造费用由于直接人工的效率或非效率的变化。变动制造费用效率差异的计算公式如下：

变动制造费用效率差异 = (实际直接人工工时 − 标准允许工时) × 标准变动制造费用率
 = (AH − SH) × SVOR

演练 11.5 阐述了如何使用三叉图法和公式法计算 Cool-U 公司的变动制造费用差异。

演练 11.5

计算变动制造费用开支和效率差异:三叉图法和公式法

知识梳理:

总变动制造费用差异可分解为变动制造费用开支差异和变动制造费用效率差异。这可以使经理人更好地理解总差异。

资料:

标准变动制造费用率(SVOR)	每小时直接人工费为 5 美元
实际变动制造费用	705 美元
实际人工工时(AH)	150 小时
T 恤产量	1 200 单位
标准允许工时(SH)	144 小时[a]

注:[a] 0.12 × 1 200。

要求:

计算变动制造费用开支差异和变动制造费用效率差异。

答案:

三叉图法:

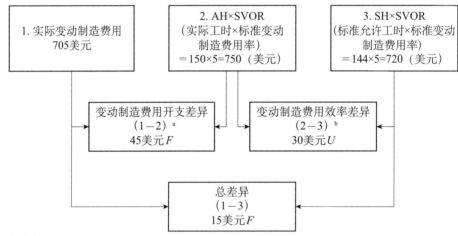

公式法:

[a] 变动制造费用开支差异 = 实际变动制造费用 − 实际人工工时 × 标准变动制造费用率
$$= 705 - 150 \times 5$$
$$= 45 (美元) F$$

[b] 变动制造费用效率差异 = (实际工时 − 标准允许工时) × 标准变动制造费用率
$$= (150 - 144) \times 5.00$$
$$= 30 (美元) U$$

11.2.2 变动制造费用开支差异与材料和人工价格差异的比较

变动制造费用开支差异与材料和人工价格差异类似,但也有一些概念上的区别。变动制造费用不是一种投入,它是由大量个体项目(如直接材料、直接人工、电力、维修等)组成。标准变动制造费用率代表了每小时直接人工所有发生的变动制造费用项目的加权费用额。在实际直接人工工时下应该发生的费用和实际发生的费用之差是价格差异的一种。

变动制造费用开支差异上升的原因之一就是单个变动制造费用项目的价格增长或降低。假设单个变动制造费用项目的价格变化是变动制造费用开支差异的唯一理由。如果变动制造费用开支差异是不利差异,各个变动制造费用项目价格上升就是其原因;如果变动制造费用开支差异是有利差异,那么则是单个变动制造费用项目价格下降造成的。

变动制造费用开支差异的第二个原因是组成变动制造费用各项目的发生。变动制造费用的浪费或无效率都会增加实际变动制造费用,因此即使单个制造费用项目的实际价格和预算或标准价格相等,变动制造费用开支的不利差异仍会发生。例如,更多千瓦时的电力可能会超过应该的使用量,到目前为止,直接人工工时没有发生任何变化。然而,总电费增长的影响已经反映到总变动制造费用上了。类似地,效率可以减少实际变动制造费用。变动制造费用项目的有效使用能获得有利的变动制造费用开支差异。如果浪费严重,那么将是不利差异;如果效率较高,那么将是有利差异。因此,变动制造费用开支差异是价格差异和效率差异的共同结果。

11.2.3 变动制造费用开支差异的责任

一些责任中心可能会影响变动制造费用项目。例如,公共事业支出是一项联合成本。在某种程度上,变动制造费用的开支可以追溯到责任中心,责任可以被认定。直接材料的开支就是一项可追踪的变动制造费用。

可控性是分配责任的先决条件。变动制造费用项目的价格变化在本质上超出了管理人的控制范畴。如果价格变动经常是微小的,变动制造费用开支差异是产品制造费用有效使用的主要因素,这对生产主管来说就是可控的。相应地,对变动制造费用开支差异负责的通常是生产部门。

11.2.4 变动制造费用效率差异的责任

变动制造费用效率差异与直接人工效率差异直接相关。如果变动制造费用与直接人工费用成比例(如人工效率差异),则变动制造费用效率差异产生的原因在于直接人工的效率或非效率使用。如果与标准直接人工工时相比有更多(或更少)的实际发生的直接人工工时,那么总变动制造费用将增加(或减少)。这个方法的有效性取决于变动制造费用和直接人工工时之间关系的正确性。换句话说,变动制造费用确实随着直接人工工时的变化而成比例变化吗?如果真的是这样,那么对变动制造费用效率差异负责的人就应该是对直接人工负责的人——生产经理。

11.2.5 变动制造费用开支和效率差异的绩效报告

演练 11.5 展示了 45 美元的变动制造费用开支有利差异和 30 美元的变动制造费用效率不利差异。这个 45 美元的变动制造费用开支有利差异表示 Cool-U 公司在变动制造费用上的花费比预期更少。30 美元的变动制造费用效率不利差异的理由与人工费用不利差异的理由一样,不利差异表示实际花费的工时多于标准工时。即使总变动制造费用开支和效率差异是无关紧要的,关于如何控制单个变动制造费用项目没有任何揭示,但将这两个相反的大额差异相互抵消也是可能的。变动制造费用的控制要求对每个项目进行逐项分析。

演练 11.6 阐述了如何编制为变动制造费用差异的细致分析提供逐项关键信息的绩效报告。

演练 11.6

为变动制造费用差异编制绩效报告

知识梳理:

这份绩效报告要求经理人对预算制造费用和实际制造费用的差异进行逐项检查,这给予经理人更大的控制权。

资料:

标准变动制造费用率(SVOR)	每小时直接人工费为 5 美元
实际成本费用:	
维修费	535 美元
电费	170 美元
实际人工工时(AH)	150 小时
T 恤产量	1 200 单位
允许标准工时(SH)	144 小时[a]
变动制造费用(VOH):	
维修费	0.12 小时,每小时 3.75 美元
电费	0.12 小时,每小时 1.25 美元

注:[a] $0.12 \times 1\,200$。

要求:

在逐项分析的基础上,编制解释差异的绩效报告。

答案：

季末绩效报告（20××年3月31日）　　　　　单位：美元

成本	成本公式[a]	实际成本	预算 实际工时[b]	开支差异[c]	预算 标准工时[d]	效率差异[e]
维修费	3.75	535	562.50	27.50F	540	22.50U
电费	1.25	170	187.50	17.50F	180	7.50U
合计	5.00	705	750.00	45.00F	720	30.00U

注：[a]每小时直接人工；[b]用成本公式和实际工时150个小时计算而得；[c]开支差异＝实际成本－实际工时下的预算成本；[d]用成本公式和144个小时标准工时的生产水平计算而得；[e]效率差异＝实际工时下的预算成本－标准工时下的预算成本

逐项分析并没有揭示两个相反的大额个体项目差异这种特殊问题。由于没有哪个项目差异超过预算数额的10%，因此没有单个项目差异足以大到需要引起重视的程度。

11.3　固定制造费用分析

固定制造费用是启用前所需的生产能力成本。例如，本章开头描述的第二城喜剧团的固定制造费用包括工资、舞台和设备租赁费、折旧及税费。在第5章，年初预定制造费用分配率的计算是在预算额的基础上（如直接人工工时），通过划分预算制造费用而得到的。然而，现在我们需要将预定制造费用分配率分解为变动制造费用率和固定制造费用率。得到变动制造费用率是简单的，因为即使生产量和直接人工工时变化它也不会有所变动。可是，固定制造费用率会随着潜在生产水平的变化而变化。为了在整年中保持稳定的固定制造费用率，公司通常使用实际生产能力决定直接人工工时，以此作为固定制造费用率的分母。

假设 Cool-U 公司在有效运营条件下每季度能生产1 500件T恤，标准工时下的实际生产能力（SH_p）的计算公式如下：

标准工时下的实际生产能力 = SH_p = 0.12×1 500 = 180（小时）

演练 11.2 中 Cool-U 公司每季度总固定成本为 1 800 美元，则标准固定制造费用率（SFOR）计算如下：

$$SFOR = \frac{预算固定制造费用}{实际生产水平}$$

$$= \frac{1\ 800}{180}$$

$$= 10（美元/直接人工工时）$$

一些公司以平均生产能力或预期生产能力代替实际生产能力计算固定制造费用率。在这种情形下，以标准工时计算的固定制造费用率通常低于实际生产能力下标准直接人工工时计算的固定制造费用率。

11.3.1 总固定制造费用差异

已分配固定制造费用为标准固定制造费用率(SFOR)和实际产出下的标准工时(SH)之积,总固定制造费用差异是实际固定制造费用和已分配固定制造费用的差额。因此,已分配固定制造费用为:

已分配固定制造费用 = 实际产出下的标准工时(SH) × 标准固定制造费用率(SFOR)

总固定制造费用差异 = 实际固定制造费用 − 已分配固定制造费用

总固定制造费用差异可分为开支差异和产量差异。开支差异和产量差异可使用三叉图法或公式法计算而得。至于哪种方法最好,这取决于个人偏好。然而,在第一次使用这个公式时,我们有必要说明 FOH 表示固定制造费用。

演练 11.7 阐述了 Cool-U 公司如何计算总固定制造费用差异。

演练 11.7

计算总固定制造费用差异

知识梳理:

总固定制造费用差异表示固定制造费用实际开支和已分配固定制造费用数额之间的差异。它提供给经理人有关潜在问题的基本概况。

资料:

标准固定制造费用率(SFOR)	每小时直接人工费为 10 美元
实际固定制造费用	1 650 美元
每单位允许标准工时	0.12 小时
实际产量	1 200 单位

要求:

1. 计算实际生产量下的标准工时。
2. 计算总已分配固定制造费用和。
3. 计算总固定制造费用差异。

答案:

1. 标准工时(SH) = 实际产量 × 每单位允许标准工时
   = 1 200 × 0.12
   = 144(小时)
2. 已分配固定制造费用 = 允许标准工时(SH) × 标准固定制造费用率(SFOR)
   = 144 × 10
   = 1 440(美元)

3.	单位：美元
实际固定制造费用	1 650
已分配固定制造费用	1 440
总差异	210*U*

1. 固定制造费用开支差异

固定制造费用开支差异（**fixed overhead spending variance**）为实际固定制造费用（AFOH）和预算固定制造费用（BFOH）的差异。

$$\text{固定制造费用开支差异} = \text{实际固定制造费用} - \text{预算固定制造费用}$$
$$= \text{AFOH} - \text{BFOH}$$

2. 固定制造费用产量差异

固定制造费用产量差异（**fixed overhead volume variance**）为预算固定制造费用（BFOH）和已分配固定制造费用的差异。

$$\text{固定制造费用产量差异} = \text{预算固定制造费用} - \text{已分配固定制造费用}$$
$$= \text{BFOH} - \text{SH} \times \text{SFOR}$$

产量差异衡量了实际产出不同于年初用来计算预定标准固定制造费用率的产出的效果。如果是在实际生产能力下计算固定制造费用率的产出和已使用生产能力下的实际产出，那么产量差异就是未使用生产能力的耗费。

演练 11.8 阐述了使用三叉图法或公式法计算固定制造费用差异。

演练 11.8

计算固定制造费用差异：三叉图法和公式法

知识梳理：

总固定制造费用差异可分为固定制造费用的开支差异和产量差异，了解这些内容能帮助经理人确定纠正较大差异的方法。

资料：

实际固定制造费用（AH）	1 650 美元
标准固定制造费用率（SFOR）	每小时直接人工费为 10 美元
预算固定制造费用（BFOH）	1 800 美元
T 恤产量	1 200 单位
允许标准工时（SH）	144 小时[a]

注：[a] 0.12 × 1 200。

要求：

计算固定制造费用开支差异和固定制造费用产量差异。

答案：

三叉图法：

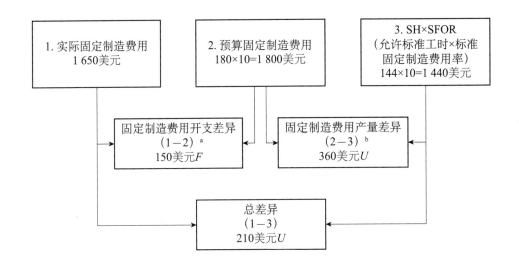

公式法：

a 固定制造费用开支差异 = 实际固定制造费用 − 预算固定制造费用
$$=1\,650 - 1\,800$$
$$=150(美元)F$$

b 固定制造费用产量差异 = 预算固定制造费用 − 已分配固定制造费用
$$= \text{BFOH} - \text{SH} \times \text{SFOR}$$
$$=1\,800 - (144 \times 10)$$
$$=1\,800 - 1\,440$$
$$=360(美元)U$$

11.3.2　固定制造费用开支差异的责任

固定制造费用由许多项目组成，如工资、折旧、税费和保险费。很多固定制造费用项目（如长期投资）在短时间内是无法改变的，因此短期的管理控制经常无法管控固定制造费用。因为很多固定制造费用主要受长期决策的影响，而且不随生产能力的变化而变化，所以预算差异通常很小。例如，实际发生的折旧、工资、税费和保险费不可能与预算成本有很大的出入。

11.3.3　固定制造费用开支差异分析

由于固定制造费用由很多项目组成，预算成本和实际成本的逐项比较为开支差异的原因分析提供了更多的信息。演练11.3中固定制造费用报告揭示了固定制造费用开支差异与预期相符，场地维护比预期花费更少。实际上，总开支差异是这个项目带来的，因为其数额超过了预算的10%，所以值得对其进行调查。例如，调查可能揭示出由于天气特别湿润,可以减少这个时期浇水的费用,在这种情形下,当自然调节即将来临时,相关人员不需要做任何事。

11.3.4 固定制造费用产量差异的责任

假设产量差异衡量的是产能利用率,这就意味着生产部门应该为产量差异负主要责任。然而,有时显著的产量差异可能超越了产量控制的因素。例如,如果采购部门购买了比平时质量差的材料,那么就可能导致大量的返工,带来低产量和不利产量差异。在这种情形下,应该对产量差异负责的是采购部门而不是生产部门。

11.3.5 产量差异的分析

360 美元不利产量差异(见演练 11.8)的产生是因为其生产能力为 180 个小时但只用了 144 个小时。公司没有完全利用生产能力的原因无从而知。考虑到尚未使用的生产能力为总生产能力的 20%,调查是有必要且值得的。图表 11-2 阐述了产量差异。产量差异的发生是因为固定制造费用被当作变动成本,但实际上,固定成本不会随着生产能力的变化而改变,就像预定固定制造费用率一样。

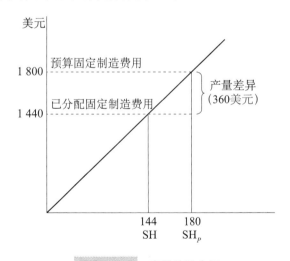

图表 11-2 产量差异分析

11.4 作业预算

传统预算的编制方法(参见第 9 章)强调以下内容:
(1)组织中单位(如部门和工厂)对收入和成本的估计;
(2)单个单位层次动因(如直接人工工时)的运用。

已经实施作业成本法(ABC)系统的公司可能也想安装作业预算(ABB)系统。**作业预算系统(activity-based budgeting system)** 关注以下内容：

(1)估算作业成本而非部门和工厂的成本；
(2)多动因，包括单位层次的和非单位层次的。

作业预算系统支持持续改善和过程管理。虽然作业会消耗资源，产生成本，但作业预算系统能消除无用作业和改善必要作业的效率以减少支出。

11.4.1 静态作业预算

假设已经实施了作业成本法，作业预算系统的重点是估算每个作业的工作量(需求)，然后决定这个工作量所需的资源。每个作业的工作量必须予以设置，以支持未来一段时间的预期销售和生产活动。

与传统预算一样，作业预算系统以销售和生产预算开始。直接材料和直接人工预算也与作业成本框架相配合，因为这些投入能直接追溯到单个产品。传统预算系统和作业预算系统的主要区别在于制造费用及销售与管理费用项目。在传统预算中，这些成本项目内预算通常按成本分类，分为变动成本和固定成本，以产量或销量作为确定成本习性的依据。另外，传统预算通常基于对某一部门的某个成本项目的预算编制而建立，然后累积成为总制造费用预算。例如，监管费用在制造费用预算中是所有不同部门监管费用的总和。同时，作业预算系统是基于提供必要产出所需资源，分别确认制造费用、销售和管理作业，然后为每个作业编制预算，根据作业产出量或动因划分为变动成本或固定成本。

以材料采购为例，其作业的需求基于不同产品和服务的材料要求。一个作业因素，如采购订单的数量，代表了产出需求。

演练11.9阐述了如何在采购作业水平的基础上编制预算。

演练11.9

为一项作业编制静态预算

知识梳理：

经理人通常使用静态作业预算了解结果是否按计划发生。

资料：

1. 基于材料需求的采购订单需求为15 000个采购订单。
2. 所需资源如下：
   a. 5个采购代理，每个代理每年能接到3 000个订单，每人工资为40 000美元；
   b. 物资(表格、纸、邮票、信封等)，预计每个采购订单为1美元；
   c. 桌子和电脑，每年折旧为5 000美元；
   d. 办公地点、租赁费和设备为6 000美元。

要求：

为采购作业编制预算。

答案：

采购预算

工资	200 000 美元
物资	15 000 美元
折旧	5 000 美元
占用费	6 000 美元
合计	226 000 美元

对演练 11.9 的采购作业来说，物资消耗是一项变动成本，其他支出是固定成本（工资和折旧是梯式固定成本习性）。这里需要注意的一个重要区别是：固定和变动采购成本与采购订单量有关，而不是直接人工工时或生产量或其他产出量值。在某一作业水平下编制的预算，每项作业成本习性的定义与其自身的产出衡量法有关。了解了衡量产出的方法，我们能控制潜在作业活动，以帮助控制作业成本。例如，由于重新设计产品，他们使用了更多共同的组件，采购订单就会相应减少。采购订单的减少会使采购部门减少资源的使用，甚至采购订单需求的减少将削减所需的作业能力。因此，作业成本会减少。

11.4.2 弹性作业预算

理解作业成本变化和作业动因变化的关系，可以让经理人更仔细地计划并监控作业改进。**弹性作业预算**(**activity-flexible budgeting**)能预测哪类作业成本会随着相关产出的变化而变化。作业框架内的差异分析使改进传统预算绩效报告成为可能，并提高了管理作业的能力。

传统方法假设单项单位层次动因（如产量或直接人工工时）驱动所有成本，从而得到实际作业水平下的预算成本。每个成本项目根据产量或直接人工工时都有相应的成本计算公式。演练 11.2 阐述了基于直接人工工时的传统产量弹性预算，如果成本不但随一个动因的变化而变化，并且这些动因与直接人工工时不是高度相关的，那么将得不到准确的预计成本。

解决方案是建立弹性预算公式而不是仅考虑一个动因。成本估算程序（高低法、最小平方法等）可以作为估算每项作业成本的公式，这种多公式的方法像多动因法一样，能让经理人更准确地预测不同生产水平下的成本。最后比较这些成本与实际成本，评估预算绩效。

演练 11.10 阐述了如何编制弹性作业预算。值得注意的是，弹性预算须计算每个动因的成本。

演练 11.10

编制弹性作业预算

知识梳理：

弹性作业预算将实际作业结果和实际产量下的预算额进行比较。弹性作业预算优于静态作业预算，是因为其将同一作业水平下的预算额与实际结果做比较。

资料：

以下是 Kellman 公司四项制造费用的作业资料：

作业	动因	固定成本(美元)	变动率(美元)
维修	机器小时	20 000	5.50
加工	机器小时	15 000	2.00
调整准备	调整准备	—	1 800
检验	调整准备	80 000	2 100
采购	采购订单	211 000	1.00

要求：

在以下产量水平下编制弹性作业预算。

动因	32 000 单位	64 000 单位
机器小时	8 000	16 000
调整准备	25	30
采购订单	15 000	25 000

答案：

形成弹性作业预算的步骤包括：

1. 绘制一张表格，展示相应动因的作业。
2. 变动率乘以动因水平再加上固定成本，计算得到总作业成本。比如，
8 000 机器小时下，

$$\text{维修费} = 20\,000 + (5.50 \times 8\,000 \text{ 机器小时}) = 64\,000 (\text{美元})$$

16 000 机器小时下，

$$\text{维修费} = 20\,000 + (5.50 \times 16\,000 \text{ 机器小时}) = 108\,000 (\text{美元})$$

单位：美元

项目	固定	变动	32 000 单位	64 000 单位
动因：机器小时	固定	变动	8 000	16 000
维修费	20 000	5.50	64 000	108 000
加工费	15 000	2.00	31 000	47 000
小计	35 000	7.50	95 000	155 000
动因：调整准备的次数	固定	变动	25	30
调整准备	—	1 800	45 000	54 000
检验费	80 000	2 100	132 500	143 000

小计		80 000	3 900	177 500	197 000
动因:采购订单量		固定	变动	15 000	25 000
采购费		211 000	1.00	226 000	236 000
合计				498 500	588 000

演练 11.10 的弹性预算比基于单一动因的预算更准确,它还可以为经理人提供成本控制的信息,从中能发现每个动因的增加或减少对总成本的影响。

演练 11.11 展示了一项作业绩效报告,比较实际作业水平下的预算成本与实际成本。

演练 11.11

编制作业绩效报告

知识梳理:

作业绩效报告让经理人可以逐项对作业活动的成本实际额和预算额进行比较,这比控制总开支额更容易。

资料:

演练 11.10 列示的每项作业活动的第一项代表实际作业水平。例如,维修费的预算成本是以 8 000 机器小时为基础的,相当于 6 400 美元。

实际成本:

维修费	55 000 美元	调整准备	46 500 美元
加工费	29 000 美元	采购费	220 000 美元
检查费	125 500 美元		

要求:

编制一份作业绩效报告。

答案:

注意,对这份绩效报告来说,仅仅是将上述实际成本输入进来,然后再输入要求作业水平下的预算成本。实际成本和预算成本的差额是预算差异。如果实际成本大于预算成本,那么预算差异为不利差异(U);反之,预算差异为有利差异(F)。

单位:美元

项目	实际成本	预算成本	预算差异
维修费	55 000	64 000	9 000F
加工费	29 000	31 000	2 000F
检验费	125 500	132 500	7 000F
调整准备	46 500	45 000	1 500U
采购费	220 000	226 000	6 000F
合计	476 000	498 500	22 500F

从演练 11.11 中,我们看到五个类目的差异是混合在一起的,最后的净额是 22 500 美元的有利差异。作业绩效报告是按照演练 11.3 中传统报告的模式和方法编制的,比较每项作业的差异。

我们也可以将实际固定作业成本和预算固定作业成本、实际变动作业成本和预算变动成本进行比较。例如,假设实际固定检验费用为 82 000 美元(因为年中工资调整,反映了比预期更有利的结果),实际变动检验费用为 43 500 美元,检验作业的变动预算差异和固定预算差异计算如下:

单位:美元

作业	实际成本	预算成本	差异
检验			
固定费用	82 000	80 000	2 000U
变动费用	43 500	52 500	9 000F
合计	125 500	132 500	7 000F

将每项差异分解为固定差异和变动差异,我们能够发现更多在计划支出和实际支出中的差异来源。

由你做主

为博物馆编制弹性作业预算

博物馆并非仅仅为公众提供艺术展览,现在的艺术博物馆还有表演活动,向公众提供观赏收藏品的机会,在实体店和网上销售与艺术相关的商品,以及呈现特殊事件与表演。博物馆每年的预算能轻松达到数百万美元,因此对成本的理解与控制是至关重要的。① 作为大都会博物馆的一名会计,你负责预算编制和成本控制。将成本分解为固定成本和变动成本是预算的第一步。但是,你要以什么作为成本动因呢?参观博物馆的人数?这对某些成本来说是个不错的动因,尤其是那些与门票、导游材料(如帮助人们参观收藏品的地图)相关的费用。然而,大多成本相对于参观人数来说是固定成本。作业成本法和预算能让我们看到博物馆经营更多的不同业务发生的成本。

编制作业预算你需要哪种信息?

你要做的第一步是决定博物馆的不同作业,这可能包括为公众提供信息、博物馆零售店销售商品、举办特殊活动(如音乐会、讲座、义卖)、获取并登记艺术品等。例如,登记新艺术品这项作业的成本包括登记艺术品或者清理修复艺术品的员工工资、艺术品的保险费等。很多成本随着新捐赠或购买的艺术品数量的变化而变化。销售商品作业成本包括为经营商店而雇用的员工费用、商品进价、广告费等。这项成本费用随着售卖数量或收入的变化而变化。举办特殊活动有另一套不同的成本构成,这些成本根据活动数量和参加者人数而改变。

---

① 罗马新开设的 21 世纪艺术国家博物馆(Maxxi)有一项 900 万欧元(大约 1 100 万美元)的年度经营预算。Kelly Crow,"Rome turns to the art of today",*The Wall Street Journal*,May 21,2010。

认识与博物馆有关的不同作业并将成本与特定的作业动因相关联,会让你更好地知道如何预计成本。这也能帮助博物馆主管人员做好捐赠资金的管理工作,并向公众提供重要服务。

学习目标

LO1 编制弹性预算并以此完成绩效报告。
- 固定预算提供了给定作业水平下的预期成本。如果实际作业水平不同于固定预算水平,那么实际成本与预算成本的比较是没有意义的,解决这个问题的方法是编制弹性预算。
- 弹性预算将成本分为随着产量(或直接人工工时)的变化而变化的成本和相对于单位层次动因固定的成本,这些有助于我们识别预算中每个项目的成本公式。
- 成本公式用于计算不同作业水平下的预期成本。弹性预算可应用于事前和事后。
(1)事前弹性预算可以帮助管理者了解不同作业水平下的成本,进而有助于计划。
(2)事后弹性预算可以帮助管理者了解实际作业水平下的成本发生情况,掌握了这些事后预算成本,为通过比较实际成本和预算成本来衡量效率提供了机会。

LO2 计算变动制造费用差异并解释它们的含义。
- 制造费用在预算成本里通常占显著比例。
- 实际制造费用和固定制造费用与已分配制造费用的比较结果即总制造费用差异。
- 在标准成本系统中,将制造费用差异分解成各组成的差异是可能的。
- 对变动制造费用来说,总差异可分为变动制造费用开支差异和变动制造费用效率差异。
- 实际成本和预算成本的比较结果即变动制造费用开支差异。
- 假定变动制造费用随直接人工工时的变化而变化,那么人工的有效或无效使用产生变动制造费用效率差异。

LO3 计算固定制造费用差异并解释它们的含义。
- 对于固定制造费用而言,总差异可分为固定制造费用开支差异和固定制造费用产量差异。
- 实际成本和预算成本的比较结果即固定制造费用开支差异。
- 在不同生产水平下计算预定固定制造费用率,将得到固定制造费用产量差异,它也可以作为生产能力利用率的衡量标准。

LO4 编制弹性作业预算。
- 弹性作业预算是基于某一作业水平的预算。
  首先,估算产品的需求量;
  其次,估算用以支持预计产量水平所需的作业产出水平;
  最后,估算用以支持必要作业产出所需的资源。
- 弹性作业预算不同于传统弹性预算,因为其成本公式是基于相关的作业动因而不是基于单个作业层次动因(如直接人工工时)。

重要公式

1. 变动制造费用开支差异 = 实际变动制造费用 − 实际直接人工工时 × 标准变动制造费用率

2. 变动制造费用效率差异 =（实际直接人工工时 – 允许标准工时）× 标准变动制造费用率
3. SH_p = 标准实际生产水平
4. $SFOR = \dfrac{预算固定制造费用}{实际生产水平}$
5. 已分配固定制造费用 = 允许标准工时 × 标准固定制造费用率
6. 总固定制造费用差异 = 实际固定制造费用 – 已分配固定制造费用
7. 固定制造费用开支差异 = 实际固定制造费用 – 预算固定制造费用
8. 固定制造费用产量差异 = 预算固定制造费用 – 已分配固定制造费用
   $$= BFOH - SH \times SFOR$$

关键术语

变动预算	变动制造费用开支差异	变动制造费用效率差异	弹性预算
弹性预算差异	弹性作业预算	固定制造费用产量差异	固定制造费用开支差异
固定预算	绩效报告	作业预算系统	

问题回顾

I. 弹性预算

Ferrel 公司的会计主管 Trina Hoyt 针对三个不同产出水平（以生产量为计量单位）——2 000、2 500 和 3 000 单位，编制一份季度预算。产品包含以下投入：

材料：
塑料3磅，每磅6.00美元
4盎司金属，每盎司2.00美元
人工：
0.5 小时，每小时 10 美元

变动制造费用：
检验费：0.2 小时，每小时 10 美元
加工费：0.3 小时，每小时 5 美元
固定制造费用：
租赁费为每季度 15 000 美元
水电费为每季度 3 000 美元

要求：

请为三个不同产出水平（2 000、2 500 和 3 000单位）编制预算。

答案： 单位：美元

生产成本	每单位变动成本	2 000 单位	2 500 单位	3 000 单位
变动成本：				
直接材料	26.00^a	52 000^b	65 000	78 000
直接人工	5.00^c	10 000^d	12 500	15 000
变动制造费用：				
检验费	2.00^e	4 000^f	5 000	6 000
加工费	1.50^g	3 000^h	3 750	4 500
总变动成本费用	34.50	69 000	86 250	103 500
固定制造费用：				
租赁费		15 000	15 000	15 000
水电费		3 000	3 000	3 000
总固定成本		18 000	18 000	18 000
总生产成本		87 000	104 250	121 500

注：^{a}（3 × 6.00）+（4 × 2.00）；^{b}（26 × 2 000）；^{c}（0.50 × 10.00）；^{d}（5 × 2 000）；^{e}（0.20 × 10）；^{f}（2 × 2 000）；^{g}（0.30 × 5.00）；^{h}（1.50 × 2 000）。

Ⅱ. 制造费用差异

Klemmens 制造公司一种产品的标准成本表如下：

直接材料（2 英尺，每英尺 5 美元）	10 美元
直接人工（0.5 小时，每小时 10 美元）	5 美元
固定制造费用（0.5 小时，每小时 2 美元）*	1 美元
变动制造费用（0.5 小时，每小时 4 美元）	2 美元
标准单位成本	18 美元

注：* 预算固定制造费用 5 000 美元和 2 500 个直接人工工时的预算作业水平下的比率。

最近几年，该产品的实际成本记录如下：

产量	6 000 单位
直接材料	61 100 美元
（购买且使用 11 750 英尺）	
直接人工（2 900 小时）	29 580 美元
固定制造费用	6 000 美元
变动制造费用	10 500 美元

要求：

1. 计算变动制造费用开支差异和变动制造费用效率差异。
2. 计算固定制造费用开支差异和固定制造费用产量差异。

答案：

1. 变动制造费用差异

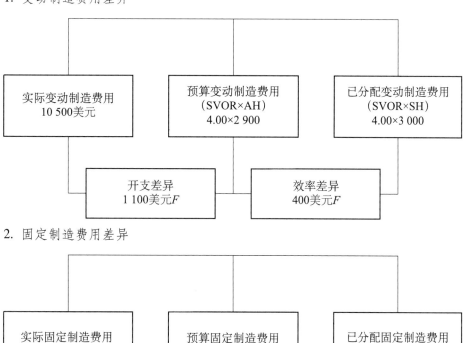

2. 固定制造费用差异

讨论题

1. 讨论固定预算和弹性预算的区别。
2. 对绩效报告来说,为什么弹性预算优于固定预算?
3. 解释在做弹性预算前必须将混合成本分解为固定成本和变动成本。
4. 做事前弹性预算的目的是什么?
5. 做事后弹性预算的目的是什么?
6. 变动制造费用开支差异为什么不是纯价格差异?
7. 变动制造费用效率差异与变动制造费用的使用效率无关。你同意这个观点吗?为什么?
8. 描述变动制造费用效率差异和人工效率差异的区别。
9. 固定制造费用效率差异总是很小的原因。
10. 不利产量差异产生的原因是什么?
11. 产量差异向管理者传递了有价值的信息吗?
12. 在固定制造费用的控制上哪项更重要?是开支差异,还是产量差异?请解释。
13. 如何编制作业预算?
14. 讨论弹性作业预算和传统弹性预算的区别。
15. 作业绩效报告为什么比传统弹性预算报告更准确?

多项选择题

11-1 对于绩效报告而言,比较实际成本和预算成本最好使用(   )。
A. 短期预算　　　　B. 固定预算
C. 弹性预算　　　　D. 总预算
E. 以上都不是

11-2 为了生成有意义的绩效报告,实际成本和预期成本的比较应该(   )。
A. 在实际作业水平上
B. 每周一次
C. 在预算作业水平上
D. 在平均作业水平上
E. 每小时一次

11-3 为了解决不确定性,经理人应该使用(   )。
A. 事后弹性预算　　B. 总预算
C. 固定预算　　　　D. 事前弹性预算
E. 以上都不是

11-4 为了评估绩效,经理人应该使用(   )。
A. 固定预算　　　　B. 总预算
C. 连续预算　　　　D. 事前弹性预算
E. 以上都不是

11-5 公司将10 000单位产量下的实际变动成本和9 000单位产量固定预算下的总变动成本进行比较,将得到(   )。
A. 无差异　　　　　B. 小额不利差异
C. 大额不利差异　　D. 大额有利差异
E. 小额不利差异

11-6 总变动制造费用差异是(   )两者的差异。
A. 预算变动制造费用和实际变动制造费用
B. 实际变动制造费用和已分配变动制造费用
C. 预算变动制造费用和已分配变动制造费用
D. 已分配变动制造费用和总预算制造费用
E. 以上都不是

11-7 变动制造费用开支差异产生的原因是(   )。

A. 单个制造费用项目增长的价差
B. 单个制造费用项目减少的价差
C. 单个制造费用项目开支超过预期
D. 单个制造费用项目开支低于预期
E. 以上都不是

11-8 因为所有差异的计算是基于直接人工工时,有利人工效率差异表示( )。
A. 变动制造费用效率差异是有利差异
B. 变动制造费用效率差异是不利差异
C. 无变动制造费用效率差异
D. 变动制造费用开支差异是不利差异
E. 多分配变动制造费用

11-9 总变动制造费用差异可以表示为( )的总和。
A. 少分配变动制造费用和开支差异
B. 效率差异和多分配变动制造费用
C. 开支差异、效率差异和产量差异
D. 开支差异和效率差异
E. 以上都不是

11-10 详细描述开支差异和效率差异的绩效报告,会出现( )。
A. 每个项目的成本公式
B. 实际工时下每个项目的预算
C. 标准工时下每个项目的预算
D. 以上都是
E. A 和 B

11-11 总固定制造费用差异是( )。
A. 实际固定制造费用和已分配固定制造费用的差异
B. 预算固定制造费用和已分配固定制造费用的差异
C. 预算固定制造费用和预算变动制造费用的差异
D. 实际固定制造费用和预算固定制造费用的差异
E. 以上都不是

11-12 总固定制造费用差异是( )的总和。
A. 开支差异和效率差异
B. 效率差异和产量差异
C. 开支差异和产量差异
D. 弹性预算和产量差异
E. 以上都不是

11-13 由于固定制造费用项目的特性,实际固定制造费用和预算固定制造费用的差异( )。
A. 可能较小
B. 可能较大
C. 通常是主要项目
D. 通常来自人工的非效率性
E. 以上都不是

11-14 引起不利产量差异发生的原因是( )。
A. 许多已完工产品库存
B. 实际产出少于预期或实际生产能力
C. 实际产出高于预期或实际生产能力
D. 公司超额出产
E. 以上都是

11-15 应该对产量差异负责的是( )。
A. 财会部门 B. 收货部门
C. 运输部门 D. 生产部门
E. 以上都不是

11-16 在作业预算中,将成本划分为变动成本和固定成本的依据是( )。
A. 预算产量 B. 实际产量
C. 销售量 D. 直接人工工时
E. 以上都不是

11-17 弹性作业预算让( )成为可能。
A. 预计随作业产出水平变化的作业成本
B. 改善传统预算绩效报告
C. 提高管理作业水平
D. 以上都是
E. A 和 C

11-18 在作业预算中,生成弹性预算公式的依据是( )。
A. 单位层次动因
B. 非单位层次动因
C. 单位层次动因和非单位层次动因
D. 直接人工工时
E. 以上都是

基础练习题

11-19 绩效报告（LO1）

Bowling 公司提供的上年资料如下：

总预算	实际数据
预算产量，4 000 单位	3 800 单位
直接材料：	
3 磅，每磅 0.6 美元	6 800 美元
直接人工：	
0.5 小时，每小时 16 美元	30 500 美元
变动制造费用：	
0.5 小时，每小时 2.20 美元	4 200 美元
固定制造费用：	
材料处理费，6 200 美元	6 300 美元
折旧，2 600 美元	2 600 美元

要求：

1. 计算 4 000 预算产量下每个成本项目的预算额。
2. 编制基于预算产量的预算绩效报告。

11-20 不同产量水平下的弹性预算（LO1）

Bowling 公司的预算如下：

产品变动成本：	
直接材料	3 磅，每磅 0.60 美元
直接人工	0.5 小时，每小时 16 美元
变动制造费用	0.5 小时，每小时 2.20 美元
固定制造费用：	
材料处理	6 200 美元
折旧	2 600 美元

要求：

分别编制产量为 2 500 单位、3 000 单位和 3 500 单位的弹性预算。

11-21 绩效报告（LO1）

Bowling 公司的预算如下：

产品变动成本：	
直接材料	3 磅，每磅 0.60 美元
直接人工	0.5 小时，每小时 16 美元
变动制造费用	0.5 小时，每小时 2.20 美元
固定制造费用：	
材料处理	6 200 美元
折旧	2 600 美元

年末，Bowling 公司在 3 800 单位产量下的实际成本如下：

单位：美元

直接材料	6 800
直接人工	30 500
变动制造费用	4 200
固定制造费用：	
材料处理	6 300
折旧	2 600

要求：

编制实际产量水平下的预算绩效报告。

11-22 总变动制造费用差异（LO2）

Aretha 公司当年资料如下：

每小时直接人工标准变动制造费用率（SVOR）	3.70 单位
每单位允许标准工时（SH）	4 小时
实际产量	14 000 单位
实际变动制造费用	206 816 单位
实际直接人工工时	56 200 小时

要求：

1. 计算实际产量下的标准直接人工工时。
2. 计算已分配变动制造费用。
3. 计算总变动制造费用差异。

11-23 变动制造费用开支差异和效率差异，三叉图法和公式法（LO2）

Aretha 公司的资料如下：

每小时直接人工标准变动制造费用率（SVOR）	3.70 美元
实际变动制造费用	206 816 美元
实际直接人工工时（AH）	56 200 小时
实际产量	14 000 单位
实际产量下的允许标准工时（SH）	56 000 小时

要求：

1. 用三叉图法计算变动制造费用开支差异

和效率差异。

2. 用公式法计算变动制造费用开支差异。
3. 用公式法计算变动制造费用效率差异。
4. 计算总变动制造费用差异。

11-24 变动差异的绩效报告(LO2)

Smokey 公司的资料如下：

每小时直接人工标准变动制造费用率(SVOR)	3.70 美元
实际变动制造费用	
检验费	112 300 美元
电费	95 600 美元
实际直接人工工时(AH)	56 200 小时
实际产量	14 000 单位
实际产量下的允许标准工时(SH)	56 000 小时
变动制造费用：	
检验费	4 小时,每小时 2 美元
电费	4 小时,每小时 1.70 美元

要求：

编制一份能展示每项变动制造费用差异(检验费和电费)的绩效报告。

11-25 总固定制造费用差异(LO3)

Ross 公司的数据如下：

标准固定制造费用率(SFOR)	5 美元/直接人工工时
实际固定制造费用	281 680 美元
每单位允许标准工时	4 小时
实际产量	14 000 单位

要求：

1. 计算实际产量下的允许标准工时。
2. 计算已分配固定制造费用。
3. 计算总固定制造费用差异。

11-26 固定制造费用开支差异和产量差异，三叉图法和公式法(LO3)

Marvelettes 公司的资料如下：

每小时直接人工标准固定制造费用率(SFOR)	5.00 美元
实际固定制造费用	282 686 美元
实际直接人工工时(AH)	56 200 小时
实际产量	14 000 单位
实际产量下的允许标准工时(SH)	56 000 小时

要求：

1. 用三叉图法计算固定制造费用开支差异和产量差异。
2. 用公式法计算固定制造费用开支差异。
3. 用公式法计算固定制造费用产量差异。
4. 计算总固定制造费用差异。

11-27 静态作业预算(LO4)

Madison 公司决定深入观察工厂的检验作业，当年的资料如下：

检验量：170 000

所需资源：

a. 6 名检验员，每年检验 30 000 单位，每人工资 32 000 美元；

b. 物资(小工具、油、破布)预计花费 0.70 美元/次；

c. 工作台、电脑等，每年折旧为 18 300 美元；

d. 检查站、设备的占地空间，每年为 12 600 美元。

要求：

编制关于当年检验作业的固定预算。

11-28 弹性作业预算(LO4)

Jarend 公司的四项制造费用作业资料如下：

单位：美元

作业	动因	固定成本	变动率
维修	机器小时	50 000	1.80
加工	机器小时	25 000	3.00
调整准备	调试次数	—	2 100
采购	采购订单数	75 000	7.00

Jarend 公司发现以下动因水平与两个不同的产量水平有关：

动因	40 000 单位	60 000 单位
机器小时	60 000	90 000
调试次数	50	70
采购订单数	12 000	18 000

要求：

编制 40 000 单位产量和 60 000 单位产量下的弹性作业预算。

11-29 作业绩效报告（LO4）

Jarend 公司上年生产了 40 000 单位产品，实际成本和实际产量下的四项预算成本如下：

单位：美元

作业	实际成本	实际产量下的预算成本
维修	158 300	158 000
加工	205 400	205 000
调整准备	106 700	105 000
采购	158 800	159 000

要求：

为上年的四项作业编制作业绩效报告。

练习题

11-30 绩效报告（LO1）

总预算	实际数据
预算产量：4 200 单位	实际产量：4 100 单位
材料：	材料费：58 700 美元
2 个皮革带，每个 7.00 美元	
人工：	人工成本：112 900 美元
1.5 小时，每小时 18.00 美元	

要求：

1. 基于预期产量的预算编制绩效报告。
2. 评论该报告的局限性。

11-31 不同生产水平下的弹性预算（LO1）

本年预算数额：

材料	2 个皮革带，每个 7.00 美元
人工	1.5 小时，每小时 18.00 美元
变动制造费用	1.5 小时，每小时 1.20 美元
固定制造费用	6 800 美元

要求：

1. 编制在产量 3 500、4 000 和 4 500 水平下的弹性预算。
2. 计算 3 500、4 000 和 4 500 产量下的单位成本（注：结果精确到美分）。当产量增加时单位成本会怎么变化？

参照以下资料完成练习题 11-32 和 11-33。

Palladium 公司生产系列家用清洁产品。公司的会计主管为以下四项制造费用项目制定了标准成本：

单位：美元

制造费用项目	总固定成本	每小时直接人工变动率
维修费	86 000	0.20
电费		0.45
直接人工	140 000	2.10
租赁费	35 000	

下年，公司生产预计需要 90 000 个直接人工小时。

11-32 不同作业水平下的弹性预算（LO1）

参照以上 Palladium 公司的资料。

要求：

1. 为下年预计直接人工工时水平编制制造费用预算。
2. 编制能反映高出预期 15% 产量和低于预期 15% 产量的制造费用预算。

11-33 基于实际产量的绩效报告（LO1）

参照以上 Palladium 公司的资料。假设实际生产要求 93 000 个标准直接人工小时，则实际制造费用如下：

| 维修费 | 107 000 美元 | 直接人工 | 336 000 美元 |
| 电费 | 41 200 美元 | 租赁费 | 35 000 美元 |

要求：

编制基于实际产量的当期绩效报告。

参照以下资料完成练习题 11-34 和 11-35。

Rostand 公司为 70 家餐馆提供递送业务。这项合作需要很多运送工具，为了配合该业务已投资建立了复杂的电子计算机控制系统。Rostand 公司汇总了上年递送业务的实际数据如下：

递送业务量	38 600
直接人工	31 000 小时，每小时 14.00 美元
实际变动费用	157 700 美元

Rostand 公司施行了一套标准成本系统。在整年中，变动制造费用率为每小时 5.10 美元，标准人工要求每次 0.80 小时。

11-34 变动制造费用差异，服务型公司（LO2）

参考以上 Rostand 公司的资料。

要求：

1. 计算上年实际递送量下的允许标准工时。
2. 计算变动制造费用开支差异和效率差异。

11-35 固定制造费用差异（LO3）

参考以上 Rostand 公司的资料。假设实际固定制造费用为 403 400 美元，32 000 个实际直接人工工时下的固定制造费用为 400 000 美元。

要求：

1. 计算基于预算制造费用和实际生产能力的标准固定制造费用率。
2. 计算固定制造费用开支差异和产量差异。

11-36 制造费用差异（LO2、LO3）

年初，Lopez 公司为其中一个化学产品制定的标准成本表如下：

直接材料（4 磅，每磅 2.80 美元）	11.20 美元
直接人工（2 小时，每小时 18.00 美元）	36.00 美元
固定制造费用（2 小时，每小时 5.20 美元）	10.40 美元
变动制造费用（2 小时，每小时 0.70 美元）	1.40 美元
单位标准成本	59.00 美元

Lopez 公司以实际产量 80 000 单位计算制造费用率。当年的实际结果如下：产量为 79 600 单位；直接人工为 158 900 小时，每小时 18.10 美元；固定制造费用为 831 000 美元；变动制造费用为 112 400 美元。

要求：

1. 计算变动制造费用开支差异和效率差异。
2. 计算固定制造费用开支差异和产量差异。

11-37 制造费用应用，固定制造费用和变动制造费用差异（LO2、LO3）

Zepol 公司正在计划下年生产 600 000 个电钻。公司以直接人工工时为标准将制造费用分配到产品中，完成每个电钻需要 0.75 个标准人工小时，总预算制造费用为 1 777 500 美元。下年的预算固定制造费用为 832 500 美元，预定制造费用率的计算以预期产量为基础，并以直接人工工时衡量。当年的实际结果如下：

实际产量	594 000 单位
实际直接人工工时	446 000 小时
实际变动制造费用	928 000 美元
实际固定制造费用	835 600 美元

要求：

1. 计算已分配固定制造费用。
2. 计算固定制造费用开支差异和产量差异。
3. 计算已分配变动制造费用。
4. 计算变动制造费用开支差异和效率差异。

11-38 理解制造费用差异、预算数额、实际产量和已发生直接人工工时之间的关系（LO2、LO3）

上年，Gladner 公司计划生产 140 000 单位的产品，然而实际生产了 143 000 单位的产品。该公司以直接人工工时为标准将制造费用分配到产品中。完成每单位产品需要 0.9 个标准人工小时，固定制造费用率为每直接人工小时 11 美元，变动制造费用率为每直接人工小时 6.36 美元。

以下为计算出的差异：

固定制造费用开支差异	24 000 美元 U
变动制造费用开支差异	9 196 美元 U
固定制造费用产量差异	29 700 美元 F
变动制造费用效率差异	1 272 美元 U

要求：

1. 计算总已分配固定制造费用。
2. 计算预算固定制造费用。
3. 计算实际固定制造费用。
4. 计算总已分配变动制造费用。
5. 计算实际直接人工工时。
6. 计算实际变动制造费用。

11-39 变动制造费用差异的绩效报告（LO1）

截至 12 月 31 日，Anker 公司最近几年的数据如下：

实际成本		变动制造费用标准	
间接人工	36 000 美元	间接人工	0.15 小时，每小时 24.00 美元
物资用品	3 800 美元	物资用品	0.15 小时，每小时 2.40 美元
实际工时	1 490 小时	标准变动制造费用率	每小时直接人工 26.40 美元
产量	10 000 单位		
生产允许工时	1 500 小时		

要求：

编制能展示逐项差异的绩效报告。

11-40 作业预算（LO4）

Fermi 公司决定更多地关注材料入库作业。材料入库的动因是收货单的受理。当年的信息收集如下：

收货单的需求量为 130 000 份。

所需资源为：

a. 6 名员工每年能完成 25 000 份收货单。完成每份订单需要将材料卸到收货点，检验收货单、采购订单和发货单是否一致，并将材料搬到材料储藏室。每位员工的工资为 27 000 美元。

b. 每份收货单所需物资（纸、润滑剂、小工具、破布）预期花费 0.80 美元。

c. 工作台、手推车、电脑等的每年折旧为 14 400 美元。

d. 收货点、实用工具每年需 9 800 美元。

要求：

1. 为当年收货作业编制固定预算。
2. 计算基于实际需求的每份收货单的成本（结果精确到美分）。

11-41 弹性作业预算（LO4）

Healder 公司提供了以下三项制造费用的作业资料：

单位：美元

作业	动因	固定成本	变动率
工程	建造工时	67 000	5.50
制造	机器小时	36 000	1.40
收货	收货单	51 000	3.75

Healder 公司发现以下动因水平与两种不同的产量有关：

动因	40 000 单位	50 000 单位
建造工时	500	750
机器小时	30 000	37 500
收货单	9 000	12 000

要求：

编制两种不同生产水平下的作业弹性预算。

11-42 作业绩效报告（LO4）

Iochon 公司上年生产了 312 000 单位产品。实际成本和四项作业实际产量下的预算成本如下：

单位：美元

作业	实际成本	实际产量下的预算成本
维修	179 600	176 700
加工	90 500	89 800
调整准备	119 500	121 000
采购	75 750	74 600

要求：

为上年的四项作业编制作业绩效报告。

问题

参照以下资料完成问题 11-43 至 11-45。

Healthy Pet 公司要求会计主管 Ladan Suriman 编制制造费用弹性预算。公司生产两种类型的食品,普通餐是为健康狗准备的标准混合食品,特殊餐是为有健康问题的年老狗准备的低蛋白配方食品。两种食品使用共同的原料,但蛋白质含量不同。公司预计下年为每种食品生产 80 000 袋产品。每袋普通餐需要 0.20 小时直接人工,每袋特殊餐需要 0.30 小时直接人工。Ladan 已经为每种产品的四项制造费用类目列出了固定成本和变动成本如下:

单位:美元

制造费用类目	固定成本	每小时直接人工变动率
维修费	57 250	0.50
电费		0.40
间接人工	43 500	2.10
租赁费	39 000	

11-43 特定作业水平下的制造费用预算(LO1)

参照以上 Healthy Pet 公司的资料。

要求:

1. 计算两种产品在 80 000 袋产量下所需的总直接人工工时。

2. 为下年的预期作业水平(要求 1 计算而得)编制制造费用预算。

11-44 不同产量水平下的弹性预算(LO1)

参照以上 Healthy Pet 公司的资料。

要求:

1. 计算比预期产量高 10%产量下的直接人工工时和比预期产量低 20%产量下的直接人工工时。

2. 编制能反映高于预期产量 10% 和低于预期产量 20% 的制造费用预算。

11-45 基于实际产量的绩效报告(LO1)

参照以上 Healthy Pet 公司的资料。假设公司实际生产了 100 000 袋普通餐和 90 000 袋特殊餐。实际制造费用如下(单位:美元):

维修费	81 300
电费	18 700
间接人工	143 600
租赁费	39 000

要求:

1. 计算两种产品实际产量下的预算直接人工工时。

2. 编制基于实际产量的当前绩效报告。

3. 根据绩效报告,你能判断差异是显著的吗?你知道产生差异的原因吗?

11-46 制造费用预算,弹性预算(LO1)

Spelzig 公司生产无线电控制的玩具车。公司为下年的制造费用做了弹性预算(单位:美元),作业水平以直接人工工时为标准来衡量。

项目	变动成本公式	作业水平		
		15 000 小时	20 000 小时	25 000 小时
变动成本:				
维修费	3.80	57 000	76 000	95 000
物资用品	4.25	63 750	85 000	106 250
电费	0.08	1 200	1 600	2 000
总变动成本	8.13	121 950	162 600	203 250
固定成本:				
折旧		144 700	144 700	144 700
工资		188 900	188 900	188 900
总固定成本		333 600	333 600	333 600
总制造成本		455 550	496 200	536 850

工厂生产两种不同类型的玩具车。11 月的预算产量为 W 23 型号 30 000 辆和 Z 280 型号 60 000 辆。完成 W 23 需要 12 分钟的直接人工工时,Z 280 需要 24 分钟的直接人工工时。固定制造费用全年定额发生。

要求:

1. 计算 11 月生产 W 23 和 Z 280 所需的直接人工工时。11 月的预算总直接人工工时是多少?

2. 编制 11 月的制造费用预算(结果精确到美分)。

11-47 Kicker 扬声器,事前弹性预算,最新 solo X18 模型的弹性预算(LO1)

Stillwater 设计公司正在考虑一个全新的 Kicker 扬声器模型:Solo X18,一个又大又贵的重低音喇叭(给经销商的预计价格是 760 美元)。公司控制了模型的设计规范,并与中国的生产商签订合约生产该模型。公司支付运费和关税,产品运送到公司,然后卖给美国的经销商。

这种重低音喇叭的市场较小且竞争力强。该产品预期有三年的生命周期,市场测试评估结果是鼓舞人心的。一个潜在的消费者表示该产品能使耳聋的人重新听到声音,另一个评论说能听到两米远的低音,还有一个消费者表示对其尺寸和容量(最大容量为 10 000 瓦特)印象深刻。由于市场测试反映良好,产品管理委员会申请进行财务分析。三个销售量水平下的预计收入和成本(三年生命周期)数据如下:

项目	消极	最可能	积极
销售量(单位)	72 000	150 000	250 000
变动成本(美元):			
购置成本	43 200 000	90 000 000	150 000 000
运费	4 320 000	9 000 000	15 000 000
关税	1 800 000	3 750 000	6 250 000
合计	49 320 000	102 750 000	171 250 000
固定成本(美元):			
建设费	10 000 000	10 000 000	10 000 000
制造费用	3 000 000	3 000 000	3 000 000
合计	13 000 000	13 000 000	13 000 000

要求:

1. 为 Solo X18 模型的成本项目构建弹性预算公式,并为总成本构建弹性预算公式。

2. 分别在三个销售量水平下编制利润表,结合当前案例讨论事前弹性预算的价值。

3. 与 2—4 人组成小组。假设这个小组扮演产品管理委员会的角色,评估生产 Solo X18 模型的可行性(使用已给的财务数据和要求 1、2 的结果)。如果该模型的财务绩效有问题,公司就要讨论提高产品财务绩效的可能方案;同时,公司还要讨论即使该产品无法获得良好的经济回报也继续生产的原因。

11-48 弹性预算(LO1)

下面是两种作业水平下的制造费用季度预算,其中 2 000 工时的作业水平是总预算的期望作业水平。

单位:美元

项目	成本公式		直接人工工时	
	固定	变动	1 000 小时	2 000 小时
维修费	7 500	5.00	12 500	17 500
折旧	5 600	—	5 600	5 600
管理费	22 000	—	22 000	22 000
物资用品	—	2.30	2 300	4 600
电费	—	0.60	600	1 200
其他	18 000	1.25	19 250	20 500

实际作业水平为 1 700 个工时。

要求:

1. 为 1 700 直接人工工时的作业水平编制弹性预算。

2. 假设所有项目的公式不存在,你只有每个作业水平下的预算成本。你如何利用已给的两种作业水平下的预算成本数据得到每个项目的计算公式?

11-49 弹性预算(LO1)

Orchard Fresh 公司从很多果农那里购买水果,用水果盒和水果篮包装后销售。公司已经为下年的制造费用做了弹性预算,作业水平以直接人工工时衡量。

单位:美元

项目		作业水平		
		2 000 小时	2 500 小时	3 000 小时
变动成本:				
维修费	0.76	1 520	1 900	2 280
物资用品	0.45	900	1 125	1 350
电费	0.20	400	500	600
总变动成本	1.41	2 820	3 525	4 230
固定成本:				
折旧		4 800	4 800	4 800
工资		24 500	24 500	24 500
总固定成本		29 300	29 300	29 300
总制造成本		32 120	32 825	33 530

要求:

1. 按 200、240 和 280 直接人工工时编制 5 月的弹性预算(注:结果精确到美分)。

2. Cushing 中学的家长从 Orchard Fresh 公司订购了 200 个水果礼品篮给学校老师,感谢老师在一学年中的工作。这些礼品篮必须在 5 月 31 日前准备好,不包括在 5 月最初的产品预算中。阐述 Orchard Fresh 公司为了将新订单包含到预算中,是如何调节 5 月的总预算制造费用的。

11-50 绩效报告(LO1)

Fernando 是一家位于州立大学校园边的小型三明治店,顾客要在狭小的收银区下单,因为没有用餐区,所有的餐点都要带走。这家店的店主 Luis Azaria 正试图编制一系列预算,他已经收集了以下资料:

a. 平均一个三明治(售价 4.50 美元)需要 1 个卷、4 盎司肉、2 盎司奶酪、0.05 头生菜、1/4 个番茄和 1 盎司秘制调料。

b. 每位顾客通常会点 1 杯软饮料(包含 1 个杯子和 12 盎司的苏打水),平均价格为 1.50 美元。可以免费续杯,但是很少有顾客会续杯,因为他们通常将饮料和三明治带走。

c. 纸等物品(餐巾纸、袋子、三明治、杯子)每月平均花费 1 650 美元。

d. Fernando 三明治店的运营有两个 4 小时的倒班。周一至周五中午时段需要 2 名员工,每小时 10 美元;晚上时段只需在周五、周六和周日工作,也是每小时 10 美元。1 个月计 4.3 周。

e. 租金为每月 575 美元,其他每月的现金开支为 1 800 美元。

f. 食材成本如下:

肉	7.00 美元/磅
奶酪	6.00 美元/磅
卷	28.80 美元/捆
生菜(1 箱 24 头生菜)	12.00 美元/箱
西红柿(1 箱大约 20 个西红柿)	4 美元/箱
秘制调料	6.40 美元/加仑
苏打水(糖浆和碳水化合物)	2.56 美元/加仑

在学期中的正常月份里,Fernando 三明治店售出 5 000 个三明治和 5 000 杯苏打水。在 10 月,学校会举办同学会庆祝活动。Luis 预测如果在同学会庆典周增加周六和周日的午间时段,那么 10 月的销量会比平时提高 30%。为了宣传这个计划,Luis 将购买一些印有学校同学会庆典日程的杯子,这使每月的纸张成本增加了 200 美元。上年,他增开了两个额外的营业时段并实现了销售目标。

要求:

1. 编制学期中某一个正常月份的弹性预算。

2. 编制 10 月的弹性预算。

3. 你认为 Luis 为了上年 10 月的同学会庆祝活动增开两个额外的营业时段值得吗?

11-51 传统弹性预算与弹性作业预算(LO1、LO4)

Carly Davis 是一名产品经理,最近超出预算 100 000 美元的绩效报告令她困惑不解,她和员工为实现预算已经很努力工作了。现在,她看到的三个项目(直接人工、电费和调整准备)都超出了预算,这三个项目的实际成本如下:

直接人工	210 000 美元
电费	135 000 美元
调整准备	140 000 美元
总计	485 000 美元

Carly 发现增加的人工和电费是因为她的团队实际生产了比初始预算更多的单位产品。日程的不确定性导致比计划支出了更多的调整准备费用。她询问会计主管 Sean Carpenter 为什么绩效报告没有将增加的产量考虑进去。Sean 向 Carly 保证,他的确为增加的产品调整了报告,并向她展示了不同作业水平下预测成本的预算公式。基于直接人工工时的公式如下:

$$直接人工成本 = 10X$$
$$电费 = 5.00 + 4X$$
$$调整准备费 = 100\,000$$

Carly 指出,电费和直接人工工时无关,而是随着机器小时的变化而变化;她还指出,调整准备费不是固定的,是根据调整准备次数的变化而改变,计划改变而使调整准备费用增加了。由于调整准备次数的增加,她的团队需要加班,这也增加了成本费用。每个调整准备还增加了物资用品的供应,制造费用也显著增加了。

Sean 承认这些公式没有充分考虑 Carly 的问题,并同意在更好地解释变量的基础上拟定一套新的成本公式。几天之后,Sean 将以下成本公式分享给 Carly:

直接人工成本 = $10X$,其中 X = 直接人工工时
电费 = $68\,000 + 0.9Y$,其中 Y = 机器小时
调整准备费 = $98\,000 + 400Z$,其中 Z = 调整准备次数

每个作业动因的实际数量如下:

直接人工工时	20 000
机器小时	90 000
调整准备次数	110

要求:

1. 基于直接人工的公式为直接人工、电力和调整准备编制绩效报告。

2. 基于 Sean 的多成本动因公式为直接人工、电力和调整准备费用编制绩效报告。

3. 在这两种方法中,哪种方法为 Carly 的绩效报告提供了更准确的信息?为什么?

11-52 弹性作业预算(LO4)

Westcott 公司的会计主管 Billy Adams 为本年两个不同作业水平下的制造成本编制了以下预

算(单位:美元):

直接人工工时

项目	作业水平	
	50 000	100 000
直接材料	300 000	600 000
直接人工	200 000	400 000
折旧(设备)	100 000	100 000
小计	600 000	1 100 000

机器小时

项目	作业水平	
	200 000	300 000
设备维修	360 000	510 000
加工	112 000	162 000
小计	472 000	672 000

物料运输

项目	作业水平	
	20 000	40 000
物料运输	165 000	290 000

批次检验的次数

项目	作业水平	
	100	200
待检产品	125 000	225 000
合计	1 362 000	2 287 000

在这一年中,Westcott公司员工的直接人工工时共80 000小时,使用机器小时250 000小时,物料运输32 000次,检查了120批次的产品。实际发生的成本如下(单位:美元):

直接材料	440 000	加工	142 000
直接人工	355 000	物料运输	232 500
折旧	100 000	待检产品	160 000
设备维修	425 000		

Westcott公司以直接人工工时、机器小时、运输次数和检查批次数为基础按比例分配制造费用。第二个作业水平为实际作业水平(资源提前使用下的可用作业水平),用于计算预定制造费用分配率。

要求:

1. 为Westcott公司编制年度制造费用绩效报告。

2. 假设Westcott公司生产的一种产品预计耗费10 000直接人工工时、15 000机器小时和500次物料运输,并分为5个批次生产,当年共生产10 000单位的产品。请计算预算单位制造费用(结果精确到美分)。

3. Westcott公司的一位经理说:"作业水平下的预算是非常有意义的,但是这种预算要求提供更详细的信息。比如,物料运输需要铲车和操作员,但是这类信息在只反映不同产出水平下的作业成本报告中是缺失的。而且,对于两班制来说,运营4个铲车需要8名操作员,每名操作员每年的工资为30 000美元,每次运输的燃油费为0.25美元。"

基于以上资料,请解释附加信息如何帮助Westcott公司更好地管理成本。假设只有三个项目,与物料运输有关的弹性预算详细资料分别揭示20 000次运输和40 000次运输下三类资源的成本。

11-53 弹性预算(LO1)

年初,Thorpe公司的会计主管Jean Bingham为下年两个作业水平下的转换成本编制了以下预算(单位:美元):

项目	直接人工工时	
	100 000 小时	120 000 小时
直接人工	1 000 000	1 200 000
监管	180 000	180 000
公共设施	18 000	21 000
折旧	225 000	225 000
物资用品	25 000	30 000
维修	240 000	284 000
租赁	120 000	120 000
其他	60 000	70 000
总制造费用	1 868 000	2 130 000

在这一年中,公司员工直接人工工时共计112 000小时,并发生了以下实际成本(单位:美元):

直接人工	963 200	物资用品	24 640
监管	190 000	维修	237 000
公共设施	20 500	租赁	120 000
折旧	225 000	其他	60 500

公司以直接人工工时为标准分配制造费用。以标准产量的 120 000 直接人工工时计算预定制造费用分配率的作业水平。

要求：

1. 为 Thorpe 公司的每项转换成本确定成本公式（提示：用高低点法）。

2. 为公司的上年转换成本编制绩效报告。有哪些成本项目需要特别关注？请解释。

11－54 制造费用分摊和差异（LO2、LO3）

Moleno 公司生产单一品种产品并使用标准成本系统，标准产量是 120 000 单位，每单位产品需要 5 小时的标准直接人工工时，制造费用以直接人工工时为基础分摊。下年的预算制造费用如下：

| 固定制造费用 | 2 160 000 美元* |
| 变动制造费用 | 1 440 000 美元 |

注：*标准产量下。

在这一年中，Moleno 公司生产了 118 600 单位的产量，直接人工工时为 592 300 小时，已发生的实际固定制造费用为 2 150 400 美元，实际变动制造费用为 1 422 800 美元。

要求：

1. 计算标准固定制造费用率和标准变动制造费用率。

2. 计算已分配固定制造费用和已分配变动制造费用。什么是总固定制造费用差异？什么是总变动制造费用差异？

3. 将总固定制造费用差异分解为开支差异和产量差异，并讨论每种差异的意义。

4. 计算变动制造费用开支差异和效率差异，并讨论每种差异的意义。

5. 通常，制造费用差异分录在年末记录。假设已分配固定（变动）制造费用记录在固定（变动）制造费用控制账户的贷方，实际固定（变动）制造费用记录在各自控制账户的借方。年末，每个控制账户的余额就是总固定（变动）差异。给每种制造费用差异设立账户并将总差异结转到四个差异账户，然后将四个差异账户结转到销货成本。与 2—4 名同学组成小组，编制四种差异的分类账，最后将这些差异结转到销货成本的分类账。

11－55 制造费用差异分析（LO2、LO3）

Morril 小发动机分部的 Lubbock 工厂为割草机专用的 6.0 马力发动机生产一种主要组件。工厂采用标准成本系统进行成本核算和控制，组件的标准成本表如下：

直接材料	
（6.0 磅，每磅 5.00 美元）	30.00 美元
直接人工	
（1.6 小时，每小时 12.00 美元）	19.20 美元
变动制造费用	
（1.6 小时，每小时 10.00 美元）	16.00 美元
固定制造费用	
（1.6 小时，每小时 6.00 美元）	9.60 美元
标准单位成本	74.80 美元

在这一年中，Lubbock 工厂发生了以下实际生产作业：①发动机产量为 50 000 个；②该公司耗费了 82 000 直接人工工时，总成本为 1 066 000 美元；③实际固定制造费用合计 556 000 美元；④实际变动制造费用合计 860 000 美元。

Lubbock 工厂的实际作业水平为每年 60 000 单位。在以直接人工工时为标准的实际作业水平基础上计算标准制造费用率。

要求：

1. 计算变动制造费用开支差异和效率差异。

2. 计算固定制造费用开支差异和产量差异，解释产量差异并说明如何减少该差异。

11－56 制造费用差异（LO2、LO3）

Extrim 公司生产发动机，在圣安东尼奥市的工厂采用标准成本系统。标准成本系统以直接人工工时为标准将制造费用分配到产品。标准直接人工表明生产每台发动机（该工厂只生产一种产品）耗用 4 小时的直接人工工时，标准产量为 120 000 单位。下年的预算制造费用如下：

| 固定制造费用 | 1 286 400 美元 |
| 变动制造费用 | 888 000 美元* |

注：*在标准产量下。

Extrim 公司以直接人工工时为基础分配制造

费用。

在这一年中，Extrim 公司生产了 119 000 单位的产品，花费了 487 900 直接人工工时，产生了 1 300 000 美元的实际固定制造费用和 927 010 美元的实际变动制造费用。

要求：

1. 计算标准固定制造费用率和标准变动制造费用率。

2. 计算已分配固定制造费用和已分配变动制造费用。什么是总固定制造费用差异？什么是总变动制造费用差异？

3. 将总固定制造费用差异分解为开支差异和产量差异，并讨论每种差异的意义。

4. 计算变动制造费用开支差异和效率差异，并讨论每种差异的意义。

11-57 理解其中的联系，不完整数据，制造费用分析(LO2、LO3)

Lynwood 公司生产浪涌保护器。为了控制成本，公司应用了标准成本系统，并采用弹性预算预测不同作业水平下的制造费用。最近几年，Lynwood 公司基于直接人工工时的 18 美元标准制造费用分配率，该比率是在实际作业水平下计算得到的。18 000 直接人工工时下的预算制造费用为 396 000 美元，30 000 直接人工工时下的预算制造费用为 540 000 美元。上年，公司的成本数据如下：①实际产量为 100 000 单位；②固定制造费用产量不利差异为 20 000 美元；③变动制造费用效率有利差异为 18 000 美元；④实际固定制造费用为 200 000 美元；⑤实际变动制造费用为 310 000 美元。

要求：

1. 计算固定制造费用率。

2. 确定固定制造费用开支差异。

3. 确定变动制造费用开支差异。

4. 确定单位产品的允许标准工时。

11-58 弹性预算，制造费用差异(LO1、LO2、LO3)

Shumaker 公司生产一系列的高帮篮球鞋。年初，生产计划和成本数据如下：

生产并销售的鞋子数量	55 000 单位
单位标准成本：	
直接材料	15 美元
直接人工	12 美元
变动制造费用	6 美元
固定制造费用	3 美元
总单位成本	36 美元

在这一年中，50 000 单位的产品已销售完成。以下是实际发生的成本：

直接材料	775 000 美元
变动制造费用	310 000 美元
直接人工	590 000 美元
固定制造费用	180 000 美元

期初和期末都没有材料存货。在生产 50 000 单位的产品时，耗费了 63 000 个小时，比实际产出水平下的允许标准工时多了 5%。制造费用以直接人工工时为标准分配到产品中。

要求：

1. 使用弹性预算编制比较实际产出下的预期成本和实际成本的绩效报告。

2. 确定固定制造费用开支差异和产量差异。

3. 确定变动制造费用开支差异和效率差异。

案例

11-59 固定制造费用开支差异和产量差异，产能管理(LO3)

Lorale 公司是大型旅行车的生产商，最近决定开始生产喷气式滑雪板的一个主要组件。该组件可以用于 Lorale 公司喷气式滑雪板工厂的生产，也可以卖给其他生产商。公司决定在两个不同地段租用两座大楼——Little Rock, Arkansas 和 Athens, Georgia，并签订了长达 11 年的可续约租赁合同。每个工厂的规模相同，都有 10 条生产线。公司为每条生产线购买了设备，并雇用了工人来操作设备。公司还为每个工厂聘请了产品线管理员。一个管理员每班能管理两条生产线,每个工厂实行两班制。每个组件需要2标准直接人工工时。租赁费、设备折旧费、单个工厂的管理费(假设每个工厂的成本相同)如下(单位:美元):

管理费(10个管理员,每人50 000美元)	500 000
租赁费(每年)	800 000
设备折旧(每年)	1 100 000
总固定制造费用*	2 400 000

注:* 简单假设只有固定制造费用。

最初经营之后,Lorale公司发现Little Rock工厂的产品在某地区的产品需求低于预期,在第一年年末只销售了240 000个产品;而Athens公司如愿销售了300 000个产品。截至第一年年末,每个工厂的实际固定制造费用为2 500 000美元。

要求:

1. 计算以标准直接人工工时为基础的固定制造费用率。

2. 计算Little Rock和Athens工厂的固定制造费用开支差异与产量差异。开支差异产生的最可能原因是什么?为什么两个工厂的产量差异不同?

3. 假设从现在开始,Little Rock工厂的销量预计不会超过240 000单位,你将如何管理生产能力成本(固定制造费用)?

4. 为各个工厂计算每个组件的固定制造费用。它们有差别吗?它们应该是不同的吗?解释原因。作业成本法概念在分析时是否有所帮助?

11-60 道德问题,弹性预算和环境条件(LO1)

Ur Thrift公司的首席财务官Harry Johnson刚刚结束与一个大零售商的首席财务官Roger Swasey和环保官员Connie Baker的会面。在这些年里,Harry见证了Ur Thrift公司许多项目的预算变动成本公式的产生和发展。例如,包装一个私人系列的娃娃的成本公式为$Y=2.20X$,X表示玩具娃娃的销售量。这个公式用于计算与实际包装成本相比的预计包装成本。在过去的几年内,实际成本和预算成本基本实现了预期目标,据此,Harry声称已经能够很好地控制包装成本了。

然而,Connie Baker认为包装成本并没有被很好地控制。实际上,她坚持认为包装已经过度了,并且如果减少包装,在减少成本的同时还能降低对环境的影响。她认为公司负有减少环境污染的责任,这样做也能够控制成本,从而提高公司的利润。再如,Connie讨论了公司使用的半拖车车队将货物从仓库运到零售店,其燃油费公式为$3X$,X表示消耗的燃油加仑数。她指出,绩效数据反映燃油费处于控制之中。到目前为止,她的部门已经建议在强制要求驾驶员休息的10小时期间、在卡车的驾驶室内安装一台辅助电源进行加热或制冷,这可以避免发动机在空闲时段被闲置的状态出现。她声称,这将明显减少燃油费并能在短期内轻松补偿新的辅助设备。

Connie对此发表了一些意见,这让Harry进行了自我反省。她指出,公司财务人员应更多地关注如何降低成本,而不是简单地预测成本。因此(根据她的观点),成本公式的有用之处仅仅在于告诉我们当前的状态,从而运用这些公式评估如何减少成本,所谓的弹性预算只是实施固定标准的一种方法。她还认为,公司管理者应该具有不过度消耗工厂资源的道德责任。她强烈要求Harry和Roger一起给公司定位,以减少对环境的影响。

要求:

1. 财务人员有帮助减少负面环境影响的道德责任吗?确定并讨论美国管理会计师协会道德实践公告的哪部分能够得到应用。另外,描述弹性预算在减少环境影响中发挥的作用。

2. 假设Harry和Connie着手合作以共同减少过度包装。预计结果骄人,预期减少的包装将节约300万美元的运输费(每个包装0.50美元),150万美元的包装材料成本(每个包装0.40美元),5 000棵树和125万桶汽油。这些做法都与道德问题有关吗?应该应用哪个标准呢?

3. 识别在以绩效评估为目的的弹性预算的使用中存在的两个潜在道德困境(困境不必与环保活动有关)。

第 12 章
绩效评估和分权制

> **管理决策**
>
> ### Herman Miller 公司
>
> 绩效评估的目标是为评定以往决策的实效性提供有用的信息,以期提高未来决策的质量。正如你所想的那样,由于组织中信息的绝对数的庞杂和决策制定的经营环境的复杂性,这个目标是难以实现的。然而,总部位于密歇根州西部、在上百个国家有经营业务的大型家具生产商——Herman Miller 股份有限公司,应用了越来越受欢迎的绩效评估工具——经济增加值,帮助公司更好地做出决策。例如,受网络泡沫破裂和"9·11"事件的影响,整个办公家具市场在 21 世纪初经历了一场毁灭性的经济衰退。当公司从经营利润为负的两位数快速恢复到正常水平时,经济增加值能提供超越传统会计绩效衡量标准的信息。经济增加值是公司资产产生的收益减去所有的资本成本,包括负债资本(如借款、租赁和债券)成本和权益资本(如投资者的投资)成本,经济增加值可以衡量使用这些融得资产是为公司创造了价值还是毁损了价值。更具体地说,经济增加值能帮助 Herman Miller 公司量化因减少存货和在经营业务中投入较少的固定资产而带来的长期财务效益。基于经济增加值的分析,公司做出了完全不同的基本战略和生产过程的经营决策,而不是仅仅依靠传统会计计量方法。使用积极方式影响决策的能力使经济增加值快速地在 Herman Miller 公司成功的绩效评估系统中占据了重要的地位。

12.1 分权制和责任中心

通常,公司是沿着责任脉络组织起来的。传统组织结构图阐明了从首席执行官、副总经理、中层管理者到基层经理的责任流动。如今,大多数公司采用扁平化的层级结构——强调团队的重要性,这种结构与分权制一致。例如,通用电气金融服务公司本质上由很多小业务团队组成。从理想化的角度看,责任会计系统反映并支持组织的结构。

拥有很多责任中心的公司通常选择集权或分权两种决策制定方法中的一种,以管理多样化且复杂的作业活动。

- 在集权式决策中,只有高层管理者才能制定决策,而较低层管理者负责决策的执行。
- 分权式决策允许较低层管理者在与其责任有关的范围内制定并执行重要的决策。这种将决定权委派给低层管理者的方式被称为**分权制**(**decentralization**)。

图表 12 – 1 展示了集权制和分权制的不同。

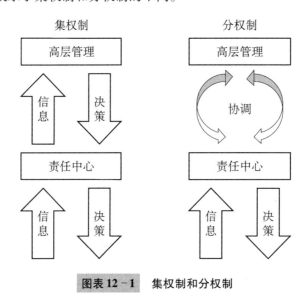

图表 12 – 1 集权制和分权制

组织形式多种多样,从高度集权到高度分权,大多数公司介于两者,且大部分偏向于分权式管理。分权式管理流行的原因及公司分权式管理的可能选择方法在接下来的章节中加以论述。

12.1.1 分权式管理的原因

公司决定采用分权式管理的原因有很多,其中几个如下:①便于收集和利用当地信息;②着重于集中管理;③训练并激发部门经理的积极性;④提高竞争力,细分市场。

1. 收集并利用当地信息

可用信息的质量影响决策的质量。当公司具有一定规模且在不同市场和地区拥有经营业务时,集权式管理可能难以了解当地的条件。然而,低层管理者能够时时掌握直接经营条件,如当地竞争环境的性质和优势、当地劳动力的特性等。因此,他们能更好地定位并做出适合当地的决策。例如,麦当劳在全世界都有餐厅,中国人或法国人的口味不同于美国人的口味,所以麦当劳调整菜单以适应不同国家人们的口味。结果,为了迎合当地市场的需求,不同国家的麦当劳餐厅千差万别。2012年,星巴克的首家店在落户孟买之前,也对与很多西方文化不同的印度人的口味和当地的习惯进行了一定的研究。

2. 着重于集中管理

通过分散经营决策权,核心管理层可以自由地参与战略规划和决策制定。相比于日常经营,核心管理层组织的长期运营更具重要性。

3. 训练并激发部门经理的积极性

组织经常需要训练有素的管理者,以取代为争取其他机会而离开公司的较高层管理者。给予较高层管理者一个成长的未来而非仅仅提供给他们做重要决定的机会的较好方法是什么呢?这些机会还能帮助高层管理者评估当地管理者的能力,并提拔那些做出最佳决策的人。

4. 提高竞争力

在一个高度集中化的公司里,总利润率能掩饰各个不同分部的低效率。现在,大公司发现很难支撑一个不具有竞争力的分部。提高分部或工厂业绩的最好方法之一就是将其充分暴露在市场力量中。在 Koch 工业公司内,每个部门应作为一个自主的业务部门并确定外部价格和内部价格。那些为公司其他部门提供不必要服务的部门可能面临淘汰。

12.1.2 分权式公司的分部

分权式管理包含成本效益的权衡。随着一家公司变得越来越分散化,将更多的决定权下放各管理层级,结果是,分权式公司的管理者比集权式公司的管理者要完成更多决策的制定。分权制的益处在于,掌握当地具体知识的管理者更可能做出合理决策,并能最优地使用公司资源,从而使公司价值最大化。然而,分权制的成本在于,能利用公司资源和现有知识做出最佳决策的公司较低层管理者,不太可能像高层管理者那样是出于公司价值最大化的考虑。换句话说,与高层管理者相比,低层管理者更倾向于利用公司资源获取个人利益,而不是增加公司的股票价值。

分权式管理通常通过创建分部来实现。分部可以通过一些不同的方法加以区分,包括以下几种:①产品或服务的类型;②地理边界;③责任中心。

12.1.3 产品或服务的类型

区分不同分部的方法之一是根据所生产的产品或服务的类型。例如,百事可乐公司的分部包括欧洲的快餐企业分部(与通用磨坊公司合资的一家企业)、乐事股份有限公司、纯果乐(Tropicana)和旗舰软饮料分部。图表12-2展示了百事可乐公司的分权式管理分部,这些分部是以生产线为基础组织起来的,并且一些分部还依赖于另一些分部。举个例子来说,百事可乐公司将快餐业务剥离给百事餐饮集团(YUM! Brands),因此百事可乐在必胜客(Pizza Hut)、塔可钟(Taco Bell)和肯德基(KFC)都有供应。在分权式管理的设置中,经常存在一些相互依赖的分部;否则,一家公司只是完全独立的单位的集合体。

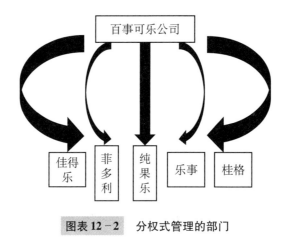

图表12-2 分权式管理的部门

12.1.4 地理边界

分部也可以根据地理边界建立。例如,美国联合航空公司有很多区域分部:亚洲/太平洋、加勒比、欧洲、拉丁美洲和北美洲。跨越一个或多个区域分部的存在就要考虑部门环境差异性对绩效评估的影响。

12.1.5 责任中心

第三种分部是根据赋予部门经理人责任的种类划分。随着公司的发展壮大,高层管理者通常会创建被称为责任中心的责任区域,并指派下级到这些区域开展管理。**责任中心(responsibility center)** 是管理者对一套特定作业负责的经营部门。通常依据管理者各自运营中心所需的信息衡量各责任中心的成果。四个主要责任中心的类型如下:

(1) **成本中心(cost center)**,管理者只对成本负责。
(2) **收入中心(revenue center)**,管理者对销售量或收入负责。
(3) **利润中心(profit center)**,管理者对收入和成本负责。
(4) **投资中心(investment center)**,管理者对收入、成本和投资负责。

责任中心的选择通常反映了实际情况和管理者可用信息的类型。信息是管理者对产出负责的关键。例如,一个生产部门经理应对部门成本负责而非对销量负责。这种责任选择的发生是因为生产部门经理了解并能够直接控制一些生产成本,但不能控制价格。在这个层面上,任何关于实际成本和预期成本之间的差异都能得到最好的解释。

市场部门经理决定产品价格并规划销售收入,因此市场部门可能按收入中心予以评价,市场部门的直接成本和营业总收入都是销售经理的责任。

在一些公司,工厂经理负责生产和销售产品,这些工厂经理必须控制成本和收入,将它们置于利润中心的控制之下。对于利润中心的管理者来说,经营利润是一项重要的绩效衡量标准。

最后,分部作为投资中心的情况屡见不鲜。除了控制成本和决定价格,部门经理拥有诸如开设或关闭工厂的投资决策及保持或放弃一条产品生产线的权力。因此,对投资中心的管理者来说,经营利润和一些类型的投资收益都是重要的绩效考核标准。图表 12-3 展示了随着管理者所需管理信息的类型的变化而变化的责任中心。如图表所示,投资中心代表了最大限度的分权制(次大程度是利润中心,最末是成本中心和收入中心),因为管理者有权制定最多类型的决策。

图表 12-3 责任中心的类型和用于绩效考核的会计信息

	成本	销量	资本投资	其他
成本中心	×			
收入中心		×		
利润中心	×	×		
投资中心	×	×	×	×

虽然责任中心的管理者仅对中心的作业负责,但其制定的决策还是会影响其他责任中心,意识到这点是非常重要的。例如,地板保养品公司的销售人员通常会在月底向顾客提供价格折扣,销量的显著增长也有利于收入和销售力度的提高。然而,工厂则被迫制订加班计划以满足需求的增长,加班不但增加了工厂的成本,也增加了每单位产品的成本。

组织分部通过责任会计的应用成为拥有控制力的责任中心。收入中心的控制是基于销售收入评估部门经理工作的效率性或非效率性来实现的。成本中心的控制是基于成本的控制,并采用第 9 章和第 10 章的差异分析。本章着重论述利润中心和投资中心的评估。

由你做主

组织架构

你当选为一家新成立医院的首席执行官。在前期,你面临的一个重要决定是为了支持不同层级的管理而确定分权式管理的最优水平。

当决定如何最好地组织医院的管理时,你该考虑哪些因素?

关于这个问题,并没有简单而统一的答案。然而,世界上的一些顶尖医院,如 Cleveland 诊所承认,很多特定的、对制定有关患者护理的决策至关重要的知识源自医院的内科医师、外科医生和护士,而不是首席执行官或高管(如首席财务官、首席运营官、首席诚信官等)。

这些医院选择高度分权式管理的组织结构,因此许多会影响患者待遇的重要决定是由高层授权的个人做出的。有效管理如此高度分权式管理决策制定结构的最大挑战在于为决策制定者构建量化的绩效考评标准,这样那些内科医师、外科医生和护士就能评定其决策的质量。另外,这些绩效考评标准有必要作为决策制定者补偿计划的一部分,奖励(或惩罚)其明智(或错误)的决定,这些决定都是期望在患者和医院利益最大化下得以采用的。随着公开上市公司的日益增加,它们为低层员工甚至兼职人员提供激励措施(如医疗福利、优先认股权),激励他们为公司的长远最佳利益而有所作为。

在分权式组织中,管理会计通过设计有效的绩效衡量标准和激励系统,确保低层管理者善用决策权,帮助组织提高绩效。

12.2 以投资报酬率衡量投资中心的绩效

通常,投资中心是以投资报酬率为基础进行评估的,其他常用指标包括剩余收益和经济增加值。

12.2.1 投资报酬率

投资中心分部有利润表和资产负债表。那么,这些分部是按照收益排序吗?假设一家公司有两个分部——Alpha 和 Bata。Alpha 的收益为 100 000 美元,Beta 的收益为 200 000 美元。Beta 的业绩比 Alpha 好吗?如果 Alpha 以 500 000 美元的投入创造了 100 000 美元的贡献,而 Beta 用 2 000 000 美元的投入创造了 200 000 美元的贡献,那么哪个更好呢?你是否改变了答案?显然,答案变了。将经营利润和投入资产相关联是一种更有意义的绩效衡量方法。

将经营利润和投入资产联系起来的方法之一是计算**投资报酬率**(return on investment,ROI),即单位美元投资赚取的利润。投资报酬率是投资中心衡量绩效最常用的指标,其计算公式如下:

$$投资报酬率 = \frac{经营利润}{平均营运资产}$$

经营利润(operating income)是息税前利润。**营运资产**(operating assets)是能产生经营利润的所有资产,包括现金、应收账款、存货、土地、建筑物和设备。平均营运资产计算如下:

$$平均营运资产 = \frac{期初资产 + 期末资产}{2}$$

关于长期资产(工厂和设备)该如何估价(如总账面价值 VS 净账面价值,或者历史成本 VS 现时成本)的建议各种各样,大多数公司使用历史成本和净账面价值。[①]

[①] 计算投资报酬率不是只有一种正确的方法,重要的是确保坚持使用同一种方法,以方便公司比较不同分部的投资报酬率。

回到前面的例子，Alpha 的投资报酬率为 0.20，计算如下：

$$\frac{经营利润}{平均营运资产} = \frac{100\,000}{500\,000}$$

Beta 的投资报酬率只有 0.10(200 000/2 000 000)。

12.2.2 边际收益和周转率

计算投资报酬率的第二种方法是将"经营利润/平均营运资产"拆分为边际收益和周转率。**边际收益**（margin）是经营利润和销售额的比率，它表示单位美元的销售额能产生多少经营利润，显示了利息、税和利润在销售额中的占比。一些管理者还将边际收益视为销售利润率。**周转率**（turnover）是另外一种衡量标准，与销售额和平均营运资产有关。周转率表示单位美元营运资产能产生多少销售额，展示了生产性资产是如何产生销售收入的。

$$投资报酬率 = 边际收益 \times 周转率$$
$$= \frac{经营利润}{销售额} \times \frac{销售额}{平均营运资产}$$

假设 Alpha 公司销售额为 400 000 美元，那么边际收益为 0.25，计算如下：

$$边际收益 = \frac{经营利润}{销售额} = \frac{100\,000}{400\,000} = 0.25$$

周转率为 0.80，计算如下：

$$周转率 = \frac{销售额}{平均营运资产} = \frac{400\,000}{500\,000} = 0.80$$

Alpha 公司的投资报酬率仍为 0.20(0.25×0.80)。

演练 12.1 具体描述了如何计算这些比率。

演练 12.1

计算平均营运资产、边际收益、周转率和投资报酬率

知识梳理：

投资报酬率是绩效评估的关键，它将收入和产生收入所需的投入联系起来，这对于公司和投资中心都是适用的。

资料：

Celimar 公司的西部分公司上年的经营利润如下（单位：美元）：

销售额	480 000
产品销售成本	(222 000)
毛利	258 000
销售和管理费用	(210 000)
经营利润	48 000

年初营运资产的价值为 277 000 美元，年末营运资产的价值为 323 000 美元。

要求：
针对西部分公司，计算以下项目：平均营运资产、边际收益、周转率和投资报酬率。

答案：
平均营运资产 =（年初资产 + 年末资产）÷ 2
　　　　　　 =（277 000 + 323 000）/ 2
　　　　　　 = 300 000（美元）

边际收益 = 经营利润 ÷ 销售额 = 48 000 / 480 000
　　　　 = 0.10

周转率 = 销售额 ÷ 平均营运资产 = 480 000 / 300 000 = 1.6

投资报酬率 = 边际收益 × 周转率 = 0.10 × 1.6 = 0.16

或者，

投资报酬率 = 经营利润 ÷ 平均营运资产 = 48 000 / 300 000 = 0.16

这两种方法得到的投资报酬率是相同的，边际收益和周转率的计算过程为管理者提供了更有价值的信息。为了解释这些附加信息，我们有必要参考图表 12-4 中呈现的数据。电子分部的投资报酬率从第 1 年的 18% 升到第 2 年的 20%；然而，医疗用品分部的投资报酬率同期从 18% 跌到 15%。计算每个分部的边际收益和周转率，从中可以更清楚地了解比率变化的原因。运用差异分析，有助于理解管理会计衡量标准（如差异、边际收益、周转率等）的产生原因，有助于管理者采取措施促进分部的发展。

图表 12-4　部门绩效的比较

项目	投资报酬率的比较	
	电子分部	医疗用品分部
第 1 年：		
销售额（美元）	30 000 000	117 000 000
经营利润（美元）	1 800 000	3 510 000
平均营运资产（美元）	10 000 000	19 510 000
投资报酬率（%）	18	18
第 2 年：		
销售额（美元）	40 000 000	117 000 000
经营利润（美元）	2 000 000	2 925 000
平均营运资产（美元）	10 000 000	19 500 000
投资报酬率（%）	20	15

项目	边际收益和周转率的比较			
	电子分部		医疗用品分部	
	第 1 年	第 2 年	第 1 年	第 2 年
边际收益（%）	6.0	5.0	3.0	2.5
周转率	×3.0	×4.0	×6.0	×6.0
投资报酬率（%）	18.0	20.0	18.0	15.0

注意，两个分部从第1年至第2年的边际收益都下跌了。实际上，分部边际收益下降的百分比（16.67%）是一样的。边际收益的降低可以由增长的费用、竞争压力（销售价格下降）或者两者的共同作用加以解释。

尽管电子分部的边际收益减少了，但其收益率提高了，因为周转率的提高补偿了边际收益的减少，也可能采取了减少存货的措施加快了周转率。注意，即使销售额增加了1 000万美元，电子分部的平均资产仍保持相同的水平。

医疗用品分部的情况就没有这么有利，因为其周转率保持不变，投资报酬率却下降了。医疗用品分部无法像电子分部那样，通过边际收益解决投资报酬率的下降。

12.2.3 投资报酬率的优势

应用投资报酬率至少有三项积极后果：
（1）鼓励管理者像责任中心经理人一样关注销售额、成本费用和投资之间的关系；
（2）鼓励管理者重点关注成本效率；
（3）鼓励管理者重点关注营运资产效率。

这些优势将置于三种情形中进行阐述。

1. 阐明关系：关注投资报酬的关系

塑料分部的经理 Della Barnes 正在考虑营销副经理关于增加100 000美元广告预算的建议。营销副经理对于广告预算的增加将带动销售额增长200 000美元的方案十分自信。Della认为销售额的增长也将增加成本费用，她发现这会增加变动成本80 000美元。

塑料分部还要购买额外的机器以应对产量的增长。机器设备将花费50 000美元，由此折旧费将增加10 000美元。因此，这个建议将增加10 000美元（200 000 - 80 000 - 10 000 - 100 000）的经营利润。当前，塑料分部的销售额为2 000 000美元，总成本费用为1 850 000美元，经营利润为150 000美元，营运资产估值为1 000 000美元。

项目	不增加广告预算	增加广告预算
销售额（美元）	2 000 000	2 200 000
减：成本费用（美元）	1 850 000	2 040 000
经营利润（美元）	150 000	160 000
平均营运资产（美元）	1 000 000	1 050 000
投资报酬率（%）	15	15.24

不增加额外广告费用下的投资报酬率为15%，而增加广告费和50 000美元资产投入下的投资报酬率为15.24%。由于这个建议能提高投资报酬率，Della决定批准增加广告费。实际上，当前的投资报酬率是要求报酬率。**必要报酬率**（**hurdle rate**）表示能接受一项投资的最低必要投资报酬率。

2. 关注成本效率

Kyle Chugg是Turner电池分部的经理，在审阅当前财年下半年的规划时，他开始抱怨起来,因为经济衰退影响了分部的业绩。200 000 美元的预计经营利润和上半年的实际经营利润相加得到 425 000 美元的预期年收益,然后,Kyle 将预期经营利润除以分部平均营运资产,得到预期投资报酬率 12.15%。Kyle 抱怨道:"结果太差了。上年我们的投资报酬率是 16%,在业务回归正常之前还要经历更坏的几年。我们必须做点什么来改善绩效了。"

Kyle 要求所有的运营经理人确认和删减非增值作业。结果,低层管理者找到了在接下来的半年减少 150 000 美元成本的方法,成本的降低使年度经营利润从 425 000 美元增加到 575 000 美元,投资报酬率也从 12.15% 提高到 16.43%。有趣的是,Kyle 发现有些成本的降低可以在业务回归正常后继续保持。

3. 关注营运资产效率

电子存储分部在前几年很繁荣。刚开始的时候,为了存储数据,电子存储分部开发了便携式外部硬盘驱动器,其销售额和投资报酬率都非常高。然而,在过去的几年中,竞争对手也开发了类似的技术,使得该分部的投资报酬率从 30% 降到 15%。起初,降低成本发挥了一些作用,但是当把所有无效成本去除后,就不可能在降成本上达到效果了;甚至由于竞争太激烈,销售额也不可能有任何增长。部门经理人正在寻求使投资报酬率至少提高 3%—5% 的方法。只有依靠提高投资报酬率并在与其他部门的比较中保持优势,电子存储分部才能为产品的研究与开发争取到追加资本。

部门经理人发起了一项削减营运资产的系列方案。大多数收益可以从减少存货中取得;同时,考虑到市场份额长期缩减,分部决定关闭一家工厂。通过配置零库存采购生产系统,分部能在不影响市场份额的前提下减少资产总量,营运资产的减少意味着生产成本的减少。最后的结果是,分部投资报酬率提高了 50%,从 15% 增长到超过 22%。

12.2.4　投资报酬率的劣势

过度强调投资报酬率会导致短期行为的发生,常出现两个消极影响:
(1)它导致仅关注分部盈利能力行为的发生,而以全公司盈利能力为代价。
(2)它鼓励经理人关注短期优化,而以公司长期发展为代价。
这些劣势将在下面两个案例中进行阐述。

1. 仅关注分部盈利能力

一家洗涤用品分部下一年有机会投资两个项目,每项投资所需资金、收益和投资报酬率如下:

项目	项目 I	项目 II
投资额(美元)	10 000 000	4 000 000
经营利润(美元)	1 300 000	640 000
投资报酬率(%)	13	16

洗涤用品分部的投资报酬率为 15%,是在当前 5 000 万美元营运资产和基于 750 万美元投资的经营利润下产生的。该分部已经同意将新投资资本提高到 1 500 万美元。而

公司总部要求所有的投资收益至少为10%。分部没有使用的所有资本将由总部投资使用,其投资收益为10%。

分部经理有四个选择:①项目Ⅰ;②项目Ⅱ;③项目Ⅰ和项目Ⅱ;④都不投资。每个投资方案的分部投资报酬率计算如下:

项目	投资方案			
	选择项目Ⅰ	选择项目Ⅱ	选择项目Ⅰ和Ⅱ	都不选
经营利润(美元)	8 800 000	8 140 000	9 440 000	7 500 000
营运资产(美元)	60 000 000	54 000 000	64 000 000	50 000 000
投资报酬率(%)	14.67	15.07	14.75	15.00

部门经理选择项目Ⅱ,因为项目Ⅱ能将投资报酬率从15.00%提高到15.07%。虽然经理的选择使投资报酬率最大化,但是这并不能使公司利润最大。如果选择项目Ⅰ,公司将赚取130万美元的利润。若不选择项目Ⅰ,以10%的投资报酬率投入1 000万美元资金,只能得到100万美元(0.10×10 000 000)利润。专注于部门投资报酬率,却使公司少赚了30万美元(1 300 000 – 1 000 000)的利润。

2. 鼓励短期优化

Ruth Lunsford是一家小玩具分公司的经理,她对公司前三季度的业绩并不满意。考虑了第四季度的预期收入,当年的投资报酬率将达到13%,比预期至少低2个百分点,这样的一个投资报酬率或许不足以满足她早日升迁的愿望。在仅剩3个月的时候,她必须采取一些更有力的行动。在最后一个季度里提高销售额是不可能的,大多数订单至少提前2—3个月发出了,增强额外的销售作业有利于下一年的绩效。那么,为提高本年的绩效应采取哪些措施呢?

在深思熟虑之后,Ruth决定采取以下措施:①解雇5名薪酬最高的销售人员;②削减50%的第四季度广告预算;③推迟长达3个月的分部内所有的促销活动;④减少75%的预防性维修预算;⑤使用更便宜的原料用于第四季度的生产。总的来说,这些步骤将减少成本费用、增加收入、提高本年度投资报酬率到大约15.2%。

虽然Ruth的行动在短期内增加了利润和提高了投资报酬率,但是存在一些长期的负面影响。解雇薪酬最高(可能是做得最好的)的销售人员可能会损害分部未来的销售成长能力;未来的销售额也会因削减广告费和使用较便宜的原料而受到影响;推迟促销计划会挫伤员工的士气,转而降低生产力和未来的销售额;最终,减少预防性维修预算可能会拉长停工期,降低生产设备的寿命。

> **道德决策**
>
> 当管理者尝试"把玩"投资报酬率时,应当考虑这场游戏中的道德因素。Ruth的5名高薪酬销售人员可能是她最好的销售员工,让他们离职可能意味着销售额的减少,这样的结果并不是出于公司利益最大化的考虑。因此,她的行为直接违背了确保公司利益最大化的职责。同时,裁员也违反了公司和员工之间关于员工工作出色意味着与公司保持长期雇佣关系的隐形契约。

12.3 以剩余收益和经济增加值衡量投资中心的绩效

由于投资报酬率会抑制可盈利但会拉低分部投资报酬率的投资项目,为了缓解依赖投资报酬率进行绩效衡量的趋势,一些公司采用了替代的绩效衡量标准,如剩余收益。经济增加值是一些公司(如 Herman Miller 公司)计算剩余收益的另一种方法。

12.3.1 剩余收益

剩余收益(residual income)是经营利润与公司营运资产的最低必要报酬的差额。

$$剩余收益 = 经营利润 - 最低报酬率 \times 平均营运资产$$

演练 12.2 展示了如何计算剩余收益。

演练 12.2

计算剩余收益

知识梳理:

剩余收益是以金额而不是以百分比来衡量。它将收益和最低必要报酬相联系,使管理者克服了拒绝会降低部门投资报酬率的盈利项目的倾向。

资料:

Celimar 公司西部分公司上一年的经营利润如下(单位:美元):

销售额	480 000
产品销售成本	222 000
毛利	258 000
销售和管理费用	210 000
经营利润	48 000

年初营运资产的价值为 277 000 美元,年末营运资产的价值为 323 000 美元。Celimar 公司要求的最低报酬率为 12%。

要求:

计算西部分公司的平均营运资产和剩余收益。

答案:

平均营运资产 = (年初资产 + 年末资产) ÷ 2
     = (277 000 + 323 000)/2
     = 300 000(美元)

剩余收益 = 经营利润 - 最低报酬率 × 平均营运资产

$$=48\,000 - (0.12 \times 300\,000)$$
$$=48\,000 - 36\,000$$
$$=12\,000(美元)$$

公司设定的最低报酬率和必要报酬率是相同的。如果剩余收益大于零,分部收益就大于最低报酬率;如果剩余收益小于零,分部收益就小于最低报酬率;如果剩余收益等于零,分部收益等于最低报酬率。

1. 剩余收益的优势

回顾一下洗涤用品分部的经理拒绝了项目Ⅰ,因为项目Ⅰ会降低分部的投资报酬率。然而,这个决策使公司损失了300 000美元的利润,而将剩余收益作为绩效评估的工具可以防止这种损失的发生。每个项目的剩余收益计算如下:

项目Ⅰ:

剩余收益 = 经营利润 - (最低报酬率 × 平均营运资产)
$$=1\,300\,000 - (0.10 \times 10\,000\,000)$$
$$=1\,300\,000 - 1\,000\,000$$
$$=300\,000(美元)$$

项目Ⅱ:

剩余收益 $=640\,000 - (0.10 \times 4\,000\,000)$
$$=640\,000 - 400\,000$$
$$=240\,000(美元)$$

注意到两个项目的剩余收益都为正。为了方便比较,四个投资方案的分部剩余收益分列如下:

单位:美元

项目	投资方案			
	项目Ⅰ	项目Ⅱ	项目Ⅰ和项目Ⅱ	都不选
营运资产	60 000 000	54 000 000	64 000 000	50 000 000
经营利润	8 800 000	8 140 000	9 440 000	7 500 000
最低报酬	6 000 000	5 400 000	6 400 000	5 000 000
剩余收益	2 800 000	2 740 000	3 040 000	2 500 000

如上所示,选择"项目Ⅰ和项目Ⅱ"的剩余收益增加得最多。剩余收益鼓励管理者接受任何报酬大于最低报酬的项目。

2. 剩余收益的劣势

剩余收益与投资报酬率一样,也会产生短期行为的倾向。如果在剩余收益的基础上评估Ruth的做法,那么她会采取同样的行为。

剩余收益的另一个问题在于,与投资报酬率不同,它是一个完全衡量盈利性的指标。由于两个投资中心的投资水平是不同的,因此直接比较两个不同投资中心的绩效变得困难。例如,考虑最低必要报酬率为8%的分部A和分部B的剩余收益的计算问题。

项目	分部 A	分部 B
平均营运资产(美元)	15 000 000	2 500 000
经营利润(美元)	1 500 000	300 000
最低报酬(美元)	(1 200 000)	(200 000)
剩余收益(美元)	300 000	100 000
剩余回报率(%)	2	4

由于分部 A 的剩余收益是分部 B 的 3 倍,是否分部 A 的绩效好于分部 B 的绩效呢?然而我们注意到,分部 A 比分部 B 要大很多,分部 A 的资产是分部 B 的 6 倍。弥补这个劣势的一种方法是计算两者的投资报酬率和剩余收益,并结合使用两种指标评估绩效。投资报酬率可以用于分部之间的比较。

12.3.2 经济增加值

1. 经济增加值的计算

另一个与剩余收益类似的财务绩效指标是经济增加值。**经济增加值**(economic value added,EVA)[1]是税后净经营利润减去资本成本的差额,资本成本为实际资本成本率[2]与投入资本总额的乘积,其计算公式如下:

经济增加值 = 税后净经营利润 − 实际资本成本率 × 投入资本总额

演练 12.3 展示了如何计算经济增加值。

演练 12.3

计算经济增加值

知识梳理:

经济增加值以实际已投入资本成本调整收益。因此,经济增加值是在给定期间内衡量公司财富创造或毁损价值的衡量指标。

资料:

Celimar 公司西部分公司上年的净利润如下(单位:美元):

销售额	480 000
销货成本	222 000
毛利	258 000
销售和管理费用	210 000
经营利润	48 000
减:所得税(税率为 30%)	14 400
净利润	33 600

---

[1] 经济增加值是 Stern Stewart 公司在 20 世纪 90 年代引入的,更多信息参见公司网站 www.sternstewart.com/evaabout/whatis.php。

[2] 公司实际资本成本率的计算在高级会计课程中讲授。

投入资本总额为 300 000 美元,Celimar 公司的实际资本成本率为 10%。
要求:
计算西部分公司的经济增加值。
答案:
经济增加值 = 税后净经营利润 − (实际资本成本率 × 投入资本总额)
　　　　　 = 33 600 − (0.10 × 300 000)
　　　　　 = 33 600 − 30 000 = 3 600(美元)

经济增加值是最低报酬率下的剩余收益,最低报酬率即公司的实际资本成本率。如果经济增加值是正的,那么公司在这一期间增加了财富;如果经济增加值是负的,那么公司在这一期间减少了财富。就像老话说的那样,"钱能生钱",经济增加值可以帮助公司确定投资所赚是不是多于投入资本。长期以来,只有那些创造资本或财富的公司才能生存下去。

作为剩余收益的一种形式,经济增加值是一个绝对量指标,而不是百分比形式的报酬率。然而,它的确与投资报酬率这样的报酬率有相通之处,因为它将净利润和投入资本联系起来了。经济增加值的关键特征在于它强调税后经营利润和实际资本成本;此外,剩余收益使用的是最低预期报酬率。

投资者喜欢经济增加值,因为经济增加值把利润和所需资源数量联系起来。很多公司是在经济增加值的基础上进行绩效评估的。举个例子来说,像通用电气、沃尔玛、默克公司、IBM、威瑞森通讯公司、迪士尼、捷蓝航空公司和皮克斯等都使用经济增加值衡量一些能力。一个重要的提醒就是,经济增加值的计算不是以一般公认会计原则(GAAP)为基准,十个不同组织可能用十种不同的方法计算经济增加值;而不像在一般公认会计原则下,所有组织采用相同的计算方法。

2. 经济增加值的行为模式

很多公司发现经济增加值有助于鼓励不止强调经营利润的优秀的分部行为模式,其根本原因在于经济增加值依赖实际资本成本。在一些公司,投资决策的责任归属于公司管理层。因此,资本成本被认为是公司费用而不是属于特定分部的费用。如果一个分部持有存货和投资并以经济增加值进行分析,那么筹资成本会记录在总利润表中,而不是以分部经营利润的减项出现。如果不是以经济增加值分析,结果就是投资一些看似与分部无关的项目,但公司当然可以从中受益。

回到开篇介绍的 Herman Miller 公司的应用。在引入经济增加值度量(精益生产倡议的一部分)之前,Herman Miller 公司实行大批量采购或制造,以期从大额交易中节省费用。例如,经理经常以订购 1 000 个部件为一个批次,而实际上完成订单只需要 200 个部件。然而,引入经济增加值后,经理可以对基建投资进行评估——对加工、运输、存储、替换(如果老化)和修理(如果损坏)这些大量积压产品的固定仓储与设备等相关资产的评估,帮助管理者快速认识到加工积压存货的成本经常超过大量的不必要采购或制造的好处。经济增加值的引入使 Herman Miller 公司管理者的行为发生了巨大的改变。现在,生产过程中每个部分的生产或采购都是依照顾客的订单,并且这个要求在没有重大延误的情况下贯穿生产的全过程,产品在一天之内就能出库。

研究表明,越来越多的公司继续采用经济增加值作为全面绩效评估方案的一部分。① 这值得引起注意。然而,研究也表明,一些公司收集经济增加值指标,努力整合那些复杂的相关指标以帮助管理决策,但不对管理者进行充分的培训。②

12.4 转移定价

在很多分权式组织中,一个分部的产出作为另一个分部的投入。例如,假设索尼的一个分部为索尼 VAIO 系列笔记本生产电池,将电池卖给索尼的另一个分部以完成笔记本的生产。这种两个内部分部之间的转让产生了一个会计问题。转移物品如何估值呢? 当分部都作为责任中心时,基于特定的中心类型,根据它们对成本、收入、经营利润、投资报酬率、剩余收益或经济增加值的贡献进行绩效评估。

因此,转移物品的价值等于售出分部得到的收入和购入分部的成本。转移物品的价值(或者说内在价值)被称为**转移价格**(**transfer price**)。转移价格是公司内部售出部门和购入部门之间关于某个组件的要价。转移定价是一个很复杂的议题,并对分部和全公司都有影响。

12.4.1 转移定价对分部和全公司的影响

当公司的一个分部将物品卖给另一个分部时,这两个分部和全公司都会受到影响。转移物品的价格对以下两项内容产生影响:

(1)购入分部的成本;
(2)售出分部的收入。

因此,这两个分部的利润及经理人的绩效考核和报酬都会受到转移价格的影响。由于两个分部的以利润为基础的绩效(如投资报酬率和剩余收益)评估会受到影响,转移定价通常带有主观色彩。图表 12-5 展示了 ABC 股份有限公司两个分部之间转移价格的作用。A 分部生产一种组件并将其卖给同公司的 C 分部。对 A 分部来说,30 美元的转移价格是一项收入,显然,A 分部希望价格越高越好。相反,对 C 分部来说,30 美元的转移价格是一项成本,就像任何原料成本一样,C 分部希望转移价格越低越好。

---

① Stern Stewart Research, "Stern Stewart's EVA Clients Outperform the Market and Their Peers", *EVAluation*: *Special Report* (October 2002).

② Alexander Mersereau, "Pushing the Art of Management Accounting", *CMA Management*, Volume 79, Issue 9 (February 1, 2006).

图表 12-5 转移价格对转让分部和 ABC 股份有限公司的影响

A 分部	C 分部
生产组件并将其以每单位 30 美元的价格转让给 C 分部	以每单位 30 美元的转移价格从 A 分部购入组件并用于最终产品的生产
转移价格 = 30 美元/单位	转移价格 = 30 美元/单位
计入收入	计入成本
增加收益	减少收益
提高投资报酬率	降低投资报酬率

注:转移价格收入 = 转移价格成本,对 ABC 股份有限公司没有影响。

对整个公司来说,实际转移价格抵消为零,因为不论转移价格是多少,公司的总税前收入都是不变的。然而,转移定价会影响跨国公司的税后利润水平,因为在跨国经营下,各分公司税率和当地政府法律要求的不同导致不同的分部收入。例如,如果售出分部位于低税率的国家而购入分部位于高税率的国家,那么转移价格可能会很高。高转移价格(对 A 分部来说是收入)会增加在低税率国家分部的利润;同时,高转移价格(对 B 分部来说是成本)会减少在高税率国家分部的利润。这样,转移定价战略减少了全公司的所得税。

12.4.2 转移定价政策

分权式公司允许将更多的决策权分配给较低层管理者。对于分权式公司来说,决定两个分部之间的实际转移价格可能达不到生产目标。因此,通常由高层管理者制定转移定价政策,但是仍由分部决定是否转让。例如,Verybig 股份有限公司的高层管理者会基于完全生产成本制定公司的转移定价政策。如果 Mediumbig 分部要转让产品给 Somewhatbig 分部,其转移价格就是产品成本。然而,任何分部不会被迫进行内部转让。转移定价政策只说明了如果产品被转让,那么一定会发生成本。

在实际应用中,常用的转移价格政策如下:① 市场价格;② 以成本为基础的转移价格;③ 协商转移价格。

1. 市场价格

如果转让产品存在一个竞争性的外部市场,那么市场价格就是最佳的转移价格。在这种情形下,分部经理的行为将同时优化分部和全公司的利润。此外,没有哪个分部会以另一个分部的牺牲为代价而获利。在这种设置下,高层管理者不会试图加以干涉。

假设某家公司的家具分部生产日式床垫,同公司的床褥分部生产褥子(包括和日式床垫配套的褥子)。如果褥子都是从床褥分部转让给家具分部,那么就存在转移定价的机会。在这种情形下,床褥分部是售出分部,而家具分部是购入分部。假设每个褥子卖给外部买家的价格为 50 美元,则 50 美元就是市场价格。显然,床褥分部不可能以低于 50 美元的价格卖给家具分部;同样,家具分部也不会购买价格高于 50 美元的褥子。因此,转移价格就是市场价格。

如果可能的话,市场价格是转移定价的最佳方法。由于售出分部能以市场价格卖出所有产品,因此以更低的价格进行内部转让会使该分部亏损。同样,购入分部能以市场价格获得所需产品,当然不愿意支付更高的内部转移价格。

这两个分部能按市场价格转让吗?这其实不重要,因为不管内部转让是否发生,分部和公司作为一个整体都会盈利。当然,如果发生内部转让,其转移价格就是市场价格。

2. 以成本为基础的转移价格

通常不存在有利的外部市场价格。由于转让产品使用专利公司的原创设计,市场价格可能不存在。因此,公司可能会采用成本基础定价法。例如,假设床褥分部需要高密度泡沫填充床垫褥子,但是没有生产这种合适尺寸的褥子的外部厂家。如果公司已经确定了成本基础转移定价政策,那么床褥分部的要价将涵盖床褥生产的全部成本(包括直接材料、直接人工、变动制造费用和一部分的固定制造费用)。假设褥子的所有成本如下:

直接材料	15 美元
直接人工	5 美元
变动制造费用	3 美元
固定制造费用	5 美元
全部成本	28 美元

现在的转移价格为每个褥子 28 美元,由家具分部支付给床褥分部。注意,转移价格对售出分部(床褥分部)来说是零利润的。床褥分部会试图相应削减床垫褥子的内部转让产量而增加外部销售的褥子产量。为了减少这种行为的发生,高层管理者可以将"成本"规定为"成本加成"。在这种情形下,假设公司允许以成本加成 10% 进行转移定价,那么转移价格就是 30.80 美元,计算如下:

$$转移价格 + 转移价格 \times 10\% = 28 + 28 \times 0.10 = 30.80(美元)$$

如果实行成本基础转移定价政策,还会发生内部转让吗?这视情况而定。假设家具分部想生产低质量的褥子并以 25 美元的单价卖给外部市场,那么就不会发生内部转让。再假设床褥分部满负荷生产并能以 40 美元的单价卖出褥子,那么床褥分部将拒绝转让褥子给家具分部,而全部出售给外部买家。

3. 协商转移价格

高层管理者还可能让售出分部和购入分部的经理共同协商一个转移价格。这个方法在市场不完善的情形下尤其适用,如内部分部可以避免外部市场参与者一定会发生的销售及分销费用。协商转移价格使两个分部共同分享了由此带来的成本节约。

在床褥分部和家具分部的例子中,假设床垫褥子的出售单价一般为 50 美元,产品总成本为 28 美元。通常,销售人员的销售佣金为 5 美元,但是这不构成内部转让成本。现在存在一个从最低转移价格至最高转移价格的谈判范围。两个分部将协商转移价格,以此确定每个分部能获得多少成本节约。

(1) 最低转移价格(下限):将产品卖给内部分部比卖给外部市场对售出分部更有利的转移价格,即转移价格谈判范围的下限。

(2) 最高转移价格(上限):从内部分部购买产品比从外部采购对购入分部更有利的

转移价格,即转移价格谈判范围的上限。

在这个例子中,最低转移价格为45美元,等于市场价格50美元减去内部销售可避免的销售佣金5美元。

如果褥子都来自外部市场,家具分部必须支付的外部市场价格就是最高转移价格50美元。那么实际转移价格是多少呢?这取决于床褥分部经理和家具分部经理的谈判技巧,45美元和50美元之间的价格都是可接受的。

演练12.4阐述了如何计算上述几种类型的转移价格。

演练12.4

计算转移价格

知识梳理:

转移价格表示同一公司不同分部之间卖出或转让产品的价格。各分部可以按转移价格计算其获利能力。

资料:

Omni公司有很多分部,包括生产线路板的Alpha分部与生产供暖和空调的Delta分部。Alpha分部生产的cb-117模型可以用于Delta分部具有调节供暖和空调系统功能的恒温器的生产。cb-117的市场价格为14美元,且线路板的全部成本为9美元。

要求:

1. 如果Omni公司的转移定价政策要求以完全成本转让,那么转移价格是多少? Alpha分部和Delta分部会选择以该价格转让吗?

2. 如果Omni公司的转移定价政策要求以市场价格转让,那么转移价格是多少? Alpha分部和Delta分部会选择以该价格转让吗?

3. 假设Omni公司允许协商转移定价,且Alpha分部将产品出售给Delta分部可以免除3美元的销售费用,那么哪个分部设定最低转移价格? 最低转移价格是多少? 哪个分部设定最高转移价格? 最高转移价格是多少? Alpha分部和Delta分部会选择在议价范围内确定一个转移价格吗?

答案:

1. 完全成本转移价格为9美元。Delta分部很满意这个价格,但是Alpha分部拒绝转让,因为外部市场的出价为14美元。

2. 市场价格为14美元。Delta分部和Alpha分部将以该价格进行转让,因为不论是从外部市场购买还是出售给外部市场,内部转让对双方来说都不会亏损。

3. 最低转移价格为11美元(14-3),由Alpha分部(售出分部)设定。

最高转移价格为14美元,这是市场价格且由Delta分部(购入分部)设定。

两个分部将在议价范围内接受转移价格,具体的协商价格由各分部经理的谈判技巧决定。

Kicker 管理实践

Kicker 公司的高层管理涉及公司的各个方面,从研发设计、生产、销售、运输到售后均有涉猎。来自定期利润表的利润业绩是一项重要的计量指标,Kicker 公司还关注很多其他的绩效衡量标准。

例如,财务信息是非常重要的,总裁和副总裁每个月都会审阅财务报表,仔细查看财务趋势并与预算数额进行比较,分析成本费用的增加或收入的减少,以便发现这种变化趋势的根本原因。

客户满意度也是持续衡量的一种标准。Kicker 公司有两种主要类型的客户——销售 Kicker 产品的商家和终端客户。不同的客户类型有特定的需求。例如,商家拥有 Kicker 产品独家经销权,并且 Kicker 公司的授权期为一年。然而,终端客户希望得到尽可能低的价格,他们偶尔能在网上找到低价产品(也称水货,因为销售者没有合法经销权)。以前,非经销商的产品是未经授权的,消费者在网上购买了新产品后常常会出现问题,且当产品出现问题时无法获得质保服务。因此,为了让顾客满意,Kicker 公司决定向非法商家提供短期的新产品经销权。

Kicker 公司聚焦于长期战略目标。例如,研发工程师为了避免在行业中落后而不断学习。当 Kicker 公司着手生产并销售原始设备制造(OEM)扬声器给主要的汽车制造商时,很多员工必须快速掌握国际标准组织(ISO)的质量理念。他们积极学习相关课程,向咨询顾问请教,并到其他 ISO 质量标准的公司参观学习。

12.5 平衡计分卡:基础概念

部门收益、投资报酬率、剩余收益和经济增加值都是管理绩效的重要衡量指标,但是它们只是引导管理者关注金额数字,并没有反映公司的全貌。此外,低层管理者和员工在影响收益与投资方面是无能为力的。因此,研究者开发出许多非财务衡量指标(如市场份额、客户投诉率、员工流动率和员工发展),让低层管理者理解长期指标的重要性,以此减缓过度重视财务指标的趋势。

在先进制造环境下的管理者尤其可能运用多种绩效评估手段,包括财务的和非财务的衡量指标。例如,通用汽车考核产品研发部主管 Robert Lutz,以 12 项标准为基础。这些指标包括如何将现有部件应用到新汽车中,以及从研发过程削减了多少工程耗时。[1]

平衡计分卡(balanced scorecard) 是一种基于战略基础责任会计体系的战略管理系统。平衡计分卡将组织的使命和战略解释为经营目标和四个维度的绩效评估。

---

[1] David Welch and Kathleen Kerwin,"Rick Wagoner's Game Plan", *BusinessWeek* (February 10,2003):52-60.

财务维度(financial perspective)描述了在其他三个维度下所采取的措施的经济后果。

客户维度(customer perspective)定义了客户和业务单元进行竞争的细分市场。

内部运营维度(internal business process perspective)描述了为客户和所有者提供价值的内部流程。

学习与成长或基础结构维度(learning and growth or infrastructure perspective)定义了组织长期成长和发展所需的能力。这个维度与三个主要促成因素有关:员工能力、信息系统能力和员工态度(积极性、激励自主和合作)。

图表 12-6 展示了基于三星级和四星级酒店的问卷调查数据的一家代表性酒店的平衡计分卡,包括四个基本计分卡类目和每个类目关键指标的目标。[1]

图表 12-6　Ashley 酒店的平衡计分卡

目标	指标
财务维度	
营业收入	• 总日常经营利润 • 每个可用客房的收入
营业成本	• 与预算相关的营业成本 • 每个顾客占用的成本
客户维度	
客户满意	• 客户满意度 • 每月投诉量
客户忠诚	• 新获奖俱乐部会员的数量 • 回头客的比重
内部运营维度	
员工流动	• 员工流动率 • 员工抱怨数量
客户投诉反馈	• 收到反馈的投诉的比重 • 平均反馈时间
学习与成长维度	
新市场认可	• 新地区获奖俱乐部会员资格的增长
员工培训与提高	• 参加培训课程的员工比重 • 培训前后的调查分数

资料来源:Measures are based on survey data reported from actual hotels——N. Evans, Assessing the Balanced Scorecard as a Management Tool for Hotels, *International Journal of Contemporary Hospitality Management*. 2005 Vol. 17(Issue 4/5):376-390.

---

[1] N. Evans,"Assessing the Balanced Scorecard as a Management Tool for Hotels", *International Journal of Contemporary Hospitality Management*, Vol. 17(Issue 4/5,2005):376-390.

12.5.1 战略转化

平衡计分卡框架的创始人将战略定义为①:……选择市场和客户以细分服务的业务部门,确定在目标细分市场上向客户传递价值主张的关键的内部和业务流程,并选择内部、客户和财务目标所需的个人与组织的能力。

战略详细地说明了四个维度的理想关系。战略转化则意味着说明关于各个维度的目的、措施、目标和动机。下面以财务维度为例。

- 目的:在财务维度,公司的目的可能是引入新产品以增加收入。
- 措施:绩效衡量标准可能是收入占新产品销售额的比重。
- 目标:下一年的目标或标准可能是20%(下一年总收入的20%一定是源自新产品的销售)。
- 动机:动机描述了战略是如何实现的,其中包括其他三个维度。

公司必须确认客户细分、内部运营、个人和组织的能力,以确保收益增长目标的实现。它阐述了这样一个事实:财务目的是其他三个维度的目的、措施和动机的中心。

1. 绩效评估的作用

平衡计分卡不是简单的关键绩效评估指标的集合。绩效评估以公司的愿景、战略和目标为基础。绩效评估应在以下几个标准之间取得平衡:

(1)绩效驱动指标(未来财务绩效的领先指标)和结果评价指标(财务绩效的滞后指标);

(2)主观指标和客观指标;

(3)外部指标和内部指标;

(4)财务指标和非财务指标。

绩效评估还必须与组织战略相联系,这将为组织创造显著的优势。例如,每个季度,Analog设备公司的高级经理都要讨论不同分部的平衡计分卡结果。有一次,管理者注意到用于衡量新产品研发效率的比率问题,很快发现一个分部在研发新产品方面是滞后的。该分部的经理非常重视研发,加大投入,开发新细分市场、新产品销售和市场战略,以增大研发的力度。Analog设备公司负责市场、质量和计划的副总裁指出,如果不关注财务信息就不能及时发现问题。② 其他公司(如蒙特利尔银行、希尔顿酒店和杜克大学儿童医院)都取得了类似的成功。

战略管理体系得到快速而广泛的采用是对平衡计分卡应用价值的强有力证明。例如,像通用电气、威瑞森和微软这样的公司已将内部平衡计分卡融入与影响组织成败的重要风险有关的包含关键财务指标和非财务指标的风险指示板。③ 另外,其他组织(如沃

---

① Robert S. Kaplan and David P. Norton, *The Balanced Scorecard* (Boston: Harvard Business School Press, 1996), p. 37.

② Joel Kurtzman, "Is Your Company Off Course: Now You Can Find Out Why", *Fortune* (February 17, 1997), http://money.cnn.com/magazines/fortune/fortune_archive/1997/02/17/222180/index.htm (accessed December 13, 2006).

③ Ante Spencer, "Giving the Boss the Big Picture", *BusinessWeek* (February 13, 2006).

尔玛)也用平衡计分卡的某些指标,促使供应商关注日渐重要的可持续性问题,如少用包装材料和开发更有效的包装技术。①

2. 联系绩效评估和战略

平衡结果评价和绩效动因与组织战略相联系是非常必要的。绩效动因是推动事项发生并衡量结果如何实现的指标。因此,它们对于特定的战略是独一无二的。结果评价也很重要,因为它们揭示了是否成功地实施了战略并获得所期望的经济结果。例如,如果不合格产品的数量减少了,公司的市场份额能增大吗？这样做的话,可以创造更多的收入和利润吗？这些问题表明,联系最重要的原则是因果关系的应用。事实上,**可检验战略**(testable strategy)是针对总目标的一系列目标的联系集合。我们可以将战略表述为一组"如果……那么"语句顺序的因果假设,以实现战略的可检验性。② 例如,考虑以下将质量培训与提高盈利水平相联系的语句顺序:

如果设计师接受了质量培训,那么就能重新设计产品从而减少次品的数量;如果次品数量减少了,那么顾客满意度就会提高;如果顾客满意度提高了,那么市场份额就会增大;如果市场份额增大了,那么销售额就会增加;如果销售额增加了,那么利润也会增加。图表12-7展示了以"如果……那么"语句顺序进行描述的质量提高战略。

首先,注意在因果关系假设基础上的四个维度是如何相互联系的：
- 学习与成长维度以质量培训体现。
- 内部运营维度以重设计和生产过程体现。
- 客户维度以客户满意度和市场份额体现。
- 财务维度以销售额和利润体现。

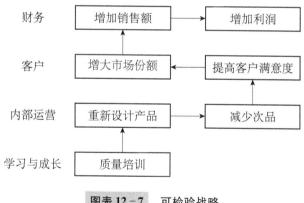

图表12-7 可检验战略

其次,战略的可行性是可检验的。战略反馈可以让管理者检验战略的合理性。质量

---

① "Getting Leaner—Ahead of the Pack: Suppliers Adjust to New Packaging Priorities", *Retailing Today* (2006):16-18.
② Robert S. Kaplan and David P. Norton, *The Balanced Scorecard* (Boston: Harvard Business School Press, 1996), p.149. Kaplan and Norton describe the sequence of if-then statements only as a strategy. Calling it a testable strategy distinguishes it from the earlier, more general definition offered, and, in our opinion, properly so.

培训时长、重新设计产品的数目、次品的数量、客户满意度、市场份额、销售额和利润都是可观测的指标,因此可以检验它们的关系以了解战略是否达到了预期结果。如果没有达到预期结果,可能是两个原因造成的,即实施问题或无效战略。

3. 实施问题

也许关键绩效动因(如培训和产品重设计)没有达到目标水平(更少的培训时间和更少的重设计产品),在这种情形下,无法得到有关次品数量、客户满意度、市场份额、销售额和利润的目标结果可能只是实施的问题。

4. 无效战略

如果达到了绩效动因的目标水平,但是没有得到预期的结果,那么问题很可能与战略本身有关。这个例子描述了双环反馈。无论管理者何时收到有关战略实施效率和战略假设有效性的信息,都会发生**双环反馈(double-loop feedback)**。在以职能为基础的责任会计系统中,一般只有单环反馈。**单环反馈(single-loop feedback)**只强调实施的效率。在单环反馈中,偏离预期结果的实际结果是采取修正行动的信号,因此计划(战略)能按预期执行。以计划为基础的假设的有效性通常不会被质疑。

12.5.2 四个维度与绩效衡量指标

四个维度定义了组织的战略,并为开发一套综合的、紧密结合的绩效评估系统提供了结构或框架。这些衡量指标一旦被开发出来,就会成为向管理者和员工表达并沟通组织战略的手段,还服务于将个人目标和行为与组织目标和动机紧密结合的目的。

1. 财务维度

财务维度建立了长期和短期的财务绩效目标,与其他三个维度的总体财务结果有关。因此,其他三个维度的目标和方法一定与财务目标相关。财务维度有三个战略主题——增加收入、减少成本、利用资产,这三个主题是特定经营目标和方法发展的基础。

(1)增加收入。与增加收入有关的可能目标包括增加新产品数量、为现有产品开发新的应用、开发新的客户和市场、采用新的价格策略。

一旦公布了经营目标,相关人员就可以开始设计绩效衡量指标。例如,上述列举的目标(按顺序给出)的评估指标可能是新产品收益的百分比、新应用收益的百分比、新客户和市场细分收益的百分比、产品或客户的盈利性。

(2)成本减少。成本减少的主要目标包括减少单位产品成本、减少每位客户的成本、减少每个分销渠道的成本。

合适的衡量指标是特定成本对象的单位成本,可以从指标的趋势辨别成本是否在减少。对于这些目标来说,成本分摊的正确性尤其重要。作业成本法发挥了重要的衡量作用,尤其是针对销售和管理费用,因为这种费用通常不能分配给诸如客户和分销渠道这样的成本对象。

(3)利用资产。提高资产利用率是主要目标,运用如投资报酬率和经济增加值等财务指标。图表12-8总结了财务维度的目标和衡量指标。

图表 12-8　财务维度的目标和指标

目标	指标
增加收入	
增加新产品数量	新产品收益的百分比
开发新应用	新应用收益的百分比
开发新的客户和市场	新来源收益的百分比
采用新的价格策略	产品或客户的盈利性
减少成本	
减少单位产品成本	每单位产品成本
减少每位客户的成本	每位客户的成本
减少分销渠道成本	每个分销渠道的成本
利用资产	投资收益
提高资产利用率	经济增加值

2. 客户维度

客户维度是财务目标收益部分的来源。这个维度确定并筛选客户和公司参与竞争的细分市场。

(1) 核心目标和指标。一旦确定了客户和细分市场就会产生核心目标和指标。核心目标和指标普遍贯穿所有组织,其中五个关键核心目标为:提高市场份额、增强客户维系、增强客户获取、提高客户满意度、提高客户盈利性。

这些目标相应的核心指标可能是市场份额、既有客户的业务增长率、回头客的比例、新客户的数量、客户满意度调查评级及个人和细分市场的盈利性。作业成本法是评估客户盈利性的关键工具(参见第 7 章),而客户的盈利性是这些核心指标中唯一的财务指标。鉴于其强调了正确的客户种类的重要性,这个指标是至关重要的。如果客户不具有盈利性,那么拥有客户的好处是什么呢?这个问题的答案厘清了以客户为重点和客户导向之间的区别。

(2) 客户价值。除了核心目标和指标,我们还需要驱动客户价值创造的指标,并以此驱动核心结果。例如,增加客户价值以建立客户忠诚度(增加回头客)和提高客户满意。**客户价值**(customer value)是实现和牺牲的价值差,实现是客户收到的价值,而牺牲则是客户放弃的价值。实现价值包括产品功能(特征)、产品质量、运送可靠性、交付响应时间、形象和声誉;牺牲价值包括产品价格、学习使用产品的时间、经营成本、维护费用和处置成本。在客户购买之后发生的成本都称为**售后成本**(post-purchase costs)。

与实现价值和牺牲价值主题相关的属性提供了能够提高核心结果的目标及指标的基础。与牺牲价值主题相关的目标是最简单的,包括降低价格和降低售后成本。

销售价格和售后成本是价值创造的重要指标。降低这些成本能够减少客户牺牲,从而增加客户价值。增加客户价值对大多数核心目标来说都是有利的。

类似地,有利影响也可以借由增加实现价值而获得。实现价值目标包括增强产品功能、提高产品质量、提高运送可靠性、提高产品形象和声誉。

这些目标相应的指标可能包括功能满意度评级、收益百分比、准时交货百分比和产品认可度评级。在这些目标和指标中,我们以运送可靠性来阐述指标是如何影响管理行为的,并说明仔细选择和使用绩效评估指标的必要性。

运送可靠性表示产品准时交付。准时交货率是一种广泛使用的、衡量可靠性的经营性指标。为了衡量准时交货的情况,公司设置了交货日期,以准时交货的订单量除以交货的总订单量计算得到准时交货率。当然,公司的目标是实现100%的准时交货率;然而,该指标的使用有时候可能会产生不理想的行为后果。① 绩效评估指标鼓励管理者采纳一次较大延迟程度而不是几次中等延迟程度的交货方式,衡量延迟交货的账龄表有助于减轻这个问题。图表12-9总结了客户维度的目标和指标。

图表12-9　客户维度的目标和指标

目标	指标
核心	
提高市场份额	市场份额(市场占比)
增强客户维系	既有客户的业务增长
	回头客的比例
增强客户获取	新客户的数量
提高客户满意度	客户满意度调查评级
提高客户盈利性	客户盈利性
客户价值	
降低价格	价格
降低售后成本	售后成本
增强产品功能	功能满意度评级
提高产品质量	收益百分比
增加运送可靠性	准时交货百分比
	账龄表
提高产品形象和声誉	客户调查(产品认可度)评级

3. 内部(运营)维度

内部维度通常着重于识别旨在创造客户价值和股东价值以实现客户与财务目标的组织核心内业务流程。为了提供内部运营所需的框架,我们应明确流程价值链。**流程价值链**(process value chain)由以下三个流程组成:①**创新流程**(innovation process)预期客户潜在的、有新意的需求,并创造出新产品和新型服务来予以满足。创新流程代表了所谓的长期价值创造;②**营运流程**(operation process)生产并交付既有的产品和服务。营运流程以客户订单开始,以产品或服务的交付结束,是短期价值创造;③**售后服务流程**(postsales service process)在产品或服务交付后,售后服务流程为客户提供关键且及时的服务。

---

① Joseph Fisher, "Nonfinancial Performance Measures", *Journal of Cost Management*(Spring 1992):31-38.

（1）创新流程的目标和指标。创新流程的目标包括增加新产品数量、提高专卖产品的收入百分比、缩短新产品的开发时间。

相关指标为实际已开发新产品与计划开发产品的比较，如新产品收益百分比、专卖产品收益百分比、产品开发周期（距产品上市的时间）。

（2）营运流程的目标和指标。经常被提及并强调的营运流程目标包括提高流程质量、提高流程效率、缩短流程时间。

流程质量指标有质量成本、产出收益率（产出除以投入）和次品率（正品产出量除以总产出）。流程效率指标主要与流程成本和生产力有关。作业成本法和流程价值分析为衡量与追踪流程成本提供了便利。通常，周期、速率和制造循环效率可作为流程时间衡量指标。

周期和速率。对客户订单做出响应的时间被称为响应性。周期和速率是衡量响应性的两个经营性指标。**周期（cycle time）** 是指生产单位产品从收到原材料（生产周期的起点）到产品交付仓库（生产周期的终点）所花费的时间。因此，周期是生产单位产品所要求的时间，即时长除以产量。**速率（velocity）** 是指在给定时间内生产的产品数量，即产量除以时长。

演练12.5展示了如何计算周期和速率。

演练12.5

计算周期和速率

知识梳理：

周期（生产时长/产量）和速率（产量/时长）衡量一家公司对客户订单、客户投诉和新产品开发做出响应的时间。

资料：

某家公司其中一个生产车间的资料如下：每季度（3个月）的最高产量为200 000单位；每季度的实际生产量为160 000单位；每季度的生产时长为40 000小时。

要求：

1. 计算理论周期（结果精确到分钟）。
2. 计算实际周期（结果精确到分钟）。
3. 计算每小时单位理论速率。
4. 计算每小时单位实际速率。

答案：

1. 理论周期 = 40 000 × 60/200 000
   = 12（分钟/单位）
2. 实际周期 = 40 000 × 60/160 000
   = 15（分钟/单位）
3. 理论速率 = 60/12
   = 5（单位/小时）

4. 实际速率 = 60/15
   = 4(单位/小时)

可以采用一些激励措施鼓励业务经理缩短生产周期或提高速率,以提高交货绩效。完成这个目标的方法是将产品成本与生产周期相联系,并根据减少的产品成本奖励业务经理。例如,在适时制生产的公司里,车间的转化成本分配到以生产时长为基础的产品中,基于一个期间内可用的理论生产时长(分钟),计算每分钟附加价值的标准成本。

$$每分钟标准成本 = \frac{车间转换成本}{可用时长}$$

每分钟标准成本乘以期间内生产所需的实际周期,得到每单位转化成本。比较按实际生产周期计算得到的单位成本与按理论或最佳生产周期计算得到的可能单位成本,管理者以此评估发展的提升潜力。车间生产产品耗费的时间越长,单位产品成本就越高。出于减少产品成本的动机,这个方法能激励生产部门经理和车间工人想办法缩短生产周期或提高速率。

制造循环效率。基于经营指标的另一种时间度量,我们可以计算**制造循环效率**(**manufacturing cycle efficiency**,**MCE**)。制造循环效率等于附加价值时间除以总时间。总时间包括附加价值时间(效率生产耗费的时间)和非附加价值时间(运送时间、检查时间和等待时间等)。制造循环效率的计算公式为:

$$制造循环效率 = \frac{加工时间}{加工时间 + 运送时间 + 检查时间 + 等待时间}$$

在上式中,加工时间为原材料转化为完工产品所需的时间;其余的作业和耗费的时间都被视为无用时间,目标是将这些时间减至零。如果完成了这个目标,制造循环效率的价值就是 1.0 或 100%。当制造循环效率提高(向 1.0 发展)时,周期也将缩短。此外,由于提高制造循环效率的唯一方法是减少时间的浪费,因此也会减少成本。演练 12.6 展示了如何计算制造循环效率。

演练 12.6

计算制造循环效率

知识梳理:

制造循环效率衡量了由附加价值加工引起的制造周期时间比例。在没有任何时间浪费的情况下,该比例等于 1.0。

资料:

某家公司提供的资料如下:每季度(3 个月)的最高产量为 200 000 单位;每季度的实际生产量为 160 000 单位;每季度的生产时长为 40 000 小时;实际周期为 15 分钟;理论周期为 12 分钟。

要求:

1. 计算加工时间和非加工时间。

2. 计算制造循环效率。

答案:

1. 加工时间等于理论周期。也就是说,如果顺利发展且没有任何时间浪费,那么生产单位产品将花费 12 分钟。因此,非加工时间一定是实际周期(包括浪费的时间)和理论周期之差。

加工时间 = 理论周期 = 12(分钟)

非加工时间 = 实际周期 − 理论周期 = 15 − 12 = 3(分钟)

2. 制造循环效率 = 加工时间 ÷ (加工时间 + 非加工时间)
   = 12/(12 + 3) = 0.8

演练 12.6 阐述了一个以制造循环效率为衡量标准的非常有效率的流程。很多制造公司的制造循环效率低于 0.05。[①]

(3)售后服务流程的目标和指标。提高质量、提高效率和缩短加工时间都是售后服务过程的目标。例如,服务质量以首次通过率衡量,首次通过率就是一个服务电话就能解决客户需求的比例。效率以成本趋势和生产力指标进行衡量。加工时间以周期时间进行衡量,周期的起点是接受客户请求的时点,终点是解决客户问题的时点。图表 12 − 10 总结了内部运营维度的目标和指标。

图表 12 − 10　内部运营维度的目标和指标

目标	指标
创新流程	
增加新产品数量	新产品数量 VS 计划产品数量
增加专卖产品	专卖产品的收入百分比
缩短新产品的开发时间	产品开发周期
营运流程	
提高流程质量	质量成本
	产出收益率
	次品率
提高流程效率	单位成本趋势
	产出/投入
缩短流程时间	周期和速率
	制造循环效率
售后服务流程	
提高服务质量	首次通过率
提高服务效率	成本趋势
	产出/投入
缩短服务时间	周期时间

[①] Robert S. Kaplan and David P. Norton, *The Balanced Scorecard*(Boston:Harvard Business School Press,1996).

4. 学习与成长维度

在一般的平衡计分卡里,第四个也是最后一个类目是学习与成长维度,代表保证其他三个维度的目标得以完成的能力的源头。学习与成长维度的主要目标包括增强员工能力、增强积极性和一致性及自主性、增强信息系统能力。

(1) 员工能力。衡量员工能力的三个核心产出标准是员工满意度评级、员工流通率和员工生产力(如每位员工创收)。衡量员工能力的引导指标或绩效驱动指标的例子——培训时间和战略工作胜任率(关键工作要求的完成比例)。当出现新的流程时,员工就需要新的技能,而培训和雇人是获取新技能的来源。此外,在特定关键领域掌握必要技能的员工百分比标志着组织满足其他三个维度的目标的能力。

(2) 积极性、一致性和自主性。员工仅有必要的技能是不够的,他们还应该积极、主动、高效地在工作中运用这些技能。每位员工提出建议的数量和已执行建议的数量是衡量员工积极性与自主性的指标。每位员工的建议是衡量员工参与度的一种指标,而已执行建议的数量则标志着员工参与的质量,也代表着员工的建议是否得到认真对待。

(3) 信息系统能力。提高信息系统能力意味着提供更准确、及时的信息给员工,使员工能改进流程并高效执行流程。有些指标与战略信息的可用性有关。例如,具有实时反馈性能的运营所占的比重、面向客户并能在互联网上获取客户和产品信息的员工所占的比重。图表 12-11 总结了学习与成长维度的目标和指标。

图表 12-11 学习与成长维度的目标和指标

目标	指标
员工能力	
增强员工能力	员工满意度评级
	员工生产力(收入/员工)
	培训时长
	战略工作胜任率(关键工作要求完成率)
激励	
增强员工积极性、一致性和自主性	每位员工的建议数量
	每位员工被采纳的建议数量
信息系统能力	
增强信息系统能力	具有实时反馈性能的运营所占的比重
	面向客户并能在互联网上获取客户和产品信息的员工
	所占的比重

学习目标

LO1 解释公司为什么选择分权及如何分权。
- 在分权式组织中,低层管理者有权做出决定和执行决定。
- 在集权式组织中,低层管理者只对执行决定负责。
- 公司选择分权制的理由如下:
  - 当地管理者能利用当地的信息做出更好的决策;
  - 当地管理者能提供更及时的反馈;
  - 总部主管无法完全掌握所有的产品和市场。
- 分权式管理可以训练并激励当地管理者,还能将高层管理者从日常经营中解放出来,把时间和精力放在像战略规划这样的长期作业活动中。设计有效的绩效衡量指标和激励系统,能够确保管理者在分权式组织中运用决策权提高组织业绩,管理会计在这方面发挥了重要作用。
- 四种类型的责任中心:
  - 成本中心,管理者对成本负责;
  - 收入中心,管理者对价格和销售量负责;
  - 利润中心,管理者对成本和收入负责;
  - 投资中心,管理者对成本、收入和投资负责。

LO2 计算并解释投资报酬率。
- 投资报酬率等于经营利润除以平均营运资产。
- 边际收益等于经营利润除以销售额,或者边际收益乘以周转率。
- 周转率等于销售额除以平均营运资产。
- 优势:投资报酬率能激励管理者着重于提高产量、控制成本和有效使用资产。
- 劣势:投资报酬率也会造成为短期利益而牺牲长期利益的现象。

LO3 计算并解释剩余收益和经济增加值。
- 剩余收益等于经营利润减去最低资本成本率和投入资本的乘积。
  - 如果剩余收益>0,那么分部的收益大于最低资本成本;
  - 如果剩余收益<0,那么分部的收益小于最低资本成本;
  - 如果剩余收益=0,那么分部的收益正好等于最低资本成本。
- 经济增加值等于税后净经营利润减去每年实际资本成本总额。
  - 如果经济增加值>0,那么公司正在创造财富(或价值)。
  - 如果经济增加值<0,那么公司正在毁损财富。

LO4 说明转移定价在分权式公司的作用。
- 转移价格是一家公司的售出分部向同一公司的购入分部的要价。
  - 对售出分部来说增加收入;
  - 对购入分部来说增加成本。
- 一般的转移定价政策如下:
  - 成本基础定价(如产品总成本);

- 市场基础定价(外部市场要价);
- 协商定价(售出分部和购入分部主管进行协商)。

LO5 说明平衡计分卡的应用,并计算周期、速率和制造循环效率。
- 平衡计分卡是一种战略管理系统。
- 面向四个维度开发目标和指标:
  - 财务维度;
  - 客户维度;
  - 内部运营维度;
  - 学习与成长维度。
- 速率表示一定时期内生产的产品数量。
- 周期表示生产单位产品所需的时间。
- 制造循环效率等于附加值时长除以总时长。制造循环效率越高,公司的效率越高。

重要公式

1. 投资报酬率 = $\dfrac{\text{经营利润}}{\text{平均营运资产}}$

2. 平均营运资产 = $\dfrac{\text{期初资产} + \text{期末资产}}{2}$

3. 投资报酬率 = $\underbrace{\dfrac{\text{经营利润}}{\text{销售额}}}_{\text{边际收益}} \times \underbrace{\dfrac{\text{销售额}}{\text{平均营运资产}}}_{\text{周转率}}$

4. 剩余收益 = 经营利润 − 最低报酬率 × 平均营运资产

5. 经济增加值 = 税后经营利润 − 实际资本成本率 × 投入资本总额

6. 制造循环效率 = $\dfrac{\text{加工时间}}{\text{加工时间} + \text{运送时间} + \text{检查时间} + \text{等待时间}}$

关键术语

必要报酬率	边际收益	财务维度	成本中心
创新流程	单环反馈	分权制	经济增加值(EVA)
可检验战略	客户价值	客户维度	利润中心
流程价值链	内部运营维度	平衡计分卡	剩余收益
收入中心	售后成本	售后服务流程	双环反馈
速率	投资报酬率(ROI)	投资中心	经营利润
营运流程	营运资产	责任中心	战略
制造循环效率(MCE)	周期	周转率	转移价格
学习与成长(基础结构)维度			

问题回顾

I. 投资报酬率

Flip Flop Politics 公司上年的毛利为 550 000 美元，销售和管理费用为 300 000 美元。此外，公司上年年初营运资产为 1 400 000 美元，年末营运资产为 1 100 000 美元。

要求：

计算该公司的投资报酬率。

答案：

毛利	550 000 美元
销售和管理费用	300 000 美元
经营利润	250 000 美元

$$\text{平均营运资产} = \frac{(\text{期初资产} + \text{期末资产})}{2}$$

$$= \frac{(1400\,000 + 1100\,000)}{2}$$

$$= \frac{2\,500\,000}{2}$$

$$= 1\,250\,000（\text{美元}）$$

$$\text{投资报酬率} = \frac{\text{经营利润}}{\text{平均营运资产}}$$

$$= \frac{250\,000}{1\,250\,000}$$

$$= 0.20$$

II. 经济增加值

El Suezo 公司的销售额为 5 000 000 美元，产品销售成本为 3 500 000 美元，最近几年的销售和管理费用为 500 000 美元，税率为 40%。此外，公司的债务资本为 2 000 000 美元，权益资本为 4 000 000 美元，实际资本成本率为 8%。

要求：

1. 计算该公司的税后经营利润。
2. 计算该公司的经济增加值。

答案：

1.

销售额	5 000 000 美元
产品销售成本	3 500 000 美元
毛利	1 500 000 美元
销售和管理费用	500 000 美元
经营利润	1 000 000 美元
所得税（税率40%）	400 000 美元
净利润	600 000 美元

2. 经济增加值

= 税后经营利润 − 资本成本率 × 投入资本总额

$= 600\,000 - 0.08 \times (2\,000\,000 + 4\,000\,000)$

$= 600\,000 - 0.08 \times 6\,000\,000$

$= 600\,000 - 480\,000$

$= 120\,000（\text{美元}）$

III. 转移定价

零件分部生产一种能被产品分部利用的零件。生产该零件的成本如下：

直接材料	10 美元
直接人工	2 美元
变动制造费用	3 美元
固定制造费用*	5 美元
总成本	20 美元

注：* 以 200 000 个零件的实际产量为基础。

零件分部发生的其他成本费用如下：

固定销售和管理费用	500 000 美元
单位变动销售费用	1 美元

该零件在外部市场上的售价为 28—30 美元。一般来说，零件分部以 29 美元的价格卖给外部客户。零件分部每年能生产 200 000 个零件；然而，由于经济低迷，预计下年只能卖出 150 000 个零件。如果内部销售零件，那么就能避免变动销售费用的发生。

产品分部以 28 美元的单价从外部市场购买同样的零件，下年预计使用 50 000 个零件。产品分部的经理打算从零件分部那儿以 18 美元的单价购买 50 000 个零件。

要求：

1. 确定零件分部能接受的最低转移价格。
2. 确定产品分部愿意支付的最高转移价格。
3. 是否应该进行内部转让？为什么？如果

你是零件分部的经理,你会以 18 美元的单价卖出 50 000 个零件吗？请解释。

4. 假设零件分部的平均营运资产为 10 000 000 美元,50 000 个零件都以 21 美元的单价转让给产品分部,请计算下年的投资报酬率。

答案:

1. 最低转移价格为 15 美元。零件分部有闲置产能且必须支付其增量成本,不论是否发生内部转让,固定成本都是相同的,而变动销售费用是可避免的。

2. 最高转移价格为 28 美元。产品分部不会支付比外部供应商报价更高的价格。

3. 应该进行内部转让。售出分部的机会成本低于购入分部的机会成本。零件分部将获得额外的 150 000 美元(3 × 50 000) 利润。全部共同利润为 650 000 美元(13 × 50 000)。零件分部的经理应该尝试协商出一个对本分部更有利的结果。

4. 利润表如下：

	单位：美元
销售额(29 × 150 000 + 21 × 50 000)	5 400 000
减：已销产品的变动成本(15 × 200 000)	(3 000 000)
减：变动销售成本(1 × 150 000)	(150 000)
贡献毛益	2 250 000
减：固定制造费用(5 × 200 000)	(1 000 000)
减：固定销售和管理费用	(500 000)
经营利润	750 000

$$投资报酬率 = 经营利润 \div 平均营运资本$$
$$= 7\ 500\ 000 / 10\ 000\ 000$$
$$= 0.075$$

讨论题

1. 讨论集权式决策和分权式决策的区别。
2. 什么是分权制？
3. 阐述企业选择分权制的原因。
4. 什么是边际收益和周转率？阐述这些概念能改进投资中心评估结果的原因。
5. 投资报酬率的三个优势是什么？解释每个优势是如何提高盈利能力的。
6. 什么是剩余收益？什么是经济增加值？经济增加值与剩余收益的一般定义有何不同？
7. 剩余收益或经济增加值可以是负的吗？负的剩余收益或经济增加值是什么含义？
8. 什么是转移价格？
9. 简要解释三种转移定价政策。
10. 什么是平衡计分卡？
11. 描述平衡计分卡的四个维度。

多项选择题

12 - 1 高层管理者将权力委派给分部管理者的实践是( )。

A. 分权制　　B. 好的业务实践
C. 集权制　　D. 自治
E. 从未发生

12 - 2 以下哪项不是分权式管理的理由? ( )

A. 训练并激励管理者

B. 在总体盈利状况下能暴露分部的低效率
C. 让高层管理者关注战略决策
D. 让高层管理者专注于全公司的关键性经营决策
E. 以上都是

12-3 下列哪个责任中心的管理者只对成本负责？（　　）
A. 投资中心
B. 利润中心
C. 收入中心
D. 成本中心

12-4 下列哪个责任中心的管理者对收入、成本和投资负责？（　　）
A. 投资中心
B. 收入中心
C. 利润中心
D. 成本中心

12-5 如果第二年的销售额和平均营运资产与第一年相同，而经营利润比第一年高，那么第二年的投资报酬率将（　　）。
A. 降低
B. 提高
C. 保持不变
D. 无法确定

12-6 如果第二年的销售额和平均营运资产与第一年相同，而经营利润比第一年高，那么第二年的周转率将（　　）。
A. 降低
B. 提高
C. 保持不变
D. 无法确定

12-7 剩余收益和经济增加值的关键区别是经济增加值（　　）。
A. 使用公司的实际资本成本而不是最低资本成本
B. 使用公司的最低资本成本而不是实际资本成本
C. 是一个比率而不是绝对值
D. 不能为负
E. 两种没有区别

12-8 如果一个分部的投资报酬率为15%，且该公司的最低资本成本率为18%，那么（　　）。
A. 分部的剩余收益为负
B. 分部的剩余收益在零和正数之间
C. 无法计算剩余收益
D. 经济增加值一定是负的
E. 剩余收益是正的

参照以下资料完成多项选择题 12-9 和 12-10：
A 分部生产飞机发动机的零件，单位变动产品成本为 38 美元，市场价格为 50 美元。若将产品卖给外部市场，则单位运输费为 3 美元。B 分部在发动机生产过程中要使用这种零件。高层管理允许 A 分部和 B 分部协商确定转移价格。

12-9 参考以上资料，如果 A 分部满负荷运行，那么最高转移价格（议价区间上限）为（　　）美元。
A. 38　　B. 50　　C. 44
D. 47　　E. 无议价区间

12-10 参考以上资料，如果 A 分部满负荷运行，那么最低转移价格（议价区间下限）为（　　）美元。
A. 38　　B. 50　　C. 44
D. 47　　E. 无议价区间

12-11 平衡计分卡包括哪几个维度？（　　）
A. 学习与成长
B. 内部运营
C. 客户
D. 财务
E. 以上都是

12-12 从收到原材料到产品入库整个过程所花费的时长被称为（　　）。
A. 速率
B. 周期
C. 制造循环效率
D. 理论周期
E. 理论制造循环效率

基础练习题

参照以下资料完成基础练习题 12-13 至 12-15。

East Mullett 制造公司上年的经营利润如下（单位：美元）：

销售额	3 750 000
已销产品成本	2 250 000
毛利	1 500 000
销售和管理费用	1 200 000
经营利润	300 000
减：所得税（税率40%）	120 000
净利润	180 000

年初营运资产的价值为 1 600 000 美元，年末营运资产的价值为 1 400 000 美元。

12-13　计算平均营运资产、毛利、周转率和投资报酬率（LO2）

参照以上资料，结果精确到两位小数。

要求：

计算平均营运资产、毛利、周转率和投资报酬率。

12-14　计算剩余收益（LO3）

参照以上资料。该公司的最低资本成本率为 5%。

要求：

计算平均营运资产和剩余收益。

12-15　计算经济增加值（LO3）

参照以上资料。该公司的投入资本总额为 1 200 000 美元，实际资本成本率为 4%。

要求：

计算该公司的经济增加值。

12-16　计算转移价格（LO4）

Burt 公司有很多分部，包括生产液体泵的 Indian 分部和生产船只发动机的 Maple 分部。Indian 分部生产的 h20-model 泵可用于 Maple 分部生产能调节船只发动机驱动的上升和下降的马达。h20-model 泵的市场价格为 720 美元，总成本为 540 美元。

要求：

1. 如果 Burt 公司的转移定价政策规定以总成本转让，那么转移价格是多少？Indian 分部和 Maple 分部会选择以该价格转让吗？

2. 如果 Burt 公司的转移定价政策规定以市场价格转让，那么转移价格是多少？Indian 分部和 Maple 分部会选择以该价格转让吗？

3. 假设 Burt 公司允许协商定价，而 Indian 分部将产品卖给 Maple 分部将避免 120 美元的销售费用。那么，哪个分部设定最低转移价格？最低转移价格是多少？哪个分部设定最高转移价格？最高转移价格是多少？你认为 Indian 分部和 Maple 分部会在议价区间内决定转移价格吗？

参照以下资料完成基础练习题 12-17 和 12-18。

Indy 公司一家制造厂的数据如下：每季度（三个月）的最高产量为 250 000 单位；每季度（三个月）的实际产量为 200 000 单位；每季度的生产工时为 25 000 小时。

12-17　计算周期和速率（LO5）

参照以上 Indy 公司的资料。

要求：

计算理论周期、实际周期、每小时理论速率和每小时实际速率。

12-18　计算制造循环效率（LO5）

参照以上 Indy 公司的资料。该公司的实际周期为 7.5 分钟，理论周期为 6 分钟。

要求：

1. 计算加工时间和非加工时间。
2. 计算制造循环效率。

练习题

12-19 责任中心的类型（LO1）

考虑以下几个独立的情境：

a. 作为 Compugear 公司激光印刷机工厂的经理，Terrin Belson 的心情非常沉重。上年12月是糟糕的一个月，2台机器发生了故障，一些工厂的工人带薪休息了一段时间，原材料价格上涨，工厂的保险费也上涨，几乎所有成本都在增加。他希望市场部能推动售价上涨，但是事与愿违。

b. Joanna Pauly 对于投资报酬率连续三年增长表示非常开心，并确信这是降低成本和更高效地使用机器（卖出一些老旧的机器）的功劳。Joanna 打算将投资报酬率的增长写进半年度绩效总结里。

c. ComputerWorks 公司的销售经理 Gil Rodriguez 对于总部将激光印刷机生产线的成本增加问题细节化表示不满意。总部建议提高价格，但 Gil 认为价格的提高将减少销售量，从而减少收入。为什么工厂不能像美国的其他公司那样削减成本？为什么认为是销售部门的问题？

d. Susan Whitehorse 发现季度利润表并不乐观，收入减少的同时成本却上升了。她想，如果削减设备的维护费并辞退一名产品工程师，费用就会下降，从而可能逆转收入下降的趋势。

e. ABC 公司的南部分公司聘用了 Shonna Lowry，希望她能帮助公司提高收益。她与高层员工会面，并为改变公司现状制订了三年计划。计划的核心是淘汰老旧废弃设备，购买最先进的计算机辅助机器设备。虽然新机器设备要求员工花时间学习，但这是值得的，因为这样可以显著降低耗费。

要求：

针对以上每种情境，指出其中的责任中心类型。

12-20 边际收益、周转率、投资报酬率（LO2）

Pelak 公司的销售额为 25 000 000 美元，成本为 17 500 000 美元，平均营运资产为 10 000 000 美元。

要求：

计算经营利润、边际收益、周转率和投资报酬率。

12-21 边际收益、周转率、投资报酬率、平均营运资产（LO2）

Elway 公司上年的利润表如下（单位：美元）：

销售额	1 040 000 000
减：变动费用	700 250 000
贡献毛益	339 750 000
减：固定费用	183 750 000
经营利润	156 000 000

年初，Elway 公司的营运资产为 28 300 000 美元；年末，该公司的营运资产为 23 700 000 美元。

要求：

1. 计算平均营运资产。
2. 计算上年的边际收益和周转率。
3. 计算投资报酬率。
4. 简单解释投资报酬率的意义。
5. 解释 Elway 公司的投资报酬率相对较高（与普通制造公司的投资报酬率相比）的原因。

12-22 投资报酬率、边际收益、周转率（LO2）

D. Jack 公司建筑分部的数据如下（单位：美元）：

项目	第1年	第2年
销售额	148 500 000	162 250 000
经营利润	8 910 000	8 112 500
平均营运资产	337 500 000	405 625 000

要求：

1. 计算每年的边际收益和周转率。
2. 计算建筑分部每年的投资报酬率。

12-23 剩余收益（LO3）

Shamus O'Toole 公司的 Tuxedo 分部上年的经营利润为 152 250 000 美元，平均营运资产为 2 175 000 000 美元。该公司最低可接受报酬率为 8%。

要求:
1. 计算 Tuxedo 分部的剩余收益。
2. Tuxedo 分部的投资报酬率是高于、低于还是等于8%?

12-24 经济增加值(LO3)
Falconer 公司上年的净利润为 12 375 400 美元,投入资本总额为 111 754 000 美元。该公司的实际资本成本率为 9%。

要求:
1. 计算该公司的经济增加值。
2. Falconer 公司是在创造财富还是在毁损财富?

参照以下资料完成练习题 12-25 和 12-26。
Washington 公司有 Adams 和 Jefferson 两个分部。两个分部上年的财务数据如下(单位:美元):

项目	Adams 分部	Jefferson 分部
净利润(税后)	605 000	315 000
投入资本总额	4 000 000	3 250 000

Washington 公司的实际资本成本率为 12%。

12-25 经济增加值(LO3)
参照以上 Washington 公司的资料。

要求:
1. 计算 Adams 分部的经济增加值。
2. 计算 Jefferson 分部的经济增加值。
3. 每个分部是在创造财富还是在毁损财富?
4. 大致描述 Washington 公司管理层为增加公司经济增加值可以采取的措施类型。

12-26 剩余收益(LO3)
参照以上 Washington 公司的资料。此外,该公司高层设定了 8% 的最低可接受报酬率。

要求:
1. 计算 Adams 分部的剩余收益。
2. 计算 Jefferson 分部的剩余收益。

参照以下资料完成练习题 12-27 至 12-29。
Aulman 公司有很多分部,包括家具分部和汽车旅馆分部。汽车旅馆分部经营位于主要道路上的一系列经济汽车旅馆。每年,汽车旅馆分部都要购买家具,从外部市场购买的梳妆台价格通常为 40 美元。家具分部经理打算将梳妆台卖给汽车旅馆分部,并与该分部经理进行了协商。一个梳妆台的全部成本为 29 美元。家具分部若将所有梳妆台卖给外部市场,则梳妆台的单价为 40 美元。汽车旅馆分部每年需要 10 000 个梳妆台,而家具分部每年能生产 50 000 个梳妆台。

12-27 转移定价(LO4)
参照以上 Aulman 公司的资料。

要求:
1. 哪个分部设定最高转移价格?哪个分部设定最低转移价格?
2. 假设公司的政策是按完全成本转让,那么转移价格是多少?
3. 你认为来年两个分部会按公司授权的转移价格进行转让吗?为什么?

12-28 转移定价(LO4)
参照以上 Aulman 公司的资料。假设公司规定以协商定价方式确定所有分部的转移价格。

要求:
1. 最高转移价格是多少?由哪个分部设定最高转移价格?
2. 最低转移价格是多少?由哪个分部设定最低转移价格?
3. 如果发生转让,转移价格会是多少?它与转让是否发生有关吗?

12-29 转移定价(LO4)
参照以上 Aulman 公司的资料。虽然家具分部全负荷生产,但该分部仍希望下年只生产销售 40 000 个梳妆台且售价为 40 美元。每个梳妆台的变动成本为 14 美元。Aulman 公司规定所有分部以协商定价方式确定转移价格。

要求:
1. 最高转移价格是什么?由哪个分部设定

最高转移价格？

2. 最低转移价格是什么？由哪个分部设定最低转移价格？

3. 假设两个分部协商确定以35美元的转移价格进行转让。这对家具分部、汽车旅馆分部和整个公司分别有什么好处？

12-30 周期和速率（LO5）

Prakesh 公司一个制造车间的资料如下：

一个月的最高产量为 50 000 单位；

一个月的实际产量为 40 000 单位；

一个月的生产作业工时为 10 000 小时。

要求：

计算理论周期、实际周期、每小时理论速率和每小时实际速率。

12-31 周期和速率（LO5）

Lasker 公司将器具生产厂划分为几个制造车间，每个车间生产一种产品。充电钻生产车间上季度的数据如下：

一季度的最高产量为 90 000 单位；

一季度的实际产量为 75 000 单位；

一季度的生产作业工时为 30 000 小时。

要求：

计算理论周期、实际周期、每小时理论速率和每小时实际速率。

12-32 制造循环效率（LO5）

Ventris 公司发现一个制造车间生产单位产品的实际周期为15分钟，理论周期为9分钟。

要求：

1. 计算单位产品的加工时间和非加工时间。

2. 计算制造循环效率。

12-33 制造循环效率（LO5）

Kurena 公司一个工厂的资料如下：

一季度的最高产量为 180 000 单位；

一季度的实际产量为 112 500 单位；

一季度的生产作业工时为 30 000 小时；

理论周期为每单位产品 10 分钟；

实际周期为每单位产品 16 分钟。

要求：

1. 计算单位产品的加工时间和非加工时间。

2. 计算制造循环效率。

问题

12-34 投资报酬率和投资决策（LO2）（LO3）

Audiotech 公司的分部经理 Leslie Blandings 正在议论一种新产品的优点。这个新产品是一种天气收音机，当收听者所在城市即将出现雷暴或龙卷风时会发出警报。

该分部的预算利润为 725 000 美元，营运资产为 3 625 000 美元。计划投资项目将增加 640 000 美元利润，同时需要 4 000 000 美元的额外设备投资。公司的最低要求投资报酬率为 12%。

要求：

1. 分别以下情境计算投资报酬率：

a. 未实施收音机计划的分部；

b. 收音机计划本身；

c. 实施收音机计划的分部。

2. 分别以下情境计算剩余收益：

a. 未实施收音机计划的分部；

b. 收音机计划本身；

c. 实施收音机计划的分部。

3. Leslie 会决定投资这个收音机计划吗？为什么？

12-35 投资报酬率、边际收益、周转率（LO2）

Ready 公司面临来自进口商品的激烈竞争。在过去的几年里，其经营利润持续下降。为了维持市场份额，该公司被迫降低价格。过去三年的经营成果如下：

单位：美元

项目	第1年	第2年	第3年
销售额	10 000 000	9 500 000	9 000 000
经营利润	1 200 000	1 045 000	945 000
平均资产	15 000 000	15 000 000	15 000 000

下年，Ready 公司总裁计划引入适时制生产制造系统。她估计营运第1年的存货数量将减少70%，平均营运资产将减少20%。此外，营业费用和售价的降低将促使销售额与经营利润升至第1年的水平，因为较低的销售价格可以扩大公司的市场份额。

要求：

1. 计算第1、2、3年的投资报酬率、边际收益和周转率。

2. 假设第4年的销售额和经营利润都实现了预期水平，但存货量与第3年的存货量相等。计算预期投资报酬率、边际收益和周转率，并阐述投资报酬率高于第3年的原因。

3. 假设第4年的销售额和净经营利润与第3年相同，但存货数量减到了预期水平。计算投资报酬率、边际收益和周转率，并阐述投资报酬率高于第3年的原因。

4. 假设第4年所有项目都实现了预期水平。计算预期投资报酬率、边际收益和周转率，并阐述投资报酬率高于第3年的原因。

12－36 多项投资的投资报酬率、剩余收益（LO2、LO3）

某分部为汽车产业生产附加装备，该分部经理正面临投资两个独立项目的机会。第一个项目是为货车和小型货车的后座生产空调，第二个项目是生产涡轮增压器。如果没有其他投资，分部下年的平均资产为 28 900 000 美元，预期经营利润为 4 335 000 美元。每项投资的支出和预期经营利润如下（单位：美元）：

项目	空调	涡轮增压器
支出	750 000	540 000
经营利润	90 000	82 080

要求：

1. 计算每个投资项目的投资报酬率。

2. 计算以下四种选择方案的预算分部投资报酬率。

a. 实施空调项目；

b. 实施涡轮增压器项目；

c. 两个项目都实施；

d. 两个项目都不实施。

3. 假设以投资报酬率衡量分部经理的绩效，那么分部经理会选择哪种方案？

4. 假设公司设定了14%的最低要求报酬率，计算以下四种选择方案的剩余收益：

a. 实施空调项目；

b. 实施涡轮增压器项目；

c. 两个项目都实施；

d. 两个项目都不实施。

如果以剩余收益为基准，那么分部经理会选择哪种方案？为什么？

5. 假设公司设定了10%的最低要求报酬率，计算以下四种选择方案的剩余收益：

a. 实施空调项目；

b. 实施涡轮增压器项目；

c. 两个项目都实施；

d. 两个项目都不实施。

如果以剩余收益为基准，那么哪种投资方案是盈利的？为什么该答案和要求的答案不同？

12－37 不同假设下投资报酬率和经济增加值的计算（LO2、LO3）

Knitpix 产品是 Parker 纺织品公司的分部。下年，该分部的预期销售额为 3 450 000 美元，利润为 310 000 美元。在没有其他新投资的情形下，分部的平均营运资产为 3 000 000 美元。该分部正在考虑一个资本投资项目——添置针织机来生产鞋罩，这要增加 600 000 美元的投资，同时，净利润将增加 57 500 美元（销售额将增加 575 000 美元）。如果实施该项目，年初营运资产将增加 600 000 美元，年末营运资产将增加

400 000 美元。假设公司的实际资本成本率为 7%。

要求：
1. 若不投资该项目，计算分部的投资报酬率。
2. 若不投资该项目，计算边际收益和周转率，并展示产品的边际收益与周转率和要求 1 计算得出的投资报酬率相等。
3. 计算新投资项目下的分部投资报酬率。分部经理会接受这项投资吗？
4. 计算新投资项目下的边际收益和周转率。这些指标该如何与以前的指标相比较？
5. 分别计算投资新项目和不投资新项目下的经济增加值。分部经理是否应该投资针织机项目？

12-38 转移定价（LO4）

GreenWorld 公司是一家苗圃产品公司，它拥有三个种植并销售农作物的分部：西部分公司、南部分公司和加拿大分公司。最近，南部分公司收购了一家生产无公害塑料盆的塑料厂。这些塑料盆可以对内或对外销售。每个分部经理的业绩都以投资报酬率和经济增加值为基础进行衡量。

西部分公司从不同卖家那里购买了 100 个塑料盆。100 个塑料盆为 1 箱，每箱的均价为 75 美元。收购项目使西部分公司的经理 Rosario Sanchez-Ruiz 开始重新考虑是否存在一个更有利的采购价。她决定与南部分公司的经理 Lorne Mattews 商量一个内部转移价格，她建议的内部转移价格为每箱 70 美元，共需要 3 500 箱塑料盆。

有关每箱塑料盆的成本，Lorne 收集的资料如下：

直接材料	35 美元
直接人工	8 美元
变动制造费用	10 美元
固定制造费用*	10 美元
总单位成本	63 美元
销售价格	75 美元
产量	20 000 箱

注：*固定制造费用以 200 000 美元或 20 000 箱塑料盆为基础。

要求：
1. 假设塑料厂满负荷生产，并且将所有产品卖给外部市场。Lorne 对 Rosario 提出的低转移价格的请求有何反应？
2. 假设塑料厂最近销售了 16 000 箱塑料盆。最低转移价格和最高转移价格分别是多少？Lorne 会考虑以每箱 70 美元的价格进行内部转让吗？
3. 假设 GreenWorld 公司的政策是所有转移价格为完全成本加成 20%。两个分部会进行内部转让吗？为什么？

12-39 设定转移价格——市场价格 VS 完全成本价（LO1、LO4）

Lansing 电子公司的 PSF 分部和零件分部生产一系列的打印机、扫描仪与传真机。零件分部生产能被 PSF 分部使用的零件，该分部生产的零件全部售往外部市场。然而，从年初开始，零件分部近 90% 的产出将内部使用。公司的当前政策要求所有零件按完全成本价格进行内部转让。

近来，Lansing 电子公司的首席执行官 Cam DeVonn 决定考察另一种转移定价政策，他担心现在的内部转移定价政策会导致分部经理做出对公司不利的决策。他收集了零件 Y34 的相关资料，PSF 分部使用零件 Y34 生产一款基础扫描仪 SC67。

每年，PSF 分部能以 42 美元的单价卖出 40 000 台 SC67。在当前市场条件下，42 美元的单价是 SC67 的最高价格。生产扫描仪的成本如下：

单位：美元

零件 Y34	6.50
直接材料	12.50
直接人工	3.00
变动制造费用	1.00
固定制造费用	15.00
总单位成本	38.00

工厂高效生产扫描仪，且制造成本已不能再降了。

零件分部的经理表示她能以 12 美元的单价对外销售 40 000 个零件 Y34，而 PSF 分部能以 12 美元的单价从外部市场购买所需零件。零件 Y34 的制造成本如下：

单位：美元

直接材料	2.50
直接人工	0.50
变动制造费用	1.00
固定制造费用	2.50
总单位成本	6.50

要求：

1. 分别计算与零件 Y34 和 SC67 有关的公司贡献毛益，并计算每个分部的贡献毛益。

2. 假设 Cam DeVonn 取消了公司当前的转移定价政策，并给予分部设定转移价格的自主权。请预测零件分部经理设定的转移价格。该分部的最低转移价格是多少？最高转移价格是多少？

3. 参考新的转移定价政策，预测定价政策是如何影响 PSF 分部关于 SC67 产品的生产决策的。PSF 分部经理会购买多少单位的零件 Y34？是内部购买，还是外部采购？

4. 参考零件分部设定的新转移价格和要求 3 的答案，对外销售的零件 Y34 的数量是多少？

5. 参考要求 3 和要求 4 的答案，计算公司的贡献毛益。贡献毛益发生改变了吗？Cam 做出的权力下放决策是有益的还是无益的？

12-40　完全成本加成定价和协商定价（LO4）

Techno via 公司有两个分部：辅助元件和音频系统。公司激励分部经理提高投资报酬率和经济增加值，且经理有权决定产品是否进行内部转让和内部转移价格。总部规定所有的内部转移价格必须按完全成本加成定价法确定，而全部完全成本定价工作的审定由分部经理负责。最近，两个分部经理开会讨论一种可以与个人计算机系统绑定销售的音响的定价问题。工厂满负荷生产音响，该音响销售给外部市场的价格为 31 美元。音频系统分部从外部市场购买的音响的单价也是 31 美元，但分部经理希望能以更低的价格从公司内部购买音响。生产这种音响的完全成本为 20 美元。如果辅助元件分部经理决定进行内部销售，那么就可以避免 5 美元的销售和分销成本。分部每年的生产量为 250 000 单位，刚好在生产部门生产能力的范围之内。

讨论了以上情况之后，两个分部的经理同意以完全成本加成定价法确定转移价格。外部销售价格的任何上涨都能适当提高转移价格，任何可能影响决策的重要变化都会引起新一轮的协商。总之，完全成本加成定价法在随后几年中是继续有效的。

要求：

1. 计算最低转移价格和最高转移价格。

2. 假设两个分部经理协定的转移价格在最高转移价格和最低转移价格之间，请计算该转移价格。该转移价格与完全成本相比上涨了多少？

3. 参考要求 2，假设下年音响的外部售价涨到 32 美元，那么新的完全成本加成转移价格是多少？

4. 假设最初协定的两年之后，音响市场大量萎缩，造成辅助元件分部产能过剩。你希望协商下年的完全成本加成定价方案吗？请解释。

12-41　周期、速率、转换成本（LO5）

一种产品的理论周期为每单位 30 分钟，生产车间的预算转换成本为每年 2 700 000 美元，总的可用劳动工时为 600 000 分钟。一年中，车间每小时能生产 1.5 单位的产品。假设生产动机为减少单位产品成本。

要求：

1. 计算每单位理论转换成本。

2. 计算每单位的已分配转换成本（实际分配到产品中的转换成本数额）。

3. 讨论分配转换成本的方法是如何提高及时交货率的。

12-42　平衡计分卡（LO5）

与平衡计分卡有关的一些指标如下：

a. 新客户数量

b. 客户投诉一次解决的比重

c. 单位产品成本

d. 每条分销渠道的成本

e. 每位员工的建议

f. 保修成本

g. 客户满意度（调查而得）

h. 解决客户问题的周期

i. 战略工作胜任率

j. 及时交货率

k. 新产品收入的比重

要求：

1. 将属于以下维度的每个指标进行分类：财务、客户、内部运营、学习与成长。
2. 分别为每个维度建议一个额外的指标。

12-43 周期和速率、制造循环效率（LO5）

像 Kicker 这样的公司通常在制造工厂里对扬声器进行保修。一般的保修包括拆开有问题的扬声器、检查零件和替换有问题的零件。车间每月最多可维修 1 000 台扬声器，每月可用的生产时长为 500 小时。

要求：

1. 计算理论速率（每小时）和理论周期（每维修单位的分钟数）。
2. 一台扬声器的维修包括 4 分钟的运送时间、10 分钟的等待时间和 6 分钟的检查时间。请计算制造循环效率。
3. 根据要求 2 的信息，计算扬声器维修的实际周期和实际速率。

案例

12-44 投资报酬率的道德考虑（LO2）

Jason Kemp 正在矛盾的情绪中挣扎。一方面，所有事情发展得很顺利。他刚刚在 Med-Products 公司的电子分部完成 6 个月的助理财务经理的工作。这个工作的工资待遇好，他也很喜欢同事，觉得自己是集体的一分子，这与他在美国医疗中心工作的感觉是完全不同的。另一方面，最近的工作任务使他彻夜难眠，他的老板 Mel Cravens 要求他"改善"部门最新项目（一个叫作 ZM 的便携式成像设备代码）的数据。这项投资最初估计数额为 15 600 000 美元，项目的年收益为 1 870 000 美元，该公司要求新项目的最低投资报酬率为 15%。到目前为止，ZM 的回报率接近最低要求报酬率。Mel 为了使收益超过 2 340 000 美元，让 Jason 调整增加销售额并降低成本费用。Jason 与 Mel 会面并道出他的顾虑。

Jason：Mel，我已经看了新项目的所有数据，没有什么方法能使收益超过 1 900 000 美元。销售人员已经给出了最大可能的收入额，而产量和发生的成本费用是一致的。

Mel：Jason，这些只是计划数据而已。销售不可能真正了解收入是多少。实际上，当我和销售副总裁 Sue Harris 讨论时，她表示销售额可以在 1 500 000 美元和 2 500 000 美元之间。采用较高的销售额吧，我相信这个产品不会让我们失望的！

Jason：我知道销售额是一个弹性的范围，但是 Sue 提出的 2 500 000 美元销售额是几乎不可能的。她认为在最初的 5 年内，产品销售额将保持在弹性区间的较低点。

Mel：再说一次，Sue 对销售额并不确定，她只是估计，那就往高销售额估计。我们很需要这个产品以拓展生产线，这也能给部门提供获得销售奖金的机会。如果 ZM 全部售出，我们的收入就会提高，我们就都能享受到奖金！

Jason：我对这个项目的投资报酬率还是没有信心。

Mel：（失望地）你去编制报告吧，我会支持你的。

要求：

1. 在最初估计额基础上的 ZM 计划的投资报酬率是多少？如果收益升到 2 340 000 美元，投资报酬率将是多少？
2. Jason 处于道德困境之中，你同意吗？请解释。有什么办法可以使 Mel 在不违背道德的前提下提高销售估计额和（或）降低成本费用估计数？
3. Jason 应该怎么做？请解释。

第 13 章
短期经营决策：相关成本

管理决策

Navistar 公司

相关决策分析是现存的最受欢迎的管理会计工具之一，其有力的支持者为 Navistar 公司，该公司成立于 1902 年，是拥有数十亿美元的"财富 300 强"公司。一百多年后的今天，这家公司已经闻名世界，为各地不同的客户生产各种车辆的组件和电子产品，包括公交车、拖拉机、军用车辆和卡车。

面对重要的长期增长问题，Navistar 公司运用相关分析决定是扩大其在加拿大安大略省的卡车装配厂的车轴产量，还是将追加的车轴生产要求承包给外部的供应商。

在进行分析之前，Navistar 公司的管理会计师必须确定所有相关因素，包括定性因素和定量因素，以及这些因素的长期影响和短期影响。有些因素相对容易被识别和测量，如自制追加的车轴需要的人工成本或者增加的生产空间成本；而其他因素则使内部生产分析变得更为复杂，如消除因自制追加的车轴而可能带来的生产瓶颈问题。

此外，如果公司决定自制追加的车轴，它将需要大量的、与其生产能力相关的资本支出，这将带来一定的危险，因为目前这种追加的车轴需求可能不会长期持续下去。在这种情形下，额外的生产容量会使 Navistar 公司产生损失，因为不能赚取额外的收入来支付这些成本。同时，如果外包这些追加的车轴产量，Navistar 公司必须确保它的新车轴供应商与加拿大汽车工人联合会合作，以减少外包对 Navistar 公司现有劳动力协议的影响。此外，公司还要培训供应商按其紧张的日程安排提供零部件和半成品。对于 Navistar 公司来说，这项培训费用也是一项庞大的外包成本。

最后，相关成本分析帮助 Navistar 公司的高管决定将其追加的车轴产量外包。其结果是，Navistar 公司安大略省工厂实现了每年节省成本超过 300 万美元！公司高管仔细分析所有相关因素，帮助公司做出了正确的决定，而且从长远来看，避免了公司负担因产能过剩所产生的成本费用。

13.1 短期决策

短期决策是指从直接的或者有限的观点中选择方案,有时也被称为战术决策,因为它们涉及在立即或有限的时间框架内做出选择。另一方面,战略决策通常是长期性的,因为它们涉及选择不同的战略试图让企业在很长一段时间内拥有竞争优势。接受低于正常销售价格的特殊订单,利用闲置过剩的产能增加当年的利润就是一项战术决策(一项特殊的销售决策)。尽管这类决定往往是短期性质的,但是值得强调的是,它们通常具有长期的影响。假定一家企业正在考虑自行生产零件而不是从供应商处购买(自制或外购决策),最直接的目标可能是降低主要产品的生产成本;然而,这个决策可能是企业建立成本领先整体战略中的一小部分。因此,短期决策通常是为了达到更大目标的小规模行动。学生会发现制定战术决策是一项特别令人兴奋的议题,因为可以观察诸如企业的自制或外购案例、特殊销售和部门分析决策,这些决策既涉及大型企业也涉及当地的初创企业!

13.1.1 决策模型

一家公司如何做出良好的短期决策呢?**决策模型**(decision model)是形成决策的一套特定程序,可以用来构建决策者的思想框架并组织信息以做出好的决策。以下是决策模型的六个步骤:

第一步,识别和明确问题;

第二步,列出可以解决问题的可行的备选方案,剔除显然不可行的备选方案;

第三步,确定每个可行的备选方案的相关成本和收益,界定相关与不相关的成本和收益,并且剔除无关的考虑;

第四步,估算每个可行的备选方案的相关成本与收益;

第五步,评估定性因素;

第六步,选择总体净利润最大的备选方案并做出决策。

刚刚描述的决策模型有六个步骤,这样的步骤列示没有什么特别的规定。你可能发现将其分解为八个或十个步骤更有用,或者将其整合成一个更短的列表也很有用。例如,你也可以采用以下三步模型:

第一步,识别决策;

第二步,确定备选方案并计算相关成本;

第三步,做出决策。

关键是,找到一个合适的方法,以便你能够记住决策模型中的重要步骤。

为了说明决策模型,我们以 Audio-Blast 公司为例,这是一家为新汽车生产扬声器系统的公司。最近,Audio-Blast 公司与一家汽车制造商协商将其主要产品(Mega-blast 扬声器系统)安装到该汽车公司的新型跑车中,而 Audio-Blast 扬声器将在这家工厂进行安装。假设 Audio-Blast 公司决定接受来自该汽车制造商的扬声器订单,但是公司目前没有足够的生产和存储能力满足该订单的要求。如何利用决策模型帮助 Audio-Blast 公司找到最好的、获取足够生产能力的办法呢？

Kicker 管理实践

两年前，Kicker 公司的银行信贷员去州外工作，这对 Kicker 公司来说是重新评估银行关系的好时机，该公司向城镇的四大银行采取了一系列竞标。在这个过程中，kicker 公司高管学到了很多不同的银行服务和银行收费方式，如互联网服务、贷款利率、信用卡交易、退票费用和电信费用。定性因素在最终的决策上发挥了很大作用。例如，银行的回应多快？Kicker 对信贷员的工作是否满意？她或他是否了解扬声器和电子行业并契合 Kicker 公司的特殊需要呢？在衡量了货币和非货币因素后，Kicker 公司更换了银行。

13.1.2 第一步：识别和明确问题

第一步是识别和明确一个特定的问题。例如，Audio-Blast 管理团队的成员认识到需要额外的生产能力，以及增加原材料和产成品的库存空间。工人数量、所需的空间、需求的原因，以及如何使用额外的空间都是解决这个问题要考虑的重要因素，而问题的核心是如何获取额外的生产能力。

13.1.3 第二步：列出可以解决问题的备选方案

第二步是列出并考虑可行的解决方法。假定生产负责人和咨询工程师确认了以下可行方案：
(1) 建立一个拥有充足生产能力的工厂以解决目前和可预见的需求。
(2) 租入一台更大的设备，并转租目前的设备。
(3) 租入一台额外的、相似的设备。
(4) 在主厂内设立第二轮班制，并且租入用于储存原材料和产成品的额外建筑，从而腾出空间用于额外生产。
(5) 将额外产量外包给另一家公司，并将扬声器转售给汽车制造商。

作为此步骤的一部分，Audio-Blast 公司高层管理团队一起讨论并去除了显然不可行的备选方案。排除第一个备选方案是因为它给公司带来了过多的风险，订单没有保障，而且新型跑车模型的流行程度还未被证实。Audio-Blast 公司总裁也拒绝在这样一个冒险的主张上"打赌"。淘汰第二个备选方案是因为 Audio-Blast 公司所在小镇的经济不够发达，转租其拥有的大规模设备是不可能的。淘汰第三个备选方案是因为虽然可以解决空间问题，但是距离过远且过于昂贵。第四和第五个备选方案都是可行的，它们处于成本和风险的限制之内，并且能够满足公司的需求。值得注意的是，公司董事长会将短期决策（增加生产能力）与公司总体增长战略相关联，拒绝选择那些给公司此阶段发展带来过多风险的备选方案。

13.1.4 第三步:确定每个可行的备选方案的相关成本和收益

第三步要确定每个可行的备选方案的相关成本与收益。在这一点上,无关成本可以不列入考虑。如果所有的备选方案包含了无关的成本与收益,那么就可以将它们列入分析中。为了避免采集的数据过多,我们通常不将它们包含在内,仅仅关注相关成本和收益。通常情况下,财务主管负责收集必要的数据。

假定 Audio-Blast 公司确定生产的 20 000 台扬声器包括以下成本(单位:美元):

直接原料	60 000
直接人工	110 000
变动制造费用	10 000
总变动生产成本	180 000

此外,第二轮班制必须落实到位,如果 Audio-Blast 公司决定内部生成扬声器,那么必须另租入一间仓库存储原材料和库存产成品。第二轮班制的额外成本包括生产监管人员、兼职维修员和工程师的工资,每年总计 90 000 美元。坐落在街对面的建筑物目前空置,可以作为仓库,年租金为 20 000 美元。经营仓库的成本包括电话和互联网接入费用及材料整理人员的工资,每年总计 80 000 美元。第二备选方案是从外部购买扬声器并利用释放出的库存生产空间。外部供应商表示提供足够产量的产品,每年总计 360 000 美元。

值得注意的是,当现金流量模式对于竞争性备选方案变得复杂时,很难为每个备选方案产生一系列相等的现金流。在这种情形下,分析中就要用到更多、更复杂的流程。我们将在第 14 章介绍这些流程,它将涉及长期投资决策,亦称资本支出决策。

13.1.5 第四步:估算每个可行的备选方案的相关成本与收益

第四个备选方案坚持内部生产,并且需要租用额外的空间,成本为 370 000 美元。第五个备选方案是从外部购买,并且需要内部空间,成本为 360 000 美元。两者对比如下:

单位:美元

第四个备选方案		第五个备选方案	
变动生产成本	180 000	购买价格	360 000
增加第二轮班制成本	90 000		
房屋租赁和经营成本	100 000		
合计	370 000		

差别成本(**differential cost**)是指决策中两个备选方案的成本加总之间的差值。注意,以上两个方案差别成本为 10 000 美元,所以选择第五个备选方案。通常情况下,差别成本只比较每个备选方案的相关成本,正如第四个和第五个备选方案的比较。强调差别

成本的决策制定者有时也会将无关成本列入考虑。当然,如果包括无关成本,每个备选方案就要包含无关成本。例如,假定无论扬声器自制或外购,财务主管都将固定制造费用包含其中,并且必须支付。那么,每个备选方案的总成本都将增加,但是差别成本仍然是 10 000 美元。如前所述,我们建议在决策时应该只比较相关成本,因为如果将无关成本包含其中,那么不仅会增加数据采集的成本,还会因无关的额外信息而给决策分析带来困惑。

13.1.6　第五步:评估定性因素

虽然与备选方案相关的成本与收入是非常重要的,但是它们并不能说明全部问题。定性因素在管理者做决策的过程中也具有重要影响。定性因素是指那些很难量化的因素,比如政治压力和产品安全。

(1)政治压力:像 Levi's 这样的公司,它们将部门或者全部的生产设备搬迁到劳动力和水成本更低廉的国外,但采取外包政策的结果就是要面对美国严厉的政治压力。一些管理者担心,来自消费者的政治压力对销售额带来的长期负面影响将远远超过离岸外包节约的劳动力成本。

(2)产品安全:对外包企业来说,产品安全是另一个关键的质量因素。例如,Toyota 公司在其产品质量下滑时,不得不通过延缓安全召回以便在短时间内省钱。

回到 Audio-Blast 公司,公司总裁在考虑定性因素时会权衡外购扬声器的质量、供应商的可靠性、未来几年的预期价格、劳动力关系、社会形象等。为了说明定性因素对 Audio-Blast 公司决策可能造成的影响,必须首要考虑两个因素——质量和供应商的可靠性。

(1)质量:如果外购扬声器的质量明显低于自制扬声器,那么质量因素在做决策时显得尤为重要。转售低质量的扬声器给这样高利润的卖家可能会使 Audio-Blast 公司的声誉永久受损。这种可能性的存在,使得 Audio-Blast 公司坚持内部生产扬声器。

(2)供应商的可靠性:如果供应来源不可靠,生产计划就可能被打断,客户订单就会延迟。例如,日本海岸的海啸中断了全世界多家公司的供应链,从索尼到本田再到苹果公司均受此影响;冰岛火山爆发也给商业带来巨大的中断挑战。[1] 此外,很多组织(如 Target)泄露了日益普遍和昂贵的客户信息,迫使管理者在做出选择供应商的战术决策时,将数据完整性作为重要的定性因素。[2] 这些因素将增加人工成本和制造费用,并且影响销售。再次,出于权衡的考虑,即使相关成本分析认为外购更有优势,Audio-Blast 公司也可能认为内部生产扬声器比外购更优。

在决策制定的过程中,我们如何处理定性因素呢?首先,决策者必须将它们确定下来;其次,决策者应将它们量化。通常来说,定性因素太复杂、不容易量化,但也不是不可

---

[1] Dave Lenckus, "Coverage Trends in Manufacturing's 'Big 3' Risks: Workers'Comp, Product Recall, and Supply Chains" (February 9, 2012): Life Health Pro. Accessed online at: www.lifehealthpro.com/2012/02/09/coverage-trends-in-manufacturings-big-3-risks-work

[2] Tom Webb, "Analyst Sees Target Data Breach Costs Topping $1 Billion" (January 30, 2014): Pioneer Press. Accessed online at: www.twincities.com/business/ci_25029900/analyst-sees-target-data-breach-costs-topping-1

能。外部供应商的不可靠程度可以用延迟交货的天数乘以 Audio-Blast 公司支付给汽车制造商的罚金予以量化。但是,仍存在更难以测量的挑战。例如,美孚公司决定专注于一个新的客户群,以此作为实施战略转变的重点,包括"road warriors"(指经常开车的雇员)、"true blue"(富裕、忠诚的顾客)和 F3 代(追求燃料、食物和速度的年轻人)。① 然而,成功地实施这个计划要求公司找到一个方法,以便在新设计的美孚加油站和便利店衡量新目标客户群的体验。深思熟虑之后,创新管理者提出让员工假扮成"神秘顾客",获取美孚加油站带给客户的体验值。这些"神秘顾客"将他们的体验量化,并反馈给加油站经理。如果没有这样的评估数据,美孚公司的管理者就很难找到新战略实施成功或者失败的原因。在决策模型的最后一步,我们必须将后期订单对客户关系的影响这样的定性因素纳入考虑,才能选出综合收益最大的备选方案。

13.1.7 第六步:做出决策

当计算出每个备选方案的相关成本和收益且评估了定性因素后,我们就可以做出决策了。

> **道德决策**
>
> 道德问题始终围绕着决策实施的方式,并且可能为了长远目标而牺牲短期利益。相关成本适用于短期决策,因此决策者应该保持一个道德标准。达成目的固然重要,但是如何实现目标则更为重要。不幸的是,很多管理者持有相反的观点。这个问题的部分原因是很多管理者面临极端的业绩压力。通常,未能达到高业绩的管理者可能被辞退或者降职。而这种情形下,如果今天做错了事,明天就要承担后果。正如在 21 世纪末,银行监管机构揭示的那样,很多金融服务机构在 21 世纪中期出于利益的诱惑而把过多的钱借给根本无法承担巨额贷款的业主。每当计算相关成本时,我们必须将所有的相关成本包含其中,包括它们涉及的道德后果。

13.1.8 相关成本的定义

决策制定方法仅仅强调了确定和使用相关成本的重要性。**相关成本(relevant cost)** 具有两个特点:①它们是未来成本;②不同备选方案的相关成本不同。所有的决策与未来有关,因此只有未来的成本与决策相关。然而,相关指的不仅是未来成本,而且每项备选方案的成本也不尽相同。如果未来成本对于不止一个备选方案都相同,那么它对决策也不会有影响,这就是无关成本。相同的相关特征也适用于收益,一个备选方案产生的未来收益(例如,不同的未来收入)可能不同于另一个备选方案。如果备选方案的未来收

---

① Marc Epstein and Bill Bichard, *Counting What Counts: Turning Corporate Accountability to Competitive Advantage*. Perseus Books, New York, NY, 2000.

益不同,那么它们是相关的,并且应该被纳入分析。识别相关成本(收入)与无关成本(收入)是一项非常重要的决策制定技能。

1. 相关成本实例

思考Audio-Blast公司的自制或购买方案。额外生产20 000台扬声器的直接人工成本为110 000美元。为了确定110 000美元是否为相关成本,我们应该回答以下问题:①直接人工成本是未来成本吗?很显然,直接人工是未来成本。为汽车制造商生产的扬声器必须支付直接人工服务费用。②两个备选方案的成本不同吗?若从外部供应商处购买扬声器,则不需要直接人工;若增加第二轮班制,则需要直接人工。因此,两个备选方案的直接人工成本是不同的(自制需要110 000美元,外购需要0美元)。因此,直接人工属于相关成本。

分析中隐含的是用过去成本估算未来成本。每个扬声器的平均直接人工为5.50美元;对于20 000台扬声器,直接人工将花费110 000美元。这就是利用过去成本估算下年的成本。虽然过去成本是无关的,但它们通常被用来预测未来成本。

另一种类型的相关成本是机会成本。**机会成本(opportunity cost)** 是放弃一个备选方案而选择另一个备选方案时牺牲的利益。因此,机会成本是相关成本,因为它不但是未来成本,而且各个方案也不尽相同。然而,机会成本不是会计成本,因为会计师不会记录未来发生的成本(即它们不出现在财务报表中),这在相关决策制定中是一项很重要的考虑因素。

例如,如果你要决定是工作还是继续上学,那么选择上学的机会成本就是因不工作而放弃的工资。在很多决策分析中公司同样要包含机会成本。安永国际会计师事务所在计算对成千上万名审计师进行为期一周培训的净损益时,还要包括他们因参加培训无法为客户服务而造成的数千万美元损失。通常情况下,估计机会成本很有挑战性。然而,相关的结论可能改变分析的结果,比如是接受还是拒绝一个特殊销售机会或者外包产品而非自制。因此,管理会计师应积极寻找方法衡量具挑战性的机会成本,从而有能力为相关决策制定增加价值。

2. 无关过去成本实例

Audio-Blast公司使用大功率锯片切割木材,以制作扬声器的外壳。这些锯片都是三年前购买的,每年的折旧为25 000美元。为了确定25 000美元是否为相关成本,我们应该回答以下问题:①直接人工成本是未来成本吗?折旧是对已发生成本的分配。它属于沉没成本,不受未来的影响。虽然我们在未来期间分配这项沉没成本并称之为分摊折旧,但原始成本是无法避免的。②两个备选方案的成本不同吗?备选方案的沉没成本总是相同的,因此属于无关成本。累计折旧和所有的沉没成本一样,没有相关成本的两个特点,因此总是属于无关成本。

在对两个备选方案进行选择时,电锯的原始成本及其折旧都属于无关因素。应当指出的是,这些机器的残值可能是某些决策的相关成本。例如,如果Audio-Blast公司决定转变为扬声器经销商而不再是生产商,电力设备销售所实现的组成就会变为相关成本并包括在转变为经销商的利益中。

重要的是,我们应关注管理者对**沉没成本(sunk costs)** 的心理状态。虽然管理者应该忽略相关决策的沉没成本(例如,是否坚持在未来投资某一特定产品),但不幸的是,人的本性使得沉没成本会影响这些决策。例如,东芝及其 HD DVD 产品团队多年来与索尼及其蓝光产品团队激烈竞争,为占领下一代高清 DVD 市场开发普遍接受的格式。在竞争的过程中,双方耗费数百万美元用于开发、制作、广告宣传自己的格式。然而,在圣诞购物季中,索尼的蓝光产品销售远远超过东芝的 HD DVD 产品,这促使好莱坞巨头(华纳兄弟)决定只采用索尼的蓝光格式发布电影,而不是像以前一样采用两种格式(其他的主要生产公司已经站在索尼一方)。大约在同一时间,百视达影碟公司也宣布将采用蓝光格式的 DVD。东芝外部娱乐业专家认为,华纳兄弟和百视达公司的决策是对东芝产品的最后一击,显然,东芝应当立即停产 HD DVD 产品线以减少损失,并停止继续投入资金。然而,并非忽略巨大的沉没成本以削减未来损失,东芝反而宣布"不愿意承认失败的新一代 DVD 战斗",决定推出一个"激进的广告推广东芝 HD DVD 播放器并降价 50% 左右"[①]。因此,东芝不但继续坚持开发、制造和营销失败的产品,而且仅赚取标准单位销售收入的一半。最终,东芝也意识到了失败并且放弃了 HD DVD 格式,但是已经在这个产品上投入了大量的金钱,多数专家表示东芝早应该这样做。

另一个不适当地考虑沉没成本的经典案例,是可口可乐公司在 20 世纪 80 年代中期推出新可乐时遇到的阻碍。新可乐的研发和推广花费巨大,并且不可否认该产品方案是非常大的败笔。然而,可口可乐公司极不明智地选择继续花钱打广告并且维护失败的新产品,因为过去已经在这个产品上投入了太多资金。业内专家不断指出,更多的广告费用无法改变公司过去在新可乐研发和推广上支出,而且失败已然很明显,应该尽早放弃新可乐这一产品。

超级足球联赛和协和超音速飞机在二十多年的时间里未能减少损失,虽然存在巨大的沉没成本,但它不再将资金继续投到过去失败的想法中,放弃了相关的产品或服务。

3. 无关未来成本实例

假设 Audio-Blast 公司每年向互联网供应商支付 5 000 美元服务费,如果 Audio-Blast 公司打算保留网页,那么无论公司决定接受什么潜在的扬声器订单,该成本都是无关的。

同样的道理也适用于收益。不同备选方案的未来收益可能不尽相同。如果各个备选方案的未来收益不同,那么它们就是相关的且应该被纳入分析。

13.1.9 成本习性和相关成本

大多数的短期决策要考虑成本习性。我们很容易掉入陷阱,认为变动成本是相关的而固定成本则是不相关的。但是,这个假设并不成立。例如,生产的变动成本与 Audio-Blast 公司的决策是相关的,而与现有工厂联系的固定成本是不相关的。然而,作为额外的固定成本,第二轮班制的主管工资与决策相关。

如果备选方案需求的变化和资源的供给能够带来支出的改变,那么资源支出的这些改变就是相关成本,它应该作为评估两个备选方案的相关性指标。

---

① Michelle Kessler, "Toshiba Turns Up Heat in DVD War". *USA Today* (January 15, 2008):4B.

需要时可以很容易买到这些弹性资源。例如,煮沸水果以生产果冻的炉具所需的电力就是一种可以获取和使用的弹性资源。因此,如果果冻制造商想增加果冻的产量,电力的增加就足够满足需求。这种类型的资源从严格意义上来说就是变动成本。

一些资源先买后用。显然,投资一家特定大小的工厂就是这样一个例子,按年租赁的办公场地和设备也是如此。这些成本通常被认为是固定成本。如果这项决策涵盖的期间短于这些资源的固定时间,那么这项成本通常就是无关的。

还有一些资源是提前通过隐性合约获得的,它们通常在总额中体现。在第 3 章中,这些成本被看作阶梯成本(比如,包括企业正式和计时员工的工资),其中隐含的理解为:即使某项业务发生短暂的利润下滑,也会维持一定的就业水平,意味着这项业务拥有未使用的生产能力。在考虑阶梯成本时,相关范围是非常重要的。只要一家企业在相关范围内,它就不会发生阶梯变动,所以无论出于何种目的或意图,其成本都是固定的。

例如,假设一家公司有三个采购代理商,每个代理商每年可以处理 15 000 份采购订单。这意味着现有员工一年可以处理 45 000 份采购订单。如果这家公司仅处理了 40 000 份采购订单,那么它还有未使用的采购容量。如果这家公司考虑接受一份需要额外购买 2 000 份的特殊订单,那么采购成本就不会增加;然而,如果公司考虑每年将采购量扩张至 8 000 份的话,那么采购成本就会因额外人工而增加。

13.2 相关成本的常见应用

相关成本的价值在于解决不同类型的问题。习惯上,其应用包括以下决策:
(1)是制造还是购买零件;
(2)是否以低于正常价格接受特殊订单;
(3)是保留还是舍弃一个部门或生产线;
(4)是进一步生产关联产品还是在分离点将其出售。

尽管这不是一份详尽的清单,但很多相同的决策制定原则也适用于各种各样的问题。

13.2.1 自制或外购决策

管理者通常要决策是自制一种产品(或提供一项服务)还是从外部供应商处购买。制造商也要考虑零件是自制还是购买。服务公司的经理也要决策是由内部提供服务还是将服务外包。例如,越来越多的大型会计公司将会计服务外包至海外,以减少美国会计人员的人工成本,这样可以节省美国会计人员的时间用来做更有挑战性和增值的工作。**自制或外购决策**(make – or – buy decisions)是涉及内部和外部生产的一项选择,图表 13 – 1 说明了自制或外购决策。

我们回到 Navistar 公司为了额外车轴的需要,使用相关分析进行的自制或外购决策。该问题是应该制造(自制)所需的车轴还是从外部供应商处采购(购买)。来自人力资

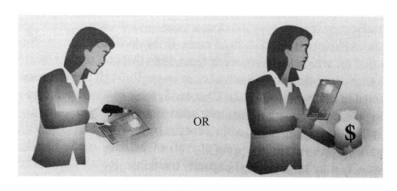

图表 13-1　自制或外购决策

源、会计、采购和财务部门代表组成的综合团队经仔细讨论，管理者认为自制的核心成本包括一次性的资本投入、启用机器的资本支出，以及不间断的人力、维修、折旧和保险支出；而外购的核心成本包括对供应商的一次性设备支出和不间断的运输、物流、仓储和培训支出。此外，管理者必须考虑到重要的定性因素（如确保产品高质量），这也是一项特别的培训成本，因为 Navistar 公司要确保每一个外购的车轴拥有高品质且能够在恰当的时间送达准确的位置。在确认、计算和分析这些相关成本后，Navistar 公司选择了外包额外车轴的生产。

自制或外购决策实例　假定 Swasey 制造公司目前生产用于打印机的一款电子零件；一年内，Swasey 公司将转产另一种类型的打印机，不再使用这一电子零件。然而，下年 Swasey 公司必须生产 10 000 个这种零件以满足旧打印机的生产需要。

一家潜在的供应商可以生产类似的零件，生产 Swasey 规格的电子零件的报价为 4.75 美元/单位。这个价格听起来对于 8.20 美元/套的制造成本是很有吸引力的，Swasey 公司应该自制还是外购这些零件呢？

我们回到之前涉及的短期决策步骤。显然问题（步骤一）和可行备选方案（步骤二）很容易识别。由于决策范围只有一个周期，因此没有必要考虑周期性重复的成本（步骤三）。相关成本在短期分析中特别有用，我们只需简单地识别出相关成本（步骤四）、确定总额，然后做出选择（步骤六）［假设没有重要的定性问题（步骤五）］。

零件的总成本和单位成本如下：

单位：美元

项目	总成本	单位成本
直接材料	10 000	1.00
直接人工	20 000	2.00
变动制造费用	8 000	0.80
固定制造费用	44 000	4.40
合计	82 000	8.20

固定制造费用由分配给每条生产线的工厂共同成本组成。无论零件生产线发生了什么，整体固定制造费用都不会改变。因此，固定制造费用属于无关成本，在构建问题时

可以将其忽略。

本案例中的其余成本都是相关的。直接材料和直接人工属于相关成本,因为如果从外部购买零件,工厂就不再需要它们。类似地,变动制造费用也是相关的,因为如果从外部采购,这项成本就不会发生。

若从外部购买这些零件呢?毫无疑问,采购价格一定是相关成本,因为如果零件是自制的,这项成本就不会发生。从外部购买还有其他相关成本吗?经过与采购部门核实和确认,系统处理额外采购绰绰有余,这说明外购零件不需要额外的相关成本。

演练13.1阐述了如何解决这个自制或外购问题。

演练 13.1

构建自制或外购问题

知识梳理:

自制或外购决策要求公司关注自制或购买给定产品的相关项目(通常是成本)。一般情况下,对于公司来说,选择(自制或外购)相关成本最低的方案代表着最优决策。

资料:

Swasey制造公司应考虑是内部生产10 000单位零件便宜,还是从外部供应商处以4.75美元/单位的价格购买更便宜。内部生产成本的资料如下:

单位:美元

项目	总成本	单位成本
直接材料	10 000	1.00
直接人工	20 000	2.00
变动制造费用	8 000	0.80
固定制造费用	44 000	4.40
合计	82 000	8.20

无论零件是自制还是外购,固定制造费用都不变。如果外购,除了要支付采购价格,公司也不再需要额外的成本。

要求:

1. 对于Swasey制造公司来说,备选方案都有哪些?
2. 分别列出内部生产和外部购买两种方案的相关成本。
3. 哪个备选方案在成本上更有优势?成本是多少?
4. 假设外购零件,可以节省10 000美元的固定制造费用。哪个方案在成本上更有优势?成本是多少?

答案:

1. 有两个备选方案:零件自制或者外部购买。
2. 零件自制的相关成本包括直接材料、直接人工和变动制造费用。外购零件的相关成本仅包括采购价格。

单位:美元

项目	备选方案		相关成本差异
	自制	外购	
直接材料	10 000	—	10 000
直接人工	20 000	—	20 000
变动制造费用	8 000	—	8 000
采购成本	—	47 500	(47 500)
相关成本合计	38 000	47 500	(9 500)

3. 零件自制成本更低,节省 9 500 美元。
4. 各方案成本如下:

单位:美元

项目	备选方案		相关成本差异
	自制	外购	
直接材料	10 000	—	10 000
直接人工	20 000	—	20 000
变动制造费用	8 000	—	8 000
可避免固定制造费用	10 000		10 000
采购成本	—	47 500	(47 500)
相关成本合计	48 000	(47 500)	500

现在看来,外购零件的成本更低,可节省 500 美元。

一定仔细阅读演练 13.1 的分析。首先,如果零件自制就一定存在固定制造费用,在这种情形下,固定制造费用是无关的,而且自制零件比从外部购买要节省 9 500 美元;其次,要求 4 中提出的固定制造费用是可避免的。这一条件意味着从外部购买零件将在固定成本上节约 10 000 美元(如果外购零件,Swasey 公司就可以减少 10 000 美元的固定制造费用)。现在看来,这 10 000 美元的固定成本是相关的,因为它是一项未来成本;而且,两种方案也不相同,供应商的报价也是可以接受的,最主要的是外购零件能节省 500 美元。

同样的分析也可以在单位成本的基础上进行。一旦确认了相关成本,相关单位成本就可以拿来比较。对于这个案例来说,自制方案的成本是 3.80 美元/单位(38 000/10 000),而外购方案的成本是 4.75 美元/单位(47 500/10 000)。

由于全球化和绿色环保行动持续关注与电子垃圾有关的废弃成本,这一类型的相关成本显著地增加了。目前,越来越多的政府机构在评估制造商生产的那些废弃成本很高的产品(例如,电脑、电视和数字音乐播放器等),一旦这些产品报废就会被弃至公共垃圾填埋场,严重地污染环境。惠普公司已经通过回收约 10% 销售额的产品而取得了战略领先地位,这比前述的政府收费要有效得多。[1] 妥善处理电子垃圾成本的重要性显著增大。

---

[1] Lorraine Woellert, "HP Wants Your Old PCs Back", *BusinessWeek Online* (April 10, 2006).

专家估计,全世界在 2012 年大约使用 5 400 万吨电子产品,而且这一数值在 2017 年会上升 33%,达到 7 200 万吨。① 因为没有预测到电子垃圾和相关生命周期成本的大幅增长,这导致自制或外购决策分析的结果更有吸引力(即成本更低);然而,事实并非如此。

13.2.2 特殊订单决策

公司有时须考虑以不同于正常售价的价格提供产品或服务。在同一市场上,对不同消费者的售价可能不同,而且公司经常有机会考虑给市场上的一些潜在客户提供特殊订单。例如,通用汽车公司与五角大楼签订合同,将过剩的产能用于制造深受欢迎的四轮驱动皮卡车,以供美军在沙漠作战时使用;除此之外;这些皮卡车还被加以改装,包括拥有防弹窗户、坐骑机枪和夜视能力等。该案例中一个潜在的重要定性因素是,某些客户可能对通用汽车公司与作战活动有联系一事持有很大意见。这些意见既可能有助于也可能损害日常的销售额,但如果公司认为它们是重要的,在相关分析中就应该估计这些影响。**特殊订单决策**(special-order decisions)主要关注是应该接受还是拒绝特别定价的订单。这些订单通常很有吸引力,特别是当公司目前的产量低于最大产能的时候,图表 13-2 描绘了特殊订单决策。

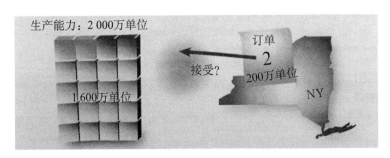

图表 13-2 接受或拒绝特殊订单

另一个关于特殊订单决策的有趣例子是航空公司(如 American Airlines)和酒店(如 Westion Hotels)。在周末临近时,它们必须估算座位和酒店房间全部售完产生的相关成本。相关成本确定后,管理者就可以在短期存在闲置产能的情境下确定价格。

特殊订单决策实例 假定某冰激凌公司只生产高品质的冰激凌,其工厂能够生产 2 000 万个半加仑单位的冰激凌,但只计划生产 1 600 万个单位。与生产和销售 1600 万个单位冰激凌有关的成本如下:

---

① Tanya Lewis, "World's E-Waste to Grow 33% by 2017". (December 15, 2013): Purch. Accessed at: www.livescience.com/41967-world-e-waste-tovgrow-33-percent-2017.html

单位:千美元

项目	合计	单位成本
变动成本:		
原材料	15 200	0.950
包装	3 200	0.200
直接人工	4 000	0.250
变动制造费用	1 280	0.080
销售佣金	320	0.020
变动成本合计	24 000	1.500
固定成本合计	1 552	0.097
总成本	25 552	1.597
售价		2.000

冰激凌地理区域的经销商不仅可以按 1.55 美元/个购买 200 万个单位产品,还可以在产品上贴上自己的标签。因为经销商直接与总公司联系,所以这中间也不存在销售佣金。作为这家冰激凌公司的管理者,你是接受还是拒绝这份订单呢?

售价 1.55 美元/个的订单显然低于正常价格 2.00 美元/个;事实上,它甚至比合计单位成本还低。即便如此,接受这份订单也可能有利可图。这家公司存在闲置产能,而且订单不会被取代,其他订单仍然按正常售价。此外,很多成本是不相关的,无论订单是被接受还是被拒绝,固定成本一直存在。

如果接受该订单,每单位会带来 1.55 美元的收益,否则就没有任何收益。然而,所有的变动成本除了佣金(0.02 美元),每单位的成本为 1.48 美元,净利润为每单位 0.07 美元(1.55 −1.48)。相关成本分析总结如下:

单位:美元

项目	接受	拒绝	相对于接受的收益差异
销售收入	3 100 000	—	3 100 000
原料	(1 900 000)	—	(1 900 000)
包装	(400 000)	—	(400 000)
直接人工	(500 000)	—	(500 000)
变动制造费用	(160 000)	—	(160 000)
利润	140 000	0	140 000

我们可以看到,这家公司如果接受这份特殊订单就会增加利润 140 000 美元(0.07 × 2 000 000)。

演练 13.2 介绍了如何运用相关成本分析解决特殊订单问题。

演练 13.2

构建特殊订单问题

知识梳理:

特殊订单是指某公司使用过剩产能为另一家公司生产的一次性订单。特殊订单分析的关键在于估算相关成本和订单的相关收益,因为无论接受订单与否,公司的许多成本(属于无关成本)对此订单没有影响。

资料:

Leibnitz 公司与一新客户协商,打算以 9 美元/套的价格出售 20 000 套 TR 8 模型。该新客户与公司的其他客户在地理上是分隔的,所以现有销售订单并不会受到影响。Leibnitz 公司每年正常可以生产 100 000 套 TR 8 模型,但下一年只计划生产和销售 75 000 套。正常售价为 14 美元/套,正常水平下的单位成本如下:

单位:美元

直接材料	3.00 美元
直接人工	2.80 美元
变动制造费用	1.50 美元
固定制造费用	2.00 美元
合计	9.30 美元

无论接受订单与否,固定制造费用都不会受到影响。

要求:

1. 两个备选方案(接受或拒绝这份特殊订单)的相关成本和收益各是多少?
2. 如果接受这份订单,经营利润是增加还是减少?变化多少?

答案:

1. 接受这份订单的相关收益为售价 9 美元,相关成本包括直接材料、直接人工和变动制造费用。拒绝这一订单则没有相关成本和收益。
2. 如果在单位基础上分析这一问题,相关数据如下:

单位:美元

项目	接受	拒绝	相对于接受的收益差异
价格	9.00	—	9.00
直接材料	(3.00)	—	(3.00)
直接人工	(2.80)	—	(2.80)
变动制造费用	(1.50)	—	(1.50)
经营利润的增加	1.70	0	1.70

如果接受这一订单,经营利润将增加 34 000 美元(1.70×20 000)。

13.2.3 保留或放弃决策

通常,管理者须考虑生产的某一部门(例如,一部分生产线)是保留还是放弃。保留或放弃决策的性质可以是小规模的。例如,耐克公司思考如何处理现有名人或者运动员代言的服装或运动装备,或者乐事公司如何针对 80 后、90 后女孩介绍像巧克力味薯片一样的新产品。① 另一方面,这些决策的性质也可以是大规模的。例如,福特汽车公司计划将旗下的豪华捷豹和路虎汽车出售给印度汽车制造商塔塔公司。这些决策也可能涉及大型实物资产。例如,美高梅国际酒店集团要在一系列建筑和工程问题出现之前拆毁它的奢华酒店(Harmon 酒店)。② 此外,星巴克花了六年多时间研究市场环境、机遇和风险,最后才在以饮茶为主的印度市场开设了第一家门店。而说到终止主要产品决策的例子莫如 CVS 公司选择在其 7 600 家美国店铺停止销售香烟。CVS 公司做出这个决定是为了使其产品和服务与发展战略更为贴近,成为一个为客户提供医疗保健服务的供应商。然而,这一决策会使 CVS 在烟草和相关杂货销售商处每年损失近 20 亿美元。③

基于变动成本法的部门报告能为这些**保留或放弃决策**(**keep-or-drop decisions**)提供有价值的信息。部门贡献毛益和部门毛益在评估部门表现时都很有用。当部门报告为保留或放弃决策提供有用的信息时,相关成本分析就用于描述在决策时如何使用这些信息。

1. 保留或放弃决策实例

Norton 材料公司生产混凝土块、砖和屋顶瓦,财务主管将下年的部门利润表列示如下:

单位:千美元

项目	混凝土块	砖	屋顶瓦	合计
销售收入	500	800	150	1 450
减:变动费用	250	480	140	870
贡献毛益	250	320	10	580
减:直接固定费用				
广告费用	(10)	(10)	(10)	(30)
工资	(37)	(40)	(35)	(112)
折旧	(53)	(40)	(10)	(103)
部门毛益	150	230	(45)	335

其中,屋顶瓦的部门毛益为负,这种情况已连续发生三年。Norton 材料公司的经理,Tom Black burn,十分关注这条生产线,正在制定保留或放弃它的决策。

他的第一反应就是试图增加屋顶瓦的销售收入,可以采用激进的促销方式再加上提高销售价格。然而市场部门经理认为这种方法没有效果,市场已经饱和且竞争太激烈,对提高公司市场份额不抱希望。

通过削减成本来增加产品利润同样也是不可行的,必须连续两年削减成本才能达到目前的水平,任何进一步的削减都会影响产品质量,并且给销售带来负面影响。

既然没有希望使屋顶瓦生产线达到预期水平,Tom 决定放弃它。他的理由是放弃屋

---

① Vanessa Wong, "Lay's New Chocolate-Covered Potato Chips:For Women, of Course", *Bloomberg Businessweek* (November 4,2013).
② Alexandra Berzon, "MGM Folds Vegas Tower" (August 16,2011), B1, *The Wall Street Journal*.
③ Kyle Stock, "The Strategy Behind CVs's No-Smoking Campaign", *Bloomberg Businessweek* (February 5,2014).

顶瓦生产线虽然会使公司贡献毛益减少 10 000 美元,但是解雇生产线主管和削减广告预算可以节省 45 000 美元。10 000 美元的折旧成本是不相关的,因为它是对沉没成本的一种分配。因此,放弃屋顶瓦生产线比保留它节省 35 000 美元。演练 13.3 介绍了如何解决保留或放弃生产线的问题。

演练 13.3

构建保留或放弃生产线问题

知识梳理:

公司经常需要考虑某一部门或生产线是否应该保留,在分析中最重要的方面是思考如果放弃生产线,会消除哪些成本(相关成本),无论部门或产品是否被放弃仍会存在哪些成本(无关成本)。

资料:

Norton 材料公司三条生产线的部门利润表如下:

单位:美元

项目	混凝土块	砖	屋顶瓦	合计
销售收入	500 000	800 000	150 000	1 450 000
减:变动费用	250 000	480 000	140 000	870 000
贡献毛益	250 000	320 000	10 000	580 000
减:直接固定费用				
广告费用	(10 000)	(10 000)	(10 000)	(30 000)
管理人员工资	(37 000)	(40 000)	(35 000)	(112 000)
折旧	(53 000)	(40 000)	(10 000)	(103 000)
部门毛益	150 000	230 000	(45 000)	335 000

屋顶瓦生产线的贡献毛益为 10 000 美元(销售收入 150 000 美元减去变动成本 140 000 美元)。所有的变动成本都是相关的。这条生产线上的相关固定成本包括广告费用 10 000 美元和管理人员工资 35 000 美元。

要求:

1. 列出有关屋顶瓦生产线的备选方案。
2. 列出每个备选方案的相关成本和收益。
3. 哪个备选方案更有成本优势?是多少?

答案:

1. 两个备选方案分别是保留或放弃屋顶瓦生产线。
2. 保留该生产线的相关收益和成本,包括销售收入 150 000 美元、变动成本 140 000 美元、广告成本 10 000 美元和管理费用 35 000 美元。放弃该生产线则不存在相关成本和收益。
3. 各方案的利润表如下:

单位:美元

项目	保留	放弃	差异额
销售收入	150 000	—	150 000
减:变动费用	140 000	—	140 000
贡献毛益	10 000		10 000
减:广告费用	(10 000)	—	(10 000)
管理费用	(35 000)		(35 000)
相关收益(损失)合计	(35 000)	0	(35 000)

选择放弃屋顶瓦生产线会节省35 000美元。

企业合并是另一种类型的保留或放弃决策,这需要管理会计师估算相关成本,包括两家公司合并时会消失的成本和继续存在的成本。例如,在XM卫星广播和天狼星卫星广播首次考虑合并为大型卫星广播公司时,支持者认为合并将给新公司带来成本上的显著节约,也将给消费者提供一个更为低廉的价格。他们认为两家公司合并后的新公司比两家单独公司的成本要少很多,因为新合并的公司只需要一个研发部门,一个营销部门等。两家公司合并后减少或者消失的成本就是合并分析中的相关成本,合并后仍然存在的成本则属于无关成本。

2. 保留或放弃互补效应

假定放弃Norton公司的屋顶瓦生产线,混凝土块的销售额会下降10%,混凝土砖的销售额会下降8%,原因是很多客户在购买屋顶瓦的同时会购买混凝土块或砖。一些顾客如果不能在同一地方买到这两种商品就会去别处购买。这一信息会影响保留或放弃决策吗?

演练13.4说明了其对全部生产线的影响。

演练13.4

构建有互补效应的保留或放弃生产线问题

知识梳理:

保留或放弃分析的一个潜在问题是,制定这一决策时可能没有考虑到其他方面的业务。但在做出最后决策时,必须将这些因素纳入分析框架。

资料:

回顾演练13.3 Norton材料公司的部门利润表。假定放弃这一生产线会使混凝土块销售额下降10%,砖的销售额下降8%,其余条件不变。

要求:

1. 如果放弃屋顶瓦生产线,混凝土块生产线的贡献毛益是多少?砖生产线呢?
2. 哪一个备选方案(保留或放弃屋顶瓦生产线)成本上更有优势?是多少?

答案:

1. 混凝土块生产线之前的贡献毛益为250 000美元,如果销售额下降10%就意味着总变动成本减少10%，所以贡献毛益也将下降10%。

变化后混凝土块生产线的贡献毛益 = 250 000 − 0.10 × 250 000 = 225 000（美元）

对于砖生产线也是同样的道理，只是下降幅度变为8%。

变化后砖的贡献毛益 = 320 000 − 0.08 × 320 000 = 294 400（美元）

因此，如果放弃屋顶瓦生产线，Norton 材料公司总的贡献毛益变为 529 400 美元（225 000 + 294 400）。

2. 各方案的利润表如下：

单位：美元

项目	保留	放弃	差异额
贡献毛益	580 000	519 400	60 600
减：广告费用	(30 000)	(20 000)	(10 000)
管理费用	(112 000)	(77 000)	(35 000)
合计	438 000	422 400	15 600

放弃这一备选方案的贡献毛益等于变化后混凝土块和砖生产线贡献毛益之和（225 000 + 294 400）。同样，广告和管理费用是对于这些方案的相关成本。

显然，分析表明应该保留这条生产线，因为对于公司来说，保留比放弃这条生产线收入会增加 15 600 美元。

这一实例提供了一些简单应用决策模型之外的见解。最初的分析只关注于两个可行的方案，以致决定放弃这条生产线，而营销经理提供的额外信息导致初步决策的逆转。也许同样存在其他可行方案，这些额外的备选方案同样需要更多的分析。

由你做主

做出相关决策

假设你是一座大城市的官员，正在考虑是否推进拆除城市现有的专业体育场、修建一座精心设计的新体育场计划。如果新建体育场，决策中最重要的内容是估算新体育场产生的增量收入和成本。

在制定重要决策时你会考虑哪种特定类型的相关收入和相关成本

要做出正确的决策，你必须准确计算很多体育场活动的相关成本和收入。这些体育场活动及其相关收入和成本包括：

(1) 主要的体育赛事。例如，棒球、篮球或者即将建成的足球体育场带来的门票收入，增加的人工、清理和保险成本。

(2) 优惠和其他销售渠道。例如，在产品和服务贡献毛益最高的体育场提供高端购物机会——设立一家高档商场。

(3) 电视转播合同条款。例如，也许是在黄金时段播出，新体育场上额外增加的体育赛事带来的收入增长。

(4)休赛期活动。例如,拳击比赛、音乐会等门票收入。

对于体育场的相关决策,估算相关收入可能比估算相关成本要难得多。例如,预测有多少人将观看新体育场的赛事是不确定的;同样,他们会花费多少钱购买何等位置的行为也是不确定的。

纽约几个大型体育场就经历过估算这些类似项目的困难。例如,New York Yankees 队和 New York Mets 队建设新球场的价格分别为 12 亿美元与 8 亿美元。然而,在 Yankees 队球场上,由于每个座位的价格为 2 500 美元,很多座位如击球手后面的位置或电视转播可以观看到的位置都是空的。因此,Yankees 队决定在第一赛季将最高票价降低 50%,试图填补这些价格高昂的空位。换句话说,在 Yankees 队赛场上,决策制定者难以估算那些重要座位带来的增量收入。通过这一具有挑战性的相关分析,纽约地区还花费 16 亿美元建设新的 Meadowlands 体育场,它由 New York Jets 队和 New York Giants 队共同使用。

除了前述的相关事项,一些市民仍然反对花费大量的金钱用来替换现有的设施功能齐全的体育场。他们认为 10 亿美元应该更好地用在其他事情上。不管你是否同意他们的说法,这种情绪代表着潜在的重要定性因素,管理会计师在提议修建新体育场时应当予以考虑,尤其是当这些市民代表着纳税人或者被指望购买昂贵门票的粉丝们的时候。

当做出重要决策时,决策者一定要考虑到体育赛事、优惠政策、电视转播合同和休赛期活动这些相关成本,当然还包括市民情绪等定性因素。

13.2.4 联产品的进一步处理

联产品(**joint products**)有着共同的生产过程和生产成本分离点。在这一点上,它们变成可以区分的不同产品。例如,某些矿物质像铜和金可能在某一给定的矿石中被发现,在铜和金分离前,矿石要经过开采、粉碎和处理等一系列过程,我们称这些节点为**分离点**(**split-off points**)。无论矿石是在分离点出售还是被加工成铜、金和其他存在于其中的任何物质,开采、粉碎和处理的成本是所有产品应共同承担的。所以,无论是在分离点出售还是经过进一步加工,联合成本都属于决策无关成本。

很多联产品是在分离点出售的;当然,有时将联产品进一步加工,在分离点之后出售更有利可图。所以,**销售或深加工决策**(**sell-or-process-further decision**)对于管理者来说是应予以考虑的重要相关决策。

销售或深加工决策实例　Appletime 公司是一家专门种植苹果的大型农场企业。每个种植小区大约可以生产一吨苹果,每个种植区中的树木都要喷洒、施肥、灌溉和修剪。当苹果成熟时,就要雇用工人采摘苹果。苹果在经过清洗和挑选后,会被送到仓库。所以这些活动的成本(包括处理)每年大约为 300 美元/吨。

根据苹果的大小和瑕疵,工人将其分为三个等级(A,B,C)。没有瑕疵(伤痕、割伤、虫洞等)的大号苹果被放在一起,归类为 A 等;没有瑕疵的小号苹果被放在一个箱子,归类为 B 等;其余的苹果被放在三号箱中,归类为 C 等。每吨苹果能生产 800 磅 A 等、600 磅 B 等和 600 磅 C 等苹果。

A 等苹果以每磅 0.40 美元的价格出售给大型超市。B 等苹果以 5 磅为单位包装卖到大超市,每袋价格为 1.30 美元(每袋成本为 0.05 美元)。C 等苹果被进一步加工成苹果酱,每罐 16 盎司果酱的售价为 0.75 美元,而加工过程中每磅苹果的成本为 0.10 美元,最后可以产出 500 罐果酱。

一大型连锁超市近日要求 Appletime 公司提供每罐 16 盎司的苹果派馅,而且愿意支付每罐 0.90 美元的价格。Appletime 公司认为 B 等苹果符合这一要求,并且估算若将苹果加工为苹果派馅,每磅成本为 0.24 美元,公司可以生产 500 罐。图表 13 – 3 说明了公司是将 B 等苹果在分离点出售还是继续加工成苹果派馅。

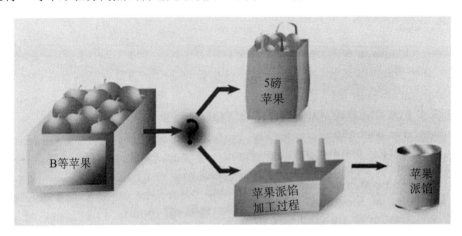

图表 13 – 3 联产品进一步生产过程

无论是在分离点出售 B 等苹果还是继续加工成苹果派馅后再出售,喷洒、修剪和其他共同成本都属于无关成本。无论怎样决策,公司都必须为每吨苹果支付 300 美元,然而,将 B 等苹果在分离点出售和进一步加工为苹果派馅的收入可能不同。因此,收入为相关因素。同样,如果 B 等苹果被进一步加工也会发生加工成本,所以加工成本也是相关的。

演练 13.5 展示了对于 B 等苹果如何构建销售或深加工决策。

演练 13.5

构建销售或深加工决策

知识梳理:

因为联合成本的产生是在分离点之前,所以无论是在分离点出售还是进一步生产,它们在决策中都是沉没成本。在这一决策中,只有在分离点的销售额、进一步加工成本和最终销售额才是相关的。

资料:

Appletime 公司种植苹果,再根据苹果的状况归类为 A、B、C 三等。公司需要决定是在分离点出售 B 等苹果还是将其进一步加工为苹果派馅。通常,公司会以 5 磅装每袋 1.25 美元的价格出售 120 袋 B 等苹果。如果进一步加工,则每罐需要额外支付成本 0.24

美元,并以 0.90 美元的价格出售 500 罐。

要求:
1. 以每袋 5 磅的方式出售 B 等苹果会带来多少收入?
2. 将 B 等苹果进一步加工为苹果派馅会带来多少收入?
3. Appletime 公司是应该以袋装形式出售 B 等苹果,还是应该进一步加工?

答案:
1. 袋装出售的收入 = 1.25 × 120 = 150(美元)
2. 进一步加工收入 = 0.90 × 500 = 450(美元)
   进一步加工成本 = 0.24 × 500 = 120(美元)
   进一步加工净利润 = 450 − 120 = 330(美元)
3. 公司应该选择进一步加工这一方案,因为进一步加工会带来 330 美元利润,远高于以袋装形式直接出售带来的 150 美元利润。

13.3 产品组合决策

在大多数情况下,企业在选择产品组合时有着广泛的灵活性。产品组合是指公司生产每个产品(或服务)的相对数量,有关产品组合的决策对公司的盈利能力具有重要影响。

每个组合代表与其相关利润水平的一个备选方案,管理者应当选择利润最大化的方案。因为固定成本不随活动水平的变化而变化,公司总固定成本对于所有产品组合都是相同的,所以它对这一决策是无关成本,管理者应该选择总贡献毛益最大的那个备选方案。

产品组合决策实例 假定 Jorgenson 公司生产两种类型的齿轮——X 和 Y,两者的单位贡献毛益分别为 25 美元和 10 美元。如果公司拥有无限的资源,而且每个产品的需求也是无限的,那么产品组合决策很简单,每种产品只要无限生产就可以了。但是很遗憾,每家公司都面对有限的资源和每件产品有限的需求,我们将这些限制称为**约束条件**(**constraints**)。管理者必须在约束条件的基础上选择最优组合决策。

假设 Jorgenson 公司可以将其生产的全部产品出售,一些人认为它应该只生产和出售 X 齿轮,因为它的贡献毛益更大。然而,这并不是最佳的选择方案。最佳产品组合的选择受到约束条件关系或者单个产品稀少资源的影响。这些关系会影响产品的生产数量,进而影响总贡献毛益。在资源约束条件下,这一点是最生动的例证。

演练 13.6 介绍了如何在约束条件下确定最优产品组合。

演练 13.6

在约束条件下确定最优产品组合

知识梳理:
公司经常面临某种流程(或资源)不能满足所有需求的情况。因此,公司必须决定如何在生产中最好地分配这些稀缺资源,以实现公司利润最大化。

资料:

Jorgenson 公司生产两种类型的齿轮——X 和 Y,两者的单位贡献毛益分别为 25 美元和 10 美元。每个齿轮必须由特殊的机器进行切割,而这家公司拥有八台机器,每年可以工作 40 000 小时。生产 X 齿轮需要 2 小时,生产 Y 齿轮则需要 0.5 小时,没有其余的约束条件。

要求:

1. 机器生产齿轮每小时的贡献毛益分别是多少?
2. 齿轮的最优产品组合是什么?
3. 最优产品组合的总贡献毛益是多少?

答案:

1.

项目	X 齿轮	Y 齿轮
单位贡献毛益(美元)	25.00	10.00
每生产 1 单位消耗工时(小时)	÷2	÷0.5
每工时产生的贡献毛益(美元)	12.50	20.00

2. Y 齿轮的贡献毛益为每工时 20 美元,所有机器应该用来生产 Y 齿轮。

生产 Y 齿轮数量 = 40 000/0.5 = 80 000(单位)

因此,最优组合是生产 80 000 单位 Y 齿轮和 0 单位 X 齿轮。

3. 最优产品组合决策总贡献毛益 = 80 000 × 10 = 800 000(美元)

演练 13.6 清晰地说明了在约束条件下进行相关决策时非常重要的一点,就是每个产品的单位贡献毛益不是决定生产和销售这一产品数量的关键。相反,限制资源的单位贡献毛益才是决定性因素,企业应该选择生产稀缺资源单位贡献毛益最高的产品。回到演练 13.6,X 齿轮的每单位贡献毛益为 25 美元,相当于 Y 齿轮单位贡献毛益的 2.5 倍;但是,生产每单位 X 齿轮需要的工时(约束条件)是 Y 齿轮的 2.5 倍,因此生产 Y 齿轮比 X 齿轮在经济上更有吸引力。特别要注意的是,X 齿轮每工时贡献毛益为 12.50 美元 (25/2),而 Y 齿轮每工时的贡献毛益为 20 美元(10/0.5)。因此,生产 Y 齿轮更有利,最优产品组合是生产 80 000 单位 Y 齿轮和不生产 X 齿轮,计算公式如下:

$$稀缺资源的单位贡献毛益 = \frac{单位售价 - 单位变动成本}{每单位需要的稀缺资源数量}$$

假定存在需求约束,即只能出售 60 000 单位 Y 齿轮。

演练 13.7 介绍了如何处理这一额外约束条件。

演练 13.7

在限制资源和销售额的约束下确定最优产品组合

知识梳理:

销售额的约束条件使得稀缺资源的问题更加复杂。如果要做出最优决策,应将限制资源和销售额约束同时纳入考虑。

资料：

Jorgenson 公司生产两种类型的齿轮——X 和 Y，其单位贡献毛益分别为 25 美元和 10 美元。每个齿轮必须由特殊的机器进行切割，这家公司拥有八台机器，每年可以工作 40 000 小时。生产 X 齿轮需要 2 小时，生产 Y 齿轮则需要 0.5 小时，每种齿轮最多可以出售 60 000 单位。

要求：

1. 机器生产齿轮每小时的贡献毛益分别是多少？
2. 齿轮的最优产品组合是什么？
3. 最优产品组合的总贡献毛益是多少？

答案：

1.

项目	X 齿轮	Y 齿轮
单位贡献毛益（美元）	25.00	10.00
每生产 1 单位消耗工时（小时）	÷2	÷0.5
每工时产生的贡献毛益（美元）	12.50	20.00

2. Y 齿轮每工时产生的贡献毛益为 20 美元，应当尽可能地优先满足 Y 齿轮的市场需求。

最大限度生产 Y 齿轮消耗的工时数 = 60 000 × 0.5 = 30 000（小时）

生产 X 齿轮消耗的工时数 = 40 000 − 30 000 = 10 000（小时）

10 000 工时能够生产 X 齿轮量数 = 10 000/2 = 5 000（单位）

因此，最优产品组合为生产 60 000 单位 Y 齿轮和 5 000 单位 X 齿轮，这一组合精确地耗用了全部工时。

Caribou 咖啡连锁店，像众多的零售企业一样，非常关注咖啡店每平方米面积带来的利润和销售额，而这往往是最重要的限制资源。这一指标的重要性也说明了为什么像麦当劳这样的快餐店推行"得来速"服务，就是为了减少其内部存储空间。事实上，很多快餐店也因提供这样的服务而使销售额增长 80%。

只存在一项限制资源可能是不切实际的。企业往往面临多重限制资源：原材料的限制、技术工人的限制、每个产品需求的限制等。解决多个约束条件下的产品组合问题更为复杂，必须使用专门的数学工具——线性规划，这也是先进的成本管理课程会用到的。

13.4 成本在定价决策中的使用

公司遇到的最难决策问题之一就是定价，本节探讨成本对价格的影响及会计人员在收集所需信息时的作用。

13.4.1 以成本为导向的定价决策方法

定价由需求和供给决定,收入只有大于成本公司才可以盈利,许多公司均根据成本决定价格。也就是说,公司计算出产品成本,并以此为基础加上要求的利润。这是一种简单直接的机制,通俗来讲,价格为成本和加成额的总和。**成本加成定价法**(**markup**)是在单位成本的基础上按一定的加成率计算相应的加成额,进而确定产品价格,计算公式如下:

成本加成后价格 = 单位产品成本 + 单位产品成本 × 加成率

加成额包括预期的利润和那些不被包括在基本成本中的费用。很多公司在投标时通常以成本为竞标价格。律师事务所和会计师事务所这类服务型企业也使用成本加成定价法为客户报价。

演练 13.8 介绍了如何运用成本加成定价法计算价格。

演练 13.8

运用成本加成率计算产品价格

知识梳理:

很多企业根据成本加成的方法估算产品或服务的价格,而运用成本加成定价法的挑战是准确估算产品的成本,并且选择一个适合的成本加成率。

资料:

Elvin 公司按照客户的要求装配和安装电脑。公司决定在直接材料和直接人工成本的基础上加价 20%,它为当地一所职业技术学校装配电脑的成本如下:

直接材料	65 000 美元
直接人工(装配和安装)	4 000 美元

要求:

计算 Elvin 公司向职业技术学校收取的价格。

答案:

价格 = 成本 + 加成率 × 成本 = 69 000 + 0.20 × 69 000 = 82 800(美元)

在演练 13.8 中,20% 的加成额并不是纯粹的利润;相反,它还包括其他没有明确指出的成本,如制造费用(包括 Elvin 公司的办公费用和管理人员工资)、营销和广告费用。加成率就是在这些基础上计算出来的。

零售商店经常使用成本加成法定价,而且典型的加成率达到成本的 100%。因此,如果 Graham 百货商店采购一件毛衣花费 24 美元,商店就会将其标价为 48 美元(24 + 1.00 × 24)。同样,这 100% 的加成并非纯粹的利润,它包括了员工的工资、支付场地和设备(收银台、家具)的费用、水电费和广告费等。成本加成定价法的一个优势是很容易应用标准加成率。由于为五金或百货商店中的每件商品都制定价格是有难度的,更简单的应用是制定一个标准加成率,然后根据需求再上下调整价格。

在运用此法时要关注以下几点:基础成本间的关系、成本加成率和公司的成本系统。首先,当企业的基本成本仅包含少量相关成本(而不是大额成本)时,成本加成额就要涵盖其余没有包括在基本成本中的费用,那么选择一个足够大的成本加成率就尤为重要,确定一个达到涵盖其余成本的加成价格需要相当复杂的判断和对成本的估计。其次,成本加成定价法的有效性在很大程度上依赖于成本系统的准确性和管理者对公司成本结构的理解。例如,如果某公司只对直接制造成本进行成本加成,并没有很好地理解间接生产成本或非生产成本(研发成本、配送成本和客户服务成本等),则在这种情况下,公司很容易会将价格定得过高,并且被提供低价格产品的竞争对手打压;或者公司会将价格定得过低(低于全部成本),最终导致企业亏损。

13.4.2 目标成本定价法

很多欧美企业将成本总和与预期利润加起来作为新产品价格,其基本原理是公司必须赚取足够的收入以补偿所有成本并产生利润。彼得·德鲁克说过:"虽然无关紧要,但这是事实。客户在制造商生产产品时看不到利润的发生,定价唯一可靠的方法是以市场愿意支付的价格为起点。"[①]

目标成本定价法(target costing)是以客户愿意支付的价格(目标价格)为基础确定产品或服务成本的一种方法。市场部门要决定什么样的产品特性和价格是最容易被客户接受的;接着,由公司的工程师设计和研发产品,使其成本和利润低于这一价格。众多日本公司多年使用这种方法,而使用目标成本定价法的美国公司也在逐渐增多。例如,奥林巴斯、丰田、波音、东风日产和卡特彼勒公司都基于价值链视角实施目标成本定价法。这一方法理论认为,产品75%—90%的成本在它完成设计阶段时就已经被"确认"或"锁定"了。[②] 因此,在产品生命周期的设计和研发阶段做一些大的改变往往效果显著,在这一节点,很容易调整产品的特性和成本。经过重新设计的产品需要更少的材料、人工、生产进程、运输和客户服务费用,而典型的目标成本定价法主要致力于在重新设计产品时减少所需的成本。举例来说,初次在《侏罗纪公园》中亮相的 M 级运动型多功能系列车引起很大轰动,梅赛德斯公司在设计这款车时也使用了目标成本定价法。

目标成本定价法实例 Digitime 公司运用目标成本定价法,目前在开发包含 PDA(个人数字经理)功能的手表。这个项目看起来很酷,但是在手表中输入数据是很难的。因此,公司打算向一小部分早期使用者收取高价。市场营销副经理对此估价 200 美元,而公司总裁要求对新产品赚取 15% 的利润。因此,目标成本计算公式如下:

$$目标成本 = 目标价格 - 预期利润$$

演练 13.9 介绍了如何计算目标成本。

---

① Peter Drucker, "The Five Deadly Business Sins", *The Wall Street Journal* (October 21, 1993):A22.
② Antonio Davila and Marc Wouters, "Designing Cost-Competitive Technology Products through Cost Management", *Accounting Horizons*, Vol. 18, No. 1 (2004):13-26.

演练 13.9

计算目标成本

知识梳理：

价格由市场决定，公司在使用目标成本定价法决定产品成本时，必须保证在给定的市场价格下能够赚得预期要求的利润。

资料：

Digitime 公司生产手表，而且正在设计一款包含 PDA 的手表模型，公司希望客户可以感受到这一有趣又有价值的设计亮点。这款新型 PDA 手表的目标售价为 200 美元，管理者对新产品要求利润达到 15%。

要求：

1. 计算预期利润。
2. 计算目标成本。

答案：

1. 预期利润 = 0.15 × 目标价格 = 0.15 × 200 = 30（美元）
2. 目标成本 = 目标价格 − 预期利润 = 200 − 30 = 170（美元）

相对于成本加成定价法来说，目标成本定价法需要更多的前期工作。如果 Digitime 公司不能以 170 美元生产这款手表，那么工程师和设计师就必须重构，寻找其他方案完成这一预算。如果成本加成后的价格高于客户所能接受的价格，我们还可以采取其他行动，将成本降到更低以支持市场能接受的价格，但不能忽略错失市场的机会成本。例如，在 20 世纪 90 年代，美国公司在电子消费市场几乎不存在，就是因为成本加成定价法导致价格越来越高；而日本及后来的韩国公司为了占领市场，运用目标成本法，提供了更低的价格和消费者追求的产品特性。

目标成本定价法可以在产品生命周期的设计和开发阶段广泛应用，因为在这一阶段，产品的特性和成本都是可以调整的。

学习目标

LO1 描述短期经营决策模型，并说明成本习性如何影响决策中使用的信息。

- 决策模型的六个步骤如下：

第一步，识别和明确问题；

第二步，列出可行的备选方案；

第三步，确定每个可行的备选方案的成本和收益；

第四步，估算每个可行的备选方案的相关成本和收益；

第五步，评估定性因素；

第六步，选择总体净利润最大的备选方案并做出决策。

- 相关成本：
- 是在每个方案都不同的未来成本；
- 通常是变动成本，称为柔性资源。

LO2 在不同的商业情境中理解相关成本和决策的概念。
- 自制或外购决策；
- 特殊订单决策；
- 保留或放弃决策；
- 联产品的进一步加工。

LO3 在限制资源的情形下选择最优产品组合。
- 单一约束条件导致每单位稀缺资源贡献毛益最大的产品产量。
- 多重约束条件要求进行线性规划。

LO4 成本对定价决策的影响。
- 应用成本加成定价法确定产品价格。
- 目标成本定价法通过预期价格寻找可以接受的成本。

重要公式

1. 稀缺资源的单位贡献毛益 = $\dfrac{\text{单位售价} - \text{单位变动成本}}{\text{每单位需要的稀缺资源数量}}$
2. 成本加成后价格 = 单位产品成本 + 单位产品成本 × 加成率
3. 目标成本 = 目标价格 − 预期利润

关键术语

保留或放弃决策	分离点	目标成本定价法	销售或深加工决策
差别成本	机会成本	特殊订单决策	约束条件
沉没成本	决策模型	相关成本	自制或外购决策
成本加成定价法	联产品		

问题回顾

Ⅰ. 特殊订单决策

Pastin 公司生产轻质旅行用雨衣，雨衣单位成本如下（单位：美元）：

直接材料	4.00
直接人工	1.00
变动制造费用	1.75
固定制造费用	2.00
单位成本	8.75

公司的生产能力为每年 200 000 件，下一年公司决定仅生产 170 000 件。每年的固定销售成本为 85 000 美元，单位产品的变动销售成本为 0.50 美元，每件雨衣的售价为 12 美元。

本年年初,一个外地客户要求以 8 美元/件的价格购买 20 000 件雨衣,客户将支付全部运输费用,而且不会有变动销售费用产生。

要求:

公司应该接受这一订单吗?从定性和定量两个角度做出说明。假定公司在常规订单和这一特殊订单之外没有接受其他订单。

答案:

公司仍有闲置产能,接受订单会使产量接近最大产能。两个选择分别是接受或拒绝这一订单。如果接受订单,公司就可以避免裁员,增强并维护社会形象。然而,订单远低于雨衣 12 美元的正常售价。价格如此之低,公司必须评估这对正常客户销售额和公司利润的潜在影响。该客户位于公司不常销售雨衣的地区,因此其对正常业务的影响并不大。因此,定性因素似乎倾向于接受订单。

至于利润影响,公司应该确认每个方案的相关成本和收益,分析如下(单位:美元):

	接受	拒绝
收入	160 000	—
直接材料	(80 000)	—
直接人工	(20 000)	—
变动制造费用	(35 000)	—
总收益	25 000	0

接受订单会增加利润 25 000 美元。固定制造费用和销售费用都属于无关成本,因为它们对于两个方案来说都是相同的。结论,无论是从定性还是从定量角度分析,公司都应该接受订单。

Ⅱ. 最优产品组合

公司生产两种类型齿轮——A 和 B。A 齿轮的单位贡献毛益为 200 美元,B 齿轮的单位贡献毛益为 400 美元。A 齿轮的磨削时间为 2 小时,B 齿轮需要 5 小时。每周有 200 小时的磨削时间,这是唯一的约束条件。

要求:

1. 磨削时间这一约束条件属于内部约束条件还是外部约束条件?
2. 制定最优产品组合,总贡献毛益是多少?
3. 假定有额外需求的约束条件:每种齿轮只能在市场上销售 80 个。那么,最优产品组合是什么?每周的总贡献毛益又是多少?

答案:

1. 磨削时间属于内部约束条件。
2. 齿轮 A:200/2 = 100(美元/磨削工时)
   齿轮 B:400/5 = 80(美元/磨削工时)

显然 A 齿轮每单位稀缺条件下创造的贡献毛益大于 B 齿轮,那么只应该生产和销售 A 齿轮(这建立在每件产品都可以卖出的事实上)。

最优产品组合:A 齿轮 100 单位和 B 齿轮 0 单位

总贡献毛益 = 200 × 100 = 20 000(美元/周)

每周可以生产 A 齿轮 = 200/2 = 100(单位)

3. 现在,我们应该生产 80 单位 A 齿轮,使用 160 工时(2×80)和 8 单位(40/5)B 齿轮。

总贡献毛益 = 80 × 200 + 8 × 400
= 19 200(美元/周)

讨论题

1. 战术和战略决策的区别是什么?
2. 管理者可以通过哪些方法确定一套可行的决策方案?
3. 过去成本在相关成本决策中起什么作用?
4. 为什么现有资产的折旧总是无关的?
5. 举例说明未来成本是无关的。
6. 在自制或外购决策中,直接材料可以是无关成本吗?说明原因。
7. 为什么公司有时以低于总成本的价格出售产品?
8. 讨论互补效应在保留或放弃决策中的重要性。
9. 在销售或深加工决策中应该考虑联合成本吗?说明原因。
10. 假定某产品可以在分离点以 5 000 美元价格出售,或者进一步加工消耗 1 000 美元成本然后以 6 400 美元出售。应该深加工该产品吗？

11. 假定某公司可以生产两种产品。公司是否应该一直关注于单位贡献毛益最大的产品？说明原因。

多项选择题

13-1 下列哪一选项不是短期决策制定模型中的步骤？（　）
A. 定义问题　　B. 确定备选方案
C. 确定可行备选方案的成本和收益
D. 评估定性因素　　E. 以上都是

13-2 不受任何未来事项影响的成本被称为（　）。
A. 差别成本　　B. 沉没成本
C. 存货成本　　D. 相关成本
E. 联合成本

参照以下资料完成多项选择题 13-3 至 13-5。

Sandy 正考虑从她的公寓搬到有院子的小房子里。现在的公寓很吵闹，使得她无法学习；另外，院子正好适合她的狗活动。小房子与学校的距离和公寓与学校的距离一样。公寓的租金是每个月 750 美元，而且她还有两个月的租约，租赁协议不能违约，所以 Sandy 无论是否继续住下去都要支付两个月的租金。小房子的租金是每个月 450 美元，加上平均每月 100 美元的水电费。公寓是有家具的，而小房子没有。如果 Sandy 搬到小房子居住，她就要购买床、梳妆台、桌子和椅子。Sandy 认为她可以挑选一些二手家具，这样价格相对便宜。

13-3 根据上述资料，在 Sandy 是留在公寓还是搬到小房子的决策中，下列哪些成本是不相关的？（　）
A. 小房子每月租金 450 美元
B. 小房子每月水电费 100 美元
C. 公寓的噪音
D. 二手家具的成本
E. 公寓最后两个月的租金

13-4 根据上述资料，下列哪项是定性因素？（　）
A. 小房子每月租金 450 美元

B. 小房子每月水电费 100 美元
C. 公寓的噪音
D. 二手家具的成本
E. 公寓最后两个月的租金

13-5 根据上述资料，假定从公寓步行可到学校，而小房子离学校五英里远，而且 Sandy 没有车，这会怎样影响她的决策？（　）
A. 这对选择小房子方案更有利
B. 这对选择公寓方案更有利
C. 对两个方案都不利
D. 对两个方案都有利
E. 对于决策没有任何影响，是否买车是独立的决策

13-6 下列哪项陈述是正确的？（　）
A. 固定成本总是不相关的
B. 变动成本总是不相关的
C. 通常情况下，变动成本是不相关的
D. 当决策方案超出现有相关范围时，梯级成本是不相关的
E. 以上全部选项

13-7 在自制或外购决策中（　）。
A. 公司必须选择扩大或放弃生产线
B. 公司必须选择接受或拒绝特殊订单
C. 公司会考虑外部提供产品的购买价格
D. 公司会认为固定制造费用都是无关的
E. 以上选项都不是

13-8 Carroll 公司是一家维他命和矿物质的生产商，已经接受某大型连锁药店对瓶装维他命 E 的订单。瓶子上会贴有连锁药店的名标，而且连锁药店将支付 Carroll 公司每瓶 2.30 美元的价格，但是常规价格是 3.00 美元。这属于哪种类型的决策？（　）
A. 自制或外购　　B. 特殊订单
C. 保留或放弃　　D. 经济订货量
E. 成本加成定价法

13-9 Jannings 五金店将每件商品加成 30%，如果一件商品成本为 25.00 美元，下列哪项是正确的？（ ）

A. 售价是 7.50 美元
B. 加成额是 32.50 美元
C. 售价是 32.50 美元
D. 加成额是纯粹的利润
E. 以上全部选项

13-10 当公司面临产量约束或其他稀缺资源约束（如机器仅能工作一定数量工时）时，那么做到以下哪项是十分重要的？（ ）

A. 生产总贡献毛益最高的产品
B. 生产制造成本最低的产品
C. 生产每单位稀缺资源贡献毛益最高的产品
D. 生产每单位贡献毛益最高的产品
E. 对于生产问题，这一约束条件是不相关的

13-11 在保留或放弃决策中，下列哪种利润表的格式更有用？（ ）

A. 贡献毛益格式的部门利润表
B. 用于财务报告的完全成本法格式下的部门利润表
C. 贡献毛益格式的全部利润表
D. 用于财务报告的完全成本法格式下的全部利润表
E. 在做出这一决策时，利润表是无用的

13-12 在销售或深加工决策中（ ）。

A. 联合成本总是相关的
B. 联产品深加工的总成本是相关的
C. 分离点前发生的所有成本是相关的
D. 最有利可图的做法是一部分产品在分离点后深加工，另一部分产品在分离点出售
E. 以上选项都不是

基础练习题

13-13 构建自制或外购问题（LO2）

Fresh Foods 是一家大型连锁餐厅，目前需要决策的是自己生产供餐厅使用的 5 000 份主食原料，还是从外部供应商处以每份 12 美元价格购买。内部生产的成本资料如下：

单位：美元

项目	总成本	单位成本
直接材料	25 000	5.00
直接人工	15 000	3.00
变动制造费用	7 500	1.50
变动营销费用	10 000	2.00
固定工厂制造费用	30 000	6.00
合计	87 500	17.50

无论原料是自制还是外购，固定制造费用都存在；购买价格以外不会产生额外成本。

要求：

1. 对于 Fresh Foods 餐厅来说都有哪些备选方案？
2. 列出内部生产和外部购买的相关成本。
3. 哪个备选方案的成本更有利？是多少？
4. 假定从外部购买原料，会节省 20% 的固定制造费用。哪项备选方案的成本更有优势？是多少？

13-14 构建特殊订单问题（LO2）

Harrison Ford 公司已经与客户达成协议，愿意以每台 5 美元的价格出售 10 000 台 IJ4 模型。该新客户在地理位置上与公司其他客户分离，而且现有的销售额不会受到影响。公司每年可以生产 75 000 台 IJ4 模型，但下一年只计划生产和销售 60 000 台。正常每台售价为 12 美元，常规单位成本信息如下（单位：美元）：

直接材料	1.75
直接人工	2.50
变动制造费用	1.50
固定制造费用	3.25
合计	9.00

无论是否接受这一特殊订单，固定制造费用都不会受影响。

要求：

1. 两个备选方案（接受或拒绝特殊订单）的相关成本和收益分别是多少？

2. 如果接受订单，经营利润是增加还是减少？变化多少？

参照以下资料完成基础练习题 13-15 和 13-16。

Hickory 公司三条木质地板生产线的部门利润表如下（单位：美元）：

项目	去皮木板	厚木板	镶木地板	合计
销售收入	400 000	200 000	300 000	900 000
减：变动成本	225 000	120 000	250 000	595 000
贡献毛益	175 000	80 000	50 000	305 000
减：直接固定费用				
设备租金	(5 000)	(20 000)	(50 000)	(75 000)
监管费用	(15 000)	(10 000)	(20 000)	(45 000)
折旧	(35 000)	(10 000)	(25 000)	(70 000)
部门毛益	120 000	40 000	(45 000)	115 000

13-15 构建保留或放弃生产线问题（LO2）

根据上述 Hickory 公司的资料，公司管理者正决定保留或放弃镶木地板生产线。镶木地板生产线的贡献毛益为 50 000 美元（300 000 - 250 000）。变动成本都是相关成本，这条生产线上的相关固定成本包括 80% 的设备租金和全部管理人员工资。

要求：

1. 列出与镶木地板生产线相关的备选方案。
2. 列出每个备选方案的相关成本和收益。
3. 哪个备选方案在成本上最有利？是多少？

13-16 构建有互补效应的保留或放弃生产线问题（LO2）

根据上述 Hickory 公司的资料，这条生产线上的相关固定成本包括 80% 的设备租金和全部管理人员工资。另外，假定放弃镶木地板生产线会使去皮木板生产线的销售额减少 10%，厚木板生产线的销售额减少 5%，其余不变。

要求：

1. 如果放弃镶木地板生产线，去皮木板和厚木板生产线的贡献毛益分别是多少？
2. 哪个备选方案（保留或放弃）的成本更有利？是多少？

13-17 构建销售或深加工决策（LO2）

Jack 木料场定期收到 8 000 棵大树，随后加工大树，砍掉树皮和树叶做成原木（一棵树等于一棵原木）。Jack 需要决定是将原木在分离点出售（用于木屋建筑），还是进一步深加工为精致木材（用于常规木质建筑）。通常，每棵原木售价为 495 美元。木料场还可以将原木加工为 800 英寸木材，每英寸要额外支付成本 0.15 美元，每英寸木材售价为 0.75 美元。

要求：

1. 如果将原木用于木屋建筑，会带来多少利润？
2. 如果将原木加工成精致木材，会带来多少利润？
3. Jack 应该出售原木，还是将其加工为木材？

参照以下资料完成基础练习题 13-18 和 13-19。

Comfy Fit 公司生产两种大学文化衫——Swoop 和 Rufus，单位贡献毛益分别为 5 美元和 15 美元。无论哪种类型的文化衫，都要用缝合机贴上相应大学的标志。公司每年租用 7 台机器，可以工作 1 000 小时。印制 1 件 Swoop 文化衫需要 6 分钟，1 件 Rufus 需要 20 分钟（注意：小于 1.0 的答案保留到小数点后两位，大于 1.0 的答案约等于最近的整数）。

13-18 在单一限制资源下选择最优产品组合（LO3）

参照上述 Comfy Fit 公司的资料，假定没有其他约束条件。

要求：

1. 每种文化衫每小时的贡献毛益分别是多少？
2. 文化衫的最优产品组合是什么？
3. 最优产品组合的总贡献毛益是多少？

13-19 在限制资源和销售额约束条件下选择最优产品组合（LO3）

参照上述 Comfy Fit 公司的资料，假定每种文化衫最多可以销售 40 000 件。

要求：

1. 每种文化衫每小时的贡献毛益分别是多少？
2. 文化衫的最优产品组合是什么？
3. 最优产品组合的总贡献毛益是多少？

13-20 根据成本加成率计算产品价格（LO4）

Integrity 会计师事务所为企业提供各种各样的财务服务，公司决定在工作单总变动成本的基础上加价 15%，其为一中型舞蹈俱乐部提供服务的成本如下（单位：美元）：

直接材料	20 000
直接人工（合伙人和会计人员）	150 000
办公楼折旧（直线法）	50 000

要求：

计算 Integrity 会计师事务所向该舞蹈俱乐部收取的价格。

13-21 计算目标成本（LO4）

Yuhu 公司生产手机，目前正在研制一项新功能（名为不要酒后拨号），是为了阻止人们在午夜到凌晨六点的时间段内给机主通讯录内的号码打电话。这个新款手机模型的目标售价为 380 美元，管理人员对新产品收取 25% 的利润。

要求：

1. 计算预期利润。
2. 计算目标成本。

练习题

13-22 战术决策模型（LO1）

战术决策模型包括六个步骤，下面列示的这些步骤顺序已经被打乱。

要求：

将下列步骤正确排序。

1. 选择综合收益最大的备选方案。
2. 确认每个可行备选方案的成本和收益。
3. 评估定性因素。
4. 识别和明确问题。
5. 寻找解决问题的可行备选方案。
6. 计算每个备选方案的相关成本和收益。

13-23 战术决策模型（LO1）

Austin Porter 是中西部某大学（SMWU）二年级学生。他在考虑是继续在这所大学读书还是转到一个全国公认的工程项目中。Austin 的决策过程如下：

a. 他上网搜索了与工程项目相关的学院和学校。

b. Austin 给五所大学写信，咨询它们的工程学院、学费、食宿费和他被录取的可能性等。

c. Austin 将这五所学校的教育成本和自己的学校做了对比，统计了自己账户上的余额，估算了勤工俭学可赚取的收入，而且询问父母能否资助他。

d. Austin 的高中女友曾与他深谈过未来计划，如果他离开，他们可能就没有未来了。

e. Austin 认为虽然他喜欢现在的大学，但是该大学工程项目的知名度并不高，他难以在东部或西部海岸找到一份很好的工作，而在海岸城市的大公司工作是他非常重要的梦想。

f. Austin 的学科指导老师也认为学校的国家声誉可以使就业更容易，当然，他提醒 Austin 小型学院的毕业生有时也可以找到 Austin 想要的那类工作。

g. 在 SMWU 学校，Austin 有很多好朋友，他们都希望他留下来。

h. Austin 的一位高中好友这周末回到了家，她进了一所名校，她告诉 Austin 在她的学校有着各种机会和乐趣。她鼓励 Austin 去更好的大学就读。

 i. Austin 在学生会偶遇一位教授,听了他的想法后,教授提醒他 SMWU 的学士学位可以让他更容易考取研究生,也许他应该考虑先得到硕士学位再找工作。

 j. 三所名校中的两所已经同意录取 Austin,并且提供奖学金,第三所学校拒绝了他的申请。

 k. Austin 做出了他自己的决策。

要求:

根据战术决策模型的六个步骤,对以上各项事件进行分类。

参照以下资料完成练习题 13-24 和 13-25。

Zion 制造公司一直是内部生产零件,而 Bryce 零件公司近期可以按每个 25 美元的价格提供 K2 零件。Zion 公司每年消耗 10 000 个 K2 零件,该零件的单位成本如下(单位:美元):

直接材料	12.00
直接人工	8.25
变动制造费用	4.50
固定制造费用	2.00
合计	26.75

13-24 自制或外购决策(LO1、LO2)

根据上述 Zion 公司资料,固定制造费用是分配成本,停止生产 K2 零件,其他不会变化。

要求:

1. 对于 K2 零件的生产,Zion 制造公司有哪些备选方案?

2. 列出每个备选方案的相关成本。如果 Zion 制造公司决定从 Bryce 公司购买零件,它的经营利润是增加还是减少,变化多少?

3. 哪个备选方案更好?

13-25 自制或外购决策(LO2)

根据上述 Zion 公司资料,假定不再生产 K2 零件,Zion 制造公司的固定制造费用会减少 75%。

要求:

1. 如果 Zion 公司决定从 Bryce 公司处购买零件,它的经营利润是增加还是减少,变化多少?哪个备选方案更好?

2. 简单说明 75% 这个数字如何影响 Zion 公司的最终决策。

3. 每单位相关固定成本降低多少可以对 Zion 公司无论是生产还是购买零件都没有影响?计算并简单说明。

参照以下资料完成练习题 13-26 和 13-27。

Smooth Move 公司生产专业压纸器,已经与一个新客户协商以每个 7.00 美元的价格出售 15 000 件产品。这个新客户在地理位置上与公司其他客户分离,而且不会影响现有的销售额。公司正常可以生产 82 000 件产品,但是下一年仅计划生产 65 000 件。正常每件售价为 12 美元,单位成本信息如下(单位:美元):

直接材料	3.10
直接人工	2.25
变动制造费用	1.15
固定制造费用	1.80
合计	8.30

13-26 特殊订单决策(LO2)

参照上述 Smooth Move 公司资料。如果公司接受这一订单,固定生产活动不会受到影响,因为公司目前拥有充足的生产能力。

要求:

1. 该公司有哪些备选方案?

2. 公司应该接受这一订单吗?如果接受订单,那么公司的利润是增加还是减少,变化多少?

3. 简要说明资料中"不会影响现有的销售额"的意义(从特殊订单销售额角度出发)。

13-27 特殊订单(LO2)

参照上述 Smooth Move 公司资料。假定客户想将自己公司的标志印在压书器上,这样 Smooth Move 公司需要花费 12 000 美元购买特殊的标签打印器。这台机器可以印制 15 000 份标签,接着就会报废(不再有利用价值)。此过程不会发生其他固定制造费用,每个特殊标签需要额外的直接材料成本 0.20 美元。

要求:

Smooth Move 公司应该接受这一特殊订单吗?如果接受订单,公司利润是增长还是降低,变化多少?

参照以下资料完成练习题 13-28 至 13-30。

Petoskey 公司生产三种产品：Alanson、Boyne 和 Conway。部门利润表如下（单位：千美元）：

项目	Alanson	Boyne	Conway	合计
销售收入	1 280	185	300	1 765
减：变动成本	1 115	45	225	1 385
贡献毛益	165	140	75	380
减：直接固定费用				
折旧	50	15	10	75
工资	95	85	80	260
部门毛益	20	40	(15)	45

直接固定费用包含折旧和工厂管理人员工资。设备折旧都分配到生产线上，而且设备不能出售。

13-28 保留或放弃决策（LO2）

参照上述 Petoskey 公司的资料。假定三个产品都有不同的监管人员，即使有关的产品被放弃，监管人员的位置仍会保留。

要求：

计算如果放弃 Conway 生产线对公司利润的影响是多少。说明 Petoskey 公司保留或放弃 Conway 的原因。

13-29 保留或放弃决策（LO2）

参照上述 Petoskey 公司的资料。假定三个产品都有不同的监管人员，如果有关的产品被放弃，监管人员的位置就会被裁减。

要求：

计算如果放弃 Conway 生产线对公司利润的影响是多少。说明 Petoskey 公司保留或放弃 Conwa 的原因。

13-30 保留或放弃决策（LO2）

参照练习题 13-29 中 Petoskey 公司的资料。假定购买 Alanson 产品的客户中 20% 是因为公司可提供多种产品，包括 Conway。如果不能从 Petoskey 公司购买 Conway 产品，这些客户将到别处购买 Alanson 产品。

要求：

计算如果放弃 Conway 生产线对公司利润的影响是多少。说明 Petoskey 公司保留或放弃 Conway 的原因。

13-31 在分离点出售或深加工（LO2）

Bozo 公司通过联合生产过程生产两种产品。联合生产过程需要消耗 110 000 美元成本，可获得 6 000 磅 LTE 复合物和 14 000 磅 HS 复合物。在分离点，LTE 可以 55 美元/磅的价格出售，HS 可以 9 美元/磅的价格出售。购买 HS 产品的一个客户希望 Bozo 公司将其加工为 CS 复合物。如果 HS 复合物进一步加工，需要耗费 34 000 美元成本，这样可以将 14 000 磅 HS 复合物转换为 4 000 磅 CS 复合物，而 CS 复合物售价为 45 美元/磅。

要求：

1. 如果将 14 000 磅 HS 在分离点出售，会给公司带来多少利润？

2. 如果将 14 000 磅 HS 深加工为 4 000 磅 CS，会给公司带来多少利润？Bozo 公司应该在分离点将 HS 出售还是将其加工为 CS？

参照以下资料完成练习题 13-32 和 13-33。

Billings 公司生产两种产品（Reno 和 Tahoe），每种产品都有自己的组装和加工部门，然而，两种产品都必须经过着色部门。着色部门每年可以工作 2 460 小时，Reno 产品的单位贡献毛益为 120 美元，需要 5 个小时的着色时间；Tahoe 产品的单位贡献毛益为 75 美元，需要 3 个小时的着色时间。没有其他约束条件。

13-32 在一个限制资源下选择最优组合方案（LO3）

参照以上 Billings 公司的资料。

要求：

1. 每个产品每小时着色时间产生的贡献毛益是多少？
2. 最优产品组合方案是什么？
3. 最优产品组合方案的总贡献毛益是多少？

13-33 在一个限制资源和需求约束下选择最优组合方案（LO3）

参照以上 Billings 公司的资料，假定每件产品只能销售 500 件。

要求：

1. 最优产品组合方案是什么？
2. 最优产品组合方案的总贡献毛益是多少？

13-34 使用成本加成率计算产品价格（LO4）

Grinnell Lake 礼品店决定在蜡烛的成本上加价 80% 作为售价，一种雕刻成小熊形状的蜡烛成本为 12 美元，黑果木气味的许愿蜡烛成本为 1.10 美元。

要求：

1. Grinnell Lake 礼品店会给雕刻成小熊形状的蜡烛定价多少？
2. Grinnell Lake 礼品店会给黑果木气味的许愿蜡烛定价多少？
3. 简要说明 Grinnell Lake 礼品店的财务经理在使用成本加成定价法时可能遇到的两个明确挑战。

13-35 目标成本定价法（LO4）

H. Banks 公司要设计、生产和销售供家庭厨房使用的通用烤面包机。烤面包机有四个插槽，可以调整厚度，既可以做面包薄皮，又能做超大号的百吉饼。它的目标定价为 60 美元，公司希望从新产品中赚取 20% 的利润。

要求：

1. 计算烤面包机的单位预期利润。
2. 计算烤面包机的单位目标成本。

13-36 保留或外购及沉没成本（LO1、LO2）

Heather Alburty 以 8 900 美元的价格购买了一辆 2004 年产庞蒂克二手车。自购买以来，她的用车花费如下（单位：美元）：

新立体音响系统	1 200
油漆	400
新款赛车轮胎	800
合计	2 400

遗憾的是，新立体音响系统并不能完全掩盖变速器发出的声音，显然，还要做大量工作才能使庞蒂克正常运转。Heather 估算需要以下修理费用（单位：美元）：

传输大修理	2 000
水泵	400
主缸运作	1 100
合计	3 500

在拜访一位二手车经销商时，Heather Alburty 发现一辆 2005 年产道奇车只要 9 400 美元，而她的庞蒂克只能卖到 6 400 美元。如果她购买这辆道奇，必须以现金支付，那么她就要卖掉庞蒂克。

要求：

1. 在决定是保留庞蒂克还是购买道奇时，Heather Alburty 很苦恼，因为她已经在这台庞蒂克车上花费了 11 300 美元。放弃的话，投资似乎太大了，你如何解决她的困扰呢？
2. 假定 Heather Alburty 对庞蒂克和道奇的喜爱程度相同，她是应该购买道奇还是继续保留庞蒂克？

参照以下资料完成练习题 13-37 和 13-38。

Blasingham 公司正在制造 Q108 零件，每年生产 35 000 件。这个零件被用在公司生产的几个产品中，Q108 的单位成本如下（单位：美元）：

直接材料	6.00
直接人工	2.00
变动制造费用	1.50
固定制造费用	3.50
合计	13.00

13-37 自制或外购（LO2）

参照以上 Blasingham 公司的资料。总固定制造费用分配给 Q108 零件 77 000 美元，这是直接固定制造费用（生产设备租金和生产线管理人员工资，如果放弃生产线，两者都不需要），其余的固定制造费用是共同固定制造费用。外部供应商可以 11 美元/件的价格出售零件给 Blasingham 公司。目前,生产该零件没有其他替代设备。

要求:

1. Blasingham 公司是自制还是外购 Q108 零件?

2. Blasingham 公司最愿意支付给供应商什么?

3. 如果公司购买零件,利润是增长还是下降,变化多少?

13－38 自制或外购(LO1、LO2)

参照以上 Blasingham 公司的资料。所有的固定制造费用是共同固定制造费用。外部供应商可以 11 美元/件的价格出售零件给 Blasingham 公司。目前,生产该零件没有其他替代设备。

要求:

1. Blasingham 公司是自制还是外购 Q108 零件?

2. Blasingham 公司最愿意支付给供应商什么?

3. 如果公司购买零件,利润是增长还是下降,变化多少?

问题

13－39 特殊订单决策(LO1、LO2)

Rianne 公司生产灯具,单位成本如下(单位:美元):

直接材料	2
直接人工	1
变动制造费用	3
固定制造费用	2
单位成本	8

公司生产能力为每年 300 000 件,因为房地产市场低迷,公司决定下年仅生产 180 000 件产品。公司每年的固定销售成本仍然为 500 000 美元,而单位变动销售成本为 1 美元,通常每件灯具售价为 12 美元。

本年年初,一个来自不同于公司正常供应地区的客户,愿意以每件 7 美元的价格购买 100 000 件灯具。客户愿意支付全部运输成本,因为这其中不存在销售佣金,所以该订单没有变动销售成本。

要求:

1. 基于定量(数值)角度分析,公司应该接受该订单吗?

2. 影响决策的定量因素有哪些?假定在常规订单和这份特殊订单之外公司不会再接订单。

13－40 自制或外购,考虑定性因素(LO1、LO2)

Hetrick 牙科服务中心坐落在某繁华大城市,它拥有生产陶瓷和镶金牙冠的牙科实验室,生产牙冠的单位成本如下:

项目	陶瓷牙冠	镶金牙冠
原材料	70 美元	130 美元
直接人工	27 美元	27 美元
变动制造费用	8 美元	8 美元
固定制造费用	22 美元	22 美元
合计	127 美元	187 美元

固定制造费用具体如下:

工资(管理人员)	26 000 美元
折旧	5 000 美元
租金(实验设备)	32 000 美元

制造费用在直接人工工时的基础上分配,分配率是根据使用 5 500 直接人工工时计算出来的。

要求:

1. Hetrick 是应该自制还是从外部供应商处购买牙冠?对采购金额的影响是多少?

2. 在做出决策时,Hetrick 应该考虑哪些定性因素?

3. 假定 Hetrick 拥有而非租用实验室设备,32 000 美元是折旧而不是租金。这对要求 1 的分析有什么影响?

4. 参照原始数据。假定牙冠的使用量是

4 200个陶瓷牙冠和600个镶金牙冠。**Hetrick**是自制还是外购牙冠呢？说明结果。

13-41 销售或深加工（LO1、LO2）

Zanda药物公司购买三种化学物质，用于加工两种类型的止痛药，而这两种止痛药是应用广泛的非处方药的成分。将采购的化学物质混合搅拌2—3小时，然后加热15分钟，就可以得到两种分离的止痛药，depryl和pencol；接着将这两种止痛药放入干燥室中烘干，直到水分含量减至6%—8%。每1 300磅化学物质可以生产600磅depryl和600磅pencol。在烘干后，将depryl和pencol出售给其他公司，进入加工的最后阶段。每磅depryl的售价为12美元，每磅pencol的售价为30美元，生产600磅止痛药的成本如下：

化学物质	8 500美元
直接人工	6 735美元
制造费用	9 900美元

止痛药以袋装形式包装，每袋20磅。每袋成本为1.30美元，运输成本为每磅0.10美元。

Zanda公司可以将depryl研磨成细粉，然后将粉末做成药片。这些药片按一般品牌直接出售给药店。如果这样做的话，每瓶药片可以收到4.00美元的收入，而每磅depryl可以生产10瓶药片。研磨和贴上标签的成本为每磅2.50美元，瓶子的成本为0.40美元。瓶子被装盒运输，25个瓶子装1盒，运输成本为每盒1.60美元。

要求：

1. Zanda公司是应该在分离点出售depryl，还是应该将其进一步加工成药片？
2. 如果Zanda公司每年正常销售265 000磅depryl，相比深加工depryl方案，其利润有什么不同？

13-42 保留或放弃（LO1、LO2）

AudioMart是出售收音机、音响和电视机的一家零售商。商店有两套便携音响系统，包含收音机、磁带播放器和扬声器。系统A质量略高于系统B，而且成本也多了20美元。有时，商店出售系统时也会销售耳机，两个系统都可以使用耳机。三种产品变动成本法下的利润表如下（单位：美元）：

项目	系统A	系统B	耳机
销售额	45 000	32 500	8 000
减：变动成本	20 000	25 500	3 200
贡献毛益	25 000	7 000	4 800
减：固定成本*	10 000	18 000	2 700
经营利润	15 000	(11 000)	2 100

注：*固定成本包括共同固定成本18 000美元，按产品收入比例分配。

商店老板注意到系统B的利润为负，并打算放弃这一产品。如果放弃它，系统A的销售额会增长30%，而耳机的销售额会下降25%（所有结果近似到整数）。

要求：

1. 采用更好的格式编制产品的部门利润表。
2. 假定放弃系统B，重新编制系统A和耳机的部门利润表，并说明是否应该放弃系统B。
3. 假定系统C与系统B的质量类似，且可能有市场需求。如果销售系统C，系统A的销售额不会受到影响；然而，系统C的收入仅为系统B的80%，且耳机的销售额会下降10%。系统C的贡献毛益率为50%，其直接固定成本与系统B相同。公司应该放弃系统B而用系统C代替吗？

13-43 接受或拒绝特殊订单（LO1、LO2）

Steve Murningham是电子产品分部的经理，正在考虑另一个分部经理Pat Sellers的报价。Pat所管理的分部的生产运转能力尚未饱和，刚刚获得机会为一名客户提供8 000套产品，该客户位于未正常提供服务的市场。产品要用到Steve分部生产的电子元件，Pat分部每生产1件产品需要2个电子元件。客户愿意支付的价格远远低于售价，为了赚取利润，Pat需要Steve分部做出一些让步。Steve分部清楚Pat分部的成本信息，Pat分部提供的单位成本和特殊订单相关的价格信息（不包括电子元件的成本）如下：

销售价格	32美元
减：成本	
直接材料	17美元
直接人工	7美元
变动制造费用	2美元
固定制造费用	3美元
经营利润	3美元

电子元件正常的单位售价是2.30美元,它的全部制造成本是1.85美元(1.05美元变动成本和0.80美元固定成本)。Pat分部认为以单价2.30美元的价格支付给Steve分部将削减经营利润,最终导致亏损。同时,Steve对这一订单很感兴趣,因为该分部目前生产量低于最大产能(订单不会消耗所有剩余产能)。

要求:

1. Steve分部应该以单价1.85美元的价格接受订单吗?如果接受,该分部的利润会如何变化?如果Steve分部同意以成本价出售零件,Pat分部的利润会如何变化?

2. 假定Steve分部以2美元的价格出售电子元件,在协商价格的过程中,Steve分部表示这是实价,不再议价。Pat分部应该接受这个价格按特殊订单生产吗?如果Pat分部接受价格,Steve分部的利润会如何改变?

3. 假定Steve分部正在满负荷生产,而且拒绝提供低于正常售价的产品,Pat分部应该接受订单吗?解释说明。

13-44 成本加成定价决策(LO4)

Jeremy Costa是Costa橱柜公司的总经理,目前正在准备投标工作,这一订单要消耗直接材料1 800美元、直接人工1 600美元和制造费用800美元。Jeremy通常采用成本加成定价法为最初投标价格定价,再根据其他因素(如竞争压力)调整价格。公司上年的利润表如下:

销售收入	130 000美元
销货成本	48 100美元
毛利	81 900美元
销售和管理费用	46 300美元
经营利润	35 600美元

要求:

1. 计算Jeremy会用到的加成额。
2. Jeremy的最初投标价格是多少?

13-45 单一约束条件下的产品组合决策(LO3)

Sealing公司生产DVD播放器,三种类型的播放器都要用到同一个特殊机器,而这台机器每年能运转15 000小时。三种播放器的资料如下:

项目	基础款	标准款	奢华款
售价	9.00美元	30.00美元	35.00美元
变动成本	6.00美元	20.00美元	10.00美元
需要机器工作时间	0.10小时	0.50小时	0.75小时

Sealing公司的市场主管预估了三种播放器的市场需求,而且相信公司能将生产出来的产品全部售出。

要求:

1. 每种播放器的产量为多少时,公司的贡献毛益最大?总贡献毛益是多少?

2. 假定公司认为奢华款产品的销量不会超过12 000台,而基础款和标准款按现价出售销量可以达到50 000台。你建议公司采用什么样的产品组合?总贡献毛益是多少?

13-46 从定性角度进行特殊订单决策(LO1、LO2)

Randy Stone是特种纸产品公司的经理,正在为一个5 000箱日历的订单报价发愁。公司目前产能利用率为70%,也应该拓展额外业务;但是,客户的报价为每箱4.20美元,低于生产日历的成本。公司财务总监Louis Barns反对这项赔本的买卖,然而公司人事部经理Yatika Blaine认为即使这份订单会带来损失但也应该接受,这将避免公司面临裁员的问题,还能帮助公司维持社会形象。每箱日历的全部成本如下:

直接材料	1.15美元
直接人工	2.00美元
变动制造费用	1.10美元
固定制造费用	1.00美元
合计	5.25美元

当天晚上,Louis和Yatika决定重新考虑这份特殊订单。如果Yatika列出的各项活动会受到裁员影响,Louis将帮助计算相关成本。Yatika非常同意,并且列出以下活动:提高州失业保险率,使总工资从1%上升至2%;通知解雇约20名员工的成本,以及在经济衰退结束时增加的重新雇用

和培训工人增加的成本。Louis 确认这些活动的具体成本如下：
- 每年总工资 1 460 000 美元。
- 每解雇一名员工须缴纳文书费 25 美元。
- 重新雇用新员工和重新培训费用为 150 美元/人。

要求：

1. 假定公司的总利润增加就会接受订单（不考虑潜在解雇员工的影响）。公司是应该接受还是拒绝订单？请计算并说明。

2. 考虑到与解雇相关的成本信息，公司是应该接受还是拒绝订单？请计算并说明。

13-47 销售或深加工，基本分析（LO1、LO2）

Shenista 公司以一种共同的投入生产四种产品（Alpha、Beta、Gamma 和 Delta）。每个季度的联合成本如下：

直接材料	95 000 美元
直接人工	43 000 美元
制造费用	85 000 美元

每种产品的收入如下：Alpha 为 100 000 美元，Beta 为 93 000 美元，Gamma 为 30 000 美元，Delta 为 40 000 美元。

管理者认为如果在分离点后深加工 Delta，将使其销售价值增至 75 000 美元。然而，进一步加工 Delta 意味着公司必须租用一些特殊设备，每季度要多花费 15 400 美元租金，额外的材料和人工同样需要每个季度多花费 8 500 美元。

要求：

1. 每季度四种产品的经营利润是多少？

2. 公司应该将 Delta 在分离点出售还是深加工？这一决策对季度经营利润有什么影响？

13-48 单一约束条件下的产品组合决策（LO3）

Norton 公司使用同种投入材料生产两种产品（Juno 和 Hera）。每生产 1 单位 Juno 需要 2 磅材料，而 Hera 需要 5 磅材料。通常情况下，Norton 公司有 16 000 磅库存材料，材料都是进口的。Norton 公司决定下一年额外进口 8 000 磅材料，用于生产 2 000 单位 Juno 和 4 000 单位 Hera。Juno 的单位贡献毛益是 30 美元，Hera 的单位贡献毛益是 60 美元。假定 Norton 公司的营销部门估计公司最多可以出售 2 000 单位 Juno 和 4 000 单位 Hera。

Norton 公司收到消息：原材料来源已经被禁运。公司不得不放弃原计划进口的 8 000 磅材料，但原材料没有其他来源。

要求：

1. 如果公司可以制造 2 000 单位 Juno 和 4 000 单位 Hera，计算公司赚得的总贡献毛益。

2. 确定公司使用 16 000 磅材料下的最优产品组合，并计算此时的总贡献毛益。

13-49 在分离点出售或深加工（LO2）

Eunice 公司通过联合制造流程生产两种产品。每批生产的联合成本为 70 000 美元，得到 1 000 公升 germain 和 4 000 公升 hastain。germain 可以在分离点以 24 美元/公升价格出售或者深加工为产品 geraiten，而 geraiten 的制造成本为 4 100 美元/千公升，售价为 33 美元/公升。

如果销售 geraiten，则要额外分配成本 0.80 美元/公升并支付销售额的 10% 作为销售佣金。此外，Eunice 公司的法律部门担心 geraiten 产品潜在的责任问题，而 germain 则不存在这样的困扰。

要求：

1. 仅从毛利角度考虑，应该在分离点销售 germain 还是将其深加工？

2. 从价值链角度（考虑分配、营销和售后成本）分析决定是否应该将 germain 加工为 geraiten。

13-50 差别成本法（LO1、LO2）

正如前文"Kicker 管理实践"所指出，Kicker 公司前些年因银行信贷员离职而更换了银行。Kicker 公司看到了机会，决定为其银行业务招标，同时调整其所需的银行服务。公司将范围锁定在如下银行：第一银行、社区银行和区域银行。以下是公司给银行投标准备的数据：

需要支票账户：6 个

每月需要支票：2 000 张*

每月支票账户的外币借/贷往来：200 笔

每月存款：300 笔*

退回支票：每月 25 张*

每月信用卡支付：4 000 笔

每月电汇：100 笔，其中 60 笔转到国外银行

账户

每月信贷额度需要(额度可用性和成本):平均每月使用 100 000 美元

注:*这是六个账户一个月内的合计数。

能否提供网上银行服务?

能否提供技术熟练的信贷员?

银行的影响力怎样?

第一银行投标

支票账户:每个账户每月 5 美元的管理费用;外币借/贷业务每笔 0.10 美元;每笔存款 0.50 美元手续费;退回支票每笔 3 美元手续费。

信用卡费用:每笔业务 0.50 美元。

电汇:国内银行账户 15 美元,国外银行账户 50 美元。

信用额度:账户可用,在最低利率 6% 的基础上加收 2%。

能否提供网上银行服务? 可以提供全套网上银行服务:每个账户的激活费用为 15 美元,软件模块费用每月为 20 美元。

分配给 Kicker 公司的信贷员对中大型银行业务有十年经验,而且对音响行业也十分了解。

社区银行投标

支票账户:不收取账户管理费用,而且对存款业务不收手续费;退回支票每笔 2.00 美元手续费。

信用卡费用:每笔存款 0.50 美元手续费;每批业务处理费 7 美元,只能手工处理,Kicker 估算每月会有 20 笔业务。

电汇:每笔电汇 30 美元。

信用额度:账户可用,在最低利率 7% 的基础上加收 2%。

能否提供网上银行服务? 目前不行,未来六个月内可以实现。

分配给 Kicker 公司的信贷员对中大型银行业务有四年经验,但从未涉及音响行业的业务。

区域银行投标

支票账户:对 Kicker 公司免除每个账户每月 5 美元的管理费用;外币借/贷业务每笔 0.20 美元;每笔存款 0.30 美元手续费;退回支票每笔 3.80 美元手续费。

信用卡费用:每笔业务 0.50 美元。

电汇:国内银行账户 10 美元,国外银行账户 55 美元。

信用额度:账户可用,在最低利率 6.5% 的基础上加收 2%。

能否提供网上银行服务? 可以提供全套网上银行服务:对 Kicker 公司免除每个账户的激活费用 15 美元,软件模块费用每月 20 美元。

分配给 Kicker 公司的信贷员对中大型银行业务有两年经验,而且这家银行的分公司曾经涉足音响行业,愿意提供公司所需的帮助;同时,这是第一家参与投标的银行。

要求:

1. 计算每家银行提供业务所需的成本,结果近似到整数。

2. 假定 Kicker 公司认为全面实现网上银行业务是非常重要的。这会影响要求 1 中的分析吗? 你如何考虑主观因素(例如,经验,获得专业知识)?

案例

13-51 自制或外购,道德考量(LO1、LO2)

Pamela McDonald 是 Murray 制造公司的首席管理会计师和财务总监,Roger Branch 是公司的电力部门主管,两人正在共进午餐。在过去的六个月中,Pamela 和 Roger 俩人确立了恋爱关系并且计划结婚。为了在公司中少些议论,俩人关系一直对外界保密,而且大家也没有注意到。这次午餐的话题主要是公司总经理(Larry Johnson)准备制定的有关电力部门的决策。

Pamela:Roger,在上次公司常务会议中,经理通知当地一家公用事业公司愿意提供电力,将在未来三年内保持每千瓦时的统一价格。他们甚至商议与我们签订合同。

Roger:这消息对我很重要。它的投标价格会对我的部门造成威胁吗? 它能够提供比我们自己生产更低廉的价格吗? 为什么不通知我这个消息？我应该进一步关注,这对我很重要,我今天下午应该给 Larry 打个电话并且提出强烈抗议。

Pamela:冷静一点,Roger。我最初也想让你打电话给 Larry,但 Larry 希望在他做决策的过程中大家能保持冷静。他不想让你涉足其中是因为想做出一个公平的决策。你知道的,公司目前陷入困境,只能想尽一切办法节省开销。

Roger:那我的工资怎么办？我部门中其他员工的工资怎么办？以我目前的年龄,我觉得不能再找到这样一份薪水很高的工作。这个订单会对我造成多大威胁呢？

Pamela:我的助理 Jack Lacy 在我度假时做了一份分析。分析表明,内部生产的成本稍低于外购成本。Larry 要求我审查这项结果,并且在下周三会议上给他最终建议。我已经重新审查了 Jack 的分析,结论是错误的。他忽略了你的部门和其他服务部门的相互作用,如果将这些考虑在内,分析结果会选择外购电力。这将每年为公司节省 300 000 美元。

Roger:如果 Larry 知道这些,那我的部门就会被撤销。Pam,答应我不要让它发生。我离退休还有三年,而且我的员工,他们有的有房屋贷款,有的孩子在上大学,有的需要养家。Pam,只需告诉他你助理的分析结果就好,他不会知道这其中的差别。

Pamela:Roger,你的建议不正确。我不透露这些信息,这样的行为道德吗？

Roger:道德？那你想过仅仅为了公司老板的钱而解雇忠诚员工的行为对吗？Larry 已经足够富裕,而且不知道如何支配公司的钱。我认为惩罚我和我的员工是更加不道德的。为什么我们要承担公司糟糕的营销决策带来的后果？不管怎样,等这些决策过去后,公司能够在一年内恢复正常。

Pamela:你可能是对的,也许你和你的员工的幸福比 Murray 公司省的 300 000 美元更加重要。

要求：

1. Pamela 应该告诉 Roger 有关公司电力部门的决策吗？你认为公司最重要的道德准则是什么？

2. Pamela 应该告诉 Larry 有关电力部门的正确数据吗？Roger 应该保护他的员工吗？如果你是 Pamela,你会怎么做？

13-52　保留或放弃决策(LO1、LO2)

Jan Shumard 是 Danbury 公司的总经理,最近对公司一个最大部门的未来状况很担心。该部门最近季度的利润表如下：

销售额	3 751 500 美元
减:销货成本	2 722 400 美元
毛利	1 029 100 美元
减:销售和管理费用	1 100 000 美元
经营利润(亏损)	(70 900) 美元

Jan 打算将该部门撤销,因为它已经连续九个月亏损。为了有助于做决定,他又收集了如下信息：

● 该部门生产某产品,对外售价为 100 美元；产量的 50% 销售给公司其他部门,此时售价为 83 美元(制造成本的基础上加成 25%)。内部转移价格由公司政策决定。如果该部门关闭,公司就必须以每单位 100 美元的价格从外部购买产品。

● 每单位产品的固定制造费用为 20 美元。

● 如果该部门关闭,它的机器设备就没有用途了,公司将出售这些设备或者用于投资,投资会带来每年 100 000 美元收益。至于固定销售和管理费用,公司总部将承担 30%。如果产品向外销售,每单位的变动销售费用为 5 美元,而内部销售则不存在这些费用。全过程不会发生变动管理费用。

要求：

1. 编制利润表,要求更准确地反映公司的利润状况。

2. 总经理是否应该撤销这个部门？如果关闭这一部门,对公司利润会带来什么影响？

13-53　网上研究,团队案例(LO1、LO2)

通常情况下,航空公司的网站主要包括机票的当前特殊价格和最新航班信息。经营"特价机票"就是战术决策的例子。与 1—3 名同学组成小组,每名成员选择一两家航空公司,并且登录公司网站搜集最近特价机票的例子。团队合作准备课堂演示,讨论公司制定战术决策所需的相关成本和收入信息。

第 14 章
资本投资决策

管理决策

Hard Rock 国际公司

Hard Rock 国际公司于 1971 年在英国伦敦创建。几乎每个人都去过公司旗下的世界闻名的咖啡店,或者至少看过代表公司的 T 恤。现在,Hard Rock 咖啡店已经开到全球各地,无论是美国、欧洲还是亚洲或澳大利亚。给顾客留下深刻印象的是 Hard Rock 标志性的纪念品和美味的食物。而对于 Hard Rock 公司的管理会计师和本书的读者来说,最吸引他们的是公司熟练运用资本预算技术于决策中,这对公司的持续成功至关重要。公司的决策之一就是将咖啡店开到世界各地,从印度的孟买到美国肯塔基州的路易斯维尔。

开设新的咖啡店要求对现金流量、未来的收入和成本提前做好计划。与成本相关的未来现金流量主要包括人工、来自不同国家的原材料、许可证、厨房和酒吧设备、电脑、店面和音响设备。而预测销售食物和饮料的现金流量似乎更加困难,因为涉及人口、经济状况和竞争等不确定因素。另一个复杂因素是评估 Hard Rock 品牌在当地的影响力。品牌效应非常重要,因为它决定了 Hard Rock 公司的销售额。估计收入和成本的未来现金流量必须根据咖啡店的回收期和净现值计算。这些指标与 Hard Rock 公司的决策模型相关,可以帮助公司确认开设咖啡店是否是明智的选择。

另一个资本投资决策与公司销售的纪念品有关。Hard Rock 公司将纪念品与食物结合,吸引了更多顾客来到咖啡店,同时增加了收入。顾客收集这些纪念品,从 Eric Clapton 的一把吉他到超过 72 000 个乐器、唱片、乐谱、歌词和照片等。

所有这些决策都要求实施有效的资本预算。

14.1 资本投资决策的类型

像 Hard Rock 这样的公司经常会遇到长期资产或项目的投资机会或需求,新的生产系统、新的房屋、新的设备、新的产品研发以及 Hard Rock 公司案例中新的咖啡店,这些属于资产或项目的长期投资。在通常情况下,备选方案有很多。例如,Hard Rock 公司正面临是否在某地新开设一家咖啡店的抉择,或者电影制作公司也可能要决定是否投资一套可行的制作系统或者仍使用现有的传统制作系统。这些长期决策都是资本投资决策的例子。

资本投资决策(capital investment decisions)关注于投资规划的过程、设定的目标和优先顺序,安排融资并使用特定的标准选择长期资产。由于长期投资决策要在很长一段时间内占用公司大量的资源,对于管理者来说,这是最重要的决策,影响公司未来的发展,因为一旦决策失误,对公司的打击就是灾难性的。例如,自动化生产线投资的失败,使公司丧失在质量、成本和交付时间上与对手竞争的能力,可能使公司失去市场份额,最终导致亏损。所以,对于公司的长期生存来说,做出正确的资本投资决策是尤为重要的。

14.1.1 独立项目和互斥项目

做出资本投资决策的过程被称为**资本预算**(capital budgeting)。资本预算项目有两类:独立项目和互斥项目。

独立项目(independent projects)是指不论接受或拒绝,都不会影响其他项目的现金流量。例如,Hard Rock 公司决定在阿根廷开设咖啡店,这不会影响它决定在新加坡开设另一家咖啡店。这就是独立的资本投资决策。

互斥项目(mutually exclusive projects)是指如果接受这一项目,就要排除其他所有项目。例如,每当 Hard Rock 公司开设新咖啡店时,都要安装厨房和酒吧设备。一些设备要使用标准的技术,而其他选择是使用可以在能源效率上提供先进技术的设备。一旦选择某一类型的设备就将放弃其他设备,因为它们是互斥的。

14.1.2 做出资本投资决策

一般来说,成功的资本投资能够在使用寿命期间收回原始的资本支出,并取得合理的资金回报率。经过这样的评估,经理人必须判断独立项目的可行性,并且与竞争性项目比较两者的各项经济指标。

什么才是合理的回报呢?任何新的项目都必须考虑投入资金的机会成本。例如,如果某家公司从收益率为 4% 的货币市场基金筹集资金,用于投资新的项目,那么这个项目必须提供不低于 4% 的回报率(包含把资金放在货币市场基金中赚得的收益)。事实上,投资的资金来源不同,意味着它们有着不同的机会成本。资金回报必须高于不同资金来源的机会成本的总和。因此,如果一家公司有两种资金来源,一种的机会成本率为4%,另一种的机会成本率为6%,那么资金回报率必须介于4%和6%,这取决于每种资金来源所占的比重。此外,通常假定经理人会选择使投资者收益最大化的项目。

为了做出资本投资决策,经理人必须做到:① 估算现金流量的数量和时间;② 评估投资风险;③ 考虑项目对公司利润的影响。

Hard Rock 公司在估算新开设一家咖啡店需要投资多少时遇到了困难,而估算未来现金流量更具挑战性。例如,Hard Rock 公司在开设一家新的咖啡店之前,要先观察现有咖啡店的相似规模和位置,再考虑当地因素(如人口、经济、竞争)及 Hard Rock 品牌的影响力,考虑所有这些因素后,估计十年内销售额的两种情况——可能的情况和最糟糕的情况。销售额总是受到四种来源的影响:饭店、酒店、酒吧和超市。因为每个区域有不同的人工和材料结构,所以这些影响非常重要,而且也有助于经营成本的核算。在给出预计收入和成本的情况下,就可以计算出未来现金流量。显然,现金流量的预测越准确,决策结果的可靠性越大。

管理者必须为资本投资设置目标和优先顺序,还要确认接受或拒绝投资的一些基本指标。在本章,我们学习四种有关管理者是接受还是拒绝潜在投资的方法。投资决策模型可以分为两类:非折现模型和折现模型。折现模型下的两种方法主要应用于独立项目和互斥项目的投资决策。

尽管预测未来现金流量是资本投资过程的重要部分,但为了简化,我们将在更高级的课程中重点讨论预测方法。此外,预测现金流量一定是税后现金流量。在评估现金流量的过程中,税收非常重要,将税收效应从现金流量中扣除就得到税后现金流量。因此,本章在讨论投资决策时关注的是税后现金流量。

14.2　非折现模型:回收期和会计收益率

基础投资决策模型可以分为两类,即非折现模型和折现模型。
非折现模型(nondiscounting models)不考虑货币的时间价值。
折现模型(discounting models)考虑货币的时间价值。

虽然很多会计理论学者不赞同非折现模型,认为它忽略了货币的时间价值,但很多公司在进行资本投资决策时仍坚持使用非折现模型。当然,大多数公司将折现作为主要的评估方法。事实上,多数公司使用两种模型[①],尤其是在经理人难以做出资本投资决策时,同时使用折现模型和非折现模型将提供有价值的信息。

---

① John R. Graham and Campbell R. Harvey, "Theory and Practice of Corporate Finance:Evidence From the Field", *Journal of Financial Economics*,60:2,3(May/June,2001),183-244.

14.2.1 回收期

非折现模型的方法之一是回收期。**回收期**(payback period)是指公司要求收回初始投资的时间。如果一个项目投产后,每年现金流量相等,那么可以直接用以下公式计算投资回收期:

$$回收期 = \frac{初始投资}{年现金流量}$$

如果每年现金流量不相等,则可以通过逐年添加现金流量直到弥补全部原始成本来计算回收期。如果需要的现金流量不是一个整数年份,则可以假定现金流量在该年平均发生。

演练14.1介绍了在现金流量平均和不平均两种情况下如何进行回收期分析。

演练 14.1

计算回收期

知识梳理:

回收期是指收回全部项目初始投资所需的时间。它通常用于评估财务风险、投资对流动性的影响、资产淘汰风险及投资对绩效指标的影响。

资料:

假定投资一台新型洗车设备需要100 000美元,且需要平均每年现金流量为50 000美元或者每年具体现金流量分别为30 000美元、40 000美元、50 000美元、60 000美元和70 000美元。

要求:

计算每种情况的回收期。

答案:

第一种情况下,回收期 = 初始投资 ÷ 年现金流量 = 100 000/50 000 = 2(年)

第二种情况下,

年份	年初未收回投资金额(美元)	每年现金流量(美元)	收回投资所需时间(年)
1	100 000	30 000	1.0
2	70 000	40 000	2.0
3	30 000	50 000	0.6*
4	0	60 000	0.0
5	0	70 000	0.0
			2.6

注:*在第三年年初,投资收回还需要30 000美元。假设全年现金流量平均,因为当年预计净现金流量是50 000美元,所以只需要0.6年(30 000/50 000)就可以收回投资。

1. 利用回收期评估风险

利用回收期的方法之一是设置一个所有项目的回收期最大值，一旦超过这个标准就应该拒绝这些项目。为什么公司以这种方式使用回收期呢？一些分析师建议可以用回收期对风险进行粗略的估计，即项目占用资金的时间越长，风险越大。同样，现金流量风险要求公司投资项目的回收期短于正常情况。此外，流动性有问题的公司可能对回收期短的项目更感兴趣。另一个值得关注的因素是更新换代，一些行业的更新换代风险很高。例如，电脑和 MP3 播放器制造商，这些公司对快速回收资金的项目更感兴趣。

> **道德决策**
>
> 另一种因素，虽然对公司收益的影响不大，但也应该纳入考虑。许多管理者在进行资本投资决策时仅从自身利益考虑回收期短的项目。如果管理者的绩效与一些短期指标（如年净利润）挂钩，那么他们就会选择回收期短的项目，以提高净利润和现金流量。部门经理人通常负责制定资本投资决策，并且计算部门利润。部门经理人的任期一般来说很短，平均 3—5 年。因此，某些自私的经理人会放弃对企业长期发展有好处但短期回报低的项目。新的产品和服务总需要一段时间才能培养起消费者的消费习惯。然而，职业道德较好的经理人能够抵抗这些诱惑，企业预算政策和预算审查委员会应该通过对预期行为的判断来避免这些问题的发生。

2. 利用回收期选择方案

回收期可以用于选择备选方案。在这种方法下，投资者更愿意选择回收期短的项目。因此，回收期法存在以下两大缺点：

(1) 没有考虑回收期满后继续发生的现金流量；

(2) 没有考虑货币的时间价值。

假定一家工程公司正在考虑两种不同的计算机辅助设计(CAD)系统——CAD-A 和 CAD-B。每个系统都需要初始投资 150 000 美元，使用寿命为 5 年，但每年发生的现金流量不同（单位：美元）：

投资	第 1 年	第 2 年	第 3 年	第 4 年	第 5 年
CAD-A	90 000	60 000	50 000	50 000	50 000
CAD-B	40 000	110 000	25 000	25 000	25 000

两种投资回收期都是 2 年。换句话说，如果管理者决定使用回收期方法选择项目，那么两项投资的结果相同。事实上，CAD-A 系统比 CAD-B 系统更好，主要有以下两点原因：

(1) CAD-A 系统在回收期后（即第 3、4 和 5 年）的现金流量更多（150 000 美元与 75 000 美元相比）；

(2) CAD-A 系统在第 1 年收回投资 90 000 美元，而 CAD-B 系统仅收回 40 000 美元，且 CAD-A 系统在第 1 年提供的额外 50 000 美元可以投资其他项目。公司现在拥有资金要好于在一年后拥有资金,因为现在的资金可以继续投资,一年后也能赚取收益。

总之,回收期方法提供的信息可以帮助管理者做到以下事项:

(1)有助于控制与未来现金流量不确定性相关的风险;
(2)有助于最小化投资给公司带来的资产流动性问题;
(3)有助于控制产品更新换代的风险;
(4)有助于控制投资给绩效考核带来的影响。

然而,这种方法仍存在很大的缺陷:它忽略了项目盈利和货币时间价值因素。管理者可以考虑回收期这一因素,但是完全依靠这一方法做出资本投资决策是愚蠢的。

14.2.2 会计收益率

1. 会计收益率概念

会计收益率是非折现模型的第二种方法。**会计收益率**(accounting rate of return,**ARR**)是将项目收益作为投资回报,而不是使用项目的现金流量。会计收益率的计算公式如下:

$$会计收益率 = \frac{平均收益}{初始投资}$$

收益和现金流量不同,在计算过程中要考虑应收款和应付款。项目的平均收益是加总项目的每年收益后除以年数得出。

演练 14.2 介绍了如何计算会计收益率。

演练 14.2

计算会计收益率

知识梳理:

会计收益率是项目平均收益除以初始投资计算而得。与回收期不同的是,会计收益率考虑了投资的盈利能力;但它与回收期一样,忽略了货币的时间价值。会计收益率可以作为筛选投资项目的指标。

资料:

一项投资需要原始投入 100 000 美元,寿命为 5 年,而且没有残值。每年的现金流量分别为 50 000 美元、50 000 美元、60 000 美元、50 000 美元和 70 000 美元。

要求:

1. 计算各年的净利润。
2. 计算会计收益率。

答案：
1. 每年折旧费用 =（100 000 −0）/5 =20 000(美元)
   每年净利润 = 净现金流量 − 折旧费用
   第1年净利润 =50 000 −20 000 =30 000(美元)
   第2年净利润 =50 000 −20 000 =30 000(美元)
   第3年净利润 =60 000 −20 000 =40 000(美元)
   第4年净利润 =50 000 −20 000 =30 000(美元)
   第5年净利润 =70 000 −20 000 =50 000(美元)
2. 5年净利润 =180 000(美元)
   平均净利润 =180 000/5 =36 000(美元)
   会计收益率 =36 000/100 000 =0.36

2. 会计收益率的局限性

与回收期不同的是，会计收益率考虑了项目的盈利能力，但会计收益率也存在以下潜在缺陷：

(1) 忽略货币的时间价值。与回收期一样，会计收益率忽略了货币的时间价值，这也是它最大的缺陷，可能导致管理者没有选择利润最大化的投资项目。会计收益率和回收期都属于非折现模型就是因为它们忽略了货币的时间价值。

(2) 依赖净利润。会计收益率依赖于净利润，而净利润是管理者最容易操纵的财务指标。操纵净利润主要是因为其与债务契约(债务合约)和奖金挂钩。在通常情况下，债务契约要求公司保持特定的财务会计比率，这会受到利润报告和长期资产的影响。因此，会计收益率可以作为筛选新投资项目的指标，但应确保新投资不会负面影响财务会计比率。

(3) 管理者的动机。管理者的奖金通常建立在会计收益或资产收益的基础上，所以他们可能会出于个人利益而选择任何有利于增加净利润的项目。为了使个人收入最大化，管理者很有可能选择净利润最大的投资项目，即便所选择项目的现金流量不多或者需要长时间才能收回投资。

14.3 折现模型：净现值

折现模型使用的是**折现现金流量**(discounted cash flows)，也就是将未来现金流量折现到现值。使用折现模型必须先理解现值概念，在学习资本投资折现模型前，请充分掌握这些概念。两种折现模型分别为净现值和内部收益率。

14.3.1 净现值定义

净现值(net present value, NPV)是指项目各年现金流入和现金流出的现值的差额，计算公式如下：

$$\text{NPV} = \sum \text{CF}_t/(1+i)^t - I = \left[\sum \text{CF}_t \text{df}_t\right] - I = P - I$$

其中，I 表示项目的原始成本（初始投资）；CF_t 表示每年收到的现金流量，$t = 1, 2, \cdots, n$；i 表示投资要求的收益率；t 表示项目年限；P 表示项目未来现金流入的现值；$\text{df}_t = 1/(1+i)^t$，表示折现系数。

净现值也是衡量投资盈利性的指标，净现值为正的项目意味着投资将增加企业的财富。在使用净现值方法前，要先定义投资要求报酬率。**要求报酬率（required rate of return）** 是指公司能接受的最小收益率，也称折现率、必要报酬率和资本成本率。理论上，如果未来现金流量确定，公司的**资本成本（cost of capital）** 就是投资的要求报酬率。实际上，未来现金流量是不确定的，管理者通常会选择一个高于资本成本的折现率。然而，如果选择的比率过高，会导致选择短期投资项目，出于风险的保守性，公司认为使用资本成本作为折现率更好，也解决了不确定性给管理者带来的困扰。

得出项目的净现值后，公司就可以根据结果判断是否投资：

（1）如果净现值大于 0，那么投资会盈利，可以接受项目。净现值为正意味着：①初始投资可以全部收回；②达到要求报酬率；③投资回报超过①和②。

（2）如果净现值等于 0，接受或拒绝投资的结果是等价的。

（3）如果净现值小于 0，那么应该拒绝投资。在这种情况下，投资收益率低于要求报酬率。

14.3.2 净现值说明

Brannon 公司开发了便携式 MP3 播放器的新型耳机，公司认为该产品在市场上非常有前景。耳机的预计产品寿命为 5 年。虽然营销经理非常看好耳机，但是否生产还取决于该项目的净现值是否为正，是否达到公司的要求报酬率 12%。为了制定有关耳机的决策，必须完成以下两个步骤：第一步，确认每年的现金流量。第二步，用第一步得到的现金流量计算净现值。

演练 14.3 介绍了如何评估项目现金流量和计算净现值。

演练 14.3

评估现金流量和计算净现值

知识梳理：

净现值是未来现金流量现值减去初始投资后的数额。公司的要求报酬率通常是资本成本，用于计算现值。如果项目净现值为正（负），我们就应该接受（拒绝）该项目。净现值为正意味着投资会增加公司价值。

资料：

详细的市场调研得出，新型耳机预计年收入为 300 000 美元。生产耳机的设备将耗用成本 320 000 美元，五年后，出售该设备可以收回 40 000 美元。除了设备，由于存货和应收账款的增加,营运资本将增加 40 000 美元,而公司期望在项目终止时收回营运资本。每年的经营现金支出预计为 180 000 美元。要求报酬率为 12%。

要求:

计算每年现金流量和净现值。

答案:

第一步,计算现金流量		
年份	项目	现金流量(美元)
0	设备	(320 000)
	营运资本	(40 000)
	合计	(360 000)
1—4	收入	300 000
	经营费用	(180 000)
	合计	120 000
5	收入	300 000
	经营费用	(180 000)
	残值	40 000
	收回的营运资本	40 000
	合计	200 000

第二步,(1)分析净现值			
年份	现金流量	折现系数	现值
0	(360 000)	1.00000	(360 000)
1	120 000	0.89286	107 143
2	120 000	0.79719	95 663
3	120 000	0.71178	85 414
4	120 000	0.63552	76 262
5	200 000	0.56743	113 486
净现值			117 968

第二步,(2)分析净现值			
年份	现金流量	折现系数	现值
0	(360 000)	1.00000	(360 000)
1—4	120 000	3.03735	364 482
5	200 000	0.56743	113 486
净现值			117 968

在演练 14.3 中,我们可以看到第二步提供了两种计算净现值的方法。第一种是使用折现系数,第二种简化了计算步骤,因为第 1—4 年现金流量相同,使用单利折现系数即可。

14.3.3 净现值、折现率和现金流量的关系

估算现金流量是有难度的,这也是资本预算决策的主要风险来源。折现率是公司能接受的最低必要报酬率,在确定的情形下,它也是公司的资本成本。由于未来现金流量的不确定性,公司可能选择比资本成本更高的折现率,这也是常见的、评估公司风险的现金流量情境(如 Hard Rock 公司)。折现率增大,未来现金流量现值就会减少,项目更难以得到正的净现值。此外,管理者应该认识到积极和保守估计现金流量的不同对净现值结果的影响。这说明折现率和现金流量的关系影响项目的经济可行性。

为了说明这个问题,假定某娱乐公园正在考虑投资一项新的娱乐设施,具体数据如下:

投资	3 500 000 美元
积极的年现金流量	1 200 000 美元
保守的年现金流量	800 000 美元
折现率范围	8%—18%,增幅2%
期望资本成本	10%
项目寿命	6 年

使用以上数据,分别计算不同现金流量和折现率(增幅为 2%)情况下的净现值。图表 14.1 说明了三者的关系。在积极的年现金流量下,项目对于所有折现率都能得到正的净现值。而在保守的年现金流量下,最高的四个折现率使净现值为负;在折现率为 10% 时,净现值为零;只有在折现率为 8% 时,净现值为正。清楚了三者的关系后,我们应做出什么样的决策呢? 在预期资本成本率为 10% 时,最坏的情况是净现值约为零(-16 000美元)。因此,这看起来是一项十分安全的投资,亏损的可能性很小。通过图 A 和 B 可以看出项目投资的风险和经济可行性。

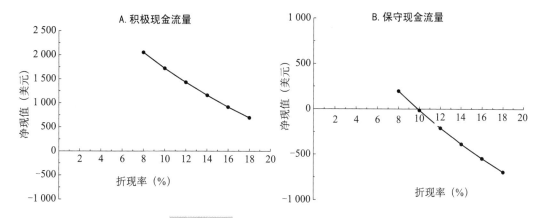

图表 14-1 净现值、折现率和现金流量

14.4 折现模型:内部收益率

另一种折现模型是内部收益率法。

14.4.1 内部收益率定义

内部收益率(internal rate of return,IRR)是指使项目现金流量现值与项目成本现值相等的折现率。换句话说,内部收益率是使投资项目的净现值等于零的折现率。根据定义,内部收益率满足等式:

$$I = \left[\sum CF_t/(1+i)^t\right], \quad t = 1, \cdots, n$$

等式右侧是未来现金流量现值,等式左侧是初始投资。I、CF_t 和 t 已知。因此,可以通过试错法确定内部收益率。一旦计算出项目的内部收益率,就可以将其与公司的要求报酬率进行比较:

(1)如果内部收益率大于要求报酬率,那么公司可以接受项目;
(2)如果内部收益率小于要求报酬率,那么公司应该拒绝项目;
(3)如果内部收益率等于必要报酬率,那么公司接受或拒绝项目没有区别。

内部收益率在资本投资决策中的应用最为广泛。原因之一是作为回报率,管理者使用起来很方便。原因之二是管理者认为内部收益率是收回初始投资的真实或实际收益率(在多数情况下不正确)。无论它受欢迎的原因是什么,充分理解内部收益率都很有必要。

14.4.2 内部收益率说明:多期相等现金流量

假设初始投资产生了一系列相等的现金流量。因为它们是相等且均匀的,可以根据年金现值系数表计算现值。df 代表折现系数,CF 代表年现金流量,内部收益率公式如下:

$$I = CF(df)$$

导出 df,我们可以得到公式:

$$df = \frac{I}{CF} = \frac{初始投资}{年现金流量}$$

假设初始投资(I)为 100 美元,一年后它会产生现金流量 110 美元,折现系数 I/CF = 100/110 = 0.90909。折现系数 0.90909 对应的单利折现率为 10%,即内部收益率。通常情况下,一旦计算出折现系数,就可以从现值系数表找到对应的项目寿命,接着找到折现率,这个比率就是内部收益率。

演练 14.4 介绍了如何在多期相等的现金流量下计算内部收益率。

演练 14.4

计算相等现金流量下的内部收益率

知识梳理：

内部收益率是在净现值为零时的折现率。如果内部收益率大于要求报酬率(资本成本)，我们就可以接受投资项目。

资料：

假定某医院有机会投资 205 570.50 美元于一台新型超声诊断仪，在接下来的 6 年内，它每年年末能给医院带来 50 000 美元的净现金流入。

要求：

计算新型超声诊断仪的内部收益率。

答案：

df $= I/\text{CF} = 205\ 570.50/50\ 000 = 4.11141$

该投资项目的寿命为 6 年，在现值系数表中找到对应的折现系数 4.11141，可以得到其对应的内部收益率为 12%。

当然，现值系数表没有提供每个可能利率的折现系数。为了说明这一点，假定医院(见演练 14.4)预期每年的现金流入是 51 000 美元而不是 50 000 美元，那么新的折现系数为 4.03079(205 570.50/51 000)，我们可以从现值系数表中推定内部收益率在 12% 和 14% 之间。我们可以利用内插法计算内部收益率，也可以利用现值系数表估算内部收益率的范围。实际上，计算机或者像 Excel 这样的电子表格程序可以直接计算出内部收益率。

14.4.3 内部收益率实例：多期不相等现金流量

如果现金流量是不相等的，那么就一定要用到内部收益率等式。在这种情况下，可以利用试错法或者使用计算机或电子表格程序计算等式的结果。为了说明试错法，假定在计算机系统中投资 10 000 美元，可以在 2 年内分别节省文员成本 6 000 美元和 7 200 美元。内部收益率是使得两项现金流入的现值之和等于 10 000 美元的利率：

$$P = \frac{6\ 000}{(1+i)} + \frac{7\ 200}{(1+i)^2} = 10\ 000(\text{美元})$$

利用试错法解决该等式，首先应该选择一个可能的 i 值。代入第一次猜想的利率，计算未来现金流量的现值，然后将它与初始投资比较。如果现值大于初始投资，那么说明利率过高，接下来应另外选择合适的利率。

假定第一次的猜想利率为 18%，令 i 为 18%，那么根据折现系数 0.84746 和 0.71818，可以得到两项现金流量的现值：

$$P = 0.84746 \times 60\ 000 + 0.718\ 18 \times 7\ 200$$
$$= 10\ 256(\text{美元})$$

显然,此时 P 值大于 10 000 美元,利率选择过低。接下来选择更高的利率 20%,那么我们会得到:

$$P = 0.83333 \times 6\,000 + 0.69444 \times 7\,200$$
$$= 9\,999.95(美元)$$

现值已经非常接近 10 000 美元,我们可以认为内部收益率约为 20%。事实上,内部收益率的确为 20%,因为折现系数近似到 5 位小数,所以现金流量的现值略低于初始投资。

由你做主

内部收益率与估计现金节约额和项目寿命的不确定性

作为一家生产植物食用油和人造黄油工厂的经理人,你正在担忧废水排放造成的污染。工厂没有排污许可证,多次违规排放废水(含有机固体)到当地河流中。这些活动已经引起了当地环保机构的关注和批评。你正在考虑购买和安装零排放闭环系统,寿命为 10 年,须投资 250 000 美元。这一系统每年将节约:

水(水循环利用)	20 000 美元
原材料(材料再次提取)	5 000 美元
避免罚金	15 000 美元
减少实验分析需求	10 000 美元
合计	50 000 美元

工厂若要接受该投资项目,内部收益率必须大于 10% 的资本成本。

在计算内部收益率之前,你发现它大约为 15%,明显大于资本成本 10%。然而,在征求分部经理的意见时,他询问该项目的资金节约额是如何得出的。他对估计的项目寿命也怀有疑问,在他看来,这一零排放闭环系统通常可以使用约 8 年,而非 10 年。

你如何解决部门经理对项目估计现金节约额和使用寿命的疑问

分部经理的担心与现金流量和项目寿命的估计有关。回收水和罚金的节约额的不确定性很小,实验室成本也是如此,尤其是在外购情形下。不确定性的主要来源是从有机固体中提取原材料以生产额外的黄油和植物油的数量。假定提取过程不产生任何有机固体,这样每年将节约 45 000 美元(50 000 - 5 000),这也是最糟糕的现金流量状况。为了解决现金流量的不确定性,我们可以在资本成本下计算公司能节约的最少现金,然后将其与最糟糕的现金流量(45 000 美元)进行对比,进而计算在项目寿命为 8 年时的最少现金流量。

计算过程如下(df 是寿命为 8 年、折现率为 10% 下的折现系数):

$$I = CF(df)$$

$$CF = I/df = 250\,000/5.33493 \approx 48.861(美元)$$

在最糟糕的情形下,项目不能满足最低的现金节约要求。从有机固体中提取材料的现金节约额仅有20%的可能性。作为工厂经理,你认为随着政府对当地河流关注的增强,未来罚金可能被低估了。同样,这可能会带来积极的影响,虽然没有节约现金,但是改善了公众形象(因环保行动而增加销售额)。综合考虑,你应该强烈支持这个项目。

敏感性分析是评估资本投资分析的不确定性影响的有力工具。

14.5 资本项目的事后审计

资本投资项目的关键要素是项目投资实施后的后续分析,这种分析被称为事后审计。**事后审计(postaudit)** 对比实际收益与预估收益、实际经营成本与预估经营成本。它评估投资的综合结果,在必要的时候提出纠正措施。

14.5.1 事后审计实例

Allen Manesfield 和 Jenny Winters 正在讨论生产静脉注射IV针过程中出现的持久性与刺激性问题。Allen 和 Jenny 受雇于 Honley 医疗,该公司主要生产医疗产品,有三个分部:IV产品分部、急救护理检测分部和特殊产品分部。Allen 和 Jenny 都在IV产品分部工作,Allen 是高级生产工程师,Jenny 是营销经理。

IV产品分部生产五种型号的针。生产过程的第一阶段是将针插入由环氧树脂胶制成的塑料管。据Jenny所说,环氧树脂胶的使用引发了各种问题。在很多情形下,环氧树脂胶不能正确贴合,分部也因此收到了很多来自客户的投诉。分部必须在避免失去销售额的情况下采取纠正措施。经过讨论和分析,专家建议使用感应焊接代替环氧树脂胶。在感应焊接时,针头插入塑料管中心,高频发生器会加热针头。高频发生器的工作原理与微波炉相同。当针头变热后,塑料管会融化,这样可以和针头很好地贴合。

转换为感应焊接,公司需要投资购买高频发生器和相关工具。IV产品分部已经证实这些投资是建立在新型系统节约资金的基础之上。感应焊接可以减少直接材料的成本,减少工厂对环氧树脂的使用。因为焊接更加自动化,直接人工成本也会大大降低。这些资金上的节约避免了日常清理成本。Allen 做了净现值分析,表明焊接系统优于环氧树脂系统,总部也批准了这项购买提议。

一年后,Allen 和 Jenny 对感应焊接决策的相关对话如下:

Jenny:Allen,我很欣慰当初采用感应焊接贴合针头。自从新技术实施后,在这一年内,我们基本上没有接到来自客户的投诉。针头已经完全贴合了。

Allen:我希望这些宝贵的经验可以应用到其他领域。但遗憾的是,实施过程发生了一些黏性不牢和费用昂贵的问题,这是我未预料到的。内部审计部门近期对该项目进行了事后审计,而且现在我的权限被限制了。

Jenny:这听起来很糟糕,出了什么问题?

Allen:我列出几个问题你听听。第一是高频发生器会干扰其他设备的运作。为了减弱干扰,我们不得不安装过滤设备。这还是次要的,我们还发觉一般的维修工人不懂得如何维护这些新设备。现在我们必须开设培训课程,更新维修工人的技能;而且,维修技能的更新也意味着更高的工资。虽然高频发生器使贴合过程不再凌乱,但现在问题变得更为复杂。生产工人也向内审人员抱怨。他们认为,简单的生产过程即便凌乱,也总比现在要求产品技术突飞猛进更好。

Jenny:内审人员是怎么认为的呢?

Allen:他们认为确实节约了很多资金,但仍没有预见到很多重大的成本。因为没有预测到的问题,他们建议我考虑重新使用环氧树脂的可能性;而且他们暗示我,利用实际数据做出的净现值分析显示环氧树脂这一生产过程更好。生产规模正在逐渐扩大,工厂需要更多的高频发生器和过滤设备,并增加对工人的培训,这看起来回到环氧树脂胶贴合更有吸引力。事实印证了环氧树脂技术更简单,审计师的结论是环氧树脂的混合技术能够更加自动化,可以避免我们最初遇到的质量问题。

Jenny:好吧,Allen,你也不用责备自己。遇到问题就去解决它,想预测到所有的问题并且避免新的成本是很困难的。

Allen:但是内审人员不这样认为。事实上,我也不赞同。我可能过于急功近利,以后我对新项目会更加谨慎细心。

在 Honley 医疗关于高频发生器的案例中,新技术确实带来了一些资本投资收益:客户的投诉减少,直接人工和材料成本也有所减少。然而,因为需要额外的过滤设备,而且维修成本增加,复杂的生产过程使得经营成本比原来高很多,所以项目比预想中需要的投资更多。总的来说,内审人员认为这项投资决策是失败的,补救措施是放弃新的生产过程,回到环氧树脂胶贴合技术。鉴于他们的建议,工厂放弃了新技术,改用自动化的环氧树脂混合技术。

14.5.2 事后审计的优点

公司对资本投资项目进行事后审计,具体的优点如下:

(1)资源分配。通过评估盈利,事后审计可以判定资源是否被充分利用。如果项目运行得不错,我们就可能需要额外的资金和关注。如果项目运行得不如预期,我们就可能需要纠正措施以提高效益或者放弃项目。

(2)对经理人行为的积极影响。如果经理人对资本投资决策的结果负责,那么他们将更愿意选择给公司带来最大收益的决策。此外,事后审计人员将向经理人提供意见反馈,以帮助他们在未来做出正确决策。考虑到 Allen 对于高频发生器项目事后审计的反应,我们相信他在未来会更加谨慎,提出更加全面的资本投资建议。Allen 会考虑多种方案,如自动化的环氧树脂混合技术。同样,在选择方案时,他也会特别注意隐藏的成本,如新生产过程要求增加的培训费用。

(3)独立性。对于 Honley 医疗来说,事后审计工作是由内部审计人员完成的。通常来说,如果事后审计工作由独立方完成,结果会更客观。也就是说,内部审计人员的独立性越强,越利于其开展工作。

14.5.3 事后审计的局限性

事后审计工作同样需要成本。即使它的优点很多、益处很多,但也存在局限性。最明显的局限是,很多原始分析中的假设在实际操作情境中会失效。在某种程度上,受托责任制说明了它不能预见所有事情的可能性。

14.6 互斥项目

到目前为止,我们主要关注独立项目,但很多资本投资决策与互斥项目有关。如何利用净现值分析和内部收益率选择竞争性项目是值得关注的问题。更值得关注的问题是,净现值和内部收益率有助于管理者制定财富最大化的决策,但可能得到不同的计算结果。例如,我们已经清楚非折现模型可能提供错误的答案,因为它忽略了货币的时间价值。由于这一缺陷,折现模型变得更有优势。同样,在选择互斥方案时,净现值模型通常优于内部收益率模型。

14.6.1 比较净现值和内部收益率

对于独立项目,利用净现值和内部收益率模型得出的结果相同。例如,如果净现值大于零,那么内部收益率也会大于要求报酬率。此时两个模型得出的结论都是正确的。然而,对于互斥项目,两种方法会得到不同的结果。应该说,对于互斥项目的决策,我们应该选择净现值最高或内部收益率最大的项目。既然两种方法对于互斥项目的结论不同,我们应首选能够显示项目财富最大化的方法。

净现值与内部收益率主要有以下两点不同:

(1)净现值方法是假定收到每项现金流入后,将其按必要报酬率再投资;而内部收益率方法则假定现金流入按计算出的内部收益率进行再投资。按要求报酬率进行再投资更加实际,而且对于互斥项目来说,其结果更加可靠。

(2)净现值方法是按绝对值计算收益,而内部收益率方法则按相对值计算。净现值方法能衡量公司价值的改变。

图表14-2总结了两种方法的差异。

净现值可以衡量竞争性项目对公司价值的影响,选择净现值最大的项目也符合股东财富最大化的要求;而内部收益率方法无法选择财富最大化的项目。内部收益率是与盈利性相关的衡量指标,它的优点是能够准确测量内部投资的收益率。然而,内部收益率最大值并不代表公司所有者财富最大化,因为它在根本上没有考虑项目的绝对贡献值。在最后的分析中,项目赚取的全部资金是绝对收益,而不是相对收益。因此,应该用净现值而非内部收益率选择互斥项目,或者资本投资有限的项目。

如果净现值为正,那么可以接受该独立项目。而对于互斥项目来说,应该选择净现

	净现值	内部收益率
衡量类型	绝对值	相对值
现金流量再投资假设	要求报酬率	内部收益率

图表 14-2 净现值和内部收益率的比较

值最大的项目。从互斥项目中选择最佳项目的步骤如下：

第一步，评估每个项目的现金流量；
第二步，计算每个项目的净现值；
第三步，选择净现值最大的项目。

14.6.2 互斥项目的净现值分析实例

Bintley 公司致力于改善它的环境绩效。一个环保项目确认了在生产过程中的液体和气体残留物来源。经过六个月的研究，工程技术部门认为可以重新设计生产过程，以防产生污染残留物。现在有两种不同的生产设计方案(A 和 B)，它们都可以防止污染残留物的产生；与目前的生产过程相比，这两个方案需要更多的经营费用。然而，由于防止产生污染残留物的设计可以给公司增加很多收益，从而弥补经营费用、昂贵的污染控制设备维修费用、处理有毒液体废物及排放过量污染物要支付的罚金。在估计收益时应注意的是，有环保意识的客户会有助于增加销售额。

演练 14.5 介绍了在互斥项目下如何进行净现值和内部收益率分析。

演练 14.5

计算互斥项目的净现值和内部收益率

知识梳理：

在互斥项目中，利用折现法能够筛选出财富最大化的项目。净现值以绝对值指标衡量盈利性，而内部收益率则采用相对值指标。净现值衡量公司价值的变化，因此与财富最大化目标相一致。

资料：

思考两种防范污染的设计方案——A 和 B。两种设计方案的项目寿命都是 5 年。A 方案需要初始投资 180 000 美元，税后净现金流入 60 000 美元(180 000 - 120 000)。B 方案需要初始投资 210 000 美元，每年净现金流入 70 000 美元(240 000 - 170 000)。公司的资本成本为 12%，税后现金流量总结如下：

	现金流量状况	单位:美元
年份	A 方案	B 方案
0	(180 000)	(210 000)
1	60 000	70 000
2	60 000	70 000
3	60 000	70 000
4	60 000	70 000
5	60 000	70 000

要求:
计算每个方案的净现值和内部收益率。

答案:

A 方案:净现值分析

年份	现金流量(美元)	折现系数	现值(美元)
0	(180 000)	1.00000	(180 000)
1—5	60 000	3.60478	216 287
净现值			36 287

A 方案:内部收益率分析

折现系数 = 初始投资/年现金流量 = 180 000/600 00 = 3.00000

df = 3.00000 且期限为 5 年,对应的内部收益率约为 20%。

B 方案:净现值分析

年份	现金流量(美元)	折现系数	现值(美元)
0	(210 000)	1.00000	(210 000)
1—5	70 000	3.60478	252 335
净现值			42 335

B 方案:内部收益率分析

折现系数 = 初始投资/年现金流量 = 210 000/70 000 = 3.00000

df = 3.00000 且期限为 5 年,对应的内部收益率约为 20%。

基于演练 14.5 的净现值分析,B 方案的盈利性更强,净现值更高。因此,公司应该选择 B 方案而非 A 方案。有趣的是,A 方案和 B 方案的内部收益率相同。正如演练 14.5 所示,两种方案的折现系数都是 3.00000,而折现系数 3.00000 且期限 5 年对应的内部收益率约为 20%。即使两个项目的内部收益率都是 20%,公司也应该想到两种方案的预期值不同。分析显示 B 方案的净现值更大,它将给公司带来更多的价值,因此应该选择 B 方案。这也说明了对于互斥项目,净现值分析优于内部收益率分析。

14.6.3 对先进制造环境的特殊思考

在先进的制造环境(例如,使用自动化系统)下,管理者制定资本投资决策可能会更加困难,因为他们要考虑特殊因素。

Kicker 管理实践

2001—2003 年,Stillwater 设计公司的 Kicker 产品的销量很高。由于储存空间不足,公司计划在目前建筑的基础上扩建空间约 50 000 平方米,投资扩建的建设成本为 100 万—150 万美元。在初步规划阶段,公司打算寻找一个可以短期租赁的仓库,以存放现有的设备。

他们找到一栋 Moore 商贸公司拥有的 250 000 平方英尺、占地 22 英亩的建筑设施,而且也满足公司的增加 50 000 平方英尺建筑的要求。这是一个很好的租赁选择,因为要快速地增加约 50 000 平方米储存空间是一个很复杂的问题。事实上,公司已经开始研究购买并翻新 Moore 的建筑设施,并将所有设备运送到这个建筑中。购买并翻新要安装新型高压交流电系统、灭火器、密封天花板及装修办公室。在周密的财务分析后,公司认为翻新 Moore 的建筑设施比扩建仓库更经济。影响这个决策主要有两个因素:①出售现有的五栋建筑,可以支付翻新成本;②购买未翻新的 Moore 建筑,比扩建 50 000 平方英尺仓库的成本低很多。

---

1. 投资有何不同

相对于过去的标准生产设备,投资自动化的生产流程更加复杂。对于标准设备,购买设备的直接成本就是全部的投资;而对于自动化制造,直接成本仅占全部投资的 50% 或 60%,而软件、工程技术、培训和安装占很大比重。因此,在评估自动化系统的实际成本时,决策者必须考虑周全。次要成本很容易被忽略,但实际上却十分重要。

2. 估算经营现金流量有何不同

估算标准设备的现金流量主要依靠直接、有形的收益,如人工、电力和废料所节约的直接成本。然而,在投资自动化系统时,项目的隐性收益和间接收益也十分重要。先进的制造系统可以提供更高的质量、提升可靠性、缩短生产周期、提升客户满意度及提高市场份额,这些都是重要的隐性收益,而生产调度和绩效考核领域减少的人工则是间接收益。我们若想更准确地评估投资的潜在价值,则必须重点衡量项目的隐性收益和间接收益。

例如,Zielesch 制造公司正在考虑投资一项柔性制造系统。公司面对的选择是继续使用传统设备生产可以维持 10 年时间,还是转换系统,新系统的使用寿命也是 10 年。公司的折现率为 12%,投资相关数据如图表 14-3 所示。值得注意的是,Zielesch 公司以增量现金流量比较新旧项目。除了计算和比较方案的净现值,我们还可以计算新系统的增量现金流量(新系统的现金流量减去旧系统的现金流量)的净现值。如果增量现金流量的净现值为正,那么应该选择新系统。

图表 14 – 3 投资数据:直接收益、隐性收益和间接收益　　　　　　　　单位:美元

	柔性制造系统	现有系统
投资(付现成本):		
直接成本	10 000 000	—
软件、工程技术	8 000 000	—
付现成本合计	18 000 000	—
税后净现金流量	5 000 000	1 000 000
减:现有系统的税后现金流量	1 000 000	n/a
增量收益	4 000 000	n/a
增量收益说明		
直接收益:	1 500 000	
直接人工	500 000	
减少废料	200 000	
生产准备	2 200 000	
隐性收益(节约资金):		
返工	200 000	
售后服务	400 000	
维持竞争地位	1 000 000	
	1 600 000	
间接收益:		
生产调度	110 000	
工资	90 000	
	200 000	
合计	4 000 000	

利用图表 14 – 3 的增量数据,可以计算出新系统的净现值,过程如下:

现值(4 000 000 × 5.65022*)	22 600 880 美元
投资	18 000 000 美元
净现值	4 600 880 美元

注:* 该数据是利率 12%、期限 10 年时的折现系数。

净现值为正,意味着可以接受柔性制造系统,这个结论主要依赖于对隐性收益和间接收益的清晰认识。如果忽略这些收益,那么节约直接费用 220 万美元,净现值为负,计算过程如下:

现值(2 200 000 × 5.650 22)	12 430 484 美元
投资	18 000 000 美元
净现值	(5 569 516) 美元

作业成本法的兴起使得企业更容易运用成本动因,从而确认项目的间接收益。如果间接收益十分重要,我们就应该将其纳入分析。

图表14-3的数据说明了隐性收益的重要性。最重要的隐性收益之一是维护或提高公司的竞争地位。关键的问题是,如果不进行投资,公司的现金流量将会如何变化。如果Zielesch公司选择放弃投资先进技术设备,它能在产品质量、运输和成本上与其他公司竞争吗?如果竞争企业选择投资先进设备,这个问题就会变得十分重要。如果公司的竞争地位恶化,它的现金流量就会减少。

如果决定不投资,现金流量就会减少,这对先进技术方案来说也是一项增量收益。在图表14-3中,Zielesch公司预计它的竞争性收益为1 000 000美元。估算这项收益需要严谨的策略计划和分析,因为它的影响重大。如果忽略了这项收益,那么净现值就会为负,结论为拒绝该投资方案:

现值(3 000 000 × 5.650 22)	16 950 660 美元
投资	18 000 000 美元
净现值	(1 049 340) 美元

14.7　现值概念

现金的特点是既可以用来投资,也可以产生利息。今天的1美元和明天的1美元是不同的,这个基本原理就是折现方法的支撑理论。折现方法依赖于目前货币与未来货币的关系,因此如果想使用折现方法,我们就必须了解这些关系。

14.7.1　终值

假定银行年利率为4%。如果一位客户投资100美元,它在一年后将收到100美元本金加上4美元利息(100 × 4%)。这个结果也可以用以下公式表示(F为终值,P为初始投资,i为利率):

$$F = P(1 + i)$$

在上述例子中,$F = 100 × (1 + 0.04) = 104$(美元)。

现在假定同一家银行提供的利率为5%,如果客户存入存款,期限为2年,那么在第2年年末将收到多少钱呢?再一次假设客户投资100美元,根据终值公式,客户在第1年年末将获得 105 美元：

$$F = 100 \times (1 + 0.05) = 100 \times 1.05 = 105(美元)$$

如果第 2 年续存，那么也可以利用终值公式，不过这时 P 为 105 美元。在第 2 年年末，存款总额变为 110.25 美元：

$$F = 105 \times (1 + 0.05) = 105 \times 1.05 = 110.25(美元)$$

第 2 年的利息是基于原始存款和第 1 年利息之和计算而得。以利息生利息，我们称之为**复利**（**compounding of interest**）。在投资期末，初始投资通过复利计算得到的价值即为**终值**（**future value**）。100 美元存款在 2 年后的终值为 110.25 美元。

计算终值也可以使用更直接的方法。上例中，第一次计算终值的公式可以表示为 $F = 105 = 100 \times 1.05$，第二次可以表示为 $F = 105 \times 1.05 = 100 \times (1.05) \times (1.05) = 100 \times (1.05)^2 = P(1+i)^2$。那么，计算 n 期终值的公式为：

$$F = P(1+i)^n$$

14.7.2 现值

通常情况下，管理者要求计算的不是终值，而是公司为了赚取终值现在应投资的金额，这被称为**现值**（**present value**）。例如，假定利率为 10%，现在投入多少资金 2 年后才能得到 363 美元？或者换种方式提问，终值 363 美元、期限 2 年对应的现值是多少？

在这个例子中，终值、期限和利率都是已知的。我们想知道的是，现在投入多少资金才能得到这个终值。在复利计算公式中，P 即现值。因此，为了计算现值，我们只需令等式左侧为 P：

$$P = F/(1+i)^n$$

利用现值公式，我们可以计算 363 美元的现值：

$$P = \frac{363}{(1+0.1)^2} = 363/1.21 = 300(美元)$$

现值为 300 美元，也就是 363 美元的当前价值。现在拥有的 300 美元相当于 2 年后的 363 美元。换种方式想，如果一家公司要求 10% 的回报率，2 年后收获 363 美元，那么公司现在最多付 300 美元投资。

通过未来现金流量计算现值的过程被称为**折现**（**discouting**）。因此，363 美元折现后的现值是 300 美元。将未来现金流量折现时使用的利率就是**折现率**（**discount rate**）。在现值公式中，$1/(1+i)^n$ 表示**折现系数**（**discout factor**）。将折现系数表示为 df，那么现值公式也可以这样表示 $P = F(df)$。为了简化现值的计算，我们将不同 i 和 n 值下的折现系数统一到折现系数表中。例如，当 $i = 10\%$ 和 $n = 2$ 时，折现系数为 0.82645。利用折现系数，计算 363 美元的现值过程为：

$$P = F(df) = 363 \times 0.82645 \approx 300(美元)$$

14.7.3 系列不相等现金流量的现值

现值系数表可以用来计算任何未来现金流量或系列相等现金流量的现值。一系列未来现金流量被称为**年金**(annuity)。年金的现值可以通过计算每期未来现金流量的现值,然后加总得到。例如,假定一项投资每年的现金流量为 110 美元、121 美元和 133.10 美元。假定折现率为 10%,图表 14-4 是系列不相等现金流量的现值。

图表 14-4 系列不相等现金流量的现值

年份	现金流量(美元)	折现系数	现值(美元)
1	110.00	0.90909	100.00
2	121.00	0.82645	100.00
3	133.10	0.75131	100.00
		2.48685	300.00

14.7.4 系列相等现金流量的现值

如果系列现金流量是相等的,年金的现值计算将会简化很多。例如,假定一项投资 3 年内每年将收回 100 美元。利用现值系数表,折现率为 10%,可以计算年金的现值(见图表 14-5)。

图表 14-5 系列相等现金流量的现值

年份	现金流量(美元)	折现系数	现值(美元)
1	110.00	0.90909	90.91
2	121.00	0.82645	82.65
3	133.10	0.75131	75.13
		2.48685	248.69

在计算系列不相等现金流量的现值时,可以单独计算每项现金流量的现值,再将它们加总。然而,在计算系列相等现金流量的年金现值时,可以简化运算,将三项折现系数合成一项。单独折现系数加总后可以被看作一项相等现金流量的折现系数。相等现金流量的年金现值计算同样可以应用现值系数表。

学习目标

LO1 解释资本投资决策的含义,并区分独立资本投资决策和互斥资本投资决策。
- 资本投资决策与获取长期资产相关,通常涉及大额的资金支出。
- 资本投资项目有两种类型:独立项目和互斥项目。

- 独立项目是指无论是否接受它,都不会影响其他项目的现金流量。
- 互斥项目是指如果接受它,其他竞争项目就会被排除。

LO2 计算投资项目的回收期和会计收益率,并且解释二者在资本投资决策中的作用。

- 管理者在制定投资决策时,通常使用正规模型决定接受或拒绝该项目。
- 决策模型根据是否考虑货币时间价值,分为折现模型和非折现模型。
- 两种非折现模型分别是回收期和会计收益率。
- 回收期是指公司要求收回初始投资的时间。对于等额现金流量,可以用总投资金额除以每年现金流量;对于不等额现金流量,可以将现金流量相加,直到全部收回初始投资。如果只需要一年中的部分现金流量,那么可以假设现金流量在全年等额发生。
- 回收期忽略了货币的时间价值和项目的盈利性,因为它没有考虑回收期后发生的现金流量。回收期可以用于评估和控制风险,减轻投资对公司流动性的影响,控制产品被淘汰的风险。
- 会计收益率是用项目预期平均收益除以资产初始投资计算得出。
- 与回收期不同的是,会计收益率考虑了项目的盈利性;然而,它同样忽略了货币的时间价值。
- 管理者可以利用会计收益率筛选投资项目,以确保会计比率不受负面影响(监控会计比率可以保证债务契约的合规性)。

LO3 利用净现值分析独立项目的资本投资决策。

- 净现值是未来现金流量的现值与初始投资的差额。
- 使用净现值模型时,我们必须确认要求报酬率(通常是资本成本)。净现值法是利用要求报酬率计算项目现金流入和现金流出的现值。
- 如果现金流入的现值大于现金流出的现值,那么净现值大于零,项目将盈利;如果净现值小于零,那么项目将亏损,应该拒绝这一项目。

LO4 利用内部收益率评估独立项目的可接受性。

- 内部收益率是指使项目现金流入的现值等于现金流出的现值时的利率。
- 如果内部收益率大于要求报酬率(资本成本),那么可以接受项目;如果内部收益率小于要求报酬率,那么应该拒绝该项目。

LO5 解释事后审计的作用和价值。

- 资本项目的事后审计是资本投资中的关键步骤。
- 事后审计评估项目的实际表现与预期表现之间的差距。
- 事后审计督促修正行动,以帮助管理者提高项目绩效或者放弃该项目。
- 事后审计也提醒管理者谨慎做出投资决策。

LO6 说明为什么在包括互斥项目的资本投资决策中,净现值分析优于内部收益率分析。

- 在评估互斥项目或者竞争性项目时,管理者可以选择使用净现值或内部收益率方法。
- 当管理者在众多竞争性项目中做选择时,净现值模型更能正确识别最佳投资方案。
- 内部收益率方法可能导致选择较差的项目,由于净现值模型通常能提供正确的决策信号,因此管理者应该使用它。

LO7 解释现在货币与未来货币的关系。

- 一项投资在其寿命期末的价值称为终值。
- 现值是指为赚取一定的终值,现在必须投资的金额。
- 用利率折现终值可以计算出现值,折现率即用来折现终值的利率。
- 年金是指一系列的未来现金流量。如果年金是不相等的,那么每个未来现金流量必须在各自折现率下折现(单独计算每项现金流量的现值,然后加总)。如果年金是相等的,那么我们可以将每个现金流量对应的折现率相加,用单一的折现率计算现值。

重要公式

1. 回收期 = $\dfrac{\text{初始投资}}{\text{年现金流量}}$

2. 会计收益率 = $\dfrac{\text{平均收益}}{\text{初始投资}}$

3. $NPV = \sum CF_t/(1+i)^t - I = \sum CF_t df_t - I = P - I$

4. $I = \sum CF_t/(1+i)^t$

5. $I = CF(df)$

6. $df = \dfrac{I}{CF} = \dfrac{\text{初始投资}}{\text{年现金流量}}$

7. $F = P(1+i)^n$

8. $P = F/(1+i)^n$

关键术语

独立项目	会计收益率(ARR)	现值	折现系数
非折现模型	净现值(NPV)	要求报酬率	折现现金流量
复利	内部收益率(IRR)	折现	终值
互斥项目	年金	折现率	资本投资决策
回收期	事后审计	折现模型	资本预算

问题回顾

I. 资本投资的基础

Kenn Day 是 Day 实验室的经理,正在调研购买一些新型测试设备的可行性。这些设备需要初始投资 300 000 美元。为了筹集足够的资金,Kenn 决定卖出股票,价值 200 000 美元(股票每年分配股利 24 000 美元),同时借款 100 000 美元。贷款利率为 6%。Kenn 计算得出加权后资本成本为 10%(2/3 × 0.12 + 1/3 × 0.06),这也是在资本投资决策中用到的折现率。

Kenn 估算新设备每年将为公司带来现金流入 50 000 美元,设备寿命预计达 20 年。

要求:

1. 计算回收期。
2. 假定每年折旧 14 000 美元,计算会计收益率(基于全部投资)。
3. 计算测试设备的净现值。
4. 计算测试设备的内部收益率。
5. Kenn 应该购买这些设备吗?

答案:

1. 回收期 = 300 000/50 000 = 6(年)
2. 会计收益率 = (50 000 - 14 000)/300 000 = 12%
3. 年金在 i 为 10%、n 为 20 年时的折现系数是 8.51356。

净现值 = 8.51356 × 50 000 - 300 000 = 125 678(美元)

4. 与内部收益率对应的折现系数是 6.00000 (300 000/50 000),对应的内部收益率在 14% 和

16%之间。

5. 由于净现值为正,内部收益率大于资本成本,因此可以投资测试设备。当然,这是在假定项目现金流量准确的前提下。

Ⅱ.独立项目的资本投资

某医院正考虑购买两台新设备:新型X光设备和活组织检查设备。每个项目都要投资750 000美元,预期使用寿命为5年,且没有残值。两个独立项目相关的净现金流量如下(单位:美元):

年份	X光设备	活组织检查设备
1	375 000	75 000
2	150 000	75 000
3	300 000	525 000
4	150 000	600 000
5	75 000	675 000

要求:

1. 假定要求报酬率为12%,计算每个项目的净现值。

2. 计算每个项目的回收期。假定医院管理者只能接受投资期小于等于3年的项目。虽然根据要求1中计算的净现值可能选择其他方案,但基于此策略放弃原有选择,请说明选择这一理性策略的原因。

答案:

1. X光设备:

年份	现金流量(美元)	折现系数	现值(美元)
0	(750 000)	1.00000	(750 000)
1	375 000	0.89286	334 823
2	150 000	0.79719	119 579
3	300 000	0.71128	213 534
4	150 000	0.63552	95 328
5	75 000	0.56743	42 557
净现值			55 821

活组织检查设备:

年份	现金流量(美元)	折现系数	现值(美元)
0	(750 000)	1.00000	(750 000)
1	75 000	0.89286	66 965
2	75 000	0.79719	59 789
3	525 000	0.71128	373 685
4	600 000	0.63552	381 312
5	675 000	0.56743	383 015
净现值			514 766

2. X光设备:

回收期 = 375 000美元	1.00 年
150 000美元	1.00 年
225 000美元	0.75 年 (225 000/300 000)
750 000美元	2.75 年

活组织检查设备:

回收期 = 75 000 美元	1.00 年
75 000 美元	1.00 年
525 000 美元	1.00 年
75 000 美元	0.13 年（75 000/600 000）
750 000 美元	3.13 年

回收期是对风险的粗略估计，所以这可能是一项合理策略，因为项目回收期越长，风险越大。

其他原因可能是公司资产的流动性问题，现金流量可能存在风险，或者产品面临淘汰的高风险。

讨论题

1. 解释独立项目和互斥项目的差异。
2. 资本投资决策中现金流量的期限和数量十分重要的原因。
3. 回收期和会计收益率忽略了货币的时间价值，为什么对两种模型来说是很大的缺陷？
4. 什么是回收期？计算初始投资 80 000 美元、预期年现金流量 30 000 美元的项目回收期。
5. 列举并讨论回收期更常用于帮助确定资本投资的三个可能原因。
6. 什么是会计收益率？一个投资项目的初始投资为 300 000 美元，承诺平均净利润为 100 000 美元，计算该项目的会计收益率。
7. 净现值就是一个项目利润的现值。你是否同意这一说法？请解释。
8. 解释净现值与公司价值的关系。
9. 什么是资本成本？它在资本投资决策中的作用是什么？
10. 在净现值模型中，要求报酬率起到什么作用？在内部收益率模型中呢？
11. 如何利用净现值决定接受或拒绝项目？
12. 内部收益率是项目将获得的真实利率或实际利率。你是否同意这一说法？请讨论说明。
13. 什么是事后审计？事后审计对未来资本投资决策（特别是在涉及先进技术时）的主要作用是什么？
14. 为什么在众多竞争性项目或互斥项目中进行选择时，净现值方法优于内部收益率方法？为什么一些管理者仍然坚持使用内部收益率选择互斥项目？
15. 假定公司必须在两个互斥项目之间选择，两个项目的净现值均为负值。公司如何在两个项目中做出合理的选择？

多项选择题

14-1 资本投资应该（　　）。
A. 通常能带来市场份额增长
B. 只能利用会计收益率方法分析
C. 能够收回初始投资加上合理的投资收益
D. 通常使用回收期作为决策标准
E. 以上都不是

14-2 为了做出资本投资决策，管理者必须做到（　　）。

A. 估算现金流量的期限和数量
B. 评估投资风险
C. 考虑投资对公司收益的影响
D. 选择一项决策标准以评估投资的可行性
E. 以上都是

14-3 互斥资本预算项目是指（　　）。
A. 无论接受或拒绝该项目都不会影响其他项目的现金流量

B. 如果接受该项目,则净现值为负值
C. 如果拒绝该项目,则意味着拒绝了其他竞争性项目
D. 如果接受该项目,则意味着拒绝了其他竞争性项目
E. 如果拒绝该项目,则意味着其他竞争项目的净现值为正值

14-4 一项6 000美元的投资可以在5年内每年产生净现金流量2 000美元,回收期是( )。
A. 2年 B. 1.5年
C. 不能接受该项目 D. 3年
E. 无法判断

14-5 一项1 000美元的投资,第一年产生净现金流量500美元,第二年产生净现金流量750美元,回收期是( )。
A. 1.67年 B. 0.50年
C. 2.00年 D. 1.20年
E. 无法判断

14-6 在下列选项中,哪项是回收期方法存在的缺陷?( )
A. 粗略地估计了未来现金流量的不确定性
B. 帮助控制产品被淘汰的风险
C. 忽略了未来现金流量的不确定性
D. 忽略了项目在回收期后的财务业绩
E. B和D选项

14-7 会计收益率具有回收期方法不具备的一个明显优点是( )。
A. 考虑了货币的时间价值
B. 衡量了该项目增加的价值
C. 可以准确衡量项目的盈利性
D. 更容易被财务管理者广泛接受
E. 考虑到项目在回收期后的盈利性

14-8 某项目需要投资2 000美元,平均每年净利润为400美元,每年折旧40美元且无残值。初始投资的会计收益率是( )。
A. 44% B. 22%
C. 20% D. 40%
E. 以上都不是

14-9 如果净现值为正,则说明( )。
A. 初始投资可以被全部收回
B. 已经达到要求报酬率
C. 增加了公司价值
D. 以上都是
E. A和B选项

14-10 净现值可以衡量( )。
A. 投资项目的盈利能力
B. 公司财富的变化
C. 公司价值的变化
D. 现金流入现值和现金流出现值的差额
E. 以上都是

14-11 净现值计算要用到( )。
A. 要求报酬率 B. 会计收益
C. 内部收益率 D. 现金流量的终值
E. 以上都不是

14-12 如果净现值是下面的哪种情况,则拒绝该项目?( )
A. 净现值等于零 B. 净现值为负
C. 净现值为正 D. 等于要求报酬率
E. 大于资本成本

14-13 如果投资项目未来现金流量的现值为4 200美元,要求初始投资3 000美元,净现值为( )。
A. 200美元 B. 1 000美元
C. 1 200美元 D. 2 200美元
E. 无法判断

14-14 假定某项目需投资1 000美元,未来现金流量为1 000美元,该未来现金流量的折现系数为0.80,则净现值为( )。
A. 0美元 B. 110美元
C. 负200美元 D. 911美元
E. 以上都不是

14-15 关于内部收益率,下列哪项是不正确的?( )
A. 内部收益率是指令项目现金流入现值等于项目成本现值的利率
B. 内部收益率是令净现值为零的利率
C. 内部收益率被广泛应用的原因为它是投资回报率,管理者可以充分利用这一概念
D. 如果内部收益率大于要求报酬率,那么项目可以接受
E. 内部收益率是最可靠的资本预算方法

14-16 如果内部收益率是以下哪种情况,则项目被拒绝?( )

A. 等于要求报酬率　B. 小于要求报酬率
C. 大于资本成本　　D. 大于要求报酬率
E. 净现值为零

14-17 事后审计(　　)。

A. 一旦实施,是对资本项目的后续分析
B. 对比预计收益与实际收益
C. 估计投资项目的综合结果
D. 需要时可以提供修正措施
E. 以上都是

14-18 事后审计对于资本项目很有用处,因为(　　)。

A. 成本低
B. 没有重大限制
C. 在实际工作环境发生变化的情形下,基于原始分析的假设是无效的
D. 有助于保证资源的充分利用
E. 以上都是

14-19 对于竞争性项目,净现值方法优于内部收益率,因为(　　)。

A. 内部收益率夸大了给股东带来的财富最大化
B. 在最后的分析中,主要考虑相关盈利能力
C. 选择净现值最大的项目可以实现股东财富最大化
D. 假设现金流量以计算得来的内部收益率再投资,要比假设现金流量以要求报酬率再投资更加现实
E. 以上都是

14-20 假设有 A 和 B 两个竞争性项目。A 项目净现值为 1 000 美元,内部收益率为 15%;B 项目净现值为 800 美元,内部收益率为 20%。下列哪项是正确的?(　　)

A. 应该选择 A 项目,因为它的净现值更大
B. 应该选择 B 项目,因为它的内部收益率更高
C. 使用净现值或内部收益率在两个项目中做出选择是不可能的
D. 两个项目都不应该选择
E. 以上都不是

基础练习题

14-21 回收期(LO2)

Ventura 制造公司正在考虑投资一项新型自动化制造系统。新系统要投资 3 000 000 美元,现金流量可能是①每年 750 000 美元;②各年依次为 375 000 美元、375 000 美元、1 000 000 美元、1 000 000 美元、250 000 美元。

要求:

计算每种情况的回收期。

14-22 会计收益率(LO2)

Eyring 公司投资 7 500 000 美元于一条新的生产线。产品的生命周期为 7 年,每年净利润分别为 300 000 美元、300 000 美元、500 000 美元、900 000 美元、1 000 000 美元、2 100 000 美元和 1 200 000 美元。

要求:

计算会计收益率。

14-23 净现值(LO3)

Holland 公司刚刚研发出一台新型手机。新产品预期每年带来收益 1 350 000 美元。生产该手机需要投资新设备,将花费 1 440 000 美元。手机的项目寿命周期为 5 年;五年后,设备可以按 180 000 美元出售。预期营运资本增加 180 000 美元,将在新产品生命周期期末收回。每年现金经营费用预计为 810 000 美元,要求报酬率为 8%。

要求:

1. 编制该项目每年现金流量表。
2. 利用复利现值系数表计算净现值。
3. 利用复利和年金现值系数表计算净现值。

14-24 内部收益率(LO4)

Randel 公司生产各种园艺工具和辅助设备。公司正在检验投资一项新生产系统的可能性,这将会降低现有系统的成本。新系统需要现金投资 3 455 400 美元,每年节约支出 600 000 美元,项目寿命为 9 年。

要求:

计算新生产系统的内部收益率。

14-25 互斥项目的净现值和内部收益率（LO6）

Weeden 公司计划投资计算机辅助制造设备，目前有两个竞争性项目供选择：CAM X 和 CAM Y。两种设备的寿命均为 10 年。CAM X 的购买价格为 2 400 000 美元，每年税后净现金流入为 600 000 美元；CAM Y 设备的价格更昂贵，售价为 2 800 000 美元，但是每年税后净现金流入为 700 000 美元。公司的资本成本为 10%。

要求：

1. 计算每个项目的净现值。你建议投资哪种设备？

2. 计算每个项目的内部收益率。你建议投资哪种设备？

练习题

14-26 回收期（LO1、LO2）

下列每种情形都是独立的，假设所有现金流量都是税后的。

a. Colby Hepworth 投资一家书籍和音像店，投入 400 000 美元。她预计这项投资每年将获得现金收益 120 000 美元。

b. Kylie Sorensen 投资一项生物医学技术，投入 1 400 000 美元。她预计五年内现金流量分别为：350 000 美元、490 000 美元、700 000 美元、420 000 美元和 280 000 美元。

c. Carsen Nabors 投资某项目，回收期为 4 年。项目每年可带来现金收益 960 000 美元。

d. Rahn Booth 投资某项目，投入 1 300 000 美元，五年内每年可以收回等量现金，回收期为 2.5 年。

要求：

1. Colby 的回收期是多少？
2. Kylie 的回收期是多少？
3. Carsen 在项目上投入多少资金？
4. Rahn 每年可以收回多少现金？

14-27 会计收益率（LO1、LO2）

下列每种情况都是独立的，假设所有现金流量都是税后的。

a. Cobre 公司计划购买一台新型设备，以加速萃取铜的生产过程。设备成本为 3 600 000 美元，项目寿命为 5 年，没有残值。项目预计现金流量如下（单位：美元）：

年份	现金收入	现金支出
1	6 000 000	4 800 000
2	6 000 000	4 800 000
3	6 000 000	4 800 000
4	6 000 000	4 800 000
5	6 000 000	4 800 000

b. Emily Hansen 正计划投资其中一个项目。两个项目都要投资 75 000 美元，假设每个项目都是可折旧的，项目预计现金收入减去现金支出如下（单位：美元）：

年份	A 项目	B 项目
1	22 500	22 500
2	30 000	30 000
3	45 000	45 000
4	75 000	22 500
5	75 000	22 500

c. 假设某项目的会计收益率为 30%（在初始投资的基础上），而且项目平均净利润为 120 000 美元。

d. 假设某项目的会计收益率为 50%，初始投资为 150 000 美元。

要求：

1. 计算 Cobre 公司正计划投资的新设备的会计收益率。

2. Emily Hansen 根据会计收益率应该选择哪个项目？注意，项目回收期都是相同的。说明为什么会计收益率优于回收期，能够提供项目选择时所需的正确信号。

3. 在方案 c 中，公司投资多少资金？

4. 在方案 d 中，项目赚取的平均净利润是多少？

14-28 净现值（LO1、LO3）

下列每种情况都是独立的，假设所有现金流

量都是税后的。

a. Southward 制造公司计划购买新型焊接系统,这将给公司带来 400 000 美元的年收益,系统成本为 2 250 000 美元,可以使用 10 年。

b. Kaylin Day 对投资女士用品专卖店很感兴趣。该项目的投资成本为 180 000 美元。她估计经营自己的商店每年将收益 35 000 美元,商店的持续寿命为 6 年。

c. Goates 公司计算某项目的净现值为 21 300 美元,项目寿命预计为 8 年,用于计算净现值的要求报酬率为 10%,该项目预计每年税后现金流量为 45 000 美元。

要求:

1. 计算 Southward 制造公司的项目净现值,假设折现率为 12%。公司应该购买新型焊接系统吗?

2. 假设项目要求报酬率为 8%,计算 Kaylin Day 投资项目的净现值?她应该投资吗?如果预计年收益为 45 000 美元应该怎么办?会影响决策吗?这与你的分析有什么关系呢?

3. Goates 公司的项目要求投入多少资金?

14-29 内部收益率(LO1、LO4)

下列每种情况都是独立的,假设所有现金流量都是税后的。

a. Cuenca 公司正在计划购买新型设备,可以加快生产闪存的流程。设备要花费 7 200 000 美元,使用寿命 5 年,没有残值。项目预期现金流量如下(单位:美元):

年份	现金收入	现金支出
1	8 000 000	6 000 000
2	8 000 000	6 000 000
3	8 000 000	6 000 000
4	8 000 000	6 000 000
5	8 000 000	6 000 000

b. Kathy Shorts 预计投资一项信息系统,每年将节省 240 000 美元,系统估计可以使用 10 年。系统将花费 1 248 000 美元,公司的资本成本为 10%。

c. Elmo 公司宣布将在美国犹他州建造一处厂房。Elmo 告知股东,厂房预期寿命为 15 年,内部收益率为 25%,预期花费成本 2 880 000 美元。

要求:

1. 计算 Cuenca 公司项目的内部收益率。公司的资本成本为 16%,应该购买新型设备吗?

2. 计算 Kathy Short 项目的内部收益率,她应该购买信息系统吗?

3. Elmo 公司预计的厂房年现金流入应该是多少?

14-30 净现值和竞争性项目(LO1、LO6)

Spiro 医院正在调研投资新透析设备的可能性,设备来源是当地的两家制造商。两个竞争性项目的税后现金流入如下(单位:美元):

年份	Puro 设备	Briggs 设备
1	320 000	120 000
2	280 000	120 000
3	240 000	320 000
4	160 000	400 000
5	120 000	440 000

两个项目都需要 560 000 美元初始投资,假设设备的寿命均为 5 年且无残值。

要求:

1. 假设折现率为 12%,计算每种设备的净现值。

2. 购买设备的第三种方案是从外地供应商处购买,成本为 560 000 美元,但是设备在 5 年后仍然产生现金流量。如果选择第三种方案而非前两种,那么每年现金流量要求达到多少?假设折现率为 12%。

14-31 回收期、会计收益率、净现值和内部收益率(LO1、LO2、LO3、LO4)

Booth 公司计划购买一台数控设备,用于生产拖拉机零件。数控设备要投入 960 000 美元,可以使用 5 年且无残值。项目预计的税后现金流量如下(单位:美元):

年份	现金收入	现金支出
1	1 275 000	900 000
2	1 275 000	900 000
3	1 275 000	900 000
4	1 275 000	900 000
5	1 275 000	900 000

要求：

1. 计算数控设备的回收期。
2. 计算数控设备的会计收益率（保留小数点后一位）。
3. 计算投资项目的净现值，假定要求报酬率为10%。
4. 计算投资项目的内部收益率。

14−32 回收期、会计收益率、现值、净现值和内部收益率（LO1、LO2、LO3、LO4）

下列每种情况都是独立的，假设所有现金流量都是税后的。

a. Kambry Day 计划投资其中一个项目。两个项目都要投资 20 000 美元，每个项目都是可折旧的，预计现金流量如下（单位：美元）：

年份	A 项目	B 项目
1	6 000	6 000
2	8 000	8 000
3	10 000	10 000
4	10 000	3 000
5	10 000	3 000

b. Wilma Golding 即将退休，她可以选择一次性提取退休金 450 000 美元，或者 20 年内每年收到 30 000 美元。Wilma 的要求报酬率为 6%。

c. David Booth 对投资一些工具和设备很感兴趣，这样他可以独立完成砌墙工作。这些设备和工具的成本为 30 000 美元，他估计如果拥有这些设备每年会赚取回报 9 000 美元，工具和设备的使用寿命为 6 年。

d. Pasty Folson 正在思考什么才是有吸引力的机会。她目前拥有一家小型制造公司，有机会获得其他小型公司的设备，目前公司从外部购买部分零件。她预计如果内部生产，那么每年可以节省 75 000 美元，设备能够持续使用 10 年。设备所有者要求以 400 000 美元出售，而 Pasty Folson 公司的资本成本为 8%。

要求：

1. Kambry Day 每个项目的回收期是多少？如果快速收回投资很重要，应该选择哪个项目？你会如何选择？
2. 基于会计收益率的方法，Kambry 应该选择哪个项目？说明为什么会计收益率法优于回收期法。
3. 假设 Wilma Golding 可以再生活 20 年，她应该一次性还是以年金形式提取退休金？
4. 假设 David Booth 的要求报酬率为 8%，计算投资项目的净现值。David 应该投资吗？
5. 计算 Pasty Folson 项目的内部收益率。Pasty 应该购买这些设备吗？

14−33 净现值，基本概念（LO3）

Wise 公司正计划一项投资，需要资金 600 000 美元，承诺今后每年的税后现金流入为 693 000 美元。公司的资本成本为 10%。

要求：

1. 将 693 000 美元的未来现金流入分为三部分：①初始投资收回；②资本成本；③投资项目的收益。请计算投资项目所获利润的现值。
2. 计算投资的净现值。将它与要求 1 的收益现值对比。从中你对净现值的含义做何理解？

14−34 解决未知（LO1、LO3、LO4）

下列每种情况都是独立的，假设所有现金流量都是税后的。

a. Kambry Day 计划投资其中一个项目。两个项目都要投资 20 000 美元。假设每个项目都是可折旧的，预计后四年的年现金流量相等。

b. 音像修理店决定投资一些新型电子设备。这些设备使用寿命为 3 年，将为修理店节约系列相等现金流量。设备的净现值为 1 750 美元，折现率为 8%，内部收益率为 12%。

c. 一台新型车床的成本为 60 096 美元，每年可以节约现金 12 000 美元。

d. 某项目的净现值为 3 927 美元，使用寿命为 4 年，产生的现金流量如下（单位：美元）：

第 1 年	10 000	第 3 年	15 000
第 2 年	12 000	第 4 年	?

项目的投资成本为第 4 年现金流量的 2 倍，折现率为 10%。

要求：

1. 如果 Kambry Day 的内部收益率为 14%，每年现金流入预计多少？

2. 计算音像修理店的投入资金和每年可以节约的现金。

3. 在 c 方案中,如果内部收益率为 18%,那么机床的使用寿命是多少年?

4. 在 d 方案中,计算第 4 年的现金流量和项目成本。

14-35 净现值与内部收益率对比(LO6)

Skiba 公司正在考虑两种不同的生产制造过程改装项目,两项投资的税后现金流量如下(单位:美元):

年份	项目 I	项目 II
0	(100 000)	(100 000)
1	—	63 857
2	134 560	63 857

Skiba 公司的资本成本为 10%。

要求:

1. 计算每项投资的净现值和内部收益率。

2. 对于 Skiba 公司来说,为什么净现值大的项目是更好的选择?

问题

14-36 基础净现值分析(LO1、LO3)

Jonathan Butler 是一名工程师,他认为是否接受新的生产设计流程主要取决于经济可行性。新生产流程以提高环保性能为宗旨,但是新的生产设计需要新型设备和投入营运资本。设备将花费 1 200 000 美元,年现金经营费用合计 270 000 美元。设备使用寿命为 7 年,在第 5 年年末的翻修成本为 120 000 美元。在第 7 年年末,设备可以按 96 000 美元的价格出售。合计为 120 000 美元的营运资本必须在项目开始时投入,在第 7 年年末收回。

Jonathan 估计新的生产设计流程每年可以在环保成本上节约 400 000 美元(避免罚金和清理成本)。公司的资本成本为 12%。

要求:

1. 列出该项目的现金流量(注意:假定没有所得税)。

2. 计算项目的净现值,应该接受新的生产设计流程吗?

14-37 净现值分析(LO1、LO3)

Emery 通信公司正在计划生产和营销一套通信系统,以提高小型商业公司或大公司分支办公室发送短信的效率。每个链接到系统的单位会分配到一个邮箱号码,与分机号码匹配,每年 24 小时实时链接。每个系统可以链接 20 个单位,允许将一条信息同时发送给 20 个人;同时,可以利用个人密码对信息加密,还可以更改、记录、取消、回复或在回放时删除信息。当收到新信息时,指示灯会亮起。

生产这一产品要投资新设备 1 750 000 美元。设备可以使用 10 年,但是在第 6 年年末要花费维修成本 150 000 美元。第 10 年年末,设备预计净残值为 100 000 美元。如果生产新系统,必须增加营运资本 90 000 美元,且在项目期末可以收回全部营运资本。产品的销售额预计每年 1 650 000 美元,现金经营费用预计每年 1 320 000 美元。

要求:

1. 列出该项目的现金流量(注意:假定没有所得税)。

2. 假设 Emery 公司的资本成本为 12%,计算项目的净现值。公司应该生产新系统吗?

14-38 基础内部收益率分析(LO1、LO4)

Julianna Cardenas 是 Baker 公司的所有者,正与当地某空调经销商洽谈业务。经销商希望更换 Baker 的制冷系统,改为更先进、更有效率的系统。新系统的成本约为 339 000 美元,但是每年可以节约 60 000 美元的能源成本。新系统预计使用寿命为 10 年,且无残值。鉴于新系统可以每年给公司节约 60 000 美元且更加可靠,Julianna 要求对项目的经济可行性进行分析。所有的资本项目都要求至少达到公司的资本成本 8%,公司没有所得税。

要求:

1. 计算项目的内部收益率,公司应该购买新制冷系统吗?

2. 假设实际节约能源低于要求的标准。计算在投资报酬率等于公司资本成本时,项目所能实现的年最低现金节约资金。

3. 假设新系统的使用寿命只有8年,重新计算要求1和要求2。

4. 解释要求1、2和3答案的含义。

14-39 不确定情形下的净现值(LO1、LO3)

Ondi 航空公司计划为新航线购买一架飞机。航线由塔尔萨到丹佛,飞机除计划维修期外每天往返一次,每年有15天维修期,飞机可乘坐150人,预计座位会全部订出。每位乘客每次(单程)飞行的平均收入为235美元,飞机每年的营运成本如下(单位:美元):

燃油	1 750 000
飞行人员工资	750 000
食物和饮品	100 000
维修费用	550 000
其他	100 000
合计	3 250 000

购买飞机的成本为120 000 000美元,飞机预计使用寿命为20年。公司要求12%的投资回报率,假设没有所得税。

要求:

1. 计算购买飞机方案的净现值,公司应该购买吗?

2. 在讨论购买提议时,营销经理认为假设飞机有100%的预订率是不切实际的,最有可能为70%—90%。请根据80%的上座率重新计算净现值,公司应该购买飞机吗?

3. 计算净现值为0时要求的上座率,结果近似到整数位。

4. 假定在需求不受影响的情况下,每位乘客的票价可以提高10%。在这种情况下,当净现值为0时,飞机的平均上座率是多少?你有什么建议?

14-40 基础资本预算流程(LO1、LO2、LO3、LO4)

Whitley Avard 是一名整形外科医生,刚从学术会议返回。她学习了一种新的去除眼部皱纹的外科手术方法,可以减少正常步骤的50%。基于来自患者的压力,Avard 医生非常愿意尝试新技术。因为缩短了在眼部的治疗时间,她可以在工作期内提供更多服务,从而增加总收入。为了实施这项新技术,她必须购买特殊设备,价值74 000美元。设备使用寿命为4年,残值为6 000美元,现金收入增长估计如下(单位:美元):

年份	收入增长
1	19 800
2	27 000
3	32 400
4	32 400

她预计每年需要额外的现金支出3 000美元。假设资本成本为12%,没有所得税。

要求:

1. 计算新设备的回收期。

2. 计算会计收益率。结果近似到两位小数。

3. 计算项目的净现值和内部收益率。第一次猜测内部收益率为14%,Avard 医生应该购买新设备吗?在决策时,她应该考虑回收期还是会计收益率?

4. 在得出最终决定前,Avard 医生决定咨询两名外科医生,他们已经在过去的六个月中使用这项新技术。结果得知新技术的效果不如会议上报告的那样好。新流程可以节约时间25%,而非报告宣称的50%。由于额外的时间和成本(残值不受影响),Avard 医生预计该流程的经营现金流量会减少1/3。利用以上资料,重新计算项目的净现值。你会如何建议?

14-41 净现值和竞争性方案(LO1、LO6)

Stillwater 设计公司一直在改装 Kicker 公司的超重低音箱模型100、模型120和模型150,已完成超重低音音箱的返修工作。客户将超重低音音箱返厂修理后,可以得到新产品代替。返修产品可以改装后二次销售。为了销售改装后的扬声器,作为改装过程的一部分,扬声器退磁后可以恢复金属碎片和剃边,而机器消磁也是出于这一目的。产品设计改变使得模型150扬声器的尺寸过大,与消磁机器不匹配。

Stillwater 设计公司目前有两个可选方案:第一,购买新的消磁机器,可以解决与扬声器的匹配问题,机器成本为600 000美元,使用寿命为5

年;第二,公司继续使用现在的消磁机器,将模型150扬声器分拆出售,只用旧机器为模型100和模型120扬声器消磁。改装后扬声器的售价可达到295美元,改装成本为274.65美元(包括材料、人工和间接现金支出)。274.65美元的支出包括新消磁机器带来的年经营现金流量的影响。如果不改装,模型150扬声器可以按废料出售,每件4美元。每年有10 000件模型150扬声器返修,假设要求报酬率为10%。

要求:

1. 使用净现值分析判断哪个方案对Stillwater设计公司更有利。

2. 使用内部收益率分析判断哪个方案对Stillwater设计公司更有利。为什么净现值分析方法更好?

14-42 竞争性项目的基础净现值分析(LO3、LO6)

Kildare医疗中心是一家营利性医院,目前有三个投资机会:①增加监督住院病人治疗用药滥用的部门;②增加病理学实验室;③扩大门诊部。三个方案的初始投资和净现值如下(单位:美元):

项目	用药滥用	实验室	门诊
投资	1 500 000	500 000	1 000 000
净现值	150 000	140 000	135 000

虽然医院想投资全部三个方案,但是可供使用的资金只有1 500 000美元。

要求:

1. 基于净现值分析,将三个项目排序,根据排名分配资金。应该选择哪一个或哪几个项目?医疗中心使用这种方法计算得出的合计净现值是多少?

2. 假设医疗中心所处的位置使得监管用药滥用部门和门诊部两个方案互斥。在资本无限制的条件下,应该选择两个方案中的哪一项?在资本条件限制的条件下考虑三个项目,应该选择哪个方案?

3. 与2—4名同学组成小组,讨论在资本预算评估中应该考虑的定性因素,请至少确认三种。

14-43 回收期、净现值、内部收益率、隐性收益和通货膨胀调整(LO1、LO2、LO3、LO4、LO6)

Foster公司打算购买一台数控设备,以代替现有的手工系统,用于专门生产挖沟机器的零件。项目要投资3 500 000美元,设备可以使用5年且无残值。项目相关的预计增量税后现金流量(数控设备的现金流量减去旧设备的现金流量)如下(单位:美元):

年份	现金收益	现金支出
1	3 900 000	3 000 000
2	3 900 000	3 000 000
3	3 900 000	3 000 000
4	3 900 000	3 000 000
5	3 900 000	3 000 000

Foster公司的资本成本为10%,以上现金流量没有考虑通货膨胀的影响。

要求:

1. 计算回收期。

2. 计算该项目的净现值和内部收益率。

3. 预计未来五年的年通货膨胀率为5%,折现率为10%并由两个因素决定:实际利率和通货膨胀因素。既然折现率受通货膨胀影响,项目现金流量也应该考虑通货膨胀的影响。进行相应调整,重新计算净现值,并评价根据通货膨胀影响调整现金流量的重要性。

14-44 资本成本、净现值(LO3)

Leakam公司的产品研发部门设计出一项新产品,使用寿命3年。产品生产要求开发新的生产流程,资本投入100 000美元,包括进行60 000美元债券和40 000美元股票。第3年年末,60 000美元债券会收到净利息(税后)3 000美元,同时偿还本金。预计股票的投资回报率为17.5%,每年年末收到股利(未来3年预计年股利7 000美元)。这次投资的资本来源比例与公司通常的做法相同。最后,项目在未来3年每年将产生税后现金流量50 000美元。

要求:

1. 计算项目的资本成本。

2. 计算项目的净现值。解释为什么没必要在计算中减去利息和股利,从而得到现金流入50 000美元。

14-45 资本投资,先进的制造环境(LO1、LO6)

"我清楚这是要做的事情。"Pamela Kincaid

坚持道,他是 Colgate 制造公司的财务副总监。"如果公司要增强竞争力,就必须完整地建成这个自动化工厂。"

"我不确定。"Colgate 公司的执行总裁 Bill Thomas 回复,"每年仅能减少人工和增加产能 4 000 000 美元。工厂的标价为 45 000 000 美元,只是一家小工厂,但项目回收期超过 11 年,这么长时间对公司来说存在风险。"

"是的。但是仔细想想,节省成本的同时还能提升产品质量。"生产经理 John Simpson 插话道,"在这样的系统下,我们可以减少浪费和返工时间,每年可以节约超过 1 000 000 美元。"

"但这 1 000 000 美元只能使回收期减至 9 年。"Bill 反驳道,"Ron,你是营销经理,你能将目光放长远些吗?"

"好吧,还要考虑其他因素,如服务质量和市场份额。我认为提高产品质量和改善运送服务会使公司更有竞争力。我知道我们的两个竞争对手已经拒绝了自动化生产,这将使我们有机会争取它们的客户,我们可以提供更高质量的产品,而且运送服务更快捷。我估计这将增加净现金收益 2 400 000 美元。"

"天啊,这个数字很惊人!"Bill 惊讶道,"那么回收期可以缩短到合理的范围之内。"

"我同意。"Pamela 道,"但是我们必须保证这是一项合理的投资。我知道设备建设成本高达 48 000 000 美元,我还知道 20 年后我们将收回残值 5 000 000 美元。如果项目达到并超过资本成本 14%,那么它是可以接受的。"

"稍等,Pamela。"Bill 打断道,"你知道我通常坚持 20% 的回报率,特别是对于重大的项目。"

要求:

1. 使用初始节约金额和投资数额计算项目的净现值。分别利用折现率 14% 和 20% 进行计算,并包括残值。

2. 使用生产经理和营销经理提到的额外收益计算项目的净现值。同样,利用初始成本 45 000 000 美元,再次在可能的折现率下分别计算。

3. 使用所有的估计现金流量计算项目的净现值,包括可能的初始投资 48 000 000 美元。在折现率 14% 和 20% 下分别计算。

4. 如果由你做出决策,你会如何选择?请解释。

14-46 事后审计,敏感性分析(LO5、LO6)

Newmarge 产品公司正在考虑重新设计一个产品的生产流程,新系统将减少生产中的有毒固体残渣。系统的初始成本估计为 860 000 美元,包括计算机设备、软件及其安装,没有残值。系统使用寿命为 8 年,与旧系统相比,每年预计节约现金经营费用 225 000 美元(减少人工成本、生产流程成本和有毒废料的处理费用)。公司的资本成本为 16%。

要求:

1. 计算新系统的净现值。

2. 实施一年后,内审人员发现新系统存在以下问题:①安装成本更高,购买系统的成本超出预期,为 60 000 美元;②需要更多的人工成本,每年节省的资金低于预期,为 20 000 美元。将变化后的成本和收益与一年前的数据对比,计算相应的净现值。公司做出的决策正确吗?

3. 在事后审计汇报结果之前,营销经理反馈给内部审计人员,因为对环保问题敏感的客户增加了产品购买量,公司年收入增加了 60 000 美元。描述这对要求 2 分析的影响。

4. 为什么事后审计对公司是有益的?

14-47 折现率,自动化制造,竞争性投资(LO6)

Patterson 公司正在考虑两个竞争性投资项目。第一个是标准规格的生产设备,第二个是计算机辅助制造设备。投资的税后经营现金流量如下(单位:美元):

年份	标准生产设备	计算机辅助制造设备
0	(500 000)	(2 000 000)
1	300 000	100 000
2	200 000	200 000
3	100 000	300 000
4	100 000	400 000
5	100 000	400 000
6	100 000	400 000
7	100 000	500 000
8	100 000	1 000 000
9	100 000	1 000 000
10	100 000	1 000 000

公司规定所有投资项目的折现率为18%,资本成本为10%。

要求:
1. 使用折现率18%计算每个项目的净现值。
2. 使用折现率10%计算每个项目的净现值。
3. 公司应该使用哪个利率计算净现值? 说明原因。

14-48 质量、市场份额、自动化制造环境(LO6)

Fabre 公司是 Patterson 公司的竞争者,正在考虑与 Patterson 公司同样的投资项目。参照问题14-47的数据,假设 Fabre 公司的资本成本为14%。

要求:
1. 使用折现率14%计算每个项目的净现值。
2. 现在假设购买标准设备,公司的竞争地位将下降,因为与使用自动化系统的竞争对手相比产品质量更低。营销部门估计市场份额将下降,项目的现金流量在第3—10年会减少50%。重新计算这种情形下的净现值。现在的决策是什么? 讨论评估隐性收益的重要性。

案例

14-49 资本投资和道德行为(LO3)

Manny Carson 是注册管理会计师,也是 Wakeman 公司的财务主管。他已经获批准可以得到一台新计算机和公司会计系统软件。资本投资分析显示,项目的净现值为100 000 美元。然而,初始投资和安装成本都是在试验性成本的基础上估计的,没有任何正式标价。Manny 现在有两个正式的投标方案:一个允许公司议价,另一个将使项目净现值减至50 000 美元。第二项投标下系统会增加初始成本和经营成本。

正常来说,Manny 会毫不犹豫地选择第一项投标方案。然而,第二家投标公司的所有者 Todd Downing 是 Manny 的老朋友。Manny 打电话给 Todd,解释了目前的情况,给 Todd 提供了一次改变价格赢得竞标的机会。Todd 非常感谢 Manny,并提出了还价。

Todd:听着,Manny,原始报价是我今年成功的关键。这项收入将帮助我争取到实施改革和扩大公司规模所需的贷款。如果得不到这项贷款,我将前途渺茫。这次申请贷款的财务数据要求很高,所以如果我降低投标价格就会失去这次机会。

Manny:你不认为完全失去投标情况会更糟糕吗?

Todd:当然是这样,但是如果我得到这项投标,我就可以增加员工。我知道你儿子在找工作,我可以给他一个很高的工资并承诺一个很好的未来。另外,我还可以邀请你和你的妻子一起去夏威夷度假。

Manny:好吧,你赢了。现在找工作很难,而且我儿子有妻子和三个孩子要养。我的妻子也有些厌倦和他们住在一起。我和她确实需要一个假期,而且我怀疑如果我们接受另一项投标会不会出现混乱,毕竟它的办事处在国外。

Todd:在国外? 这样更有理由拒绝它了。我们都知道这个国家的经济状况,其商业犯罪似乎非常普遍,就是那些商业决策给像你儿子这样的人带来麻烦。

要求:
评价 Manny 的道德行为。Manny 应该第一时间给 Todd 打电话吗? 如果 Todd 同意满足更低竞标价格的要求,还会存在其他问题吗? 如果可以的话,识别 Manny 可能违反的道德条款。

14-50 回收期、净现值、内部收益率、项目可行性对销售额差异的影响(LO2、LO3、LO4)

Shaftel Ready Mix 是混凝土、砂石和岩石产品的加工商与供应商,公司在美国西部内陆开采。通常情况下,公司有14台水泥加工设备以及超过375名员工。为了将水泥加工成粉末,公司要内部加工所有的原料(如砂石和沙子)。国内对混凝土和砂石的需求持续增长,而且西部的增长率超过了国内平均水平。这一增长使得 Shaftel 现在的收入超过十年前的2倍。

亚利桑那州内陆的增长最快,生产设备也在近几年逐年增加,公司考虑在 Scottsdale 另建一处厂房。在亚利桑那州建厂的主要优点是公司有能力运作,而这是犹他州和怀俄明州所不具备的。

在布置新厂房之前,先要购买土地,接着建设一座小型建筑。公司不必购买家具和设备,因为可以用怀俄明州厂房的设备。怀俄明州的厂房因一次爆炸事故已经关闭多年,当然,在使用前须修理和调试设备。设备的账面价值为200 000美元,家具的账面价值为300 000美元,两者都没有外部市场价值;同时,还有诸如料仓的安装、井、电气连接装置发生的其他成本,预计净残值为零。初始投资成本分类如下(单位:美元):

土地	20 000
建筑物	135 000
设备	
账面价值	200 000
调试费用	20 000
家具(账面价值)	30 000
地下贮藏库	20 000
水井	80 000
电气链接	27 000
常规装置	50 000
合计	582 000

Scottsdale 厂房的运营情况如下:

厂房和设备的寿命	10 年
预计每年销售(水泥)	35 000 立方码
销售价格(每立方码水泥)	45.00 美元
变动成本(每立方码水泥)	
水泥	12.94 美元
砂石/碎石	6.42 美元
粉煤灰	1.13 美元
添加剂	1.53 美元
司机人工	3.24 美元
技工	1.43 美元
厂房运营(批处理和清理)	1.39 美元
装载机驾驶员	0.50 美元
卡车配件	1.75 美元
燃油	1.48 美元
其他	3.27 美元
变动成本合计	35.08 美元
固定成本(每年):	
工资	135 000 美元
保险费	75 000 美元
电话费	5 000 美元
折旧	58 200 美元*
水电费	25 000 美元
固定成本合计	298 200 美元

注:*使用直线法计提折旧,假设无残值,使用寿命为10年。

在统计这些数据后,公司副总裁 Karl Flemming 表示反对该项目。他认为厂房赚取的收益远低于销售利润率(8.3%),而公司目前其他厂房的销售利润率都在 7.5%—8.5%。同时,他注意到整个项目需要超过5年的时间才可以收回初始成本582 000美元。过去,公司一直坚持项目回收期不能超过4年,公司的资本成本为10%,假设没有所得税。

要求:

1. 编制该项目在变动成本法下的利润表。计算项目的净利润率。Karl认为项目的销售利润率远低于公司的平均水平,这是否正确?

2. 计算该厂房的回收期。Karl认为项目回收期大于4年,这是否正确?请解释。假设从怀俄明州运送来的设备可以按账面价值出售,这会影响你的答案吗?

3. 计算该厂房的净现值和内部收益率。如果厂房和设备可以按账面价值出售,你的答案会受影响吗?如果是,考虑这一影响后重新分析。

4. 计算售出多少立方码水泥才可以使新厂房收支平衡。计算收支平衡时的净现值和内部收益率。能否接受该投资项目?如果可以,请解释。

5. 在内部收益率等于公司资本成本时,计算必须出售的水泥体积。利用该体积数值,计算公司的预计年收入,并解释计算结果。

第 11 章至第 14 章综合练习

相关成本法,成本加价法,成本习性和 NoFat 公司的净现值分析

章节	学习目标	演练
3	3-1	7.2
7	7-1	13.2
13	13-2	13.8
14	13-4	14.3
	14-1	14.5
	14-3	
	14-6	

综合练习的目的是体现如何根据成本习性(包括变动成本、固定成本和分批成本)的知识做出特殊的销售决策分析,以及长远看法如何影响最终决策。

特殊订单的相关分析

NoFat 公司生产产品 olestra(低卡路里、无胆固醇的人造食用脂肪),作为低脂小吃的主要配料。公司将该产品销售给大型薯片制造商,如 Ruffle、Lays、Doritos 等品牌。在过去的三年中,olestra 的销量低于预期的年 125 000 磅。公司每年年末都存在未使用的生产能力,由于商品保质期很短,公司必须将每年生产的 olestra 全部售出。因此,NoFat 的财务主管 Allyson Ashley 决定寻找其他公司的潜在订单。其中一家为 Patterson Union(PU)公司,这是一家有毒废料清理公司,愿意在每年 12 月以 2.20 美元/磅的价格从 NoFat 公司购买 10 000 磅 olestra。PU 公司发现在超级基金网站上,美国环境保护署评价 olestra 在清理有毒废料时非常有效。Allyson 兴奋地说:"这说明我们的 olestra 有其他用途了!"

NoFat 公司每年生产和销售 100 000 磅 olestra 的成本如下(单位:美元):

每磅变动成本:
  直接材料   1.00
  变动间接制造费用   0.75
  销售佣金   0.50
  直接制造人工费用   0.25

固定成本合计:
  广告费用   3 000
  客户热线服务费用   4 000
  机器安装   40 000
  厂房租赁设备费用   12 000

此外,Allyson 与公司的几名重要生产管理者交谈,发现了以下信息:

● 生产特殊订单不会发生任何额外营销费用或客户服务成本。

● NoFat 公司拥有可以生产 olestra 的老化设备。

● NoFat 公司每次生产或分批生产 olestra,都会发生安装和机器清理费用。在前面表格中显示了每年 20 批生产的合计安装成本。

● NoFat 公司租赁厂房设备,租赁合约可以协商,而且在每年 1 月 1 日签署。目前,公司租赁设备足够生产 125 000 磅 olestra。

● PU 公司需要独立的质检小组以检查它所购买的产品。特殊订单的条件之一是 NoFat 公司必须承担质检小组的成本 1 000 美元。

要求:

1. 计算以下哪个选项对特殊订单进行相关分析:
  a. 特殊订单的相关收入
  b. 特殊订单的相关成本
  c. 特殊订单的相关收益

2. 仅基于财务因素,说明 NoFat 公司应该接受或拒绝 PU 公司特殊订单的原因。

3. 除了财务因素,在 NoFat 公司做出接受或拒绝特殊订单的最后决策时,描述至少一项公司应该考虑的定性因素。

成本加价法

假设 NoFat 公司拒绝了 PU 公司的特殊订单,因为 2.20 美元/磅的报价过低。PU 公司允许 NoFat 公司提出其愿意接受订单的价格。对于常规订单来说,NoFat 公司会以变动成本加价 10% 作为售价。

4. 如果 Allyson 决定使用 10% 成本加价的方法设定订单价格，那么

a. 计算 NoFat 公司提供给 PU 公司 olestra 的单价。

b. 如果使用成本加价法，计算 NoFat 公司赚取的相关受益。（提示：根据要求 1b 估算相关成本。）

c. 如果使用成本加价法，说明 NoFat 公司应该接受或拒绝这一特殊订单的原因。

以长远眼光做决策分析

假设 Allyson 的相关分析表明公司将从特殊订单中赚取 10 000 美元（如特殊订单方案）。然而，根据公司通常的短期相关分析，Allyson 认为如果长期削减公司生产能力（厂房设备）将更有利可图。她担心缩减规模需要多年的时间，因为公司通常不会每年都增加或减少固定资产。因此，Allyson 决定按 5 年时间进行长期决策分析。她确认了削减生产能力的相关信息（例如，压缩规模方案）：

- 厂房设备包括几处建筑。如果公司选择削减生产能力，可以立即以 30 000 美元左右的价格出售其中一处建筑。

- 如果选择削减生产能力，NoFat 公司每年的租赁成本可以减至 9 000 美元。

因此，Allyson 必须在以下两个方案中做出选择：每年接受特殊订单，并且在未来 5 年每年赚取 10 000 美元相关收益；或者拒绝特殊订单，如上所述削减生产能力。

5. 假设 NoFat 公司用现金支付所有成本。同时，折现率为 10%，5 年期限，所有现金流量发生在年末，使用净现值法将现金流量折现为现值。

a. 假定每年赚取 10 000 美元相关收益，计算接受特殊订单的净现值。

b. 计算削减生产能力后的净现值。

c. 在 a 和 b 净现值的基础上，确认并解释两个方案中哪一个更适合 NoFat 公司的长远发展。

附录 A：复利现值系数表

n/i	1%	2%	3%	4%	5%	6%	7%	8%	9%	10%	12%	14%	16%	18%	20%	25%	30%
1	0.99010	0.98039	0.97087	0.96154	0.95238	0.94340	0.93458	0.92593	0.91743	0.90909	0.89286	0.87719	0.86207	0.84746	0.83333	0.80000	0.76923
2	0.98030	0.96117	0.94260	0.92456	0.90703	0.89000	0.87344	0.85734	0.84168	0.82645	0.79719	0.76947	0.74316	0.71818	0.69444	0.64000	0.59172
3	0.97059	0.94232	0.91514	0.88900	0.86384	0.83962	0.81630	0.79383	0.77218	0.75131	0.71178	0.67497	0.64066	0.60863	0.57870	0.51200	0.45517
4	0.96098	0.92385	0.88849	0.85480	0.82270	0.79209	0.76290	0.73503	0.70843	0.68301	0.63552	0.59208	0.55229	0.51579	0.48225	0.40960	0.35013
5	0.95147	0.90573	0.86261	0.82193	0.78353	0.74726	0.71299	0.68058	0.64993	0.62092	0.56743	0.51937	0.47611	0.43711	0.40188	0.32768	0.26933
6	0.94205	0.88797	0.83748	0.79031	0.74622	0.70496	0.66634	0.63017	0.59627	0.56447	0.50663	0.45559	0.41044	0.37043	0.33490	0.26214	0.20718
7	0.93272	0.87056	0.81309	0.75992	0.71068	0.66506	0.62275	0.58349	0.54703	0.51316	0.45235	0.39964	0.35383	0.31393	0.27908	0.20972	0.15937
8	0.92348	0.85349	0.78941	0.73069	0.67684	0.62741	0.58201	0.54027	0.50187	0.46651	0.40388	0.35056	0.30503	0.26604	0.23257	0.16777	0.12259
9	0.91434	0.83676	0.76642	0.70259	0.64461	0.59190	0.54393	0.50025	0.46043	0.42410	0.36061	0.30751	0.26295	0.22546	0.19381	0.13422	0.09430
10	0.90529	0.82035	0.74409	0.67556	0.61391	0.55839	0.50835	0.46319	0.42241	0.38554	0.32197	0.26974	0.22668	0.19106	0.16151	0.10737	0.07254
11	0.89632	0.80426	0.72242	0.64958	0.58468	0.52679	0.47509	0.42888	0.38753	0.35049	0.28748	0.23662	0.19542	0.16192	0.13459	0.08590	0.05580
12	0.88745	0.78849	0.70138	0.62460	0.55684	0.49697	0.44401	0.39711	0.35553	0.31863	0.25668	0.20756	0.16846	0.13722	0.11216	0.06872	0.04292
13	0.87866	0.77303	0.68095	0.60057	0.53032	0.46884	0.41496	0.36770	0.32618	0.28966	0.22917	0.18207	0.14523	0.11629	0.09346	0.05498	0.03302
14	0.86996	0.75788	0.66112	0.57748	0.50507	0.44230	0.38782	0.34046	0.29925	0.26333	0.20462	0.15971	0.12520	0.09855	0.07789	0.04398	0.02540
15	0.86135	0.74301	0.64186	0.55526	0.48102	0.41727	0.36245	0.31524	0.27454	0.23939	0.18270	0.14010	0.10793	0.08352	0.06491	0.03518	0.01954
16	0.85282	0.72845	0.62317	0.53391	0.45811	0.39365	0.33873	0.29189	0.25187	0.21763	0.16312	0.12289	0.09304	0.07078	0.05409	0.02815	0.01503
17	0.84438	0.71416	0.60502	0.51337	0.43630	0.37136	0.31657	0.27027	0.23107	0.19784	0.14564	0.10780	0.08021	0.05998	0.04507	0.02252	0.01156
18	0.83602	0.70016	0.58739	0.49363	0.41552	0.35034	0.29586	0.25025	0.21199	0.17986	0.13004	0.09456	0.06914	0.05083	0.03756	0.01801	0.00889
19	0.82774	0.68643	0.57029	0.47464	0.39573	0.33051	0.27651	0.23171	0.19449	0.16351	0.11611	0.08295	0.05961	0.04308	0.03130	0.01441	0.00684
20	0.81954	0.67297	0.55368	0.45639	0.37689	0.31180	0.25842	0.21455	0.17843	0.14864	0.10367	0.07276	0.05139	0.03651	0.02608	0.01153	0.00526
21	0.81143	0.65978	0.53755	0.43883	0.35894	0.29416	0.24151	0.19866	0.16370	0.13513	0.09256	0.06383	0.04430	0.03094	0.02174	0.00922	0.00405
22	0.80340	0.64684	0.52189	0.42196	0.34185	0.27751	0.22571	0.18394	0.15018	0.12285	0.08264	0.05599	0.03819	0.02622	0.01811	0.00738	0.00311
23	0.79544	0.63416	0.50669	0.40573	0.32557	0.26180	0.21095	0.17032	0.13778	0.11168	0.07379	0.04911	0.03292	0.02222	0.01509	0.00590	0.00239
24	0.78757	0.62172	0.49193	0.39012	0.31007	0.24698	0.19715	0.15770	0.12640	0.10153	0.06588	0.04308	0.02838	0.01883	0.01258	0.00472	0.00184
25	0.77977	0.60953	0.47761	0.37512	0.29530	0.23300	0.18425	0.14602	0.11597	0.09230	0.05882	0.03779	0.02447	0.01596	0.01048	0.00378	0.00142
26	0.77205	0.59758	0.46369	0.36069	0.28124	0.21981	0.17220	0.13520	0.10639	0.08391	0.05252	0.03315	0.02109	0.01352	0.00874	0.00302	0.00109
27	0.76440	0.58586	0.45019	0.34682	0.26785	0.20737	0.16093	0.12519	0.09761	0.07628	0.04689	0.02908	0.01818	0.01146	0.00728	0.00242	0.00084
28	0.75684	0.57437	0.43708	0.33348	0.25509	0.19563	0.15040	0.11591	0.08955	0.06934	0.04187	0.02551	0.01567	0.00971	0.00607	0.00193	0.00065
29	0.74934	0.56311	0.42435	0.32065	0.24295	0.18456	0.14056	0.10733	0.08215	0.06304	0.03738	0.02237	0.01351	0.00823	0.00506	0.00155	0.00050
30	0.74192	0.55207	0.41199	0.30832	0.23138	0.17411	0.13137	0.09938	0.07537	0.05731	0.03338	0.01963	0.01165	0.00697	0.00421	0.00124	0.00038

附录 B：年金现值系数表

n/i	1%	2%	3%	4%	5%	6%	7%	8%	9%	10%	12%	14%	16%	18%	20%	25%	30%
1	0.99010	0.98039	0.97087	0.96154	0.95238	0.94340	0.93458	0.92593	0.91743	0.90909	0.89286	0.87719	0.86207	0.84746	0.83333	0.80000	0.76923
2	1.97040	1.94156	1.91347	1.88609	1.85941	1.83339	1.80802	1.78326	1.75911	1.73554	1.69005	1.64666	1.60523	1.56564	1.52778	1.44000	1.36095
3	2.94099	2.88388	2.82861	2.77509	2.72325	2.67301	2.62432	2.57710	2.53129	2.48685	2.40183	2.32163	2.24589	2.17427	2.10648	1.95200	1.81611
4	3.90197	3.80773	3.71710	3.62990	3.54595	3.46511	3.38721	3.31213	3.23972	3.16987	3.03735	2.91371	2.79818	2.69006	2.58873	2.36160	2.16624
5	4.85343	4.71346	4.57971	4.45182	4.32948	4.21236	4.10020	3.99271	3.88965	3.79079	3.60478	3.43308	3.27429	3.12717	2.99061	2.68928	2.43557
6	5.79548	5.60143	5.41719	5.24214	5.07569	4.91732	4.76654	4.62288	4.48592	4.35526	4.11141	3.88867	3.68474	3.49760	3.32551	2.95142	2.64275
7	6.72819	6.47199	6.23028	6.00205	5.78637	5.58238	5.38929	5.20637	5.03295	4.86842	4.56376	4.28830	4.03857	3.81153	3.60459	3.16114	2.80211
8	7.65168	7.32548	7.01969	6.73274	6.46321	6.20979	5.97130	5.74664	5.53482	5.33492	4.96764	4.63886	4.34359	4.07757	3.83716	3.32891	2.92470
9	8.56602	8.16224	7.78611	7.43533	7.10782	6.80169	6.51523	6.24689	5.99525	5.75902	5.32825	4.94637	4.60654	4.30302	4.03097	3.46313	3.01900
10	9.47130	8.98259	8.53020	8.11090	7.72173	7.36009	7.02358	6.71008	6.41766	6.14457	5.65022	5.21612	4.83323	4.49409	4.19247	3.57050	3.09154
11	10.36763	9.78685	9.25262	8.76048	8.30641	7.88687	7.49867	7.13896	6.80519	6.49506	5.93770	5.45273	5.02864	4.65601	4.32706	3.65640	3.14734
12	11.25508	10.57534	9.95400	9.38507	8.86325	8.38384	7.94269	7.53608	7.16073	6.81369	6.19437	5.66029	5.19711	4.79322	4.43922	3.72512	3.19026
13	12.13374	11.34837	10.63496	9.98565	9.39357	8.85268	8.35765	7.90378	7.48690	7.10336	6.42355	5.84236	5.34233	4.90951	4.53268	3.78010	3.22328
14	13.00370	12.10625	11.29607	10.56312	9.89864	9.29498	8.74547	8.24424	7.78615	7.36669	6.62817	6.00207	5.46753	5.00806	4.61057	3.82408	3.24867
15	13.86505	12.84926	11.93794	11.11839	10.37966	9.71225	9.10791	8.55948	8.06069	7.60608	6.81086	6.14217	5.57546	5.09158	4.67547	3.85926	3.26821
16	14.71787	13.57771	12.56110	11.65230	10.83777	10.10590	9.44665	8.85137	8.31256	7.82371	6.97399	6.26506	5.66850	5.16235	4.72956	3.88741	3.28324
17	15.56225	14.29187	13.16612	12.16567	11.27407	10.47726	9.76322	9.12164	8.54363	8.02155	7.11963	6.37286	5.74870	5.22233	4.77463	3.90993	3.29480
18	16.39827	14.99203	13.75351	12.65930	11.68959	10.82760	10.05909	9.37189	8.75563	8.20141	7.24967	6.46742	5.81785	5.27316	4.81219	3.92794	3.30369
19	17.22601	15.67846	14.32380	13.13394	12.08532	11.15812	10.33560	9.60360	8.95011	8.36492	7.36578	6.55037	5.87746	5.31624	4.84350	3.94235	3.31053
20	18.04555	16.35143	14.87747	13.59033	12.46221	11.46992	10.59401	9.81815	9.12855	8.51356	7.46944	6.62313	5.92884	5.35275	4.86958	3.95388	3.31579
21	18.85698	17.01121	15.41502	14.02916	12.82115	11.76408	10.83553	10.01680	9.29224	8.64869	7.56200	6.68696	5.97314	5.38368	4.89132	3.96311	3.31984
22	19.66038	17.65805	15.93692	14.45112	13.16300	12.04158	11.06124	10.20074	9.44243	8.77154	7.64465	6.74294	6.01133	5.40990	4.90943	3.97049	3.32296
23	20.45582	18.29220	16.44361	14.85684	13.48857	12.30338	11.27219	10.37106	9.58021	8.88322	7.71843	6.79206	6.04425	5.43212	4.92453	3.97639	3.32535
24	21.24339	18.91393	16.93554	15.24696	13.79864	12.55036	11.46933	10.52876	9.70661	8.98474	7.78432	6.83514	6.07263	5.45095	4.93710	3.98111	3.32719
25	22.02316	19.52346	17.41315	15.62208	14.09394	12.78336	11.65358	10.67478	9.82297	9.07704	7.84314	6.87293	6.09709	5.46691	4.94759	3.98489	3.32861
26	22.79520	20.12104	17.87684	15.98277	14.37519	13.00317	11.82578	10.80998	9.92897	9.16095	7.89566	6.90608	6.11818	5.48043	4.95632	3.98833	3.32970
27	23.55961	20.70690	18.32703	16.32959	14.64303	13.21053	11.98671	10.93516	10.02658	9.23722	7.94255	6.93515	6.13636	5.49189	4.96360	3.99033	3.33054
28	24.31644	21.28127	18.76411	16.66306	14.89813	13.40616	12.13711	11.05108	10.11613	9.30657	7.98442	6.96066	6.15204	5.50160	4.96967	3.99226	3.33118
29	25.06579	21.84438	19.18845	16.98371	15.14107	13.59072	12.27767	11.15841	10.19828	9.36961	8.02181	6.98304	6.16555	5.50983	4.97472	3.99381	3.33168
30	25.80771	22.39646	19.60044	17.29203	15.37245	13.76483	12.40904	11.25778	10.27365	9.42691	8.05518	7.00266	6.17720	5.51681	4.97894	3.99505	3.33206

教学支持服务

圣智学习出版集团（Cengage Learning）作为为终身教育提供全方位信息服务的全球知名教育出版集团，为秉承其在全球对教材产品的一贯教学支持服务，将为采用其教材图书的每位老师提供教学辅助资料。任何一位通过Cengage Learning北京代表处注册的老师都可直接下载所有在线提供的、全球最为丰富的教学辅助资料，包括教师用书、PPT、习题库等。

鉴于部分资源仅适用于老师教学使用，烦请索取的老师配合填写如下情况说明表。

教学辅助资料索取证明

兹证明＿＿＿＿＿＿＿＿＿＿大学＿＿＿＿＿＿＿＿系/院＿＿＿＿学年（学期）开设的＿＿＿＿名学生
□主修 □选修的＿＿＿＿＿＿＿＿课程，采用如下教材作为□主要教材 或 □参考教材：
书名：＿＿＿＿＿＿＿＿＿＿＿＿＿＿＿＿＿＿＿＿＿＿＿＿＿＿＿＿＿＿＿＿
作者：＿＿＿＿＿＿＿＿＿＿＿＿＿＿＿＿＿＿＿□英文影印版 □中文翻译版
出版社：＿＿＿＿＿＿＿＿＿＿＿＿＿＿＿＿＿＿＿
学生类型：□本科1/2年级 □本科3/4年级 □研究生 □MBA □EMBA □在职培训
任课教师姓名：＿＿＿＿＿＿＿＿＿＿＿＿＿＿
职称/职务：＿＿＿＿＿＿＿＿＿＿＿＿＿＿＿
电话：＿＿＿＿＿＿＿＿＿＿＿＿＿＿＿＿＿
E-mail：＿＿＿＿＿＿＿＿＿＿＿＿＿＿＿＿＿
通信地址：＿＿＿＿＿＿＿＿＿＿＿＿＿＿＿＿
邮编：＿＿＿＿＿＿＿＿＿＿＿＿＿＿＿＿＿
对本教材的建议：＿＿＿＿＿＿＿＿＿＿＿＿

系/院主任：＿＿＿＿＿＿＿＿（签字）
（系/院办公室章）
＿＿＿＿年＿＿＿＿月＿＿＿＿日

---

*相关教辅资源事宜敬请联络圣智学习出版集团北京代表处。

经济与管理图书事业部
北京市海淀区成府路205号 100871
联系人：徐冰
电　　话：010-62767312 / 62767348
传　　真：010-62556201
电子邮件：em@pup.pku.edu.cn
　　　　　shm@pup.pku.edu.cn
网　　址：http://www.pup.cn

Cengage Learning Beijing Office
圣智学习出版集团北京代表处
北京市海淀区科学院南路2号融科资讯中心C座南楼1201室
Tel: (8610) 8286 2095 / 96 / 97　　Fax: (8610) 8286 2089
E-mail: asia.infochina@cengage.com
www.cengageasia.com